U0916092

中国社会科学年鉴

马克思主义理论研究与学科建设

MARXIST THEORY RESEARCH AND DISCIPLINE CONSTRUCTION YEARBOOK

中国社会科学院马克思主义研究学部　马克思主义研究院

中国社会科学出版社

图书在版编目(CIP)数据

马克思主义理论研究与学科建设年鉴．2013／程恩富等著．—北京：中国社会科学出版社，2013.7

ISBN 978-7-5161-2919-7

Ⅰ.①马… Ⅱ.①程… Ⅲ.①马克思主义—理论研究—中国—2013—年鉴 Ⅳ.①A81-54

中国版本图书馆 CIP 数据核字(2013)第 148607 号

出 版 人　赵剑英
责任编辑　蔺　虹　刘　艳　许　琳　金　泓　李　是
责任校对　徐　楠
责任印制　王　超

出　　版　中国社会科学出版社
社　　址　北京鼓楼西大街甲 158 号（邮编 100720）
网　　址　http://www.csspw.cn
　　　　　中文域名:中国社科网　　010-64070619
发 行 部　010-84083685
门 市 部　010-84029450
经　　销　新华书店及其他书店

印刷装订　三河市东方印刷有限公司
版　　次　2013 年 7 月第 1 版
印　　次　2013 年 7 月第 1 次印刷

开　　本　787×1092　1/16
印　　张　38.25
字　　数　919 千字
定　　价　148.00 元

凡购买中国社会科学出版社图书,如有质量问题请与本社联系调换
电话:010-64009791

《马克思主义理论研究与学科建设年鉴》
编委会

《马克思主义理论研究与学科建设年鉴》
编辑部

编辑说明

一、由中国社会科学院马克思主义研究学部和马克思主义研究院主办的《马克思主义理论研究与学科建设年鉴》是目前全国唯一一部全面反映马克思主义理论研究成果和学科建设的综合性年鉴；主要汇集上年度马克思主义理论研究与学科建设新成果、新进展、新走向；具有权威性、学术性、时效性。

二、特约文稿部分选取的是上一年度马克思主义研究领域中知名专家的重要成果或该领域中具有较大影响的文章，具有学术前沿性。

三、学科建设部分由从事马克思主义研究的专家学者撰写，综合反映上年度学科发展的情况及最新进展。

四、热点聚焦部分反映马克思主义理论研究学界争鸣的热点、焦点问题。

五、论文荟萃部分和著作选介部分是从全国同类文章和著作中选取部分新颖的观点予以介绍，以期有所启发。

六、教育教学部分选取若干单位在马克思主义研究生教育、精品课程建设、教学基本经验等方面的成绩及博士生导师的情况予以介绍，以点带面，展示我国马克思主义研究阵容。

七、本年鉴在《中国特色社会主义年鉴》的基础上创办，积累了丰富的经验和社会资源，我们将进一步使其成为全国理论工作者、党政领导干部、高等院校有关师生、全国各级各类图书馆（资料室）必备的工具书和参考读物。

中国社会科学院
马克思主义研究学部　马克思主义研究院
《马克思主义理论研究与学科建设年鉴》编辑部
2013 年 4 月

目　录

第一篇

重要文献

在纪念中国共产主义青年团成立90周年大会上的讲话

胡锦涛

青年朋友们，同志们：

今天是五四青年节。我们在这里隆重集会，纪念中国共产主义青年团成立90周年，共同回顾中国青年运动波澜壮阔的历史，共同瞻望我们伟大祖国灿烂美好的未来，共同抒发我国各族青年奋发有为的情怀。

首先，我代表党中央，向全国各族团员青年和各级共青团组织、广大共青团干部，致以热烈的祝贺和诚挚的问候！

90年前，在中国革命风云激荡的历史变革中，在伟大五四运动的深刻影响下，中国共产主义青年团宣告成立。这是中国共产党为动员广大青年投身中国社会伟大变革而采取的重大行动，表明我们党充分认识到青年在中国社会发展进步中的重要地位和作用。从此，在党的领导下，在中国人民争取民族独立、人民解放和国家富强、人民富裕的长期奋斗中，中国青年运动展开了浩浩荡荡的发展征程。

90年来，在中国革命、建设、改革各个历史时期，中国共产党始终高度重视青年、关怀青年、信任青年，对青年一代寄予殷切期望。毛泽东同志赞扬青年是“早晨八、九点钟的太阳”，强调希望寄托在青年身上，号召广大青年走与工农群众相结合的道路。邓小平同志满怀深情地指出，“青年一代的成长，正是我们事业必定要兴旺发达的希望所在”，希望广大青年争当有理想、有道德、有文化、有纪律的一代新人。江泽民同志强调，“青年兴则国家兴，青年强则国家强”，希望广大青年为党和人民事业坚韧不拔开拓前进。党的十六大以来，党中央要求全党都“关注青年、关心青年、关爱青年”，希望广大青年充分发挥聪明才智、尽情展现人生价值，让青春在为党和人民建功立业中焕发出绚丽光彩。这充分表明，中国共产党从来都把青年看作是民族的希望、祖国的未来，从来都把青年作为党和人民事业发展朝气蓬勃的推动力量，从来都热情鼓励和坚定支持青年在人民前进的伟大实践中实现人生理想和远大抱负。

90年来，在中国共产党领导下，一代又一代青年用青春和热血书写了彪炳史册的壮丽篇章。在新民主主义革命时期，广大青年冲锋在前，为争取民族独立、人民解放浴血奋战、赴汤蹈火。在社会主义革命和建设时期，广大青年发愤图强，为改变国家一穷二白面貌勇挑重担、艰苦创业。在改革开放新的历史时期，广大青年锐意进取，为推进改革开放和社会主义现代化建设顽强拼搏、再立新功。一代又一代青年茁壮成长、发奋成才，涌现出一个个可歌可泣的英模人物，谱写出一首首感人至深的青春凯歌。实践充分表明，广大青年确实是我国社会最积极、最活跃、最有生气的一支力量，确实是值得信赖、堪当重任、大有希望的!

90 年来，共青团组织始终发扬“党有号召、团有行动”的优良传统，自觉围绕党在各个历史时期的中心任务，发挥自身优势，团结带领广大团员青年，推动中国青年运动始终沿着与民族同命运、与祖国共奋进、与时代齐发展的方向前进。特别是改革开放以来，共青团组织主动适应新形势新任务，积极探索、大胆创新，组织带领广大青年为改革开放和社会主义现代化建设赤诚奉献，开创了共青团事业发展新局面。实践充分表明，共青团不愧是党的忠实助手和后备军，不愧是党联系青年的牢固桥梁和纽带，不愧是社会主义国家政权的重要社会支柱。

中国青年运动 90 年的历史发展，留下了极为宝贵的经验和启迪，我们要牢牢记取、倍加珍惜。

——必须始终坚持中国共产党的领导。中国共产党是团结带领全国各族人民夺取事业胜利的坚强领导核心。一部中国青年运动史，说到底，就是一部广大青年在党的领导下不懈奋斗的历史。只有坚持中国共产党的领导，广大青年才能朝着正确方向奋勇前进，中国青年运动才能沿着正确道路蓬勃发展。

——必须始终弘扬爱国主义精神。爱国主义是伟大民族精神的集中体现，是伟大五四精神的核心内容。爱国主义旗帜感召和凝聚了一代又一代青年为祖国和人民忘我奉献。只有弘扬爱国主义精神，广大青年才能激发出经久不息的奋斗热情，中国青年运动才能获得源源不断的精神力量。

——必须始终走在时代前列。青年的前进步伐从来都与时代的前进步伐紧密相连。与时代并肩前行，走在祖国和人民前进队伍的行列中，是青年成长发展、大有作为的前提条件。只有走在时代前列，广大青年才能成就远大抱负，中国青年运动才能为推动社会发展进步作出积极贡献。

——必须始终投身人民伟大实践。人民是推动历史前进的根本动力。人民创造历史的丰富实践，是青年磨砺意志、增长才干的最好课堂。与人民相结合，拜人民为师，向人民学习，是青年健康成长的必由之路。只有投身人民伟大实践，广大青年才能站稳最基本最扎实的政治立场，中国青年运动才能拥有最强大最深厚的前进动力。

——必须始终尊重青年主体地位。青年是青年运动的主体，青年运动是青年人的事业。必须尊重青年、理解青年、相信青年、依靠青年，充分照顾青年特点、发挥青年优势。只有尊重青年主体地位，广大青年才能焕发出极大的创造热情，中国青年运动才能始终保持勃勃的生机活力。

青年朋友们、同志们!

经过中国共产党人和全国各族人民前赴后继、顽强奋斗，一个生机盎然的社会主义中国已经巍然屹立在世界东方，13 亿中国人民正在中国特色社会主义伟大旗帜指引下，满怀信心推进全面建设小康社会进程，加快推进社会主义现代化，中华民族伟大复兴展现出前所未有的光明前景。同时，也要清醒地看到，我们虽然取得了举世瞩目的发展成就，但我国仍然处于社会主义初级阶段，仍然是世界上最大的发展中国家，发展中不平衡、不协调、不可持续问题依然突出，人民生活水平还不高，前进道路上面对着这样那样的风险和挑战，实现社会主义现代化和全体人民共同富裕还有很长的路要走，还需要付出极大的努力。

当代青年是无比幸运的一代，又是责任重大的一代。祖国发展的巨大成就为青年成长进步创造了良好条件，祖国建设的艰巨任务为青年大展身手提供了广阔舞台。广大青年要以邓小平理论和“三个代表”重要思想为指导，深入贯彻落实科学发展观，牢记光荣使命，珍惜宝贵机遇，以坚定的信念、宽广的胸怀、创造的激情、务实的态度，踊跃投身改革开放和社会主义现代化建设伟大实践，努力做科学发展的奋力推动者、和谐社会的积极构建者，用自己的双手为全面建设小康社会、建成富强民主文明和谐的社会主义现代化国家奉献力量，谱写中国青年运动浓墨重彩的新篇章。这里，我给广大青年提五点希望。

第一，希望广大青年坚持远大理想。理想是指引人生的灯塔。青年时期牢固树立远大理想，人生道路就会越走越宽广，无论遇到怎样的艰难险阻，都能义无反顾、勇往直前。中国特色社会主义是当代中国发展进步的根本方向，是全国各族人民的共同理想。广大青年一定要高举中国特色社会主义旗帜，坚定不移走中国特色社会主义道路，努力掌握和运用中国特色社会主义理论体系，坚信中国特色社会主义制度具有巨大优越性和强大生命力，把个人奋斗同人民为实现中国特色社会主义共同理想的奋斗紧密结合起来，不为任何风险所惧、不为任何干扰所惑，矢志不渝朝着崇高理想奋进，在为党和人民事业的奋斗中创造人生辉煌。

第二，希望广大青年坚持刻苦学习。青年是学习的黄金时期，学习是青年的首要任务。面对日趋激烈的国际竞争，面对艰巨繁重的改革发展任务，我们能不能始终把握未来发展的主动权，很重要的一条就是看青年一代整体素质强不强、拔尖人才多不多。广大青年一定要面向现代化、面向世界、面向未来，以只争朝夕的紧迫感，如饥似渴地学习，既认真学好基础知识又及时进行知识更新，既刻苦钻研专业知识又广泛涉猎其他知识，既重视学习文化知识又努力掌握实用技能，不断充实自己、提高自己、丰富自己。同时，要深入了解国情，自觉到基层一线去，到艰苦环境中去，到祖国和人民最需要的地方去，在实践的熔炉中增长见识、砥砺品质、强化本领，努力成为可堪大用、能负重任的栋梁之材。

第三，希望广大青年坚持艰苦奋斗。没有艰苦奋斗精神的民族难以自立自强，没有艰苦奋斗精神的国家难以发展进步，没有艰苦奋斗精神的青年难以担当重任。青年要干成一番事业，就必须不畏艰难、矢志奋斗。广大青年一定要牢记“忧劳兴国、逸豫亡身”的道理，敢于吃苦、勇挑重担，不怨天尤人、不贪图安逸，依靠自己的辛勤努力开辟人生和事业的前进道路；一定要牢记“天下大事、必作于细”的道理，从小事做起、从基础做起，不沉湎幻想、不好高骛远，用埋头苦干的行动创造实实在在的业绩；一定要牢记“艰难困苦、玉汝于成”的道理，迎难而上、百折不挠，不畏惧挫折、不彷徨退缩，在千磨万击中历练人生、收获成功。

第四，希望广大青年坚持开拓创新。创新是时代的主旋律。我们面对的是日新月异的世界，我们从事的是前无古人的事业，创新是掌握民族发展命运的关键之举，是战胜各种风险挑战的制胜之道。青年最具创新热情和创造潜力。广大青年一定要大力发扬以改革创新为核心的时代精神，有那么一种勇立潮头的浩气，有那么一种超越前人的勇气，有那么一种与时俱进的朝气，立足岗位、立足实际，讲求科学、讲求方法，把创新潜能充分发挥出来，为推动理论创新、制度创新、科技创新、文化创新以及其他各方面创新贡献聪明才智。只要青年一代的创造热情极大增强、创造能力极大提高、创造活力极大迸发，我国改革开放和社会主义现代化事业一定能够不断开辟新的发展空间、取得新的突破性进展。

第五，希望广大青年坚持高尚品行。我们要建设的现代化，是物质文明和精神文明全面发展的社会主义现代化。青年从来都是开风气之先的力量，应该主动走在建设社会主义核心价值体系的前列，为开创社会新风发挥积极作用。广大青年一定要把正确的道德认知、自觉的道德养成、积极的道德实践紧密结合起来，提高品德修养，弘扬传统美德，倡导新风正气，用高尚的道德行为推动全社会文明程度的提高。要争当诚实守信的模范，带头履行社会责任，努力营造守信光荣、失信可耻的社会氛围；争当奉献社会的模范，带头学雷锋，积极参加志愿服务活动，多做扶贫济困、扶弱助残的实事好事，大力传播我为人人、人人为我的社会公德；争当促进和谐的模范，带头弘扬社会主义法治精神，推动形成依法办事的行为规范、理性平和的社会心态、礼让宽容的人际关系，自觉维护安定团结的社会大局。广大青年要通过自己的实际行动，让爱国主义、集体主义、社会主义思想更加深入人心，让社会主义荣辱观更好引领社会风尚。

共青团作为党领导的先进青年的群众组织，肩负着团结带领广大青年为党和人民事业而奋斗的光荣任务。共青团组织一定要适应新形势，以改革创新精神推进各项工作和自身建设，更好履行组织青年、引导青年、服务青年、维护青少年合法权益的职能，不断提高共青团工作科学化水平。要着力把牢正确政治方向，把党的理论路线方针政策和中央决策部署贯彻落实到共青团各项工作中去，增强青年思想政治工作的针对性和实效性，引导广大团员青年真心实意紧跟党走中国特色社会主义道路。要着力提高服务青年能力，把为青年服务作为共青团一切工作的出发点和落脚点，为广大团员青年学习、工作、生活提供实实在在的帮助，让他们真正感受到党和政府的关怀、团组织的关爱。要着力创新活动方式，把贴近实际、贴近生活、贴近青年作为开展工作的重要原则，提高团的活动对广大团员青年的吸引力和感召力，推动共青团工作提升整体水平、实现全面活跃。要着力夯实基层基础，把加强团的基层建设当做全团的重点工程来抓，增强基层活力和战斗力，努力使团的基层组织网络覆盖全体青年，使团的各项工作和活动影响全体青年。广大团干部是推动共青团事业发展的骨干力量，要以增强政治意识、提高业务本领、转变工作作风、坚持严格自律为重点，加强团干部队伍建设，努力打造一支让党放心、让青年满意的高素质团干部队伍。

代表广大青年，赢得广大青年，依靠广大青年，是中国共产党不断从胜利走向胜利的重要保证。各级党委务必把青年工作作为一项带有根本性、战略性的工作，倾听青年心声，关心青年疾苦，鼓励青年成长，支持青年创业，及时制定和完善政策措施，尽力为青年身心健康、事业发展、生活幸福提供良好环境和条件。要加强对共青团的领导，及时研究解决共青团事业发展中的实际问题，关心帮助共青团干部锻炼成长，更好发挥共青团组织在改革发展稳定各项工作中的重要作用。

青年朋友们、同志们！

伟大的时代召唤着青年，辉煌的事业期待着青年。党和人民坚信，我国各族青年一定会不负重托、不辱使命，在全面建设小康社会、坚持和发展中国特色社会主义、实现中华民族伟大复兴的征程上创造更加壮美的青春业绩。

祖国的未来属于中国青年！

民族的光荣属于中国青年！

（原载《人民日报》2012年5月5日）

在马克思主义理论研究和建设工程工作会议上的讲话

李长春

这次马克思主义理论研究和建设工程工作会议，是在深入贯彻党的十七届六中全会精神、迎接党的十八大的新形势下召开的一次重要会议。会议的主题是：深入贯彻落实党的十七届六中全会精神，全面总结马克思主义理论研究和建设工程实施以来的工作，分析形势，明确任务，以高度的理论自觉和理论自信深入推进工程，更好地推动党的思想理论建设，推动哲学社会科学繁荣发展。

一 马克思主义理论研究和建设工程取得重大阶段性成果，成为党的十六大以来我国思想理论建设的标志性工程，为推进党和国家事业发展作出了重要贡献

实施马克思主义理论研究和建设工程，是以胡锦涛同志为总书记的党中央，从深入推进马克思主义中国化时代化大众化、坚持和发展中国特色社会主义的战略高度，作出的一项重大决策，也是十六大以来我们党实施的最重大、最基础、最具深远意义的思想理论建设工程。自 2004 年工程启动以来，在党中央的高度重视和直接领导下，工程主管部门和有关单位精心组织、大力实施，广大专家学者积极参与、认真负责，基本完成阶段性任务，取得了丰硕成果，在推进党的思想理论建设、繁荣发展哲学社会科学方面发挥了龙头作用、基础作用和导向作用。

1. 马克思主义经典著作编译和基本观点研究取得重大突破，为坚持和发展马克思主义提供了重要依据。工程专门设立马克思主义经典作家重点著作译文审核和修订课题组，于 2009 年底推出了 10 卷本《马克思恩格斯文集》和 5 卷本《列宁专题文集》，为学习研究马克思、恩格斯、列宁的重要著作提供了更加准确、权威的译本。2011 年，以两部文集为基础，联系实际推出了《马列主义经典著作选编》及其《学习导读》，为党员干部学习经典著作提供了重要读物。组织编写了毛泽东、邓小平、江泽民和胡锦涛同志《论文化建设》、《论党的群众工作》重要论述摘编，用发展着的马克思主义指导新的实践。工程专门设立了马克思主义经典著作基本观点研究课题组，设立了 18 个子课题进行分类研究，推出了一批有价值的研究成果，并运用到工程教材编写、理论宣传和重大课题研究中，帮助人们分清哪些是必须长期坚

持的马克思主义基本原理，哪些是需要结合新的实际加以丰富发展的理论判断，哪些是必须破除的对马克思主义的教条式的理解，哪些是必须澄清的附加在马克思主义名下的错误观点。这些工作，有力地促进了马克思主义理论的学习和研究，推进了马克思主义学习型政党建设，为提高全党和理论界的马克思主义理论水平发挥了重要作用。

2. 不断深化对中国特色社会主义理论体系的学习研究和宣传，有力推动了用马克思主义中国化最新成果武装头脑、统一思想、凝聚共识、坚定信念。结合改革开放新的实践和我国发展新的阶段性特征，不断深化对邓小平理论的学习研究和宣传。深入研究阐释“三个代表”重要思想的时代背景、实践基础、科学内涵、精神实质和历史地位，把学习贯彻“三个代表”重要思想的活动不断引向深入。深入学习研究宣传科学发展观，深刻阐明科学发展观的科学内涵、精神实质、根本要求，深入总结各地各部门推动科学发展的实践经验，为深入贯彻落实科学发展观提供了重要的理论保障。组织编写《中国特色社会主义理论体系学习读本》、《科学发展观学习读本》和《社会主义核心价值体系学习读本》，为学习马克思主义中国化最新成果提供了重要辅助材料。组织制作播出《复兴之路》、《旗帜》等一批电视理论专题片，为宣传中国特色社会主义提供了具有吸引力和感染力的教材。这些工作，有力推动了用中国特色社会主义理论体系武装全党、教育人民，进一步坚定了广大干部群众对中国特色社会主义的信心和信念。

3. 紧密结合改革开放和现代化建设的实际，围绕干部群众关心的重大问题加强引导，为服务党和国家工作大局作出了积极贡献。组织中央有关部门和专家学者，确立一大批专门课题，深入研究深化社会主义市场经济体制改革、应对国际金融危机冲击、加快转变经济发展方式等重大问题，深入研究中国特色社会主义政治理论、法治理论、政党理论等重大问题，深入研究中国特色社会主义文化发展道路、社会主义核心价值体系、社会主义和谐社会建设、生态文明建设和党的建设等重大问题，推出了一系列重要研究成果和对策建议。编写推出《理论热点面对面》系列通俗理论读物，深入浅出、有针对性地回答干部群众关心的热点难点和切身利益问题，帮助人们加深对党和政府决策部署的理解，探索了理论指导实践、理论走进群众的有效方式。针对近年来出现的错误思潮，组织发表一大批重点文章，推出《六个为什么——对几个重大问题的回答》、《划清“四个重大界限”学习读本》等重要理论读物，引导干部群众划清是非界限、澄清模糊认识。这些工作，密切了理论与实际的联系，促进了理论与群众的结合，增进了人民群众对党和政府的信心和信任，充分发挥了引导社会热点、疏导社会情绪、促进社会和谐、服务党和国家工作大局的积极作用。

4. 哲学社会科学学科体系和教材体系建设深入推进，为哲学社会科学繁荣发展奠定了重要基础。将马克思主义理论设为一级学科，下设6个二级学科，突出了马克思主义学科的地位。推动中国社会科学院和许多高校成立了马克思主义研究院和学院，设立了一批马克思主义理论学科博士点、硕士点，汇聚了一大批研究和教学力量，壮大了马克思主义理论队伍。制定高校哲学社会科学重点教材《总体规划》，组织编写重点教材，编写工作取得重要的阶段性成果。从已出版的教材来看，基本达到了中央提出的“三个充分反映”的要求，即充分反映马克思主义中国化最新成果、充分反映中国特色社会主义丰富实践、充分反映本学科领域最新进展。从教学实践看，无论思想水平还是学术水平，在现有同类教材中都是一流的，特别是在马克思主义三大组成部分哲学、政治经济学和科学社会主义方面形成了充分体现马克思主义中国化最新成果的主干教材，进一步打牢了马克思主义教学的重要基础。这些工作，为马克思主义理论研究和教学提供了有力保证，极大地推进了哲学社会科学学科体系和教材体系建设，为创新发展哲学社会科学奠定了坚实基础。

5. 高校思想政治理论课建设全面加强，从根本上扭转了高校思想政治理论课教学一度弱化的状况。切实贯彻中央关于加强和改进高校思想政治理论课的指示精神，将原来的 7 门必修课调整为 4 门，并将教材编写和教师培训纳入工程。2006 年 9 月起，《毛泽东思想和中国特色社会主义理论体系概论》等 4 本新教材陆续在全国高校投入使用。配合使用新教材，工程组织和推动了任课教师培训、教学方法改革等工作。有关部门还印发了一系列相关教学参考资料，提供了一大批有参考价值的权威书籍和影像资料，组织思想政治理论课教师到国内外参观考察，帮助广大教师开阔视野。在教学过程中，运用案例式、互动式、情景式教学方法，拓展国情教育和实践教学，一大批省部级干部和劳动模范为大学生作形势报告。2010 年，中央又批准了硕士、博士研究生思想政治理论课教学改革方案，按照新方案编写的教学大纲将于今年秋季投入使用。这些工作，大大提高了高校思想政治理论课教学质量，任课教师的精神面貌和业务水平有了很大改观，大学生的学习兴趣和满意程度显著提高，高校思想政治理论课作为大学生思想政治教育的主渠道作用得到充分发挥。

6. 高度重视人才培养和队伍建设，为凝聚和造就马克思主义理论人才搭建了重要平台。工程始终把培养理论人才特别是中青年理论人才作为重要任务，坚持把课题立项与凝聚人才结合起来，把理论研究与培养人才结合起来，把学科建设与队伍建设结合起来，造就了一大批理论骨干和拔尖人才。目前，工程组建了 160 多个课题组，直接参与工程工作的专家学者 3000 多人，间接参与的有数万人，涵盖了哲学社会科学的各个重要领域。工程实施以来，由中央有关部门联合举办的哲学社会科学教学科研骨干研修班已达 46 期，培训了 5000 多人，成为理论队伍特别是人文社科骨干教师队伍建设的名牌项目。同时，加大地方研修工作力度，目前全国已培训 7 万多人。工程还组织 1500 多人次开展国情调研，组织 100 多人次出国考察，邀请几十个国家 200 多位知名学者来华交流。这些工作，进一步团结和凝聚了广大理论工作者，激发了他们学习研究马克思主义的热情，增强了对党的理论路线方针政策的深入理解，提高了思想政治素质和业务能力，为推动理论创新和学术创新提供了人才保障。

作为一项重大理论创新工程，马克思主义理论研究和建设工程以其成功的实践、丰硕的成果，展示了强大的影响力和凝聚力，对新形势下推进党的思想理论建设和哲学社会科学繁荣发展，具有重大而深远的意义。通过实施这一工程，进一步高扬了马克思主义旗帜，鲜明地昭示了中国共产党坚持马克思主义指导地位不动摇、用发展着的马克思主义指导新的实践的决心和信心；整合了理论研究资源、创新了理论研究机制，实现了理论工作部门和实际工作部门、基础学科领域和应用学科领域的深度结合；打开了繁荣发展哲学社会科学的突破口，第一次形成了中国自己的较为完整的哲学社会科学教材体系，有力推动了马克思主义中国化最新成果进教材、进课堂、进头脑；搭建了培养马克思主义理论人才的重要平台，培养造就了一批政治坚定、学贯中西、勇于创新、在国内外有广泛影响的马克思主义理论家特别是中青年理论家。实践证明，以胡锦涛同志为总书记的党中央作出实施马克思主义理论研究和建设工程的决策，是完全正确的。马克思主义理论研究和建设工程，不愧是关系中国特色社会主义事业发展全局的战略工程、生命工程、基础工程。

二　认真贯彻党的十七届六中全会精神，从增强理论自觉和理论自信的高度，深刻认识新形势下深入推进马克思主义理论研究和建设工程的重大意义

我们党是一个由科学理论孕育催生、用科学理论武装发展的马克思主义政党，高度的理论自觉和理论自信是党的鲜明特征和根本优势。90 多年的历史实践充分表明，我们党正是靠着高度的理论自觉和理论自信坚持和发展马克思主义，才团结和带领全国各族人民不断夺取革命、建设、改革的一个又一个重大胜利，实现了国家繁荣昌盛、人民幸福安康。党的十七届六中全会指出，要发展面向现代化、面向世界、面向未来的，民族的科学的大众的社会主义文化，培养高度的文化自觉和文化自信。理论建设是文化建设的核心，理论自觉和理论自信是文化自觉和文化自信的基础。深入推进马克思主义理论研究和建设工程，是新的历史起点上我们党坚持和发展马克思主义的重要举措，也是新形势下贯彻落实党的十七届六中全会精神、增强文化自觉和文化自信的必然要求。

1. 深入推进这一工程，是在新的实践探索中增强理论自觉和理论自信，推进中国特色社会主义实践创新、理论创新和制度创新的必然要求。马克思主义从来不是空洞、僵化、刻板的教条，必须随着实践发展而不断丰富和发展。只有立足中国特色社会主义伟大实践，以高度的理论自觉和理论自信推进实践创新、理论创新和制度创新，才能坚持和发展中国特色社会主义。我们党成立 91 年、在全国执政 63 年、领导改革开放 34 年以来，推动中国经济社会发生了深刻变革和快速发展，创造了人类历史上少有的发展奇迹，开辟和拓展了中国特色社会主义道路，创立和发展了中国特色社会主义理论体系，形成和完善了中国特色社会主义制度，这是中国共产党领导全国各族人民进行的重大创新，是人类文明史上的伟大创举，是中国对世界的历史性贡献。与此相对照，我们的一些理论研究和学术创新还落后于这一伟大实践，一些人没有立足于这一伟大实践进行理论研究和学术创新。如何在学习借鉴人类文明成果的基础上，用中国的理论研究和话语体系解读中国实践、中国道路，不断概括出理论联系实际的、科学的、开放融通的新概念、新范畴、新表述，打造具有中国特色、中国风格、中国气派的哲学社会科学学术话语体系，是理论界和学术界面临的重大而紧迫的时代课题。这就迫切需要我们以高度的理论自觉和理论自信，及时总结党领导人民创造的新鲜经验，不断深化对经济社会发展的规律性认识，不断升华中国特色社会主义实践成果、理论成果、制度成果，不断赋予中国特色社会主义鲜明的实践特色、民族特色和时代特色。

2. 深入推进这一工程，是在机遇与挑战并存的国际国内复杂形势下增强理论自觉和理论自信，巩固和发展马克思主义在意识形态领域指导地位，增强话语权、提高我国软实力的必然要求。随着中国特色社会主义不断取得新的重大成就，马克思主义日益显现出强大的生命力，深入推进马克思主义理论研究和建设工程面临难得的大好机遇。受国际金融危机深度冲

击，西方发达国家经济复苏步伐缓慢，暴露出诸多方面的矛盾和问题。与此形成鲜明对比的是，我国成功应对国际金融危机冲击、率先实现经济回升向好，成为全球瞩目的世界经济复苏引擎。中国人民的民族自尊心、自信心、自豪感空前增强，对坚持中国特色社会主义旗帜、道路、理论体系和制度充满信心。同时，坚持马克思主义指导地位仍然受到诸多方面的干扰，面临各种严峻挑战。从国际上看，当今世界正处于大发展大变革大调整时期，争取发展主动权的竞争和价值观的较量日趋激烈。从国内看，社会思潮复杂多变，干部群众中还存在不少模糊认识和思想疑惑，统一思想、凝聚力量的任务更加艰巨。这就迫切需要我们以高度的理论自觉和理论自信，理直气壮地坚持马克思主义，坚持不懈地发展马克思主义，不断增强马克思主义的创造力、说服力、感召力，进一步扩大中国发展道路在国际上的影响力。

3. 深入推进这一工程，是在加强社会主义核心价值体系建设过程中增强理论自觉和理论自信，不断巩固全党全国各族人民团结奋斗共同思想道德基础的必然要求。文化的灵魂是核心价值体系，核心价值体系的基础是科学理论。不断增强理论自觉和理论自信，坚持以马克思主义为指导，大力建设社会主义核心价值体系，在全党全社会形成统一指导思想、共同理想信念、强大精神力量和基本道德规范，是思想理论建设的一项重大任务。一方面要看到，经过改革开放特别是党的十六大以来的不懈努力，我国思想道德领域的主流是积极健康的，全国各族人民的共同理想信念更加牢固，全社会的精神风貌更加昂扬向上，全民族的思想道德水平不断提升，践行社会主义核心价值体系的自觉性坚定性不断增强。另一方面也要看到，一些人理想信念动摇、价值取向扭曲，一些领域道德失范、诚信缺失等问题较为突出，一些地方封建迷信、黄赌毒等社会丑恶现象沉渣泛起，拜金主义、享乐主义、极端个人主义有所滋长。这就迫切需要我们以高度的理论自觉和理论自信，积极探索用社会主义核心价值体系引领社会思潮的有效途径和载体，在多元中立主导、在多样中谋共识、在多变中把握正确方向，进一步巩固全党全国各族人民团结奋斗的共同思想道德基础。

4. 深入推进这一工程，是在应对各种风险考验中增强理论自觉和理论自信，保持党的先进性和纯洁性的必然要求。思想理论建设是党的建设的首要任务，党的先进性和纯洁性首先表现在理论上、思想上的先进和纯洁。这些年来，我们党坚持不懈地用党的创新理论武装全党，坚持以领导班子和党员干部为重点，以提高思想理论素养为根本，以建设学习型党组织为抓手，大力推进马克思主义学习型政党建设，广大党员干部的理论素养不断提高，党的意识、宗旨意识、执政意识、大局意识、责任意识不断强化，党的领导水平和执政水平、拒腐防变和抵御风险能力明显提高。但也要清醒看到，在新的形势下，我们党面临许多前所未有的新情况新问题新挑战，执政考验、改革开放考验、市场经济考验、外部环境考验是长期的、复杂的、严峻的；精神懈怠的危险、能力不足的危险、脱离群众的危险、消极腐败的危险，更加尖锐地摆在全党面前，落实党要管党、从严治党的任务比以往任何时候都更为繁重、更为紧迫。这就迫切需要我们以高度的理论自觉和理论自信，深入分析党的执政环境发生的深刻变化，科学总结世界上执政党兴衰成败的经验教训，全面把握和自觉运用马克思主义执政党建设规律，引导广大党员坚定理想信念，增强为党和人民事业不懈奋斗的自觉性坚定性。

三　深入推进马克思主义理论研究和建设工程，为党的十八大胜利召开营造良好思想理论氛围

实施马克思主义理论研究和建设工程，是党在思想理论战线的一项长期任务。当前，全党全国各族人民正以各项工作的优异成绩迎接党的十八大胜利召开。营造良好思想理论氛围，是确保党的十八大胜利召开的重要一环，也是当前宣传思想战线的首要政治任务。马克思主义理论研究和建设工程要紧紧围绕这一首要政治任务，认真贯彻落实党的十七届六中全会提出的要求，扎扎实实地做好各项工作，把工程不断引向深入。

1. 以对党对人民对历史高度负责的精神，继续推进充分反映马克思主义中国化最新成果的哲学社会科学教材体系建设。要把坚持质量和保证进度有机结合起来，进一步加大组织协调力度，动员更多的力量，调动各方面的积极性，在党的十八大前后基本完成既定的教材编写任务。要始终把政治导向和学术质量放在第一位，确保达到一流水准，经得起历史和实践的检验。要在已有工作的基础上，继续深化对马克思列宁主义、毛泽东思想基本观点的研究，深入研究阐释中国特色社会主义理论体系，特别要深入研究阐释科学发展观的历史地位、基本内涵、实践要求和指导意义，把相关研究成果及时应用于教材的编写和修订中。要一手抓教材的编写、一手抓教材的使用，把工程教材的统一使用作为高校的重要任务，作为教学工作检查、评估的重要内容和指标。要加强对工程教材任课教师的培训，帮助他们掌握教材的编写意图、主要内容和教学方法，提高工程教材使用的成效。要广泛听取高校师生的意见，认真组织好教材的修订完善，使工程教材真正成为体现时代发展、适应教学实践、深受学生欢迎的精品。要加大督促检查力度，掌握工程教材编写和使用的情况，发现问题，及时指导，最大限度地发挥好工程教材的应有作用。

2. 加强对重大理论和现实问题的研究阐释，引导干部群众更好地统一思想、凝聚共识。要针对当前干部群众中出现的一些思想疑虑和困惑，针对人们关心的重大理论和现实问题，深入研究阐释，帮助干部群众明辨是非、澄清认识，把思想统一到中央精神上来。要深刻阐明只有坚持以马克思主义为指导，用发展着的马克思主义指导实践，中国特色社会主义事业才能始终沿着正确方向胜利前进。要继续围绕“六个为什么”、划清“四个重大界限”，围绕根本政治制度、基本政治制度、基本经济制度等重大问题，从理论与实际、历史与现实、国内与国际的紧密结合上，深刻阐明马克思主义的科学性和真理性，阐明中国特色社会主义道路是创造人民美好生活的必由之路，阐明中国特色社会主义理论体系是实现中华民族伟大复兴的正确理论，阐明中国特色社会主义制度是当代中国发展进步的根本制度保障。要针对人民群众普遍关心的收入分配、医疗住房、道德风气、食品安全等方面的问题，继续编写好通俗理论读物，解疑释惑、化解矛盾，为改革发展稳定营造有利环境。

3. 进一步加大工程的宣传力度，充分展示党的思想理论建设的丰硕成果。要把宣传展示工程研究成果，作为迎接党的十八大成就宣传和理论宣传的重要内容，精心设计、精心安排，增强宣传的实效性和感染力。各级各类媒体、理论刊物、新闻网站等，要紧紧围绕工程在马克思主义基本原理、中国特色社会主义理论体系、重大理论和现实问题等方面所取得的重要

研究成果开展宣传，使工程形成的一系列重要理论观点和重要思想认识产生更加广泛的社会影响。要组织一批专家学者到高校、机关、企业、社区举办理论报告会，深入浅出地宣讲工程研究成果，使这些成果更好地为全社会所共享。同时，也要宣传好工程工作取得的积极进展，宣传工程在学科体系建设和教材体系建设上取得的重要成果，宣传工程推进高校思想政治理论课建设取得的良好成效，宣传工程人才队伍建设的可喜局面，引导社会各界更加深入地了解工程，更加积极地支持工程。

4. 深入开展对外交流，努力扩大我国在国际学术领域的话语权和影响力。要充分发挥工程作为国际学术交流平台的作用，主动宣传我们党领导人民推进改革开放和现代化建设取得的巨大成就、理论成果和宝贵经验，宣传我坚持走和平发展道路、坚持互利共赢开放战略的理念，宣传我推动建设持久和平、共同繁荣的和谐世界的主张，增进国际社会对我国基本国情、发展理念、内外政策的了解和认识，充分展现我和平发展、民主进步、文明友善的国家形象，为党的十八大召开营造良好的外部思想舆论环境。要善于运用国外受众易于理解和接受的形式和手段，努力做到“中国立场、国际表达”，讲好讲活讲深中国故事，不断增强中国哲学社会科学在国际上的亲和力、感染力和影响力。要加强与国际学术机构、知名学术团体特别是国外智库的交流，把“走出去”与“引进来”结合起来，让更多的国外专家学者增加对当代中国的了解和认识。

5. 继续发挥工程的纽带和桥梁作用，大力加强马克思主义理论队伍建设。要把培养马克思主义理论家特别是中青年理论家作为战略任务，引导广大理论工作者坚定马克思主义信仰，坚定中国特色社会主义共同理想，自觉践行社会主义核心价值体系，忠于党、忠于祖国、忠于人民。要继续办好哲学社会科学教学科研骨干研修班和高校思想政治理论课骨干教师研修班，继续组织工程专家开展国情调研，考察了解改革开放和现代化建设取得的新成就，考察了解各地贯彻落实科学发展观取得的新进展。要充分发挥老专家的传帮带作用，发挥中青年学者的创新热情和创造潜力，努力形成优秀人才脱颖而出、人尽其才的良好局面。要支持一些既有丰富国内国际实际工作经验，又有一定理论造诣的实际工作者参加理论研究，鼓励他们在理论和实际的结合上有所建树，使他们成为理论建设的一支重要力量。要坚持“百花齐放、百家争鸣”的方针，尊重理论工作者的创造性劳动，发扬学术民主，提倡不同学术观点、不同学术流派的相互切磋、平等讨论，鼓励大胆探索，努力营造生动活泼、求真务实、多出成果的良好学术环境。要充分调动广大理论工作者的积极性主动性创造性，在政治上充分信任和依靠他们，在学习、工作、生活上多关心他们，帮助解决实际困难，使他们全身心投入到工作中。

中国特色社会主义伟大事业，热切呼唤着党的思想理论建设和哲学社会科学创新发展，热切呼唤着马克思主义理论研究和建设工程深入推进。让我们紧密团结在以胡锦涛同志为总书记的党中央周围，以饱满的热情、创新的精神、务实的作风，全面深入推进工程各项工作，以优异的成绩迎接党的十八大胜利召开。

（原载《人民日报》2012 年 6 月 4 日）

坚持不懈推进党的先进性和纯洁性建设

——在全国创先争优理论研讨会上的讲话

习近平

在党的基层组织和党员中深入开展创先争优活动，是党的十七大和十七届四中全会提出的加强党的建设的一项重要举措。两年来，各地各部门按照中央的统一部署和要求，牢牢把握科学发展这个主题和加快转变经济发展方式这条主线，指导创先争优活动取得了显著成绩。广大基层党组织和广大党员在积极参加创先争优活动中，在努力推动改革和发展的各项工作中，具体而生动地彰显了党的先进性和纯洁性。

今天，中央创先争优活动领导小组和全国党的建设研究会在这里召开全国创先争优理论研讨会，围绕保持党的先进性和纯洁性，总结创先争优活动经验，探讨党在长期执政和改革开放条件下自身建设规律，研究推动创先争优经常化长效化的思路和举措，这是很有意义的。我对会议的召开表示祝贺！向出席会议的全体同志致以诚挚问候！

先进性和纯洁性是马克思主义政党的本质属性。这种先进性和纯洁性，不是空洞抽象的，而是具体实在的，它们贯穿于党的性质、宗旨、任务和全部工作中，体现在各级党组织和全体党员的实际行动上；不是固定不变的，而是与时俱进、随着形势和任务的发展变化而不断丰富与发展的；不是一劳永逸的，而是必须通过坚持不懈地加强党的自身建设才能保持与发展的。回顾马克思主义诞生以来的历史，在马克思主义政党中，既有许多政党依靠自身的先进性和纯洁性及其形成的强大战斗力而取得社会主义革命、社会主义建设不断胜利的成功经验，也有不少政党由于丧失了自身的先进性和纯洁性而失去党心民心导致丢掉社会主义政权、社会主义事业遭到失败的沉痛教训。这种正反两方面的历史经验深刻表明，保持、发展先进性和纯洁性始终是马克思主义政党根本的思想政治任务，关系党的生死存亡和前途命运。

我们党 90 多年的历史，是党领导中国人民不断赢得革命、建设、改革胜利的历史，也是党不断实现、保持、发展自身先进性和纯洁性的历史。90 多年的历史说明，我们党始终保持、发展先进性和纯洁性，党在人民群众中就会有崇高的威望，党和人民事业就兴旺发达。90 多年的历史也说明，党的先进性和纯洁性的保持和发展，不断面临着各种困难和风险的挑战与考验。过去如此，现在和将来也会如此。正如胡锦涛同志在庆祝中国共产党成立 90 周年大会上的讲话所指出的："执政考验、改革开放考验、市场经济考验、外部环境考验是长期的、复杂的、严峻的；精神懈怠的危险，能力不足的危险，脱离群众的危险，消极腐败的危险，更加尖锐地摆在全党面前。”对于这些考验和危险，各级领导干部务必保持清醒的认识。经受考验、化解危险，最根本的是要加强党的自身建设，始终保持党的先进性和纯洁性。这次创先争优活动，是在新的形势下保持党的先进性和纯洁性的一次有益探索。通过开展创先争优活动，提高了基层党组织的战斗力和党员队伍的素质，密切了党群、干群关系，增强了各级党委聚精会神抓党建和重视基层、加强基层、服务基层的自觉性，为加强党的先进性和纯洁性建设提供了新的经验和重要启示。我们要认真总结和运用这次创先争优活动的经验，以更大的力度继续加强党的先进性和纯洁性建设。

一 坚持从思想教育入手，努力提高党员和干部的思想理论道德素质，从思想上政治上加强党的先进性和纯洁性建设

保持党员和干部在思想上政治上的先进和纯洁，是保持党的先进性和纯洁性的根本。这次创先争优活动的一个重要内容，就是教育引导广大党员努力加强马克思主义理论特别是马克思主义中国化最新成果的学习，在提高理论素养和思想政治素质上取得新的进步。两年来，结合建设学习型党组织，在基层党组织和广大党员中普遍开展了理论学习研讨、党性党史教育、革命传统教育等形式多样的活动，开展了学习郭明义、杨善洲等先进人物模范事迹和崇高精神的活动。通过这些思想教育活动，增强了党员和干部创先进、争优秀的意识和内生动力，为创先争优活动取得成效提供了思想保证。

实践告诉我们，加强思想教育，必须抓好党员和干部的理论武装。要教育引导党员和干部认真学习并实践中国特色社会主义理论体系特别是科学发展观，做到真学真懂真信真用，牢固树立正确的世界观、权力观、事业观，坚定社会主义、共产主义理想信念，自觉划清马克思主义同反马克思主义等重大是非界限，坚决抵制各种错误思想理论的影响，自觉排除来自各方面的杂音噪音，在大是大非问题上立场坚定、旗帜鲜明。

加强思想教育，必须抓好党员和干部的党性修养与党性锻炼。要教育引导党员和干部通过加强党性修养与党性锻炼，不断提高政治敏锐性和政治鉴别力，切实做到讲政治、顾大局、守纪律，始终站稳党和人民的政治立场，正确把握党的基本理论、基本路线、基本纲领、基本经验，坚持正确的政治方向，自觉维护党的集中统一，在思想上政治上行动上同党中央保持高度一致。

加强思想教育，还必须抓好党员干部的道德培养。要教育引导党员和干部模范践行社会主义核心价值体系，带头弘扬以爱国主义为核心的民族精神和以改革创新为核心的时代精神，做社会主义道德的示范者、诚信风尚的引领者、公平正义的维护者，切实把社会主义道德要求转化为保持自身先进和纯洁的行为规范与自觉行动。

二 进一步建立健全联系群众、服务群众的长效机制，密切党同人民群众的血肉联系，从巩固党的阶级基础和群众基础上加强党的先进性和纯洁性建设

我们党是中国工人阶级的先锋队，同时是中国人民和中华民族的先锋队。全心全意依靠

工人阶级、全心全意为人民服务，是党的先进性和纯洁性的重要体现。我们开展创先争优活动，就是要以服务群众、改善民生的实际成效来满足人民群众的要求和愿望。各地以解决社会矛盾、解决实际问题为重点，通过党员和干部进厂驻村蹲点、结成对子帮扶、完善服务设施等方式，有力地提升了服务群众的水平，增强了服务群众的效果。广泛开展的窗口单位和服务行业“为民服务创先争优”等活动，广大党员和干部进厂走村入户直接听取群众意见、为群众济困解忧，都让群众切身感受到了创先争优活动带来的新变化。

实践告诉我们，想问题、作决策、办事情、谋发展，只有处处相信群众、依靠群众、为了群众，坚持以最广大人民群众满意为导向，充分体现党的全心全意为人民服务宗旨，我们的各项工作、各项事业才能得到人民群众真心实意的支持，党的先进性和纯洁性才能真正体现并得到人民群众的广泛认同。当前，我国正处于发展的重要战略机遇期和社会矛盾凸显期，我们党联系群众、服务群众、带领群众前进的任务十分艰巨。务必任何时候都把人民利益放在第一位，把实现好、维护好、发展好最广大人民根本利益作为检验先进性和纯洁性的试金石，一切工作都坚持从人民利益出发，努力做到与经济社会发展要求相适应，与广大人民群众期盼相符合。要教育引导党员和干部牢固树立群众观点，坚持执行群众路线，带着感情做群众工作，从解决人民最关心最直接最现实的利益问题着手，精心做好每一件具体工作。要注意创新联系和服务群众的工作方式，建立健全党政机关广大干部和各级领导干部直接联系群众的制度，务必使我们的领导机关和领导干部工作重心下移，确保能够经常深入实际、深入基层、深入群众，真正了解群众所思、所想、所忧、所盼，在时时处处为群众排忧解难、造福人民的实践中具体地体现党的先进性和纯洁性。

三　建设好领导干部队伍，发挥好领导干部的表率作用，从提高领导骨干素质上加强党的先进性和纯洁性建设

保持党的先进性和纯洁性，关键在党的各级领导干部。这次创先争优活动中，凡是领导机关、领导干部自身要求高和示范力度大的地方、部门、单位，上下级关系和党群关系、干群关系就比较融洽，创先争优的成效也比较明显。

实践告诉我们，领导干部为保持党的先进性和纯洁性自觉发挥表率作用，就一定会在广大党员和干部中产生重要的示范影响和效应。因此，在加强党的先进性和纯洁性建设中，一定要把增强领导干部队伍的先进性和纯洁性摆在首要位置。首先要选好领导干部、配好领导班子，坚持五湖四海、任人唯贤，坚持德才兼备、以德为先，坚持在实践中培养、考察、锻炼、使用干部，把那些政治坚定、有真才实学、实绩突出、群众公认的优秀干部选拔到领导岗位上来。严格要求、严格教育、严格管理、严格监督，对督促领导干部保持自身的先进和纯洁非常重要，各级党组织要像重视干部选拔任用一样抓好这方面工作。党的每一个领导干部，都要充分认识到自己在保持党的先进性和纯洁性方面负有的责任，务必时时处处用党的先进性和纯洁性要求对照自己、提高自己，要求别人做的自己带头做到，要求别人不做的自己带头不做。特别要带头遵守廉洁自律的各项规定，正确对待个人名利和权位，自觉坚守对党和人民事业的高度责任心与使命感，自觉抵制各种不正之风和不良习气，切实管好配偶、

子女和身边工作人员。还要把自己置于党和人民事业所要求的各种监督之下，努力做到立身不忘做人之本，为政不移公仆之心，用权不谋一己之私，以率先垂范的实际行动体现党的先进性和纯洁性。

四　坚持做好抓基层、打基础工作，充分发挥基层党组织的战斗堡垒作用和党员的先锋模范作用，从夯实组织基础上加强党的先进性和纯洁性建设

党的基层组织是党的全部工作和战斗力的基础，党员是党的一切活动的主体。党的先进性和纯洁性，要通过工作和生活在广大工人、农民、知识分子和其他群众中的基层党组织和党员发挥作用来广泛体现。在创先争优活动中，各地各部门积极改进组织设置，加大投入改善基层党组织工作条件，采取多种措施加强基层党建工作，提高了基层党组织的战斗力，激发了党员干事创业的热情。

实践告诉我们，抓好基层、打牢基础，对保持党的先进性和纯洁性极为重要。现在，我们党有400多万个基层党组织，有8200多万名党员，这是世界上任何其他政党都不可能具有的强大组织资源。把基层党建工作抓好了，我们的基层党组织牢不可破，我们的党员队伍坚不可摧，党的执政地位就坚如磐石，党和人民事业就无往而不胜。我们必须把抓基层、打基础作为一项永久的战略任务坚持不懈地抓下去，不断提高基层党建工作科学化水平。要把创先争优与推进基层党建工作创新紧密结合起来，引导、激励基层党组织和广大党员深入持久地创先进、争优秀。要建立健全基层党建工作长效机制，强化基层党建目标管理机制，建设党群共建机制，督促各级党组织书记切实履行第一责任人职责，落实好基层党建工作各项任务，使基层党组织真正成为推动发展、服务群众、凝聚人心、促进和谐的坚强堡垒。要建立健全基层党务工作者选拔培养和激励保障机制，加强基层党组织书记队伍建设，搞好教育培训，并解决好他们的工作待遇和生活保障等问题。加强党员队伍建设，首先要严把入口，重视发展党员质量，成熟一个发展一个，把各领域的先进分子吸收到党内来。还要疏通出口，及时处置不合格党员，解决干部能上不能下、能进不能出的问题。

五　坚持党要管党、从严治党，增强自我净化、自我完善、自我革新、自我提高能力，从健全完善党内制度及工作机制上加强党的先进性和纯洁性建设

在创先争优活动中，各地各部门广泛开展了群众评议、党员互评、领导点评等活动，进行了加强基层党风廉政建设、纯洁党员队伍、建立健全党的建设制度等工作，都取得了明显成效。所有这些，为推动基层党组织和广大党员、干部创先争优提供了重要保证。

实践告诉我们，必须坚持党要管党、从严治党，不断建立健全自我净化、自我完善的制度和机制，才能始终保持党的生机和活力，也才能保持党的先进性和纯洁性。毛泽东同志说过："房子是应该经常打扫的，不打扫就会积满灰尘；脸是应该经常洗的，不洗也就会灰尘满面。我们同志的思想，我们党的工作，也会沾满灰尘的，也应该打扫和洗涤。"这里说的"打扫"和"洗涤"，就是解决自身存在的问题，也就是自我净化。现在，我们党处在改革开放条

件下和错综复杂的国际环境中，各种错误思想和腐朽生活方式不可避免地会侵蚀党的肌体，影响我们一些党员和干部。在这种情况下，唯有不断地增强自我免疫能力，才能拒腐蚀、永不沾。胡锦涛同志在中央纪委七次全会上提出不断增强“四自”能力即自我净化、自我完善、自我革新、自我提高能力的思想，对加强党的先进性和纯洁性建设具有重要指导意义。

增强“四自”能力，要靠加强思想教育、加强科学管理、加强严格监督，还要靠健全的党内生活和有效的党内制度。制度更带有根本性、全局性、稳定性、长期性。我们要把制度建设贯穿党的思想建设、组织建设、作风建设和反腐倡廉建设之中，健全以党章为根本、以民主集中制为核心的制度体系，坚持用制度管权管事管人，为增强“四自”能力、保持党的先进性和纯洁性提供制度保证。

保持党的先进性和纯洁性，任务艰巨，意义重大，影响深远。全面加强我们党的自身建设，归根到底都是为了始终保持党的先进性和纯洁性。只有这样，才能保证我们党永不变质，始终具有强大的创造力、凝聚力、战斗力，始终保持坚强的团结统一，也才能巩固党的执政地位，实现党的执政使命。就是说，保持党的先进性和纯洁性是党的建设一项长期而又常新的战略任务，需要不断地结合新形势新任务从理论和实践的结合上进行研究。希望各级党组织和广大理论工作者加强和深化这方面研究，不断取得新的成果。希望与会同志紧扣会议主题，畅所欲言、深入切磋，把这次研讨会开成一个为继续加强党的先进性和纯洁性建设而集思广益的高水准、高质量会议。

（原载《党建研究》2012 年第 6 期）

科学发展观的历史地位和指导意义

刘云山

党的十八大站在历史和时代的高度，着眼中国特色社会主义事业长远发展，顺应全党全国人民的共同意愿，把科学发展观同马克思列宁主义、毛泽东思想、邓小平理论、“三个代表”重要思想一道，确立为党必须长期坚持的指导思想并写入党章，实现了党的指导思想的又一次与时俱进。我们要充分认识党的十八大这一历史性决策的重大意义，在以习近平同志为总书记的党中央坚强领导下，坚持不懈地用科学发展观武装头脑、指导实践、推动工作，在科学发展道路上奋力开拓中国特色社会主义更为广阔的发展前景。

一　深入领会科学发展观是我们党必须长期坚持的指导思想

党的十六大以来，以胡锦涛同志为总书记的党中央，高举中国特色社会主义伟大旗帜，坚持以邓小平理论和“三个代表”重要思想为指导，在带领党和人民推进全面建设小康社会进程中，大力推进实践基础上的理论创新，集中全党智慧创立了科学发展观，开辟了当代中国马克思主义发展新境界，开创了中国特色社会主义事业新局面。

（一）科学发展观是马克思主义同当代中国实际和时代特征相结合的产物，同邓小平理论和“三个代表”重要思想一脉相承而又与时俱进，是中国特色社会主义理论体系最新成果

科学发展观是以马克思列宁主义、毛泽东思想、邓小平理论、“三个代表”重要思想为指导，立足社会主义初级阶段基本国情，总结我国发展实践，借鉴国外发展经验，适应新的发展要求提出来的，既坚持了马克思主义基本原理，又根据新的实践和时代发展推进了马克思主义中国化。科学发展观和邓小平理论、“三个代表”重要思想，是中国特色社会主义理论体系三个紧密联系的有机组成部分，是既一脉相承又与时俱进的统一的科学体系。说一脉相承，是因为它们面对着共同的时代课题，面临着共同的历史任务，都贯穿了中国特色社会主义这个主题，都坚持辩证唯物主义和历史唯物主义的世界观方法论，都坚持党的最高纲领和最低纲领的统一，都坚持代表最广大人民根本利益，在理论主题、思想基础、政治理想、根本立场上一以贯之。说与时俱进，是因为科学发展观用一系列具有鲜明时代特点的新思想、新观点、新论断，对坚持和发展中国特色社会主义作出了历史性的贡献，是对邓小平理论、“三个代表”重要思想的创造性发展，是中国特色社会主义理论体系的重要创新成果，赋予当代中国马克思主义勃勃生机。在新的历史条件下，深入贯彻落实科学发展观，就是对邓小平理论、

“三个代表”重要思想的最好坚持和最好实践。

（二）科学发展观是马克思主义关于发展的世界观和方法论的集中体现，对新形势下实现什么样的发展、怎样发展等重大问题作出了新的科学回答，把我们对中国特色社会主义规律的认识提高到新的水平

发展是党执政兴国的第一要务，中国特色社会主义是靠发展来巩固、在发展中推进的。进入新世纪新阶段，我国经济社会发展呈现出一系列新的阶段性特征，进入了发展关键期、改革攻坚期、矛盾凸显期。我们具备非常有利的发展条件，同时发展中不平衡、不协调、不可持续问题比较突出，长期积累的深层次矛盾日益显露，制约发展的体制机制障碍增多，发展方式粗放、发展效益不高、发展代价过大，传统的经济增长模式难以为继。在这样的情况下，如何解决好发展中的突出矛盾和问题，保持我国发展的良好势头，成为一项重大而紧迫的课题。科学发展观紧紧围绕实现什么样的发展、怎样发展的问题，作出一系列新的理论概括，提出坚持以人为本，实现全面、协调、可持续发展；提出构建社会主义和谐社会，加快推进生态文明建设，全面落实中国特色社会主义事业总体布局；提出建设社会主义核心价值体系，建设社会主义文化强国；提出建设社会主义新农村，建设创新型国家；提出坚持走和平发展道路，推动建设和谐世界；提出坚持统筹兼顾，正确认识和妥善处理中国特色社会主义事业中的重大关系；提出加强党的执政能力建设、先进性和纯洁性建设等重大战略思想。这些重大战略思想，准确把握我国发展的阶段性特征，科学总结实践新创造，深入回答时代新课题，继承和发展了马克思主义关于发展的基本观点，集中体现了我们党在发展中国特色社会主义一系列重大问题上取得的新成果，使我们对共产党执政规律、社会主义建设规律、人类社会发展规律的认识达到新高度，把中国特色社会主义理论体系推进到新境界。

（三）科学发展观是指导党和国家全部工作的强大思想武器，引领我国经济社会发展取得新的历史性成就，在实践中显示了科学理论的强大真理力量

科学发展观的形成和发展，是一个理论创新和实践创新、理论发展和实践发展紧密结合、相互促进的过程。党的十六大以来，我们党深入贯彻落实科学发展观，制定一系列战略部署，实施一系列重大举措，全面推进经济建设、政治建设、文化建设、社会建设、生态文明建设，为全面建成小康社会打下坚实基础。这10年，我们走过了很不平坦的道路，战胜了一系列重大挑战，创造了科学发展的辉煌业绩，把中国特色社会主义推进到新的发展阶段，在中华民族复兴史上谱写了浓墨重彩的崭新篇章。10年来，我国社会生产力、经济实力、科技实力迈上一个大台阶，人民生活水平、居民收入水平、社会保障水平迈上一个大台阶，综合国力、国际竞争力、国际影响力迈上一个大台阶。我们有效应对国际金融危机的严重冲击，成功举办北京奥运会、残奥会和上海世博会，战胜突如其来的非典疫情，夺取抗击汶川特大地震等严重自然灾害和灾后恢复重建重大胜利，妥善处置一系列重大突发事件，巩固和发展了改革开放和社会主义现代化建设大局，彰显了中国特色社会主义的巨大优越性和强大生命力，增强了中国人民和中华民族的自豪感和凝聚力。实践充分证明，科学发展观是指导全面建设小康社会、发展中国特色社会主义的正确理论，是我们经受考验、化危为机、赢得主动的精神支柱。

二　深入贯彻落实科学发展观的重大战略意义

科学发展观在从实践到理论、再从理论到实践的卓有成效的创造中，形成了涵盖改革发展稳定、内政外交国防、治党治国治军各方面的系统科学理论。实践昭示我们，科学发展观不仅是指导经济建设的理论，而且是指导各方面建设的理论；不仅是指导发展的理论，而且是指导党和国家全部工作的理论；不仅是指导实践推动工作的有力武器，而且是帮助人们认识和把握社会发展规律的世界观方法论。面向未来，深入贯彻落实科学发展观，对于全党全国各族人民在新的历史征程上继往开来、与时俱进具有重大而深远的意义。

（一）夺取中国特色社会主义新胜利，必须深入贯彻落实科学发展观

中国特色社会主义是党和人民90多年奋斗的根本成就，从根本上改变了中国人民和中华民族的前途命运。改革开放以来我们国家之所以能快速发展起来，我国人民生活水平之所以能快速提高起来，就是因为我们成功开创和不断发展了中国特色社会主义。历史和现实表明，中国特色社会主义是当代中国发展进步的根本方向，是实现社会主义现代化和中华民族伟大复兴的必由之路。在新的时代条件下要进一步发展中国、造福人民、振兴中华，就必须毫不动摇地坚持、与时俱进地发展中国特色社会主义。当前，中国特色社会主义事业站在一个新的历史起点上，面临前所未有的发展机遇，也面对前所未有的风险挑战。特别是我国人均国内生产总值已超过5000美元，经济社会发展新的阶段性特征更加明显。我们正处于一个爬坡过坎的关键阶段，短期矛盾和长期矛盾叠加，结构性因素和周期性因素并存，国际国内问题相互影响，各种潜在的风险和困难凸显。科学发展观深入总结党的十六大以来的新鲜经验，从理论和实践的结合上对中国特色社会主义作出一系列新概括新阐述，进一步回答了什么是中国特色社会主义、怎样建设中国特色社会主义，为我们破解改革发展难题、夺取中国特色社会主义新胜利进一步提供了理论指导。只有深入贯彻落实科学发展观，才能引导广大干部群众全面把握坚持和发展中国特色社会主义的丰富内涵，全面把握建设中国特色社会主义的总依据总布局总任务，全面把握夺取中国特色社会主义新胜利“八个必须坚持”的基本要求，切实增强坚持中国特色社会主义道路、理论体系和制度的自觉性和坚定性，增强推动科学发展、促进社会和谐的自觉性和坚定性，在战胜各种风险挑战中牢牢掌握发展的主动权，扎扎实实夺取中国特色社会主义新胜利，不断丰富中国特色社会主义的实践特色、理论特色、民族特色、时代特色。

（二）实现全面建成小康社会宏伟目标，必须深入贯彻落实科学发展观

全面建成小康社会，是中国特色社会主义事业的一个重要里程碑，是我们党对人民的庄严承诺。党的十八大根据我国经济社会发展实际和人民群众新期待，综合考虑未来国际国内发展趋势和条件，在党的十六大、十七大确立的全面建设小康社会目标的基础上，明确提出到2020年全面建成小康社会要努力实现的新要求，强调要使经济持续健康发展、人民民主不断扩大、文化软实力显著增强、人民生活水平全面提高和资源节约型、环境友好型社会建设取得重大进展。这个由“建设”到“建成”的目标，是更加注重经济社会全面发展的综合性系统性目标，是与推进社会主义现代化相统一的目标。同时，党的十八大着眼为全面建成小

康社会提供可靠制度保障，提出了全面深化改革开放的目标，强调要加快完善社会主义市场经济体制，加快推进社会主义民主政治制度化、规范化、程序化，加快完善文化管理体制和文化生产经营机制，加快形成科学有效的社会管理体制，加快建立生态文明制度。围绕这样的目标要求，党的十八大对推进经济建设、政治建设、文化建设、社会建设、生态文明建设等作出全面部署，提出了一系列重大任务和重大举措。应该说，党的十八大关于全面建成小康社会的目标任务，集中体现了科学发展的理念和原则，体现了把科学发展观贯彻到改革开放和现代化建设各领域的总体要求。只有深入贯彻落实科学发展观，才能引导广大干部群众准确领会全面建成小康社会的新内涵和新要求，准确领会全面深化改革开放的正确方向和基本思路，准确领会党的十八大关于党和国家各方面工作的战略部署和政策举措，切实增强工作的前瞻性、预见性、系统性，加大各项任务的推进和落实力度，为如期实现全面建成小康社会宏伟目标打下具有决定性意义的基础。

（三）全面提高党的建设科学化水平，必须深入贯彻落实科学发展观

办好中国的事情，关键在党；把党的十八大的部署真正落到实处，关键也在党。党的十六大以来，我们党坚持以改革创新精神全面推进党的建设新的伟大工程，党的创造力、凝聚力、战斗力不断增强，为全面建设小康社会、加快推进社会主义现代化提供了有力政治保障。现在，我们党已经拥有 8260 多万名党员，2007 年以来新入党的达 1480 多万。新形势下党所处历史方位和执政条件、党员队伍组成结构都发生了重大变化，党的领导方式和执政方式同党肩负的使命还不完全适应，党员、干部队伍还存在不少突出问题。党面临的执政考验、改革开放考验、市场经济考验、外部环境考验是长期的、复杂的，精神懈怠危险、能力不足危险、脱离群众危险、消极腐败危险更加尖锐地摆在全党面前。科学发展观把加强党的建设同推动科学发展贯通起来，对加强和改进党的建设提出了一系列重要新思想新要求，是新的时代条件下加强和改进党的建设的科学指南。党的十八大以科学发展观为指导，针对党的建设面临的新挑战新课题，提出了全面提高党的建设科学化水平的总体要求、重点任务和重大举措。只有深入贯彻落实科学发展观，才能把党的建设新的伟大工程同党领导的伟大事业更加紧密地结合起来，坚持以科学的理论、方法和制度推进党的建设，全面提高党的建设科学化水平，使党的各项工作更好地体现时代性、把握规律性、富于创造性，使党的建设成效体现到增强党的自我净化、自我完善、自我革新、自我提高能力上来，体现到建设学习型、服务型、创新型的马克思主义执政党上来，不断巩固党的执政地位、实现党的执政使命，确保党始终成为中国特色社会主义事业的坚强领导核心。

三 准确把握科学发展观的实践要求

党的十八大报告在十七大全面阐述科学发展观的基础上，对科学发展观的实践要求进一步作出精辟概括。深入学习和贯彻落实科学发展观，关键是要进一步加深对科学发展观的理解，使我们对科学发展观的认识达到党的十八大所要求的新高度。

（一）准确把握深入贯彻落实科学发展观的第一要义，更加自觉地推动经济社会发展

发展是当代中国的主题，是解决中国一切问题的“总钥匙”。改革开放 30 多年来，我们

创造了发展的“中国奇迹”，但我国仍处于并将长期处于社会主义初级阶段的基本国情没有变，人民日益增长的物质文化需要同落后的社会生产之间的矛盾这一社会主要矛盾没有变，我国是世界最大发展中国家的国际地位没有变。因此，发展，对于全面建成小康社会、加快推进社会主义现代化，仍然具有决定性意义。要以科学发展为主题，以加快转变经济发展方式为主线，牢牢扭住经济建设这个中心，坚持聚精会神搞建设、一心一意谋发展，深入实施科教兴国战略、人才强国战略、可持续发展战略，不断解放和发展社会生产力，为坚持和发展中国特色社会主义打下牢固基础。同时，要着力把握发展规律、创新发展理念、破解发展难题，着力激发各类市场主体发展新活力、增强创新驱动发展新动力、构建现代产业发展新体系、培育开放型经济发展新优势，促进工业化、信息化、城镇化、农业现代化同步发展，加快形成符合科学发展要求的发展方式和体制机制，不断实现科学发展、和谐发展、和平发展。

（二）准确把握深入贯彻落实科学发展观的核心立场，更加自觉地坚持以人为本

全心全意为人民服务是党的根本宗旨，党的一切奋斗和工作都是为了造福人民。以人为本、执政为民是我们党的根本宗旨和执政理念的集中体现，是检验党一切执政活动的最高标准。要始终把实现好、维护好、发展好最广大人民根本利益作为党和国家一切工作的出发点和落脚点，坚持人民主体地位，尊重人民首创精神，保证人民当家作主，最广泛地动员和组织人民依法管理国家事务和社会事务、管理经济和文化事业、积极投身社会主义现代化建设。要切实保障人民各项权益，坚持维护社会公平正义，坚持走共同富裕道路，保证人民平等参与、平等发展权利，把保障和改善民生放在更加突出的位置，解决好人民最关心最直接最现实的利益问题，使发展成果更多更公平惠及全体人民，在学有所教、劳有所得、病有所医、老有所养、住有所居上持续取得新进展，在实现发展成果由人民共享、促进人的全面发展上不断取得新成效。

（三）准确把握深入贯彻落实科学发展观的基本要求，更加自觉地坚持全面协调可持续

科学发展观所追求的发展，不是片面的发展、不计代价的发展、竭泽而渔式的发展，而是全面协调可持续发展，是又好又快发展。全面，是指各个方面都要发展，要注重发展的整体性；协调，是指各个方面的发展要相互适应，要注重发展的均衡性；可持续，是指发展进程要有持久性、连续性，要注重当前发展和长远发展的结合。要按照中国特色社会主义事业五位一体总体布局要求，全面推进经济建设、政治建设、文化建设、社会建设、生态文明建设，促进现代化建设各方面相协调，促进生产关系与生产力、上层建筑与经济基础相协调，促进速度和结构质量效益相统一、经济发展与人口资源环境相协调，不断开拓生产发展、生活富裕、生态良好的文明发展道路。

（四）准确把握深入贯彻落实科学发展观的根本方法，更加自觉地坚持统筹兼顾

统筹兼顾是我们党在建设社会主义长期实践中形成的重要历史经验，是我们处理各方面矛盾和问题必须坚持的重大战略方针。统筹兼顾，就是要总揽全局、兼顾各方，统筹谋划、综合平衡，把立足当前和着眼长远相结合，把全面推进和重点突破相结合。要切实掌握和运用这一科学思想方法和工作方法，坚持一切从实际出发，正确认识和妥善处理中国特色社会主义事业中的重大关系，统筹改革发展稳定、内政外交国防、治党治国治军各方面工作，统

筹城乡发展、区域发展、经济社会发展、人与自然和谐发展、国内发展和对外开放，统筹各方面利益关系，充分调动各方面积极性，努力形成全体人民各尽所能、各得其所而又和谐相处的局面。

四　坚定不移把科学发展观贯彻到我国现代化建设全过程、体现到党的建设各方面

必须看到，深入贯彻落实科学发展观仍然是一项长期艰巨的任务，面临着一系列极具挑战性的矛盾和困难。我们要从新的思想和政治高度出发，以更加坚定的决心、更加有力的举措、更加完善的制度来贯彻落实科学发展观，真正把科学发展观转化为推动经济社会又好又快发展的强大力量。

（一）增进政治和思想认同，在不断增强贯彻落实科学发展观的自觉性、坚定性上下功夫

思想自觉是行动自觉的前提。深入贯彻落实科学发展观，首先要解决好思想认识问题。要认真学习领会党的十八大报告，认真学习领会党的十八大通过的《中国共产党章程（修正案）》，进一步提高对坚持党的指导思想的决定性作用的认识，提高对实现党的指导思想与时俱进重大意义的认识，提高对科学发展观的历史地位和理论贡献的认识，确立对科学发展观的高度政治和思想认同。要坚持不懈用中国特色社会主义理论体系特别是科学发展观武装全党、教育人民，引导干部群众深刻领会科学发展观同马克思列宁主义、毛泽东思想、邓小平理论、“三个代表”重要思想一脉相承而又与时俱进的内在关系，深刻领会科学发展观的时代背景、实践基础、科学内涵、精神实质和实践要求，深刻领会贯穿其中的马克思主义立场观点方法。要紧密结合党的十六大以来我们党实践和理论探索的历程，认真学习胡锦涛同志一系列重要讲话，学习党的十六大以来中央一系列重要文献，学习党和国家一系列重大方针政策和战略部署，既从总体上掌握科学发展观的科学体系，又从各个领域深入理解其基本内容。通过扎实深入的学习教育，引导广大干部群众把思想和行动统一到科学发展观和党的十八大精神上来，统一到坚持中国特色社会主义道路、理论体系和制度上来，统一到为实现党的十八大提出的各项任务而奋斗上来。

（二）坚持理论联系实际，在运用科学发展观指导和推动全面建成小康社会实践上下功夫

理论的价值在于指导实践、在于实际运用。要大力弘扬理论联系实际的马克思主义学风，紧密联系各地区各部门的工作实际，联系广大干部群众的思想实际，把科学发展观贯穿于全面建成小康社会的全过程，落实到全面建成小康社会的各个方面，体现在社会主义现代化建设的各个领域中，体现在改革发展稳定的各项工作上。要切实按照科学发展观要求进一步理清发展思路，明确具体奋斗目标，完善相关政策举措，不断推动经济社会发展迈上新台阶。要把贯彻落实科学发展观同研究落实党的十八大作出的一系列重大部署结合起来，同研究解决各地区各部门工作中的突出矛盾和问题结合起来，同研究解决人们普遍关注的热点难点问题结合起来，使贯彻落实科学发展观的过程成为促进经济社会又好又快发展的过程，成为继续改善人民生活、增进人民福祉的过程。总之，要把学习贯彻科学发展观的成果，转化为促进科学发展的方针政策，转化为干部群众的自觉行动，转化为符合科学发展要求的发展方式和体制机制。

（三）加大改革创新力度，在进一步完善有利于科学发展的体制机制上下功夫

改革创新是推动事业发展的根本动力，也是实现科学发展的必由之路。实现科学发展，必然涉及生产力和生产关系、经济基础和上层建筑领域的深刻变革，必然涉及思想观念、体制机制、利益格局的深度调整，是一场攻坚战、持久战。必须坚持解放思想、改革开放、凝聚力量、攻坚克难，以更大的决心和勇气推进改革创新，把改革创新精神贯彻到治国理政各个环节，坚决破除一切妨碍科学发展的思想观念和体制机制弊端，为科学发展提供持久推动力量。要按照党的十八大关于全面深化改革开放的目标和部署，着力推进各方面体制机制改革创新，加快完善经济建设、政治建设、文化建设、社会建设、生态文明建设的各项制度，构建系统完备、科学规范、运行有效的制度体系，使各方面制度更加成熟更加定型。要抓住经济社会发展中的深层次矛盾和问题，抓住长期制约科学发展的体制机制障碍，不失时机地打好改革攻坚战，努力在重要领域和关键环节实现改革的新突破。要提高改革决策的科学性，增强改革措施的协调性，正确处理改革发展稳定的关系，使改革始终得到人民拥护和支持。

（四）着力强化能力素质，在提高党员干部推动科学发展的能力上下功夫

深入贯彻落实科学发展观，党员干部是骨干、是中坚。要使科学发展的任务落到实处、产生实效，关键是要把科学发展观落实到广大党员干部的思想和行动中去，体现到党的工作和党的建设中去，引导党员干部更加自觉、更加主动地学习实践科学发展观，坚持用科学发展眼光观察问题，用科学发展方法分析问题，努力做科学发展的实践者、推动者、组织者。要引导党员干部以正确政绩观践行科学发展观，建立完善体现科学发展观要求的政绩考核评价和监督体系，贯穿到干部考察、评价和使用的全过程，推动形成有利于科学发展的用人导向、政策导向、制度导向。要把加强党员干部教育培训、提高党员干部素质作为战略任务，强化学习培训和实践锻炼，创新发展思路、创新工作举措、创新领导方法，不断提高谋划发展、统筹发展、优化发展、推动发展的能力。要引导党员干部自觉践行以人为本、执政为民，切实贯彻党的群众路线，着力解决人民群众反映强烈的突出问题，多干让人民群众满意的好事实事，特别是多到困难大、群众意见多的地方去，在化解难题、服务群众的过程中增长才干。

（原载《人民日报》2012 年 12 月 22 日）

繁荣发展哲学社会科学

陈奎元

党的十七届六中全会通过的《中共中央关于深化文化体制改革推动社会主义文化大发展大繁荣若干重大问题的决定》（以下简称《决定》），把繁荣发展哲学社会科学作为促进社会主义文化大发展大繁荣的重要任务，作为文化产品创作发展最主要的领域之一，作出一系列重大部署。《决定》明确提出实施哲学社会科学创新工程，推进学科体系、学术观点、科研方法创新，对巩固发展马克思主义理论学科、推进哲学社会科学学科建设、重大问题研究、队伍建设、思想库建设、信息化建设等方面，都提出许多新举措。认真学习领会和贯彻落实这些重大要求和部署，对于在新的历史时期进一步繁荣发展我国哲学社会科学事业，具有十分重要的意义。

一　坚持和发展中国特色社会主义，必须大力发展哲学社会科学

《决定》深刻揭示了哲学社会科学与中国特色社会主义的关系，阐明了哲学社会科学对建设中国特色社会主义不可替代的作用，指出："坚持和发展中国特色社会主义，必须大力发展哲学社会科学，使之更好发挥认识世界、传承文明、创新理论、咨政育人、服务社会的重要功能。"中国特色社会主义事业的兴旺发达，离不开自然科学的繁荣发展，同样也离不开以马克思主义为指导的哲学社会科学的繁荣发展。

我们党历来高度重视哲学社会科学。党的十六大以来，以胡锦涛同志为总书记的党中央从中国特色社会主义发展全局的战略高度，把繁荣发展哲学社会科学作为重大而紧迫的任务进行谋划部署。颁布《中共中央关于进一步繁荣发展哲学社会科学的意见》；启动马克思主义理论研究和建设工程；十六届中央政治局专门就繁荣发展哲学社会科学进行集体学习；党的十七大对繁荣发展哲学社会科学作出战略部署；党的十七届五中全会和国家"十二五"规划纲要明确提出繁荣发展哲学社会科学的重大政策和措施。党的十七届六中全会又把繁荣发展哲学社会科学作为推动社会主义文化大发展大繁荣、建设社会主义文化强国的一项重要内容作出新的部署。这说明，随着建设中国特色社会主义实践的深入发展，我们党更加自觉地把握哲学社会科学发展规律，更加充分地发挥哲学社会科学的作用。

当前，中国进入了全面建设小康社会的关键时期和深化改革开放、加快转变经济发展方式的攻坚时期，坚持和发展中国特色社会主义，开创中国特色社会主义事业新局面，迫切需

要哲学社会科学提供更强大的精神动力和更深厚的智力支撑。具体地讲，这主要体现在以下几个方面。

一是建设富强民主文明和谐的社会主义现代化国家的需要。社会主义是全面发展全面进步的社会。建设富强民主文明和谐的社会主义现代化国家，不仅要有强大的经济，还要有先进的文化。物质文明和精神文明都发达，才能真正显示出社会主义的巨大优越性。我们党历来坚持两个文明一起抓，相互促进。正如胡锦涛同志指出的，提高全民族的思想道德素质和科学文化素质，需要哲学社会科学不断提供丰富知识和发挥教化作用。《决定》提出："物质贫乏不是社会主义，精神空虚也不是社会主义。"建设中国特色社会主义，是经济建设、政治建设、文化建设、社会建设以及生态文明建设全面推进的进程。繁荣发展哲学社会科学，是社会主义精神文明建设的重要组成部分，又是为促进整个经济社会发展服务的。建设强大的社会主义国家，促进中国特色社会主义事业全面发展，需要哲学社会科学提供强有力的思想保证、精神动力和智力支持。

二是深化改革开放、促进经济社会又好又快发展的需要。《决定》指出，"当代中国进入了全面建设小康社会的关键时期和深化改革开放、加快转变经济发展方式的攻坚时期"。当前，我国经济体制、社会结构、利益格局、思想观念都在发生广泛而深刻的变化，新情况新问题不断出现。坚持和完善社会主义基本经济制度、政治制度和文化制度，面临着许多重大理论和实践问题；我国经济发展的人口资源环境约束不断增强，转变经济发展方式刻不容缓；收入分配、就业、社会公平等问题非常重要，社会管理问题尤为突出，等等。回答和解决这些重大问题，需要哲学社会科学为继续解放思想、坚持改革开放、推动科学发展、促进社会和谐提供有力支撑。

三是推进社会主义核心价值体系建设、弘扬社会主义先进文化的需要。《决定》强调，"社会主义核心价值体系是兴国之魂，是社会主义先进文化的精髓，决定着中国特色社会主义发展方向"。建设社会主义先进文化，最重要、最根本的任务就是弘扬社会主义核心价值体系。有了它，社会主义文化才同封建传统文化、资本主义腐朽文化区别开来，才能够真正成为人类发展史上最先进的文化。推进社会主义核心价值体系建设，需要进一步繁荣发展哲学社会科学，以深入的理论研究和丰富的知识贮备，为巩固全党全国各族人民团结奋斗的共同思想道德基础，加强马克思主义在意识形态领域的指导地位，坚定全体人民走中国特色社会主义道路的信念，弘扬以爱国主义为核心的民族精神和以改革创新为核心的时代精神，构筑中华民族不断前进的强大精神支柱，提供有力的思想理论支撑。

四是维护国家利益和安全、掌握国际话语权的需要。当今世界正处在大发展大变革大调整时期，各种力量纵横捭阖，围绕综合国力、国际秩序、国际市场、地缘政治、发展模式、价值观念等的全方位竞争日趋激烈。我国的经济安全、金融安全、能源资源安全、领土领海安全等问题十分严峻。自2008年开始的国际金融危机至今仍未得到有效化解，美欧主权债务危机仍在持续。在这样的背景下，国际经济政治格局必将发生深刻变革，世界主要国家围绕赢得国际竞争新优势、增强国际话语权的较量更加激烈。面对复杂的国际形势和国际环境，以及不断出现的新的国际问题，迫切需要哲学社会科学认真研究和回答，主动争取和掌握国际话语权和舆论主导权，为维护国家安全和核心利益提供有重要价值的研究成果和建议。

二 建设具有中国特色、中国风格、中国气派的哲学社会科学

《决定》明确提出："结合我国实际和时代特点，建设具有中国特色、中国风格、中国气派的哲学社会科学。"这是党中央的一贯要求，也是我国哲学社会科学发展的总体目标。广大哲学社会科学工作者要加倍努力，形成以马克思主义为指导，具有鲜明的时代精神和厚重的民族精神，引领时代、高瞻远瞩，体系完备、科学严谨，博大精深、兼收并蓄的当代中国哲学社会科学。

（一）巩固发展马克思主义理论学科

《决定》指出："马克思主义深刻揭示了人类社会发展规律，坚定维护和发展最广大人民根本利益，是指引人民推动社会进步、创造美好生活的科学理论。"《决定》还提出巩固发展马克思主义理论学科，深入推进马克思主义理论研究和建设工程，实施中国特色社会主义理论体系普及计划等许多重大任务。广大哲学社会科学工作者要认真贯彻落实这些部署，把加强马克思主义理论学科建设作为根本性、长期性的任务。进一步加强马克思主义基本原理、马克思主义发展史、马克思主义中国化以及思想政治教育研究与学科建设，加强中国特色社会主义理论体系研究与学科建设，加强以马克思主义为指导的哲学社会科学各学科基础理论研究与学科建设。加强马克思主义理论学科建设，关键是掌握贯穿其中的立场、观点、方法。正如胡锦涛同志指出的那样："要深刻领会它的精神实质，善于运用它的立场、观点、方法去指导具体的社会科学研究及其学科建设。"哲学社会科学工作者要认真遵循这个要求，认真学习研究马克思主义经典著作，不断提高用马克思主义立场、观点、方法指导哲学社会科学工作的能力和水平。

（二）加强哲学社会科学学科体系建设

《决定》指出，坚持基础研究和应用研究并重，传统学科和新兴学科、交叉学科并重。这是加强哲学社会科学学科建设的基本原则。学科建设是繁荣发展哲学社会科学的基础性工作，需要认真研究学科建设面临的问题，加强哲学、经济学、政治学、国际政治和经济、法学、历史学、民族学、新闻学、人口学、社会学、文学、语言学、考古学等各学科的研究和建设。把基础研究和应用研究紧密结合起来，以应用研究促进基础研究，以基础研究带动应用研究。要按照巩固、调整、发展的方针，加强传统学科建设，使之增强活力，适应时代发展。积极扶持新兴、交叉学科，使之成为哲学社会科学新的生长点，带动哲学社会科学的更新发展。推进哲学社会科学不同学科之间的交叉渗透、哲学社会科学与自然科学的交叉渗透。

（三）紧密结合我国实际和时代特点

当代中国的哲学社会科学，要面向现代化、面向世界、面向未来，充分反映当代自然科学和社会科学的最高成就、最新成果，符合时代精神，走在时代前列；要以坚持和发展中国特色社会主义为中心任务，为建设代表最广大人民根本利益、体现社会公平正义、造福中国人民的中国特色社会主义制度提供强大的理论支撑和广泛的认同基础；要深深扎根于中华文明沃土，富有浓厚民族气息，形成广大人民群众喜闻乐见的语言风格和话语体系。要与本国国情和实际相结合，吸收世界优秀文明成果，在实践中进行新的理论创造，努力建设适应中

国特色社会主义事业需要、与我国国际地位相称的哲学社会科学。

（四）坚持以重大现实问题为主攻方向

《决定》明确要求广大哲学社会科学工作者，“坚持以重大现实问题为主攻方向，加强对全局性、战略性、前瞻性问题研究”。落实这项要求，就要坚持“实践第一”的观点，紧紧围绕社会主义经济建设、政治建设、文化建设、社会建设以及生态文明建设和党的建设，深入研究坚持和发展中国特色社会主义、完善社会主义基本制度，实现科学发展，民主政治建设，文化建设，社会分配及保障和改善民生，加强社会管理、促进社会和谐等重大理论和现实问题，深入研究国际重大理论、重大战略、重大事件和热点焦点问题，不断推出高质量研究成果，为党和国家决策提供及时有效的对策建议。《决定》还明确提出“建设一批具有专业优势的思想库”。这是鼓励和支持哲学社会科学界更好发挥现实作用的一项重要举措，必须切实加以落实。

（五）实施哲学社会科学创新工程

《决定》强调，“推进学科体系、学术观点、科研方法创新”，并明确提出“实施哲学社会科学创新工程”。这是中央关于哲学社会科学政策的一个重要亮点。中央强调，要大力推进我国哲学社会科学理论创新体系的建设，在马克思主义指导下，紧密结合新的实践不断创新，是我国哲学社会科学繁荣发展的必由之路。哲学社会科学界要积极行动起来，把实施哲学社会科学创新工程作为构建哲学社会科学创新体系的重要载体和平台。推进学科体系创新，就要遵循哲学社会科学学科发展规律，优化学科结构，坚持基础研究和应用研究并重，传统学科和新兴学科、交叉学科并重。推动学术观点创新，就要从当前客观实际出发，提出有科学依据、经得起实践和历史检验的原创性学术观点。推动科研方法创新，就要广泛吸收借鉴先进的研究方法，在科学技术迅速发展的今天，尤其要加强对信息技术等先进手段的运用。《决定》还提出“加强哲学社会科学信息化建设”，“建设一批社会科学研究基地和国家重点实验室”等重要任务。这些部署的落实，将为哲学社会科学创新体系建设提供更有力的支撑和保障。

（六）着力推出优秀成果

《决定》明确要求：“着力推出代表国家水准、具有世界影响、经得起实践和历史检验的优秀成果。”这是检验哲学社会科学繁荣发展水平的根本标准。哲学社会科学的研究能力和成果，是综合国力的重要组成部分，反映出一个民族的价值观念分量、思维成熟程度和对人类社会探索的广度深度。广大哲学社会科学工作者必须以先进的理论为指导，准确把握当今世界发展趋势，深刻认识当代中国经济社会发展规律，善于在实践中创新理论，服务社会。《决定》提出，重点扶持立足中国特色社会主义实践的研究项目。这是推出优秀成果的重要部署。我们的哲学社会科学优秀成果还要走出去，进一步扩大在国际上的影响力和竞争力。要面向国外系统翻译、出版和介绍我国哲学社会科学高水平研究成果和精品力作。

三　新时期繁荣发展哲学社会科学的基本要求

《决定》提出了建设社会主义文化强国的战略目标，哲学社会科学工作者肩负的使命和任务更加艰巨，也应有更大的作为。在新的历史时期繁荣发展哲学社会科学，应紧紧围绕以下几个方面的基本要求。

第一，必须坚持中国特色社会主义文化发展道路。《决定》指出，改革开放以来特别是党的十六大以来，我们党走出了中国特色社会主义文化发展道路。这也是哲学社会科学界坚持正确科研方向、为发展社会主义先进文化服务的正确的道路。广大哲学社会科学工作者要自觉地把学术研究活动融入中国特色社会主义事业中去，以高度的学术自信，为发展面向现代化、面向世界、面向未来的，民族的科学的大众的社会主义文化而不懈努力。要用先进的世界观、价值观和方法论引领文化建设，用优秀的研究成果引领理论创新，以改革创新的精神推动文化创造，切实担负起推进文化改革发展、建设社会主义文化强国的重任。

第二，必须着力推进社会主义核心价值体系建设。《决定》要求，“把社会主义核心价值体系融入国民教育、精神文明建设和党的建设全过程，贯穿改革开放和社会主义现代化建设各领域，体现到精神文化产品创作生产传播各方面”。哲学社会科学作为社会主义精神文明建设的重要领域，作为党的思想文化建设的重要部分，作为社会主义现代化建设不可替代的重要力量，必须把研究、阐释、宣传社会主义核心价值体系作为根本任务，深刻总结实践发展经验，通过创造性的研究，通过铸造信仰、创新理论、传播知识、弘扬正气，为在全党全社会形成统一指导思想、共同理想信念、强大精神力量、基本道德规范作出重要贡献。

第三，必须贯彻“二为”方向和“双百”方针。《决定》突出强调全面贯彻“二为”方向和“双百”方针。这是我们党长期以来加强文化建设的基本方针。广大哲学社会科学工作者要身体力行，牢固树立人民是历史创造者的观点，牢记为人民服务、为社会主义服务的神圣职责，自觉地把自己的学术研究同国家和人民的需要紧密结合起来，努力成为服务国家、造福人民的学问家。要充分发扬学术民主，尊重差异，包容多样，提倡不同学术观点、不同风格学派相互切磋、平等讨论，努力营造积极健康、宽松和谐的学术环境。

第四，必须弘扬理论联系实际的优良学风。我们党在历史上形成的理论联系实际的学风，熏陶和培育了一代又一代哲学社会科学工作者。毛泽东同志论述哲学解放的任务时就指出：“让哲学从哲学家的课堂上和书本里解放出来，变为群众手里的尖锐武器。”邓小平、江泽民、胡锦涛同志也都明确要求理论工作者要始终发扬理论联系实际的学风。胡锦涛同志指出：“理论研究只有同社会发展的要求、丰富多彩的生活和人民群众的实践紧密结合起来，才能具有强大生命力和影响力，才能实现自身的社会价值。”《决定》强调文化工作者要“把学术探索和艺术创作融入实现中华民族伟大复兴的事业之中”。广大哲学社会科学工作者要按照中央要求，坚持理论联系实际，坚持一切从实际出发，以实践作为检验真理的唯一标准，以我国改革开放和社会主义现代化建设的实际问题、以我们正在做的事情为中心，着眼于马克思主义理论的运用，着眼于对实际问题的思考，着眼于新的实践和新的发展，真正把学术理论成果转化为服务国家、造福人民的重要工具。

第五，必须加强高素质人才队伍建设。这是繁荣发展哲学社会科学的关键。要按照政治强、业务精、作风正的要求，努力造就一批用马克思主义武装起来、立足中国、面向世界、学贯中西的思想家和理论家，造就一批理论功底扎实、勇于开拓创新的学科带头人，造就一批年富力强、政治和业务素质良好、锐意进取的青年理论骨干。建设中国特色社会主义事业，需要大批的理论人才和文化人才，需要一支宏大的哲学社会科学队伍。要注重哲学社会科学知识普及人才的培养，让哲学社会科学走进广大人民群众的生活，真正为广大人民群众服务，不断提高全民族的思想道德素质和科学文化素质。完善哲学社会科学人才培养选拔和管理机制，紧紧抓住培养人才、吸引人才、用好人才3个环节，形成优秀人才脱颖而出、人尽其才的良好机制和环境。

毛泽东同志曾指出："随着经济建设的高潮的到来，不可避免地将要出现一个文化建设的高潮。"今天，随着我国经济社会发展进入新的阶段，我们也必然会迎来社会主义文化大发展大繁荣。广大哲学社会科学工作者要紧密团结在以胡锦涛同志为总书记的党中央周围，高举中国特色社会主义伟大旗帜，认清形势，抓住机遇，明确使命，锐意进取，为繁荣发展哲学社会科学，为建设社会主义文化强国、坚持和发展中国特色社会主义作出新的更大的贡献！

（原载《松州学刊》2012年第1期）

第 二 篇

特约文稿

论民主与社会主义民主

——关于民主问题的札记

王伟光

一　民主政治有鲜明的政治性

民主，无论是在我国社会主义政治生活领域，还是在国际社会政治生活领域，都是一个极其重大而又敏感的理论与现实问题。一般来说，民主可以有三种不同的内涵：

一是作为国家政治制度层面的民主，就是通常所说的民主政治。民主就是政治，民主带有鲜明的阶级性、政治性、意识形态性。社会主义民主与资本主义民主是两种根本不同的政治制度，属于上层建筑领域。社会主义民主政治为社会主义经济基础服务，资本主义民主政治为资本主义经济基础服务。我国作为社会主义制度的国家，实行人民民主专政，对人民实行最广泛的民主，对少数敌对分子实行强有力的专政。全国人民代表大会制度是我国的根本政治制度，中国共产党领导的多党合作和政治协商制度、民族区域自治制度以及基层群众自治制度等都是基本政治制度。从这个意义上来说，民主是指国家政治制度。

二是作为具体组织形式、机构、机制、操作层面的民主，就是通常所说的民主政治的具体组织形式、运行体制、机构、机制和具体运作程序、原则、规则。它是为一定的国家制度、一定的政治、一定的阶级服务的，为什么服务，就从属什么，就具有什么性质。一般说来，它本身没有特定的政治性、阶级性和意识形态性。例如，是议会还是人民代表大会，是总统还是国家主席，并不能说明国家制度的性质。再如，少数服从多数的原则是民主的通常规则，本身不具有明确的政治性、阶级性和意识形态性。

三是作为民主价值观、民主思想、民主作风的民主。如对民主的价值追求、价值判断等价值观，关于民主的理论、观点、认识等思想，密切联系群众、多听不同意见的民主作风。这些作为观念形态的民主，是有意识形态性、阶级性的。同样的民主理论，可以是资产阶级的民主观，也可以是工人阶级的民主观。

三种不同的民主相互联系，相辅相成，相得益彰。比如社会主义民主，必然实行民主集中制的原则。实行民主集中制，坚持社会主义民主政治，必然要求领导干部具有“公仆意识”、“取消一切特权”等优良的民主作风和民主思想。三者也是相互区别的，第一种、第三种民主的政治属性不能混淆，而第二种的民主则可借鉴，如民主政治的一些具体组织形式、机构、体制、机制，操作原则、程序和规则，既可以为社会主义民主制度所采用，也可以为资本主义民主制度所采用。

作为国家政治制度的民主政治，是具体的、历史的、变化的，从来就没有抽象的、超阶级的、超历史的、永恒的、普世的民主政治。在人类社会发展史上，原始社会是无阶级社会，在原始社会晚期，人们创造了原始的民主议事制度以及相应的组织形式、机制。可以说，这是由原始社会公有制所决定的原始公社内部的民主政治，是原始公社内部最广泛的民主制度。奴隶社会是人类历史上的第一个阶级社会，奴隶社会制度带有极其鲜明的阶级性，奴隶社会的国家政治制度是少数人对多数人的专制统治，奴隶主阶级对奴隶阶级拥有绝对的统治权、剥削权，奴隶社会不可能有什么民主政治。但是，在奴隶制的希腊城邦社会，也产生了一种城邦民主政治，无疑该民主也只是奴隶主统治阶级内部的民主，只是少数人的民主，是少数人对多数人专政的民主。封建社会是专制制度，是与民主政治根本对立的封建政治制度。中国长达几千年的封建社会建立了与民主政治根本不同的封建君主专制政治制度。在半封建半殖民地的中国，实行的仍然是黑暗的专制独裁制度。

资产阶级是在专制的封建社会内部产生的新生阶级，代表新的生产力发展方向，资产阶级要建立资本主义生产关系，解放和发展受封建生产关系束缚的生产力，必然要冲破封建地主阶级的专制政治，建立与私有制市场经济发展要求相适应的资产阶级民主政治，从根本制度上保证资产阶级的利益要求，这就发生了以民主制度来代替专制制度的资产阶级民主革命。应该说，与资本主义市场经济发展需求相适应，资产阶级创造了适应人类历史进步的资产阶级民主政治。资产阶级民主在资本主义上升期是具有进步性和革命性的。

然而，资本主义民主同时具有两重性、两面性。一方面，相对于封建主义来说，有其进步性和革命性，但其进步性和革命性是暂时的、历史的、有局限性的；另一方面，相对于工人阶级来说，又有其欺骗性、反动性的一面。资产阶级民主从一开始就是少数人的民主，是以少数人对多数人的统治为前提的民主，是以保护资产阶级私有制经济利益为条件的民主，因而资产阶级民主在资本主义上升时具有进步性和革命性的同时，就具有局限性、有限性、反动性、虚伪性和欺骗性。对无产阶级和劳动人民来说，它实行的并不是真正的民主，以表面的全民性作为伪装，掩盖其对多数人实行统治、压迫的阶级实质。随着资产阶级革命的成功和资本主义制度的确立，资本主义民主逐渐丧失其进步性和革命性。

当今时代是作为新生事物的社会主义力量与资本主义力量博弈的时代，显现出两种历史趋势、前途和命运的反复较量。资产阶级革命成功的同时，资产阶级民主的虚伪性、反动性也愈益显现。资本主义在以社会制度的形式确立下来的同时，资产阶级就造就了它的对立面——工人阶级，资本主义社会内部开始孕育否定、替代资本主义制度的社会主义因素。当社会主义作为最终战胜资本主义的力量，以社会制度的形式诞生以后，就一直遭到资本主义运用经济的、政治的、意识形态的乃至军事的力量的围攻。

资产阶级在其革命时期，民主、人权、自由、平等、博爱等是它战胜封建势力的思想政治武器，它所追求的民主、人权、自由、平等、博爱的思想政治武器的确比封建专制主义的思想武器强，这些思想政治武器一度成为向封建专制主义开展斗争的舆论工具。但随着资产阶级上升期的结束，资产阶级在运用民主巩固其经济基础，运用民主、人权、自由、平等、博爱等思想武器为其存在保驾护航的同时，也运用民主、人权、自由、平等、博爱等思想武器向社会主义国家发起意识形态的进攻，企图西化、分化社会主义国家。社会主义制度实行广泛的人民民主，是建立在社会主义公有制基础上的民主制度。当然，社会主义是新生事物，社会主义民主也有一个逐步完善的过程，作为新型民主，它还有很多缺憾和不足。在当今时代对民主的选择上，必然表现为社会主义与资本主义两种民主政治的生死博弈。

二 民主是具体的、历史的，表现为一个过程

2008年爆发的由美国次贷危机引发的全球金融风暴，刮起了欧债危机狂潮。政治是经济的集中表现，由此引发了西方发达资本主义国家的“占领华尔街”运动乃至“占领伦敦”运动，导致了此起彼伏的罢工、示威、游行活动。经济危机转化为社会危机，继而转化为意识形态危机。生活在西方的许多人，上至一些政治家和理论家，下至不少平民百姓，站在不同的立场上，从不同的角度，开始反思西方资本主义制度，质疑西方资本主义民主政治。美国前国家安全顾问、著名国际问题专家布热津斯基说：“今天的问题是，在失控和可能仅为少数人自私地谋取好处的金融体系下，在缺乏任何有效框架来给予我们更大、更雄心勃勃的目标的情况下，民主是否还能繁荣，这还真是一个问题。”① 对现行西方民主提出严重质疑，“西方民主真是一个问题”，这不啻对鼓吹西方民主具有“普世价值”的说法的一记重棒。

民主是具体的、历史的，表现为一个一个具体的、特殊的过程，没有抽象的、超历史、超时空、超国情、永恒、静止、普世的民主。所谓民主是具体的，就是说民主是一个一个特殊的、具体的客观社会存在，如中国特色社会主义民主政治、美式资产阶级民主政治、英式资产阶级民主政治等，没有离开具体民主而单独存在的抽象的、普世的民主。所谓历史的，就是说民主是一定历史条件下的产物，是随着时代的发展、历史的变迁、实践的推移而不断变化发展的，民主表现为一个历史过程，没有永恒的、固定的、不变的、绝对的民主。民主，作为政治制度的民主政治，作为观念形态的民主思想，作为从属于民主政治制度的具体形式、程序和规则，都是一定历史时代、一定特殊国情、一定具体条件的产物，它是历史地形成的，有一个生成、完善的过程，是与某一具体国家、具体政党、具体阶级、具体人群相伴随的。

每一种具体的民主政治、民主思想、民主形式、程序和规则，都具有其内在的、与其他民主相比较而共同具有的属性。民主是有其共性、一般性和普遍性的，但现实生活中并没有离开具体民主而单独存在的抽象的、超历史、超时空、普世的民主，这就是民主的个性与共性、特殊与一般、个别与普遍的辩证关系问题，我们可以统称之为民主特殊与民主一般。民主特殊，就是指现实生活中存在的个别的、具体的、历史的民主，如中国共产党的党内民主、西方资产阶级的政党民主等；民主一般，就是指寓于民主特殊之中的民主的共同属性。民主

① 参见《西方民主还真是一个问题》，载《参考消息》2012年4月3日，第10版。

一般只是存在于民主特殊之中，是一个一个具体的民主相比较而体现出来的共同的属性，是具体民主的一般表现。从哲学认识论上来讲，民主特殊与民主一般就是“个性”与“共性”、“特殊”与“一般”、“个别”与“普遍”的关系问题。所谓民主政治、民主思想、民主规则，都存在于具体的国家、具体的阶级、具体的政党、具体的人群乃至具体的个人之中，离开具体的国家、具体的阶级、具体的政党、具体的人群、具体的个人的所谓民主一般是不存在的。这就好比离开活生生的具体的个人的所谓灵魂是根本不存在的一样。

当然，不能因为民主的具体性、特殊性、个别性和历史性而否认不同民主的共性、一般性和普遍性。我们只是反对把民主一般说成是脱离民主特殊的所谓超历史的、超阶级的、普世的民主，并不反对说每个具体的民主都具有共性、一般性和普遍性。

如果离开具体的历史条件、时空环境、发展过程，而把某一历史阶段的民主制度作为适用于一切历史阶段的民主，把某一国家的民主制度作为适用一切国家的民主，是不现实的。普遍适用于一切历史时代、一切国度、一切阶级、一切政党、一切群众的民主制度是不存在的。“橘生淮南则为橘，生于淮北则为枳”，离开了具体土壤、具体的环境、具体的条件、具体的过程，橘就不是橘，而为枳了。美式民主是根据美国国情、美国资本主义发展需要和美国资产阶级要求，以及美国人民可接受程度，在美国民族解放和独立战争以来所逐步形成的以两党议会制为特点的民主，不要说它与社会主义国家的民主不同，就连与同是资本主义的英式民主也不同。英式民主是君主立宪式民主政治，是英国资产阶级不彻底革命的妥协的历史产物。英式民主政治与美式民主政治同样是资产阶级民主，但由于历史条件不同，它们也是不尽相同的。当然，无论美式民主与英式民主，它们都具有资本主义民主政治的共性。所以，把某一特定条件下的民主说成是完全绝对的东西，是一成不变的永恒的东西，适用于一切，是不现实的。任何特定条件下的民主都有其产生和存在的必然性，同时也有其历史条件的局限性和需要在新的历史实践中不断加以完善的必要性。

如果把具体民主抽象成一般民主原则套用一切、剪裁一切，不过是玩弄抽象的民主概念，把自家民主强加于别国而已。一些西方政治家、理论家把美式民主、西式民主说成具有普世价值的民主，拿着民主大棒，在全世界到处挥舞。在美国政客看来，美式民主是世界上最好的民主，具有普世价值，是全世界的样板，在全世界到处推销，企图把它硬套给一些它认为不满意的国家，当作打人的狼牙棒到处敲打与他们不同的国家。看谁不顺眼，就采取双重标准，凡是它不满意的国家，它就给人家扣上“专制”、“独裁”、“邪恶”的帽子，必欲除之而后快。比如，对俄罗斯的大选，他们竭力捣乱破坏，对普京当选，他们怒火燃烧。而对自己任意干涉别国内政，蛮横地制裁、勒索他国，甚至武装入侵他国的暴力行为，则披上输入“普世民主”的外衣。

实际上，这次金融风暴已经让许多西方人开始觉醒，开始反思西方民主的虚伪性。有人就形象地把西方民主称之为金钱民主，认为“金钱是民主的母乳”，一语道破了西方民主的实质。据埃菲社2012年1月27日报道，参加世界社会论坛的一些知名学者认为：“欧洲民主已经被贪婪的金融市场绑架，而且这个没有底线的市场现在已经威胁到了人权和政治权。”葡萄牙社会学家阿·德·桑托斯说：“欧洲的民主和宪法都不合格，现在主宰它们的是高盛公司。”目前的危机让人“有理由认为资本主义是反民主的”。法国著名经济学家保罗·若里翁2011年12月对法国《论坛报》记者说："选举改变不了什么。……在这个逐渐衰落的制度面前，政客们已经没有任何回旋余地。无论身在哪个阵营，他们唯一能做的是假装还控制着局面。解决问题的希望只可能来自那些明白问题本质的人。"① 在这里，思考的人们提出了一个深刻的问题：西方民主有什么弊端？西方民主是不是像有人所鼓吹的那样是"普世的、完美的、永恒的民主"？只让少数人发大财而带不来大多数人的幸福，这种民主是人们所需要的吗？可见，具体到被称为具有"普世价值"的西式民主，也是一个势必退出历史舞台的历史产物。

三　人民民主是社会主义民主的本质要求

社会主义民主是在本质上完全不同于资本主义民主的最广泛的人民民主。资产阶级创造了人类历史上不同于封建专制的，优于历史上其他阶级政体形式的资产阶级民主。该民主的特点，一是结束了人类社会历史上封建专制统治，带有鲜明的反对封建专制的特性；二是适应资本主义市场经济的需要，对资本主义经济社会发展起到了促进作用；三是相对奴隶社会、封建社会等以往阶级社会形态来说，赋予社会各阶级、各阶层以较多的自由、平等、人权，如承认每一位公民的选举权与被选举权，但这只是在资产阶级所容许的范围和限度内；四是形成了与其民主政治相适应的资产阶级民主思想、民主理论，以及一整套比人类历史上以往任何民主政治都要成熟的民主形式、程序、规则，为今后更先进、更合理、更高级的社会主义民主思想、理论、形式、程序、规则提供了前提和资以借鉴的经验……这些都是资本主义民主的长处。然而，任何历史阶段的民主、任何剥削阶级的民主，都有其历史的和剥削阶级的局限性。利益起决定性作用。任何时代的剥削阶级都是少数人，该剥削阶级所创造的民主必然首先服从于并服务于该少数阶级的利益，是少数阶级的民主，这是毋庸置疑的铁定事实。当然，在满足、维护资产阶级少数人利益的同时，为了保证该阶级少数人的整体利益和长远利益，也会兼顾其他阶级、阶层的利益需求，相比它之前的剥削阶级来说，会给予其他阶级、阶层以较多宽限和较为广泛的民主。资产阶级在实施民主的同时，从来没有忘记并丢弃专政。民主与专政是一对孪生兄弟，有民主就有专政，强化民主的同时也要强化专政，资本主义国家为了保护资本主义的民主，就要建立和保持强大的专政工具，资本主义民主是在强力专政基础上实现的民主。

资本主义民主在资产阶级革命时期具有强烈的革命性和进步性。为了能够团结工人阶级、农民阶级、小资产阶级以及其他阶级阶层，资产阶级更需要借助民主的大旗，把他们所主张的民主说成是全民民主、普世民主，给其他阶级许诺更多的民主、自由、平等的权利，在资本主义国家建立的早期也是如此。资产阶级民主具有革命性的同时，亦带有极大的虚伪性和欺骗性。资产阶级民主自我标榜为全民民主，但其实质和最终目的是为少数剥削阶级的民主，披着民主外衣，打出普世的标牌，在形式上做更多的民主文章，有很强的两面性。当然，资本主义民主也不完全都是骗人的，的确较以往的剥削阶级来说，会给予其他阶级较多的民主

① 参见《西方民主还真是一个问题》，载《参考消息》2012年4月3日，第10版。

要求，满足较多的民主诉求。然而，资本主义民主的进步性会随着资本主义的发展、没落而越来越少，欺骗性越来越大，形式上的民主越来越多会增加其反动性。

社会主义民主与资本主义民主有三个重要区别：一是社会主义民主是历史上真正多数人的民主，是被压迫、被剥削、被统治阶级多数人的民主；二是社会主义民主在实行民主的同时亦实现专政，科学社会主义经典作家称之为无产阶级专政，在我国即人民民主专政；三是社会主义民主公开宣称自己是绝大多数人的人民民主，不排除对极少数人的专政，而不像资产阶级那样把自己的民主伪称为“全民的”、“普世的”民主。

孙中山领导的旧民主主义辛亥革命，采用资产阶级上升期反对封建专制统治的民主理论武器，试图建立资产阶级民主共和国，从而推动中国走向独立、解放、富强的强国之路。孙中山领导的资产阶级民主革命是进步的，其资产阶级民主理论武器唤起了多少仁人志士为此前赴后继。然而，中国的半殖民地半封建社会的国情、世界已经进入帝国主义时代、列强已将世界殖民地分割完毕的世界格局，不允许中国独立自主地走资本主义民主强国之路。中国软弱的民族资产阶级也不可能像革命时期的西方资产阶级那样领导资产阶级民主革命成功，结果是孙中山领导的旧民主主义革命在中外反动势力的围攻下半途而废。蒋介石集团自称是孙中山的继承者，但他所推行的独裁统治使半殖民地半封建社会的中国愈加国之不国、民不聊生，把旧中国进一步引向内战与黑暗，中国人民的悲惨命运并没有改变。中国共产党人继承和发展了孙中山的民主主义革命理想和思想，以马克思主义为武器，提出适合中国国情的新民主主义民主纲领，展开新民主主义革命。新民主主义革命是在中国共产党领导下的新型的资产阶级民主革命，它与旧民主主义革命不同：首先，它是工人阶级及其政党领导的，而不是资产阶级及其政党领导的；其次，它是以工农联合为基础，包括资产阶级及一切爱国人士在内的最广泛的民主革命统一战线；三是新民主主义革命成功之后，要不间断地过渡到社会主义革命，建立社会主义制度。

中国共产党领导的新民主主义革命要建立新民主主义经济、政治、文化，而新民主主义政治就是新民主主义民主。新民主主义民主不是旧式的资产阶级民主，而是中国共产党领导的以工农联盟为基础的最广泛的民主。新民主主义民主还要过渡到建立社会主义民主政治，建立具有中国特色的社会主义民主政治。

中国共产党的民主主张是适合中国国情的，是迄今为止中国历史上最先进的民主思想。中国共产党提出的新民主主义民主主张既继承了孙中山的旧民主主义思想，又超越和发展了孙中山旧民主主义思想；今天的社会主义民主既是对新民主主义民主的继承，又是新民主主义民主的发展。

新民主主义民主是中国共产党人从中国国情出发而提出并设计的，是符合中国国情需要的，它有机地包括两个方面：对人民实行最广泛的民主，对少数人民的敌人实行最有效的专政，新民主主义民主的实质就是实行人民民主专政。毛泽东同志在《新民主主义论》中全面论述了新民主主义的民主政治的制度、体制、程序和规则，构成了毛泽东思想关于民主问题的马克思主义创新观点。新民主主义民主与我们党进一步要实行的社会主义民主是不可分割的。新民主主义民主是社会主义民主的前提和准备，社会主义民主是新民主主义民主的继续和进步。

我国社会主义制度的建立，为社会主义民主的建立提供了根本制度保证。中国共产党人为社会主义民主政治建设进行了艰苦卓绝的探索，主张社会主义民主必须坚持中国共产党的指导，坚持马克思主义指导的社会主义方向；必须有助于巩固生产资料公有制制度和人民民主专政政治制度；必须实行民主集中制，实现广泛民主与集中领导的统一；必须建立和实行一整套适合中国国情的民主体制、民主法治、民主形式、民主规则和程序；以执政党党内民主建设来推进社会主义民主建设。在社会主义民主政治建设实践中，党成功地领导建立了人民代表大会制度、民族区域自治制度、共产党领导的多党合作制度和政治协商制度……这些理论和实践的探索，成功地开创了我国社会主义民主制度的新局面，为中国特色社会主义民主政治建设奠定了理论和实践基础。

社会主义民主应当是比资本主义民主更广泛、更先进的民主，但由于社会主义民主政治建设并无现成模式可供借鉴，中国如何建设社会主义民主，我们党也经过了一个认识、实践、再认识、再实践的过程。我国目前实行的民主政治还有待于进一步发展和完善。同时，中国又是一个封建主义遗毒深远的国家。我国社会主义民主政治建设一度也走过一段弯路，如“文化大革命”对民主与法制的破坏。

1978 年党的十一届三中全会以来，我国进入改革开放新时期，党恢复了实事求是的思想路线，确立了“一个中心、两个基本点”的正确路线，形成了中国特色社会主义理论体系，开创了中国特色社会主义的正确道路。与社会主义市场经济体制改革和确立相一致，党领导人民致力于中国特色社会主义民主政治的建设。

中国特色社会主义民主政治，要批判地继承人类社会一切优秀的民主成果，包括资本主义民主所创造的积极成果，抛弃资产阶级民主的糟粕，继承新民主主义民主的优秀传统，总结国际共产主义运动社会主义各国民主政治建设的经验教训，总结新中国成立以来党领导的社会主义民主政治建设的经验教训，创造出具有中国特色的社会主义民主。

中国特色社会主义民主首先是社会主义性质的民主，是未来向社会主义更高阶段直至共产主义社会过渡的民主；是适合中国目前正处于社会主义初级阶段国情的民主，是与该阶段公有制为主体、多种所有制并存，按劳分配为主、多种分配形式并存的经济基础相适应的民主；是以工人阶级为领导的，以工人、农民、知识分子为主体的，包括一切爱国的阶级、阶层在内的最广泛的人民民主；是以中国特殊历史形成的坚持中国共产党领导的多党合作和政治协商制度为基本特征的民主；是对多数人实行民主、对少数人实行专政的民主。由于现阶段的中国是从半封建半殖民地转变来的，发扬人民民主、肃清封建主义影响格外重要；又由于中国正处于成熟的西方资本主义民主影响下，一方面防止西方民主的侵人，另一方面也有向西方民主学习的任务；中国特色社会主义民主是一个过程，是一个逐步建立、逐步完善、逐步成熟的历史过程。

新中国成立以来，党领导人民已经创造了一整套适合中国国情的民主政治，但距离应实现的目标尚很远，需要共同努力。实现中国特色社会主义民主既不要一切照抄照搬西方民主政治的做法，又不要脱离现阶段国情而超越时代，不能认为社会主义民主的发展是一个长远的过程，而放弃一步一步扎扎实实的努力，不能为今天我们的民主尚待完善而自我否定、自我矮化，更不能把资产阶级民主说成是千年文明而主张全盘接受，实行民主西方化。当然，也不能放弃中国特色社会主义民主的不断推进、不断完善。须知，资本主义的民主发展至今已经经历了几百年的构造，而中国特色社会主义民主才刚刚开始，刚刚开始的新生事物尽管不完美，但它的未来永远是光明的、美好的。

（原载《红旗文稿》2012年第12期）

中国特色社会主义是当代中国发展进步的根本方向

冷 溶

党的十八大提出“中国特色社会主义是当代中国发展进步的根本方向”的重要论断，强调要坚定不移走中国特色社会主义道路。这是总结历史、立足现实、着眼未来得出的坚定结论，是对“举什么旗、走什么路”这个根本问题最直接最深刻的回答，是夺取中国特色社会主义新胜利的关键所在。

一 历史发展的必然选择

中国特色社会主义是当代中国发展进步的根本方向。这首先是总结历史得出的结论。

党的十八大报告指出：“九十多年来，我们党紧紧依靠人民，把马克思主义基本原理同中国实际和时代特征结合起来，独立自主走自己的路，历经千辛万苦，付出各种代价，取得革命建设改革伟大胜利，开创和发展了中国特色社会主义，从根本上改变了中国人民和中华民族的前途命运。”

从我们党长期奋斗的历史和中华民族伟大复兴的宽广视角来看中国特色社会主义，是党的十八大报告的一个显著特点。从这样的角度进行论述，更有厚重感，更具说服力，更能反映出中国特色社会主义的坚实基础、丰富内涵和重大意义。这对于处于承前启后、继往开来，为夺取中国特色社会主义新胜利而奋斗的我们党来说，更有底气，向前迈进的步伐更加有力。

30 年前，邓小平同志在党的十二大开幕词中第一次提出“建设有中国特色的社会主义”的重大思想时，就指出这是总结长期历史经验得出的基本结论。当时总结的是建党以来 61 年的历史，党的十八大报告总结的是 91 年的历史。而这后来的 30 年，是我们在中国特色社会主义道路上取得巨大成功的 30 年。党的十七大以来，我们纪念改革开放 30 年，新中国成立 60 年，建党 90 年，不断总结历史经验。现在又经过党的十八大这次总结，使我们对这一基本结论，对中国特色社会主义是历史的必然选择这一点，认识得更加充分。

报告从中国特色社会主义开创和发展的历史进程、理论和实践成果这两个方面，对这个问题进行了深刻论述。

从历史进程看。中国特色社会主义是经过几代中国共产党人一以贯之、接力探索，形成发展起来的。报告用简明的语言，精辟阐述了党的三代中央领导集体和党的十六大以来的党中央对中国特色社会主义的历史性贡献，高度概括了每一时期我们党的实践成就和理论建树。

报告指出，以毛泽东同志为核心的党的第一代中央领导集体，为新的历史时期开创中国特色社会主义提供了宝贵经验、理论准备、物质基础。以邓小平同志为核心的党的第二代中央领导集体，成功开创了中国特色社会主义。以江泽民同志为核心的党的第三代中央领导集体，成功把中国特色社会主义推向 21 世纪。新世纪新阶段，以胡锦涛同志为总书记的党中央，成功在新的历史起点上坚持和发展了中国特色社会主义。可以看出，中国特色社会主义是在改革开放新时期开创的，是在改革开放 30 多年一以贯之的接力探索中发展起来的，同时也是建立在我们党全部历史基础上的，凝结了几代中国共产党人带领人民不懈探索实践的智慧和心血。

从理论和实践成果看。我们党 90 多年的奋斗成就了中国特色社会主义。那么，什么是中国特色社会主义呢？报告从道路、理论体系、制度这三个方面集中回答了这个问题。

报告指出，中国特色社会主义道路、中国特色社会主义理论体系、中国特色社会主义制度，是党和人民 90 多年奋斗、创造、积累的根本成就，必须倍加珍惜、始终坚持、不断发展。报告对道路、理论体系、制度的基本内涵和相互关系作了高度概括和精辟阐述，认为三者统一于中国特色社会主义伟大实践，这是党领导人民在建设中国特色社会主义长期实践中形成的最鲜明特色。它们与中国特色社会主义的关系是：道路是实现途径，理论体系是行动指南，制度是根本保障。报告还指出："建设中国特色社会主义，总依据是社会主义初级阶段，总布局是五位一体，总任务是实现社会主义现代化和中华民族伟大复兴。"报告从道路、理论体系、制度这三个方面，又从总依据、总布局、总任务这三个角度，对中国特色社会主义作了总的概括和全面阐发，这在党的代表大会报告中还是第一次，反映了我们党对中国特色社会主义规律认识的深化。

党的十八大报告总结了我们党 90 多年奋斗的历史，回顾了中国特色社会主义每一步的发展历程，又从中概括出中国特色社会主义的丰富内涵，勾勒出它的总体面貌，使我们对中国特色社会主义，对走出这样一条正确道路的必然性及其意义，有了更加清晰、更加全面、更加深刻的认识。这是党的十八大报告的重大贡献。

二　中国成功的根本原因

中国特色社会主义是当代中国发展进步的根本方向。这是历史告诉我们的结论，又有充分的现实根据。

我们国家在改革开放和社会主义现代化建设新时期能够快速发展，人民生活能够明显改善，综合国力和国际影响力能够显著提高，最根本的是我们始终坚持走中国特色社会主义道路。这已经成为全党和全国人民的共识。

党的十六大以来全面建设小康社会取得的新的历史性成就，进一步充分证明了这一点。党的十八大报告在回顾过去 5 年工作的基础上，对这 10 年来的实践历程和重大成就进行了总结。

这 10 年走过了很不平坦的道路。我们紧紧抓住和用好我国发展的重要战略机遇期，战胜一系列重大挑战，奋力把中国特色社会主义推进到新的发展阶段。回顾起来，有这样几个重要节点，给人印象深刻。一是，我们以加入世界贸易组织为契机，在国际局势风云变幻、综合国力竞争空前激烈的情况下，深化改革开放，加快发展步伐，变压力为动力，化挑战为机遇，坚定不移推进全面建设小康社会进程。二是，我们战胜突如其来的非典疫情，认真总结我国发展实践，准确把握我国发展的阶段性特征，及时提出和全面贯彻科学发展观等重大战略思想，开拓了经济社会发展广阔空间。三是，面对百年一遇的国际金融危机造成的严重困难，我们科学判断，果断决策，采取一系列重大举措，在全球率先实现经济企稳回升，积累了有效应对外部经济风险冲击、保持经济平稳较快发展的重要经验。四是，我们成功举办北京奥运会、残奥会和上海世博会，夺取抗击汶川特大地震等重大自然灾害和灾后重建重大胜利，妥善处置一系列重大突发事件。这一切彰显了中国特色社会主义的巨大优越性和强大生命力。

这 10 年取得了一系列新的历史性成就。报告用“三个大台阶”和“两个时期”对此作了充分阐发。指出：“我国经济总量从世界第六位跃升到第二位，社会生产力、经济实力、科技实力迈上一个大台阶，人民生活水平、居民收入水平、社会保障水平迈上一个大台阶，综合国力、国际竞争力、国际影响力迈上一个大台阶，国家面貌发生新的历史性变化。”“人们公认，这是我国经济持续发展、民主不断健全、文化日益繁荣、社会保持稳定的时期，是着力保障和改善民生、人民得到实惠更多的时期。”报告强调，我们能取得这样的历史性成就，靠的是党的基本理论、基本路线、基本纲领、基本经验的正确指引，靠的是新中国成立以来特别是改革开放以来奠定的深厚基础，靠的是全党全国各族人民的团结奋斗。

10 年来的成功实践和重大成就，原因在哪里呢？报告强调了科学发展观的指导作用。指出：“总结十年奋斗历程，最重要的就是我们坚持以马克思列宁主义、毛泽东思想、邓小平理论、‘三个代表’重要思想为指导，勇于推进实践基础上的理论创新，围绕坚持和发展中国特色社会主义提出一系列紧密相连、相互贯通的新思想、新观点、新论断，形成和贯彻了科学发展观。”

报告对科学发展观作出科学评价和新的定位，概括了科学发展观的精神实质，对新形势下深入贯彻落实科学发展观提出要求。指出：“科学发展观是中国特色社会主义理论体系最新成果，是中国共产党集体智慧的结晶，是指导党和国家全部工作的强大思想武器。科学发展观同马克思列宁主义、毛泽东思想、邓小平理论、‘三个代表’重要思想一道，是党必须长期坚持的指导思想。”

确立科学发展观为党的指导思想，这是一个历史性的决策，是党的十八大的重大贡献。

建党 90 多年来，我们在长期的实践中不断推进马克思主义中国化，不断丰富和发展党的指导思想。党的七大把毛泽东思想写在我们党的旗帜上，确立为党的指导思想。党的十五大把邓小平理论写在我们党的旗帜上，确立为党的指导思想。党的十六大把“三个代表”重要思想写在我们党的旗帜上，确立为党的指导思想。现在，党的十八大又把科学发展观写在我们党的旗帜上，确立为党的指导思想，使我们党的旗帜更加鲜明，方向更加明确。这是我们党事业发展的必然要求，反映了我们党理论上的与时俱进，也说明我们党是一个勇于和善于进行理论创新的党，是一个思想解放、充满活力的党。在当代中国，坚持中国特色社会主义的根本方向，就是坚持科学发展的方向，深入贯彻落实科学发展观。

三　实现宏伟目标的关键所在

中国特色社会主义是当代中国发展进步的根本方向，更是从着眼于未来的角度讲的。

党的十八大报告进一步明确了今后的奋斗目标，提出全面建成小康社会新的要求。报告强调了两个“一定能”：“一定能在中国共产党成立一百年时全面建成小康社会”，“一定能在新中国成立一百年时建成富强民主文明和谐的社会主义现代化国家”。为什么如此斩钉截铁地断言“一定能”？就是因为我们有中国特色社会主义这面旗帜的指引，有中国特色社会主义这个根本方向，有这样的道路自信、理论自信、制度自信。

报告向全党发出了夺取中国特色社会主义新胜利的号召。指出：“发展中国特色社会主义是一项长期的艰巨的历史任务，必须准备进行具有许多新的历史特点的伟大斗争。”为此，报告提出了在新的历史条件下夺取中国特色社会主义新胜利必须牢牢把握的八项基本要求。即：必须坚持人民主体地位；必须坚持解放和发展社会生产力；必须坚持推进改革开放；必须坚持维护社会公平正义；必须坚持走共同富裕道路；必须坚持促进社会和谐；必须坚持和平发展；必须坚持党的领导。这些基本要求，既是历史经验、实践经验的总结，又是针对现实问题、着眼未来提出来的，是中国特色社会主义在理论上的新发展。党的十三大提出党在社会主义初级阶段的基本路线，党的十四大提出党的基本理论，党的十五大提出党在社会主义初级阶段的基本纲领，党的十六大提出党领导人民建设中国特色社会主义的基本经验。现在，党的十八大又进一步提出夺取中国特色社会主义新胜利必须牢牢把握的基本要求，从原来的“四基本”发展为“五基本”，丰富了中国特色社会主义的理论内涵和实践特色、理论特色、民族特色、时代特色。这是党的十八大报告的又一重大贡献。

面向未来，在前进道路上坚持中国特色社会主义的根本方向，就是要以邓小平理论、“三个代表”重要思想和科学发展观为指导，按照这八项基本要求，把报告提出的各项战略举措落到实处。要坚定不移地继续解放思想，毫不动摇地推进改革开放，把社会主义经济建设、政治建设、文化建设、社会建设、生态文明建设全面推向前进，不断提高党的建设科学化水平，在未来 5 年为如期实现到 2020 年全面建成小康社会目标打下具有决定性意义的基础，进而到本世纪中叶基本实现社会主义现代化。

面向未来，在前进道路上坚持中国特色社会主义的根本方向，一个很重要的问题，就是要坚持社会主义初级阶段理论和党的基本路线。这是报告强调的一个重要观点。社会主义初级阶段理论是党的十三大提出来的，以后历次代表大会都作了重申和阐述，党的十八大又再次加以强调，说明这个问题的极端重要性。这里，主要有两个意思：一个是，要客观地正确地认识我国现阶段的发展水平。尽管我们已经取得了巨大成就，但正如报告所说，“我国仍处于并将长期处于社会主义初级阶段的基本国情没有变，人民日益增长的物质文化需要同落后的社会生产之间的矛盾这一社会主要矛盾没有变，我国是世界最大发展中国家的国际地位没有变”。我们在任何情况下都要牢牢把握社会主义初级阶段这个最大国情，“顽强奋斗、艰苦奋斗、不懈奋斗”，继续保持谦虚谨慎，“既不妄自菲薄，也不妄自尊大”。另一个是，我们制定的所有方针政策，推进任何方面的改革发展，都要牢牢立足社会主义初级阶段这个最大实际。既要积极进取，不失时机地推进改革，也不能脱离实际，急于求成，要“不动摇、不懈怠、不折腾”。党的基本路线就是依据这样的基本国情得出的最根本的理论判断，是中国特色社会主义的核心内容。邓小平同志说：“基本路线要管一百年，动摇不得。”我们过去的成功，是因为坚持了基本路线。今后要继续成功，还要靠这个基本路线。坚持中国特色社会主义的根本方向，最重要的就是始终坚持党在社会主义初级阶段的基本路线不动摇。

总之，“中国特色社会主义是当代中国发展进步的根本方向”，这个重要论断内涵非常丰富，是历史、现实和未来告诉我们的一个根本道理。它的关键点，就在于坚持把马克思主义基本原理同中国实际和时代特征结合起来，走自己的路。正如报告所指出的：“中国特色社会主义，既坚持了科学社会主义基本原则，又根据时代条件赋予其鲜明的中国特色”。我们党的全部历史，国际共产主义运动兴衰成败的全部历史，都深刻地揭示了这个道理。在建党 90 多年特别是新时期 30 多年的探索和实践中，我们做足了“相结合”这篇文章，有了自己的特色，确实走出了自己的社会主义道路。中国特色社会主义的精髓就是实事求是，实质就是“相结合”。讲根本方向，这个方向就是“相结合”的方向。夺取中国特色社会主义新胜利，关键是要继续坚持“相结合”这个根本方向不动摇。

（选自《十八大报告辅导读本》，人民出版社 2012 年版）

人为什么而活着?

——2012年9月7日在中国社会科学院研究生院2012级新生开学典礼上的讲话

李慎明

各位新同学：

在这隆重的开学典礼上，我想就“人为什么而活着”这一话题，与你们谈谈自己的感受和感悟。

现在都在讲“顶层设计”。但我个人认为，有些同志所讲的“顶层”往往还不到顶层，是二、三层甚至四、五层以下的设计。而“人为什么而活着?”这可能是值得每一个人从小到老整整思索一生的顶层问题。

人为什么而活着，本质上是人应该有什么信仰。在当今世界上公认有三大宗教：基督教信仰上帝，认为人生与俱来就有原罪，只有上帝才能拯救自己。伊斯兰教信仰真主，认为今生虔诚信仰真主，后世就是天堂。大乘佛法认为，小乘佛法修度自身，大乘佛法修度众生。

真正的共产党人信仰什么？1945年党的七大的闭幕词中，毛主席就曾鼓励全党：“一定要坚持下去，一定要不断地工作，我们也会感动上帝的。这个上帝不是别人，就是全中国的人民大众。”[①] 从根本上说，中国共产党人的信仰就是人民，即全心全意相信人民、依靠人民、为了人民，也就是说人民是共产党人心中的“上帝”。在阶级或有阶级的社会里，普通劳动大众始终占社会的绝大多数，绝大多数人的利益、意愿、意志和力量是创造历史的真正动力，最终决定历史的发展方向。这是历史唯物主义的真谛。信仰人民，这一信仰高尚而光荣，并是社会的现实和历史的真实，而不是社会和历史的虚幻。无论是革命战争年代，还是社会主义建设、改革年代，无数中国共产党人用自己的汗水、热血甚至生命，为着民族的独立解放，国家和人民的繁荣富强，默默实现着这一信仰。

对于共产党人来说，信仰人民就是信仰马克思主义。马克思主义诞生于亿万人民群众的实践，揭示了人类历史发展的根本规律和最终归宿。真正的共产党人信仰马克思主义并使人民群众觉悟，去带领大家一起奋斗，我们就能最终实现马克思、恩格斯所说的每个人的自由

---

① 《毛泽东选集》第3卷，人民出版社1991年版，第1102页。

而全面发展这一美好的社会即共产主义社会。从一定意义上讲，信仰马克思主义和人民，这才是顶层和终极的信仰。我们不反对个别同学信奉某种宗教。但是，共产党员必须遵守党章，信仰马克思主义，为着人民。

以私有经济为基础的社会的基本经济、政治及文化制度本质上是为极少数人服务的，它希望绝大多数的普通民众持有“拯救自己”、“虔诚信仰”、“修度自身”等这样的价值理念以为极少数人压迫、剥削绝大多数人这样的社会制度的长治久安服务。因此，私有经济为基础的社会的基本经济、政治及文化制度与它所提倡的价值理念是不一致的。而社会主义国家的基本经济、政治及文化制度是为着全体人民的，它需要共产党员和政府工作人员践行全心全意为人民服务的宗旨。这也就是说，社会主义国家的基本经济、政治及文化制度与它所提倡的价值理念是一致的。当然，现在一些共产党员和政府工作人员说一套，做一套，有的甚至贪赃枉法，这并不能说明我国基本经济、政治及文化制度与它所倡导的价值理念不一致，相反，这是一些人脱离、背离乃至背叛了党和政府的宗旨所致。以胡锦涛同志为总书记的党中央提出加强党的纯洁性建设就是要努力解决党面临的这一严重问题。

前几年，我从网上看到这样一篇文章“一篇彻底改变美国同事对毛泽东看法的文章——《纪念白求恩》”。这是一位赴美创业的华人与其美国的同事对话。这位赴美华人的同事是一位虔诚的基督徒，他开始对中国共产党人所做的事极不理解，甚至极为反感。这位华人对其美国同事说：“来美国前，我认为美国是个自由世界。但我到了美国之后才发现美国是个宗教信仰至上的国家。美国人民坚信这片土地是被上帝挑选的，美国人民是首先被上帝挑选的宠儿。为此美国人民自傲骄傲，热爱这个国家。尤其是我看到那些徒步行走的传教者们，穿着朴素简单，吃最简单的食物，他们眼睛里是真诚朴素坚定的，他们让我想起了中国老电影里的共产党员。中国原来也有这样的一群人，忘我，无私，为了信仰可以承受一切苦难，可以献出生命。不同的是，美国的传教者们是在上帝的指引下，而中国的共产党员们是在共产主义信仰下，更具体地说，在毛的指引下。”经过近两个月的艰难对话，其美国同事回答：“我想我有点被感动，如果这一切是真的。”当其美国同事看了这位赴美华人推荐给他的毛主席的《纪念白求恩》英文版后，这位美国人说：“我很震惊。如果你不告诉我这是毛写的，如果我把里面所有共产主义或意识形态字眼去掉，如果有人在我面前朗读，我会以为我在聆听上帝宣讲。毛说的这些，和我曾经在教堂听到过的几乎完全一样”；“我真的非常感谢你。你让我看到了不一样的毛，我想我开始尊敬他了。我更感谢的，我突然心变得很开阔了，我觉着整个世界的门在朝我打开，共产主义和毛已经不再是我心里的障碍，我更了解了中国，我非常高兴，我可以拥抱这些，我想就可以拥抱一切。”如果哪位对此感兴趣，可以上网搜寻。

在一定意义上说，共产党人全心全意为人民服务的宗旨与基督、伊斯兰和佛教教义有相通之处。但是，不论是哪种宗教，总是教导信徒放弃对现实幸福的追求，而是求诸内心修炼，以达安于现实的苦难；而马克思主义是教导人民群众通过实践和变革，运用客观物质力量改变不合理现实，以实现现实幸福。一个是求诸内心，一个是求诸行动，前者是宗教信仰，后者是科学信仰，二者不应混同。

按照马克思主义哲学的时空观，宇宙无边无际，时间无始无终。我们每一个人都是在无边无际和无始无终的一个特定的空时交叉点上来到人间。从一定意义上说，人类在我们这个地球上的诞生是必然的，而每个人在这个地球上的出生却是必然中的偶然。我们每个个体生命能够作为地球的万灵之长的一分子，在茫茫宇宙中我们这个地球上生活百年左右，这本身就很值得庆幸、骄傲和珍惜了。想通这一点，就是一位乐观主义者，就不会皱着眉头过日子。但仅弄清这一点还远远不够。从一定意义上讲，人活着是形式，人为什么而活着、怎样活着才是内容。弄清人为什么而活着、怎样活着才有意义和价值，这才更为重要。要弄清人为什么而活着，还应厘清什么是人，即弄清我们现实的人是从哪里来，处于何种状态，会往哪里去，在这世上的百年间应该怎样生活，做些什么，留下点什么。

首先，人是不同于纯粹自然界且不同于自然界中其他生物的“类”存在物。人是自然界演化到一定历史阶段的物质运动的特殊形态的产物，是唯一由于劳动而摆脱纯粹动物状态的“类”的存在。人是我们现在已知生命的万灵之长，与其他所有动物不同，绝不仅仅是为了满足吃好、睡好等生理需要，它能逐步地认知并能能动地改造世界。正因为人是唯一由于劳动而摆脱纯粹动物状态的“类”的存在，所以，我们一定要以劳动为光荣。当然，随着时代的发展起步，劳动的外延也在不断扩大。只有以劳动为荣，每个人乃至于整个人类，才能不断进步和发展。人活着，决不能以不违纪不违法为底线，而应有更高的精神追求，这就是要有正确的理想信念。什么是正确的理想信念？对于中国共产党人来说，就是现行党章中所说：“中国共产党党员必须全心全意为人民服务，不惜牺牲个人的一切，为实现共产主义奋斗终身。”为着人民的利益而活着而奋斗，这就是共产党所特有的“一个高尚的人，一个纯粹的人，一个有道德的人，一个脱离了低级趣味的人，一个有益于人民的人”。这样的人，人民就会永远把他装心上、记下来。

第二，人是由全部社会成员组成的集合体中的“每一个”个人。人总是具体、现实的人，总是存在于一定的时空和每个时代个人的实际生活过程与活动中。每个单个个人，都有自己特定合理的需求与利益，每个人通过自己力所能及的劳动和整个社会尽可能地帮助使这些必要的需求得到满足。但人类社会有着人类生存发展的共同利益，如需要一个良好的生态环境。而我们现在看到的却是有的国家和群体乃至个体，为了攫取巨额财富或奢靡生活，在拼命地掠夺资源、污染环境。这就是典型的损他国、损他人、损后人而利己。“每一个”个人所组成的社会和由特定社会组成的国家应该要求每一个个人和每个国家都应该有集体主义精神和国际民主思想。仅提倡正面的东西而不反对反面的东西，正面的东西就不可能持续和发展，最终则是无法实现的美好的乌托邦。

第三，人主要是指“现在式”存在的人，但也兼指“过去式”和“未来式”存在的人。一方面，我们当代人不能仅把自己当作具体、现实的人，而把“老祖宗”当作抽象、虚幻的人，否则就会陷入历史虚无主义。人类文明是历史的产物，是代代传承的结果。没有“过去式”的人的浴血奋斗、艰苦创业，就没有我们今天的幸福生活和继续创业的物质基础。我们今天建设中国特色社会主义事业，更要发扬革命传统，“不忘老祖宗”。从特定意义上说，以“过去式”的人为“本”，就是要尊重历史，珍惜前人给我们所创造、积累的物质和精神财富，决不能“崽卖爷田心不痛”。另一方面，我们当代人也决不能仅把自己当作具体、现实的人，而把子孙后代当作抽象、虚幻的人，这会淡化可持续发展的理念，断子孙路。我们既要在前人创造的物质和精神财富的基础上继续艰苦奋斗、改革创新，为后人创造和积累更多的物质、文化财富，同时又要保护环境、珍惜资源，重视承接历史。

第四，中国共产党人所倡导的为人民服务中的“人”是指最广大的人民群众，而不是指一切人更不是其中的少数人。在阶级或有阶级存在的社会里，个人总是隶属于一定的阶级或阶层，绝大多数的最广大人民群众的根本利益是完全一致的，而极少数人的根本利益则是与绝大多数人民群众的根本利益相对立的。如果以这极少数人的根本利益为本，就必然会牺牲绝大多数人民群众的根本利益。江泽民同志、胡锦涛同志多次强调，以人为本就是以最广大的人民群众的根本利益为本，这一点十分重要。在阶级或有阶级社会里，我们为最广大人民群众和他们的根本利益服务，是为了将来能为一切人和他们的根本利益服务而过渡。当然，这需要一代接一代长期、艰苦地奋斗，而决不能重犯 20 世纪“大跃进”时期急于过渡的错误。

为进一步弄清人为什么而活着，让我们对比看看有的人与革命先烈们的不同活法吧。

有的人把活着本身当信仰，奉行的是好死不如赖活着的哲学，为了活着甚至不惜作叛徒、汉奸、卖国贼。而曾任中共第五、第六届中央政治局常委的蔡和森同志 1931 年 6 月间被原先负责中央保卫工作的叛徒顾顺章出卖，在狱中他受尽了酷刑，最后他的四肢被敌人的几个粗大的长钉钉在墙上，敌人还用刺刀把他的胸脯戳得稀烂，他仍坚贞不屈。牺牲时年仅 36 岁。

有的人把吃好喝好当信条。而东北抗日联军的主要领导人之一杨靖宇同志和他领导抗联部队对日寇坚持了长达九个年头的艰苦卓绝的武装斗争，使得数十万日军不能入关，创造了惊天地、泣鬼神的斗争业绩，有力配合了全国人民的抗日战争。后来，他被叛徒丁守龙出卖、被日本侵略者杀害。侵略者丝毫无法理解杨靖宇在完全断绝食物的条件下能坚持抗战一年之多，最终解剖杨靖宇遗体，看到的却是“胃里连饭粒都没有”，只有野草、树皮和破棉絮。牺牲时年仅 35 岁。

有的人为金钱而活着。而以救国救民、变革社会为己任中国共产党早期农民运动的主要领导人之一，海陆丰农民运动和革命根据地的创始人彭湃出生于有名的富有人家。他当众把自己家族分得的田契全部烧毁，并宣布“日后自耕自食，不必再交租谷”后投身革命。1929 年 8 月 24 日因叛徒白鑫出卖后英勇就义。牺牲时年仅 33 岁。

“人生自古谁无死，留取丹青照汗青”。历史是公正的。凡是个人理想信念行动与历史进步方向相一致的，他的生命就溶进了历史，获得了永生；凡是个人的理想信念行动与历史进步方向相悖的，这就是历史的歧路，直至被历史所淘汰。党和新中国永远铭记着蔡和森、杨靖宇和彭湃等同志。在新中国成立 60 周年之际，蔡和森、杨靖宇和彭湃同志入选 100 位为新中国成立作出突出贡献的英雄模范人物。出卖他们的叛徒却永远被历史钉上了耻辱柱。

有人贪赃弄权甚至不惜作叛徒、汉奸、卖国贼从而“享受人生”，并认为这些劣绩和罪过将会随着自己的逝去和时间的风尘而变成雪泥鸿爪甚至永远无从知晓。我们承认，随着时间的流逝和人事的沧桑，一些历史细节将可能会被永远湮没甚至是歪曲篡改，但殊不知，从历史唯物主义出发，观其大略常常无需繁多琐碎的历史细节，社会实践是检验真理的唯一标准，其所作所为在历史中所起的作用将无任何可能逃遁历史对其的审视，越是重要人物和重大事件的功过是非，人民和历史会最终将其辨析并记载得清清楚楚。

人为什么而活着？说到底，是个信仰和世界观问题。有了正确的世界观，才有正确的人生观、价值观、生死观、权力观、地位观、苦乐观，等等。正确的理想是生活光辉灿烂的太阳。我们共产党人决不能在革命时期一个信仰，勇于牺牲，而在执政和建设时期是另外一种信仰，大捞金钱。

要树立正确的世界观，就必须破除“人不为己，天诛地灭”的信条。人之初，性本善还是性本恶？这曾争论了几千年，还会长期争论下去。持人性善者认为，人的自然本性是善的或向善的，只要唤醒所有人的良知，依靠人的善的本性，就可以建立一个理想的社会，无须建立一个健全的社会制度来管理。从古到今持人性恶论者则认为，人的自然本性是自利，国家设计出严格制度防范人为获取私利危害他人即可；但也有的人却认为，既然人的本质是自利，那么作为特定阶级和集团代言人的本质也是自利者，他们在行使权力时亦会制定出有利于自己特定利益的政策和法规，以强迫别人执行。因此，人剥削人、人压迫人的社会制度天然合理、万古长存。这实质是想把弱肉强食的丛林法则引入人类社会并固化。亚当·斯密的理论假设人就是理性的经济人，也就是说人的本质都是自私的、利己的。性的善恶，这是道德范畴的东西。毛主席早在1943年就指出：“道德是人们经济生活与其他社会生活的要求的反映，不同阶级有不同的道德观，这就是我们的善恶论”；“当作人的特点、特性、特征，只是一个人的社会性——人是社会的动物，自然性、动物性等等不是人的特性。人是动物，不是植物、矿物，这是无疑的、无问题的。人是什么一种动物，这就成为问题，几十万年直至资产阶级的费尔巴哈还解答得不正确，只待马克思才正确地答复了这个问题。即说人，它只有一种基本特性——社会性，不应说它有两种基本特性：一是动物性，一是社会性，这样说就不好了，就是二元论，实际就是唯心论”；“自从人脱离猴子那一天起，一切都是社会的，体质、聪明、本能一概是社会的”，“人的五官、百体、聪明、能力本于遗传，人们往往把这叫作先天，以便与出生后的社会熏陶相区别。但人的一切遗传都是社会的，是在几十万年社会生产的结果，不指明这点就要堕入唯心论”。[①] 这就告诉我们，无论善还是恶，都是当时人们经济生活与其他社会生活的要求的反映。迄今为止的考古发现证明，人类的历史至少已有二百万年，人的一些生理指征则是这几百万年其祖先基因遗传的结果，但这都是人们现实社会性或历史社会性的反映。在人类社会历史的长河中，从来就没有抽象的人性和社会性，而只有具体的人性和社会性；在阶级或有阶级的社会里，人性和人的社会性又往往具有阶级性。历史上马克思之前的思想家们关于人性和人本质是什么的看法和观点，基本上是沿着人性的善恶性质和人性异于其他动物的方面特点来思考的。而马克思主义提出人的本质在其现实性上是一切社会关系的总和的观点，把人的本质放在一定的社会中来考察，从而指明了正确的思考路径。人有善恶之分，甚至在一个人的身上既有善又有恶的表现。但这都不是人的本质或天性，而是一定的社会关系的反映或体现。所以，我们既不主张性本恶，也不主张性本善。在原始共产主义社会里，人们之间本质上是一种相互协作的关系，这是由当时的生产关系的总和所决定的。人们的自私心理，是随着原始共产主义社会解体、奴隶社会这个人类历史上第一个私有制社会的诞生而诞生的。这一观念的诞生，在人类社会的相当长的时段内，具有它的进步性一面，但随着历史的发展和进步，它的局限性和腐朽性一面便逐渐充分显现出来。

---

① 《毛泽东文集》第3卷，第84页。

它不是人类历史上从来就有的，因而也不会是永恒的。随着人类社会的逐步全面的进步，随着公有制的最终全面的确立，人们的自私心理在人类历史的长河里，则必然会最终被消除，这就是在更高层次上的否定之否定。现代生物学并没有找到被公认的充分证据，证明人性是天生自私的，就如同人的皮肤色素是遗传而不可改变的一样。观察动物界不难发现，不是所有的动物在任何时候、任何情况下都表现为自私的，恰恰相反，许多动物有很强的群体性和利他性。比如，森林中蚂蚁群遇到火灾时会迅速集结成球，滚过火区，集结在球体表面的蚂蚁都会“壮烈”牺牲。小小的动物蚂蚁尚且如此，我们这一万物之灵长的人类更应能如此。我个人认为，人至少可以分为三种：第一种人很自私。“一事当先，先替自己打算”。第二种人可能常怀公心，经常考虑国家、人民、民族的命运，但在公私发生冲突之时，有时可能把个人利益放在第一位。第三种人就是具有共产主义品格的人，特别是合格的共产党人。这样的人并不是没有个人利益，但当公与私发生矛盾时，公永远是第一位的。从这种意义上讲，他们是大公无私的。先烈为了党和人民的事业献出了自己的生命，你能说这些人的本质都是自私的吗？人的本质是自私的观点，实质是私有制观念的产物，应该说同时也是维护私有制的理论基础。我们决不赞成人的本质都是自私的观点。如果这种观点成立，至少你无法解释伟大的母爱，也根本无法理解我们几千万的先烈为了自己的理想和我们的今天幸福生活而进行的英勇奋斗和做出的壮烈牺牲。决不要小看人的本质是自私的观点，正是这一观点，正在强烈地腐蚀部分干部群众；也就是这一观点，把我们的一些人甚至党的高级干部送进了监狱。我们知道，在传统经济体制下，在强调集体利益和国家利益的同时，确实有忽略个人利益的现象。但我们在建立社会主义市场经济的过程中，也决不能重蹈西方极端个人主义、享乐主义和拜金主义的覆辙。

正确的世界观又要求我们必须树立坚定正确的理想信念。我们承认，世界历史决不会“一帆风顺地向前发展”，而且“有时向后作巨大的跳跃”（列宁语）①。但我们也更加坚信，历史的大道无论怎样曲折，最终必然通向共产主义。邓小平说过，“过去我们党无论怎样弱小，无论遇到什么困难，一直有强大的战斗力，因为我们有马克思主义和共产主义信念”，这“是我们的真正优势”②。在世界社会主义运动处于低潮之时，我们更需要坚定对马克思主义的信仰。这时的信仰就更显得“金贵”。这时的信仰，就更能识别、考验、锻炼一个人。信仰正确和坚定，就是“真金”，真金不怕火炼。有没有这一信仰，大不一样。对各级领导干部来说，失去了这一信仰，极有可能害人害己。苏东剧变后，一些人完全丧失对马克思主义信仰。在他们看来，“国将不国了”，马克思主义在中国垮台是迟早的事。不少人在捞，认为不捞白不捞。信仰的堤坝一旦溃决，牢房的铁门便会打开。

正确的世界观还要求我们必须言行一致。口头上背诵马克思主义词句，行动上谋一己私利，这也绝不是什么“僵化”、“教条”，在本质上，只能是对马克思主义的脱离、背离甚至是背叛。口头上说一套，行动上另外一套，这是人民群众最为反感的作风。这也是苏共垮台的根本缘由之一。我们必须在学习、工作和生活中认真践行正确的理想信念和党的全心全意为

---

① 《列宁选集》第2卷，第851页。

② 《邓小平文选》第3卷，第144页。

人民服务的宗旨。

喜马拉雅山国不丹从20世纪70年代就提出了国民幸福指数（GNH）的概念，现在又重新引起不少学者和国家的关注并把它与GDP相并列、相比较。2012年7月8日，美国企业研究所所长阿瑟·布鲁克斯发表文章指出："占领华尔街的抗议者看似是一群悲惨的可怜虫，事实上，他们也许比那些坐在办公室嘲笑他们的中庸派更加幸福。因为他们很多人都固执地坚守信仰。"[①] 当然，不同的人会有不同的信仰和幸福观即幸福指数。但是，同学们，有了坚定正确的世界观，我们就会有着正确的方向、远大的志向、广阔的胸襟，就能勇于解放思想，敢于担当历史的责任，激发改造社会和创造世界的激情，为着国家、民族的前途和命运勇于接受各种困难的磨砺和挑战，浑身从内到外散发出真正的阳刚之气，谱就大写的人生，而不会囿于小我而精心构建自己的小人生和小家庭；就会真正能够做到自尊、自爱、自信、自强、自立，苦学多思，深入实践，扎实苦干，坚韧不拔，顽强拼搏，勇于创造，而不是一曝十寒，知难而退，迷迷茫茫，得过且过；就会有着应有的社会正义与良知，而不是社会不良现象的漠视者、旁观者或简单批评者；就会有着更加乐观积极的人生态度，把理想主义、现实主义和英雄主义完满地结合起来，容易聆听和接受别人的意见，不断调整和改进自己的实践方向，而不是怨天尤人，自我怜悯，悲观消极，无所事事；就会增强互助合作精神和集体意识，与同学互帮互学、相互交流、共同探讨，不断激发起心中新的求知欲望，并走进普通工农群众，触摸时代的脉搏，倾听人民的呼唤，而不是封闭温室，沉默寡言，孤陋寡闻或孤芳自赏；就可能经受住各种风浪的考验，使自己成长为党、国家和民族的有用之材直至栋梁之材。

胡锦涛总书记在2012年7月23日作了一个十分重要的讲话。他在讲话中明确指出，我们面临前所未有的机遇，也面对前所未有的挑战；来自外部的风险前所未有。我们要掂出这一讲话的分量，认清自己肩上的责任，决不辜负党、国家和人民的殷切期望。

（原载《光明日报》2012年9月29日）

① 《为什么美国保守派比自由派有更大的幸福感?》，美国《纽约时报》网站2012年7月8日。

世界社会主义运动的若干战略与策略

程恩富

党的十八大报告指出："中国反对各种形式的霸权主义和强权政治，永远不称霸，永远不搞扩张。中国将坚持把中国人民利益同各国人民共同利益结合起来，以更加积极的姿态参与国际事务，发挥负责任大国作用，共同应对全球性挑战。""我们将积极参与多边事务，推动国际秩序和国际体系朝着公正合理的方向发展。我们将扎实推进公共和人文外交，维护我国海外合法权益。我们将开展同各国政党和政治组织的友好往来，加强人大、政协、地方、民间团体的对外交流，夯实国家关系发展社会基础。""中国人民热爱和平、渴望发展，愿同各国人民一道为人类和平与发展的崇高事业而不懈努力。"当前，需要研究的问题在于：现阶段中国的社会主义建设和改革开放发展，能不能脱离世界社会主义运动？中国要不要在世界社会主义运动中"发挥负责任大国作用，共同应对全球性挑战"？中国要不要把"扎实推进公共和人文外交"，"开展同各国政党和政治组织的友好往来"，与世界社会主义运动结合起来？中国如何在世界社会主义未来发展中发挥更大的作用？这些问题非常值得探讨，以下只探讨与此有关的一个重要战略与策略问题。

我认为，世界社会主义发展要精心研究战略与策略问题，因为在很大程度上，世界社会主义的未来取决于当代无产阶级联合的水平和工作效率。这里只简要地谈一下与此相关的两个问题。

第一个问题，要实现马克思在《共产党宣言》中所讲的"全世界无产者联合起来"，目前应加强以下六个形式或途径的工作。

一是全世界劳动阶级性质的左翼政党联合起来。20世纪90年代以来，我们注意到，世界各国共产党和工人党已经定期召开年会。中共由于比较谨慎，有时只是作为观察员出席。欧洲左翼党以及欧洲议会左翼党联盟的成立，也都是一个好的现象，今后应该进一步加强这种联合。既然各国社会党、工党和社民党的观点并不完全一致，但存在一个积极活动的社会党国际，那么，各国共产党、工人党和劳动党也可以新成立一个共产国际。新共产国际应当汲取各种性质的政党国际工作的经验教训，以新的组织原则和思维方式开展工作。

二是全世界劳动阶级性质的左翼工会联合起来。目前世界上的两个国际工会联盟，据有关消息，领导权实际是掌握在具有社民党倾向的人手中，因而作用有限。那么，如何改变这一状况，有两个办法。一个办法就是，各个国家共产党和真正的左翼工会要培养出高水平的工会活动家，逐渐担任这两个国际工会组织的主要领导，从而从其内部来改变其政策，更好地代表工人阶级和全体劳动者的权益。这是最佳方案。当然，也可以从外部来改变，由各国共产党和左翼党领导的工会组织起来成立第三个国际工会，从而真正反对新自由主义等错误思想和政策，纠正世界劳动者福利和收入增长相对缓慢或下降的局面。在葡萄牙，共产党和社民党就各有一个自己领导的独立工会。

作为学者，我们将身体力行地注重第三个途径，就是全世界马克思主义和左翼性质的学会联合起来。现在国际上很多社会科学的学会基本上都不掌握在马克思主义和左翼学者的手中，如世界哲学学会等。但是在七年前，我们中国马克思主义经济学家主要和发达国家的马克思主义经济学家正式发起成立了“世界政治经济学学会”。我们每年召开一次年会，已先后在中国、日本、法国、美国和墨西哥召开了七次年会和国际论坛。每届都有20多个国家的100多位学者出席，每次年会发表一个共识宣言。从2010年开始，出版了世界政治经济学学会的会刊《世界政治经济学评论》，而且每年颁发两个奖项，一个是“21世纪世界政治经济学杰出成果奖”，另一个是“世界马克思经济学奖”。今后，应当成立全球左翼学会联合会。

四是全世界马克思主义和左翼性质的媒体联合起来。目前，我们除了编辑出版《世界政治经济学评论》，从2011年开始在中国社会科学院的支持下，又创办了一个新的英文国际学术杂志 International Critical Thought（中文翻译为《国际思想评论》)，由我和美国、法国两位著名马克思主义教授共同主编。《国际思想评论》是全球马克思主义和左翼社会科学的一个杂志，而《世界政治经济学评论》是全球马克思主义和左翼经济学杂志。这两个杂志都是在英国出版的，并已在全球发行约两千份的电子版刊物。我们希望在三五年内进入西方主流检索系统，进人西方主流大学和研究机构。今后，应该成立全球左翼杂志、报纸和网络的协会，加强交流和合作。

五是全世界马克思主义和左翼性质的论坛联合起来。2011年，中国社会科学院马克思主义研究院便派出了四位学者，出席在英国《历史唯物主义》杂志召开的有200多人出席的大型国际研讨会。2012年，马克思主义研究院又派出经济学教授出席法国和英国政治经济学学会等在法国召开的政治经济学基本理论研讨会。我们也曾派出学者出席三年一届在法国巴黎召开的“国际马克思大会”，这个大会有上千人参加。我本人出席过2006年“纽约左翼社会主义论坛”。去年，我主编的《国际思想评论》杂志举办过第一届国际论坛，以后每两三年举办一届。中国社会科学院世界社会主义研究中心2011年联合举办了关于苏联剧变和解体20周年国际论坛，2012年秋季还将联合召开国际论坛。

六是全世界劳动阶级和左翼性质的运动联合起来。其中包括世界社会论坛和欧洲社会论坛所形成的国际运动，受到我们高度关注。中国不仅要出席由新自由主义、跨国公司支持的世界经济论坛，而且还应该派人出席世界社会论坛。作为共产党掌权的社会主义大国，只参加一些右翼性质的论坛，而不参加一些左翼论坛，或者领导人只接见到中国来访的美国弗里德曼和卢卡斯这类著名新自由主义经济学家，而不接见国际著名马克思主义和左翼经济学家，等等，实际是不恰当的，容易使人产生误解，也不符合大国对等接见的国际惯例。目前，正在广泛开展的“占领华尔街”及其国际运动，也受到我们中国马克思主义者的高度重视。“占领华尔街”运动是美国20世纪70年代以来规模最大、扩散范围最广的抗议活动，体现出不同于一般性社会运动的若干特点。首先是广泛性。与反战、环保、劳资争议等一般抗议仅局限于个别或数个城市不同，“占领华尔街”波及面非常广泛。抗议从华尔街所在地纽约发起，浪潮很快漫延至洛杉矶、波士顿、芝加哥等各大城市，并席卷包括欧洲主要国家在内的80多个国家、近千个大城市，成为一场具有国际性的全球社会运动。其次是鲜明性。“占领华尔街”的主张非常明确，抗议活动表面指向华尔街金融寡头“贪婪”、金融系统弊病、高失业率和政府监管不力，但表达的却是对资本主义制度的不满。抗议者选择9月17日美国宪法日拉开运动开端，运动中提出的口号，如“我们代表99%的社会”、“废除资本主义”、“债务奴役”、“停止让我们为你们的错误买单”、“将金钱踢出选举”、“还我们的税收”、“我们要工作”、“创造就业而不要战争”等，不仅有经济诉求，还包含着明确的政治要求。再次是持久性。“占领华尔街”迄今已过去三个月，不仅没有如西方媒体最初预料的很快平息，而且参与者日趋增多、涉及区域更广，使运动不仅坚持下来，而且逐渐产生全球影响。最后是人民性。尽管最初参与者主要为大学生和失业者，但随着运动深入，学生、个体经营者、公司职员和一部分公司管理人员和公务员都开始加入进来，包括工会组织、反战组织在内的群体性组织开始参与，使运动赢得了包括蓝领、灰领、白领、金领的各界人民群众的支持。尽管人们身份不同、职业不同，但他们共同宣称：“我们是占总人口99%的普通大众，对于仅占总数1%的人贪婪和腐败，我们再也无法忍受。”对此，我和两位美国马克思主义经济学家有对话分析，已发表在《中国教育报》上，我主编的《国际思想评论》也刊发了研究和评论性文章。

第二个问题，马克思主义和左翼人士在各国和世界工作中至少应该注意以下几个战略和策略问题。

第一，要加强左翼理论、战略和策略的互相交流，求大同存小异，减少不必要的争论。要吸取过去中苏论战的教训。中苏论战的有些理论问题和战略问题不是说没有意义，但是当时在国际共运中开展这样一种大规模的争论，并扩大到两个最大的共产党和社会主义国家之间的交锋交战关系，尤其还发展到整个国际共产主义运动的分裂和社会主义阵营的破裂，这些都过于偏激，实际上是弊大于利。这直接导致帝国主义国家利用中苏论战来反对这个共产主义运动和马克思主义。对此，邓小平曾经说过，在这次论战中双方都说了很多空话。我认为中国也要承担一半的说空话的责任。当前，我们注意到近期希腊共产党与美国共产党之间的争论。我个人经过研究，感到这两个共产党主要都是从本国的国情和党情出发来作出的理论和政策选择，可以相互交换意见和保留并存，但要防止出现中苏论战的局面。最近几年，欧洲有些共产党也不赞成欧洲左翼党的理论和政策，这些都是可以温和地交流、改进或保留的。至于比利时工人党认为法国共产党领导层严重脱离马克思主义，而不邀请法共出席国际论坛，这是会议邀请方的权利，当然也应开展内部必要的理论探讨和商榷。印度、尼泊尔、俄罗斯、英国等国都有两三个甚至更多的共产党和左翼党，在一般情况下应当以合作共存为主，而非相互争斗为主。这是因为，资产阶级右翼政党，如英国保守党等，以及中右翼和中翼政党，如英国工党、社会党国际等，才是我们左翼力量的主要论战对象。

第二，要以马克思主义左翼为核心，团结一切可以团结的泛左翼力量，形成广泛的社会主义国际统一战线。例如，对待托洛茨基派的第四国际，也要以团结和联合为主。我曾经对英国共产党和日本共产党的负责人以及日本托派的著名科学史教授等，都交换过这个观点。这是因为，苏东国家解体以后，托派对苏联的评价有所改变，他们新的国际纲领的最终目标和共产党、马克思主义者没有很大的本质区别。他们新的纲领强调用托洛茨基30年代的话来评价苏联，说苏联是“畸形的工人国家”，似乎承认它还是社会主义国家，只不过民主很不够，甚至于犯了严重错误。我们马克思主义者对苏联东欧社会主义国家蜕变为资本主义国家是惋惜和痛心的，而不应是幸灾乐祸的。日本共产党认为“苏联霸权主义”国家垮台是非常好的事，说苏联本来就不是社会主义国家。我与日共领导人表示过，他们这样评价过于偏激，尤其是在西方国家持续妖魔化苏联和中国等社会主义国家的情况下。20世纪对人类历史和文明进步起负面影响的人要排序的话，一是德国希特勒，二是苏联戈尔巴乔夫，三是日本裕仁天皇。从某种意义上讲，戈尔巴乔夫比希特勒对人类社会进步发展的负面作用还要大。2011年我在《中国社会科学》第6期上发表了长篇文章，分析苏联剧变的三大主要原因，而且把二十年来国际上所有认为苏联垮台的主要原因做了全面的评析，认为它们大多数观点是片面或错误的。其中包括：日本共产党认为苏联本来就不是社会主义国家，垮了最好；包括我的朋友、莫斯科大学经济系布兹加林教授的“斯大林体制必然导致资本主义论”，美国著名马克思主义经济学家大卫·科茨教授的“改革失控论”。科茨认为，戈尔巴乔夫是由于要进行社会主义改革，但慢慢失控了，所以导致了苏东国家剧变。很多善良的人还认为戈尔巴乔夫是个好人，只不过他掌权以后，他想坚持马克思主义、社会主义，但最后没有坚持住，这是一个善意的天真说法。赫鲁晓夫是一个比较鲁莽的、水平比较低的马克思主义者，而戈尔巴乔夫则是共产党内典型的社民党观点的人。查韦斯和萨米尔·阿明都主张建立“第五国际”。在目前世界社会主义处于低潮的形势下，世界社会主义运动多一些政治性或研究性阵地和组织，没有什么坏处，一般都是利大于弊。

第三，要在工会、学校等各界单位中积极发展左翼团队，与公开或秘密或潜在的左翼人士建立联系。当下各国资产阶级仍然经常采用美国中央情报局和全球共济会这类半秘密或秘密的组织及其公开或秘密的工作方式，去实现在全球反人类和反共产主义的活动和目标。左翼必须破除传统僵化和教条主义的思想，采取合法和合理的多种工作方式，使各界工会摆脱社会党国际等的不良影响，更多地支持马克思主义者和共产党。各国共产党的经验表明，如果在学校、尤其在大学里没有教师是共产党员的话，该国青年人中党员和左翼的人数便不可能较多。

第四，要在人文社会科学的各个学科成立和发展各国和世界性的马克思主义学会，主办报刊、网站和出版社等多种媒体，并应在高校和社会上开设马克思主义课程和社会性的公开讲坛。除了共产党直接主办媒体以外，要以非政府组织和非营利性组织的名义，主办各种学术的或大众的媒体。英国共产党只有约两千名党员，但其下属的《晨星日报》有两万份发行量，说明积极发展大众化的媒体是可能的。比利时马克思主义研究所只有10个专职研究人员，但他们主办杂志等工作颇有成效和影响。

第五，要在各种左翼运动中物色、提拔坚定的、具有创新精神的马克思主义和左翼人士，使其掌握关键的领导权。我赞成印共（马）主席去年回答本人的提问，他强调印共（马）与印共的分歧之一，是关于民主革命阶段的领导权要不要掌握在共产党手中的问题。这个问题列宁曾经与孟什维克有过争论，写过关于《两种策略》一文，这是“十月革命”成功的一个重要前提。中共当时在二三十年代，毛泽东等人和陈独秀、王明的争论，实际上都涉及要不要重视民主革命的领导权问题。苏共垮台的重要的组织原因，就是因为他们提拔了一大批反马克思主义的干部。中国现在出现的某些深层次问题，也是和领导权不掌握在马克思主义者手中密切相关的。

第六，要以公开或隐蔽等多种方式积极的影响、参与和引导国内外左翼运动和进步运动。这里的关键就是要参与和引导，否则这些运动可能不能真正成为持久的、进步的运动。中共成立后，所有重要的进步运动都是共产党公开或秘密支持和领导的。现在要使“占领华尔街”的国际运动能够在各国广泛持久发展下去，就需要马克思主义学者、共产党员、左翼人士积极参与并成为中坚力量，而不是坐失良机。英国托派积极参与是有道理的，而英国共产党不参与是难以理解的。

第七，只要不违反现行法律，共产党等有关左翼组织应当积极创办和壮大盈利性企业，以便为各项活动直接或间接地提供经费支持。日本共产党等，均自办企业，因为仅仅依赖党费，是难以开展很多必要活动的。伦敦马克思纪念图书馆也可以在世界范围内募捐，同时像德国社民党基金会管理的特里尔马克思故居（博物馆）那样，制作各种供销售的纪念性和广告性商品，以扩大图书馆的规模和影响。

第八，社会主义国家一定要以国际共产主义运动大局为重，冷静处理社会主义国家之间的各种矛盾和争端。过去中国联合美国反对苏联的战略不值得效仿。目前共产党长期执政的社会主义国家只剩五个了。中国和越南关系应从大局出发，越南不应采取联合美国等反对中国的战略和策略，以防止资本主义国家挑拨离间，双方须采取互相妥协的一揽子方案处理南海岛屿争端。对于朝鲜，我们没有必要去批评其继续实行传统社会主义模式，因为多样化的社会主义模式可以继续试验和互相借鉴（顺便说一下，朝鲜问题的关键在于，美国放弃在发展核武器问题上的双重标准、放弃未经联合国授权的军事行动，以及尽快与朝鲜签订或六方共同签订全面撤军的和平协定）。

第九，要加大宣传各国的左翼实践典型，让人民群众从典型中领悟左翼的价值观和进步性。这里讲三个案例。①日本的“山岸村”。它在七个国家有这样的共产主义集体经济组织，日本有几千人工作和生活在其中。它没有宗教色彩，也没有宣称与社会主义思想等有关，但这不影响其社会主义和共产主义经济组织的实质。日本共产党应当团结他们，而不是满足于误解。②西班牙的“孟德拉贡”。我 2011 年 3 月份去参观过这个合作集团公司。这是实际上管理和发展最好的合作经济性质的企业集团或跨国公司。如果马克思活着，肯定会大力赞扬它，因为《资本论》中就称赞合作社是对资本主义的“积极扬弃”，而私有化股份制只是“消极扬弃”。③白俄罗斯模式。要关注白俄罗斯的市场社会主义模式。它改革了 20 年，其国有经济在工业里面要占 70%以上，而中国只约占 30%。这印证了我在十几年前一个观点，即中国特色社会主义市场经济体制只是社会主义市场经济体制的一种模式（越南与中国非常相同），并不排斥可以有其他模式存在，现在白俄罗斯就是另外一种模式。中国由于私有制的比例超过了公有制，所以引起了经济政治社会和意识形态领域的很多矛盾和问题。

（原载《国外社会科学》2012 年第 5 期，原题为《世界社会主义的
未来取决于国际无产阶级有效联合行动》）

科学的经典　真理的旗帜

——读《共产党宣言》

侯惠勤

整个共产主义世界观和理论体系是由马克思、恩格斯奠基的，《共产党宣言》（以下简称《宣言》）就是体现这一奠基作用的标志性著作。该著作问世160多年来，至今已译成200种语言出版，版本达几千个，可见其影响之大。但是读《宣言》，读什么？怎么读？至今见仁见智。列宁的下述观点可以为我们提供指导：我们应该像马克思、恩格斯那样称自己为共产党。"我们应该重复说，我们是马克思主义者，我们是以《共产党宣言》为依据的。"[①] 以共产主义为真谛，以《宣言》的基本思想为依据，是我们把握马克思主义基本原理的可靠路径。

一　确立马克思主义基本原理的文本依据

《宣言》有七个序言，其中1883年恩格斯单独写的德文版序言，完整地概述了《宣言》的基本思想。他和马克思在1872年写的序言中也谈到这个基本思想。《宣言》给我们提供了什么确认马克思主义基本原理的依据呢？那就是："贯穿《宣言》的基本思想：每一历史时代的经济生产以及必然由此产生的社会结构，是该时代政治的和精神的历史的基础；因此（从原始土地公有制解体以来）全部历史都是阶级斗争的历史，即社会发展各个阶段上被剥削阶级和剥削阶级之间、被统治阶级和统治阶级之间斗争的历史；而这个斗争现在已经达到这样一个阶段，即被剥削被压迫的阶级（无产阶级），如果不同时使整个社会永远摆脱剥削、压迫和阶级斗争，就不再能使自己从剥削它压迫它的那个阶级（资产阶级）下解放出来。"[②] 同时马克思、恩格斯一贯强调，这些原理的实际运用，正如《宣言》中所说的，随时随地都要以当时的历史条件为转移。这一基本思想的概括，指明了马克思主义唯物史观的精髓，即经济生产方式的历史基础地位、阶级斗争的历史主线地位和无产阶级专政的历史方向地位，从而完整地构成了原始社会解体以来人类社会发展的客观历史规律。我们的任务，就是把它创造性地运用到当代中国的实践中来，并结合实际进行科学阐发。

---

① 《列宁全集》第29卷，人民出版社1985年版，第178页。

② 《马克思恩格斯选集》第1卷，人民出版社1995年版，第252页。

1.《宣言》基本思想的精神实质

首先需要准确领会基本思想的精神实质：第一，关于“每一历史时代的经济生产以及必然由此产生的社会结构，是该时代政治的和精神的历史的基础”，必须指出，这一概括既反映了马克思主义的社会结构理论，也反映了马克思主义的社会过程理论。说它是社会结构，因为它反映了经济基础和上层建筑的关系。经济生产所形成的社会结构就是经济基础，它所决定的该时代的政治的、精神的历史，就是上层建筑，这就是基本的社会结构。说它是社会过程，因为有“历史”两字，政治、精神的上层建筑不是静止的，而是历史变化的过程，社会结构也是在相互作用中变化的过程。所以这一思想既是结构性的又是过程性的，不能把它仅仅理解为建筑学意义上的静态“房屋”说。正因为如此，这一概括才表达了马克思主义关于历史基础的思想。

第二，“因此，（从原始土地公有制解体以来）全部历史都是阶级斗争的历史”，这一概括从原著的叙述上看是关于上一思想原理的逻辑演绎，但把社会结构、社会动力和阶级斗争有机地联系在一起，对于今天的人们来说却并不是顺理成章的事。这样，我们首先就要弄清为什么在马克思、恩格斯看来这是不言而喻、合乎逻辑的。概括起来，他们认为：（1）原始社会解体以来的任何社会形态都是由特定的阶级来统治、来代表的，所以我们就可以把这些社会形态依次命名为奴隶社会、封建社会、资本主义社会、社会主义社会，其特定阶级代表则依次是奴隶主阶级、地主阶级、资产阶级和现代无产阶级。（2）任何社会形态的更替都要通过阶级斗争，都要经过社会革命来实现。资产阶级取代封建地主阶级是一场革命，封建地主阶级取代奴隶主阶级也是一场革命，社会主义取代资本主义更是一场革命。每个社会的革命阶级都代表了新的生产关系，体现了新的生产力的发展要求，如果没有这样的革命阶级及其进行的阶级斗争，社会形态是不可能变更的。（3）任何社会形态的内部调整和变革都和阶级斗争状况密切联系。邓小平把生产关系对生产力的作用概括成两种：一种叫做解放生产力，一种叫做保护和发展生产力。解放生产力就是生产关系的更替，保护和发展生产力就是生产关系的自我调整。这个调整在阶级社会里直接地和社会的阶级组成、各阶级状况、各阶级力量之间的对比紧密联系在一起。

以资本主义社会工人的工资为例。马克思之所以批判拉萨尔的观点，是因为拉萨尔认为工人的工资是由人口数量自然决定的，是由劳动力的供求关系、市场关系决定的。拉萨尔的观点是站不住的：一方面，资本主义社会始终保持着失业大军，不存在劳动力绝对缺乏的局面，另一方面，等到市场上找不到劳动力的时候再去鼓励生育，还来得及吗？因此，“拉萨尔并不懂得什么是工资，而是跟着资产阶级经济学家把事物的外表当做事物的本质。”[①] 在马克思看来，“雇佣劳动制度就是奴隶制度”，它决定了工人被残酷剥削的命运，但直接决定工人报酬波动的就是劳资关系、就是无产阶级的组织程度及其可能对于资产阶级施加的压力。这说明在阶级社会里面，阶级力量对比和阶级斗争对生产关系的调整具有直接的作用。因此，这一概括表达了马克思主义关于阶级社会发展的历史主线思想。

第三，“这个斗争现在已经达到这样一个阶段，即被剥削被压迫的阶级（无产阶级），如

① 《马克思恩格斯文集》第3卷，人民出版社2009年版，第441页。

果不同时使整个社会永远摆脱剥削、压迫和阶级斗争，就不再能使自己从剥削它压迫它的那个阶级（资产阶级）下解放出来”，这就清楚地表明，无产阶级如果不能消灭一切阶级和剥削，自己就不能得到最后的解放。必须指出，这一表述虽然是从需要的角度加以论断的，但其蕴涵着可能的前提，即无产阶级不仅需要，而且可能自己解放自己。所以无产阶级的阶级意识就是消灭阶级，它是无产阶级对自己历史地位和历史使命的自觉表达。共产主义革命的基本任务就是通过无产阶级专政创造出消灭阶级、进入无阶级社会的历史前提。因此，无产阶级专政是引领实现共产主义的政治形式，体现了当代人类文明的趋势和方向。无疑，这一概括表达了马克思主义关于历史方向的思想。

从今天的情况看，除了经济生产方式的基础地位表面上争议不大，其他两条则存在着公开的分歧。由于社会主义国家在其实践中发生过阶级斗争扩大化的错误，因而阶级斗争的历史主线地位就必然是首先遭受否定和攻击的基本理论。一些人从阶级斗争已经不是今天我国的主要矛盾，推广到阶级斗争从来就不是人类社会发展的主要矛盾，而偏离这一主线去“重写历史”已经成为一种时髦。科学地阐明马克思主义阶级斗争学说的当代价值，已经刻不容缓。

2. 马克思主义阶级斗争学说的当代价值

从今天的情况看，对于马克思主义阶级斗争理论的价值，是否能够作以下三点阐发：第一，从历史叙述看，它是我们分析有文字记载以来历史的基本方法和根本性话语。历史领域历来充斥着无数相互冲突的意志、无数杂乱无章的事实、无数堆积如山的史料，只有寻找到其变化绵延的客观依据，历史才能成为科学。如果说唯物史观开创了历史科学的航道，那么其阶级斗争理论就是这一航道上的航标灯。正如列宁指出的：“某一社会中一些成员的意向同另一些成员的意向相抵触；社会生活充满着矛盾；我们在历史上看到各民族之间，各社会之间，以及各民族、各社会内部的斗争，还看到革命和反动、和平和战争、停滞和迅速发展或衰落等不同时期的更迭，……这些都是人所共知的事实。马克思主义提供了一条指导性的线索，使我们能在这种看来扑朔迷离、一团混乱的状态中发现规律性。这条线索就是阶级斗争的理论。”[①] 由于我们今天远远没有超越阶级社会的历史，因此，历史的叙述必须以社会经济形态为依据，以阶级斗争为主线展开，而不能用某些局部的、例外的情况来模糊以致根本否定这一叙事方式。

第二，从当今现实看，运用马克思主义的阶级斗争理论必须内外有别。就我国大陆今天的社会现实而言，阶级斗争已经不是主要矛盾，但阶级斗争在一定范围内还将长期存在，如果处理不当，还有重新激化的可能性；就当代世界的整体格局而言，不是所谓“文明的冲突”、或所谓“全球性问题”决定历史的方向，而是社会主义和资本主义两条道路、两种社会制度的斗争依然决定着当代人类的命运和出路，因而依然是当代世界的主要矛盾。现在几乎可以肯定，西方资本主义将长期陷入经济和社会危机，表明当代资本主义的寄生性、腐朽性在增加，蕴含着其冒险性和侵略性在积累和上升。马克思主义关于帝国主义本性的判断依然是我们观察当代世界变动的锐利思想武器。

① 《列宁选集》第2卷，人民出版社1995年版，第425—426页。

第三，从我国实际的运用上，必须着眼于坚持和丰富中国特色社会主义理论体系。作为马克思主义中国化第二次历史性飞跃的理论成果，中国特色社会主义理论体系运用马克思主义的基本原理，创造性地回答了在中国这样一个十几亿人口的发展中大国如何摆脱贫困、加快实现现代化、巩固和发展社会主义的一系列重大问题，是指导党和人民沿着中国特色社会主义道路不断前进，不断巩固、改革和完善中国特色社会主义基本制度的正确理论。马克思主义的阶级斗争理论在这一理论体系中的实际运用，至少表现在以下方面：一是从剥削阶级作为一个阶级在我国已不复存在的国情出发，在慎提慎用“剥削阶级”以及“剥削”、“压迫”一类提法的同时，不仅不能削弱、而且要强化工人阶级的领导地位及其阶级意识，在不断扩大中国共产党的群众基础的同时，不断强化其作为中国工人阶级先锋队的阶级基础；二是从阶级斗争已经不是我国主要矛盾的实际出发，在强调具体矛盾具体分析、着眼于化解人民内部矛盾、慎将社会矛盾上纲为“阶级斗争”的同时，在重大社会矛盾（例如防腐倡廉建设）的观察分析上，不放弃马克思主义的阶级分析方法；三是从坚持和推进中国特色社会主义的大局出发，牢牢把握社会主义现代化的政治方向，在不断推进改革开放、允许一部分人先富起来、不轻言贫富差距过大或存在分配不公现象为“两极分化”、“阶级分化”的同时，坚定不移地防止两极分化、贯彻共同富裕方针，不断实践社会主义的本质、体现社会主义制度的优越性。

二 提升马克思主义理论自觉的生动范本

我们对于共产主义的信仰，不仅在于其美好，而首先在于其科学。读《宣言》之所以能够帮助我们坚定共产主义理想，就在于这一经典著作通过三大科学成果有力地支撑起共产主义思想体系：一是对于资本主义的科学批判；二是对于现代无产阶级的科学分析；三是对于共产党的科学定位。西方意识形态对于马克思主义的攻击和消解，主要就集中在这三个问题上，最典型的就是所谓马克思对资本主义批判的“浪漫”论、对现代无产阶级分析的“神化”论和对共产党定位的“威权”论。

1. 驳斥马克思对于资本主义批判的所谓“浪漫”论观点，自觉树立共产主义的信念

写《非共产党宣言》的罗斯托认为，马克思、恩格斯在写《宣言》的时候，只有英国一国完成了工业革命，经济处于起飞阶段，而其他国家还都是处在经济起飞的准备阶段，马克思在这个时候就得出了否定资本主义的结论，显然其依据不是事实、不是科学，而是一种道德浪漫情绪。在他看来，马克思没有考虑到，任何经济起飞都要付出社会和经济成本，任何国家的经济起飞都会出现社会贫富分化，就像一个马鞍形，分化到一定程度就会回落。马克思没有看到这点，所以错了。在我们看来，马克思主义的科学性和真理性，首先表现在他对资本主义的批判方式并不是简单依据当时的一些贫富分化事实，更不是道德愤慨的情绪宣泄，而是立足于揭示资本主义的客观本性。

其一，从人类历史发展的客观规律出发批判分析资本主义。与空想社会主义不同，马克思不是从“邪恶”而是从“革命作用”上分析资本主义，从而把批判建立在对资本主义否定封建主义历史规律的准确把握上。这就是说，马克思把对于资本主义的否定，建立在历史的

客观必然性而不是人类理性的所谓“迷误”上。资本主义通过对生产工具以及相应的生产关系的革命变革、促进了生产力的迅猛发展，通过开拓世界市场、促进了社会交往的世界化，通过城市化聚集、扩大了财富的生产。“资产阶级在它的不到一百年的阶级统治中所创造的生产力，比过去一切时代创造的全部生产力还要多，还要大。”这是资本主义能够取代封建主义的最根本的原因。资本主义对于封建主义不可遏止的胜利，证明了生产关系一定要适应生产力的历史发展规律。而资本主义的被否定，不过是封建主义被否定的这一历史规律的再表现。“资产阶级的生产关系和交换关系，资产阶级的所有制关系，这个曾经仿佛用法术创造了如此庞大的生产资料和交换手段的现代资产阶级社会，现在像一个魔法师一样不能再支配自己用法术呼唤出来的魔鬼了。几十年来的工业和商业的历史，只不过是现代生产力反抗现代生产关系、反抗作为资产阶级及其统治的存在条件的所有制关系的历史。只要指出在周期性的重复中越来越危及整个资产阶级社会生存的商业危机就够了。”“资产阶级用来推翻封建制度的武器，现在却对准资产阶级自己了。”①

马克思批判资本主义所依据的人类社会发展的客观规律表明，任何生产关系都只具有历史的合理性，而不具有永恒的合理性，因而随着生产力的发展，新的生产关系取代原来的生产关系就具有历史的必然性。资本主义的辩护者把资本主义生产关系看成是自然的、永恒的社会秩序，而马克思则把其视为人类历史发展的一个必然要被超越的阶段。这是马克思批判资本主义的根本科学依据。

其二，资本主义设定了自身的发展极限，表现为自我否定的过程。马克思批判资本主义的又一个原则，是内在否定原则，即自我否定。内在矛盾是事物变化的根据，资本主义的最终否定力量来自资本本身。《宣言》中有这样一个判断：“资产阶级除非对生产工具，从而对生产关系，从而对全部社会关系不断地进行革命，否则就不能生存下去。”② 马克思后来在《资本论》中进一步发挥了这一观点，指出资本的本性和生命力就在于，通过追逐超额利润而获取最大值的剩余价值，因而需要永不停步的自我扩张，而使其止步的不可逾越的界限却又恰恰就是资本自身。

一是资本设定了有限的市场容量。本来，资本的无限扩张需要无限的市场，借此资本才能保持活力。正如《宣言》所描述的那样，由于扩大产品销路的需要，“驱使资产阶级奔走于全球各地。它必须到处落户，到处开发，到处建立联系。”③ 资本促使世界市场的形成，并需要其具有无限拓展的空间。它需要无限容量的市场、不断地扩大财源、不断开拓创新的源泉，以便获取最大限度的剩余价值。但另一方面，资本自己设定了市场的有限的容量。这个市场有限容量就是在剥夺无产阶级、剥夺广大人民过程中而造成的市场萎缩。当今就是实行所谓福利资本主义的国家，也仍然存在财富上的人口99%和1%的矛盾对立，所以大众不能形成有效需求，又何谈市场的无限容量？大众不是没有需求，而是没有满足这个需求的购买力，所以就不是有效需求，不是市场容量。今天西方有很多市场不正常现象，商品经常打折。圣诞节打折，商店门一开人们一哄而入都跑去抢便宜的商品。这说明什么？有需求，没有购买

① 《马克思恩格斯选集》第1卷，人民出版社1995年版，第276—278页。

② 同上书，第275页。

③ 同上书，第276页。

力。这是资本主义永远解决不了的一个问题，是自己给自己设定了有限的市场容量，在不可能无限地扩大市场的同时也窒息了生产的发展空间。“资本的发展程度越高，它就越是成为生产的界限，从而也越是成为消费的界限，至于使资本成为生产和交往的棘手的界限的其他矛盾就不用谈了。”①

二是资本设定了有限的创新主体。本来，资本无限发展的另一可能就是通过不断的创新获取超额利润。马克思揭示出利润是资本的活力，但资本是不满足于获得平均利润的，而是通过各种手段来获得超额利润。但利润有平均化的规律和趋势，而一旦达到平均利润的时候，资本就没有活力了，资本的活力在于获得超额利润。“资产阶级除非对生产工具，从而对生产关系，从而对全部社会关系不断地进行革命，否则就不能生存下去。”② 有趣的是，奥地利经济学家熊彼特以另一种方式表达了类似的意思。他认为，资本主义是建立在一种毁灭性创新基础上的经济，要不断地通过生产要素的重新组合以及技术创新才能得以发展，而当创新“均衡化”后，资本主义将走向毁灭。但资本主义要创新，就需要能够创新的人。而真正具有无限创新能力的人，应该是全面发展的人。资本主义面临的又一个危机就是人的片面化对资本主义发展造成的限制。矛盾在于，资本主义一方面要了解人，要开发人性化的产品；但另一方面，资本主义又造成了人的单面化、异化。所以人的片面化是限制资本主义发展的又一个界限。从这一点来说，资本主义是不能长久引领创新的，因为它无力造就具有无限创造力和健康需求的人。

三是资本设定了有限的发展空间。资本的无限扩张的趋势需要人与自然的真正和谐，以此才能提供不断扩展的发展空间和发展领域。但是，资本由于其获利的本性，导致对自然和其他空间的开发带有掠夺和占有的性质，在造成生态危机的同时，也扼杀了自身的发展空间。马克思在《宣言》中通过“消灭城乡差别”、《1844年经济学哲学手稿》中通过“自然和人相异化”指出，资本对自然界的基本态度是掠夺和占有，是纯功利地对待自然界，这注定了它不可能真正地开拓人类发展所必需的自然空间，导致了自然和人道的对立，造成了自然的破坏和人自身的贫乏。这是资本为自己设置的又一个界限。马克思从资本自己给自己设定了发展的历史界限，得出了资本自我否定的结论。资本不可能突破这个历史界限，因而必然要被取代。“资本不可遏止地追求的普遍性，在资本本身的性质上遇到了限制，这些限制在资本发展到一定阶段时，会使人们认识到资本本身就是这种趋势的最大限制，因而驱使人们利用资本本身来消灭资本。”③

其三，马克思依据当时资本主义暴露的典型事实，揭示了资本主义发展的基本规律和基本矛盾。首先是经济危机这一典型事实。自1825年英国爆发了资本主义第一次经济危机，以后每经过七八年，就爆发一次。马克思通过研究这一周期性的经济危机现象，揭示出资本主义所固有的社会化生产和私人占有之间的基本矛盾。第二个典型事实是当时发生在英、法、德的三大工人反抗运动。马克思从中不仅看到了工人阶级和资产阶级的对抗，而且发现了工人阶级逐渐联合及其阶级斗争日渐趋向自觉的发展趋势，从而揭示了资本主义“首先生产的

① 《马克思恩格斯全集》第30卷，人民出版社1995年版，第397页。

② 《马克思恩格斯选集》第1卷，人民出版社1995年版，第275页。

③ 《马克思恩格斯全集》第30卷，人民出版社1995年版，第390页。

是它自身的掘墓人”即工人阶级这一历史规律。第三个典型事实是“雇佣劳动”这一基本事实。资本主义是一种以雇佣劳动为基础的社会制度，这是一个在“自由买卖、自由交易”形式下的现代奴隶制，它使得“资本具有独立性和个性，而活动着的个人却没有独立性和个性。”因此，“共产主义并不剥夺任何人占有社会产品的权力，它只剥夺利用这种占有去奴役他人劳动的权力。”① 马克思对雇佣劳动的深入分析，揭示了超越资本主义的历史必然性，指明了共产主义的光明前景：“代替那存在着阶级和阶级对立的资产阶级旧社会的，将是这样一个联合体，在那里，每个人的自由发展是一切人的自由发展的条件。”②

现在我们党面临的最主要的危险是后共产主义现象。什么叫后共产主义？用这一用语发明者布热津斯基的话就是：“那些声称共产主义理论是他们的政权（……）之本的共产党人，那些口头上说实践共产主义理论而实际上却在背离其实质的共产党人，那些毫无顾忌地公开否定共产主义理论的共产党人，所有这些自称‘共产党人’的人，都不再认真地将共产主义的理论作为指导社会政策的方针。这些就是后共产主义体系中的现象。”③ 这里包括两种人，一种是表面上讲共产主义，实际上不信的共产党人；另一种是公开否定共产主义、但可能还自称为马克思主义者的共产党人。后共产主义现象使得我们不能不指出，在今天如果仅仅承认马克思主义、社会主义而不承认共产主义，或者仅仅口头上承认共产主义，那还不是真正的马克思主义，真正的共产党人必须努力实践共产主义。后共产主义从理论上割裂马克思主义和共产主义的内在统一，从学风上倡导言行不一的两面人格，其危害性极大。我们现在的主要危险不是教条主义，而是后共产主义的心态。

要在马克思主义理论的信仰和学习上做到口心一致、言行一致，首先要从理论上弄清，什么是马克思主义、什么是共产主义。邓小平关于共产主义有个很简单的解释，即“马克思主义的另一个名词就是共产主义。”④ 这个解释虽然简单但非常准确，抓住了马克思主义的实质。所以共产主义信仰就是马克思主义的信仰，信仰共产主义就是信仰马克思主义。而信仰马克思主义，首先要信仰马克思主义的思想体系，信仰马克思主义这个真理体系，信仰马克思主义的基本原理是真理。马克思主义是唯一的科学批判和超越资本主义思想体系与制度的思想体系。

2. 驳斥马克思对于现代无产阶级的所谓“神化”论观点，自觉站稳工人阶级立场

对“无产阶级”这一概念有很多误解：一是把“一无所有”视为其根本特征，因而以“有恒产者有恒心”为由指认现代无产阶级只具破坏性、不可能担负“建设新世界”的使命，以致人们在使用“无产阶级”这一术语时往往有所顾忌。实际上，在马克思那里，无产阶级和工人阶级是通用的，现代无产阶级本身是一个科学的概念，有着充分的历史和学理依据，有着明晰的理论界定。二是局限于目前某些工人群体的状况断言无产阶级不先进，从而否定工人阶级的历史使命。实际上，马克思关于现代无产阶级分析的基本方法论，就是要突破主观性评价，即不仅不以其他阶级、阶层和个人的评价为依据，甚至也不以无产者当下的自我

① 《马克思恩格斯选集》第1卷，人民出版社1995年版，第287—288页。

② 同上书，第294页。

③ 布热津斯基：《大失败》，军事科学院外国军事研究部译，军事科学出版社1989年版，第298页。

④ 《邓小平文选》第3卷，人民出版社1993年版，第173页。

感受为依据，而是从人类历史发展的客观过程中来定位现代无产阶级，从资本主义社会的矛盾体系中来客观地确定无产阶级的历史地位。马克思在《神圣家族》中回答对于现代无产阶级的质疑时说："问题不在于某个无产者或者甚至整个无产阶级暂时提出什么样的目标，问题在于无产阶级究竟是什么，无产阶级由于其身为无产阶级而不得不在历史上有什么作为。"①因此，马克思关于现代无产阶级的分析首先是一个世界观、方法论问题，西方关于"神化无产阶级"论也因此而起。

最为极端和普遍的攻击是将马克思的分析归结为"上帝的选民"说及"犹太幻想"："马克思的历史的必然性作为全能的上帝来代替耶和华，以近代西方世界内部的无产阶级来代替犹太人。无产阶级的专政就是弥赛亚的王国。"② 然而这些判断似乎忘记了，宗教是不需要论证的，而马克思主义注重的恰恰是科学论证。马克思精辟地指认资本主义的劳动方式为"雇佣劳动"，受制于这种劳动的工人不能不成为作为资本人格化的机器及产品的附属物，不能不成为资本增值的工具。"这些雇佣工人不得不把自己的劳动力转化为日益增长的资本的日益增大的增殖力，并且由此把他们对自己所生产的、但已人格化为资本家的产品的从属关系永久化。"③ 更为重要的是，这种"现代奴隶制"披着"自由、公平"的外衣，让实际上处于奴隶状态的人们浑然不觉。"在雇佣劳动下，甚至剩余劳动或无酬劳动也表现为有酬劳动。在奴隶劳动下，所有权关系掩盖了奴隶为自己的劳动，而在雇佣劳动下，货币关系掩盖了雇佣工人的无偿劳动。"④ 把一种历史地产生的剥削关系转化为"永恒的自然关系"，使得资本主义生产关系对于社会化大生产的破坏必然以强积压的方式猛烈地爆发，造成空前深重的灾难，同时也决定了工人阶级的觉悟必定建立在对于历史规律的高度自觉上。

马克思学说的科学性还在于科学论证了关于工人阶级阶级意识的形成上。在西方意识形态看来，这是一个真正的两难推理：如果坚持唯物主义反映论，处在"物化"状态中的无产阶级就不可能产生"当家作主"的统治意识和实践；如果坚持无产阶级能够产生自觉的阶级意识就必须承认这其中的思辨性和神秘性。但是，问题在于，资本主义社会的两极化趋势及其造成的阶级对立究竟是马克思的主观臆造还是资本在自身的增殖、积累和集中过程中必然形成的？马克思一再强调工人阶级不同于其他劳动阶级之处的两个重要方面（即从资产阶级那里获得了教育和文化手段，与先进的社会化大生产相联系）究竟是不是事实？无产阶级与资产阶级的最大区别在于，资产者由于垄断生产资料而形成了狭隘的既得利益，而无产者由于完全丧失了与生产资料的直接联系而在根本利益上与社会化大生产保持一致，这又是不是事实？如果这些都是事实，那么起码就要承认工人阶级具有认识历史发展规律的客观条件，加上形成以先进理论武装的政党这一主观条件，它就能够从自在阶级成为具有自觉阶级意识的自为阶级。

3. 驳斥马克思对于共产党的所谓"威权"论观点，自觉坚持共产党的领导地位

《宣言》为我们提供了坚持共产党领导的充分理论依据，这是其遭受对手诟病的重要原

① 《马克思恩格斯文集》第1卷，人民出版社2009年版，第262页。

② 汤因比：《历史研究》，转引自卡尔·波普尔《开放社会及其敌人》，台北桂冠图书公司1986年版，第1010页。

③ 《马克思恩格斯文集》第5卷，人民出版社2009年版，第710页。

④ 《马克思恩格斯选集》第2卷，人民出版社1995年版，第224页。

因，因而也是我们需重点加以研读的问题。该著作对于共产党的论述突出地强调了三点：第一，共产党的阶级性及其道义性。共产党没有自己特殊的利益诉求，不是独立的利益主体，原因就在于“共产党人不是同其他工人政党相对立的特殊政党。他们没有任何同整个无产阶级的利益不同的利益。”共产党是以工人阶级的历史追求为追求，以工人阶级所代表的绝大多数人的利益为自己奋斗的利益。而工人阶级的阶级利益之所以代表绝大多数人，就在于存在阶级剥削和压迫的社会，总是大多数人受奴役的社会，因而“消灭阶级”这一工人阶级的要求就表达了大多数人的根本利益。由此可以断言：“过去的一切运动都是少数人的或者为少数人谋利益的运动。无产阶级的运动是绝大多数人的、为绝大多数人谋利益的独立的运动。”在新的历史条件下，强调共产党没有自己的利益，强调共产党的阶级性和人民性的一致性十分重要。如果共产党有了其自身的利益，就不但不能够代表绝大多数人，而且必然脱离广大人民群众并与之对立；如果工人阶级利益和广大人民利益不一致，那么向全社会开放的执政党就必须放弃自己的阶级基础。在这两种情况下，共产党都要改旗易帜，搞多党制就是不以人的意志为转移的必然选择。可见，共产党的道义性来自其阶级性，从根本上说，越是工人阶级的就越是人民大众的。坚持党的工人阶级性质不能动摇。

第二，共产党的理论优势及其先进性。在阶级社会，不仅存在着严重对抗的阶级利益，而且被压迫阶级本身的利益也是分化的。马克思发现，共产党的力量就在于能够始终代表广大劳动者的利益，成为全体人民团结一致的核心。值得注意的是，共产党之所以能够在实践中代表最广大人民的利益，始终站在无产阶级解放运动的前列，推动运动前进，就因为“它了解运动的进程、条件和结果。”就是说，实践中的先进性来源于思想理论上的科学性、先进性。这也就构成了后来中国共产党的建党第一原则，即坚持思想建党，始终把思想理论建设摆在党的建设的首位。

从现实针对性来看，党在今天所面临的四大危险，根子都在于思想理论上。一些人精神懈怠，理想信念不坚定，对中国特色社会主义没有信心，根子在理论不彻底、不成熟；在实践中能力不足、办法不多、不思进取，甚至高高在上、养尊处优、脱离人民，首先是思想的僵化、腐化；在行动上不顾大局、各行其是，甚至阳奉阴违、另搞一套，盖源于思想上的离心离德。无数事实表明，“没有革命的理论，就没有革命的运动”，只有用先进理论武装的党，才能成为进步事业的领导者和组织者。从这个意义上说，思想领导权是实现党的领导作用的根本保证。

第三，共产党的阶级性及其统一性。共产党只能有一个，不能有多个，根本原因是只有一个无产阶级。不仅某个国家的无产阶级只有一个，而且全世界的无产阶级都是统一的。无产阶级不仅代表了民族的统一，还代表了走向未来的全人类的统一，这就是消灭阶级、消灭私有制，最终实现共产主义。《宣言》关于“工人没有祖国”，“全世界无产者联合起来”的思想只能从这一角度解读，而不能视为工人阶级不能同时是民族的。归根到底，共产党只能有一个，不能搞多个，不能分裂工人阶级，也不能分裂共产党。虽然从今天的情况看，工人阶级的民族性还是明显的，但阶级性不但和人民性、而且和民族性还是可以统一的。从历史发展长远趋势看，工人阶级的国际性、世界性会日益显现，共产主义这一“国际的理想”一定会实现。中国共产党的显著特点和力量源泉就在于从其诞生的那天起，就始终肩负着双重使命：一是中华民族伟大复兴的使命，另一是人类解放、实现共产主义的使命。作为中国工人阶级先锋队的阶级性，不仅没有妨碍、而且支撑着中国共产党成为民族复兴的领导核心；反过来，领导中华民族的伟大复兴，也不仅没有阻碍、而且有力地促进了人类文明向共产主义方向坚实地迈进。

三　培育马克思主义理论自信的红色经典

《宣言》中有两个"必然"（即"资产阶级的灭亡和无产阶级的胜利是同样不可避免的"）、两个"彻底决裂"（即"共产主义革命就是同传统的所有制关系实行最彻底的决裂；毫不奇怪，它在自己的发展进程中要同传统的观念实行最彻底的决裂"）的论述，是我们理解该著作基本精神的一个非常重要的着眼点。再加上 1858 年马克思在《〈政治经济学批判〉序言》里面讲的两个"决不会"，即"无论哪一个社会形态，在它所能容纳的全部生产力发挥出来以前，是决不会灭亡的；而新的更高的生产关系，在它的物质存在条件在旧社会的胎胞里成熟以前，是决不会出现的"，共同构成了马克思主义关于历史未来的完整判断，成为我们坚定共产主义理想信念的理论支点。

今天，往往有人用两个"决不会"去否定两个"必然"和两个"彻底决裂"，并借以否定十月革命及其开创的社会主义道路，鼓吹资本主义不可超越，否定共产主义的光明前景，因此，我们必须对两个"必然"、两个"决不会"和两个"彻底决裂"三者间的关系有一个透彻的理论把握。我认为，两个"必然"是马克思主义的战略思想，也就是说，从战略上、从历史的发展规律和当今历史的总趋势上，资本主义的灭亡和社会主义的胜利的确同样是不可避免的。这是一个战略分析，表明了历史不可逆转的大潮流、大趋势。两个"决不会"是一个战术思想，就具体的国家或地区以及具体的历史发展阶段而言，资本主义不但还有自我调整的空间，而且在科技和经济上的优势地位也不会立即丧失。社会主义还需要走艰难的道路，社会主义取代资本主义需要经历一个较漫长的历史过程，不能指望速战速决，要有应对困难的充分准备，这是必须遵循的战术原则。

但是，需要指出，战略管全局、大势、本质和结局，因而是我们信念的依据；而战术管局部、现状、细节和过程，因而是我们行动的依据。战略和战术从一定意义上看也是"务虚"和"务实"的关系。务虚不是空谈，而是看清大形势、理清大思路、把握大方向、奠定大依据，达到提高信心的目的，因而是实事求是、求真务实的重要组成部分。我们党在重大的战略转折关口，总要进行理论务虚，充分证明了其重要性。与之相对的务实，并非求真务实的大务实，而是具体组织实施的行动方案，因而必须充分依据当下的主客观条件，必须充分认识当前的艰难险阻，必须善于处理发展和收缩、坚持和妥协、优势和劣势的关系，以达到不断有所改善、有所突破、有所进展的目的，争取现有条件下的最好结果。

两者不能错位。如同毛泽东所讲，在战略上要藐视敌人，在战术上要重视敌人。我们在战略上一定要有共产主义的胜利和资本主义的灭亡是必然的信心，借以确立我们的战略目标和理想信念。但是在具体的实践中我们必须重视对手，要看到资本主义在今天还有较大的调节空间，在今天和今后的一个时期还具有优势地位，战胜资本主义是一个很长的历史过程。

如果把战略变成了战术，就可能犯超越历史阶段的错误；而如果将战术变成战略，则可能犯迷失方向、悲观失望的错误。用“两个决不会”去否定“两个必然”，就是犯了用战术思想取代战略思想的错误。

关于两个“彻底决裂”的思想，我认为这是无产阶级政党如何掌握和实现自己的领导权的理论依据，因而是关于领导权的思想。任何阶级要成为统治阶级，必须具备两个条件：一是掌握国家经济命脉，另一是掌握社会的精神生产，即思想领导权。为什么？根据一，从马克思主义的观点看，国家政权属于上层建筑，它依托于一定的经济基础，同时也通过保护和发展相应的经济基础发挥自身的服务功能，没有巩固的经济基础的政治权力是脆弱的。根据二，精神生产服从服务于物质生产，因此，物质生产和再生产在生产物质资料的同时，也不断生产和再生产着人们的社会关系和思想观念。“思想的历史除了证明精神生产随着物质生产的改造而改造，还证明了什么呢？任何一个时代的统治思想始终都不过是统治阶级的思想。”①

这样，一般说来，要推翻一个政权，建立新的阶级统治，除了必须瓦解旧经济基础、建立新经济基础，还必须破除旧观念、形成新思想。特殊地说，共产主义革命由于其社会变革的空前深刻，在所有制和思想观念上实行两个“彻底决裂”就在所必然。领导这一变革的工人阶级及其政党，只有在两个“彻底决裂”的过程中才能发挥自己的领导作用。就今天而言，我们要不断推进中国特色社会主义建设，确保以工人阶级为领导、工农联盟为基础的国家性质，就必须坚持和发展以公有制为主体、多种所有制经济共同发展的基本经济制度，坚持和发展以马克思主义为指导、以共产党为领导核心的人民代表大会制度这一根本政治制度。毛泽东在新中国成立初期就讲过，领导我们事业的核心力量是中国共产党，指导我们思想的理论基础是马克思列宁主义。这就是领导权和领导作用。因此，贯彻两个“彻底决裂”就是要思考无产阶级政党如何实现领导作用的问题，在今天就是把中国共产党建设成坚持和发展中国特色社会主义的坚强领导核心。

总之，“两个必然”侧重战略，“两个决不会”侧重于战术，上述两条都是着眼于党所领导的事业，而“两个决裂”侧重于党的作用，着眼于党自身的建设。在推进党所领导的事业中同时推进党自身的伟大建设工程，就是中国共产党对于以上三条创造性的当代解读。

参考文献：

[1] 孙伯锳：《探索者道路的探索》，南京大学出版社 2002 年版。

[2] 王伟光：《社会矛盾论——我国社会主义现阶段阶级、阶层和利益群体分析》，中国社会科学出版社 2011 年版。

[3]《侯惠勤自选集》，学习出版社 2011 年版。

[4]《马克思恩格斯列宁哲学经典著作导读》编写组：《马克思恩格斯列宁哲学经典著作导读》，人民出版社、高等教育出版社 2012 年版。

[5] 戴维 · 麦克莱伦：《青年黑格尔派与马克思》，夏威仪等译，商务印书馆 1982 年版。

① 《马克思恩格斯选集》第 1 卷，人民出版社 1995 年版，第 292 页。

[6] 约瑟夫・熊彼特：《资本主义、社会主义和民主主义》，绛枫译，商务印书馆 1979 年版。

[7] 卡尔・波普尔：《开放社会及其敌人》，郑一明等译，中国社会科学出版社 1999 年版。

[8] 丹尼尔・贝尔：《后工业社会的来临》，高铦等译，新华出版社 1997 年版。

（原载《马克思主义研究》2012 年第 12 期）

科学发展观明确了什么

邓纯东

党的十八大最重要的成果之一是把科学发展观明确为党的指导思想，这极大地丰富了中国特色社会主义理论体系，对于我们高举中国特色社会主义伟大旗帜，把建设中国特色社会主义事业顺利、正确地推向前进，具有重大的实践意义。

科学发展观继续围绕什么是社会主义、怎样建设社会主义基本问题，回答了新形势下我们要实现什么样的发展、怎样实现发展的基本问题，体现了马克思主义基本原理与当代中国发展现实的有机结合，是用科学社会主义基本理论分析中国特色社会主义实践，特别是改革开放以来中国发展的实践，总结其经验，探索解决前进中的问题，在已有发展基础上得出的如何更好、更正确、更科学发展的基本理论。

其一，科学发展观对于确保我国经济的健康、更好更快的发展具有决定性的意义。在当今中国，发展是党执政兴国的第一要务，经济建设是中心任务，努力提高经济总量和经济发展的水平，做大蛋糕，提高人民收入水平，这已是毫无疑问的共识。这样的发展共识与热情，使我们这些年的发展取得了辉煌的成就。但在实践中，一些地方出现了急于求成乃至“饥不择食”的现象，有的导致环境污染、资源浪费。我国一些地方的青山绿水不再，耕地被占较多。同时，一些产业的自主创新能力较弱，在发展上存在拼能源、拼消耗、拼人力成本等问题。正是针对这些问题，党的中央领导集体逐步提出、形成了科学发展观。其中，就经济如何更好发展提出了一系列新的指导方针和工作要求，这包括：要加快转变经济增长方式，实现由粗放式到集约、精细化的转变。要实施创新驱动战略，大力提高自主创新能力。要实施可持续发展战略，保持环境、节约资源，以较小的资源能源消耗获取较大的经济发展成果。要发展循环经济，开展废物利用，大力开发使用可再生资源，等等。这些重要论断，作为新形势下发展的战略与方略，第一，指明了我国经济发展的正确路径，告诉全党，我们的经济发展，无论产业内容还是具体项目，无论总的布局还是具体措施，都应该是有选择的，不能“饥不择食”，不能搞成大呼隆、粗放式，不能只要是项目，只要有 GDP 就干。第二，经济发展，是要算投入产出成本的，一个产业，一个项目，在一个地方，耗费土地、淡水资源、地下资源，造成的环境影响、空气质量等的影响都有评估，都要在不同地方进行比较，而不要遍地开花、舍近求远，不能搞环境与资源上的高投入高消耗。第三，我们的经济发展、GDP 的提高，不能再依靠低成本人力优势，不能只靠简单的来料加工，收取极低的加工费用，不能只搞模仿、贴牌的制造，而要实施创新驱动的战略，努力自主创新。第四，经济发展，要实施质量战略，更加重视质量与效益，努力做到精细化，这包括企业管理的精细、产品制造与服务的精细，以精细保证质量，以高质量提高中国制造的竞争力。第五，经济发展要实施可持续战略，产业布局、项目建设都要有战略眼光，着眼于长远、可持续，不能再搞短期行为，不能寅吃卯粮。

其二，科学发展观对发展的含义有了科学、全面的规范。新时期以后，我们纠正了以阶级斗争为纲的错误，把全党工作重点转移到经济建设这个中心，这是十分英明正确的决策，是我国这些年巨大进步的重要因素。但实践中，一些地方、基层对此作了片面化的理解，认为经济建设中心就是只抓经济工作，有意无意忽视、轻视社会主义现代化建设必需的其他重要内容。对此，邓小平同志早就指出，要两手抓、两手都要硬。后来我们党又提出了“三位一体”、“四位一体”的总任务，这次十八大报告提出了“五位一体”的总布局，这就明确地告诉全党，在推进中国特色社会主义事业进程中，我们党承担的“发展”任务，不只是经济建设这一个方面，同时还包括政治建设、文化建设、社会建设、生态文明建设。实现好这样的“发展”任务，要求我们：一是要明确“发展是第一要务”是一个全面的概念，而不仅仅指经济上的发展。二是在实际工作中，要努力改变过去一些地方和单位存在的“一手硬”、“一手软”的状况，在努力抓好经济发展的同时，确实下大力气同时抓好政治、文化、社会和生态文明建设，不要顾此失彼、厚此薄彼。三是为了促进全方位的发展，在谋划发展时要整体设计、统筹兼顾，使各方面的发展任务同步协调、相辅相成，不要因为“领导”原因而造成某些方面的“短板”。

其三，科学发展观明确了发展的目的这个根本。在发展过程中，人与“发展”的关系问题是区别不同“发展”、体现不同“发展”理念与结果的关键问题。人在发展中是手段还是目的，是工具还是主体，这是一个关系发展性质的关键问题。我们党是工人阶级和中华民族的先锋队，领导人民进行的发展决不能把人民群众当成只是发展的工具，只是发展中必须使用的手段。科学发展观明确指出，人是目的，不是手段，是主体，不是工具。胡锦涛同志在多次讲话中明确了以下要点：第一，我们建设中国特色社会主义，搞好中国的发展，全面建成小康社会和实现社会主义现代化，目的都是为了人，为了全体中国人民的幸福和美好未来，而不是为了任何别的目的。第二，人民群众在“发展”中居于主体地位。发展是为了人民，也必须紧紧依靠人民，使人民群众在全部发展事业中处于主体地位，充分发挥其主动性、积极性和创造性。第三，作为主体地位的全体人民必须共享发展的成果。“发展”成果应该惠及全体人民，而不能只是少数人受益，不是少数人享用发展的成果，这就一定要坚持走共同富裕的道路，要发展社会主义基层民主，使人民共同享有更多的民主权利。要完善公共文化服务体系，使人民同等享受基本公共文化服务。加强社会建设和生态文明建设，使广大人民群众的居住、生活环境更好、质量更高，并享有更公平的社会服务。

其四，科学发展观明确了“发展”标准、效果的评价理念与标准。30多年来，“发展”概念在中国深入人心，中国的发展取得了令人瞩目的辉煌成就。但实践中，也有一些地方由于缺乏正确的发展理念，导致了实践中为了发展而忽视环保，忽视资源节约，忽视全面协调，而不是像有的地方“既要金山银山，又要绿水青山”。在这方面，胡锦涛同志在多次讲话中，提出了一系列关于发展的标准问题的正确理念和原则。这包括：一是发展应是可持续的发展，判断发展的成就、效果不能仅看眼前的 GDP 数字，还要看是否可持续。二是发展起来后，要同时实现社会公平正义，不能使发展只让少数人受益，不能让发展导致两极分化与社会不公正。三是发展的结果应是人民幸福、人民生活水平的整体提高和幸福感的全面增强，不能造成钱多了，心里更不平衡了，更烦躁了，幸福感下降了。四是发展起来后，整个社会更加和谐有序，人民在更好的物质条件和安全、有秩序的社会环境下生活，而不能有了钱，矛盾更多，秩序更乱。

总之，我们遵循十八大精神，努力推进中国的发展，必须坚持科学发展观明确的上述这些正确的指导方针。

（原载《学习时报》2012 年 11 月 26 日）

对马克思主义基本原理科学体系的几点思考

梅荣政

关于马克思主义基本原理科学体系问题，我想讲四点看法，供同行们参考。

一　怎样界定马克思主义基本原理？

如何界定马克思主义基本原理，学术界有不同意见和多种见解。这是很好的现象，说明这个问题已引起广泛的关注和研究。就讨论的问题本身来说，我以为要深入考察两个概念，即基本原理、科学体系。这里先说基本原理，下面再说科学体系。所谓基本大体上包括根本、主要等含义。所谓原理是指“带普遍性的、最基本的，可以作为其他规律的基础的规律；具有普遍意义的道理”[①]，这两个词并在一起形成一个重叠概念，强调原理的根本性、基础性、最高性、普遍性。从词意上说，原理既然是作为其他规律的基础的规律的表述，它同在自身基础上发展了的形态既一脉相承又不完全等同。所谓一脉相承，是指它的基本性质（对马克思主义基本原理说，就是它具有科学性与阶级性、理论与实践、绝对与相对、普遍性与特殊性辩证统一的基本性质）相同。所谓不完全等同，是说已经发展了的形态在保持马克思主义基本性质的同时，它适应时代、科学和实践发展提供的条件、提出的新的要求，已经具有了相对独立的理论内容和表达形式，或者说它已经发展到了一个相对独立的新的阶段。这个新的阶段是基本原理的创造性运用和发展。按这种逻辑，从严格的狭义的原创意义上说，只有马克思恩格斯提出并加以阐述的最基本、最基础的理论观点才属于马克思主义基本原理。列宁主义、毛泽东思想、中国特色社会主义理论等，都不属于原创意义上的马克思主义基本原理，而是马克思主义基本原理与时代特征和各个国家具体实际相结合，所产生的马克思主义基本原理的创造性运用和发展形态（当然如果使用的是马克思列宁主义基本原理概念，自然也包括列宁的最基本的思想）。马克思主义基本原理与列宁主义、毛泽东思想、中国特色社会主义理论体系之间的关系，按照毛泽东的提法，就是总店和分店、根和叶的关系。它体现了马克思主义发展中的一条规律，即发展的连续性和发展的阶段性的统一。在这个统一体中，没有总店就没有分店，没有根就没有叶。反过来说，没有分店，总店就不能发展。没有叶，根就不能繁茂。所以我们党总是强调，“理论创新必须以坚持马克思主义基本原理为前提，否

---

① 《现代汉语词典》，商务印书馆 1986 年版，第 519 页。

则就会迷失方向，就会走上歧途，而坚持马克思主义又要以根据实践的发展不断推进理论创新为条件，否则马克思主义就会丧失活力，就不能很好地坚持下去；最广大人民改造世界、创造幸福生活的伟大实践是理论创新的动力和源泉，脱离了人民群众的实践，理论创新就会成为无源之水，就不能对人民群众产生感召力、对实践发挥指导作用。”① 这样讲，我想不至于受到两点质疑：一是基本原理是不是发展的？二是不把发展了的阶段列入基本原理的范围会不会降低其地位？我以为，从逻辑上说，这两个问题同什么是基本原理不是同一个问题。前两个问题与基本原理有密切联系，但讨论的是基本原理的特性和功能。毫无疑问，基本原理是发展的，世界上没有不发展的事物。基本原理发展了，就叫基本原理的发展。发展到什么阶段应根据当时指导实践的要求命名相应的名称。基本原理和发展了的基本原理的形态，形成于不同的历史条件，面临不同的历史任务，回答不同的历史课题，直接指导不同时期的实践斗争，这不存在哪个地位高或低的问题。

我曾经在《什么是马克思主义基本原理?》一文中讲过三个观点：第一，马克思恩格斯肯定马克思主义基本原理的存在，但是他们没有给什么是马克思主义基本原理作出过明确界定。第二，列宁等后来的马克思主义经典作家是从不同层次、不同方面去阐释马克思主义基本原理的。第三，我们讲基本原理，要明确是在什么意义上讲的，是指马克思主义理论整体的原理，还是讲的马克思主义哲学、政治经济学和科学社会主义的某一主要部分的原理，或是某一部分原理中的重要理论观点。只有范围明确，才能确定其基本原理的内容。这三个观点是通过查阅《马克思恩格斯选集》、《列宁选集》、《斯大林选集》、《毛泽东选集》、《邓小平文选》五个文本得出的结论。在发现新的材料之前我仍然坚持这三点看法。按照这三个观点，马克思主义理论工作者是完全可以依据一定原则，如遵循理论与实际、革命性与科学性、学术性与意识形态性、坚持与发展、整体与部分相统一等原则，从马克思主义本身固有的内容中抽象出马克思主义基本原理的科学定义，概括出马克思主义基本原理的基本点的。

今天我们概括马克思主义基本原理的基本点，有三个问题值得注意：一是我们是从马克思主义理论整体意义上进行概括的。概括出的原理在横断面上均应具有马克思主义最根本的理论特征、最崇高的社会理想、最鲜明的政治立场、最宝贵的理论品质；在纵向上均应反映马克思主义一脉相承又与时俱进的本质关系，借以准确地揭示马克思主义完整概念的科学内涵，凸显出马克思主义理论体系的科学性、整体性、实践性和创新性原则，以便从总体上正确把握和运用马克思主义立场、观点和方法分析现实社会问题、认识问题和科学发展中的问题。

有一种见解认为，马克思主义基本原理就是马克思主义三个主要部分的原理。应该说，这种见解是有根据的。但是我以为，将二者等同不一定合适。自然，马克思主义基本原理不能离开马克思主义三个主要组成部分的原理。在研究中，也必须分别把握马克思主义三个主要组成部分的原理。但二者之间毕竟有层次的区别，整体与分体的区别。今天，马克思主义三个主要组成部分和马克思主义理论分别成为独立的学科，更加需要从整体上把握马克思主义基本原理及其科学体系。马克思主义基本原理贯穿马克思主义三个主要组成部分之中，把

① 《十六大以来重要文献选编》(上)，中央文献出版社2005年版，第365页。

握它需要着眼于马克思主义三个主要组成部分的内在逻辑联系，从其有机结合、相互渗透和贯通中进行科学抽象，概括出一些一以贯通、全面体现马克思主义理论整体的原理。二是要充分考虑我们党的一贯提法。我们党关于马克思主义历史进程的分段，通常的提法是马克思列宁主义、毛泽东思想和中国特色社会主义理论体系，因此可以使用马克思列宁主义基本原理的概念，而且既然使用了马克思列宁主义基本原理的概念，就应该将列宁的思想和学说中最具有基础性、决定性的内容包括在基本原理之中。三是要充分考虑马克思列宁主义基本原理对实践的巨大指导意义。也就是列宁强调的马克思主义同时代的一定实际任务，即可能随着每一次新的历史转变而改变的一定实际任务之间的联系，特别突出某些原理。[①]

二　马克思主义基本原理包括哪些基本理论观点

我们根据上述方法论原则，可以从马克思、恩格斯、列宁、斯大林、毛泽东、邓小平等经典作家的大量论述中，看到他们各自所强调的马克思主义基本原理的主要内容。

马克思恩格斯强调的是：(1) 一定历史时代主要的经济生产方式和交换方式以及必然由此产生的社会结构，是该时代政治和精神的历史所赖以确立的基础。(2) 阶级斗争是阶级社会发展的动力。(3) 阶级斗争必然导致无产阶级革命和无产阶级专政。(4) 无产阶级使整个社会一劳永逸地摆脱一切剥削、压迫以及阶级差别和阶级斗争，是使自己摆脱资产阶级剥削和统治的前提。(5) 劳动价值理论、资本积累理论、剩余价值理论揭示了资本主义剥削的秘密，论证了资本主义必然灭亡的历史趋势。(6) 未来的新社会实行的是生产资料公有制。(7) 在未来的自由人联合体中，实现了人的自由而全面发展。

列宁强调马克思主义理论的全部价值“在于这个理论‘按其本质来说，它是批判的和革命的’”。[②] 他认为其基本原理包括：(1) 辩证唯物主义与历史唯物主义的原理。(2) 关于阶级斗争原理。(3) 资本主义发展的历史趋势理论。(4) 无产阶级革命和斗争的策略的原理。(5) 关于无产阶级专政和国家理论。(6) 人民群众是历史的创造者理论。(7) 建设社会主义新社会的原理。(8) 无产阶级政党的原理。

斯大林认为“列宁没有给马克思主义‘补充’任何‘新原则’，同样列宁也没有取消马克思主义的任何一个‘旧’原则”，[③] 列宁只是在以下几个问题上发展了马克思主义：(1) 关于垄断资本主义问题，关于帝国主义是资本主义的新阶段的问题。(2) 关于无产阶级专政问题。(3) 关于在无产阶级专政时期，在由资本主义过渡到社会主义的时期，在一个被资本主义国家包围的国家里顺利地建设社会主义的方式和方法问题。(4) 关于无产阶级在革命中，在任何人民革命中，在反对沙皇制度的革命中以及在反对资本主义的革命中的领导权问题。(5) 关于殖民地问题。(6) 关于无产阶级政党问题。[④]

毛泽东用得较多的是马克思主义基本原理、马克思列宁主义基本原则；邓小平用得较多

---

① 《列宁选集》第2卷，人民出版社1995年版，第278页。

② 《列宁选集》第1卷，人民出版社1995年版，第82页。

③ 《斯大林选集》下卷，人民出版社1979年版，第610页。

④ 同上书，第611—615页。

的是马克思列宁主义的基本原理、马克思主义根本观点等。

1956年，毛泽东明确地从发展的视角概括了马克思列宁主义的基本原理。他说，列宁主义学说发展了马克思主义。在哪些地方发展了呢?(1)在世界观，就是唯物论和辩证法方面发展了它;(2)在革命的理论、革命的策略方面，特别是在阶级斗争、无产阶级专政和无产阶级政党等问题上发展了它。列宁还有关于社会主义建设的学说。从1917年十月革命开始，革命中间就有了建设，他已经有了七年的实践，这是马克思所没有的。我们学的就是这些马克思列宁主义的基本原理。

同年，在毛泽东的主持下，我们党在批评赫鲁晓夫的错误观点时，把“人类社会发展长途中的一个特定阶段内关于革命和建设工作的普遍规律”概括为五条，[①] 认为这是“放之四海而皆准的”。

邓小平面临的任务是要回答在经济落后的国家无产阶级夺取政权以后，如何正确认识什么是社会主义，怎样巩固、建设和发展社会主义的问题，所以他结合变化着的新实际，着重从马克思主义世界观、方法论和如何认识、建设社会主义的角度归纳了一系列马克思主义基本原理。即:(1)辩证唯物主义和历史唯物主义。“马克思主义最根本的观点就是辩证唯物主义和历史唯物主义”,[②] “搞社会主义一定要遵循马克思主义的辩证唯物主义和历史唯物主义”。[③] 他同时指出，“马克思主义的活的灵魂，就是具体地分析具体情况”;[④] 理论与实践的统一是马克思主义最基本的原则。(2)大力发展社会主义生产力。“马克思主义的基本原则就是要发展生产力。”[⑤]“在社会主义国家，一个真正的马克思主义政党在执政以后，一定要致力于发展生产力”。[⑥](3)公有制、按劳分配。“马克思主义又叫共产主义，马克思主义的基本原则是，在社会主义阶段实行‘各尽所能，按劳分配’，在共产主义阶段实行‘各尽所能，按需分配’”。[⑦] 邓小平强调，一个公有制占主体，一个共同富裕，这是必须坚持的社会主义的根本原则。(4)无产阶级专政。在社会主义社会，“不要专政不行，无产阶级不搞专政，社会主义一天也维持不下去。无论哪个阶级都搞专政，资产阶级也搞资产阶级专政”。[⑧] 邓小平还指出，“依靠无产阶级专政保卫社会主义制度，这是马克思主义的一个基本观点。马克思说过，阶级斗争学说不是他的发明，真正的发明是关于无产阶级专政的理论。历史经验证明，刚刚掌握政权的新兴阶级，一般来说，总是弱于敌对阶级的力量，因此要用专政的手段来巩固政权。对人民实行民主，对敌人实行专政，这就是人民民主专政。”[⑨](5)发展社会主义政治、文化，建设社会主义精神文明。

上述内容表明，马克思、恩格斯、列宁、斯大林、毛泽东、邓小平等经典作家对马克思

---

① 《再论无产阶级专政的历史经验》,《人民日报》1956年12月29日，第1版。
② 《邓小平年谱(1975—1997)》下卷，中央文献出版社2004年版，第974页。
③ 《邓小平文选》第3卷，人民出版社1993年版，第118页。
④ 《邓小平文选》第2卷，人民出版社1994年版，第118页。
⑤ 《邓小平文选》第3卷，人民出版社1993年版，第116页。
⑥ 同上书，第28页。
⑦ 同上书，第254页。
⑧ 《邓小平年谱(1975—1997)》下卷，中央文献出版社2004年版，第944页。
⑨ 《邓小平文选》第3卷，人民出版社1993年版，第379页。

主义基本原理的概括，基本方面是相同的，但是具体表述和侧重点有差异，均体现了基础性、规律性、时代性和创造性。这就向我们指明两点：其一，马克思主义基本原理主要包括哪些内容；其二，我们可以从马克思、恩格斯、列宁、斯大林、毛泽东、邓小平及其他党的领导人等强调的马克思主义基本原理的内容中，进一步从学理上作出概括，形成马克思主义基本原理的科学体系。事实上，有多位专家做过这种概括工作。如有专家认为，马克思主义基本原理包括物质决定意识、社会存在决定社会意识原理；客观世界相互联系永恒发展原理；人类社会形态由低级向高级演进和发展规律原理；剩余价值学说和资本主义基本矛盾与主要矛盾原理；社会主义历史必然性和工人阶级历史使命原理；阶级斗争与无产阶级革命原理；国家学说与无产阶级专政原理；人民群众是历史的创造者原理；无产阶级战略策略原理；无产阶级政党及其建设原理；科学社会主义本质特征原理；人的全面发展与共产主义原理。也有专家认为，马克思主义基本原理主要包括 13 条：（1）关于客观世界相互联系、相互作用和运动发展的原理；（2）人类社会形态由低级向高级演进和发展规律的原理；（3）关于时代本质和阶段性特征的原理；（4）生产力和生产关系、经济基础和上层建筑辩证统一的原理；（5）阶级观点与无产阶级革命和无产阶级专政的理论；（6）剩余价值学说和资本主义社会基本矛盾与主要矛盾的理论；（7）社会主义历史必然性和工人阶级历史使命的学说；（8）科学社会主义本质特征和发展规律的学说；（9）社会主义革命（包括改革）和建设规律的理论；（10）社会主义国家执政党建设的学说；（11）人与自然、人与社会的和谐和全面、协调、可持续发展理论；（12）人的全面发展和共产主义的原理；（13）马克思主义在意识形态领域指导地位的原理，等等。① 这些显然都是从纵横两个维度作出的归纳。纵向即马克思主义的整个历史发展直到今天的时代高度，横向即马克思主义理论所含的基本观点。从纵和横两个角度来思考、归纳马克思主义基本原理，既考虑到了马克思主义基本原理的原创意义，也考虑到了它随实践发展并指导实践的意义。这种从历史和逻辑、理论和实践的结合上概括马克思主义基本原理的最大好处是，对什么是马克思主义基本原理的问题作出了较为清晰的回答，给了人们几个便于掌握的基本点。这种思路值得我们认真研究。

三　怎样构建马克思主义基本原理的科学体系

马克思主义的若干基本原理并列在一起，还不能成为一个严密的体系。所谓体系，是指“若干有关事物或某些意识互相联系而构成的一个整体”。② 按照词意，体系不仅有整体性要求，而且有整体内部构成要素互相联系的要求。对于马克思主义基本原理的科学体系来说，它所包含的基本原理、基本范畴、理论观点之间是相互联系、相互渗透、相互贯通的。科学研究的任务就是要发现这种联系及其转化。经过一代一代马克思主义理论工作者的辛勤劳动，马克思主义的三个主要组成部分——马克思主义哲学、马克思主义政治经济学和科学社会主义，各自内部的范畴、原理之间的联系和转化，已经被揭示出来，这三个主要部分均形成了

① 靳辉明：《马克思主义基本原理不是老生常谈》，《社会科学报》2008 年 1 月 24 日，第 9 版。

② 《现代汉语词典》，商务印书馆 1986 年版，第 1129 页。

比较严密的相对独立的体系。而作为整体的马克思主义基本原理构成中的基本范畴、原理之间的联系和转化关系是怎样的?现在还需要费尽马克思主义理论工作者的心血。目前思想政治理论课中的《马克思主义基本原理概论》教材，对整体的马克思主义基本原理的科学体系，提供了一种值得充分重视的见解，来之不易，应予珍惜。我以为，这本教材所展现的马克思主义基本原理的体系，从内容上看，基本上是按着马克思主义三个主要组成部分建构的。应该说，这是符合马克思主义理论实际的。我国著名哲学家陈先达先生此前在讲到这个问题时曾说过，按着三个主要组成部分建构马克思主义科学体系，是由无产阶级的伟大历史使命和马克思主义理论自身的内在逻辑决定的。“在马克思主义科学体系中，哲学是世界观和方法论的指导原则，政治经济学是哲学通向实际生活（对资本主义社会的剖析）的中介，而关于无产阶级解放运动的性质、条件和使命的社会主义理论则是运用哲学分析经济事实引出的结论。这三者之间，即它的世界观和方法论原则，对资本主义经济的理论分析以及由此得出的结论之间，在理论上和逻辑上是严密的、完整的、一贯的。它们相互渗透、相互补充，构成马克思主义学说。社会主义理论一旦离开马克思主义哲学和马克思主义政治经济学，就会蜕变为平均共产主义或空想社会主义；反之，离开了马克思主义哲学指导，离开了社会主义革命和社会主义建设，所谓马克思主义政治经济学必然会跌入资产阶级政治经济学的怀抱。同样，如果无视无产阶级肩负的伟大历史使命，无视社会经济现象，特别是对新出现的经济现象的分析，马克思主义哲学就会回到繁琐的、脱离生活的经院哲学。把马克思主义中的任何一个组成部分同整体割裂开来，都会使它丧失自己原有的性质，并导致对整个马克思主义科学体系的曲解”。① 陈先达先生这一段精辟论述，从思想史、逻辑、理论和实践的结合上，深刻地阐明了马克思主义科学体系的严整性及其内在根据。所以《马克思主义基本原理概论》教材，遵循马克思主义三个主要组成部分来展示马克思主义基本原理的体系，无疑是科学的。但是另一方面，如果仔细推敲这本教材中展示的理论体系，将它同马克思《资本论》中的逻辑相比，总感到它还未达到理想的境界。

反映马克思主义的整体性，要求在研究对象上，要反映出马克思主义理论体系不是对于客观物质世界某一个发展阶段、某一个部分、某一方面的反映，而是对于包罗万象、充满矛盾和历史发展的物质世界整体的本质和发展规律的科学反映；在历史观上，马克思主义理论体系不是从某一个部分而是从整体上反映人类历史的发展规律，特别是从资本主义转变为社会主义、进而转变为共产主义的规律；在逻辑范畴上，它不是仅为马克思主义某一构成部分、领域的范畴，而是从马克思主义哲学、政治经济学、科学社会主义各主要组成部分中抽象出来的，同时又贯通于各主要组成部分之中的基本范畴。这些基本范畴按照马克思主义作为一个完整世界观和方法论的要求，依据一定的逻辑规则（如按照从抽象到具体、从简单到复杂的原则），相互联系、相互论证、互为补充，形成概念体系，概念之间的逻辑联系是严整的；在根本属性上，它具有科学性与阶级性、理论与实践、绝对与相对、普遍性与特殊性辩证统一的基本性质。这些基本性质贯穿各个原理及其转化之中，将它们内在地联系起来，形成一个不可分割的整体，这个整体最集中地表达出马克思主义的立场、观点和方法及其运用。但

---

① 《陈先达文集》第3卷，中国人民大学出版社2006年版，第46—47页。

究竟通过哪些范畴、原理，将这些范畴、原理又具体按怎样的逻辑规则进行安排来实现这一要求，总的说还是处在探索中的、一个未解决的问题。

四 要十分重视马克思主义基本原理科学体系的研究

任何一门科学的理论体系都具有内容的全面性、结构的系统性、逻辑的严整性、反映现实的深刻性的本质特征。而内容的全面性、结构的系统性、反映现实的深刻性又是借逻辑的严整性表现出来的。因为任何理论科学都是一个范畴体系，没有严整的逻辑它就不能存在。马克思主义是科学，自然具有严整、完备、统一的理论体系，或者说具有科学理论体系的严整性。这种科学理论体系的严整性，对于马克思主义来说，不是外在的，而是它坚持理论创新的结果，是自身固有的本质特征、科学精神的体现、求真的存在方式和必要条件。

马克思列宁主义、毛泽东思想、中国特色社会主义理论体系的创始人一贯高度重视科学理论体系的严整性。恩格斯一生为捍卫马克思主义科学体系的完整性和纯洁性进行了坚决的斗争。他的《反杜林论》不仅深刻地批判和回击了杜林对马克思主义的肢解、歪曲和攻击，而且第一次以社会主义理论为核心，把包括“相当多的领域”的问题归结为哲学、经济学和社会主义学说三个主要领域，并从其相互关联上“比较连贯的”阐述了马克思主义世界观，展示了马克思主义的全貌。《反杜林论》是马克思主义科学体系的开山力作。此后一个多世纪内，人们对马克思主义体系的理解和建构大都是以《反杜林论》为框架的。1883 年 3 月 17 日恩格斯《在马克思墓前的讲话》表述过“两大发现”和“社会主义变成了科学”的问题。“两大发现”是：“发现了人类历史的发展规律”，即唯物主义历史观；“发现了现代资本主义生产方式和它所产生的资产阶级社会的特殊的运动规律”，[①] 即剩余价值学说。“社会主义变成了科学”即：由于这两大发现，“社会主义变成了科学”。这里虽然没有使用体系的概念，但事实上已经是从马克思主义各个原理的内在联系上，将其概括成了三个主要组成部分。继恩格斯之后，列宁是第一个用“体系”这个概念来指称“马克思主义”的人。早在 1913 年 3 月，为纪念马克思逝世 30 周年，他以《马克思主义的三个来源和三个组成部分》为题，阐述了马克思主义的科学体系。1914 年 11 月，他又在《卡尔·马克思》一文中明确指出，“马克思主义是马克思的观点和学说的体系”，并从正确把握体系的视角叙述了哲学、政治经济学和科学社会主义三者统一构成的马克思主义体系，强调：“马克思的观点极其彻底而严整，这是马克思的对手也承认的，这些观点总起来就构成作为世界各文明国家工人运动的理论和纲领的现代唯物主义和现代科学社会主义。”[②] 毛泽东曾从世界观、革命的理论和策略、社会主义建设学说三个方面概括过马克思列宁主义基本原理的体系。邓小平对马克思主义科学体系的高度重视，体现在如何正确对待毛泽东思想问题上。他指出：“毛泽东思想是个体系，是发展了的马克思主义。”[③] 他强调：“做理论工作的同志，要花相当多的功夫，从各个领域阐明毛

① 《马克思恩格斯选集》第 3 卷，人民出版社 1995 年版，第 776 页。

② 《列宁选集》第 2 卷，人民出版社 1995 年版，第 418 页。

③ 《邓小平文选》第 2 卷，人民出版社 1994 年版，第 43 页。

泽东思想的体系。要用毛泽东思想的体系来教育我们的党，来引导我们前进。”[①] 这样，他就从科学体系上对毛泽东思想进行了定位，彻底地打破了“两个凡是”的信条，捍卫了毛泽东思想的科学地位。而当他把毛泽东思想刻铸于体系丰碑之时，他自己的创新理论也凝聚为一个博大精深的科学体系。党的十七大继承和发扬马克思主义优良传统，进一步把邓小平理论、“三个代表”重要思想以及科学发展观等重大战略思想概括为中国特色社会主义理论体系，表明了当代中国共产党人和党中央对马克思主义理论体系的完善和发展的高度重视。这也表明了对马克思主义基本原理科学体系的研究，或者说从体系上把握和创造性运用马克思主义立场、观点和方法的重要性。正是这样，2005 年 5 月 11 日，中宣部和教育部联合下发的《关于加强和改进高等学校哲学社会科学学科体系和教材体系建设的意见》，提出要大力开展马克思主义理论体系的研究。

（原载《思想理论教育导刊》2012 年第 1 期）

① 《邓小平文选》第 2 卷，人民出版社 1994 年版，第 44 页。

历史唯物主义的理论本质和发展形态

郝立新

一种社会历史观在其创立者谢世一个多世纪后仍引起人们的强烈关注，并在理论界引起持久的争论和在现实中产生久远的影响，这表明了该历史观的独特性、复杂性和生命力。历史唯物主义从其诞生以来，围绕它的理论本质的争论从未停止过，出现过种种解读和“重建”。在历史唯物主义研究中，有一个关键的问题尚未被厘清，即历史唯物主义存在一个多层次、多维度的本质结构，并且这种理论的特性决定了它在思想进程与现实进程的交汇点上呈现出既相联系、又相区别的历史形态。

笔者认为，对历史唯物主义的本质的理解必须从社会历史认识的历程出发。历史唯物主义的本质存在于其理论特有的“历史”之维和“现实”之维当中。历史唯物主义的理论前提是被改造过的“唯物主义”和“辩证方法”，即以实践观为核心的新唯物主义和新辩证法。唯物史观是一个具有多层次、多纬度的理论整体。它本质上是社会历史哲学，但其现实形态却又与社会历史科学有机结合；它是社会历史本体论、社会历史认识论、社会历史辩证法、社会历史价值论的有机统一。历史唯物主义既有经典形态，又有发展形态。我们应该在特定的历史和现实坐标下来把握历史唯物主义的精髓。重视历史唯物主义理论的内在整体性，从整体上把握历史唯物主义的本质、特征和发展形态，有助于我们深化对历史唯物主义的理论价值和现实意义的认识，有助于理解或解决历史唯物主义论争中的一些分歧。

一　历史唯物主义的理论前提和“现实基础”

从历史认识的长河看，历史唯物主义作为关于社会历史本质和发展规律的哲学理论，对旧的社会历史观实现了超越，达到历史认识的新的高度。这一超越的理论基础或前提是实践观的确立，以及由此形成的关于历史的“现实基础”的思想。在被恩格斯称为是历史唯物主义“起源”的《关于费尔巴哈的提纲》中，马克思从社会实践出发揭示了主客体之间的辩证关系、社会生活的本质和人的现实本质，为历史唯物主义夯实了基础。

如同“历史唯物主义”这一名称所标示的，“历史”和“唯物主义”具有本质的内在联系。在历史唯物主义创立过程和被运用于分析社会历史的过程中，马克思特别强调以实践观为基础的唯物主义和辩证法。历史唯物主义作为新形态的唯物主义或新形态的历史观，强调从实践过程中的主客体的相互作用中理解历史，按照历史本身的尺度来认识历史，立足现实基础来把握历史。

在马克思主义哲学史上，长期存在着对历史唯物主义哲学基础的争论。早在第二国际的一些非常著名的马克思主义理论家那里，就有对历史唯物主义哲学基础的片面理解。例如，考茨基曾肯定和阐释了马克思的辩证法和唯物史观，但他认为，马克思的历史观并不依赖某种哲学。“唯物主义历史观不仅可以与马赫和阿芬那留斯合得拢，而且可以与许多别的哲学合得拢。”① 考茨基否定了马克思历史观的哲学唯物主义基础。被普列汉诺夫称为“德国社会民主党人中间（几乎是唯一的）懂哲学的一个”的梅林，也明显表现出对马克思主义哲学的肤浅理解：“马克思和恩格斯始终坚持费尔巴哈的哲学观点，只不过把唯物主义运用到历史领域从而扩大和加深了这一观点：简单明了地说，他们在自然科学领域是机械唯物主义者，就像他们在社会科学领域是历史唯物主义者一样。”② 这种观点把历史唯物主义理解成传统自然唯物主义的延伸，不仅在当时，而且在以后的相当一段时期里，具有广泛的代表性。无论是考茨基还是梅林，都忽略了马克思的哲学唯物主义与旧哲学的区别。

历史和唯物主义并不是天然结合的。在唯物史观产生以前，存在各种形式的历史观。普列汉诺夫曾考察了从古希腊到马克思一千多年间历史观的发展，把这段历史大致划分为神学史观、理性史观、利益史观、辩证唯心史观和唯物史观五个阶段。有的学者据此把历史观划分为三个大的阶段：“中世纪到 17 世纪的神学历史观，18—19 世纪 40 年代的近代唯心史观和马克思的唯物史观。”③ 从近代以来西方历史哲学发展看，人们对历史的本质或规律的理解上存在思辨的历史哲学和实证主义的历史哲学的对峙。思辨的历史哲学注重自然和社会历史的区别，注重对历史本质的分析，它或者从人类的一般理性精神出发（如维科、赫尔德、黑格尔的历史哲学），或者从非理性的“宇宙命运”、生存本能出发（如斯宾格勒的文化宿命论），热衷于用思辨的和想象来构造历史发展的统一规律。实证主义的历史哲学（如孔德）则强调自然同社会历史的一致，注重用自然科学的实证方法来研究社会历史中的因果关系，拒绝对历史本质的研究。这些观点虽然蕴含了一些有价值的思想，但是从总体上看，都未能真正全面地揭示社会历史的深刻本质和发展规律。

历史唯物主义超越了各种唯心主义历史观。它坚持新唯物主义的客观性原则和辩证方法论，把人的实践活动和生产方式理解社会历史的基础，克服了旧的社会历史观中的三个分离或对立，即历史与现实的人的分离、历史与自然的对立，历史与唯物主义的分离，从而正确地揭示了社会历史的本质和发展规律。早在 1843 年 1 月，马克思就在《摩塞尔记者的辩护》中指出，在研究国家生活现象时，我们很容易忽视各种社会关系的客观本性，而用当事人的意志来解释一切。在《神圣家族》和《德意志意识形态》等著作中，马克思和恩格斯批判了青年黑格尔派的“幻想”，清算了黑格尔、费尔巴哈、布鲁诺 · 鲍威尔和施蒂纳为代表的现代德国哲学中的唯心史观。“黑格尔的历史观以抽象的或绝对的精神为前提……人类的历史变成

① 考茨基：《唯物主义历史观》第 1 分册，《哲学研究》编辑部编，上海人民出版社 1964 年版，第 29、30 页。

② 梅林：《历史唯物主义》，转引自普雷德腊格 · 弗兰尼茨基《马克思主义史》第 1 卷，李嘉恩、韩宗翃译，人民出版社 1986 年版，第 341 页。

③ 参见王荫庭编《普列汉诺夫读本》，中央编译出版社 2008 年版，第 24 页。

了抽象精神的历史，因而也就变成了同现实的人相脱离的人类彼岸精神的历史。”[1]“当费尔巴哈是一个唯物主义者的时候，历史在他的视野之外；当他去探讨历史的时候，他不是一个唯物主义者。在他那里，唯物主义和历史是彼此完全脱离的。”[2]消除历史同现实的人的分离，消除唯物主义和历史的分离，消除历史与自然的对立，把历史与现实的人、自然结合起来，把历史纳入唯物主义的视野，使历史同唯物主义内在地结合起来，便成为马克思的伟大使命。

历史唯物主义的巨大功绩正在于找到了历史的“现实基础”。它从“直接生活的物质生产”出发来理解生产关系，并把生产力和生产关系理解为整个历史的基础。在历史唯物主义创始人看来，以前的“一切历史观不是完全忽视了历史的这一现实基础，就是把它仅仅看成与历史进程没有任何联系的附带因素。因此，历史总是遵照在它之外的某种尺度来编写的；现实的生活生产被看成是某种非历史的东西，而历史的东西则被看成是某种脱离日常生活的东西，某种处于世界之外和超乎世界之上的东西。这样，就把人对自然界的关系从历史中排除出去了，因而造成了自然界与历史之间的对立”。[3]这里强调的历史内在的“尺度”和“现实基础”，就是在实践活动中形成的人与自然的关系，以及“现实的生活生产”。

在历史唯物主义的哲学基础中，唯物主义和辩证法是紧密结合的。唯物辩证法是历史唯物主义的方法论基础。彼得堡《欧洲通报》1875年5月登载了一篇专谈《资本论》方法的文章，它认为马克思的研究方法是严格的实在论的，而叙述方法是德国辩证法的。马克思很欣赏这篇文章的作者的评论并指出：“这位作者先生从我的《政治经济学批判》序言（1859年柏林版第4—7页，在那里我说明了我的方法的唯物主义基础）中摘引一段话后说：‘……所以马克思竭力去做的只是一件事：通过准确的科学研究来证明社会关系的一定秩序的必然性，同时尽可能完善地指出那些作为他的出发点和根据的事实。’……‘马克思把社会运动看做受一定规律支配的自然史过程，这些规律不仅不以人的意志、意识和意图为转移，反而决定人的意志、意识和意图……既然意识要素在文化史上只起着这种从属作用，那么不言而喻，以文化本身为对象的批判，比任何事情更不能以意识的某种形式或某种结果为依据。这就是说，作为这种批判的出发点的不能是观念，而只能是外部的现象……’这位作者先生把他称为我的实际方法的东西描述得这样恰当，并且在谈到我个人对这种方法的运用时又抱着这样的好感，那他所描述的不正是辩证方法吗？”[4]

马克思特别指出，他的辩证法虽然在形式上与黑格尔的辩证法有许多共同之处，但两者之间根本不同。他的辩证法坚持了唯物主义的基础，立足于科学的实践观。历史唯物主义不是从观念出发来解释实践，“而是从物质实践出发来解释各种观念形态”。[5]

---

① 《马克思恩格斯文集》第1卷，人民出版社2009年版，第291—292页。

② 同上书，第530页。

③ 同上书，第545页。

④ 《马克思恩格斯文集》第5卷，人民出版社2009年版，第20—21页。

⑤ 《马克思恩格斯文集》第1卷，人民出版社2009年版，第544页。

二　历史唯物主义的理论本质及结构

历史唯物主义作为现代唯物主义或新唯物主义，可称为实践的唯物主义和辩证的唯物主义。“现代唯物主义把历史看做人类的发展过程，而它的任务就在于发现这个过程的运动规律。”“现代唯物主义本质上都是辩证的。”① 历史唯物主义作为具有划时代意义的历史观，本质上是实践的、辩证的、唯物的历史观。它的实践论、唯物论和辩证法紧密联系、相互融合，并通过不同理论层面表现出来。

从哲学理论结构看，基本哲学方法和社会历史理论构成历史唯物主义的两个基本层次。从基本哲学方法层面看，历史唯物主义提供了观察和认识社会历史的最基本的方法和理念。例如，它主张把社会生活的本质理解为实践活动，把社会理解为类似于自然的历史过程，强调分析社会历史的结构和过程时，要坚持社会存在和社会意识、必然性和偶然性、决定性和选择性、主体和客体、个体和群体的辩证统一。从社会历史理论层面看，它提出了关于社会经济、政治、文化结构的理论，关于社会形态发展及社会基本矛盾运动规律的理论，关于阶级斗争作用和发展规律的理论，关于人民群众和个人的历史作用的理论，关于人的本质和发展的理论，等等。

历史唯物主义涵盖了社会历史本体论、社会历史辩证法、社会历史认识论和社会历史价值论等主要领域，揭示了社会历史的本质和基础、社会历史进程中的主观辩证法和客观辩证法、以社会历史为主要对象的社会认识论的特点和规律，阐明了社会历史本身的价值、人的活动价值以及历史主客体的多重价值关系。

笔者着重讨论两个问题，一是如何看待历史唯物主义的基本方法；二是如何理解社会历史的本体论问题。

哲学不同于具体科学，哲学方法有别于实证科学方法。但这并不代表历史唯物主义拒斥与科学方法或实证方法相结合。历史唯物主义的哲学方法不是马克思所批评的“一般历史哲学”的方法，而是同实证方法相结合的社会历史分析方法。实证分析无疑是具体科学方法的最重要的特征之一，但并非是具体科学的“专利”。历史唯物主义区别于思辨哲学的重要特点之一，在于前者在现实基础上考察和分析历史，在由具体上升到抽象、又由抽象上升到更丰富的具体的思维进程中，运用了一定的科学方法或实证方法。哲学借助的实证方法与具体科学的实证方法都以事实为基础，从客观事实中概括出本质属性和发展规律；二者的区别在于，哲学以总体的事实为对象，以揭示更深刻和普遍的规律为任务。

马克思向来反对把对社会历史的分析方法变成一种纯粹思辨抽象的方法。“在思辨终止的地方，在现实生活面前，正是描述人们实践活动和实际发展过程的真正的实证科学开始的地方。关于意识的空话将终止，它们一定会被真正的知识所代替。对现实的描述会使独立的哲学失去生存环境，能够取而代之的充其量不过是从对人类历史发展的考察中抽象出来的最一般的结果的概括。这些抽象本身离开了现实的历史就没有任何价值。它们只能对整理历史资

① 《马克思恩格斯文集》第9卷，人民出版社2009年版，第28页。

料提供某些方便，指出历史资料的各个层次的顺序。但是这些抽象与哲学不同，它们绝不提供可以适用于各个历史时代的药方或公式。”[①] 马克思反对“思辨”的哲学，反对脱离科学分析的“独立的哲学”，主张去“描述人们实践活动和实际发展过程”。这些论述今天读来仍然发人深省。当今历史唯物主义研究中存在的一些脱离实际生活或被边缘化的现象，不能不说与固守思辨的抽象思维方法有关。

历史唯物主义在方法论上所具有的抽象和具体、哲学方法和科学方法相结合的二重性，容易导致两种误解。一种是把历史唯物主义仅仅理解为排斥社会历史科学分析的抽象哲学公式，画地为牢，拒绝唯物史观内在的具体社会分析，从而阉割了历史唯物主义的丰富内容，只承认抽象的方法而否认具体的观点，堵塞了通向具体分析社会历史之路。而另一种是仅仅把历史唯物主义当作实证科学或对社会历史进行客观描述的历史学、社会学，忽略了历史唯物主义对社会历史中的现实基础、社会存在和社会意识的关系、人与世界的联系等的总体把握，忽略了哲学思维的批判性和价值向度。历史唯物主义的基本方法具有科学性和批判性两种张力：它既是对社会历史的一种科学认识，又是对现实社会进行反思的社会批判理论。就前者而言，它是对社会历史发展客观规律的揭示，为人们的认识和决策提供客观依据；就后者而言，它通过对一定社会现实的肯定或否定，表达一定历史主体特别是人民群众的价值诉求或根本利益，提出社会发展的价值目标。

在社会历史观研究中，社会历史本体论是难以回避的问题，它是社会历史哲学中的最基本的领域，涉及对社会历史的本质和基础的理解。卢卡奇因早期的《历史与阶级意识》和晚期《社会存在本体论》等著作成为20世纪马克思主义理论研究的最重要的思想家之一，他的观点至今仍然发人深省。他在《历史与阶级意识》中，“试图对辩证范畴的真正本质和运动做出描述”，以求建立“一种真正马克思主义的社会存在的本体论。”当时他试图寻求一种作为“借以克服经验世界的直接性的杠杆”而又能够显现“客体真实的客观结构”的中介范畴，可惜，他忽略了自然，也遗忘了“作为社会与自然之间物质变换的中介的‘劳动’”。[②] 在《社会存在本体论》中，卢卡奇则力求克服这种缺憾，把“自然”和“劳动”作为两个最重要的本体论范畴。他认为：“自然无论是有机自然，还是无机自然的规律和范畴构成了社会范畴的一个归根结底（在根本改变它的本质的意义上）不可取消的基础。”[③] “劳动乃是人类生活过程的第一基础”。[④] 如果说卢卡奇在《历史与阶级意识》中试图重建主客体辩证法，而夸大了阶级意识的作用的话，那么在《社会存在本体论》中，他对社会存在的本体论的阐释则符合历史唯物主义的基本精神。马克思说，生产劳动“这种活动、这种连续不断的感性劳动和创造、这种生产，正是整个现存的感性世界的基础，它哪怕只中断一年……不仅在自然界将发生巨大的变化，而且整个人类世界以及他自己的直观能力，甚至他本身的存在也会很快就没有了。当然，在这种情况下，外部自然界的优先地位仍然会保持着”。[⑤] 这一观点印证了《关

---

① 《马克思恩格斯文集》第1卷，人民出版社2009年版，第526页。

② 杜章智编：《卢卡奇自传》，李渚青、莫立知译，社会科学文献出版社1986年版，第256、257、246页。

③ 卢卡奇：《关于社会存在的本体论》上卷，白锡堃等译，重庆出版社1993年版，第11页。

④ 卢卡奇：《关于社会存在的本体论》下卷，白锡堃等译，重庆出版社1993年版，第565页。

⑤ 《马克思恩格斯文集》第1卷，人民出版社2009年版，第529页。

于费尔巴哈的提纲》中关于“社会生活在本质上是实践的”重要思想。引用上述观点是要说明，在历史唯物主义的视阈中，社会存在的本质是与自然相联系的实践活动，特别是生产劳动；自然和劳动的统一构成现实社会历史的“本体”。在回答人类生存于其中的现实世界的本质这个意义上，历史唯物主义既是一种历史观，也是一种世界观。在世界观的意义上，历史唯物主义的研究对象是现实的人生存于其中的现实世界，而历史本质上表现为现实世界的历史。

三　历史唯物主义的原生形态和发展形态

历史唯物主义是发展着的理论，具有实践的、辩证的、唯物的特性。它赋予自身以强烈的现实性和开放性品格。它所赖以存在的实践基础和所反映对象的变迁、发展，决定了历史唯物主义的形态也会随着时代而变化。“现在的社会不是坚实的结晶体，而是一个能够变化并且经常处于变化过程中的有机体。”[①] 如果不顾社会历史的变化及相应的理论变化，一劳永逸地期冀历史唯物主义有一个固定不变的理论形态，或者局限于历史唯物主义的“经典形态”，那是不合时宜的。事实上，自从历史唯物主义诞生的一个半多世纪以来，历史唯物主义的理论形态（包括学术形态）都发生着变化。

我们既要关注历史唯物主义原生形态，又要关注其发展形态；既要关注被公认的一些经典表述，又要挖掘一些尚未发现或被人忽视的思想和方法。从国内外对历史唯物主义的研究看，历史唯物主义的“经典论断”的内涵随着社会历史的发展而不断被拓展，人们关注的理论重点也有所变化。

在马克思、恩格斯时代，历史唯物主义理论关注的重心是为创立剩余价值理论和科学社会主义奠定哲学基础，为实现工人阶级解放和全人类解放寻求和提供理论武器，是为了对资本主义进行武器的批判而锻造批判的武器；马克思早期比较关注经济因素对社会的决定作用，关注西欧资本主义社会及其生产方式的发展，而晚年则关注俄国等东方国家社会形态发展的特殊性，提出了东方社会理论；恩格斯晚年为回答一些人对历史唯物主义的质疑而写下许多关于历史唯物主义的通信，丰富和完善了历史辩证法思想。

随着社会主义运动在不同国家和民族的实践，历史唯物主义得到了具体的历史的阐释和建构。如果以国家和问题为中心的大尺度来划分理论发展形态，可以大致笼统地分为：以俄国问题为中心，以普列汉诺夫、布哈林等特别是列宁主义为代表的俄国的理论形态；以中国问题为中心，以李大钊、李达、艾思奇等人的思想特别是毛泽东思想为代表，以及以中国特色社会主义理论体系为代表的中国的理论形态；以欧洲资本主义国家的革命和社会发展问题为中心，以卢卡奇、葛兰西、柯尔施和法兰克福学派等为代表的西方马克思主义的理论形态，等等。每一种理论形态都带有各自的民族特点、理论风格、思想倾向。这表明，历史唯物主义的发展往往与一定的时代和民族相结合而发生理论形态的变化。在这种结合中，既有对历史唯物主义的丰富和发展，如普列汉诺夫深化了对自然与社会关系的阐述，强调了人类社会

① 《马克思恩格斯文集》第5卷，人民出版社2009年版，第10—13页。

和地理环境之间的相互作用，提出社会结构“五项因素公式”，阐释了社会心理与社会存在、社会经济关系和政治关系的相互作用；同时，也存在对历史唯物主义的偏离，如第二国际一些理论家把马克思的历史观曲解为庸俗的经济决定论。

理论是在不断超越中发展的。改革开放以来，当代中国历史唯物主义的研究取得重大进展。如果说马克思在《〈政治经济学批判〉序言》中的经典表述了历史唯物主义的原生形态，那么当今中国的历史唯物主义在秉持上述经典表述的基础上，获得了新的发展形态。这种理论超越来自三个方面的动力。一是改革开放、科技革命、全球化进程为理论创新提供了丰富的经验材料、广阔的视野和强大的动力；二是中国共产党人对历史唯物主义的坚持、运用和发展，特别是中国学者基于实践基础和科学精神的努力探索，结合中国经验，从历史唯物主义经典著作和思想中挖掘出新资源，开辟了历史唯物主义研究的新领域；三是有鉴别地吸取了国外马克思主义关于实践哲学、历史辩证法、交往理论等研究成果。如列宁所说，马克思主义的思想体系赢得了世界历史性的意义，是因为它不仅没有抛弃资产阶级时代最宝贵的成就，而且吸收和改造了两千多年来人类思想和文化发展中一切有价值的东西。[①]

与历史唯物主义的原生形态相比较，当代中国历史唯物主义有了新的发展，或呈现出新的发展形态，其主要特征表现在：一是对时代问题的关注重点发生转移。当代中国特色社会主义社会的发展和西方资本主义社会的发展之间关系出现了历史性的变化；世界经济的一体化或经济全球化进程使世界历史进程具有新的特点；经济、政治、文化的联系更为紧密，全球化问题更为突出……这些问题前所未有，成为历史唯物主义研究的新问题、大问题。二是实践观点得到进一步强调和发展，并被作为历史唯物主义的最基本的观点和方法论。三是在研究方法上逐渐自觉地把宏观叙事和微观分析结合起来，日益重视日常生活领域的分析和批判。四是社会价值理论得到进一步突显，在关注社会历史的客观规律的同时，日益关注社会正义、平等、自由等价值理念，关注价值分析和价值批判。五是向社会发展理论延伸，探讨现代化进程的规律和具体的社会发展模式或道路。六是拓展了历史唯物主义关于人的学说，进一步阐释人的本质和人的自由而全面的发展的规律。

当今世界和中国社会实践发展迅速，各种社会思潮的纷纷涌现，历史唯物主义的发展遇到了前所未有的挑战。总结历史唯物主义发展的新成果，回应理论和社会现实的重大问题，继续推进当代历史唯物主义的新形态的建构，是时代的需要，是历史唯物主义中国化的必然。今天历史唯物主义的发展形态将会继续以实践观为理论基点，以当代社会实践的全面展开为现实基础，以社会历史的辩证运动为线索，以现时代的问题为中心，进一步完善历史唯物主义的理论体系并丰富其内容。

（原载《中国社会科学》2012 年第 3 期）

① 参见《列宁选集》第 4 卷，人民出版社 1995 年版，第 299 页。

马克思主义发展史的基础理论

梁树发

当“马克思主义发展史的基础理论”这样一个问题摆在我们面前时，该做怎样的回答？由于本人以往缺乏对于这个问题的专门思考，所以一时不知从何谈起。发展史问题的实质在于发展，没有发展就没有历史。马克思主义发展史的基础理论，实质和核心在于马克思主义发展问题。本文从马克思主义发展的本质理论、条件理论、道路理论、主体理论、阶段理论、规律理论和研究方法等七个方面，展开对马克思主义发展史的基础理论的探索。

一　马克思主义发展本质理论

马克思主义发展史的基础理论，首先是马克思主义发展本质理论，是对什么是马克思主义发展的认识。它既涉及一定的新观点、新理论的马克思主义性质的归属问题，又涉及这个新观点、新理论在什么意义上是对马克思主义的发展的认识。前者与什么是马克思主义这样一个总的一般的问题有关，后者与马克思主义发展的形式有关。

以实践为基础的马克思主义研究，总会产生一些新的观点、理论，这些新产生的观点、理论，性质如何？是马克思主义的，还是非马克思主义的？总之，是需要研究确定并最终需要实践检验和回答的。就马克思主义发展史的经验来说，需要特别警惕的，是把不是马克思主义的观点、理论附加到马克思主义上去。以往在对资本主义、社会主义，对阶级斗争和对市场经济等的认识上，我们都有过教训，把一些完全片面的，甚至错误的观点、理论当作马克思主义的观点、理论，强加到马克思主义中去，甚至被看作对马克思主义的发展。在“西方马克思主义”或当代国外马克思主义研究方面，既存在把本来是非马克思主义的观点、理论理解为马克思主义的情况，也存在把本来是马克思主义的观点、理论理解为非马克思主义的情况。整个马克思主义发展史研究，大量的基本的问题，首先是对马克思主义发展史的一定人物、流派提出的观点、理论是否是马克思主义的认识、评价与阐释，其次才是其在什么意义和程度上是对马克思主义的发展的认识和评价。

一定的观点、理论（我们假定其已经被确定在性质上是马克思主义的）是否具有马克思主义的发展的意义，取决于对什么是马克思主义的发展的认识。从形式看，所谓马克思主义发展，有“原发”和“继发”两种意义。被确认为是马克思主义的新观点、新理论的观点、理论，是对马克思主义的“原发性”的发展，亦即创新性发展。过去，我们习惯于只在“原发”意义上理解马克思主义的发展。这是不正确的。原有的马克思主义的观点、理论结合新的实际而获得新的扩展和发挥，同样是对马克思主义的发展，只不过这种发展是“继发性的”，而不是“原发性的”或原创性的。应该说，就一定的观点、理论对马克思主义发展的意义来说，“原发”是主要的、基本的发展形式，但就马克思主义发展史的经验来说，经常的和大量的则是“继发性”的马克思主义发展。这样看来，我们又不得不承认，继承性发展、“综合创新”是马克思主义发展的基本形式。它决定了马克思主义发展的一脉相承的总体性质和特征。我们希望并且致力于马克思主义的原创性发展，但不能轻视或忽略继发性马克思主义发展的意义。

马克思主义发展，在具体意义上，是马克思主义的新观点、新理论的提出，是马克思主义这一活的有机体的新细胞的生成。在总体意义上，它是马克思主义发展的一定阶段或形态的形成。新观点、新理论的量的增加是马克思主义的发展，在此基础上的马克思主义的阶段性发展或形态上的新变化，更是马克思主义的发展。正如我们党对社会主义初级阶段的认识、社会主义本质的认识和对市场经济的认识，是对马克思主义的发展，而由此构成的中国特色社会主义理论体系，则更具有马克思主义发展的意义，它是马克思主义发展的突出形式。什么是马克思主义发展的问题？我国改革开放以来，从邓小平理论到“三个代表”重要思想，再到科学发展观的当代中国马克思主义发展的实际过程，对此做了生动的回答。

二　马克思主义发展条件理论

马克思主义是发展的。马克思主义已有160余年的发展历史。是什么因素、什么力量使马克思主义的存在和发展得以可能，使马克思主义有如此强大的生命力？理论上，这是马克思主义发展的条件问题、动力问题。可以从内、外两个方面认识马克思主义发展的动力。马克思主义发展的内在动力，在于马克思主义的性质与特征。马克思主义是无产阶级和人类解放的科学。马克思主义不仅要解释世界，更要改变世界，这就是它的实践性、革命性。马克思主义要使自己能够承担和履行并且始终能够承担和履行这一职能、使命，就必须能够随着历史条件和实践的变化、发展而变化、发展，而不能停留在原有的水平上。发展，是马克思主义的内在要求。马克思主义能够发展，首先在于它是科学，是真理，是关于自然界、人类社会和人的思维发展的一般规律的科学思想体系。这是马克思主义得以发展的基本的内在根据。马克思主义发展还在于它的开放性。其实，一切科学、真理都是开放的。它能够吸收来自现实实践、来自前人和同时代人的一切有价值的思想材料。

马克思主义发展有其外在动力、外部条件。客观历史形势和条件的变化、无产阶级和广大人民群众的实践发展，是推动马克思主义发展的根本条件。问题在于我们对这种客观历史形势要有正确的分析和把握，清楚这种形势对马克思主义理论的要求是什么；对我们正在进行着和发展着的实践有清醒的认识，懂得这种实践对马克思主义理论的发展提出了什么要求。列宁关于“一国可能首先胜利”的理论、十月革命后提出的新经济政策等对马克思主义的发展，以及毛泽东提出的“农村包围城市，武装夺取政权”的我国新民主主义革命道路理论、邓小平提出的社会主义初级阶段理论和社会主义市场经济理论等实现的对马克思主义的发展，其原因都基于他们对当时革命和建设所处形势和实践性质与理论要求有客观的清醒的认识。这同时告诉我们，要科学地认识和理解马克思主义发展史，把握其发展的基本经验和规律，必须牢牢把握一条基本的研究方法和原则——把一定的观点、理论提到一定的历史条件下来认识。“因为具体的社会政治形势改变了，迫切的直接行动的任务也有了极大的改变，因此，马克思主义这一活的学说的各个不同方面也就不能不分别提到首要地位。”① 列宁这一关于马克思主义历史发展中的“特点”的阐述，同时具有马克思主义发展史研究的方法论意义。

我们应该在广泛的意义上理解马克思主义发展的条件。我们可以从不同的角度考察这一条件。以上是从内与外的方面考察了这个条件，我们还可以从主观与客观、历史与现实、政治与社会、宏观与微观等不同方面进行考察。而在这些多方面的条件中，对于马克思主义发展研究来说，除了谈到的以上方面外，特别具有意义的还有马克思主义发展的政治环境、哲学社会科学发展现状和传统文化、国外马克思主义研究和发展的经验、马克思主义理论家队伍状况等方面的条件。我们是否具有和在多大程度上具有这些条件，以及我们是否能够有效地利用这些条件，都会对马克思主义发展的实际状况产生影响。笔者发表在《南京政治学院学报》2003年第2期上的《论实现马克思主义理论创新的三个条件——纪念马克思逝世120周年》一文，从解放思想、实事求是、与时俱进的思想条件，从实践中提出理论创新的主题，从包括社会制度、文化和意识形态管理在内的社会条件和从理论家队伍建设等方面，集中讨论了推进马克思主义创新发展的条件问题。

三　马克思主义发展道路理论

马克思主义怎样发展的问题，是马克思主义发展的道路问题。实践、斗争、研究、传播，是实现马克思主义发展的一般形式或条件，不在马克思主义怎样发展问题中考察。马克思主义怎样发展这一问题的实际意义，是怎样认识马克思主义发展中的曲折的问题，用西方学者的话说，是马克思主义“危机”问题。

矛盾是普遍的。矛盾是事物发展的环境和条件，矛盾也决定着事物发展的状态。这种状态总是同发展中的曲折相联系。曲折发展是事物发展的基本形式和基本状态。马克思主义发展经历曲折是毫不奇怪的事情，是完全正常的事情。考察马克思主义发展史，我们发现一种规律性的现象，就是每逢两位马克思主义理论创始人诞辰、逝世纪念日，他们的理论的追随者、继承人以及研究者们都举行一定形式的追思活动，而构成每次活动的中心话语正是从马克思主义发展中的曲折，甚至是“危机”这一话题开始的马克思主义的命运问题。什么是马克思主义发展中的曲折？错误观点、错误思潮的产生并且在理论和实践上造成了严重后果的是曲折，如一定时期马克思主义发展的低潮、停滞或落后现象。西方学者对马克思主义发展中的曲折，习惯使用“危机”这一耸人听闻的字眼儿。马克思主义者应该正确认识马克思主义发展中的曲折，分析造成曲折的原因，找到克服曲折的路径和办法。最基本的路径和办法是结合发展着的实际创新和发展马克思主义。

① 《列宁专题文集·论马克思主义》，人民出版社2009年版，第158页。

在马克思主义发展道路问题上，英国学者阿·齐曼斯基提出一个“马克思主义发展周期”理论。所谓“马克思主义发展周期”，总的是指“正统与开放和折中提法之间的摇摆”。具体地说，它是由如下四个阶段构成的“基本周期的不断重复”。这四个阶段是：第一，加强活力或推动的时期；第二，形成的时期　重申革命的或唯物主义的理论；第三，革命提法淡化的时期；第四，明显的“修正主义”占优势的时期。依此，他把马克思主义理论的整个发展过程划分为五个（或五个半）时期，认为“每一时期都经历了这样一个周期”。他还认为“从第三阶段到第四阶段的过渡时期是马克思主义理论的真正危机时期。”① 有意思的是，阿·齐曼斯基不像其他西方学者那样习惯性地认为“正统占优势的时期”往往是马克思主义的停滞时期，而是认为：“马克思主义理论中较大的创新是在正统期间出现的，新的概念和理论的引进，是为了解决历史发展和革命实践中出现的新问题。”② 对于齐曼斯基的“周期论”是否正确地反映了马克思主义发展史的实际或在多大程度上反映了这个实际的问题，我们暂不做评价。值得特别注意的倒是他那种开放的马克思主义“危机”观。他实际并不把危机看作马克思主义发展过程之外的因素，而是看作内在于马克思主义发展过程的马克思主义发展的必要环节，是实现马克思主义发展的必要环节。如何看待马克思主义发展中的“危机”或曲折的问题，是一个马克思主义史观问题。对于这个问题，我们有进一步研究的必要。

当前，摆在马克思主义理论工作者面前的迫切问题，是如何认识马克思主义发展面临的形势和在这种形势下我们可能有些什么作为的问题。在当前形势下，在马克思主义者们关于面临的重大任务和重大实践的思考中，在马克思主义发展问题上，一方面，我们要有马克思主义理论创新的坚定的理念、信念，要有坚定的理论自觉和理论自信，特别是在总体上实现马克思主义理论创新，创建马克思主义理论当代新形态的理论自觉和理论自信。对于中国人来说，就是创建中国化马克思主义当代新形态。由邓小平理论、“三个代表”重要思想和科学发展观等重大战略思想构成的中国特色社会主义理论体系的形成，标志着这一马克思主义新形态的创建已经初步实现。这一新形态的“原本”已经形成。目前，摆在马克思主义理论工作者面前的一项重要任务，是完成当代中国马克思主义新形态的“副本”，即它的叙述体系的构建。创建当代中国马克思主义新形态的过程是一个既包含构建其原本形态又包含构建其叙述形态的总体过程。

四　马克思主义发展主体理论

马克思主义发展需要客观条件和主观条件。在主观条件中，重要的是主体条件。人类社会的一切活动都是由主体发动和实现的。没有主体，就没有活动。把马克思主义发展作为活动来看，马克思主义发展就不能没有它的实现主体。谁是马克思主义发展的主体？有人可能会说，马克思主义理论家是马克思主义发展的当然主体。我们不否认这种回答，但又认为这种回答不够全面。马克思主义发展的主体不仅仅是马克思主义理论家，马克思主义实践家

① 阿·齐曼斯基：《关于马克思主义理论发展中一些现象的思考》，中共中央马克思恩格斯列宁斯大林著作编译局《马列主义研究资料》编辑部译，人民出版社1987年版，第221页。

② 同上书，第232页。

（政治家）和广大人民群众对马克思主义发展亦有贡献。马克思主义发展主体理论的实质，不在于对马克思主义发展主体的指认，而在于对马克思主义实践家（政治家）、理论家和广大人民群众在马克思主义发展中的作用的关系的认识。

单纯的马克思主义的实践家（政治家）和单纯的马克思主义理论家都难以实现马克思主义的理论创新和对马克思主义的发展。单纯的实践家（政治家）是指那些缺乏马克思主义理论武装，或不善于用马克思主义理论指导实践的无产阶级事业的领袖人物或领导人，这些人由于埋头事务，不习惯于也不愿意用脑从理论上思考问题，他们特别不善于对阶级的和自己的经验在理论上加以总结，把经验提升为理论。他们在实践上可能有所创新，但这些创新也只具有经验的意义，因为它既可能不是理论指导的结果，也不能完成从经验到理论的提升。所以，就其对马克思主义发展的意义来说，它只是提供了实现这种创新的材料，对实际的理论创新起了推动作用。单纯的理论家是指那些或者缺乏马克思主义实践的直接经验，或者缺乏马克思主义实践的间接经验的人，总之是一群脱离实际的人。这样的理论家由于不同实践相连接，而缺乏马克思主义理论创新动力，也不具有实现马克思主义理论创新的能力。他们可能善于对马克思主义已有概念、范畴和理论做通俗的浅显的阐释、烦琐的论证和抽象逻辑推演，但这绝不是理论创新。创新型的马克思主义实践家（政治家）和理论家是一批善于把马克思主义理论与实践结合起来的人，他们实际是马克思主义的实践—理论家，或者是马克思主义的理论—实践家。对这两种意义的主体及其在马克思主义理论创新和发展中的作用，笔者在《关于马克思主义理论创新主体的若干思考》（原载《思想理论教育导刊》2005 年第 6 期）一文中有集中的探讨。

在一般历史活动意义上，有一个人民群众的历史作用问题。在具体性上，它是一个同领袖的历史作用的关系问题，它的作用在与领袖人物的作用的比较中得到说明。马克思主义实践家（政治家）和理论家同人民群众的关系，包含无产阶级领袖（包括实践—理论家）同人民群众的关系，但不完全是这种关系。领袖毕竟是其中的少数。马克思主义实践家（政治家）同人民群众的关系，在一般性上是干部同群众的关系，在特殊性上才是领袖同群众的关系；马克思主义理论家同人民群众的关系，在一般性上是无产阶级知识分子同群众的关系，在特殊性上才可能是领袖同群众的关系，作为领袖的理论家是那些具有马克思主义理论修养的理论—实践家（政治家）。那么，我们在马克思主义理论创新、发展问题上是否可以提出人民群众的作用问题呢？以及如何提出和回答这个问题？其实，如果不是在与政治领袖和理论家相比较的意义上，人们通常不会提出人民群众在马克思主义理论创新、马克思主义发展中的作用问题。我们可以承认人民群众的这种作用，并且可以说明这种作用，在于它通过改变世界的伟大实践和利益与意志的表达，而为马克思主义理论创新与发展提供动力，提供理论资源。但如果不是相对于政治领袖、理论家在马克思主义理论创新和发展中的作用，理论上通常是不会提出人民群众的这种作用问题的。而提出这个问题，形式上看，是马克思主义发展的主体之间的关系问题，实质则是马克思主义理论与实践的关系问题。而如果我们同意这种认识，那么，这个问题就不会分别是无产阶级政治领袖的作用与人民群众的作用的关系问题、马克思主义理论家的作用同人民群众的作用的关系问题，而是无产阶级领袖和理论家一起同人民群众的关系问题。所以，就马克思主义发展主体理论来说，真正具有意义的问题是马克思主义实践家（政治家）同马克思主义理论家的关系问题。而对于两类主体的作用的说明，主要的不是他们分别对于马克思主义发展具有什么样的意义，而是他们如何使自己能够在马克思主义发展中有所作为的问题。要使这一点成为现实，必要的是使自己在理论与实践的统一的意义上，改变自己的身份与品格。他们必须使自己成为理论—实践家或实践—理论家。

五　马克思主义发展阶段理论

马克思主义在其160余年的发展中表现出阶段性。马克思和恩格斯创立和发展马克思主义时期，是马克思主义发展史的第一个阶段，他们创立的马克思主义被称为“原本马克思主义”。英国马克思主义历史学家霍布斯鲍姆曾经谈到判断马克思主义的思想或观点的标准问题，指出：“给这种确定的标准作依据的，是在十九世纪末大致定型的马克思主义基本原理。”[①] 这个“十九世纪末大致定型的马克思主义基本原理”就是“原本马克思主义”。

马克思和恩格斯逝世以后，马克思主义进入它的继续发展时期，同样呈现出阶段性。列宁主义是马克思主义发展的第二个阶段。列宁主义是帝国主义和无产阶级革命时代的马克思主义，是把马克思主义运用于时代条件下的俄国实际的马克思主义，是俄国化的马克思主义。当然，列宁主义也有其普遍性，对于东方经济文化落后国家的社会主义革命和建设具有指导意义，对于西方发达资本主义国家的无产阶级革命也具有一定的指导意义，这特别指它的一般理论方面和方法论的指导。包括毛泽东思想和中国特色社会主义理论体系在内的中国化马克思主义，是马克思主义发展的第三个阶段。在马克思主义发展阶段问题上，需要特别提出来的，是划分马克思主义发展阶段的标准或原则问题，恩格斯逝世后“第二国际的马克思主义”在马克思主义发展史上的地位问题，以“西方马克思主义”为代表的现当代国外马克思主义研究在马克思主义发展史上的地位问题。

马克思主义发展阶段划分标准问题要比什么是马克思主义的判断标准问题更复杂。目前，关于马克思主义发展史的划分标准，学者中还没有确定的统一的认识。我们所见到的有的对于马克思主义发展阶段所做的划分，严格来说，不是按照一定标准自觉划分的结果，而是依照马克思主义发展史中呈现的若干形态以及关于这些形态在马克思主义发展史上的一定地位的认识和判断，做出的自然主义顺序排列。要使这种排列成为科学，就必须有一个阶段划分的科学标准或科学原则。这个标准或原则是什么呢？就是一定时期的一定形态的马克思主义，应该是科学地回答了这个时期或时代的重大实践的和理论的问题，在这一理论指导下的一定国家的、地区的实践取得了重大发展，在一定程度上影响了世界历史进程。因而，它是代表了同一时期或时代的马克思主义发展水平的。所以，可以这样说，不是马克思主义发展中出现的任何形态、任何阶段，都具有一般的总体的马克思主义发展史的阶段性意义，而只有那种代表了历史时代和马克思主义发展趋势的，因而是马克思主义发展的主流形态，才有可能成为一般的总体的马克思主义发展史的一定阶段。马克思主义发展史的研究经验是，马克思主义发展阶段总是根据马克思主义发展中的主流形态划分的。马克思主义发展史的主导线索

---

① E. J. 霍布斯鲍姆：《判断马克思主义的思想或观点的标准》，《国外社会科学动态》1983年第3期。

一定是不同时期的马克思主义发展的主流形态依次形成、演变和发展的历史。今天来看，它就是以马克思和恩格斯创立和发展的原本马克思主义、列宁主义、由毛泽东思想和中国特色社会主义理论体系构成的中国化马克思主义为主导线索的发展过程。当然，全面的马克思主义发展史不会仅仅是由原本马克思主义、列宁主义和中国化马克思主义构成的历史。全面的马克思主义发展的历史画面，还包括那些在不同历史时期产生的非主流的马克思主义形态或流派的理论活动。

恩格斯逝世后的“第二国际的马克思主义”不同于恩格斯在世时领导的第二国际的马克思主义。恩格斯逝世后的“第二国际的马克思主义”是以考茨基为代表的欧洲各国社会民主党的“马克思主义”。它在阐释、宣传和捍卫马克思主义方面有所贡献，在其中产生了以伯恩施坦为代表的修正主义，它也同这种修正主义作过斗争。但它在阐释、宣传和捍卫马克思主义过程中，也在一定程度上把马克思主义庸俗化，在战争与革命问题上离开了马克思主义，堕落为机会主义。在对“第二国际的马克思主义”的评价上我们存在着一定程度的简单化，表现为在强调从理论和实践的统一中开展对它的评价时，又在一定程度上忽略了它在理论和实践上存在的差别。从理论角度看，我们还不能得出“第二国际的马克思主义”是非马克思主义的一般结论，因为作为“第二国际的马克思主义”的理论家的考茨基、梅林、普列汉诺夫等的理论还不能说其完全不是马克思主义的。另外，我们也往往不能把对“第二国际的马克思主义”的总体评价与“第二国际的马克思主义”的具体人物的评价区分开来。“第二国际的马克思主义”被看作为非马克思主义，似乎它的具体人物也完全是非马克思主义者或始终是非马克思主义者。还有就是，我们对“第二国际的马克思主义”的研究往往拘泥于对它的具体人物的思想、事迹的研究，而忽略了对这一思潮的整体的研究。其实，就马克思主义发展史来说，对这一思潮的整体的研究，其意义远远超过了对其人物的个别研究。“第二国际的马克思主义”就其在马克思主义发展中的贡献来说，不构成马克思主义发展史的特定阶段。而对于这一思潮的研究的意义，在于这一思潮在 19 世纪至 20 世纪的转变中它的理论的和实践的表现给予我们的启示。除了从认识和总结马克思主义发展的经验的角度，发现“第二国际的马克思主义”及其人物在时代的重大实践和理论面前是如何离开马克思主义，堕落为修正主义和机会主义的这一意图外，还有就是要考察它在一定意义上引发“共产国际的马克思主义”以及列宁主义的逻辑，考察它在怎样的意义上几乎同时引发了以卢卡奇、柯尔施和葛兰西的理论为代表的“西方马克思主义”思潮的逻辑。所以，“第二国际的马克思主义”的问题实质不是其在马克思主义发展史中的阶段性问题，而是它的“经验”问题。

以“西方马克思主义”为代表的现当代国外马克思主义研究对当代马克思主义的发展无疑是产生了重要影响的。我们即便说它是马克思主义的一定形态（这历来是个有争议的问题），但它绝不是马克思主义发展的主流或主要流派，它不具有马克思主义发展史的阶段性意义。但是，这并不意味着这个流派在马克思主义发展史上没有意义，也不意味着它是一个我们的马克思主义发展史研究可以忽略的因素。它在与马克思主义发展的相关意义上，也是应该被写入马克思主义发展史的。

六　马克思主义发展规律理论

马克思主义发展的规律，是马克思主义发展史研究的对象。马克思主义发展史研究，是关于马克思主义怎样发展的研究，既包括对马克思主义发展过程的考察，更包括在此基础上对马克思主义发展的经验和规律的认识。“马克思主义发展的阶段性。马克思主义发展中的重大事件和过程、重要的马克思主义人物的产生及其活动、一定时期重复出现的一定形式的马克思主义发展的曲折过程等，都是马克思主义发展规律的一定反映。”① 怎样发现马克思主义发展的规律呢？其方法和途径有以下方面：

首先，作为研究基础的是对马克思主义发展过程的客观的全面的了解和研究。所谓客观，就是研究得到的结果反映了马克思主义发展史的实际。这依赖于全面地占有材料，一方面是对马克思主义经典作家的著作及文献的全面掌握和深入研究，因为构成马克思主义发展史的内容的更多的是马克思主义经典作家的思想发展。另一方面是对一切马克思主义发展阶段、形态和马克思主义研究流派的材料的全面占用和深入研究。

其次，特别注意总结、发现标志马克思主义发展阶段的一定国家、民族的具体形态的马克思主义发展的经验，特别是其实现马克思主义民族化、本土化的经验。马克思主义发展规律研究是一个总体要求，是马克思主义发展史研究的一种视野，一个高度。但是，能够真正有所发现的研究还是要从具体的马克思主义形态或阶段的形成、演变和发展的研究入手。而一定的具体形态或阶段的马克思主义的发展的经验和规律，总是在一定程度上具有马克思主义发展的总体经验和规律的性质与意义。当然，这不是自发地实现的。它要求研究者具有这一研究的总体意识。我们正在开展的关于马克思主义中国化的历史经验和规律的研究，实际具有马克思主义发展史研究的总体意义。这个研究我们已经取得了丰硕成果，但是关于马克思主义中国化的规律的认识，我们还不十分明确，这应该是我们继续研究的对象。

最后，在矛盾系统中发现马克思主义发展的规律。马克思主义的存在和发展同任何事物的存在和发展一样，都是在矛盾斗争中实现的。矛盾，是马克思主义存在与发展的条件和环境。理论与实践的关系是马克思主义发展的内在矛盾和动力。这个矛盾对马克思主义发展中的其他矛盾具有普遍的制约性，是处于矛盾体系的核心的一对矛盾，正是它的辩证运动，构成推动马克思主义发展的基本力量，显现马克思主义发展的基本规律。马克思主义同错误思潮的关系是一种矛盾关系，马克思主义同错误思潮的斗争推动了马克思主义发展。正如毛泽东所说：“正确的东西总是在同错误的东西作斗争的过程中发展起来的。真的、善的、美的东西总是在同假的、恶的、丑的东西相比较而存在，相斗争而发展的。当着某一种错误的东西被人类普遍地抛弃，某一种真理被人类普遍地接受的时候，更加新的真理又在同新的错误意见作斗争。这种斗争永远不会完结。这是真理发展的规律，当然也是马克思主义发展的规律。”② 毛泽东关于马克思主义发展规律的这一认识，是对马克思主义发展史的过程与经验的

① 梁树发：《试论马克思主义发展的基本规律》，北京大学党委宣传部等编，《马克思主义与当代中国》，北京大学出版社 1999 年版，第 145 页。

② 《毛泽东文集》第 7 卷，人民出版社 1999 年版，第 230—231 页。

真实反映与科学总结。

七 马克思主义发展史研究方法

本文把马克思主义发展史研究的方法论理解为马克思主义发展史的基础理论。方法论是关于方法的理论。对于马克思主义发展史研究而言，方法论是关于适应于马克思主义发展史研究的方法的认识。马克思主义发展史研究有其特殊的方法。

首先，是具体—历史方法。马克思主义发展史研究的基本方法是历史主义方法。历史主义方法运用于马克思主义发展史研究，要求把马克思主义的一定的理论观点、一定的马克思主义的发展阶段或形态、一定的马克思主义发展史的人物和事件，放到一定的历史条件下去认识和评价，进行具体的分析，而不是离开其形成的历史条件、文化背景、思想史的联系，对这些观点、理论、阶段、形态、人物和事件进行抽象的、孤立的思考。历史的同时也是具体的。具体，总是表现为空间具体和时间具体。任何事物的形成、演变和发展，总是既在空间具体又在时间具体中实现。而社会生活中的一切现象，又总是在具有空间和时间具体意义的实践中生成、存在与发展的。列宁的以下阐述实际揭示了这种方法的实质，他指出："马克思主义的全部精神，它的整个体系，要求人们对每一个原理都要（α）历史地，（β）都要同其他原理联系起来，（γ）都要同具体的历史经验联系起来加以察。"[①] 当这一"马克思主义的全部精神"所要求的这一方法被运用于对马克思主义的"每一个原理"的考察时，它就具有了马克思主义发展史的方法的意义。马克思主义发展史研究，是总体意义的对"每一原理"（根本说来是对"每一原理"的研究，但又不限于对"原理"的研究）的具体—历史的研究。

其次，是文本与解释的关系。马克思主义发展史研究离不开对马克思主义经典作家的思想文本的研究。文本解读是马克思主义发展史研究的基础。因为马克思主义经典作家和马克思主义发展史人物的思想主要存在于他们的著作、笔记、札记和书信等形式的文本中，对这些文本做什么样的解读就形成什么样的或什么"版本的"马克思主义发展史。这就是说，从方法论意义说，马克思主义发展史研究有一个对文本如何解读的问题，一个文本与解释的关系问题，一个解释学的问题。文本指的是以文本为载体蕴含的文本主体的真实思想，解读、解释是指文本阅读者对文本中的思想的理解与阐释。科学的解释学既承认文本解读者对文本解读、解释的主体性发挥，又反对离开文本原义而对文本的思想内容做过度的任意的解读、解释，要求贯彻文本研究的"主观与客观"的统一。

再次，是实证方法与总体方法的关系。科学的马克思主义发展史研究要求处理好实证方法与总体方法的关系。实证方法一般是自然科学、技术科学研究的基本方法，或者叫做实证科学研究方法。对研究获得的结论，强调实验证明，通过精确计算获得的数据支持，当然，这一方法是以对外部客观世界及其规律的存在的肯定为一般世界观前提。所以，这种方法具有唯物主义的性质。它在哲学社会科学领域的适当运用，能够成为哲学社会科学的辅助方法。总体性是一个哲学范畴，强调在性质上部分对于总体的从属性。总体性作为方法或方法论原

① 《列宁专题文集 · 论马克思主义》，人民出版社 2009 年版，第 163 页。

则，具有广泛的意义，它不仅是哲学社会科学研究的基本方法，也是自然科学、技术科学研究的基本方法。所以，作为方法，总体性高于实证性。对事物、思想进行实证研究时要有总体性的视野，要善于从实证研究向总体研究提升。因为只有在总体的意义和高度上我们才能把握事物、思想的本质和规律。但是，我们也不能一般性地否认实证方法对于马克思主义发展史研究的意义。其实，它应该被作为一般历史研究的基本方法，也应在马克思主义发展史的研究中，把这一方法拿起来，科学运用这一方法。马克思主义发展史研究的科学的方法论原则之一，是把实证方法与总体方法有机地结合起来，既不排斥实证方法，又发挥总体方法对实证方法的统领作用。这一方法论原则的意义特别在关于马克思与恩格斯的关系的研究中凸显出来。马克思与恩格斯“对立”论的方法论基础是其研究缺乏总体性视野，陷落于片面的实证方法的泥潭。

（原载《思想理论教育导刊》2012年第7期）

从《共产党宣言》看马克思主义中国化

庄福龄

《共产党宣言》是国际共产主义运动史上第一个公开发表的纲领性文献。它不仅凝聚着马克思、恩格斯深入研究、刻苦攻关的理论成果，也表达了他们为全世界无产阶级创立新派别的执著意志和坚强决心。此后，因为理论上有了系统而完备的科学思想，实践上有了工人阶级改变世界的行动纲领，使历史有了新的起点，道路有了明确的方向，为马克思主义形成完整的理论体系，形成科学的世界观和方法论，形成全面系统的社会发展理论和社会革命理论，结束唯心史观一统天下的局面，开辟了工人运动和无产阶级革命的新时代，为人类开拓社会主义大道奠定了基础。

众所周知，马克思主义的传播并不是一帆风顺的。1848 年爆发的欧洲风暴被镇压下去了，随后那里又经历了十年反动和工人运动的发展，迎来了 1871 年巴黎公社的无产阶级革命运动。两次不同性质的革命实践，验证了马克思恩格斯的科学论断：革命死了，革命万岁；他们从中进一步认识了资产阶级和资本主义，也看到了工人阶级和《共产党宣言》的深入人心，强调了他们在《共产党宣言》中阐明的“一般原理”“是完全正确的”，而“这些原理的实际运用”，“随时随地都要以当时的历史条件为转移”；恩格斯还反复要求读者分析变化了的形势，《共产党宣言》已经从 42 年前响应者寥寥无几的情况，成为全世界无产者真正联合起来的重要文献。

一　从《共产党宣言》看我们的理论

《共产党宣言》以中文译本传入中国，大体上是与中国共产党的建立同期问世的。90 年的历史表明，中国共产党是非常重视理论指导和理论传统的党，尤其是重视《共产党宣言》的一般原理以及在发展的形势下运用理论的党。

20 世纪是一个大变动、大更新、大发展的世纪。时代呈现出“山雨欲来风满楼”的态势。对于中国来说，尤为突出。不仅因为中国有了共产党，有了马克思列宁主义，更重要的是有了结合中国实际创新马克思主义的理论成果，形成了马克思主义中国化的两次历史性飞跃，形成了两大思想理论体系，一是关于中国革命与建设的正确的理论原则和经验总结，即毛泽东思想的科学体系；二是关于改革开放和社会主义现代化建设的一系列方针和决策，即中国特色社会主义理论体系。两大理论体系，两次历史性飞跃，都是在一个党内形成和发展的，时间还不到一百年，其成效举世公认，使亿万人民受惠，这在马克思主义发展史和国际共产主义运动史上均属罕见而突出的典型事例。可以说，这也是科学的马克思主义观的胜利，是实事求是的国情观的胜利，是《共产党宣言》坚持与时俱进、不断创新的胜利成果。

毛泽东思想是在实践中产生，又随着实践的发展而发展的。其坚持实践性，把实践放在决定认识、检验认识、推进和深化认识的优先地位。“马克思列宁主义并没有结束真理，而是在实践中不断地开辟认识真理的道路。”毛泽东在社会主义建设时期又说：“马克思主义必须在斗争中才能发展，不但过去是这样，现在是这样，将来也必然还是这样。正确的东西总是在同错误的东西作斗争的过程中发展起来的。真的、善的、美的东西总是同假的、恶的、丑的东西相比较而存在，相斗争而发展的。当着某一种错误的东西被人类普遍地抛弃，某一种真理被人类普遍地接受的时候，更加新的真理又在同新的错误意见作斗争。这种斗争永远不会完结。这是真理发展的规律，当然也是马克思主义发展的规律。”从毛泽东思想到邓小平理论，时代在前进，理论当然要发展，真理就是在既一脉相承又有所创新中发展的，中国特色社会主义理论就是这样在继承、突破、创新的辩证发展中形成的。

同样，中国特色社会主义理论也不是封闭的、不再需要继续发展和进一步完善的，它仍然需要遵循真理发展的规律继续前进。正如胡锦涛同志在十七大报告中总结的那样：“中国特色社会主义理论体系是不断发展的开放的理论体系。《共产党宣言》发表以来160多年的实践证明，马克思主义只有与本国国情相结合、与时代发展同进步、与人民群众共命运，才能焕发出强大的生命力、创造力、感召力。”马克思主义的生命力在于不脱离国情、不脱离时代、不脱离人民。三个不脱离，既涵盖了马克思主义者永远不应当忘记的革命传统，也涵盖了永远不应当僵化的创新精神。

二　从《共产党宣言》看我们的道路

十七大提出的科学发展的道路，也是《共产党宣言》坚持唯物史观的必然趋势，是历史活动日益深入、群众队伍日益扩大的必然结果，是通过阶级分析、消灭阶级、实现人类解放的必由之路，也是马克思主义中国化的又一胜利成果。中国革命是以农村包围城市、实现工农武装割据、进一步发展为浩浩荡荡的人民战争的独特道路而夺取全国胜利的；中国社会主义制度的建立和全面开展社会主义建设是在探索中国特色的曲折进程中，在不断总结经验、不断纠偏以至对“文革”的错误坚决拨乱反正，重新确立实事求是的思想路线、重新高举毛泽东思想旗帜而实现正本清源的。中国特色社会主义理论体系，是继毛泽东思想体系之后以独特的全面改革开放的战略决策来振兴社会主义事业的。这体现了《共产党宣言》一贯突出的“坚持真理、修正错误”的革命精神。从《共产党宣言》反映的解放人类的博大胸怀及其阶级分析的精辟论断，要求领导集体最根本的是眼界宽阔、胸襟宽阔，要把人民的利益放在第一位，坚持发展为了人民，发展依靠人民，发展成果由人民共享。这一切都有力地保证了中国共产党和全国各民族工人、农民、知识分子团结在一起，同各民主党派、无党派民主人士、各民族的爱国力量团结在一起，进一步发展和壮大由全体社会主义劳动者、社会主义事业的建设者、拥护社会主义的爱国者、拥护祖国统一的爱国者组成的最广泛的爱国统一战线。

团结就是力量。我们的道路就越走越宽广，我们的队伍就越来越广大，我们将朝着《共产党宣言》所揭示的道路和目标踏实地、坚持不懈地走下去。

三 从《共产党宣言》看理论的精髓

《共产党宣言》所坚持的一般原理，是实事求是地分析了资本主义及其历史的功过是非，分析了资本主义所固有的不可调和的矛盾，分析了社会发展进程和人类解放远景，分析了共产党人的历史任务和历史使命等。这些都深刻体现了彻底的唯物论和辩证的历史观，是辩证唯物论和历史唯物论全面而系统的阐发，用中国的话语和毛泽东的解读来说，就是贯穿其中的实事求是的思想、科学的世界观和方法论。

作为党的第一代和第二代领导集体的核心成员，邓小平对毛泽东思想拥有全面的理解和切身的体会，他极为深刻和准确地把实事求是概括为马克思主义的精髓和毛泽东思想的精髓，概括为马克思主义哲学的精髓和毛泽东哲学思想的精髓。他鲜明地把自己列为实事求是派。从毛泽东到邓小平，作为马克思主义中国化两大理论体系的创始人，他们之间有着一脉相承的传承关系。他们是实事求是的继承者，也是实事求是的革新家，而不是局部的、某个方面的、专题性的继承和创新。

实践是最权威的验证。中国革命从开辟农村根据地算起，只用了22年就由惨重失败转为伟大胜利；社会主义建设从结束“文革”、实现历史伟大转折、开启改革开放新时期算起，也只用了30年，使当今的特色社会主义充满了蓬勃生机，胜利实现了“三步走”战略的前两步目标，向着第三步战略目标阔步前进。胜利来之不易，胜利的迅速更加来之不易。正如胡锦涛同志指出的：“此时此刻，我们更加深切地怀念毛泽东同志、邓小平同志等老一辈革命家。没有以毛泽东同志为核心的党的第一代中央领导集体团结带领全党全国各族人民浴血奋斗，就没有新中国，就没有中国社会主义制度。没有以邓小平同志为核心的党的第二代中央领导集体团结带领全党全国各族人民创新，就没有改革开放历史的新时期，就没有中国特色社会主义。”凡对马克思主义中国化作出过伟大贡献的，历史是永远不会忘记的。

作为马克思主义中国化两大理论体系创始人，他们共同的特点是一脉相承。毛泽东思想和中国特色社会主义理论体系的“旗帜”是共同的，“精髓”是共同的，寻求“中国特色”是共同的，“目标”是共同的，而理论创新和实践创新，时代精神和战略思维，事业新貌和未来愿景，却是与时俱进、不断更新、代代相承、传之久远的。中国社会主义的命运是不可逆转的。稳定而不僵化，坚持而不失灵活，创新而不放弃传统，是两大思想体系的突出优点。在当代中国，只有坚持实事求是的精髓，才是真正坚持马克思主义。

(原载《中国社会科学报》2012年11月29日)

共产党和工人党视野中的资本主义新变化

聂运麟

如何认识当代资本主义的新发展、新变化，是关系到社会主义发展前途的重大理论和实践问题。苏东剧变后，资本主义各国共产党走出“资本主义总危机”的理论误区，直面现代资本主义的发展，提出了关于资本主义新变化的理论和见解。

一　垄断资本主义国际化发展的新阶段

第二次世界大战后，资本主义经过一段时间的恢复和发展，到 20 世纪 70 年代中期开始出现明显的变化，这种变化与发展一直延续至今。那么，现代资本主义究竟发生了什么样的新变化呢？对此，不同资本主义国家的共产党的看法不尽一致。但在垄断资本主义已经进入“国际化的新阶段”这一关节点上，其认识又是基本一致的。

例如，美国共产党认为，第二次世界大战以后“资本主义进入全球化的新阶段”即“经济生活国际化，跨国公司和资本主义全球化”的新阶段①。德国共产党认为，近几十年来，垄断资本主义发生了“一些重大变化”。这些变化“与资本主义国际化的新阶段相关联”②。澳大利亚共产党认为，资本主义经济已发生了一系列新变化，“资本主义的结构已从简单垄断发展到今天大企业横跨许多国家并支配所有经济领域的垄断”③，等等。不难看出，资本主义国家的共产党认为，由“自由”竞争资本主义发展到垄断资本主义，再经过国家垄断资本主义的发展后，目前国家垄断资本主义又进入国际化发展的新阶段，通常称为全球化的新阶段，也就是理论界所说的国际垄断资本主义阶段，或国际垄断资本主义时代。

资本主义各国共产党对资本主义已经进入国际垄断资本主义新阶段的认识，是运用生产力和生产关系理论分析现代资本主义得出的必然结论。根据马克思主义的基本原理，社会生产力是不断发展变化的，资本主义社会生产力的发展尤其迅速，从其生产力发展的历程来看，它已经历了四次大的发展和变革。现代垄断资本主义国际化的新发展阶段，正是以第四次科学技术革命和生产力革命为其基础和动力的。

共产党和工人党还认为，在生产力巨大发展的推动下，其生产关系也出现了巨大而深刻

---

① 王洪才主编：《当代世界共产党党章党纲选编》，当代世界出版社 2009 年版，第 899 页。

② 同上书，第 433 页。

③ 2005 年通过的《澳大利亚共产党纲领》英文版。

的变革。资本主义生产关系的变革，在生产资料所有制关系方面表现得最为突出，其基本趋势是社会化程度的不断提高。从资本主义发展的历史进程来看，其生产资料所有制关系已经历了三次大变革：股份制的出现；私人股份垄断资本所有制的出现；法人股份垄断资本所有制的出现。从私人股份垄断资本所有制到法人股份垄断资本所有制的转化，亦即股东的法人化和非个人化，是资本主义所有制关系的新的重大变化。它意味着资本主义生产资料占有的社会化程度进一步提高，意味着对资本主义生产资料私人占有制的进一步扬弃。

正是基于资本主义生产资料所有制关系方面出现的第三次深刻的变革，所以资本主义国家的共产党认为，当代资本主义已经出现了“资本主义新的所有制形式”①。当代资本主义甚至可以称为“新资本主义”②。

二　垄断资本主义国际化新阶段的特征

资本主义国家的共产党认为，垄断资本主义国际化发展的新阶段，或称国际垄断资本主义阶段，与以往各个发展阶段有着明显的不同，具有新的特征。

1. 生产和资本的高度国际化，形成了跨国垄断资本的政治经济统治

新的高新科技革命，将世界经济推上了经济一体化发展的新阶段，从而使生产高度国际化。经济一体化的特点是生产过程分工的深化。在这里，生产的国际化表现为生产过程内部的分工合作和相互联系。从过去工业生产内部不同产业之间的国际分工，进到同一产业内部的分工合作，再进到现代的产品生产过程内部的分工合作的新发展，标志着生产的国际化已经发展到更高的阶段。

随着科学技术的不断进步、生产规模的不断扩大和世界经济一体化的新发展，资本的集中也以惊人的速度和规模前行。世界的生产和财富的大部分，集中到了少数发达资本主义国家的少数巨型跨国垄断资本集团的手中。美国共产党指出：“现在，全球500多家跨国公司(其中约300家在美国)掌控了资本主义全球经济、资本主义政府及其国际组织。它们中有跨国银行、跨国工业制造商、跨国批发零售供销商、跨国娱乐和出版业巨头和一些拥有众多业务甚至说不出主营业务的跨国集团。到了80年代，跨国公司统领了全球大多数国家和美国的经济政治生活。”③

当前，世界经济已经基本上被跨国垄断寡头们所控制，并使世界经济进入了寡头经济时代。对此，德国共产党尖锐地指出：“在垄断资本主义的当前的发展阶段，跨国企业集团和跨国金融集团成为主宰世界市场的资本和决定资本关系结构的形式。跨国企业集团追随最有利的资本条件在世界范围的网络中组织生产过程，并将剩余价值的生产全球化。它们可以打乱国家的经济政策，讹诈国家。国家被卷入了跨国企业集团对最有利可图的供货条件的毫不留情的争夺中。”④

---

① 王洪才主编：《当代世界共产党党章党纲选编》，当代世界出版社2009年版，第897页。

② 同上书，第639页。

③ 同上书，第899页。

④ 同上书，第434页。

2. 资本的有机构成出现新的变化

意大利重建共产党对信息技术条件下资本的重大变化作了具体的论述："信息革命彻底改变了资本的有机构成，并使金融运作变得'无法控制'。在7个最发达的工业化国家中，电子金融交易超过中央银行储备的大约7倍。"[①] 这里讲的，不仅是指在资本的有机组成中数量的增加，也是指质量的提高。因为很明显，固定资产在生产价格的组成方面的份额由于信息化而减少了。另外，传播速度对于资本的金融化进程、对于交易的快速和便捷，进而对于它们完全的投机性特点和生产的全球化，都起到了决定性的推动作用。

意大利重建共产党认为，不仅资本的有机构成发生了变化，而且资本的自身价值也发生了变化。这表现为：金融化急剧增长、对劳动的剥削强化、生产周期内物质和"非物质"科技内涵增加[②]。也表现为对非物质劳动的直接剥削和间接剥削变得更加突出了，与此同时对物质劳动的剥削却没有减少；同时由于生物技术成果的运用，使人类参与了对环境、自然以及植物、动物和人类生命本源的直接破坏行动。

3. 金融资本高度发展，虚拟资本高度膨胀，成为导致经济危机的重要因素

虚拟资本早就出现了。但是，只是到了国际垄断资本主义时期，虚拟资本才高度膨胀起来。资本主义国家的共产党认为，虚拟经济是一种高风险经济，是一种具有泡沫性的经济。它既为实体经济发展增添了巨大的活力，又给实体经济发展造成了极大的不稳定性；它既可以使整个经济突然高速发展，又可以使整个经济突然跌入深渊；它既可以使冒险家瞬间成为亿万富翁，又可以使亿万富翁一贫如洗。特别值得注意的是，虚拟经济是在实体经济基础上产生和发展的，实体经济是虚拟经济的依托和基础。如果实体经济出了问题，这种虚拟的价值和财富，都会化为乌有。这已经被一些国家发生的金融危机所证实。

英国共产党总书记罗伯特·格里菲斯特别强调了"虚拟资本"在造成2008年爆发的金融和经济危机中所起的作用，他指出："虚拟资本已经使实体经济和资本的实际价值在商品和服务上达到了世界各国生产总值的4倍。据国际清算银行报告，世界市场上所有金融衍生品的价值已经达到651兆英镑，而世界各国每年的国内生产总值是61兆英镑。所有这些用于赌博的'虚拟资本'的价值是全世界商品和服务价值总和的10倍。这种情况是不可能长期延续下去的，由于人们都想从'虚拟资本'中牟利，因此它的价值总有一天会暴跌。"[③]

4. 资本输出采取了新的形式

资本输出是垄断资本主义的重要经济特征，在国际垄断资本主义时期，资本输出获得了更大的重要性，并出现了一些新趋势。资本主义国家的共产党认为，一种新趋势是，外国投资比较大的一部分流入工业领域，而且今天越来越少地用于建设新的生产设施、金融企业、服务企业和贸易企业，而是用于收购或参股现有企业。另一种新趋势是，世界经济的"'三巨头'——美国、欧盟和日本——的大企业在全球范围内的绝大部分对外投资今天不再流入'落后'国家，而主要在这些帝国主义列强之间流动。'世界其他地方'——尽管程度不同——在

① 王洪才主编：《当代世界共产党党章党纲选编》，当代世界出版社2009年版，第640页。

② 同上书，第639页。

③ 聂运麟：《金融危机与资本主义国家共产党的理论与策略》，《当代世界与社会主义》2009年第2期。

经济发展、特别是在现代技术方面愈发陷入对外依赖的境地。非洲国家尤其如此。”①

5. 国内需求的重要性下降，国际需求处于优先地位

在垄断资本主义国际化发展的新阶段，攫取全世界的超额垄断利润是跨国垄断集团的主要目标，相比而言，国内有限需求的重要性下降了，庞大的国际市场的需求被列入跨国垄断集团经营的主要目标并处于优先地位，从而使国际市场获得了深度的开拓和发展。德国的共产党指出：“从20世纪70年代中期起，发达资本主义国家为摆脱资本主义世界经济陷入的通货膨胀、经济萧条和利润下降，纷纷尝试在积累模式中降低国内需求的重要性，并转而优先以世界市场为导向”，被称为外向型经济。不久，许多发展中国家也大力发展外向型经济。与此同时，国际市场化进一步拓展，涵盖了生产、贸易和金融等各个领域。此时，“国家市场最后的界限被逐步拆除，世界市场愈发成为一个统一的、涵盖全球的资本主义竞争场所”②。

6. 国家的经济职能高度发展，政治更加反动，军事冲突的危险在增加

垄断资本主义现阶段的经济发展发生在利益之争中，发生在跨国集团企业之间的冲突中，发生在垄断资本与非垄断资本的冲突中。德国共产党指出，在愈演愈烈的竞争中，“国家和超国家的机构在这方面扮演着特殊角色”，这意味着国家垄断资本主义随着跨国垄断资本的发展也在进一步发展。然而，“近几十年，国家垄断资本主义的手段也有所变化。提高国有财产的私有化程度、国家直接干预的企业行为减少了。但国家干预的其他形式却对此作了弥补：通过税务优惠和补贴，通过支持有利于垄断组织的研究和发展。”所有这些变化和发展，其“首要目的是加强国际竞争力”③。

在国家垄断资本主义发展的条件下，一方面帝国主义对内反动倾向增加了；另一方面随着全球化增长的不仅是垄断组织的力量，还有它们的侵略的倾向。由于帝国主义国家和垄断集团间的竞争正在发展，因而帝国主义列强之间爆发军事冲突的风险会再次加剧。

7. 世界的贫富差距进一步扩大，发达资本主义国家进入消费社会

垄断资本主义国际化的新发展，使发达资本主义国家率先进入了消费社会阶段，它表现为对发展中国家的过分掠夺和这些国家的极端贫困，表现为发达国家少数人的富裕和过渡消费。俄罗斯联邦共产党的纲领对此作了专门论述：“资本主义是这样一个社会，那里物质和精神生产从属于最大限度地搜刮利润、积累资本、追求无限膨胀的市场法则。一切都已变为商品。一切事物的唯一原则是挣钱。这就决定了资本主义特殊的、耗费的性质。”它把生产首先看作是对人的全面剥削和对自然资源的全面掠夺，而不考虑社会的耗费，不考虑下一代人生活与环境的有害后果。“在20世纪后半叶，发达资本主义国家集团、所谓居民中的‘百万富翁’依靠殖民化的、新的巧妙方式、依靠对地球上大部分物资、劳动和智力资源贪婪剥削的新方式，进入了‘消费社会’阶段。在这个社会中，消费从人的机体的自然职能转变成为人的新的‘神圣义务’，而人的社会地位则完全取决于他是否竭力履行这种义务。”④

俄罗斯联邦共产党认为，这实际上是强迫人们从事超强劳动的一种形式，是用类似商业

① 王洪才主编：《当代世界共产党党章党纲选编》，当代世界出版社2009年版，第434页。

② 同上书，第433页。

③ 同上书，第434页。

④ 同上书，第484页。

广告的方式，经常性地塑造和改变消费者口味，从中寻找利润来源的新方式及资本施加心理压力的最新方法。“消费社会”思想加剧了人的变态①。

8. 资本主义社会的各种矛盾在加剧

由于跨国垄断资本集团利用自己的强大实力和优势地位，在全球化进程中展开了世界规模的巧取豪夺，从而使资本主义世界的各种社会矛盾日益加剧起来，其中最基本的是劳动与资本的矛盾、帝国主义国家与发展中国家的矛盾以及帝国主义国家之间的矛盾，等等。这些矛盾集中地表现为世界范围内和一国范围内贫富差距的不断扩大，从而使世界长期处在动荡、分裂和争斗的状态中。澳大利亚共产党指出：“资本主义社会最显著的矛盾是贫富差距的日益扩大”②。70 多个欠发达国家（超过世界上国家总数的 1/3）的人均收入在 20 世纪八九十年代快速下降，今天仍在下降之中。生产力已达到前所未有的程度，而社会财富却高度集中在私人手里。世界上最富裕的 200 个人所拥有的财富比世界上 40%的人所掌握的财富还要多。这种不平等显露出资本主义积累规律的无情后果，清晰地暴露出资本主义制度的非理性及其道德的破产。

虽然当代资本主义的变化是巨大而深刻的，但其本质没有变。俄罗斯联邦共产党认为，“资本主义绝对没有抛弃其本性”，它在保障一少部分国家高消费和高增长的同时，却把人类置于新矛盾的旋涡之中，产生了至今尚未找到答案的全球性问题、生态问题、人口问题和民族社会问题。“资产阶级的社会生活已濒临极限”③。

三 资本主义发生重大变化的经济政治根源

资本主义各国共产党认为，当前资本主义新的发展和变化，乃是资本主义发展的自然历史进程，推动资本主义国际化进程的主要有三个方面的因素。

第一，科学技术革命和生产力的革命是推动垄断资本主义国际化进程的基础性的因素。美国共产党指出：“二战以后，通过提高技术和生产力使利润最大化的做法引发了一场科技革命，重点是新材料、新的交通通讯方式、后来则是信息技术的开发和应用。这些成果使资本主义全球化进入一个新阶段、世界经济生活更为社会化，生产国际化发生了质的变化。”④ 德国共产党也表达了同样的认识：新的全球化进程“发生在生产力——尤其是在信息技术、通讯技术与运输技术领域——产生革命性变化的背景下”，因而是被“科技革命带来的生产力的新一轮发展”所推动的。纲领特别强调指出，“新的通讯技术使生产过程和金融流在全球联网”⑤。

第二，“新自由主义”是推动垄断资本主义国际化发展的重大政策因素。由于 20 世纪 70 年代中期后，资本主义国家从凯恩斯主义逐步转向了“新自由主义”，这就大大地推进了资本

① 王洪才主编：《当代世界共产党党章党纲选编》，当代世界出版社 2009 年版，第 484 页。

② 2005 年通过的《澳大利亚共产党纲领》英文版。

③ 王洪才主编：《当代世界共产党党章党纲选编》，当代世界出版社 2009 年版，第 484 页。

④ 同上书，第 496 页。

⑤ 同上书，第 433 页。

主义的国际化进程，特别是将发展中国家卷入了对其极为不利的全球化进程之中。正如加拿大共产党所指出的："在20世纪70年代，……金融资本开始采取新自由主义方针，特点是大力加强对劳动力的剥削和环境利用，加快资本主义全球化。"① 德国共产党也指出："依靠新自由主义的策略，国家垄断资本主义的国际化加快了。新自由主义是意识形态的政策，它推动了劳动方式和生活方式以及生产关系的变革，从而使它们适应资本主义条件下生产力的新阶段，并为资本创造了更好的利用条件。"②

第三，苏联东欧的剧变是推动垄断资本主义国际化发展的另一个重大的经济社会因素。德国共产党强调指出："革命性的工人运动在20世纪末的重大失败为资本主义新的扩张清除了障碍"③。20世纪八九十年代，欧美等发达资本主义国家并没有摆脱70年代中期以来的经济危机，苏联东欧剧变给这些国家摆脱危机提供了千载难逢的时机。剧变后的俄罗斯等原苏联各共和国和东欧国家，普遍采取了所谓"休克疗法"，向西方资本主义实行全方位的开放，从而使西方国家能够将经济危机的后果"转嫁"到原苏、东国家身上。致使这些国家的大部分企业停止了运转，大量工人失业，人民生活水平直线下降；而欧美国家已经关闭的企业重新运转起来，失业状况不断改善，人民生活保持了不错的水平，这就使发达资本主义国家生产和资本的国际化获得了极大的增强和扩张。

四　资本主义的新变化与争取社会主义的斗争

资本主义已经发生了重大的变化，那么，这种变化对争取社会主义的斗争有怎样的影响呢？对此，资本主义各国共产党正在从本国的实际出发，独立自主地进行探索，但在基本问题的认识上又是一致的。

1. 现代资本主义已经具有一定的自我调节、自我更新和自我发展的能力，然而它却无法靠自身力量来解决日益加深的社会矛盾

资本主义国家共产党认为，近半个世纪西方资本主义的发展已经证实，现代资本主义与自由资本主义时代、垄断资本主义初期相比有很大的不同，它已经具有较强的自我调节、自我更新和自我发展的能力，正如葡萄牙共产党指出的，资本主义逐步显示出一种高度的抵抗和适应能力④。

但是，资本主义国家的共产党认为，虽然资本主义具有一定的自我调节、自我更新和自我发展的能力，但是这种能力是有其限度的，这就是它没有能力解决它自身固有的基本社会矛盾和问题。日本共产党主席不破哲三指出，资本主义的自我调节功能在最早时期是调节经济危机和萧条方面的问题，但现在，已成为涉及人民生活的更广泛的问题：一是危机与持续萧条问题，二是剥削和贫困的问题，三是南北问题，四是全球环境问题，五是资源和废物处

① 王洪才主编：《当代世界共产党党章党纲选编》，当代世界出版社2009年版，第859页。

② 同上书，第435页。

③ 同上书，第433页。

④ 同上书，第562页。

理问题，等等，所有这些全球性的大问题长期得不到解决，都说明了资本主义发展能力的局限[①]，这是一方面。另一方面，虽然资本主义具有一定的自我调节、自我更新和自我发展的能力，但这并没有消除资本主义社会的基本矛盾。葡萄牙共产党指出：资本主义“并不能解决其内部矛盾，相反，这些内部矛盾……却日益加深。这些矛盾非但没有解决环境不平衡问题，反而使之愈加严重，危及地球的生态体系和未来人类的生存”[②]。共产党和工人党一致认为，要彻底解决资本主义社会的矛盾和问题，只有一条出路，那就是用社会主义取代资本主义。

2. 资本主义的新发展和新变化，为实现社会主义创造了物质前提

资本主义国家的共产党认为，在垄断资本主义国际化新发展的历史条件下，实现社会主义的理论与策略也必须随之进行相应的调整和变革，探索新的社会主义发展道路，这将是一项长期而艰巨的历史任务。但是，垄断资本主义国际化新发展又为实现社会主义创造了更完备的物质条件。德国共产党指出：“垄断化与社会化为社会主义创造了物质前提。当今这种资本集中过程的结果是，不仅垄断化和与之相联系的社会化达到了更高的阶段，社会主义替代资本主义的物质前提条件也被由此创造出来了，而且比列宁时代更进一步。”[③]

资本主义国家的共产党和工人党认为，在垄断资本主义国际化的新发展的条件下，资本主义社会中的新社会因素在增长，尽管新社会因素不等于社会主义，但它为社会主义取代资本主义创造了物质前提。法国共产党认为，资本主义的自我调节，可以成为资本主义内部生长着的社会主义因素增长的条件；日本共产党认为，资本主义国家对民主的规制以及通过各种形式对经济的介入，在使生产力获得发展的同时，也将使其成为建设社会主义的“重要基石”，国家对“大企业的民主规制”，是国家垄断资本主义为新体制准备好的组织结构[④]。美国共产党主席萨姆·韦伯指出，美国有诸多有利于社会主义发展的因素（经济发展水平高、民主传统等等）。

3. 反对西方国家主导的全球化，为造福于全人类的全球化而斗争

资本主义国家的共产党认为，全球化是一种伴随着社会生产力发展的客观历史进程，是一种历史的必然现象；但当前的全球化进程是由资本主义大国主导的，是新自由主义政策所推动的，因而是帝国主义的全球化。这一全球化的进程给生产与消费、政治与国家、权利与平等的各个领域都造成了破坏性的后果，它扩大了剥削、统治和压迫，从而为世界范围内的反帝、反资本主义运动的兴起和发展创造了条件。加拿大共产党在揭露全球化的“真实面目”时指出：在经济上，全球化“的主要内容是加倍努力将全世界的自然财富和生产财富集中在一小撮全球金融资本家的控制之下，造成全世界的劳动人民和被压迫人民的普遍贫困和失业”。在政治上，“帝国主义打着‘全球化’的旗号，力图使所有国际关系朝着反民主的方向发展。——在措施（经济）不够的情况下，帝国主义毫不犹豫地诉诸粗暴的武力来达到它的目的。”[⑤]

---

① 《在实践中不断探索科学社会主义理论——专访日本共产党主席不破哲三》，《当代世界》2006年第2期。

② 王洪才主编：《当代世界共产党党章党纲选编》，当代世界出版社2009年版，第562页。

③ 同上书，第434页。

④ 曹天禄：《日本共产党的日本式社会主义理论与实践》，中国社会科学出版社2004年版，第116、115页。

⑤ 王洪才主编：《当代世界共产党党章党纲选编》，当代世界出版社2009年版，第861、860页。

因此，全球化不仅没有真正推进世界现代化的进程，而且还导致了人类文明的危机。资本主义国家的共产党并不是反对全球化本身，而是反对西方资本主义大国主导的全球化。它们要求重塑全球化运动，使其造福于全世界广大人民群众。因此，它们坚定地支持反全球化运动，认为反全球化运动虽然社会成分复杂，目标也不一致，但在反对资本主义全球化问题上的指向是非常明确的，这有利于动员社会各阶层参加到反资本主义的斗争中来。共产党和工人党主张加强社会联盟政策，巩固和发展广泛的反帝反垄断阵线，以推动捍卫国家主权，争取和平、进步、生态环境的可持续发展和社会主义的斗争。

（原载《马克思主义研究》2012年第2期）

国际金融危机对当代资本主义和世界社会主义的影响

臧秀玲　杨　帆

2007年年底，美国爆发的次贷危机逐步演变为金融危机并向全世界扩散。特别是2008年9月以来，国际金融形势急剧恶化，迅速演变成自上世纪“大萧条”以来最严重的国际金融危机。世界范围的金融危机逐步蔓延到实体经济，导致全球经济发展速度减缓，2009年主要资本主义国家经济陷入负增长。世界范围的金融危机爆发以后，各主要资本主义国家纷纷推出了各种各样的“救市”措施。虽然采取了大量的措施，但是世界经济发展状况并没有出现实质性的改观，世界经济不景气的状况还在持续。2009年12月，全球三大评级公司下调希腊主权信用评级，引爆希腊债务危机，由此拉开了欧洲主权债务危机的序幕，危机在欧洲内部迅速蔓延。时至今日，欧债危机仍在进一步恶化，欧洲债务危机已经从冰岛、希腊等欧元区外围国家，扩散到意大利和西班牙，并进一步波及法德等核心国家。2011年8月6日，国际评级机构标准普尔宣布下调美国主权信用评级，由AAA调降到AA+，评级展望负面，打破了美国主权债务最高等级的百年神话。此举犹如推倒了第一张多米诺骨牌，迅速引起全球股市与大宗商品市场和资本市场的剧烈动荡。美欧债务危机表明资本主义经济面临深刻的矛盾，巨大债务泡沫的破裂随时可能导致经济形势恶化，出现大萧条时期那样的双底型或多底型经济衰退。而经济危机又引发了全面的政治和社会系统性危机。从挪威的枪杀事件、伦敦的骚乱，到“占领华尔街”运动，都进一步暴露了资本主义经济、政治和社会的深层次问题，其政府的合法性和社会稳定性面临严峻挑战。这次金融和经济危机对资本主义和社会主义的发展均有深远影响，它为我们提供了认识资本主义、社会主义及其两制格局的新视角。

一　金融危机使资本主义遭受重创，很可能预示着一个资本主义新阶段的到来

此次国际金融危机使资本主义遭受重创，西方资本主义可能陷入长期动荡，资本主义的光环不再。

第一，国际金融危机暴露了新自由主义理论、政策和体制模式的缺陷和弊端，美国经济发展模式已经难以为继，市场原教旨资本主义开始式微。此次金融危机的原因错综复杂，但自由放任的美式资本主义体制无疑是重要原因。美国倡导自由放任的原教旨主义导致了这场

前所未有的混乱。美式资本主义承袭了传统自由主义的核心要素，将“自由化”、“市场化”当做治理经济的“金科玉律”。在美式自由市场体制下，美国利用美元的霸权地位，过度扩张信贷和消费，金融监管体制形同虚设，任由对冲基金及其衍生品利用高杠杆率追求高额利润，监管缺失引发“华尔街的贪婪、投机以及无序”，直接导致了金融市场的剧烈动荡和危机的爆发。英国学者乔尔·盖尔认为：“美国和世界现在正处于自20世纪30年代大萧条以来最严重的经济危机的开始阶段。这次危机代表着自第二次世界大战以来自由市场的最大失败。”曾经执掌美联储18年的格林斯潘在国会质询中，受到了他一生最严厉的审问，不得不承认自己的“世界观”——新自由主义出了问题。美国著名经济学家大卫·科茨认为：“导致这次金融危机的深层次原因是新自由主义的资本主义。”目前的金融和房地产危机只是更大危机的一个方面，应被视为资本主义制度的一种特殊模式的体制危机，即新自由主义的资本主义危机。金融危机爆发以后，各发达资本主义国家纷纷采取了以推进国有化和实施政府干预为主的“救市”措施，这些措施的实施表明了各国政府开始反思以自由化、私有化和市场化为特点的自由资本主义发展模式。曾任美国财政部副部长的阿特曼深表忧虑地说，以自由市场为基础的盎格鲁·撒克逊式资本主义正面临极大挑战。[①] 法国总统萨科齐认为，“自由放任的资本主义完了”。他强调重建资本主义，建立“调控型资本主义”来取代混乱不堪的世界金融体系[②]。厄瓜多尔总统拉斐尔·科雷亚认为：“美国的经济模式已经病入膏肓。”有的西方学者预言：空前的金融危机将为“资本主义新时代揭幕”，“资本主义正在发生根本变化”，金融海啸可能催生“新资本主义”。

第二，发端于美国却硬着陆于欧洲的金融危机进一步暴露了欧洲经济发展模式隐藏的深层次矛盾，福利资本主义进退维谷。百年不遇的世界金融危机使人们认清了美式资本主义存在的弊病，但这并不反衬欧洲资本主义模式的胜利，福利资本主义模式并不完美，同样存在自身无法摆脱的缺陷。其中主要有两点：一是未能解决好自由市场与国家干预的关系，无法破解“大政府”必然招致“小市场”和“低利润”的宿命。在存在过多国家干预的情况下，市场效率的发挥必然受到约束，资本利润率必然不高。二是未能解决好社会公正和经济效率之间的矛盾。实行近半个世纪的西方福利制度在令人羡慕的同时，也增强了人们对国家的依赖性，淡化了对社会的责任和义务意识，陷入福利国家的困境：公共开支和福利开支不断增加，政府财政负担加重，经济增长停滞，就业形势严峻，社会竞争力下降；老年人口和失业人口不断增加，养老、失业、医疗保障体制不堪重负，社会保障体制难以为继。在不消除资本主义基本矛盾、改变财产所有权结构的情况下实行以财政赤字为资金来源的福利政策，无法走出在“效率与公平”之间来回摆动的怪圈。欧洲国家主权债务危机的爆发和工人运动的大规模集中爆发，使得这种左右摇摆的空间越来越小，而发端于美国却硬着陆于欧洲的金融危机以不可阻挡之势，几近摧毁欧盟的金融体系并严重损害其实体经济，也进一步暴露了欧洲经济发展模式隐藏的深层次矛盾，如金融市场不够灵活、应对非对称性外部冲击的能力较为薄弱等。

---

① 俞思念：《金融危机背景下中国特色社会主义发展模式与自由资本主义发展模式之比较》，《学习论坛》2010年第4期。

② 《参考消息》2010年3月29日。

第三，当下的金融危机导致欧美国家陷入战后以来最严重的道德和信心危机，人们对现行资本主义制度的合法性产生严重质疑，西方自由民主制度的神圣“光环”不再。德国经济专家马尔特·菲舍尔认为：“金融危机和全球经济衰退动摇了对资本主义和市场经济自愈能力的信仰。”[①] 越来越多的西方人开始疑问：他们是否生活在政治体制最好的国度里。美国芝加哥大学教授卢伊基·津盖尔斯特别指出，2008 年金融危机的性质及美国政府的对策逐渐破坏了美国公众对于“民主资本主义”公平、正义与合法性的认识。[②] 美国前劳工部长罗伯特·赖客也根据自己的研究得出结论：“35 年前，绝大多数美国人认为，我们的民主政府是为所有人谋福利的，但是几十年后的现今，这种信心普遍地发生了动摇。现在，绝大多数人认为，政府由极少数大利益集团操控，是他们谋求私利的工具。其他民主国家的调查也显示出，公民对政府的信任和信心呈现类似的下滑态势。”[③] 在经济衰退情况下，欧美国家极端思潮泛滥，民众不满情绪上升，族群对立和冲突加剧，弱势群体前途无望，社会安全与稳定威胁增加。在野党借机煽动民众上街，向执政党发难，扩大自身影响。一些国家因政治危机导致政府更迭，从而进一步加重社会危机。继 2008 年 12 月希腊爆发大规模社会骚乱后，2009 年 1 月法国爆发了 250 万人抗议政府经济政策的全国性罢工，此后，各种抗议和罢工此起彼伏，连绵不断。2009 年 1 月，冰岛政府成为全球第一个因为金融危机而倒台的政府。而在美国宪法日的 9 月 17 日，在华尔街金融区，示威者抗议华尔街的贪婪、指责政府为救助金融机构而使多数人陷入经济困境，“占领华尔街运动”正式开始。目前，这场声称代表“99%”美国普通民众的运动已经显现燎原之势，抗议浪潮迅速蔓延到 50 多个大城市和上百个小城市，打破了美国自 20 世纪 60 年代以来没有广泛群众性运动的历史。1%被认为是华尔街的大银行及其高管和其背后掌握金融资本的资本金及其政府里面的代理人，资本家运用金钱资助自己的政治代理人，政治代理人通过各种政策工具为金融资本家在内的资本及其占有者服务因此，运动的口号之一便是促使金钱和政治分离，表达了对华尔街和金钱政治的不满，反对贫富分化、反对社会不公、要求政府约束大公司行为、维护劳工和中产阶级的整体利益是其重要诉求，也是其阶级意识的觉醒。

这次金融和经济危机粉碎了某些人认为资本主义永远不朽的神话。金融危机表明，资本自我调控的空间越来越狭窄，已发展到进退维谷的地步。弗朗索瓦·沙奈、保尔·库格曼等新马克思主义者认为：当代全球化发展的结果是建立了金融资本占统治地位的世界积累制度其本质特征是金融资本恶性膨胀，其统治世界和国际盘剥的增强，依靠这种金融霸权发达资本主义国家尤其是金元帝国美国无偿地占有全世界特别是发展中国家的资源和财富。这进一步证明了金融垄断资本主义的腐朽和寄生的本性未变。资本主义企图采取私有化、放松管制和国际调节等种种办法来克服经济危机，但资本主义的经济危机并未消除，反而随着全球性金融危机的频繁爆发而愈加严重。[④] 这次金融危机同资本主义世界历次危机一样，是资本主义制度必然灭亡趋势的阶段性反映。资本主义的基本矛盾不仅没有被克服，反而以新的更尖

① ［德］马尔特·菲舍尔：《还会发生什么?》，德国《经济周刊》2009 年 7 月 13 日。

② 转引自温宪《“向市场倾斜”还是“向企业倾斜”?》，《人民网》2010 年 2 月 9 日。

③ ［美］罗伯特·赖客：《被淹没的美国民主》，《环球视野》2010 年 7 月 15 日。

④ 参见吴茜《当代资本主义基本矛盾的表现形式与历史命运》，《当代世界与社会主义》2004 年第 6 期。

锐的形式表现出来，在更深的层次加剧并在更广阔的世界范围内展开。

当然，国际金融危机不是标志资本主义彻底灭亡的最终的根本性变化，而是一种强化新的历史趋势的“预示”意义上的方向性变化。资本主义制度作为历史上存在的一个重要的社会形态，当然不会轻易退出历史舞台，特别是像美国这样的超级大国经过这样的危机不会一下子倒下去，这次金融危机尽管给美国的虚拟经济和实体经济都带来了很大的影响，但是并没有从根本上动摇美国的霸主地位。美国依然是军事实力最强大的国家，在很大程度上能够影响和左右其他国家的安全、地区和国际体系的稳定；美国依然在高技术、高利润制造业中保持优势，这使其在全球产业链条中长期处于上游主导地位。美元仍将是世界上最主要的储备货币、结算货币之一，美国在很大程度上仍能主导着全球的资本流动和信贷发放。美国的知识创新能力依旧出众，以美国模式为核心的自由资本主义发展模式依然具有一定的影响力。应当承认，资本主义矛盾的每一次激化都孕育着经济和社会的变革，都可能导致这样的结果，即通过变革，渐进消解矛盾，使资本主义跃入新的发展阶段。资本主义危机同时就是资本主义私有制进行变革的契机，除非已经走到了历史的尽头，变革已经无法进行，资本主义是不会在矛盾中归于灭亡的。此次金融危机不是资本主义发展史上的第一次危机，也不可能是最后一次危机。如果仅凭这次危机就断言资本主义即将灭亡，那只能是我们的一厢情愿。但金融危机很可能预示着一个资本主义新阶段的到来。至于这个新阶段会呈现出什么样的新特点，需要我们继续观察、研究。

二　金融危机使社会主义运动的发展喜忧参半，但国际共产主义运动仍处于低潮

国际金融危机的发生再次证明了马克思资本主义理论的有效性，无疑为马克思主义的社会主义左翼提供了生存和发展的良机。

第一，金融危机给马克思主义的复兴和左翼力量的大发展提供了契机。经济危机再度引发了全世界对马克思的兴趣，其著作越来越受欢迎。《资本论》在全球的销量一路飙升。西方一些政治领导精英觉得，某些马克思主义理论并不那么坏。法国总统尼古拉 · 萨科齐还让人给他拍摄了一张翻阅马克思著作《资本论》的照片。罗马教皇也赞扬马克思对资本主义有“绝佳的分析技巧”。[①] 马克思主义复兴的原因何在？在美国普林斯顿大学伍德罗 · 威尔逊学院历史及国际关系教授哈罗德 · 詹姆斯看来，“马克思主义的‘复苏’或许是目前这场危机的一个必然结果”，“表明人们普遍认为资本主义已经从根本上破产”。[②] 利奥 · 巴尼奇则认为，其原因在于马克思主义是一个强有力的认识工具，人们可以用它来理解当前金融危机导致的混乱局面，正如他所说：“他（指马克思——引者注）精准地预见到引发今天全球经济危机的一些致命因素：在由竞争的市场、商品生产和金融投机组成的世界里，他所称的‘矛盾’是固有的。”[③] 美国著名政治评论员克里斯托弗 · 希钦斯也认为，全球金融危机证实了马克思关

① 转引自秦宣《全球金融危机下的资本主义、社会主义与中国发展道路》，《理论前沿》2008 年第 22 期。

② ［美］哈罗德 · 詹姆斯：《马克思主义的复兴》，《土耳其周刊》2009 年 1 月 3 日。

③ ［加］利奥 · 巴尼奇：《十足现代的马克思》，美国《外交政策》双月刊 2009 年 5/6 月号。

于“美国的资本主义制度将陷入停顿并开始腐朽，由于疯狂投机，底特律汽车城有可能停止生产汽车……”等预言，“如今这一切都变成了活生生的现实”①。因此，虽然“柏林墙倒塌和苏联共产主义的崩溃已经快过去20年了”，“马克思和恩格斯当年抨击19世纪中叶的资本主义经济体系的某些批评言论在150年之后……仍然不绝于耳”② 就不是什么不可理解的事情了。西方多少读过一点马克思著作的人无不因为这场金融危机验证了马克思的许多预见和对资本主义的深刻洞察力而对马克思表示钦佩。《纽约客》经济专栏作家约翰·卡西迪说道：“只要资本主义存在，马克思的著作就值得阅读。”《马克思传》和《〈资本论〉解析》的作者英国作家F. 惠恩也表示相信，“马克思有可能成为21世纪最有影响力的思想家。”③

与此同时，一些国家的共产党和工人党则立足于劳动人民的利益，通过世界代表大会的形式多次重申了自己的立场和观点，并制定了得力而有效的斗争措施。美国共产党主席萨姆·韦伯认为，虽然在过去半个多世纪里，尽管包括美国共产党在内的美国左翼力量进行了艰苦卓绝的斗争并作出了不朽的贡献，但由于麦卡锡主义、冷战思维、拒绝革新等原因，左翼力量一直处于美国政治的“边缘地带”，不是美国政治的一个决策者，不能像20世纪30年代那样影响美国的政治进程，也无法像其他国家的许多左翼政党那样发挥作用，“它不是主角，它不能主导美国的政治方向”，但是，他相信，在这场金融危机面前，“过去不会重演。在新的政治图景中，左翼力量有机会从美国政治的边缘步入主流，从而有机会在决定国家前途命运的争论中获得话语权；有机会调动和影响千百万美国人的思想行为。”④

从2008年底至今，西方各国共产党的活动开始活跃起来，试图摆脱苏东剧变以来的低迷状态。表现最为抢眼的是希腊共产党和日本共产党。希腊爆发主权债务危机后，希腊政府为获取欧元区和IMF的救助，提出了以削减公务员工资、增税和未来三年削减财政预算300万欧元的财政紧缩方案，从而遭到民众的大规模抗议。希腊共产党不仅在议会中领导反对党试图否决这一法案，而且在大规模群众运动的动员中发挥了核心作用。其政策要点主要是维护最底层的弱势群体的利益，故在一定程度上赢得了民众的支持。此外，希腊共产党多年来致力于国际共产主义运动的复兴，自1998年以后先后八次主办了苏东剧变后世界范围内唯一的国际共产主义运动的组织——国际共产党和工人党代表大会。2009年11月，来自48个国家的57个共产党和工人党的代表参加了在印度新德里举行的第十一次国际共产党工人党会议。这次会议延续了2008年巴西圣保罗会议对国际经济危机的关注，将主题定为国际资本主义危机、工人和人民的斗争、替代方案以及共产主义运动和工人阶级运动的作用，通过了《新德里宣言》。这一宣言和《圣保罗宣言》集中表达了国际金融危机爆发后，国际工人政党和共产党对资本主义新变化的认识。2010年12月，第十二次共产党和工人党国际会议在南非茨瓦尼召开，会议一致通过了《茨瓦尼宣言》，对不断深化的资本主义制度性危机和共产党在今天的历史任务进行了深刻剖析，呼吁所有社会团体与共产党人站在一起，为实现社会主义而奋斗，并指出社会主义是人类未来的唯一选择。日本共产党在危机后表现最为突出。尤其是

---

① ［美］克里斯托弗·希钦斯：《卡尔·马克思的复仇》，美国《大西洋月刊》2009年4月号。

② ［英］托尼·巴伯：《红色警报》，英国《金融时报》2009年5月16日。

③ 转引自［美］克里斯托弗·希钦斯：《卡尔·马克思的复仇》，美国《大西洋月刊》2009年4月号。

④ ［美］萨姆·韦伯：《美共：在变化的世界中求进步》，陈硕颖译，《国外理论动态》2010年第1期。

2008 年 2 月，日本共产党委员长志位和夫在国会公开质疑自民党政府的就业政策的讲话，在民间得到了广泛的社会反响，网上点击率超过 15 万次。目前，日本共产党党员增长速度很快，在一年之内新党员人数增加了 10 万人，其中多数为青年党员。

作为世界社会主义运动独特现象的拉美左翼在国际金融危机背景下也发展势头不减，自 2000 年以来，拉美形成左翼执政浪潮。左派执政后，委内瑞拉提出“21 世纪社会主义”，玻利维亚提出“社群社会主义”，巴西提出“劳工社会主义”，智利、乌拉圭遵循社会民主主义。其中，委内瑞拉的“21 世纪社会主义”得到了厄瓜多尔、玻利维亚的附议和支持。“21 世纪社会主义”公开宣称反帝国主义、反资本主义、反美，是拉美激进的民众主义左翼的旗帜。在全球金融危机发生以来，拉美左派主导的“世界社会论坛”也走出了前几年的困难局面，于 2009 年举行了规模空前的贝伦大会。贝伦大会发布的《贝伦宣言》的意义在于，它不是要求一个一般地解决资本主义危机的修复性的调节机制，而是提出了一个根本的替代方案，即消除资本主义制度。它呼吁建立一个反对种族主义、反对宗法统治、尊重地球母亲的社会主义替代制度。

第二，社会主义运动仍然处于低潮。社会主义运动目前面临的一个很大问题是，现在在资本主义世界缺乏能够替代资本主义的社会力量。目前很多客观条件有利于社会主义运动的重新振兴，社会主义运动在前些年受到重大挫折后现在面临着发展的机遇。但是，在主观条件方面，无论在思想理论还是在组织上，现在都还是欠缺的，没有准备好。现在西方社会反资本主义的社会力量是存在的，但是并没有在马克思主义的指导下重新组合起来。如金融危机后，法国等地发生过大大小小多次工人抗议运动，但是由于社会主义政党并无意进行有组织有意识的引导，这些运动只能作为孤立的事件昙花一现。因此，在世界社会主义是否已经走出低谷的问题上，我们认为还需要冷静观察。这不仅因为西方国家的共产党和世界左翼政党在当下的世界政治格局中并未成为主流，甚至没有完全摆脱生存危机；而且更重要的原因在于，它们迄今为止都还没有提出“雄心勃勃要实现变革的观点”，“未能缔造出超越社会—民主党派的党派和社会运动”。① 尽管资本主义的基本矛盾依然在不断变化，但尚未看到在这些国家无产阶级革命条件的积累。在资本主义国家，民众虽然清醒地意识到资本主义社会基本矛盾不可调和性的危害，但并不一定就会支持社会主义运动，要让人民从事争取社会主义的斗争，必须阶段性地开展工作，提升民众的斗争觉悟。② 作为资本主义制度的反对党，西方国家共产党一方面需要明确自己的身份定位，保持阶级特性，另一方面需要适应时代的发展，在指导思想、意识形态和组织形式上努力创新。同时，还要不断扩大其社会基础，在国内吸引社会中的弱势群体，在国际层面与生态、民权等进步社会运动结盟，以赢得人民群众的广泛支持。

社会主义运动处于低潮的另一表现是，在金融危机背景下并没有出现人们希望的作为左翼主流的社会民主党的复兴，相反，在社会民主主义的大本营西欧却出现了新一轮的右翼执政浪潮。以 2010 年布朗领导的英国工党政府黯然下台为标志，社会民主党主政欧洲的局面已

---

① ［加］利奥 · 巴尼奇：《十足现代的马克思》，美国《外交政策》双月刊 2009 年 5/6 月号。

② ［日］不破哲三：《国际金融危机对当代资本主义和世界社会主义的影响》，《当代世界》2009 年第 5 期。

经彻底让位于“右派欧洲”。萨科齐、默克尔、卡梅伦等中右翼领袖主政西欧大国。除爱尔兰、葡萄牙和丹麦等少数欧洲国家之外，各国社会民主党已在新一轮选举中全面落败。尤其是2009年6月欧盟议会选举，被视为“欧盟历史上从未见过的一次右翼回潮”。[①] 社会民主党人必须系统地反思和总结其衰退的教训，对社会民主党进行结构改革，重新塑造其理论和组织基础，才能在新形势下赢得选民的信任，开辟未来的发展道路。

三　国际金融危机对现实社会主义国家既是机遇也是挑战

金融危机给社会主义国家带来的是机遇与挑战并存。一方面，金融危机使世界人民对资本主义的局限性有了更深刻的认识，使世界人民意识到社会主义才是世界发展的方向，而且，中国特色社会主义发展模式在应对国际金融危机中所表现出来的独特优势越来越引起世人的重视，其自身的影响力也在不断扩大。社会主义基本经济制度使政府能够迅速调集各种资源应对危机，快速及时地作出反应。国际金融危机爆发以来，中国共产党和中国政府迅速推出了应对危机的一揽子计划，包括大规模的政府投入、大范围的产业调整、大力度的科技支撑以及大幅度提高社会保障水平、推进制度创新等措施。这些措施不仅有利于中国经济从国际金融危机的阴影中走出来，而且为中国经济迈上一个新的台阶、实现跨越式发展提供强大的动力。虽然世界性金融危机的爆发同样对中国经济的发展带来了危害并产生了较大的消极影响，但是从世界范围来看，中国经济的发展依然是一枝独秀，不仅实现了预定的稳定发展目标，而且取得了显著成绩，经济依然保持较高增速，保增长、调结构、促改革、惠民生取得明显成效。这与西方国家经济的低增长甚至是负增长形成了鲜明的对比，进一步彰显了社会主义制度的优越性。[②]

在《历史的终结》一书中曾断言“美国模式优于任何发展模式”的美国人弗朗西斯·福山2009年在接受日本媒体专访时也不得不承认：“近30年来，中国经济令人惊异的快速发展体现了‘中国模式’的有效性，一般认为有望再保持30年的增长。客观事实证明，西方自由民主可能并非人类历史进化的终点。随着中国崛起，所谓‘历史终结论’有待进一步推敲和完善。人类思想宝库需为中国传统留有一席之地。”[③] 人们在质疑“美国模式”优越性的同时，对于取得举世瞩目伟大成就的“中国模式”则表现出越来越浓厚的兴趣。在《大趋势：改变我们生活的十个新方向》的作者约翰·奈斯比特这位被称为拥有“魔力水晶球”的预言家看来，“中国模式”将以令人难以置信的力量影响整个世界，[④] “中国模式”对发展中国家“无法抗拒”的诱惑力更是自不待言。对广大的发展中国家来说，中国特色社会主义发展模式的出现为它们提供了一条不同于西方发达国家和世界银行、国际货币基金组织所倡导的发展道路，值得它们进一步思考和借鉴。普林斯顿大学历史学和国际关系学教授詹姆斯更加直截了当地说：在许多发展中国家看来，中国模式同美国自由放任的资本主义相比，太具有吸引

① 周穗明：《世界社会主义发展的当前趋势》，《科学社会主义》2010年第4期。

② 俞思念：《金融危机背景下中国特色社会主义发展模式与自由主义发展模式之比较》，《学习论坛》2010年第4期。

③ ［美］弗朗西斯·福山：《日本要直面中国世纪》，《中央公论》2009年9月号。

④ 吴波、翁天兵：《奈斯比特：中国模式将会改变世界》，《广州日报》2009年9月7日。

力了。美国正面临巨大危险，那就是发展中国家将抛弃美国模式，转而向中国模式学习。有学者认为："中国经验，不仅为发展中国家树立了鲜活的榜样、提供了切实可行的现代化模式，更为它们发展与中国的合作提供了广阔的平台。中国的经验为缩小南北差距、打破'金元帝国'对世界格局的垄断树立了榜样。"①

但另一方面，由于社会主义国家也受到金融危机的消极影响，对社会主义国家来说，如何把应对危机与社会变革结合起来是一个挑战。社会主义国家经济的发展也遵循着经济发展的一般规律，也存在经济危机问题，这就需要利用自身优势寻找应对危机的出路。从总体上来看，中国特色社会主义发展模式还存在不少问题，盲目乐观是不合时宜的。中国特色社会主义发展模式的前景有两方面的隐忧：一方面，中国特色社会主义发展模式发展时间还不长，作为初级阶段的中国特色社会主义发展模式，同中国处在社会主义初级阶段一样，同样要经历一个相当长的历史过程。另一方面，影响中国未来发展的因素还相当多，特别是诸多社会问题还远未解决，经济发展方式没有实现根本性的转变。此外，中国政治体制改革依然任重道远，这就使得中国未来的发展还存在着相当多的变数，这也难免会让人们对"中国模式"的评价喜忧参半。②

四 金融危机使国际格局和两制格局发生了重大变化，两制国家和平共处竞争合作的局面仍将继续维持

全球金融危机使国际格局力量对比发生重大的历史性变化。多极化这一后冷战时代最重要的世界发展趋势变得更加明朗，"一超多强"格局日益呈现多极世界格局的特征。多极世界格局的特征首先表现在国际力量对比的突出变化上。从全球范围内看，发达国家与新兴经济体这两大国家群体之间的力量此消彼长，差距持续缩小。在经济上，发达国家经济总量缩水3.4%，西方七国占全球GDP总值的比重或降至50%以下，外汇储备不到世界的15%。与之形成强烈对照的是，新兴经济体保持了1.7%的正增长，其中号称"金砖四国"的中、俄、印、巴（BRICS）和"展望五国"（VISTV）这九个国家的国内生产总值总量在全球所占比重从2008年的15.7%升至18%以上；新兴经济体对全球经济增长的贡献率接近90%，仅"金砖四国"对世界经济增长的贡献率就超过56%。③ 在政治上，西方国家的主导权受到冲击，它们在应对国际金融危机、减排温室气体、解决朝核伊核等全球和地区问题上的话语垄断权和影响力相对下降，对新兴大国的倚重明显加大。相比之下，新兴经济体加强合作，整体崛起态势更加突出，扩大了在国际事务中的决策权和话语权。在发展模式上，中国等新兴大国注重政府宏观调控和稳健高效的模式受到越来越多的关注，西方尤其是美英的自由市场经济模式广受质疑，加上其内部贸易保护主义和反全球化力量上升，发达国家长期自我塑造的自

① 转引自《海外学者论"中国模式"》，《人民论坛》2008年第24期。

② 俞思念：《金融危机背景下中国特色社会主义发展模式与自由资本主义发展模式之比较》，《学习论坛》2010年第4期。

③ 高祖贵：《后危机时代国际战略形势及其发展趋势》，《和平与发展》2010年第2期。

由贸易和全球化进程倡导者推动者的正面形象及其道义优势遭到削弱。[①] 尤其是海外“道德”形象急速下滑，合法性严重不足。

伊拉克战争的爆发，表明美国不能在政治上控制世界。这次经济危机的爆发，表明美国也不能在经济上控制世界。没有中国、印度、巴西等国的参与配合，西方发达资本主义国家已无法整合当今世界事务。2009 年 4 月召开的 G20 峰会对建立国际经济新秩序和加强金融监管等一系列问题进行了讨论，这种讨论虽然没有对新规则的建立作出具体的安排，但发达国家与发展中国家在金融秩序重新构建中的博弈已经开始。[②] 新兴国家随着经济实力的不断增强，对国际话语权的诉求也将越来越强烈，以往以发达国家为核心的全球经济治理模式已经越来越不合时宜了。2009 年 9 月的二十国集团（G20）匹兹堡峰会上，领导人声明“授予 G20 为我们进行国际经济合作的主要论坛”，“G20”已经成为目前国际社会共同应对危机的主角和主要机制。西方虽然在现有国际结构中仍具有中心地位，但国际权力正在不可避免地发生着转移。

从社会主义与资本主义两制格局看，社会主义中国国际地位上升，而西方资本主义世界则出现了相对衰落。资本主义国家尤其是美国在力量结构、国际权威和全球影响上都遭到明显削弱。在力量结构上，各资本主义国家经济遭受重创，失业率居高不下。资本主义经济进入了新一轮的增长乏力期，在发展态势、增长潜力和国际贡献等指标上都表现逊色：美国经济总量占世界经济总量的比重下降了一半左右，据美国财政部公布的数据，未来十年，联邦政府财政赤字将高达约 9.05 万亿美元。而当前国债规模已达 12 万亿美元。欧洲国家在经济上已跌出世界前三强，陷入金融危机，实力下降，整体实力和国际竞争力有所后移，欧洲人在大型国际机构中占据的优势席位将被转给新兴大国。日本难以摆脱经济衰退，其发展战略有目标无对策，也难以摆脱国内乱局。国际金融危机的爆发使得资本主义在金融领域一统天下的局面发生改变。在军事领域虽然资本主义仍然保持着显著优势，但它们通过武力手段来实现其意志的能力严重下降，美国入侵伊拉克和反恐战争的久拖不决即是有力佐证。在国际权威上，美国的单边行为和霸权逻辑遭遇到强烈反抗；在对外事务中的两面派做法和奉行双重标准凸显其极端虚伪的恶劣本质，导致其软实力出现下滑；一意孤行和不切实际地推广民主造成了众多后发国家的治理困境和人道主义灾难，其国际形象和道德权威受损严重。在全球影响上，虽然西方资本主义国家在国际秩序和规则上具有垄断性地位，但无论处理传统的大国关系和国际安全，还是功能性的非传统议题，其国际动员能力都受到很大限制。[③]

而社会主义中国以其发展模式、综合实力和东方文化背景，展示了全方位的崛起，国际地位快速跃升，“G2”进入国际话语系统。中国应对金融经济危机彰显中国发展的累积效应，在世界经济衰退大背景下成为区域乃至全球经济增长的主要驱动力，率先实现经济复苏，对世界经济增长的贡献率很可能达到 50%，3 万多亿美元外汇储备继续独占鳌头。在经济实力增长的同时，中国模式彰显吸引力，国际话语权增大，在国际事务中的建设性作用日益突出。中国在金融危机应对上提出合作共赢、共克时艰的理念，在国际金融体系改革上提出增加发

① 高祖贵：《后危机时代国际战略形势及其发展趋势》，《和平与发展》2010 年第 2 期。

② 尹智博：《国际金融危机对世界社会主义的影响》，《红旗文稿》2009 年 10 月 12 日。

③ 金灿荣、刘世强：《告别西方中心主义——对当前国际格局及其走向的反思》，《国际观察》2010 年第 2 期。

展中国家投票权的主张，在全球气候变化问题上坚持的“共同但有区别的责任”原则，等等，都赢得比较普遍的认同、支持和赞誉，政治上的影响力、形象上的亲和力、道义上的感召力都明显提升。[①] 可见，国际金融危机进一步提升了中国的战略地位，崛起态势进一步明朗化。基于中国的洲级大国规模、巨大能量和文化特性，中国的崛起不仅将影响世界的经济发展和战略格局走向，更塑造着人类对社会发展模式和现代性的理解。[②] 然而，另一方面，中国在开放状态下的崛起，必然导致巨大的外部压力。随着世界的目光进一步聚焦中国，一些西方国家对华仍抱有冷战思维，对中国快速崛起很不适应，对中国的担忧也相应加重，包括：担心中国模式被越来越多的国家尤其是发展中国家认可和借鉴，中国搞模式输出；担心中国外贸出口恢复，对外直接投资扩大，境外资源能源采购增加，乃至整个经济扩张加快；担心中国军事现代化步伐加快而又“缺少透明度”。与此同时，对中国的期待也明显上升，认为中国应该在几乎所有重大的国际和地区问题上都承担更多更大的责任，却不愿意相应地赋予中国更多的权利，世界主要国家纷纷把应对中国崛起带来的挑战置于越来越重要的位置，加紧谋划和调整相关战略与政策，借助倚重和戒备防范两种力度都在加大。中国面对地位被过度拔高、影响被过度渲染、作用被过度夸大、责任被过度加重的形势，如应对不当将可能给中国带来比较大的风险。[③]

综上所述，此次经济危机虽然重创了资本主义，但资本主义国家的绝对实力、综合国力依然强大，其创新力和竞争力依然保持领先地位，并利用全球化的历史机遇，握有国际体系权力、国际议程及议题创制权和行动力。而以中国为代表的社会主义国家在与资本主义竞争中仍处于弱势和守势，虽然中国未来十年实力上升的幅度会大大超过美国，会逐步缩小与美国的差距，双方之间的对称性和平等性日趋明显，但在经济质量、科技、教育、军力、文化、社会发展及国际领导力诸方面仍会存在较大差距。在金融危机的背景下，社会主义与资本主义的相互依存关系进一步深化，中美双方将通过双边和多边机制，协调好彼此的核心国家利益，在各种全球治理问题上全面合作。但是，由于社会主义与资本主义国家利益和价值观的不同，两制国家时而会突出合作面、时而会增加竞争点，而竞争是和平的、有克制的，合作是务实的、追求双赢的，竞争合作的深度和广度不断拓展，双方互动彼此牵制日益突出。这些都体现了其合作的复杂性和竞争的激烈程度。

（原载《山东社会科学》2012年第2期）

① 高祖贵：《后危机时代国际战略形势及其发展趋势》，《和平与发展》2010年第2期。

② 参见［英］马丁·雅克《当中国统治世界：中国的崛起和西方世界的衰落》，张莉、刘曲译，中信出版社2010年版，导言。

③ 高祖贵：《后危机时代国际战略形势及其发展趋势》，《和平与发展》2010年第2期。

西方马克思主义的批判路径及其启示

袁银传 杨乐强

资本主义为什么总能安渡各种危机并维持和固化其统治，这种统治的内在机制是什么，它有没有自身难以摆脱的根本困境，对诸如此类问题的批判反思构成了整个20世纪西方马克思主义的主体内容。西方马克思主义正是通过对资本主义的独特批判和反思而成为具有重要影响的社会历史理论，并由此而被学界判定为20世纪马克思主义发展的一个支脉。虽然西方马克思主义理论家能够及时跟进和反思资本主义新变化，并且在一定程度上提出自己的新见解，但他们的理论在整体上留下了科学化、时代化和大众化缺乏的遗憾。本文拟从横断面、纵向面以及批判类型演进三个方面考察西方马克思主义的批判路径及其特点，并从中得出我们在当今时代坚持和发展马克思主义的启示意义。

一 横断面的剖析：西方马克思主义批判路径的层次跃升

整个20世纪，资本主义逐步走向垄断的资本主义，它既是充满各种矛盾、危机和困境的资本主义，也是不断修复、发展的资本主义。它在危机中没有被革命力量瓦解，也没有在富有效率的发展中从根本上促进人的自由和社会公平正义的实现。正是整个20世纪资本主义演进过程中的各种矛盾和问题及其对人类造成的灾难，促发了一批批具有人类关怀价值取向的思想家们著书立说，批判资本主义，试图通过对马克思主义的重新解释和对现实的分析批判达到对资本主义的干预或超越，由此形成了具有重要影响力的西方马克思主义思潮。具体而言，促发西方马克思主义产生并使其一开始就对资本主义作整体剖析的社会历史背景和现实因素，主要有以下几个方面。

第一，在1918—1923年期间，中欧和东欧的无产阶级革命经历了从持续爆发到先后失败的过程，这是一个受到俄国十月社会主义革命胜利的感召而在结局上反差巨大的历史事件，它一方面彰显了当时资本主义危机和无产阶级革命的时代主题，但另一方面，尽管资本主义面临着普遍的经济和政治危机，中东欧无产阶级的整体革命却未必能够变成瓦解资本主义的摧枯拉朽的力量。问题在于，这些国家的工人被动员起来，并且也的确是在各国共产党组织下进行的武装暴动，为什么没有能够取得像俄国十月社会主义革命一样的胜利呢？为什么资本主义出现了危机，受到了革命的冲击，却依然能保持其上层建筑的稳定呢？对诸如此类问题的反思促发了以卢卡奇、葛兰西等为代表的最早的西方马克思主义理论的产生，他们在厘清无产阶级革命指导思想的基础上，把理论剖析的视角转向资本主义的统治机制，从对经济根源的透视上升到思想观念层面的分析，强调突破资产阶级意识形态和文化统治的极端重要性。

第二，1933年，希特勒在德国上台，开始了长达10多年的法西斯主义统治，这种统治一方面是对犹太人的排挤、迫害和屠杀，另一方面，它又是威胁所有社会成员的无处不在的极权主义典型。除了德国的法西斯主义之外，所谓自由、民主的美国也被一些思想家认为是极权主义的一个代表。而不管哪种极权主义，它们都具有一些共同的特征：一是意识形态上的恐怖性；二是个体生存的无价值性；三是文化的普遍规制性和残酷性。在20世纪30—40年代极权主义盛行的德国乃至后来的美国，文化的意识形态性质就表现为它已经成为了极权主义支配社会生活的帮凶，文化全面背离了人的向度，成为了像极权主义一样的扼杀个性、剥夺自由的工具。如何全面审视和评判这种文化，已成为那个时代需要解决的重大问题。

第三，西方资本主义社会经过二战后的重建和20世纪50年代的迅速恢复，尤其是在进入60年代以后，日渐发展为发达的工业社会，发展为富裕的社会。消费开始显现为支配经济生活、日常社会生活乃至精神生活的主导力量，消费不单决定着品位，也决定着人们的职业差别和地位等级。消费越来越成为左右生产、决定价值取向、瓦解社会对立的控制性力量。问题是，消费在结构上与功能上是什么关系？消费是否已经超出了它应有的功能和权限？诸如此类的问题日益凸显出来。

第四，战后资本主义的迅速发展，得力于科学技术的全方位应用。科学技术的高效率，不仅体现为劳动生产率的普遍提高、经济水平的整体上升，而且体现在体力劳动和脑力劳动的差别的消弭、传统产业的自动化和第三产业的比例不断扩张、人们的生产时间缩短而休闲时间增加等方面。科学技术给人类带来舒适、便捷和普遍的幸福感，人的生活方式的变化似乎更加趋向于对人的价值的肯定，但问题在于：发达资本主义社会科学技术的作用在现象层面与在本质层面是同一的吗？科学技术在经济领域与它在政治领域是同等中立的吗？科学技术在日常生活的维度上与它在思想观念的维度上是没有分别的吗？如何看待由人支配的科学技术发展引发的社会问题和“异化”问题，是20世纪中期日渐凸显的并必须加以分析批判的又一重大问题。

上述几个方面的历史事件和社会变化，构成了西方马克思主义产生和演进的现实背景，也是西方马克思主义理论家展开对资本主义批判的主要历史根据和现实根据。

从横断面看，西方马克思主义理论家对资本主义社会的分析批判，大体经历了三个层面的跃迁，这就是从物化分析到对资本主义文化的批判、从消费异化的抽象议论到对消费政治的揭示、从科学技术之经济功能的勘定到对科技政治化的批判等多向度的层次跃升过程，这凸显出西方马克思主义理论家共同具有的从经济层面的批判转向上层建筑（文化意识形态和政治）批判的跃升路径。

（一）从经济层面的物化分析跃迁到对资本主义文化的批判

卢卡奇在分析1918—1922年中东欧无产阶级革命失败的原因时，把物化和物化意识看作是遮蔽无产阶级的自我意识的重要元凶，指出资产阶级正是通过物化和物化意识有效地扼制了社会政治危机，阻止了一切社会革命的潜在可能性。

所谓物化，卢卡奇用它表示在商品的结构和运行法则对人的情感、思维方式、价值取向和行为伦理等方面的侵蚀过程中，人成为商品支配的对象，成为商品的客体，最终堕入一种物化的境地。物化现象表明，商品对日常生活的统治实质上是通过对人的统治进行的，这是因为，物化不仅仅是商品侵蚀本身，它事实上已经从经济层面进入观念层面，进到意识形态或政治的层面，并在实质上作为意识形态或政治因素支配和控制着人的思维方式及其行为。在卢卡奇看来，由物化孕生出来的物化意识，是一种典型的具有互解功能的操控意识，它替换或驱散人的多样化的观念世界，瓦解人们的思想反思能力和主体认知能力，使人们自觉自愿地服从于社会合理化原则，屈从于算计理性，屈从于不合理的现实，奉行一种操作主义的行为伦理和顺世主义的价值取向。因而，最终在涉及历史变迁的重要关头，在危机中昭示革命和新生的可能性的关键时刻，人们却依然处在一种未被唤醒的被动状态。物化和物化意识既从经济层面吞没了人的主体性，湮灭了人的变革潜能，又从意识形态或政治上侵蚀了人的精神空间，使人成为资本主义社会的维护性因素。

如果说卢卡奇对物化和物化意识的分析初步展陈出从经济层面的物化向观念层面跃升的基本轨迹，那么法兰克福学派则通过对文化的批判彰显出西方马克思主义批判路径从经济层面到文化层面跃升的完整轨迹。在法兰克福学派看来，资本主义的文化在现象层面显现为文化产品的技术化、产业化和商品化运作，显现为文化工业化的经济现实，即文化工业的“每一个产品都是巨大的经济机器的模型，这些经济机器无论是在工作的时候，还是在闲置的时候，都会像作品那样，为大众提供有力的支持”，[①] 在运用技术促成文化生产的产业化过程中，文化工业“凭借自己的力量，把先前笨拙的艺术转换成为消费领域以内的东西，并使其成为一项原则，文化工业抛弃了艺术原来那种粗鲁而又天真的特征，把艺术提升为一种商品类型”，[②] 最终呈现出文化工业的产品到处被使用，甚至在娱乐消遣的状态下也被灵活地消费这一商品化的经济现实。然而，资本主义文化又在实质上被法兰克福学派看作是一种意识形态现象。因此，对文化的意识形态性质及意识形态功能的批判，构成了法兰克福学派思想家们的共同旨趣。法兰克福学派认为，从总体上看，资本主义文化作为无处不在的意识形态，一方面会带来资本主义文化生活的情感的表面愉悦、心灵空间的象征性充实、人际交往的形式意义、思维方式的单一化、价值取向的非个性化等成就；另一方面，它为意识形态所操持，直接彰显其多样化的意识形态功能。具体表现在：第一，它把虚假的需要与真实的需要、幻想的生活与真实的生活相混淆，显现出它所具有的意识形态的欺骗功能；第二，文化通过对个性的压抑和对思想的控制，张扬它所涵摄的意识形态的操作功能；第三，文化通过对实然秩序的颂扬和对既定利益格局的维护，展陈它所具有的意识形态的辩护功能。法兰克福学派断定，资本主义文化的意识形态运作，瓦解了个人理智对真假判断的辨别能力，斩断了人的理智行为同他的人类本质的内在关联性，扼制了人的多向度的创造性潜能，最终成功地迫使人们沉溺于个人的观念世界中，人们在强大的文化意识形态机器面前不得不“把自己封闭在

① 马克斯·霍克海默、西奥多·阿道尔诺：《启蒙辩证法——哲学断片》，渠敬东、曹卫东译，上海人民出版社2006年版，第114页。

② 同上书，第121页。

自身之中”,[①] 从而也就不会再萌生任何有害的念头。这种结局无疑是资本主义文化所具有的意识形态的稳定机制的现实成就,然而它却对人的主体化生存是有害的。

(二)从消费异化的抽象议论跃迁到对消费政治的分析

消费,在本来的意义上是人对有用物的使用过程,它与生产、分配、交换相交织,作为经济现象的一个环节与人的生活不可分离。然而,在当代资本主义社会,消费又是一个与人的生活相对立的异化现象。弗洛姆指出:“消费主要是一种人为激发的幻想的满足,一种与我们具体的、实在的自我相离异的幻想行为。”[②] 如同资本主义社会无处不存在异化一样,资本主义消费自始至终和方方面面都是异化的。异化的消费,主要体现为人们对物的不可扼制的占有,却对越来越多的占有物的性质、来源及用途一无所知;一方面,“我们产生了愈来愈多的需要,需要更多的东西,更大的消费”,并且人需要更多的消费也是合理合法的,但是,另一方面,“我们对消费的渴求,已经跟人类真实需要完全失去了联系”,“人感到他的消费欲望永远也得不到满足”;[③] 一方面,人的消费行为趋于变成强制性的目的,消费态度、消费取向趋于服从消费的引导和支配,并且在事实上似乎也显现出没有什么不被消费、没有什么不能被消费的状况,但是,另一方面,尽管“我消费了这个或那个,而我自己则没有什么变化,留下的只不过是一些对所作事情的记忆而已”。[④]

消费的异化,本质上是生产异化的延伸及深化,是资本主义社会总体异化的一个方面、一个环节,它表明经济层面除生产领域的对抗外,消费领域也是对抗的。从而,“人不仅同他所做的工作、所消耗的东西和欢乐相疏离,而且同那些决定着我们社会,以及生活在其中的每个人的生活的社会力量相离异。”[⑤]

如果说对消费异化的揭示是西方马克思主义者的一种人本主义立场,那么对消费的社会政治控制功能的分析则表明,西方马克思主义者对消费问题的剖析已发生了视角的转换。这一路径的典型变化集中体现在鲍德里亚对消费的政治分析及其批判理路中。

鲍德里亚把20世纪60年代以来的西方社会看作是消费主导的社会。这一社会以其普遍性区别于先前的以生产为中心的社会。在鲍德里亚看来,如同宗教曾经是普遍性的、人文主义的自由与平等的观念也是普遍性的一样,“今天,普遍性成了人类需要,这种普遍性渗透到了所有文化的和物质的商品之中。它成为了消费的普遍性”,[⑥] 虽然鲍德里亚强调当今社会是消费主导的社会,消费是普遍性的,但是他强调的消费不是作为经济流通环节的消费,其衍生意义大于它的字面意义,它表达的是一种意识形态的衍生含义,一种社会政治的含义。

首先,消费的主体不是具有自我选择能力的理性的普通个体,“消费的主体,是符号的秩序。”[⑦] 在鲍德里亚看来,“消费不仅要在结构的意义上被界定为交换体系和符号体系,同时

---

① 马克斯·霍克海默:《批判理论》,李小兵等译,重庆出版社1989年版,第265页。

② E. 弗洛姆:《健全的社会》,孙恺祥译,贵州人民出版社1994年版,第105页。

③ 同上书,第106页。

④ 同上书,第108页。

⑤ 同上。

⑥ 让·鲍德里亚:《符号政治经济学批判》,夏莹译,南京大学出版社2009年版,第37页。

⑦ 让·鲍德里亚:《消费社会》,刘成富、金志钢译,南京大学出版社2008年版,第198页。

还要在策略的意义上被界定为一种权力机制。现在，消费问题并不能在需要的概念中得到说明，同样，需要在性质上的转变，或者需要在数量上的增长也都不能阐明消费问题”，[①] 因此尽管消费表面上曾经是一种普适的价值体系，但实际上，消费“不过是一种制度、一种道德而已。在这一意义上，它在过去和未来都曾经是或者将会是任何社会中权力策略的一个要素”。[②]

其次，消费是对享受的否认。鲍德里亚认为，消费是一个系统，它维持着符号秩序和组织完整，因而作为一种道德（一种理想价值体系）、一种沟通体系和一种交换结构，消费既与需求满足无关，也与享受无关，在实质上，“消费被规定为排斥享受的，作为社会逻辑，消费建立在否认享受的基础上”，[③] 一方面，在消费社会，“我们处在‘消费’控制着整个生活的境地。所有的活动都以相同的组合方式束缚，满足的脉络被提前一小时一小时地勾画了出来”，[④] 但是，另一方面，作为消费之上乘之境的享受的自为性、自主性和终极性的性质却被消费系统过滤和删除。这是因为，在消费社会，人们的消费已经不再是孤立的个人行为，也不再是纯粹私人空间的活动，人们“进入了一个全面的编码价值生产交换系统中，在那里，所有的消费者都不由自主地互相牵连”，“在此意义上，消费和语言一样，或和原始社会的亲缘体系一样，是一种含义秩序”。[⑤] 因此，消费在本质上是趋向于作为消费者的人与人之间的关联机制或某种含义秩序的建构，而不是孤立的个人享受。

第三，消费是实现社会一体化的政治控制和整合机制。鲍德里亚认为，揭露消费的真相在于它并非是一种享受功能，而是“一种生产功能——并且因此，它和物质生产一样并非一种个体功能，而是即时且全面的集体功能”。[⑥] 所谓“即时且全面的集体功能”，即是说，消费是作为社会控制和整合机制发挥其功效的，它服从于当代资本主义解决自身基本矛盾的政治需要，具有政治性。在鲍德里亚看来，消费主导的当代资本主义的基本问题不再是“获得最大的利润”与“生产的理性化”之间的矛盾（在企业的主层次上），而是“在潜在的无限生产力（在技术结构的层次上）与销售产品的必要性之间的矛盾”。[⑦] 资本主义出于解决自身矛盾的需要而进行的多样化的控制，使得消费承担某种政治的责任，作为社会整合机制显现它对社会体系化的符码规控。

综上所述，鲍德里亚强调消费的政治意蕴，实质是要说明政治经济化和经济政治化的交融所产生的张力性的景观，这种景观展陈丰盛的同时也遮蔽普遍的匮乏；在彰显社会进步的同时，却藏匿着它不可摆脱的退步；张扬自由、民主、平等，却使不自由、不民主、不平等结构化。

（三）从科学技术经济效能的分析跃迁到对科技政治的评判

在西方马克思主义理论家中，赫伯特·马尔库塞和尤尔根·哈贝马斯是关注并具体诠释

---

① 让·鲍德里亚：《符号政治经济学批判》，第 70 页。
② 同上书，第 41 页。
③ 让·鲍德里亚：《消费社会》，第 60 页。
④ 同上书，第 5 页。
⑤ 同上书，第 60 页。
⑥ 同上。
⑦ 同上书，第 52 页。

科学技术政治化的主要代表人物，他们也是把社会批判理论从社会日常生活层面、一般文化层面和人文层面转向政治层面，分析政治统治及意识形态统治新变化，揭示及批判发达资本主义社会统治机制的更新造成新的压抑及不自由的重要思想家。

在马尔库塞和哈贝马斯看来，20世纪的科学技术既有经济的功效，也有政治的功效。一方面，科学技术本身的发展和应用显示出，它从生产过程的操作领域以及它对整个经济层面逐渐转变成改变人们意识状态和思想观念的无形力量，推动人们对既定的生活方式的认同，对已有社会的认同，对已有的幸福和自由的处境的认同。这是科学技术由生产领域向观念领域、由经济层面向意识层面侵蚀扩张的过程，这种从经济的基础层面到人们的乃至整个社会的观念层面的上升运动，以从“下”到“上”的方式达到的心理认同，为资本主义发达工业社会利用科学技术进行社会统治，以科学技术的合理性显示和推动其统治的合理性奠定了现实的基础。另一方面，当一种社会的政治及其意识形态具有追求自身的合理性统治的需要的时候，科学技术有可能变成新的统治形式，变成一种政治意识形态现象。马尔库塞指出，在发达工业社会中，“技术‘中立性’的传统概念不再能够得以维持。技术本身不能独立于对它的使用；这种技术社会是一个统治系统，这个系统在技术的概念和结构中已经起着作用。”[①]这就是说，科学技术的中立性离不开对科学技术的非中立性的运用。一个社会的政治统治的需要和意识形态的社会支配性的需要，决定着科学技术运作的主体偏向性，当科学技术在20世纪越来越表现出它的阶级偏向性和制度偏向性的时候，当科学技术表达出发达工业社会政治统治的偏向和意识形态的偏好，并直接作为新的意识形态和政治统治方式发挥其对全社会的控制和支配的时候，科学技术就变成了一种既不中立，也不纯净的社会力量，变成了高耸于生活世界之上的政治现象，变成了发达工业社会或资本主义国家组织、管理社会活动过程的控制力量，科学技术由对生产的运用和经济的主导，变成了社会的新的统治形式，变成由上到下整合社会的意识形态，不仅“技术的合理性已经变成政治的合理性”，[②] 而且“技术本身就是（对自然和人的）统治，就是方法的、科学的、筹划好了的和正在筹划着的统治”。[③]科学技术的统治作为政治统治，具有发达资本主义社会所需要的而传统政治统治不曾具有的巨大效能，这是因为，科学技术不仅有利于“使一切真正的对立一体化，使一切不同的抉择同化”，[④] 而且，科学技术“比之旧式的意识形态更加难以抗拒，范围更为广泛，因为它在掩盖实践问题的同时，不仅为既定阶级的局部统治利益作辩解，并且站在另一个阶级一边，压制局部的解放的需求，而且损害人类要求解放的利益本身”。[⑤]

二 纵向面的解构：西方马克思主义批判路径的历时跨越

一般认为，17—18世纪的思想启蒙运动，为资本主义政治和文化的发展作出了重要的精

---

① 赫伯特·马尔库塞：《单向度的人》，刘继译，上海译文出版社2006年版，第7页。

② 赫伯特·马尔库塞：《单向度的人》，第8页。

③ 尤尔根·哈贝马斯：《作为“意识形态”的技术与科学》，李黎、郭官义译，学林出版社1999年版，第40页。

④ 赫伯特·马尔库塞：《单向度的人》，第18页。

⑤ 尤尔根·哈贝马斯：《作为“意识形态”的技术与科学》，第69页。

神奠基，一大批启蒙思想家和知识分子日渐被推崇为规划资本主义未来道路的领袖，他们“倡导宽容，反对偏见；倡导革新，反对陈腐；认为少数派的权利高于多数派的热情，个人的道德自治高于宗教权威关于上帝启示的主张”。[①] 启蒙运动最鲜明的政治理论是提出了束缚独裁力量、扩大社会中个人经验的可能性，其激进性在于它对于特权和偏见的普遍攻击。“启蒙运动素来是一场针对一切独裁权力、传统力量、根深蒂固的偏见和掩饰社会苦难的行为的抵抗运动”。[②] 其普遍主义的价值观在于倡导并奉行互惠性、公开对话以及保护个人免遭独裁权力的伤害，在促成制度的责任感、法律规定的互惠和进行社会改革试验的承诺等原则的形成中贯彻启蒙运动的政治精神和理性精神，防止帝国主义、种族主义对启蒙运动普遍主义价值观的践踏，防止自由被操控、民主受威胁，从而“启蒙运动的普遍主义保护而非威胁主体性的发挥。它力图令制度负责任，这是民主的基本原则，并藉此为拓展个人自由创造前提条件”。[③] 在这个意义上可以说，启蒙和启蒙运动一开始就是作为政治现象出现的，是一种与政治紧密关联的政治运动，在资本主义历史上是奠基性的，它的立场和原则在于保障资本主义制度建构在理性、自由和民主的根基上，并且不断地促进这一社会走向健全，在逐步地实现启蒙运动理念的过程中，使启蒙运动构筑的普遍主义蓝图得到实现。

然而，资本主义在从启蒙时代到当代的历史发展过程表明，尽管它经历了不同的阶段，呈现出不同的具体形态，但并没有实际地贯彻启蒙运动的原则。当代发达资本主义社会的极权主义性质不仅使资本主义越来越远离启蒙运动的普遍主义价值观、政治精神和理性精神，而且使启蒙运动变成一个反启蒙的过程。对这一现象的关注和深度剖析，是西方马克思主义理论家批判资本主义的纵向路径，它表明西方马克思主义理论家对资本主义自启蒙运动以来的历史的分析批判是以资本主义具有反启蒙、反历史、反自身的性质的结论为前提的。这种对资本主义的历时考察，大体经历了从对启蒙的批判进展到对发达工业社会极权主义的批判、从对启蒙运动目标的质疑进展到对现代性之当代困境的批判、从对资本主义一体化的批判进展到对资本主义自反性的透视这三重结构，它反映了西方马克思主义理论家批判路径从历史到现实、从目标到实践、从统一到背反的历史视野，显现为批判的历时跨越。

（一）从质疑启蒙转向对发达工业社会极权主义性质的批判，这是一种从历史到现实的批判路径

霍克海默和阿道尔诺是西方马克思主义理论家中率先作这种批判的思想家，他们从对启蒙的历史考察进而延伸转到对极权制度的批判，由此所形成的这一基本路径，成为西方马克思主义理论家对资本主义作历史和现实批判的一个典型范例。在他们看来，启蒙是人类驾驭生活、走向进步的重要动力，也是人类主体性获得增长的向导和精神保障，“启蒙的根本目标就是要使人们摆脱恐惧，树立自主……启蒙的纲领是要唤醒世界，祛除神话，并用知识代替幻想。”[④] 启蒙伴随于人类的成长，并通过不同的形式协调人与周边世界的关系，引导着人在

① 斯蒂芬·埃里克·布隆纳：《重申启蒙——论一种积极参与的政治》，殷杲译，江苏人民出版社2006年版，第4页。

② 同上书，第7页。

③ 同上书，第10页。

④ 马克斯·霍克海默、西奥多·阿道尔诺：《启蒙辩证法——哲学断片》，第1页。

这种关系中走向自主，走向对各种偶然性和不确定性的驾驭。在这一过程中，人的理性得到了培育、发展和壮大，启蒙最终建构了理性。尤其在近代，启蒙理性成就已经通过各种科学门类的建立和科学对自然的解释及技术征服得到具体化。但是，这并不意味着启蒙一定推动进步，启蒙未必带来福音，启蒙的背反性在资本主义的历史和现实的实践中已经昭然若揭。在霍克海默和阿道尔诺看来，资本主义的启蒙已经从它的历史背反性走向现实的背反性，主要表现在：

第一，启蒙消解了不平等的同时又使不平等永恒化，即“启蒙消除了旧的不平等与不公正——即绝对的君主统治，但同时又在普遍的中介中，在所有存在与其他存在的关联中，使这种不平等长驻永存”。[①] 第二，启蒙以一种虚幻的文化方式肯定个性和个体的潜能的同时，又在实质上普遍地否定个性，收摄、操控个体于集体统一性之中。正如他们所指出的：“甚至在自由主义时代中，启蒙也始终与社会动力保持一致。受到操控的集体统一性就在于对每个个体的否定，因为个性正是对那种把所有个体统归于单一集体的社会的嘲讽。”[②] 第三，启蒙所倡导的自由已经变成了人们实际的不自由，“他们看似自由自在，实际上却是经济和社会机制的产品”；[③] 启蒙所追求的合理性，变成了每个人都必然遭受奴役这一不合理性，以致“人们只有逆来顺受，才能有所倚靠”。[④]

由上可见，霍克海默和阿道尔诺在对启蒙作出从历史到现实的批判考察中，已经捕捉到启蒙的真实命意，这就是在资本主义发展中，启蒙已经实际地变成了一种背反性的力量，它促成了资本主义对人的控制和广泛的支配，使人的自由蒸发为遥不可及的幻想，使不平等在平等的幻象下变成普遍的现实。

如果说，霍克海默和阿道尔诺开启了启蒙问题上从历史到现实的批判路径，那么，马尔库塞则把这种批判进一步推向对战后发达资本主义社会的统治机制及其各个方面所具有的极权主义性质的全面揭露。在马尔库塞看来，极权主义是战后资本主义统治的新型方式，它较之法西斯极权主义更具隐蔽性，也更具恐怖性。他说，“当代工业社会，由于其组织技术基础的方式，势必成为极权主义。因为‘极权主义’不仅是社会的一种恐怖的政治协作，而且也是一种非恐怖的经济技术协作”，[⑤] 战后发达资本主义不仅趋向极权主义，而且事实上也是作为极权主义进行统治和控制的。

在马尔库塞看来，极权主义已成为无处不在的统治机能，支配和控制着全部社会生活，在生产领域、语言领域、思维领域、在人的价值选择和日常具体实践的方方面面，都隐藏着极权主义的操纵。仅就生产领域的技术装备而言，它之所以变成极权主义，就在于“它不仅决定着社会需要的职业、技能和态度，而且还决定着个人的需要和愿望。因此，它消除了私人与公众之间、个人需要与社会需要之间的对立。对现存制度来说，技术成了社会控制和社

---

① 马克斯·霍克海默、西奥多·阿道尔诺：《启蒙辩证法——哲学断片》，第9页。

② 同上。

③ 同上书，第140页。

④ 同上书，第139页。

⑤ 赫伯特·马尔库塞：《单向度的人》，第4—5页。

会团结的新的、更有效的、更令人愉快的形式”。[①] 不仅如此，技术的极权主义还阻止了人的自立自决的能力，抑制了人发展自己的主体向度的可能性，使人的不自由处处变得合理化和现实化。

在人际交往的理解层面，人们对事物的看法和判断，作为极权主义操纵和控制人的理解力的结果，既与对象的实际状态和性质无关，也与人的主观思维无关。事实上，极权主义管辖下的理解，是一种模型化的活动或仪式化的活动，模型化和仪式化不仅使“交流阻止了意义的真正发展”，[②] 而且使交流活动丧失其实际意义。这一点表现在语言上，亦是如此。马尔库塞指出，发达工业社会的语言，是被管理的模式化的语言，是仪式化的极权主义语言，是包含着政治含义的功能化的语言，这种“魔术似的仪式化语言的新颖之处就在于，人们一方面并不相信或关心人家告诉他的东西，另一方面却仍然在根据它行动”。[③] 语言的极权主义化或极权主义在语言上的控制是发达资本主义社会极权化统治的具体化表现，它使得“自由的流行方式是奴役，平等的流行方式是强加给人以不平等”，[④] 这一普遍生活处境既得不到理解，也得不到语言的表达，更不可能进行现实的反抗。此外，人们普遍奉行社会倡导的单向度思维，遵从价值取向上的顺从主义等，既是极权主义统治的要求，也是极权主义成功实现社会整体控制的结果。

（二）从对启蒙运动的目标的反思进到对现代性之现实困境的批判，这是从目标到实践的批判路径

资本主义现代性奠基于启蒙运动。我们今天所言及的现代性的核心原则和要素（比如理性精神、市场体系、法律制度、民主构架、自由主义、平等原则、进步主义等），都是启蒙思想家在启蒙运动中普遍倡导的原则，是他们为资本主义未来发展树立的旗帜，也是启蒙思想家同资本主义一道推翻旧势力、弃绝旧传统和建设理性的、自由的、进步的社会发展目标。资本主义现代性实践的过程，无论从历史上还是从现实过程看，都是以启蒙运动树立的原则为圭臬的。因此，启蒙运动是现代性的精神起点，它以普遍原则为现代性定规树标，也以某种政治精神促发了现代性的实践。可以说，没有启蒙运动及其宏大目标，就没有资本主义的现代性。

问题在于，启蒙运动倡导的理性精神、市场体系、法律制度、民主构架、自由主义、平等原则、进步主义等原则，作为开启现代性的目标，它的历史实现和现实实现却是存在重大疑问的，至少启蒙运动规划的目标在现代性实践的物质层面的实现与在精神层面的实现是背道而驰的，在社会制度层面的实现与作为个人生活方式的实现是对抗的。总体而言，启蒙运动的目标与现代性总体实践始终处于一种理想与现实的冲突之中。这种态势既被卢卡奇所觉察和批判，也为法兰克福学派的马克思主义者所批判，前者如卢卡奇对市场体系的质疑、对理性工具化的质疑、对物化侵蚀人的主体意识的批判等；后者如法兰克福学派对文化意识形态的批判、对发达工业社会技术控制的批判、对新的压抑的总体性的批判等。除此之外，诸

① 赫伯特·马尔库塞：《单向度的人》，第 7 页。
② 同上书，第 81 页。
③ 同上书，第 95 页。
④ 同上书，第 82 页。

如鲍德里亚、鲍曼等人则直接指出资本主义现代性造就的是非理性的社会，是充满诸多矛盾和困境的社会，现代性背离了启蒙运动的原则，与启蒙运动树立的宏大目标渐行渐远。鲍德里亚指出，资本主义现代性建构起庞大的物的体系，而人并没有由此而成为物的体系的驾驭者，人反而成为客体，成为物的体系支配的对象，成为受物控制的非主体性存在；资本主义的理性操持，导致的是全社会的非理性，正如他所强调的："全社会在劳动和生产本位主义目的性的影响下，变成了集中营、拘留所、监狱。"①

这样，在现代资本主义，启蒙不仅是反启蒙原则的、非理性的，而且还是充满张力的、代价巨大的毁灭性力量。鲍曼把理性与非理性的对抗、可靠性与自由的对立、秩序与反秩序的冲突、公平与效率的不相容看作资本主义现代性永远的张力，资本主义不仅无力解决这些张力，而且还将通过付出巨大的代价维系自身的存在，这主要表现在三个方面：第一，现代秩序的建构以大量被秩序所排挤的人的牺牲（成为无用的东西）为代价；第二，现代经济的进步以大量过剩人口的牺牲和环境的破坏为代价；第三，现代性的全球化扩张以第三世界进一步的贫穷和苦难为代价。正是因为有这些张力和代价的存在，资本主义现代性实践的前景是黯淡的，甚至是毁灭性的。

（三）从对资本主义一体化的批判进到对资本主义自反性的批判，这是从统一到背反的批判路径

进入20世纪以后，资本主义越来越呈现为某种一体化的态势。通过法西斯主义达到的恐怖的极权主义一体化、通过技术统治达到的一体化、通过新的极权主义达到的一体化、通过消费控制达到的一体化，都是整个20世纪资本主义一体化的主要样式。西方马克思主义对上述几种一体化态势的分析批判意在表明，资本主义具有瓦解各种内在对立因素的潜力，同时又能阻击各种外在不利因素的侵蚀，逐渐发展出应对各种危机和灾难的弹性能力，但并不能由此断定资本主义一定是"一切好的社会中最好的社会"。事实上，尽管资本主义能通过不同方式达到一体化，但是，一体化并不等于普遍的和谐，不等于内在统一的建立，一体化也不意味着资本主义所有问题的消失和内在危机的解除。资本主义一体化只是一种外在的强制而不是实质性的统一；并且这种一体化否定了个体生活的多样性和价值选择的自由，否定了社会大众追求意义实现的可能性，否定了普遍公平对社会再生的重大价值，否定了多元生活方式的创造性意义。因而，资本主义一体化并不能实质性地促进生存意义的普遍实现，它在根本上是与人的价值诉求背道而驰的。

与早期西方马克思主义对一体化的"伪统一"的批判不同，20世纪下半叶的西方马克思主义者越来越注重对资本主义自反性的批判，他们基于后现代主义的批评，立足于生态学的和全球化的负面效果，断定资本主义越来越趋向于走向一种自我瓦解的道路，趋向于演变成风险性社会，资本主义走完了反自然、反人类的历程后不得不走向一种自己反对自己的道路，这一趋势正如当代美国学者马歇尔·伯曼所言，现代资产阶级"实质上是历史上最具破坏性的统治阶级"，② 它一方面使得资本主义社会总是凸显为"永不满足的欲望和冲动、不断的革

① 让·波德里亚：《象征交换与死亡》，车槿山译，译林出版社2006年版，第39页。

② 马歇尔·伯曼：《一切坚固的东西都烟消云散了——现代性体验》，徐大建、张辑译，商务印书馆2003年版，第129页。

命、无限的发展、一切生活领域中不断的创造和更新”，但另一方面，又总是使资本主义趋于“虚无主义、永不满足的破坏、生活的碎裂和吞没、黑暗的中心、恐怖”。[①] 伯曼所言及的这种态势早在19世纪40年代就为马克思所预见。这种趋势在20世纪变得更加不可遏制，未来的结局究竟如何，将取决于人们何时从资本主义迷雾中觉醒，以及人类能否对资本主义实现整体性的超越。

三　批判类型的演进：人本主义的马克思主义、科学主义的马克思主义与生态学马克思主义

从横断面和纵向面考察并揭示西方马克思主义的批判路径，是试图从逻辑理路提取和展陈这种批判的大致框架，本文在这样做的时候主要依靠的是逻辑分析方法，这种方法的优点是能帮助我们从不同流派的不同语境和主题各异的文本中梳理出整个西方马克思主义批判路径的轮廓或基本结构，使我们有可能越过多样而复杂的文献之帷幕，直观到它的内在“骨骼”或把捉到其本质上统一的东西。运用逻辑方法分析揭示对象的本质，不得不暂时撇开具有多样性、曲折性、复杂性的历史的东西，但是，为了使逻辑性的本质结构具有充分可靠性，就必须以历史的东西为根据，即逻辑必须忠实于历史。这里所谓历史的东西，包括两个方面：其一是实践发展的历史，即整个20世纪西方资本主义的演变过程及其不同阶段所呈现出来的社会经济、政治、文化和生活方式的重要变化（这个方面已在本文第一部分作了简要交代）；其二是理论发展的历史，即跟随实践发展变化而相应出现的具有不同理论旨趣的各个西方马克思主义流派，他们的思想体系、理论形态及其变化过程。

从历史的视角出发，其实就是要把西方马克思主义之横断面和纵向面的逻辑性批判路径还原到西方马克思主义之缘起、流变和价值倚重的历史过程之中，以便从历史的视角把握西方马克思主义的不同类型，从其坐标的不同说明各个流派批判资本主义所发挥出来的历史作用的区别。

具体说来，从历史的视域考察西方马克思主义批判坐标的生成动因，必须把握三个因素：其一是20世纪资本主义不同历史阶段的现实问题，以问题为中心并依据不同问题转换其批判理路，构成整个西方马克思主义批判言论的对象性因素；其二是对各种西方思想资源的利用，尤其是西方哲学的方法论成果和原则的再运用，构成西方马克思主义批判理论的方法论依据；其三是对马克思主义的立场和价值取向的不同倚重，西方马克思主义不同流派大体上经历了对人本主义的马克思主义、科学主义的马克思主义和生态学马克思主义等几种类型。不同类型的马克思主义在整个20世纪西方文坛的呈现，实际上是整个西方马克思主义在批判当代资本主义过程中所采取的不同理论坐标的转型。而不管是哪一种转型，都表明马克思主义始终是以解构资本主义为根本立场和核心价值取向。西方马克思主义正是由于对马克思主义立场及价值取向的持守，它才能把对资本主义的批判与一般的人文主义、科学主义和生态学的思

① 马歇尔·伯曼：《一切坚固的东西都烟消云散了——现代性体验》，徐大建、张辑译，商务印书馆2003年版，第131页。

潮区分开来，从而使马克思主义在整个20世纪的西方文坛以一种批判的轨迹得以发展，并产生重大的学术影响。

尽管西方马克思主义只有在上述三个因素的有机统一中才能得到具体的界定，其批判特色和批判路径才能得到梳理，但是，就它与马克思主义的关系而言，我们需要就这种关系的历史境遇及其发展趋势作出具体分析，这是我们从西方马克思主义批判历程中寻求有益启示并吸取教训的基本前提。

人本主义的马克思主义作为西方马克思主义的第一个类型，涉及三大流派，这就是黑格尔主义的马克思主义、法兰克福学派的马克思主义以及存在主义的马克思主义。它们在时间上涵盖20世纪20年代至60年代，历经两次世界大战。社会危机与人类的出路、革命主体及其时代使命、资本主义及法西斯主义带来的人道主义灾难、文化背反性的反思等，构成了人本主义的西方马克思主义的理论主题。这一类型的理论家在运用西方人本主义哲学工具批判资本主义的过程中，注重对马克思的人本主义思想的阐发，在坚持马克思的人本主义立场的同时，强调主体和主体意识在历史变革中的核心作用，主张以人道主义的马克思主义解决资本主义社会的各种问题，为人类寻求解放的出路。他们普遍突出马克思早期著作的理论意义，张扬这一思想对于超越资本主义的重大价值，认为早期马克思的著作代表着真正的马克思主义，坚持马克思主义就是要到马克思早期思想中发掘其人本主义真谛，以人道主义的马克思主义干预资本主义，把人类从资本主义的苦难中拯救出来。

科学主义的马克思主义是西方马克思主义的第二种类型，涉及实证主义的马克思主义、结构主义的马克思主义和分析学派的马克思主义三大流派，在时间跨度上经历了20世纪50年代至80年代，西方社会经过50年代战后的恢复开始走向繁荣，资本主义虽有危机但由于国家干预使其表现出强大的应变能力。在这种历史态势下，如何彰显马克思主义的时代价值、凸显马克思主义对资本主义分析批判的指导意义，成为科学主义的西方马克思主义共同关心的主题。对于这一类型的理论家来说，从人本主义观点解释马克思主义并不能发掘马克思主义的时代价值。为使马克思主义在20世纪中叶以后能够继续展陈其时代生命力，就必须克服马克思思想中早期阶段人本主义的模糊性、不成熟性及意识形态因素，要通过实证分析还原马克思思想的科学本质，以实证的、科学化的马克思主义作为批判资本主义、解释历史发展的理论武器。

生态学马克思主义是西方马克思主义的第三种类型，它产生于20世纪70年代，并一直持续至今。这一类型的西方马克思主义所面临的现实处境是西方资本主义社会陷入发展的困境，生态问题普遍凸显出来。解决人类出路既需要摆脱资本主义造成的历史苦难，又需要摆脱资本主义造成的现实苦难和生态苦难，如何从资本主义造成的“整体苦难”中解放出来，如何在后继的社会主义社会避免因生态问题而造成的发展难题和困境，如何把人的制度解放和生态解放有机统一起来，构成生态学马克思主义的重大课题。当然，这也是整个人类存续的重大课题。生态学马克思主义作为西方马克思主义批判坐标的最新转型，它吸取人本主义的马克思主义和科学主义的马克思主义的批判特质，继续把资本主义社会的各种张力及弊端作为其批判的对象，在把资本主义造成的经济、政治和文化问题扩展到生态层面和全球性总体问题的同时，注重对马克思主义在生态问题上的扩展及其对解决生态问题的指导意义。生态学马克思主义一方面结合19世纪马克思对资本主义社会造成的生态问题的批判，发掘马克思主义在当今依然具有的主导价值；另一方面又紧紧抓住20世纪下半叶资本主义发展的生态难题，从制度与成本、生产条件与国家功能、经济危机与生态危机、技术系统与生态系统的非对称性关系、资本主义不平衡发展与资源不可再生性关系等方面展开批判性的分析，这种分析既突出资本主义社会对于全球生态问题的根源性，又突出对资本主义在生态问题上的非持续性的揭示。因为资本主义的存在和发展，资本主义规模的全球化扩张，只能加重生态危机，而不能使生态问题从根本上得到遏制。正如奥康纳所指出的，资本主义发展中的各种问题以及作为其转化形态的生态问题，都“首先是社会政治及意识形态的问题，其次才是社会经济的问题”。[①] 生态危机可以被界定为政治斗争中的一个转折点，“这种转折点首先以及在最主要的意义上是一种政治上的转折点”。[②] 资本主义只有实现制度转型，才能为生态问题的解决带来曙光，这也是生态学马克思主义的基本判断。

综上所述，从人本主义的马克思主义到科学主义的马克思主义再到生态学马克思主义，这种研究类型的转换，基本上体现了整个20世纪西方马克思主义发展的大致轨迹。它紧扣20世纪资本主义社会的各种问题，凸显对这些问题的批判；同时，注重对马克思思想重新解读和重新发现，在对马克思总体思想做不同强调和倚重中推动马克思主义在整个20世纪西方文坛的发展。这种发展严格局限于学术层面，局限于西方马克思主义理论家个体的学术探索。它除了以文本方式从不同侧面揭示和批判了资本主义社会的问题及其难题之外，与工人运动是脱节的，与西方国家共产党组织也几乎不相关联，对西方社会运动的指导作用也十分有限。正如英国著名左翼思想家佩里·安德森在《西方马克思主义探讨》中指出的：“西方马克思主义首要的最根本的特点就是：它在结构上与政治实践相脱离。”[③] 在上述意义上，整个20世纪西方马克思主义是一种纯书斋式的马克思主义，其对资本主义的批判虽有火花，并曾经耀眼一方，但不能带来普遍而持久的光。

四　缺憾与教训

通过对西方马克思主义的批判路径及批判类型演进的考察，我们会发现，西方马克思主义理论家试图从不同视域展陈其理论的解构功能，但如何做到其理论的科学化、时代化和大众化，却是西方马克思主义无法解决的根本性问题。毫无疑问，科学化、时代化和大众化的缺乏及其彼此分离是西方马克思主义留下的总缺憾，也是我们探寻20世纪西方马克思主义的演变应该吸取的根本教训。

马克思主义的产生和发展过程证明，科学化、时代化、大众化及其有机统一是其生命力之所在，也是其凸显理论价值、展陈实践意义的根本依据。所谓科学化，就是要不断地揭示社会历史的规律，探索和把握真理；所谓时代化，就是要解答时代的基本矛盾和问题，揭示

---

① 詹姆斯·奥康纳：《自然的理由——生态学马克思主义研究》，唐正东、臧佩洪译，南京大学出版社2003年版，第265页。

② 同上书，第220页。

③ 佩里·安德森：《西方马克思主义探讨》，高铦、文贯中、魏章玲译，人民出版社1981年版，第41页。

时代的发展规律，引领时代发展的潮流和趋势；所谓大众化，就是要反映和表达人民群众的根本利益和价值诉求，要把科学真理化为人民群众的内在观念，变成人民群众认识世界和改造世界的强大精神武器。马克思主义之所以能够在科学化、时代化和大众化的过程中彰显其强大生命力，并通过三者的有机统一使自己不断得到发展和完善，就在于它在科学揭示社会历史的本质、正确把握社会历史规律的同时，坚持合规律性与合目的性的辩证统一，始终坚持理论与实践的统一，由此通过特定社会历史主体的自觉活动，把人的目的性活动与合理性活动统一起来，使人类已然的有缺憾的生存状态转向一种值得憧憬的美好的生存状态，并且通过每个社会个体的内在追求建立起来。这是马克思主义作为人类历史上先进的社会历史理论，在推动生产力发展、社会历史进步和人的自由全面发展过程中所具有的普遍功能机制的现实表现，也是马克思主义实现对社会历史规律的揭示、历史主体实践的引导、共同价值图景的构筑三者和谐统一的基本标志。

西方马克思主义作为马克思主义在整个20世纪发展中的一脉，由于其产生和演变于垄断资本主义的环境，自然既不同于苏联的马克思主义，又不同于中国化的马克思主义。按照马克思主义发展的常规逻辑，西方马克思主义无疑应该在20世纪资本主义全面进入垄断阶段的历史处境下，承担起揭示20世纪资本主义发展演进的新特性、新趋势乃至新规律的重任，承担起寻求与社会历史主体具体结合的路径和引导其实践的责任，承担起构建超越资本主义的共同价值图景的使命，以满足马克思主义科学化、时代化和大众化的基本要求。但是，在西方马克思主义不同流派的诸多理论中，没有哪一种理论真正承担起应有的使命，并实现马克思主义的科学化、时代化和大众化，更不可能达到这三者的统一。这是因为：

第一，科学化的维度要求从整体上不断地探索事物的本质和规律，揭示和把握真理，这是一个理论成为科学的、有重大影响力的内在根据，也是其安身立命的前提。西方马克思主义的不同理论家对20世纪“万花筒式”的资本主义社会进行了不同侧面、不同层次的剖析，对资本主义统治机制的新变化进行了揭示和批判，对资本主义的多重负面效应及其灾难进行了积极的“诊断”，这是在寻求其科学化维度的过程中必须肯定的方面。但是，另一方面，学派林立的西方马克思主义在总体上缺乏彼此认同和共同遵循的科学的范式，缺乏探寻客观规律的共识，对一些问题的看法常常固守一方之见，处于一种学术不沟通、思想不贯通的态势。具体表现为：

(1) 西方马克思主义缺乏一条始终如一、前后一致并能够囊括众多流派的鲜明主题。西方马克思主义在不同的历史时期有不同的主题变化，但是随着这种主题变换，其理论立场也出了问题。早期西方马克思主义的一个重要特点是把研究的重点始终放在哲学上，正如英国著名左翼思想家佩里·安德森所指出的：“马克思这位历史唯物主义的创始人，不断从哲学转向政治学和经济学，以此作为他的思想的中心部分；而1920年以后涌现的这个传统的继承者们，却不断地从经济学和政治学转回到哲学——放弃了直接涉及成熟马克思所极为关切的问题。”① 早期西方马克思主义者之所以十分重视哲学研究，是因为他们认为，传统的经济决定论、马克思主义的科学主义化和自然化等诠释导致了无产阶级在社会历史发展中的主体性丧

① 佩里·安德森：《西方马克思主义探讨》，第68—69页。

失。他们试图通过重建马克思哲学的总体性、主体性和批判性，以解决资本主义条件下由于资产阶级意识形态对无产阶级革命意识和阶级意识的消磨而导致革命失败这一现实课题，为无产阶级革命提供理论基础。毫无疑问，此时的西方马克思主义的政治立场，主要还是站在无产阶级的社会主义革命一边的。1929 年席卷资本主义世界的经济危机不仅没有引发社会主义革命的发生，反而导致纳粹法西斯主义上台，这就促使西方马克思主义从文化心理角度进行分析，将马克思主义与弗洛伊德学说结合起来揭示当时大众的心理结构、心理趋向和法西斯主义兴起的心理根源。第二次世界大战后，发达资本主义国家出现了许多新情况、新矛盾、新问题，导致了西方马克思主义先是将其理论方向由政治和经济调整为哲学，继而又从原先抽象的哲学研究和人本主义的思辨哲学、逐步转向对现代资本主义的全面社会批判，形成了当代资本主义的理论体系。这一时期的西方马克思主义与其说是一种马克思主义，倒不如说是一种西方人道主义理论——在政治立场上，他们主要是以一种资产阶级激进派的姿态而出现。到了 20 世纪 60 年代后期，西方马克思主义的批判逻辑已经达到了顶峰，他们开始了一种新的逻辑转换，即从西方马克思主义向后马克思主义的转变，运用后结构主义来解构和重建马克思主义。进入 20 世纪 70 年代以后，西方马克思主义的研究主题又从哲学、文化问题转向社会政治、经济、生态等现实问题，批判的重心转向对“现实社会主义”的批判，关注市场与社会主义、民主与社会主义之间的关系、全球化与生态等问题，其理论和政治立场与马克思主义的距离越来越远。

（2）在理论形态和理论内容上，西方马克思主义派别林立、观点繁杂，不同派别之间甚至同一派别内部存在激烈争论。西方马克思主义往往与各种资产阶级哲学文化主流思潮掺杂在一起，形成了各种理论倾向的马克思主义，如黑格尔主义的马克思主义、存在主义的马克思主义、弗洛伊德的马克思主义、现象学的马克思主义、结构主义的马克思主义、生态学的马克思主义等。这些理论或流派各自都有自己的话语表达，但却缺乏内在的统一性和稳定性。正如罗伯特·A. 戈尔曼在《新马克思主义研究辞典》中所指出的：新马克思主义（西方马克思主义虽与新马克思主义不能等同，但主体是一致的）“像是一种马赛克，由各种互不相同、常常是相互冲突的理论镶嵌而成”。[①] 西方马克思主义并不是一种统一的思潮，它只能被看作一场多线索、多形态地展开的理论运动。“不同的思想之所以能够罗列在一起，是因为它们的共同特征都和马克思主义有着一定的关系。”[②] 由此可见，科学化维度的缺乏，是整个西方马克思主义难以摆脱的根本性的缺憾。

第二，时代化的维度要求以思想切中时代的主脉，在抓住时代的基本矛盾、回应时代的诉求和揭示时代的发展规律的同时，以行动引领、推动和促进时代的变革实践。理论无疑是要反映时代的变化及其特性，但是，如果一种理论仅仅反映了它的那个时代的变化及其特性，那么我们还不能说至少不能确定这个理论已经具备时代化的维度。判定一个重大社会理论是否时代化，至少应该具备三个条件：其一是理论家的理论必须把握历史时代的主脉，反映和表达时代精神，展陈社会历史规律及其时代特性，这其实是理论的科学化要求的时代表现，

① 转引自周穗明《20 世纪西方新马克思主义发展史》（上），学习出版社 2004 年版，第 5 页。

② 张一兵、胡大平：《西方马克思主义哲学的历史逻辑》，南京大学出版社 2003 年版，第 8 页。

或者说在特定历史时代展陈理论的科学化的品质。其二是理论家必须参与到时代的实践之中，他不能仅仅是一个时代的观察者或体验者，他还必须是一个时代变革的实践者，只有投身时代的变革实践，才能形成和提出反映时代诉求的重大社会历史理论。其三是理论家必须能够成为特定历史时代的实践主体的利益辩护者和意志表达者，只有反映实践主体的利益和愿望，才能使理论家的理论发挥其变革实践的引导功能。

依据以上三个标准来审视西方马克思主义理论的时代化维度，需要区分现象和实质两个方面。从现象层面看，不能说西方马克思主义的各种理论是脱离20世纪资本主义发展的不同阶段的，一开始，他们力图谋求理论与实践的结合，特别是早期西方马克思主义主要代表人物卢卡奇、柯尔施、葛兰西等人，本身都是各国共产党党内的主要政治领导人，是当时革命群众斗争的直接参与者和组织者。因此，“第一次世界大战以前的一代经典马克思主义者实现了理论和实践的有机统一”。[①] 然而，随着葛兰西1926年被意大利法西斯投入监狱，柯尔施由于拒绝接受共产国际的批评而被开除出党，后又流亡美国。卢卡奇也受到匈牙利共产党和共产国际的批判而不断作自我批评，并离开党的领导岗位，脱离了具体的革命活动而专注于理论研究，最终流亡苏联。这“标志着西方马克思主义在西方群众中活动自如的阶段已告结束。从此以后，西方马克思主义就以自己的密码式语言来说话了，它与工人阶级的距离愈来愈远”。[②]

20世纪30年代，理论和实践之间最终脱离了联系，“到第二次世界大战以后的时期，理论和实践之间的距离是如此之大，似乎这种情况同西方马克思主义传统本身在实际上就是一体”的[③]，西方马克思主义最终变成了脱离实践的纯学术活动。当然，西方马克思主义理论与实践相脱离，主要是就它与无产阶级革命实践的关系而言的，并不是说他们不关心现实问题；正是西方马克思主义理论家对资本主义变化的及时跟进和具体观察，才有了他们对资本主义批判路径的层次跃升和历时跨越，才有了不同批判类型的演变。但是对时代的跟进不等于做到了时代化。因为从实质上看，时代化所要求的三个条件是整个西方马克思主义理论都缺乏的。由于西方马克思主义理论家受困于科学化的缺乏，更由于他们远离实践，远离工农大众，因而不能做到真正的时代化。英国新马克思主义者特里·伊格尔顿的批评也证明了这一点，他说：“许多西方马克思主义不再像它那战斗的革命先辈，而成了彬彬有礼的乡绅，成了幻想破灭、失去了政治权威、墨守成规的学究。”[④] 显然，西方马克思主义理论家们退缩到书斋，这是与其时代化的诉求背道而驰的。

第三，大众化的维度要求理论张扬其对大众根本利益的维系、对共同价值图景的展陈和对个体活力的普遍激发，只有这样，一种理论才能内在化为大众个体的主导观念和行为的动力。可以说，这三个要素是一种理论在实现科学化、时代化过程中的矢量标志，是一种理论科学化、时代化的着眼点和最终的价值旨趣，显现为理论的终极关怀和救赎指向。伊格尔顿在比较新黑格尔主义、逻辑实证主义与马克思主义的大众化差别时，曾说到新黑格尔主义或

① 佩里·安德森：《西方马克思主义探讨》，第41页。
② 同上书，第44页。
③ 同上书，第41页。
④ 特里·伊格尔顿：《理论之后》，商正译，商务印书馆2009年版，第31页。

逻辑实证主义可能会引发信奉者之间的争论和斗殴，但“没有人曾为它奋斗、为它牺牲”，而马克思主义则不同，“马克思主义——或者在宽阔的背景下来表述，社会主义——是一场集千百万男女，跨越几个世纪，牵连众多国家的政治运动。有位思想家将它描述为人类历史上最伟大的改革运动。无论其功过，它改变了地球的面貌。”[①] 伊格尔顿显然抓住了马克思主义所具有的大众化维度即马克思主义是为绝大多数人谋利益、作辩护、共命运的内在关联性，抓住了大众化是马克思主义与一切其他理论相区别的核心标志。伊格尔顿虽然在此看到了大众化是马克思主义不可或缺的，但是，他却不能豪言壮语地宣称西方马克思主义的大众化，这是因为，西方马克思主义整个来说是与工人运动背离的，既与共产党组织无关，也与工人阶级无关，对这样一个脱离工人生活和实践的、有着内在分歧的理论，怎么可能找到其中的大众化维度？又怎么可能要求它实现其大众化的价值旨趣呢？

由于不能正确处理马克思主义的科学化、时代化、大众化及其相互关系的问题，西方马克思主义就在总体上不可避免地陷入现象性、暂时性和有限性的泥潭，因而既不具备也不能承载一个重大的社会历史理论应该含摄的真理的深刻性、价值的普适性和历史的厚重感，由此必然丧失一个重大社会历史理论应该具有的现实生命力及其创新品质，难以对社会历史的发展和人类变革世界的实践产生实质性的积极推动作用。西方马克思主义的鸿篇叙事，严格说来只是一种对资本主义的现象学“诊断”，而不是对资本主义的根本性的“治疗”，因而不能产生真正的现实效应，这也就决定了他们对马克思主义的发展和对资本主义的学术解构是十分有限的。

西方马克思主义在总体上存在不能揭示资本主义发展的新的规律、不能寻求与革命主体的实践的结合以及不能展陈超越资本主义的价值图景这三大缺憾，还与他们的哲学思维方式和狭隘的学术视野有着紧密的关联性。这体现在：

首先，他们对问题的评判常常走向极端，具有否定一切的形而上学性质。因此，依据其批判来评价西方社会和西方文化经常过于偏执。比如，马尔库塞把工业文化、生产机构生产出来的商品乃至包括服务在内的一切消费品等都同于意识形态，他说：“发达的工业文化较之它的前身是更为意识形态性的，因为今天的意识形态就包含在生产过程本身之中……在这一过程中，产品起着思想灌输和操纵的作用；它们引起一种虚假的难以看出其为谬误的意识。”[②] 他显然认为人们对消费品的使用过程同时也是一个不自觉地接受消费品中意识形态的操纵和控制的过程。哈贝马斯在看到了科学技术的重大社会作用的同时，认为科学技术也是意识形态，具有把政治问题非政治化、赋予晚期资本主义社会以巨大的防御功能。这就把意识形态和科学技术的作用绝对化了。

其次，西方马克思主义者大多具有矛盾倾向，无论是对革命主体的判断，还是对马克思主义理论的评判都具有自我悖逆的性质。比如，法兰克福学派对革命主体的寻求，一方面对20世纪资本主义社会中的无产阶级悲观失望，看不到通达未来社会的主体性力量和具体道路，另一方面又俨然以大众的代言人自居，表现出了既是犬儒主义的又是贵族精英主义的倾

① 特里·伊格尔顿：《理论之后》，商正译，商务印书馆2009年版，第43页。

② 赫伯特·马尔库塞：《单向度的人》，第12页。

向。再比如，奥康纳作为生态学马克思主义的代表，一方面主张对资本主义生态问题的批判需要马克思主义，因为，“马克思主义者都接受如下这个以资本主义剥削的现实状况为基础的理论前提：资本主义是一个充满危机的制度。”① 他并且赞成传统马克思主义关于“资本主义不仅充满了危机，而且还是依赖于危机而存在的。资本通过危机而进行积累，这就像一种经济必然性的机制一样在起着作用”。② 但是另一方面又指出：“正统马克思主义忽略了文化的和生态的因素，因为根本还没有特殊的资本主义文化和自然可以成为其理论对象。”③ 他甚至全盘否定历史唯物主义，说历史唯物主义“既不够历史也不够唯物”，④ 他对马克思主义的矛盾性或者两面性是再清楚不过的了。

最后，西方马克思主义者的叙事立场在根本上是西方中心主义的，他们要么忽视东方，要么贬低东方，甚至将东方看作是西方厄运和灾难的根源。奥康纳下述一段话足以表明他是一个十足的西方中心主义者，他说：“亚洲资本的高积累率造成了西方市场更为惨烈的竞争，导致了欧洲失业率的上升以及社会经济的边缘化，另外也造成了美国工资水平的下降以及一种同样类型的边缘化。”⑤ 他在这里谈的是亚洲资本对欧美的威胁，我们暂不理会这种论调是否符合事实，但这种话语背后潜藏着西方中心主义，表露出他对东方的谴责和恐惧。诸如奥康纳的这种立场，绝不会是个案，在整个西方马克思主义理论家中具有普遍性，这也是值得我们深思的一个问题。

从西方马克思主义理论总的遗憾中，我们至少可以总结出如下几点教训：

第一，问题意识和以问题为中心的理论探索必须努力以发现事物的本质及其规律为圭臬，这是一个重大社会历史理论实现科学化的前提。只有从对整个20世纪资本主义的各种问题的分析中把握到资本主义的多重本质及其演进规律，才有可能建立科学的理论。西方马克思主义的不同流派无疑都能以问题为中心提出各种不同的批判体系和理论解释，但是，他们却没有能够展陈出某种本质性的东西，没有揭示出资本主义的演进规律，因而也就形成不了统摄性的范式和彼此共同认可的体系性学说。西方马克思主义不同流派囿于一方之见，缺乏融通博纳的胸襟，注定了其与理论的科学化背道而驰，这是我们必须吸取的一个重要教训。

第二，把握时代的发展趋势，努力谋求与社会实践的结合，推动实践对现实的变革，这是一个重大理论走向和实现时代化的根本。不可否认，西方马克思主义的各种理论紧扣整个20世纪重大问题，也能提出符合当代处境的解释，从现象上看具有浓厚的时代性，但是，由于这些理论普遍地与实践相脱离，不可能对现实的变革发挥任何实质性的作用，因而也就不可能做到完整的时代化，这是我们考察西方马克思主义过程中必须吸取的又一重要教训。

第三，理论的时代化必然要求理论的大众化，理论要能广泛而深刻地发挥持久的影响力，必须能够及时有效地转化为社会大众的自觉理念，成为统领个体全部生活的最高价值图式，成为个体成员变革生存处境的核心性的激发因素，这是一个重大社会历史理论实现大众化的

① 詹姆斯·奥康纳：《自然的理由——生态学马克思主义研究》，第261页。
② 同上书，第262页。
③ 同上书，第459页。
④ 同上书，第458页。
⑤ 同上书，第497页。

保障。西方马克思主义不能积极地寻找自己的阶级基础，不能从书斋走向实践、走向日常生活世界，也就必然缺乏群众的理解和支持，因而不可能不丧失大众化的维度，这既是西方马克思主义的严重缺憾，也是西方马克思主义遗下的重大教训。

西方马克思主义上述三个教训说明，只有努力实现马克思主义的科学化、时代化和大众化及其有机统一，才能真正地推动马克思主义的实质性发展，实现马克思主义变革时代、解放人类的宏伟价值及现实意义，这是我们考察西方马克思主义不同理论之后得出的基本启示。

（原载《中国社会科学》2012 年第 5 期）

第 三 篇

学科建设

马克思主义基本原理

一 研究概况

2012年度，马克思主义基本原理学科建设各项工作顺利进展，在组织机构完善、人才队伍培养、相应制度建立等方面不断调整和提高；学术活动和交流活跃，各项研究工作顺利推进。

（一）学术活动与学术交流

本年度，马克思主义基本原理学科各类学术会议、交流活动等十分活跃，对促进马克思基本原理学科建设及理论研究起到巨大推动作用。如2012年11月30日至12月1日由全国高校马克思主义理论学科研究会主办、北京师范大学马克思主义学院承办的“2012年全国高校马克思主义理论学科博导论坛”在北京举行，此次论坛的主题是：贯彻落实十八大精神，推进马克思主义理论学科发展。2012年10月17日，由中国社科院马克思主义研究学部、马克思主义研究院和上海财经大学共同主办的首届全国马克思主义经济学论坛暨第六届现代政治经济学数理分析研讨会在上海召开，参会的百余位专家学者围绕“中国特色经济学学术话语体系”、“政治经济学数理分析”、“当代社会主义经济理论”和“当代资本主义经济理论”四大主题展开了深入研讨。2012年8月26日至27日由中国社会科学院与清华大学联合主办的马克思主义经济学发展与创新国际学术研讨会暨全国第六届马克思主义经济学发展与创新论坛在北京举行，此次研讨会和论坛的宗旨是，高举马克思主义旗帜，坚持理论联系实际，倡导用科学的态度研究马克思主义经济学，摒弃照搬马克思个别词句的教条主义态度，积极推动马克思主义经济学的发展与创新，特别是要运用马克思主义经济学的基本立场、观点和方法，深刻认识当代资本主义的新变化，揭示全球化和当前经济危机的实质与影响，等等。2012年9月22日至23日，全国“历史唯物主义和当代中国发展”理论研讨会在浙江金华召开，与会专家以“历史唯物主义和当代中国发展”为主题，围绕历史唯物主义与中国特色社会主义、历史唯物主义与社会主义基本制度、历史唯物主义与社会主义价值观、共产主义理想信念、改革开放与发展经验等问题进行了深入研讨。2012年5月25日至27日，世界政治经济学学会第7届论坛在墨西哥城市自治大学霍奇米尔科分校隆重举行，与会者围绕“国家、市场、大众与21世纪的人类发展”这一主题，运用马克思主义原理，就经济全球化背景下国家、市场与大众的关系，大众在经济全球化中的地位、作用与组织形式，马克思主义与21世纪人类社会发展，新帝国主义对人类发展的多重负面影响，欧美财政危机的经济、政治和军事根源，国家、市场“双失灵”下的就业和收入分配，全球和各国财富的贫富分化及其负效应，国际经济组织的改革与人类社会的进步，“金砖五国”与“南南合作”，“占领华尔街”运动与资本主义批判，拉美左翼运动与21世纪社会主义，以及政治经济学其他相关议题进行了深入探讨，产生了广泛影响。这些学术会议和交流活动对推进马克思主义基本原理学科建设具有重要意义。

（二）课程建设、教学实践

马克思主义基本原理学科的课程建设、教学实践是学科建设的重要组成部分，包括教材体系、教学体系等各方面。本年度，研究进展如下：

1. 教材建设方面。全国普通高校思想政治理论课统一使用教材《马克思主义基本原理概论》是讨论的重点。学界普遍认为，当前马克思主义基本原理概论课存在着教材体系向教学体系转化的现实需要，如陈华提出，要设法推进本门课的教学活动从教材体系转向教学体系，努力构建一个科学的教学模式。① 南开大学经济学教授、博士生导师逄锦聚认为，教材是教学之本，好的教材可以为教学提供先进的教学内容、科学的价值取向和基本的教学规范，“但教材只是为教好学提供了基础和可能，教材的内容要变成学生的认知和思想政治素质，中间既有一个教师如何运用教材而又不拘泥于教材创造性施教的过程，也有一个学生如何发挥主动性独立思考勇于创新学习的过程，如何采取科学的方式方法使这两个过程有机统一，相得益彰，收到成效，如何实现由教材体系向教学体系的转变，使‘原理’课成为大学生真心喜爱、终生受益的课程，教师则是关键。”②

2. 教学内容方面。关于教学内容，学界普遍认为，马克思主义的世界观和方法论是该课程教学的基本要求和核心，在此基础上，有很多学者都强调理想、信仰教育在本课程教学中的重要性。还有学者强调，人文精神、生命教育在教学中的重要性，“以生命教育作为《马克思主义基本原理概论》课程的一种新视野，在课程教学中既可展现马克思主义的科学魅力，也可展现其人文魅力；既可展现马克思主义的社会价值，也可展现其个体价值。以生命个体的现实存在和需求为切入点，寻求课程理论逻辑与生命逻辑的契合性，是当前实现《马克思主义基本原理概论》由教材体系向教学体系、由教学体系向学生认知体系转化的一个突破口。”③

3. 教学模式方面。如何改进教学模式，提高教学效果，是高校教师们关注最多的问题。本年度，高校担任原理课教学的教师们结合教学实践，从各个方面、各个层次对这个问题进行了深入探讨，提出了诸如研究性教学、导向性教学、问题式教学、体验式教学、“移动课堂”教学模式、“走进生活世界”的原理课实践教学模式、反思性教学、立体式教学、体验式教学、案例教学、互动式教学等等，多种多样，本年度讨论较多的有专题式教学、案例教学、实践教学等等。专题式教学，即根据教材内容，提炼出重点和难点，形成既有先后连接又相

---

① 陈华：《试论〈马克思主义基本原理概论〉课教学体系建设》，《攀枝花学院学报》2012年第3期。

② 逄锦聚：《“马克思主义基本原理概论”课教学中需要妥善处理的六个关系》，《思想理论教育导刊》2012年第9期。

③ 韩美兰、韩小谦：《〈马克思主义基本原理概论〉教学视野的一种拓展——以生命教育为视角》，《教育理论与实践》2012年第6期。

对独立的系列专题式的教学方式，本年度，教师们就专题设计的原则、方案制定、实施方式，以及专题内容等问题进行了深入探讨。关于实践教学，教师们也强调，应积极探索课内和课外实践教学形式，使原理课贴近实际、贴近生活、贴近学生。这些探讨对改进、提高原理课教学具有重要启示和指导意义。

（三）学科建设研究

如何加强学科建设，提升学科整体水平，是近几年学界一直关注的重要问题。本年度，学界在总结学科设立以来建设经验的基础上，针对当前学科建设存在的一些问题，就如何加强学科的理论研究、如何培养人才、提升制度规范性等各方面，进行了深入思考。南开大学经济学教授、博士生导师逄锦聚强调，要把马克思主义基本原理教学和研究与教材体系、教学体系、知识体系、信仰体系及人才培养、学科建设等紧密结合起来，“要妥善处理思想政治教育与专业知识教育，学习马克思主义基本原理与理论联系实际，用好教材与发挥教师的积极性创造性，课时少与内容多，使用教材与学习马克思主义经典著作，人才培养、科学研究、社会服务与学科建设等六个方面关系。”① 关于学科对象，北京大学马克思主义学院党委书记、副院长、博士生导师孙熙国教授指出，马克思主义基本原理是一门关于无产阶级和人类解放的科学，简称人民群众解放的科学。这一学科的研究对象就是人民群众的自由、发展和解放。人要受到自然界的束缚和压迫，马克思主义的自然观就是让我们如何正确看待自然，摆脱自然的奴役和压迫；马克思主义历史观就是让我们如何正确看待社会，摆脱社会的奴役和压迫；马克思主义的人学观和认识论就是让人正确认识人自身、认识人的精神、本质、价值和作用，认识人的认识的产生和发展规律，从而摆脱自己对自己的束缚和压迫。实现人民群众的自由、发展和解放，是马克思主义基本原理的一以贯之之道。② 关于学科的理论研究，很多学者强调，马克思主义理论学科研究要以时代和实践发展需求为导向，选择时代发展进程中提出的重大问题，马克思主义经典理论阐释和传播中的重大问题等进行战略性、前瞻性、全局性的研究。

二 重大问题研究进展

2012 年学界在以往研究的基础上，以更宽的视角、更深的层次深化了马克思主义基本原理研究。

（一）基础理论研究

1. 关于马克思主义基本原理的界定和内容概括

自马克思主义基本原理学科设立以来，关于什么是马克思主义基本原理及其内涵界定是学界讨论最热烈的问题之一，经过 6 年的探讨，本年度学界关于这个问题的研究进一步深化，人们的思考更深刻，研究更有力度。

一是从综合角度考量。武汉大学教授、博士生导师梅荣政指出，今天我们概括马克思主

① 逄锦聚：《“马克思主义基本原理概论”课教学中需要妥善处理的六个关系》，《思想理论教育导刊》2012 年第 9 期。

② 孙熙国：《马克思主义基本原理的学科对象与整体架构》，《马克思主义研究》2012 年第 2 期。

义基本原理的基本点，有三个问题值得注意：首先我们是从马克思主义理论整体意义上进行概括的。概括出的原理在横断面上均应具有马克思主义最根本的理论特征、最崇高的社会理想、最鲜明的政治立场、最宝贵的理论品质；在纵向上均应反映马克思主义一脉相承又与时俱进的本质关系，借以准确地揭示马克思主义完整概念的科学内涵，凸显出马克思主义理论体系的科学性、整体性、实践性和创新性原则，以便从总体上正确把握和运用马克思主义立场、观点和方法分析现实社会问题、认识问题和科学发展中的问题。其次要充分考虑我们党的一贯提法。最后要充分考虑马克思列宁主义基本原理对实践的巨大指导意义。①

二是从原创意义上考量。武汉大学教授、博士生导师梅荣政认为，从严格的狭义的原创意义上说，只有马克思恩格斯提出并加以阐述的最基本、最基础的理论观点和学说才属于马克思主义基本原理。继后，相对独立的马克思主义理论体系，是坚持马克思主义基本原理与当时代特征和各个国家具体实际相结合所创造的运用和发展形态。②

三是从基本立场、观点、方法角度考量。李爱华强调，马克思主义的基本立场、观点和方法是对马克思主义基本原理简明而准确地概括。基本立场是马克思主义基本原理的立论之本；基本观点是其立论之魂；基本方法是其立论之策。这三方面相辅相成，有机统一，充分体现了马克思主义基本原理的整体性和科学性，展现着马克思主义的理论价值和强劲生命力。③

四是从贯穿马克思主义的逻辑主线、中心主题或研究对象角度考量。这是很多学者坚持的角度，很多学者认为，马克思主义是关于无产阶级和人类解放的科学。北京大学马克思主义学院党委书记、副院长、博士生导师孙熙国教授指出："马克思主义基本原理是一门关于无产阶级和人类解放的科学，简称人民群众解放的科学。"④ 王宏波、段莉群、陈建兵认为："马克思主义基本原理的研究对象是：人类社会发展规律和人类解放的科学。这个规定体现了马克思主义的真理性与价值性的统一，具有思想的完整性和与时俱进的特点，体现了马克思主义阶级性和社会性的统一。马克思主义基本原理的内容包括马克思主义世界观、方法论、人类社会发展的一般规律、资本主义社会的特殊规律、社会主义社会的特殊规律、人的发展与人类解放规律、共产主义与人类未来等七大部分。贯穿马克思主义基本原理内容的主线是人类社会的发展规律。"⑤

五是从方法论角度考量。孔扬认为，紧紧抓住统摄马克思主义哲学、政治经济学与科学社会主义的红线，在总逻辑上把握"三大批判"的统一，构成了马克思主义基础理论研究的一项重要课题。马克思实现"三统一"的理论制高点，就是作为新世界观而出现的"合理形态的辩证法"。⑥

---

① 参见梅荣政《对马克思主义基本原理科学体系的几点思考》，《思想理论教育导刊》2012年第1期。

② 同上。

③ 参见李爱华《关于马克思主义基本原理内容的思考》，《科学社会主义》（双月刊）2012年第4期。

④ 孙熙国：《马克思主义基本原理的学科对象与整体架构》，《马克思主义研究》2012年第2期。

⑤ 王宏波、段莉群、陈建兵：《马克思主义基本原理的研究对象及其内容结构》，《思想理论教育导刊》2012年第6期。

⑥ 孔扬：《合理形态的辩证法与"三大批判"的统一——马克思主义哲学、政治经济学与科学社会主义的内在关联》，《长白学刊》2012年第2期。

最后，学界还继续深化了关于马克思主义基本原理体系研究。武汉大学教授、博士生导师梅荣政强调，要十分重视马克思主义基本原理科学体系的研究，“因为任何理论科学都是一个范畴体系，没有严整的逻辑它就不能存在。马克思主义是科学，自然具有严整、完备、统一的理论体系，或者说具有科学理论体系的严整性。这种科学理论体系的严整性，对于马克思主义来说，不是外在的，而是它坚持理论创新的结果，是自身固有的本质特征、科学精神的体现、求真的存在方式和必要条件。”① 上海财经大学教授、博士生导师鲁品越提出了：以“物质生产实践与唯物辩证法—剩余劳动与社会关系结构—资本权力结构及其内在否定性—社会主义与人的解放”为基本逻辑主线的作为整体的马克思主义原理。②

2. 关于马克思主义整体性研究

一是回顾、总结近几年马克思主义整体性研究情况。一般认为，当前学界对马克思主义整体性研究的必要性进行了充分的论证，从不同角度探讨了马克思主义整体性的内涵，提出了一系列加强整体性研究路径或方法，取得了一定成绩。关于当前整体性研究的不足，有学者认为，过多的重复性研究；不自觉地又以一种新的方法在分割马克思主义。关于整体性研究未来进向，中央党校教授牛先锋认为，需要“从整体性意义上开展对马克思主义研究对象、逻辑结构和逻辑体系的研究”③。

二是继续探讨如何正确理解和把握马克思主义整体性。本年度，有很多学者都从逻辑主线、中心线索或总体性范畴角度进行了概括或提炼。有些学者强调从无产阶级和人类解放角度概括，如中山大学教授、博士生导师吴育林指出：“贯通于其中的中心思想线索是无产阶级和人类解放。马克思主义哲学说明了无产阶级和人类解放的可能性和必然性，马克思主义政治经济学解析了无产阶级和人类解放的现实性和条件性，马克思主义的科学社会主义瞻望了无产阶级和人类解放的可行性和目标性。”④ 赞同这种观点的学者很多，如沈江平认为：“马克思主义体系的完整性，是相对于马克思和恩格斯着力解决的无产阶级和人类解放的历史使命来说的。离开了这个主轴，单纯从马克思主义理论自身去寻找整体性只能陷入抽象的繁琐的争论。”⑤ 有很多学者主张从世界观、方法论角度进行概括，如中国人民大学马克思主义学院党委书记兼副院长、博士生导师张雷声教授认为，世界观、方法论是马克思主义基本原理的核心内容和根本特征，是贯穿马克思主义基本原理始终的“灵魂”。世界观、方法论虽有差别但在根本上是统一的。世界观、方法论的统一主要表现在两个方面：一是世界观本身就是方法论。二是世界观转化为方法论。世界观、方法论的统一显现了马克思主义基本原理的理论整体、逻辑整体、历史整体和方法整体。再如袁凌新指出：世界观与方法论是沟通马克思主义三门学科之间鸿沟的有效的理论工具。我们应该重视世界观与方法论所体现出的马克思主义的整体性。这种整体性逻辑布展为哲学即辩证的、历史的唯物主义世界观与方法论，是

① 梅荣政：《对马克思主义基本原理科学体系的几点思考》，《思想理论教育导刊》2012 年第 1 期。

② 鲁品越：《作为整体的马克思主义原理的基本架构》，《学术界》2012 年第 1 期。

③ 牛先锋：《马克思主义整体性问题的研究现状与进向》，《理论学刊》2012 年第 4 期。

④ 吴育林：《从无产阶级和人类解放理解马克思主义基本原理的整体性和系统性》，《思想理论教育导刊》2012 年第 6 期

⑤ 沈江平：《马克思主义整体性问题研究澄明》，《云南社会科学》2012 年第 1 期。

通过物质实践改造世界的根本原则和方法。①

此外，还有学者从认识论、发展史等角度认识和把握马克思主义整体性。如吴海龙认为，从“实践认识论”出发把握马克思主义理论整体性的“具体”本性，具有重要的意义。② 潘顺照认为，要从马克思主义思想的逻辑进程和中国特色社会主义理论体系的两个方面来思考马克思主义理论的整体性。③ 有学者强调，基于发展史视阈来研究马克思主义整体性。中央党校韩庆祥、邱耕田、王虎学教授进一步从“形成”的整体性、“主题”的整体性、“方法”的整体性、“理论”的整体性、“发展”的整体性、“形态”的整体性、“功能”的整体性、“叙述”的整体性概括了马克思主义整体性的图景。④

3. 关于经典作家和经典著作研究

关于经典著作研读，本年度很多学者都强调了学习原著的重要性和必要性。如有学者引用习近平的讲话，表明马克思主义经典著作是马克思主义理论的本源；学习马克思主义经典著作，有利于从源头上完整准确地理解马克思主义，系统掌握马克思主义科学真理，也有利于深化对中国特色社会主义理论体系的理解和运用。⑤

从经典著作研读内容看，马克思主义经典名篇如《德意志意识形态》、《共产党宣言》等仍是本年度众多学者学习和研究的对象。特别是有学者结合学习中央组织部、中央宣传部、中央编译局组织编选的《马列主义经典著作选编（党员干部读本)》撰写了很多心得体会。

关于如何研读马克思主义经典著作，刘友田指出：“必须尊重科学，完整准确地理解；必须注重应用，紧密联系改造世界的实际；必须坚持原则，与错误思潮开展斗争。”⑥ 姜霁青指出，研读马克思主义经典著作会受到主体自身要素的干预，是价值中立还是带有价值倾向性，是致力于“纯粹的学术”还是着眼于运用，是侧重于“再现原生态”还是“问题求证”？这就要求主体必须掌握科学的研读方式：注重整体性研读，联系历史背景阅读，具有问题意识。⑦ 北京大学哲学系教授聂锦芳指出：“不能离开当时那些个别事件发生的特定的时空氛围，不能离开马克思、恩格斯具体写作时的独特情形及其思想所由阐发的特殊考量，不能孤立地从文章中摘录出一些论述，便进行随意的演绎与发挥，而是必须把这些观点或论断放在他们当时思想的整体系统中，客观地予以梳理和理解，进而准确地概括和估量其含义、地位及界域，否则所提炼出来的东西就会离开原本的含义，或者把并不完全属于马克思、恩格斯的意思加诸其上；尤其忌讳的是，不能把他们的著述中对特定事件而生发的个别论点无限地抽象，使其成为马克思主义理论的一般原理，进一步赋予其超越时空的普遍意义。质言之，我们再也

---

① 袁凌新：《马克思主义整体性的逻辑布展》，《中共福建省委党校学报》2012年第8期。

② 吴海龙：《实践认识论与马克思主义理论整体性的“具体”本性》，《求索》2012年第3期。

③ 潘顺照：《马克思主义理论整体性问题及其现实意义》，《山东社会科学》2012年5月。

④ 韩庆祥、邱耕田、王虎学：《论马克思主义的整体性》，《哲学研究》2012年第8期。

⑤ 周新城：《怎样理解马克思主义中国化——从“马克思主义基本原理无法完全解决中国问题”说起》，《毛泽东邓小平理论研究》2012年第4期。

⑥ 刘友田：《对研读马克思主义经典著作的三维审视》，《思想教育研究》2012年第6期。

⑦ 姜霁青：《论马克思主义经典著作研读中的主体要素》，《吉林师范大学学报》2012年1月第1期。

不能抱着那些极端狭隘而功利的‘现实’考量误读和曲解这些文本了！”[①]

恩格斯及其晚年书信也是本年度很多学者重点关注的。针对西方马克思主义学者片面强调或者轻视恩格斯在马克思主义思想史的作用观点，孙乐强指出，只有在尊重马克思主义自身的独特性及其发展规律的前提下，才能准确理解恩格斯在马克思主义哲学史上的历史地位。[②] 李成保指出，恩格斯晚年书信，阐释和发展了马克思主义关于经济基础与上层建筑的关系原理，驳斥了“经济决定论”的观点，提出历史合力论。这些论断表现在社会哲学层面上，体现了经济、政治等各个领域的改革具有相互联系、相互协调的辩证统一的内在逻辑关系。[③] 郑素娟提出，为了揭露各种歪曲唯物史观做法的意识形态实质，恩格斯在几篇晚年写下的历史唯物主义书信中重申了“归根到底”的哲学抽象。作为唯物史观的建构原则，它使历史唯物主义与经验历史主义分道扬镳，一方面它得以直接指向资本主义社会内在矛盾的合理批判，另一方面又为社会主义制度建设提供了合法性依据。[④]

（二）重要原理研究

1. 历史唯物主义研究

历史唯物主义是马克思主义理论的核心内容，本年度学者们从不同角度、不同层面进一步深化了历史唯物主义研究。一是从交往、生产关系角度研究。孙乐强认为：“从交往关系到生产关系的转变是马克思理论逻辑的重要转变，也就是从生产关系再生产入手，马克思实现了对资本主义社会内在本质和运行机制的科学解剖，从根基上揭示了资本主义生产颠倒性的内在根源。但他既不是从外在的人性尺度来痛斥这种物化现实，也没有停留在交换关系物化的层面上，而是将其推进到生产关系的高度，从生产力与生产关系的内在矛盾出发，实现了对资本主义颠倒和物化现象的历史唯物主义批判。这表明，历史唯物主义是一种奠基在生产力与生产关系内在矛盾之上的批判历史观，单纯地立足于交往关系或主体间性来解释或重构历史唯物主义，是根本行不通的。”[⑤] 二是从方法论角度研究。吉林大学哲学社会学院院长贺来教授认为，历史唯物主义与辩证法具有深层的一致性，阐发“历史唯物主义”的“辩证”的本性，对于深化历史唯物主义的基础理论研究和彰显历史唯物主义独特的精神品格具有十分重要的意义。[⑥] 三是从本质结构角度研究。中国人民大学哲学院院长、博士生导师郝立新教授提出：历史唯物主义存在一个多层次、多维度的本质结构，并且这种理论的特性决定了它在思想进程与现实进程的交汇点上呈现出既相联系又相区别的历史形态。历史唯物主义的本质存在于其理论特有的“历史”之维和“现实”之维当中，是一个具有多层次、多维度的理论整体。它本质上是社会历史哲学，但其现实形态却又与社会历史科学有机结合；它是社会历史本体论、社会历史认识论、社会历史辩证法、社会历史价值论的有机统一。历史唯物

① 聂锦芳：《马克思、恩格斯是在什么意义上拒斥人类之“爱”的？——以〈德意志意识形态〉对“真正的社会主义”的批判为例》，《哲学研究》2012 年第 9 期。

② 孙乐强：《重新理解恩格斯在马克思主义哲学史上的历史地位》，《黑龙江社会科学》2012 年第 5 期。

③ 李成保：《经济发展方式与民主政治——对恩格斯晚年书信思想内容的当代思考》，《哈尔滨市委党校学报》2012 年第 1 期。

④ 郑素娟：《恩格斯的“归根到底”观剖析——晚年历史唯物主义书信的当代重读》，《兰州学刊》2012 年第 6 期。

⑤ 孙乐强：《生产关系再生产与马克思历史唯物主义的深化》，《江苏社会科学》2012 年第 1 期。

⑥ 贺来：《历史唯物主义的辩证本性》，《中国社会科学》2012 年第 3 期。

主义既有经典形态，又有发展形态。我们应该在特定的历史和现实坐标下来把握历史唯物主义的精髓。重视历史唯物主义理论的内在整体性，从整体上把握历史唯物主义的本质、特征和发展形态，有助于我们深化对历史唯物主义的理论价值和现实意义的认识，有助于理解或解决历史唯物主义论争中的一些分歧。[①] 四是从马克思主义哲学主题角度研究。北京大学哲学系丰子义教授提出，由于人的解放主题是和实践的观点紧密联系在一起的，因而马克思在考察所有哲学问题时都是以人的实践活动作为出发点，各种具体哲学观点都是在社会历史视域中呈现出来的。[②] 五是从资本逻辑与资本主义角度研究。刘荣军提出，只有从社会发展、社会批判与社会革命这三个相互联系的角度，才能科学地认识现代社会是如何"利用资本本身来消灭资本"的资本逻辑与历史逻辑相统一的生成与发展路径，由此把资本主义的文明性与其历史狭隘性区分开来，把资本主义作为人类历史时代的必然性与作为民族社会形态的局限性区分开来，把人类物化历程在商品经济阶段的客观规律与人类制度历程在资本主义阶段的历史缺陷区分开来。[③]

运用历史唯物主义理论解释和解决现实的理论和实践问题，也是本年度许多学者研究的重点。如运用历史唯物主义分析的中国正义问题，分析现代性问题，分析精神生活问题、价值问题，分析当代中国社会发展问题，等等。这些研究无疑深化了历史唯物主义理论。

此外，本年度还有一个问题值得关注，即关于空间理论的研究。"空间"问题是近些年来自然科学、建筑工程学、地理学、哲学、文学艺术、社会学和经济学等学科共同关注的焦点，历史唯物主义研究关注到了这一前沿课题，本年度，一些专家学者运用历史唯物主义原理分析空间问题，复旦大学哲学学院教授、博士生导师邹诗鹏提出，马克思通过对人的社会关系的规定洞穿了工业与资本主义制度下空间的扩张性，并使空间成为一个可以且要求通过感性把握的世界。[④] 吴细玲探讨了城市社会空间问题，提出："城市社会空间的发展变化与人的发展是辩证统一的，人的解放依托于城市社会空间的优化。"[⑤]

2. 马克思主义经济学研究

结合时代变化和中国现实国情，推进马克思主义经济学的创新发展，并建设中国现代政治经济学是近年来我国马克思主义经济学界的一个重点课题，2012年一些学者对如何创新发展马克思主义经济学、马克思主义经济学创新发展与中国政治经济学建设的关系以及中国政治经济学建设的反思与创新等问题进行了深入研究。

中国人民大学张宇教授指出，要创新发展马克思主义经济学，必须要对马克思主义经济学的本质和框架有一个准确深入的认识，从马克思主义理论的整体结构出发，马克思主义经济学的本质，就是以唯物史观为基础，以无产阶级和人类解放为目的的经济学理论体系，其研究对象是一定的生产力和上层建筑条件下的生产关系的本质及其发展规律。马克思主义经济学的理论框架主要包括：关于社会经济发展的一般原理，关于资本主义经济的基本原理，

① 郝立新：《历史唯物主义的理论本质和发展形态》，《中国社会科学》2012年第3期。

② 丰子义：《历史唯物主义与马克思主义哲学主题》，《中国社会科学》2012年第3期。

③ 刘荣军：《现代社会发展的三维历史图景及其历史唯物主义解读》，《西南大学学报》2012年第1期。

④ 邹诗鹏：《空间转向的生存论阐释》，《哲学动态》2012年第4期。

⑤ 吴细玲：《城市社会空间与人的解放》，《哲学动态》2012年第4期。

关于社会主义经济的理论，关于世界经济的理论，关于前资本主义经济形态的理论以及关于经济发展的具体理论。① 中国社会科学院马克思主义研究院胡乐明研究员等人则认为与经济学诸流派的沟通借鉴是发展马克思主义经济学的重要思路，沿着“不足点”、“借鉴点”、“切入点”和“转变程度”的“三点一度”的分析框架展开讨论，有助于拨开沟通借鉴的研究的重重“迷雾”以及研究的层层推进。运用这一分析框架考察马克思主义经济学与演化经济学的沟通借鉴，不仅可以使其基本主张更为明晰化，而且有助于洞悉其未来发展的理论动向和需要克服的相关困难，并提供一些可供参考的原则性建议。② 李欣广认为，马克思主义经济学面临全面建设富裕、文明、民主的社会主义社会的新使命，需要将经济学形态从一维转变成三维。三维经济学形态是指以经济系统、社会系统、生态系统为研究平台综合研究经济问题。科学发展观对此形态转换给出了理论指导与精神动力。③

对于马克思主义经济学创新发展与中国政治经济学建设，中国社会科学院学部委员、马克思主义研究院院长程恩富教授指出，创新马克思主义经济学要在“马学为体，西学为用，国学为根”这三大知识体系的基础上，以“世情为鉴，国情为据，党情为要”，进行“综合创新”。创新的现代马克思主义政治经济学应具有的五大理论假设，即“新的活劳动创造价值假设”、“利己和利他经济人假设”、“资源和需要双约束假设”、“公平与效率互促同向变动假设”和“公有制高绩效假设”。④ 中国经济学现代化的“综合创新”，为的是形成具有中国特色、中国风格和中国气派的中国现代马克思主义经济学。这需要确立自主创新的志气。应当结合实践，从简单引进和模仿外国经济学的自在方式，实现向理论创新的自觉或自为方式的转变。这意味着，要实现两个超越：既在具体化的意义上超越马列经典经济学，又在科学范式的意义上超越当代西方经济学；要体现两种实践：既体现东西方市场经济实践，又体现中国特色的社会主义实践；要显现两种创新：既要有经济学的某些常规发展，又要有其范式的革命。⑤ 并且近十年来，中国政治经济学主要在两个方面取得了重大理论成就，即在继承和发展马克思主义经济学的基础上，科学发展观的提出推动了政治经济学的理论创新；同时，具有中国特色学科体系的初步构建，也为政治经济学的发展奠定了基础。⑥

建设中国现代政治经济学，既要反思又要创新，中国人民大学邱海平教授指出，不能仅仅将政治经济学理解为研究生产关系或生产方式的学问，而应该理解为一种“研究范式”。中国政治经济学的创新与发展，不能仅仅局限于对资本主义的批判，应该大力扩展政治经济学研究的范围，运用马克思经济学的方法和理论，致力于对马克思经济学原来未曾解释的问题

---

① 张宇：《论马克思主义经济学的本质与理论框架》，《学习与探索》2012 年第 3 期。

② 胡乐明、刘刚：《论马克思主义经济学与经济学诸流派的沟通——以演化经济学为例》，《当代经济研究》2012 年第 12 期。

③ 李欣广：《马克思主义经济学形态从一维向三维的转换》，《桂海论丛》2012 年第 4 期。

④ 程恩富：《现代马克思主义政治经济学的五大理论假设》，载程恩富主编《马克思主义专题研究文丛——马克思主义经济学研究（第 1 辑 · 2011）》，中国社会科学出版社 2012 年版。

⑤ 程恩富：《创新马克思主义思潮比较——当前多元思潮激荡下的马克思主义》，《人民论坛》2012 年 1 月。

⑥ 程恩富：《近十年我国政治经济学的两大理论成就》，《中国社会科学报》2012 年 8 月 27 日。

的研究。[①] 河南大学于金富教授指出，中国传统经济学的“生产关系范式”，不以生产方式为主要研究对象，脱离客观实际，陷入主观主义、形而上学和法学幻想；新时期的“生产关系+资源配置范式”存在严重的逻辑混乱和内在矛盾；现代中国经济学的“生产方式范式”，应研究社会主义初级阶段生产方式以及与之相适应的生产关系和上层建筑的基本特征，以马克思主义经济学的科学世界观、方法论与基本原理为指导，吸收、借鉴西方经济学积极成果，坚持从实际出发，以中国问题为导向，形成中国风格和中国特色。[②] 中国人民大学高德步教授认为，要在马克思主义经济学基本理论的指导下，吸收西方经济学学术话语，发掘中国经济史和经济思想史资源，形成独特的经济学话语体系，构建“中国话语”的经济学，不能不重视经济学的人文转向。中国经济学的人文转向，就是要坚持科学发展，克服科学主义，充分发扬人文传统及其现代意蕴，建立有鲜明人文特色的中国经济学。[③] 王晓林和沈建明指出，改革开放30余年后，立足初级阶段基本国情且坚持中华民族复兴诉求而展望未来，是中国经济学研究的路径选择，学界或许应以一种“横向整合的宏观世界历史”的整体视野，再次对如何植根于中国历史与现实，如何区分市场经济与资本主义，以及货币主权有无必要等问题进行深入反思。[④]

3. 劳动价值论研究

劳动价值论作为马克思主义经济学的理论基础，一直是学术界研究争论的焦点，而在社会主义条件下如何坚持与发展劳动价值论则是研究焦点中的焦点。2012年，学术界进一步研究了劳动价值论的科学性、创新性和适用性、指导性，以及对一些质疑、否定以及所谓“发展”的相关理论做出批驳与回应，推动了对马克思劳动价值论的深入认识和发展。

关于马克思劳动价值论的科学性与创新性。中国社会科学院学部委员杨圣明研究员指出，与前人相比，马克思的劳动价值论是科学的劳动价值论，有十大理论创新，主要体现在：从商品开始研究价值理论，使用价值与价值辩证统一的理论，劳动二重性的理论，价值形式及其发展的理论，商品的拜物教性质及其秘密的理论，商品价值量及其如何决定的理论，商品价值结构（构成）的理论，劳动力商品的使用价值与价值的理论，价值转型（生产价格）的理论，国际价值理论等。[⑤] 宋树理指出，要从方法论的比较研究中解读马克思劳动价值论的科学性，因此有必要历史地逻辑地比较分析自然科学方法论、科学哲学认识论和经济学方法论的范式，厘清科学划界的主要标准，以有利于更好地发挥马克思劳动价值论在生产和分配中的指导作用。[⑥] 裴宏认为科学认识马克思的劳动价值论要从其分析的起点即价值范畴的规定性及其在马克思经济学框架中的逻辑位置出发，结合一定的思想史素材，研究马克思的劳动价值论包含着的“价值实体”和“价值形式”的对偶，在此基础上对马克思的劳动价值论

---

① 参见邱海平《再论中国政治经济学的创新问题——兼论“研究政治经济学”与“政治经济学研究”的关系》，《江苏行政学院学报》2012年第2期。

② 参见于金富《中国经济学范式的反思与创新》，《江苏行政学院学报》2012年第1期。

③ 参见高德步《科学主义与人文转向：论中国经济学的当代建构》，《中国人民大学学报》2012年第3期。

④ 参见王晓林、沈建明《中国经济学研究若干问题的反思》，《当代经济研究》2012年第7期。

⑤ 杨圣明：《论马克思对劳动价值理论的发展与创新》，《毛泽东邓小平理论研究》2012年第5期。

⑥ 宋树理：《论马克思劳动价值论的科学性——兼评证实主义与证伪主义的科学标准》，《当代经济研究》2012年第9期。

做出正确解释。① 上海财经大学冯金华教授则指出，马克思的劳动价值论不仅是科学的，而且还可以作为现代西方主流经济学中的一般均衡理论的价值基础，这是因为根据马克思的劳动价值论可以证明，在假定社会总产品的价格总量等于价值总量、平均利润总量等于剩余价值总量的条件下，必然有且仅有一个恰好等于相应价值向量的一般均衡价格向量。②

关于如何坚持和发展劳动价值论。中国人民大学卫兴华教授主张，坚持劳动价值论首先不应该区分资本主义社会的劳动与劳动价值论和社会主义社会的劳动与劳动价值论，劳动价值论是统一不可分割的。其次，经济学的价值概念是商品经济概念，不要把表现为交换价值或价格的商品价值，同哲学上和日常生活中使用的价值概念混同起来。发展劳动价值论，应包括两个方面内容：一是将马克思的理论中已经包含但没有凸显的观点加以凸显。如，马克思明确讲过，科技劳动和脑力劳动、管理劳动都创造价值。我们过去对此没有给予应有的理论重视，导致有的学者甚至认为马克思的劳动价值论就是体力劳动价值论。现代生产中，科技劳动和管理劳动已经成为引领全局的劳动。因此，应当突出其在创造价值和财富中的意义。二是不固守只有物质生产劳动才是生产劳动，才创造价值的观点。生产劳动的概念也可以拓宽。有的精神生产劳动创造价值，有的不创造价值。既是非物质生产劳动又是非精神生产劳动的商业劳动和某些服务劳动也可以是创造价值的生产劳动。③ 上海财经大学马艳教授等人指出，发展马克思主义劳动价值理论的重要任务之一，就是要根据现实经济情况的变化扩展其经典价值范畴，可以将马克思劳动价值理论不能解释的、在现实经济活动中却发挥重要作用的一些经济要素的价值定义为虚拟价值，其类型主要分为非劳动型、无载体型、产权分离型三种，虚拟价值理论的提出对于人类有效使用自然资源和保护生态环境以及维持经济可持续发展具有重要的现实意义，从而为科学地解释和有效地分析现实经济的新问题和新变化提供基本理论根据。④ 陈永正认为，坚持马克思劳动价值论即要坚持活劳动创造价值，就必须在当代条件下重新解释活劳动。这是因为马克思完成从本质上认识活劳动如何形成价值时，活劳动范畴达到了思维的抽象便停止了，没有把活劳动从抽象再上升到具体，这就造成了马克思价值形成理论缺乏能够与现实的具体相对应的关于活劳动的思维的具体，解释停留在本质上而对现实缺乏解释力。因此，创立马克思价值形成理论的第四个原理，即劳动价值形成方式原理，将活劳动从抽象上升到具体，揭示活劳动的历史性，以从形式上说明活劳动如何形成价值，这样才能达到既从理论上圆满解释当代现实又坚持和发展马克思劳动价值论的目的。⑤

坚持与发展马克思劳动价值论，不仅需要深入研究理论本身，还要对质疑、否定以及所谓“发展”马克思劳动价值论的西方资产阶级经济学家的相关理论做出正确的批驳与回应，这将有助于科学地分析、借鉴其理论，进而繁荣和发展马克思主义经济学。对此，吉林财经大学丁堡骏教授在揭示萨缪尔森 1957 年、1970 年和 1971 年三篇论文总体思路的基础上，对

① 裴宏：《实体与形式对偶的劳动价值论》，《政治经济学评论》2012 年 1 月。

② 冯金华：《一般均衡理论的价值基础》，《经济研究》2012 年第 1 期。

③ 卫兴华：《劳动价值论的坚持与发展问题》，《经济纵横》2012 年第 1 期。

④ 马艳、李韵：《虚拟价值理论及现代性分析》，《复旦学报》（社会科学版）2012 年第 1 期。

⑤ 陈永正：《马克思价值形成理论的新探索》，《财经科学》2012 年第 7 期。

萨缪尔森对劳动价值论的批判进行了深刻地批驳，指出萨缪尔森等将再生产平衡条件作为转型分析之约束条件，已将研究导入重大误区，并且他的价值公式和生产价格公式不能表示马克思劳动价值理论的相应范畴，实物量关系分析也存在代数学错误，并进一步重申扩大的马克思价值转化模型。① 针对萨缪尔森的劳动价值论是一种“不必要的迂回”观点，冯金华教授指出，现有反驳的观点多是从哲学、历史和社会的角度出发，很少指出萨缪尔森论证中存在的缺陷，因此，分析其论证缺陷，并在价值对价格的决定是否必要、不同部门的剩余价值率是否相同，以及不同商品的价格比率与劳动比率是否一致等问题上回答萨缪尔森对马克思的诘难，才能说明劳动价值论并非是不必要的迂回。② 云南财经大学薛宇峰教授则对西方劳动价值论的“新解释”进行了批判，指出按照马克思的货币的价值与交换价值的理论与论述，“新解释”学派的定义与理论基础无疑与马克思的定义与理论基础有着本质的区别与差异，在价格层面上进行实证研究的“新解释”学派的研究方法，与极力否定劳动价值论的西方主流经济学一贯的研究方法并无根本的区别与差异。③

4. 马克思主义国家学说研究

随着我国建设社会主义和谐社会目标和任务的提出，学者们重新关注马克思主义国家学说，并试图从中汲取理论资源。本年度马克思主义国家学说的研究进展主要体现在两个方面：

第一，对马克思主义国家学说发展历程的回顾和总结。马克思国家学说一直是国外马克思主义研究的一个重点问题。相比之下，国内学界对此问题的关注略显不足。2012 年度，国内一些学者对马克思主义国家学说的演进过程进行了梳理和总结。陈周旺梳理了马克思国家观念的产生和演进的逻辑，指出马克思的国家观念的发展经历了四个阶段：早期马克思用“林木偶像”来隐喻现代国家；透过马克思的共同体思想，现代国家作为一种“虚幻的共同体形式”这一观念为马克思批判资本主义现代国家的合法性奠定了基础；通过对法国大革命后国家政权的研究，马克思意识到，资本主义现代国家有可能演化为一种独立的、保守的政治力量，马克思指出这是资产阶级不能直接统治的后果，也是资产阶级市侩化政治的集中表现；针对国家机器不可改良的性质，马克思提出要“打碎国家机器”，并且以巴黎公社为原型，第一次系统地提出了“社会共和国”这一替代性政治建构。④ 刘军总结和回顾了当代马克思国家学说研究的历程，指出这一过程大体经历了五个阶段：第一阶段从 20 世纪初到 20 年代末，是马克思国家理论的初步发展时期，代表人物为列宁、卢森堡和葛兰西等人；第二阶段是从 20 世纪 30 年代到 60 年代初，内部由于斯大林模式，外部由于行为主义政治学的影响，马克思国家理论的研究显得相对沉寂；第三个阶段从 20 世纪 60 年代至 80 年代初，马克思国家理论出现复兴浪潮；第四个阶段从 20 世纪 80 年代兴起后现代主义的国家理论，探讨“没有国家的国家理论”，以福柯主义的国家理论、女权主义的国家理论以及拉克劳和墨菲的国家理论为标志；第五个阶段从 21 世纪初开始，一些论者关注全球化时代的国家问题，带来马克思主

① 丁堡骏：《评萨缪尔森对劳动价值论的批判》，《中国社会科学》2012 年第 2 期。

② 冯金华：《劳动价值论是不必要的迂回吗？——评萨缪尔森对劳动价值论的非难》，《学习与探索》2012 年第 3 期。

③ 薛宇峰：《西方的劳动价值论“新解释”的批判》，《马克思主义研究》2012 年第 3 期。

④ 陈周旺：《马克思国家学说的演进逻辑》，《中国人民大学学报》2012 年第 1 期。

义国家理论的新发展。[①]

第二，对国家和社会的关系的探究。对国家和社会的关系的唯物主义解读，是马克思国家学说创立的起点。对这一问题的深入分析，有助于正确理解国家的本质，准确界定国家的职能。近年来，公民社会思潮在我国得到广泛传播，其中有些学者主张我国应加快培育和发展公民社会，以公民社会来替代政府的某些职能，从而限制和消解政府权力。面对这种状况，一些学者研究了马克思关于国家和社会关系的理论，并提出了自己的主张。2012 年度，学者们在这一问题研究上取得了新的进展。欧阳英分析了马克思国家学说的本质，指出马克思国家观的深层次本质是新社会观。马克思充分认识到社会决定作为国家起点，而在终点上通过主张国家将会消亡，他最终推崇的是社会的本源意义。对于马克思来说，终点意义上的社会有别于最初决定国家产生的市民社会，它以实现了无冲突的和谐社会作为重要特征，这也是他提出共产主义社会是人类终极目标的主要原因。[②] 王金元等人研究了马克思关于国家与社会的关系理论，认为马克思运用历史唯物主义方法论，从现实的社会关系入手，深刻论证了阶级社会中国家与社会对立统一的辩证关系。[③] 朱鹏认为，马克思从家庭和市民社会中寻找对国家理解的本质，并坚持从社会基本结构中去进一步分析和认识市民社会，他强调了市民社会作为权力主体的重要性。马克思发现国家的社会事务的管理职能往往因为统治阶级在履行统治职能时过分追求自身的利益的最大化而产生异化的现象。要消除国家异化，就必须破除国家权力的过度垄断，并从源头以及过程中加强对国家权力的监督。马克思的国家消亡理论从其本质意义上来说，就是国家的权力向市民社会的回归过程。[④]

5. 马克思主义民主理论研究

近年来，关于“普世价值”问题的争论以及我国社会主义民主政治建设的推进，引起学者们对马克思主义民主理论的关注。众多学者对马克思主义民主理论进行了梳理，澄清了学界和社会上关于民主问题的一些错误观点。2012 年度马克思主义民主理论研究的进展主要有以下几个方面：

第一，对于民主的特点和社会主义民主本质的研究。“民主”是不是专指资产阶级的民主？社会主义有没有民主？社会主义民主有哪些本质规定？上述问题是近年来学术界关注的热点问题。2012 年度，一些学者对上述问题的研究取得了新的进展。时任中国社会科学院常务副院长王伟光教授从马克思主义基本理论出发，全面分析了民主的特点以及社会主义民主的本质。指出，作为国家政治制度层面的民主，即民主政治，具有鲜明的阶级性、政治性和意识形态性，民主是具体的、历史的，表现为一个过程，从来就没有抽象的、超阶级的、超历史的、永恒的、普世的民主政治。离开具体的历史条件、时空环境、发展过程，而把某一历史阶段的民主制度作为适用于一切历史阶段的民主，把某一国家的民主制度作为适用一切国家的民主，是不现实的。社会主义民主是真正科学的民主。人民民主是社会主义的本质要求，社会主义民主实行广泛的人民民主，是建立在社会主义公有制基础上的民主制度，是科

---

① 刘军：《赞成或反对：马克思国家理论的历史发展和可能空间》，《江汉论坛》2012 年第 9 期。

② 欧阳英：《国家·阶级·和谐社会》，《学术研究》2011 年第 12 期。

③ 王金元等：《马克思国家与社会关系理论对构建和谐社会的启示》，《甘肃社会科学》2012 年第 2 期。

④ 朱鹏：《论马克思国家理论与善治思想的契合》，《江苏社会科学》2012 年第 6 期。

学的民主。在社会主义政治生活中，社会主义民主政治的运行、执政党的政治运作必然要按照民主集中制的原则来运行。民主集中制是民主基础上的集中和集中指导下的民主的有机结合，是无产阶级政党和社会主义国家机构的根本组织原则和领导制度。我们党在贯彻落实民主集中制原则过程中，不断把民主集中制原则具体化、系统化、制度化、中国化，为马克思主义民主集中制的理论创新和制度完善作出了突出贡献。中国共产党的党的建设和社会主义民主政治建设的成功实践，证明了民主集中制的科学性。[①]

第二，对马克思主义民主理论研究的深入推进。中国社会科学院马克思主义研究院侯惠勤教授通过对西方"马克思学"的民主理论进行分析和批判，澄清马克思主义民主理论在一些具体问题上的基本观点和主张。指出，西方学者对"形式民主"的崇拜是建立在对国家崇拜的基础上的。"形式民主"不仅不是真正的民主，而且是不具备"消亡"资格的民主。只有无产阶级领导的国家，在不断实现社会主义民主过程中，加上国际条件的配合，国家才趋于"消亡"，而民主也随之消亡。[②] 赵汇等人用马克思的无产阶级贫困化理论解释了无产阶级民主权利的"相对贫困"，指出资本主义民主必将被社会主义民主代替。虽然资产阶级政府规定了在民主权利方面平等性、普遍性、制衡性等一系列原则，但是政治是经济的集中体现，由于普通民众，尤其是广大无产阶级在经济权利上的"绝对贫困"，因而必然在社会权利、政治权利上表现出无力干涉与参与的情况。相对于资产阶级凭其经济上的强有力控制权对政治产生着极大的影响力而言，无产阶级的民主权利总是"相对贫困"的。在社会主义社会，实现了生产资料公有制，劳动者都成为生产资料的主人。与此经济基础相适应社会主义社会的上层建筑也必然是为全社会的广大人民群众服务，只有社会主义民主才能实现其本来意义——人民主权。[③] 蔡国兵等人对马克思民主思想作了初步概括，指出马克思民主思想的哲学基础都是社会与国家关系理论；马克思民主思想的本质是人民主权论；马克思民主思想的精神实质是一切人的全面自由发展和人类的彻底解放。马克思把无产阶级专政看作人民民主的实现途径，从而找到了人民民主实现的现实力量即无产阶级。[④] 张越华探究了马克思民主理论形成的基本脉络，认为在马克思看来，民主理论就是实现人的全面自由发展的理论，其基本内涵就是实现人的全面自由发展。[⑤] 贾泽松等人梳理了马克思的自由民主思想，认为马克思把民主看作一种历史现象和过程，民主就其发展过程而言，是阶段性和连续性的统一。另外，马克思真正关注的不是民主，而是人类解放。若从人类解放的终极意义的角度上看，民主是手段，而不是目的。只有通过人类解放，人类才能获得真正的民主和自由。[⑥] 顾玉兰梳理了列宁关于无产阶级民主建设思想，提出保障人民的民主权利、实现人民管理制的政治理想是列宁理论与实践活动的重要价值诉求。列宁在推进无产阶级民主建设的过程中，正确阐释了

① 王伟光：《什么是科学的民主》，《人民日报》2012年5月24日；《论民主与社会主义民主——关于民主问题的札记》，《红旗文稿》2012年第12期。

② 侯惠勤：《对西方"马克思学"的民主理论的辨析》，《马克思主义文摘》2012年第2期。

③ 赵汇等：《从无产阶级的本质规定看资本主义民主的虚伪性》，《思想理论教育导刊》2012年第1期。

④ 蔡国兵等：《马克思民主思想的理论体系初探》，《科学社会主义》2012年第1期。

⑤ 张越华：《马克思民主理论生成理路》，《前沿》2012年第5期。

⑥ 贾泽松等：《马克思的自由民主思想及其当代启示》，《唐山师范学院学报》(社会科学版) 2012年第1期。

民主与社会主义、民主与集中、民主与专政、民主与社会主义法制等关系问题，并形成了“没有民主就不可能有社会主义”、“民主与集中具体的历史的统一”、“民主与专政相反相成”、“社会主义民主与社会主义法制相互依存”等重要思想。[①] 南京师范大学俞良早教授梳理了列宁民主思想的转变，指出在十月革命过程中及革命胜利后的一段时间里，列宁坚持理想化的民主思想，其原因是把巴黎公社的经验绝对化，轻视俄国经济文化的落后性对民主建设的不利影响，对无产阶级国家存在的长期性和民主演进的曲折性估计不足。经历国内战争后，他转变为现实民主的思想，主张由党来实现无产阶级专政和无产阶级民主，同时加强党内监察与监督；加强国家机构的管理功能，同时必须反对官僚主义；致力于政治稳定和社会稳定，重视法治建设。[②] 王进芬研究了列宁与普列汉诺夫在党内民主问题上的争论，指出争论的内容涉及党内权力授受关系、党的代表大会的实效性、严格党的纪律与保障党内个体权利的关系、少数服从多数与保障少数的关系等问题，争论的实质是如何处理党内权力与权利的关系，并认为他们的争论对中国共产党发展党内民主有重要启示。[③] 汪信砚等人研究了卢森堡的民主思想，指出卢森堡的民主思想包括两个方面的内容：一是关于无产阶级政党的组织原则的民主思想，它主要体现在卢森堡对民主与集中、自由与纪律、领袖与群众的关系的阐述上；二是关于社会主义国家制度的民主思想，它主要涉及实行社会主义民主的必要性和重要性、社会主义民主与无产阶级专政的关系、实现社会主义民主的前提和途径等问题。[④]

（三）现实研究

1. 公有制主体地位和国有企业改革方向的进一步讨论

近几年质疑、否定我国公有制、国有企业的言论不断兴起，进而引发有关公有制、国有企业问题的争论。2012 年，从质、量上认识把握公有制的主体地位，科学评价国有企业效率，坚持正确的国有企业改革方向等成为研究的重点。

关于公有制主体地位的质、量，著名经济学家刘国光主张从质的角度认识、把握我国公有制的主体地位，“公有资产在社会总资产中占优势”更重要的表现为质的优势，即关键性的涉及经济命脉、战略全局和国民经济发展方向的生产资料占优势，先进的、具有导向性、控制性的生产资料占优势，并且不断提高、发展壮大，这样才能控制经济命脉，对国民经济起主导作用，有强大的控制力、决定力、示范力和促进力。同时，要从“以人为本”的高度去看待“公有制占主体”、“公有资产占优势”，要重视有多大比例的工人阶级在公有制经济中劳动。[⑤] 刘越认为应从国有经济控制国民经济命脉、制定行业标准、研究开发新技术、在重要行业关键领域制定价格和产量等五方面来实证分析我国公有制经济控制力标准，即我国公有制经济占主体地位的“质”，以拓宽对我国基本经济制度的认识视野，加深对公有制为主体的

① 顾玉兰：《列宁关于无产阶级民主建设思想的价值诉求及当代启示》，《马克思主义研究》2012 年第 5 期。

② 俞良早：《列宁由理想化民主向现实民主的思想转变》，《俄罗斯中亚东欧研究》2011 年第 5 期。

③ 王进芬：《列宁与普列汉诺夫在党内民主问题上的争论及其现实启示》，《马克思主义研究》2012 年第 2 期。

④ 汪信砚等：《罗莎·卢森堡的民主思想及其启示》，《马克思主义研究》2012 年第 4 期。

⑤ 刘国光：《“两个毫不动摇”的当前价值——公有制是社会主义初级阶段基本经济制度的基石》，《人民论坛》2012 年 3 月。

认识。[①] 赵华荃则以量化公有制主体地位的临界值即“公有资产占优势”的临界值和“国有经济控制国家经济命脉”的临界值为尺度研究我国公有制的主体地位问题，量化的结果显示，至 2003 年，以公有制为主体、多种所有制经济共同发展的格局基本形成，此后，非公有制经济的增长速度远远超过公有制经济，以致现今的公有制主体地位已经动摇，这表明我国国有经济改革取得多方面的成就，但存在方向性的偏差，亟须采取战略性措施，予以纠正。[②] 郑志国则不赞同这种量化尺度和结论，指出量化分析公有制的主体地位，不能只看经营性资产比例，经营性资产占比不是判别公有制地位的基本标准，也没有理由把资源性资产排除在社会总资产之外。资源性资产和经营性资产作为生产资料的组成部分紧密结合在一起，共同构成发展生产力和从事各项社会活动的物质条件。把资源性资产和经营性资产结合起来进行量化分析，就会看到我国公有资产在社会总资产中占有不可动摇的优势。[③] 胡乐明等人则认为研究体现公有制地位的国有企业比重问题，不仅要运用比较静态和动态的研究方法，通过计算相应的统计指标，分析工业领域国有企业比重演变特征及其趋势，关注国有企业的进入或者退出的过程，还要评估其进入或者退出之后的结果。研究结果表明，在当前市场经济有待进一步完善和诚信体系尚未建立的情况下，关系到国计民生的行业如食品、医药等，国有企业不仅不能再退出，而且还要适当增加比重，以引领整个行业健康、有序发展。[④]

关于科学评价国企效率，张宇等人指出全面地理解和评判国有企业的效率，需要从企业微观效率和社会整体效率两个方面来认识，国有企业在促进社会整体效率方面发挥着关键性的作用。[⑤] 夏小林则明确反驳了国企低效作为国企私有化的依据，指出国企无效率并非经济学界的公理，“全面私有化”的市场经济已经过时，“国企无效率＝傻瓜经济学”。[⑥] 程恩富等人对“国有经济低效论”和“国有企业垄断论”做出回应，指出国有经济的整体高效已得到历史的检验，重视经济效率或绩效不能限于局部效率和经济效益，对国有经济的局部低效和阶段性亏损应作具体分析；对“国有企业垄断论”，要区分两类不同性质的垄断，正确区分垄断行业和国有企业占优势行业，国企垄断不是当前我国收入分配不公的主要原因。[⑦]

国企低效也常常作为国有经济从竞争性领域退出的依据，对此程恩富等人从巩固和加强我国社会主义经济制度基础、发展和完善社会主义市场经济的路径、中央一贯的方针政策、应对国际经济危机和提高国际竞争力的客观条件等方面对此进行了驳斥，指出以西方国家的国有经济比重为依据来调整中国特色社会主义的国有经济所占比重的现实危害性，并阐述国有经济战略性结构调整的实质是提高国有企业的地位和竞争力。[⑧] 洪功翔等人通过实证研究发现，无论是财务效率还是技术效率，国有与民营上市公司均不存在差异；预算约束指标显

① 刘越：《我国公有制经济占主体地位之“质”的分析》，《马克思主义研究》2012 年第 8 期。

② 赵华荃：《关于公有制主体地位的量化分析和评价》，《当代经济研究》2012 年第 3 期。

③ 郑志国：《怎样量化分析公有制的主体地位？——与赵华荃先生商榷》，《当代经济研究》2012 年第 10 期

④ 胡乐明、王杰：《国有企业比重演变特征及趋势分析——兼论“国进民退”与“国退民进”》，《中国流通经济》2012 年第 1 期。

⑤ 张宇、张晨：《如何看待国有企业的效率》，《传承》2012 年第 23 期。

⑥ 夏小林：《国企无效率＝傻瓜经济学》，《国企》2012 年第 3 期。

⑦ 程恩富、鄢杰：《评析“国有经济低效论”和“国有企业垄断论”》，《学术研究》2012 年第 10 期。

⑧ 程恩富、鄢杰：《评“国有经济退出竞争领域”论》，《管理学刊》2012 年 6 月。

示，国有与民营上市公司均不存在预算软约束问题，它们的竞争环境基本相同，国有企业并没有获得政府更多的利益输送。据此，“国有企业低效率论”和“扣除政府财政补贴国有企业真实净资产收益率为负论”是不符合实际的，强调国有经济从竞争性领域退出的依据是不足的，并且国有企业效率的提高是改革效应、“干中学”效应、退出效应、竞争效应共同作用的结果。[①] 郝书辰等人利用熵权评价方法，运用2003—2010年间的面板数据，实证分析了国有及国有控股企业在37个工业行业中的效率变动情况，并与私营企业、外商和港澳台商投资企业进行了比较。分析结果显示：国有工业企业的效率在36个行业中是逐年增长的；与其他所有制企业相比，国有工业企业效率发展水平在7个行业中不逊于私营企业，在23个行业中显著地优于外资企业，国有工业企业效率增长速度在21个行业中超过私营企业，在34个行业中超过外资企业。分析所涉及的行业既有竞争性行业又有垄断性行业，企业效率与所有制、行业的竞争或垄断与否没有必然的联系，因此，“国有企业退出论”在我国现阶段是没有现实依据的，国有企业应依据企业效率调整行业分布格局，优化国有资本配置。[②] 魏峰等人基于竞争性领域20个工业细分行业的面板数据，运用随机前沿分析方法分别计算了国有企业和非国有企业20个竞争性行业2000—2009年期间的年度技术效率。结果表明，在此期间，竞争性领域国有企业和非国有企业的工业行业技术效率之间存在差距，但由于国有企业技术效率上升态势明显，使得两者的效率总体上趋同。研究结果说明，主张国有企业必须从竞争性领域全面退出为时尚早，竞争性领域国有企业改革应当也能够继续深入推进，进一步提高市场的竞争程度、在适当行业扶植企业做大做强均有益于竞争性领域国有企业技术效率的提升。[③]

国有企业改革方向事关社会主义基本经济制度建设的成败，国企私有化绝不是我国国企改革的方向和出路。对此，陈亮指出国有企业是中国经济发展的重要推动力量，也是实现共同富裕的重要载体，是国民经济发展的支柱而非障碍。以“障碍”为名推行国有企业私有化绝不是我国国企改革的出路，必须要真正毫不动摇地巩固和发展公有制经济，使其承担起更多的国家责任、社会责任，将国有企业的改革发展成果更好地惠及民生。[④] 李济广指出公有制代表绝大多数人民利益，是实现人类福利最大化的最佳途径，现实的所有制结构要求我们高度关注公有制的主体地位，因此公有制经济为主体是经济改革的约束条件。国有经济的数量和布局必须满足公有制为主体、国有经济为主导的要求，必须坚持以公有股份制和公有股权多元化为股份制的主要形式，局部地区和单个行业也要以公有制经济为主体，国有资本预算不能削减而应当增加国有经济资本支出，国有经济重组和改革不能搞国退私进，必须制定大力发展公有制经济的政策措施。[⑤] 国防大学中国特色社会主义理论体系研究中心学者指出，鼓吹国企“私有化”的实质是试图用新自由主义在理论和实践上演变和颠覆我国的经济制度

---

① 洪功翔、董梅生：《国有企业一定低效率吗？——来自中国的实证研究与理论阐释》，《教学与研究》2012年第8期。

② 郝书辰、田金方、陶虎：《国有工业企业效率的行业检验》，《中国工业经济》2012年第12期。

③ 魏峰、荣兆梓：《竞争性领域国有企业与非国有企业技术效率的比较和分析——基于2000—2009年20个工业细分行业的研究》，《经济评论》2012年第3期。

④ 陈亮：《国有企业私有化绝不是我国国企改革的出路——兼与张维迎教授商榷》，《马克思主义研究》2012年第5期。

⑤ 李济广：《经济体制改革和公有制经济的主体地位——经济体制改革方向再辨析》，《管理学刊》2012年2月。

和政治制度，必须旗帜鲜明地予以批判和抵制，国企改革必须有利于巩固公有制的主体地位。[①] 程恩富指出，深化经济改革的首要任务绝不是国有企业私有化，当前无论是国企还是民企，它们所面对的最大既得利益者和最大垄断者是外资企业。新一轮改革的首要任务就是要改变这种局面，而绝不是国有企业的私有股份化。国企与民企应合作共进，夺回弱势产业阵地。[②]

2. 社会主义市场经济体制建设研究的进一步深化

自社会主义市场经济体制提出以来，有关社会主义市场经济体制的研究一直是学界关注、探索、研讨的重点。2012 年为了纪念社会主义市场经济体制确立 20 周年，学者们从经验总结、建设方向、完善路径等方面对其进行了深入研究。

社会主义市场经济体制确立已有 20 个年头，有必要对其发展中取得的宝贵经验和教训进行总结。中国人民大学周新城教授认为建立社会主义市场经济体制的重要经验是：在我国，市场经济必须同社会主义基本制度相结合，市场经济体制应该姓“社”。如果把两者割裂开来，只讲市场经济的共性，忽视我们所要建立的市场经济必须反映和体现社会主义基本制度的特点和要求，改革就会背离社会主义方向。社会主义基本制度同市场经济这种运行机制相结合，从经济上说，最主要的就是要把生产资料公有制同市场经济结合起来，在公有制基础上运用市场经济这种手段。按照市场经济的需要，探索公有制的实现形式，是我国经济体制改革的一项重要任务。[③] 复旦大学顾钰民教授认为社会主义市场经济是中国特色社会主义在经济上的主要体现，社会主义市场经济在构建社会主义与市场经济相统一的理论、社会主义走市场经济发展的道路、社会主义与市场经济结合的体制上实现了全面创新。这些创新是对马克思主义的重大发展，也是当代中国马克思主义的主体内容之一。[④]

建设完善社会主义市场经济体制，需要进一步指明建设的方向和完善的路径。江苏省委党校李炳炎教授认为，社会主义市场经济最基本的矛盾是个人需要与公共需要之间的矛盾，社会主义市场经济建设要妥善处理这对矛盾，要认识到在社会主义市场经济中，满足人的不断增长的各方面的需要，是实现人的自由全面发展的前提条件。必须依据马克思关于人的经济需要的论述，认真研究人的需要发展变化的规律性及其满足的途径。[⑤] 宗寒指出深化改革、完善社会主义市场经济体制，关键是正确认识和处理好社会主义市场经济体制中的一些基本规律和基本关系，尤其是其“脑”与“手”的关系。社会主义市场经济的“大脑”就是党的基本理论、基本路线、基本方针、基本政策，就是集中体现这些理论路线方针政策的社会主义基本经济制度。“大脑”决定社会主义市场经济的性质、目的、发展方向以及效率，与社会主义基本制度相结合，是社会主义市场经济的最重要特征。社会主义市场经济的“手”是社

① 国防大学中国特色社会主义理论体系研究中心：《国企改革必须有利于巩固公有制的主体地位》，《党建》2012 年第 7 期。

② 程恩富、方兴起：《深化经济改革的首要任务绝不是国有企业私有化》，《求是》2012 年第 13 期。

③ 周新城：《建立社会主义市场经济体制是中国共产党的伟大创举——纪念建立社会主义市场经济体制提出 20 周年》，《学习论坛》2012 年 7 月。

④ 顾钰民：《社会主义市场经济理论、道路、体制的创新与发展》，《思想理论教育》2012 年第 11 期上。

⑤ 李炳炎：《试论社会主义市场经济中“人的经济需要”范畴》，《改革与战略》2012 年第 2 期。

会主义市场经济运行体制和机制的手段和杠杆。这些“手”不仅有“看不见的手”和“看得见的手”，还有法制和精神文明这两只“手”。四只“手”各司其职，相互联系，相互制约，共同支配指挥社会主义市场经济运行。[①] 河南财经政法大学杨承训教授提出，社会主义市场经济需要完善“强政府、旺市场、壮实体、健金融”的架构，其中“强政府、旺市场”是指政府以正确的决策调控、管理来引领市场，以强有力的手段纠正市场失灵和种种副作用，让它在国家意志的范围内发挥作用，在规定的范围内充分发挥市场的活力，同时还要随时对市场进行监督、规导和纠偏。[②] 辨析不同的社会主义市场经济理论观点，将为我国社会主义市场经济体制建设的进一步发展完善奠定理论基础。对此，卫兴华教授针对将市场经济与商品经济两个概念画等号的观点，指出从1984年《中共中央关于经济体制改革的决定》的论述来看，从经济理论和经济实践两方面来进行分析与判断，商品经济与市场经济是既相联系又有区别的两个概念。市场经济是以商品经济的发展为基础的，但市场不起调节作用的商品经济不是市场经济。并进一步指出陈云与邓小平在市场经济问题上的思想是一致的，将二人的经济思想割裂开来甚至对立起来的见解是不符合实际的。[③]

3. 马克思主义政党理论与执政党建设研究

加强执政党的自身建设，提高党的纯洁性、增强执政能力和执政合法性是中国共产党当前面临的一个重大现实问题。近年来，理论界通过研究马克思主义政党理论，来探讨新形势下加强党的建设、提高党的执政能力和执政水平的具体方式和途径。2012年度，关于执政党建设研究取得了以下进展。

第一，对马克思主义经典作家党建理论和共产党历史经验的系统梳理和总结。马克思主义经典作家对共产党自身的建设有过系统的阐述，各国共产党的历任领袖在党的建设方面有很多历史经验。这些理论的梳理和经验的总结对于中国共产党当前加强自身建设具有重要的理论指导意义和借鉴作用。林立公研究了马克思主义经典作家的政党思想，指出，马克思主义经典作家认为，政党是阶级斗争的产物，政党的本质特征是阶级性，政党由本阶级先进成员组成，政党的任务是领导本阶级的政治斗争、掌握政权，实现本阶级的根本利益。资本主义的政党政治保证了政权在资产阶级不同利益集团中间执掌。工人阶级必须建立自己的政党才能卓有成效地开展政治斗争、夺取政权。马克思主义政党是新型的工人阶级政党，以民主集中制为根本组织原则。[④] 刘志明研究了列宁加强执政党思想理论先进性建设的思想，指出列宁坚持以马克思主义理论武装全体党员的头脑，加强执政党的思想作风建设和正确开展“两条路线的斗争”。[⑤] 汤德森驳斥了西方学者对列宁无产阶级专政理论的歪曲，指出国内外关于列宁无产阶级专政理论的认识，比如，对布尔什维克“一党专政”等问题的理解，存在着一些不科学或不正确的成分，特别是不少西方学者极力歪曲列宁的无产阶级专政理论，攻

① 宗寒：《论社会主义市场经济中的“脑”与“手”》，《探索》2012年第2期。

② 《完善“强政府、旺市场、壮实体、健金融”架构——访河南财经政法大学资深教授杨承训》，《马克思主义研究》2012年第4期。

③ 卫兴华：《社会主义市场经济理论不同观点辨析》，《山西高等学校社会科学学报》2012年第10期。

④ 林立公：《马克思主义经典作家关于政党学说的基本思想》，《政治学研究》2011年第6期。

⑤ 刘志明：《列宁加强执政党思想理论先进性建设的思想与实践》，《中国社会科学院研究生院学报》2012年第1期。

击列宁新型无产阶级政党学说是所谓的“取代论”，攻击新型的苏维埃政权是“极权主义”的“党治制”国家，等等。这些都是严重违背历史事实的。① 牛玉峰总结了党的第一代中央领导集体建设学习型政党的历史经验，指出以毛泽东为核心的党的第一代中央领导集体虽然没有明确提出建设“学习型政党”的概念，但在具体的学习实践中，率先垂范，重学好学，博学践学，真学善学，励学自学，将学习的针对性与长期性、理论性与实践性、原则性与灵活性、制度化与自主性统一起来，为学习型政党建设积累了丰富的历史经验，对于当前的马克思主义学习型政党建设具有重要的现实意义。②

第二，加强党的建设的思路和具体路径的探索。崔保锋等人试图将“政党软力量”概念引入马克思主义政党理论，指出政党软力量的特定主体、客体及其本身所具有的非强制性且非诱惑性、内生内省和内驱性、阶级性等本质属性，构成了“政党软力量”概念的理论内涵。政党软力量既表现为政党价值观念的吸引力和同化力，也表现为政党组织方式和行为方式的包容力和亲和力，还表现为政党所主张的社会发展的制度模式的感召力和凝聚力。政党只有始终保持理论、路线与政策的与时俱进，切实实现政党功能的转换和回归，全面理顺政党与大众媒体的关系，同时塑造具有良好个人魅力的政党领袖，并纯洁党员队伍、严厉整治党内官僚主义作风和腐败现象，才能实现政党软力量的可持续发展。③ 胡伟从党建科学化的视角探讨了现代政党发展规律，认为提高党建科学化水平，核心是把握政党运动和发展的基本规律，探索政党现代化的逻辑，正确处理政党、国家与社会的关系，对执政党自身进行科学定位，塑造政治合法性。在此基础上，共产党才能真正优化执政模式，推进党的建设科学化。④

4. 资本主义和社会主义的现实与未来

2008年以来的全球金融危机和经济危机又一次暴露了资本主义制度的致命缺陷，引发了众多学者对资本主义历史命运的反思。与此同时，社会主义作为资本主义的替代性制度，对其内涵和本质规定的探讨也成为学术界的一个研究重点。2012年度上述问题的研究进展主要有：

第一，资本主义的新变化及其历史命运。聂运麟研究了国外社会主义政党对资本主义新变化的分析。资本主义国家的共产党和工人党认为，当代资本主义已经有了新的发展，发生了重大变化，国家垄断资本主义进入了国际化发展的新阶段，表现出一系列新的特征。资本主义的新发展、新变化是资本主义发展的自然历史过程，科技革命和生产力的革命是其变化发展的基本动因；“新自由主义”的推行是其变化发展的重要政策性因素；苏联东欧的剧变是其变化发展的一个重要推动因素。共产党和工人党认为，尽管资本主义发生了重大变化，但资本主义的本质没有变，它仍然无法解决其自身固有的基本矛盾，且这一新的发展变化还为社会主义的实现创造了新的物质条件。⑤ 刘明华根据《共产党宣言》中关于资本主义全球化的阐述，研究了资本主义的历史命运，认为《宣言》既肯定了资本主义生产方式全球扩张所

① 汤德森：《驳西方学者对列宁无产阶级专政理论的歪曲》，《马克思主义研究》2012年第1期。

② 牛玉峰：《党的第一代中央领导集体建设学习型政党的历史经验及现实思考》，《马克思主义研究》2012年第2期。

③ 崔保锋等：《软力量视域下的政党理论研究——论“政党软力量”概念的提出》，《学习与实践》2012年第1期。

④ 胡伟：《现代政党发展规律探析：以党建科学化为视角》，《天津社会科学》2012年第1期。

⑤ 聂运麟：《共产党和工人党视野中的资本主义新变化》，《马克思主义研究》2012年第2期。

起的革命作用，也深刻地揭示了全球化所蕴含的内在矛盾，这种矛盾伴随着资本主义全球化的发展而不断加剧，最终结果是资本主义制度必然灭亡。[①]

第二，对马克思“跨越”思想的新研究及对社会主义本质的总体认识。孙来斌等人回应和反驳了近年来学术界对马克思“跨越”思想的质疑，指出马克思对俄国社会发展道路的研究是持久而深入的，所得出的结论是他慎重思考的结果；马克思的“跨越”设想是他早先思想合乎逻辑的继续、深化和发展；从马克思与恩格斯有关思想的比较来看，他们的基本立场和基本观点是一致的；从国际学术界相关研究看，“跨越”设想引起了多国学者的关注，并非中国学者的理论虚构。[②] 李素霞指出，马克思晚年“跨越卡夫丁峡谷”设想的提出是他运用交往分析法分析社会历史发展道路的典范。马克思考察社会历史发展道路的方法和视角并不是单一的，交往分析法是马克思分析社会发展道路的具体形式。透过马克思的交往分析法及其在分析社会发展道路中的应用，我们不仅可以深刻体会马克思辩证历史观的精髓，而且可以看到一幅丰富的人类历史画卷。[③] 胡乐明运用总体性方法对社会主义进行了审视，指出总体性原则是马克思考察人类社会及其发展历史的基本方法，也是科学理解科学社会主义及其发展历史的基本方法。运用总体性原则考察人类社会及其发展历史必须坚持“时间”、“结构”、“空间”三个维度的有机统一，拒绝对于人类社会及其发展历史的“断裂式”、“碎片化”、“特殊主义”“阅读”，才能科学阐释人类历史发展的一般规律与具体道路，准确理解社会主义替代资本主义的自然历史过程，正确把握历史由资本主义世界历史时代转向社会主义世界历史时代的客观发展趋势。[④]

三　需着力深化研究的一个问题

经过 6 年的探索和积累，马克思主义基本原理学科无论在学科建设，还是在理论研究上都有了重要进展，取得了重要成绩。2012 年，学界在深刻总结以往研究成果的基础上，结合时代发展客观需要，一方面深化已有问题的研究，另一方面提出新的研究思路，具有承前启后的意义。展望学科未来发展，我们认为，马克思主义基本原理研究需要在整体性问题上有实质性的突破，取得真正体现马克思主义整体性的优秀的理论成果。这是马克思主义基本原理理论本身和当前研究现状的必然要求。

马克思主义整体性研究是马克思主义理论一级学科设立以来的一个重要课题，是近几年马克思主义研究的热点和核心问题。整体性研究的重要意义在于：它是完整、准确地理解和把握马克思主义基本原理和马克思主义基本原则和根本精神的途径。一般来说，人们通常是从超越“三分法”来理解马克思主义整体性研究的。确实，马克思主义整体性是一个内涵丰

---

① 刘明华：《全球化与资本主义的历史命运》，《郑州大学学报》（哲学社会科学版）2012 年第 3 期。

② 孙来斌等：《关于马克思“跨越”设想历史地位的确证——与一种否定观点的商榷》，《马克思主义研究》2012 年第 4 期。

③ 李素霞：《世界普遍交往与卡夫丁峡谷的跨越——兼论马克思社会交往理论的方法论意义》，《马克思主义研究》2012 年第 5 期。

④ 胡乐明：《社会主义：一个总体性认识》，《马克思主义研究》2012 年第 6 期。

富的范畴，不是所有学者都主张把马克思主义整体性内涵仅看成是三个组成部分的内在联系，对于除此之外的内涵，很多学者已经从不同视角、不同层面进行了阐释，这里不再多述。但是，从马克思主义整体性问题的兴起原因来看，确实是直接源自于人们对马克思主义“三分法”模式存在的缺陷的深刻反思。学术界普遍认为，传统的“三分法”不能全面系统地涵盖马克思主义理论的整体，割裂了作为整体的马克思主义基本原理，不符合马克思恩格斯等经典作家的理论创建的本意，整体性研究是科学认识和发展马克思主义的内在要求。因此，尽管人们对马克思主义整体性的具体内涵理解不同，但人们一般认为，加强马克思主义整体性研究就是要超越以往“三分法”为我们设置的学科界限，更多地从揭示三个组成部分内在联系的角度研究马克思主义。因此，从总体上来说，马克思主义整体性研究表现为超越“三分法”的努力。从近些年的研究实践看，学者们从马克思主义理论内容整体性、方法整体性、历史或发展的整体性、层次整体性、形态和功能等的整体性、学科整体性等等角度，进行了分别研究，取得了重要成绩。但是，这些看似“五花八门”的研究总是给人“停留在表面，难以深入”的感觉，以致很多学者认为，当前的整体性研究没有真正完全解决马克思主义理论尤其是它的基本原理的整体性问题，正如有学者所说，当前，就总体而言，马克思主义理论整体性研究所取得的成果并不理想，并没有出现得到大家基本认可的实实在在的真正体现整体性的研究成果。现在大家所研究的问题，是如何进行整体性研究，而不是拿出体现整体性研究的理论成果。有学者指出，目前我国学界关于马克思主义理论的整体性的研究在总体上还流于一般性的议论。虽然这种议论的视角比较多，但缺乏对这一问题的深入的“元思考”，即没有对马克思主义理论的整体性这一概念本身进行深入的方法论上的批判性思考，从而这种议论难以超越以往的水平。

整体性研究缺乏实质性进展，从根本上影响了人们对马克思主义基本原理的基本原则和根本精神的认识和理解，进而影响了马克思主义基本原理研究向纵深推进。超越当前马克思主义整体性研究的胶着状态，切实推进整体性研究，并取得实质性进展，是当前马克思主义基本原理研究当务之急。无疑，已有的研究成果已经为新的研究提供了基础。我们认为，当前学科的重要任务就是在已有研究的基础上，从全面、综合创新的角度来深化整体性研究。具体来说，可以从以下几个方面研究：分科性研究，即从哲学、政治学、经济学、文化、社会学、人类学等方面研究；层次性研究，从一般原理、具体论断、思维方法等方面研究；发展性研究，按照经典作家和学者等的线索来研究；统一性研究，按照马克思主义立场、观点和方法辩证统一角度研究；分类性研究，主要是从哪些是必须长期坚持的基本原理、哪些是需要发展的理论判断、哪些是必须破除的教条式理解、哪些是必须澄清的错误观点四个方面研究；破立性研究，从批判性和建设性两个方面研究；国别性研究，包括中国、越南、古巴、朝鲜、老挝等社会主义国家及发达资本主义国家的共产党的理论等的研究；“三化”研究，从马克思主义中国化、时代化、大众化方面研究，等等。由此，还马克思主义一个真正的整体性的面貌，从而深入推进马克思主义基本原理研究。

这是一个庞大而系统的工程，要实现这个目标还需要从以下两个方面多加努力。

第一，努力把马克思主义哲学思维渗透进马克思主义整体性研究中。

马克思主义哲学研究是马克思主义基本原理研究的基础和核心部分，在马克思主义基本原理学科设立之前，基本原理研究主要是在马克思主义哲学原理学科之中。习近平在中央党校 2011 年春季学期第二批入学学员开学典礼上强调认真学习马克思主义经典著作时，特别强调要着重学习马克思主义哲学："领导干部学习马克思主义经典著作，尤其要注意学习马克思主义哲学。哲学是人类的智慧之学。在马克思主义三个组成部分中，哲学是基础。掌握马克思主义哲学，是掌握马克思主义完整科学体系的重要前提。今天，我们的领导干部要正确判断形势，在错综复杂的形势变化面前保持头脑清醒，坚定理想信念，科学分析我国发展面临的机遇和挑战，全面看待前进道路上的主流和支流、出现的矛盾和问题，都离不开马克思主义哲学的指导，离不开辩证唯物主义和历史唯物主义的思想方法。学好马克思主义哲学，把思想方法搞正确，增强工作中的科学性和全面性，才能不断开创各项工作的新局面。"① 哲学是基础，只有在马克思主义哲学研究上狠下工夫，才能吃透马克思主义基本原理及其根本精神，从而才能正确判断形势，保持头脑清醒，创造出卓然超群的高水平成果。

从当前理论界现状看，马克思主义哲学思维并没有真正渗透进马克思主义整体性研究之中，人们一般认为，哲学是研究形而上学的，对于现实问题的解释和解决迂远不切实际，而整体性研究是从整体上研究马克思主义的，主要的是把马克思主义哲学、政治经济学和科学社会主义辩证统一起来。实际上并非如此。如果没有马克思主义哲学研究的深度和穿透力，要把马克思主义哲学、政治经济学和科学社会主义辩证统一起来，是难以想象的，最终会因缺少实质性内容而难有令人满意的成果。同样，马克思主义哲学研究如果缺少马克思主义整体性的视野和空间，也容易越研究路越狭窄，最终真的进入抽象空洞的经院哲学境地。

第二，努力在直面现实问题的研究中展现马克思主义整体性。

马克思主义整体性研究不是一个单纯的理论问题，当前社会主义经济建设、政治建设、文化建设、社会建设、生态文明建设等全面、协调、可持续发展对理论研究的要求，是马克思主义整体性研究提出的最深远的现实时代背景，也是整体性研究深入进展的生长点和源泉。从当前马克思主义整体性研究的现状看，现在研究偏重在理论层面，学术研究和现实问题的解决难以有效衔接。一方面是从理论到理论，在理论范围内转圈子，马克思主义整体性研究的实践价值并没有真正显现；另一方面是运用马克思主义理论解读现实问题、提出重大政策主张的能力不足，很多人局限于马克思主义经典作家的论述，缺乏在对马克思主义根本原则和根本精神的深刻把握基础上的创新思维。这个困境的症结就在于，不能正确区分马克思主义基本原理中不变的根本原则与可变的具体结论之间的界线。马克思主义基本原理理论体系、马克思主义的根本原则是马克思主义的最核心部分，它不是一个或几个具体原理，而一个原理体系，是涵盖马克思主义辩证唯物主义世界观、价值观、实践论及其内在联系的辩证统一体，它的核心内容是不变的，但是会随着时代发展而像滚雪球一样不断充实、不断丰富。马克思主义基本原理研究需要深刻揭示这一原理体系的内在关系，把握基本原理的核心思想和根本精神，在此基础上，运用这一根本思想去解释和解决各个时代人类实践出现的新情况新

① 《习近平在中央党校春季学期第二批入学学员开学典礼上强调认真学习马克思主义经典著作不断推进中国特色社会主义事业》，《人民日报》2011 年 5 月 14 日。

问题，得出具体结论，再用以指导具体实践。因此，用以指导社会的经济、政治等发展中出现的具体问题的具体理论，是随着时代的发展和实践的需要而不断创新的。

马克思主义整体性研究要在深刻把握国内国外局势的基础上，深入实践发展前沿，感悟时代发展先声，用马克思主义基本原理解释和解决社会主义建设中出现的问题，并在这一过程中使理论本身得到丰富和升华，这是马克思主义理论发展的最高境界。

（供稿：张建云　彭五堂　杨静　崔云）

马克思主义中国化

马克思主义中国化，是马克思主义同中国革命、建设、改革发展的具体实践和时代特征相结合的过程。马克思主义中国化研究作为马克思主义理论学科的二级学科，是马克思主义研究中实践性最强的学科之一，“马克思主义中国化研究”学科既关注马克思主义中国化的历史进程、基本经验和基本规律，也关注马克思主义中国化的主要理论成果以及马克思主义视野下的当代中国的重大理论与现实问题。不断推进马克思主义中国化研究学科建设，对于推进马克思主义理论研究和建设工程，对于繁荣我国哲学社会科学具有重要意义。

一　研究概况

（一）全国“马克思主义中国化研究”学科建设

1. 学科建设稳步推进

2012年，“马克思主义中国化研究”作为马克思主义理论一级学科下设的二级学科已经走过了7个年头。截至2012年，全国已设立马克思主义理论一级学科博士点37个、硕士点133个，6门二级学科设立博士点和硕士点近600个。

作为一个年轻的学科，马克思主义中国化研究学科的发展还不够成熟，学术队伍有待进一步整合，学术传统尚未形成，学术规范有待进一步完善。在学科内涵与特点、研究方向与内容、人才培养与队伍建设、课程设置等一系列学科建设的问题上，还需要进一步研究、探讨和完善。

2. 学术新成果不断涌现

从2012年发表的文献资料来看，以中国期刊全文数据库、中国博士学位论文全文数据库、中国优秀硕士学位论文全文数据库、中国重要会议论文全文数据库、中国重要报纸全文数据库等数据库为文献检索基础，以含有“马克思主义中国化”为关键词，检索到的文献数量为2012篇；以“中国特色社会主义”为关键词的文献共有2674篇；题名中含有“毛泽东”一词的文献1863篇，题名中含有“邓小平”一词的文献966篇，题名中含有“三个代表”的文献共26篇，题名中含有“科学发展”的文献12823篇。如果将其他各个具体学术领域包含的相关研究考虑进去，则实际内容会更加丰富，文献数量也会更多。

根据对中国国家图书馆中文普通图书的检索，2012年出版的正题名中含有“马克思主义中国化”一词的著作为45种，含有“中国特色社会主义”一词的著作87种，含有“毛泽东”一词的著作有149种，含有“邓小平”一词的著作有41种，含有“三个代表”及“江泽民”

一词的著作有7种，含有“胡锦涛”及“科学发展”的著作有92种。马克思主义中国化的理论研究之深入和研究成果之丰硕可见一斑。

3. 学术活动异彩纷呈

2012年，国内学术界举办了多次理论研讨会等学术活动，其中代表性的有：

——2012年1月，中国社会科学院马克思主义研究院马克思主义中国化研究部主办第二届“马克思主义中国化学术论坛——南方谈话与中国特色社会主义新发展”学术研讨会。与会学者透过“南方谈话”，从深化邓小平理论研究、坚定不移依靠改革开放、把握社会主义本质、走中国特色社会主义道路、对“什么是社会主义、怎样建设社会主义”基本问题的创造性解决、走社会主义道路就是要逐步实现共同富裕、南方谈话与中国特色社会主义制度的确立等角度，对马克思主义中国化的重大理论和现实问题进行了深入探讨。

——2012年5月18日，由中国社会科学院当代中国研究所、中华人民共和国国史学会举办的主题为“毛泽东《在延安文艺座谈会上的讲话》与新中国文艺建设”的学术座谈会在京举行。

——2012年5月19日至21日，“纪念毛泽东《在延安文艺座谈会上的讲话》发表七十周年暨全国毛泽东文艺思想研究会2012年学术年会”在湘潭大学召开。

——2012年5月23日，“纪念毛泽东同志《在延安文艺座谈会上的讲话》发表70周年座谈会”在北京人民大会堂举行。胡锦涛作出重要指示，李长春出席座谈会并讲话。

——2012年6月，北京市委宣传部、北京市中国特色社会主义理论体系研究中心、北京市社会科学界联合会、北京大学马克思主义学院、清华大学马克思主义学院、中国人民大学马克思主义学院、北京师范大学马克思主义学院联合举办了“马克思主义中国化论坛 · 2012”，论坛主题为“科学发展观与当代中国”。

——2012年6月19日至20日，中国中共文献研究会毛泽东思想生平研究会、中共中央文献研究室第一编研部和中共河北省委宣传部共同主办的“弘扬西柏坡精神，加强新时期党的建设”学术研讨会暨毛泽东思想生平研究会2012年年会在石家庄召开。

——2012年7月，中共中央编译局和中共辽宁省委党校联合主办“坚持和完善中国特色社会主义制度”学术研讨会。与会代表围绕中国特色社会主义制度的内涵与成因、特点与优势，中国特色社会主义制度体系，中国特色社会主义道路、理论与制度的关系，中国特色社会主义政治制度、经济制度、政党制度、文化制度、社会管理制度以及中外制度比较等议题进行了交流和讨论。

——2012年8月6日，“第十九次全国毛泽东哲学思想”学术研讨会在新疆喀什举行。全国毛泽东哲学思想研究会和喀什师范学院主办。主题是“毛泽东思想与中国特色社会主义理论体系”。

——2012年9月，由北京大学马克思主义哲学研究中心、北京大学马克思主义学院、北京大学中国特色社会主义理论体系研究中心和21世纪哲学创新论坛共同举办的“第三届马克思主义哲学中国化”论坛在北京大学召开。围绕着马克思主义哲学中国化的十大前沿问题，特别是关于马克思主义哲学中国化研究现状中马克思主义哲学中国化这一命题能否成立，学者们充分发表了各自的看法。

——2012年9月23日，中国毛泽东诗词研究会在江苏启东召开第十二届年会，主题是“毛泽东诗词与中华诗词发展道路”。

——2012年11月10日，“毛泽东与当代中国”理论研讨会在南京大学召开。由全国毛泽东哲学思想研究会、南京大学共同主办。

——2012年12月，由中国马克思主义研究基金会主办的“中国马克思主义论坛2012暨中国马克思主义研究基金会成立20周年纪念大会”在中央党校举行。此次论坛以“科学发展观与全面建成小康社会”为主题，围绕科学发展观是全面建成小康社会的根本指导思想，解决“不平衡、不协调、不可持续”问题是全面建成小康社会的主要着力点，深化改革是全面建成小康社会的强大动力等三个议题展开，论坛深入分析了科学发展观对于全面建成小康社会以及坚持和发展中国特色社会主义的重大现实意义和深远历史意义，研究了实现全面建成小康社会新要求的内外部有利条件及需要攻克的难点，并提出了有价值的政策建议。

（二）中国社会科学院“马克思主义中国化研究”重点学科建设情况

由马克思主义研究院马克思主义中国化部主持的中国社会科学院“马克思主义中国化研究”重点学科，在2012年的主要工作有：

1. 课题研究：2012年，学科承担的4项国家社科基金课题，两项已经结项，两项接近尾声；王宜秋参与完成国家社科基金重大课题“中国特色社会主义妇女理论初探”；贺新元参与完成2008年国家社科基金重大招标项目“维护西藏地区社会稳定对策研究”（独立完成其中一个子课题“西藏干部队伍与基层组织建设对西藏社会稳定的影响及对策”）；赵智奎主持中国社会科学院重大课题“马克思主义中国化的基本经验及规律性认识”进展顺利。

2. 科研成果：2012年，学科成员赵智奎出版专著《什么是中国特色社会主义》（中英文，湖南人民出版社2012年版）；学科在年度“马克思主义系列报告会”和年度马克思主义中国化学术论坛的基础上出版集体成果两部：《马克思主义中国化报告集No. 3——南方谈话与中国特色社会主义新发展》（社会科学文献出版社2012年版）、《马克思主义中国化报告集No. 4》（社会科学文献出版社2012年版）；据不完全统计，学科成员在《中国社会科学文摘》、《马克思主义研究》、《红旗文稿》、《新视野》、《北京大学学报》等有较大影响的报刊发表论文、调研报告、访谈文章、学术资料40余篇。

3. 学术活动：2012年1月5日，由马克思主义中国化研究部主任、“马克思主义中国化论坛”（网站）执行主席赵智奎研究员主持的第二届“马克思主义中国化学术论坛——南方谈话与中国特色社会主义新发展”学术研讨会召开，引起了广泛的社会关注，来自《人民日报》、《光明日报》、《中国社会科学报》、人民网、新华网、中国社科网、社会科学文献出版社等媒体以及《前线》、《新视野》、《马克思主义研究》、《马克思主义文摘》等期刊的编辑、记者出席了研讨会，并作了相关报道。学科鼓励青年学者积极参与各种课题研究、学术报告以及学术研讨会发言。中共十八大召开后，学科部分成员多次接受人民网、中国社科网等重要媒体的采访，积极宣讲十八大会议精神。通过独立主持国家级课题、积极参加重要学术研讨会、开展个人学术报告、接受媒体采访等载体和活动，不仅使学科成员锻炼了能力、开阔了视野，而且扩大了马克思主义中国化学科的社会影响。

4. 国情调研：学科继续贯彻执行“走下去”的学科发展战略，积极下基层进行国情调研。学科带头人赵智奎研究员带头表率，多次赴黑龙江省甘南县兴十四村和山东莱钢等地调研、讲课。金民卿、李建国等到宁波调研。贺新元带领学科成员到江西、广西等老少边穷县进行国情调研，完成了所承担的中国社会科学院国情调研重点课题。为跟踪了解集体经济发展情况，学科成员还积极寻找机会与河南刘庄村、黑龙江兴十四村、天津毛家峪村、河北邢台富岗集团等调研基地保持密切联系，或实地调研，或电话访谈，或向对方索要相关资料，以丰富课题研究。

5. 需进一步加强的地方：马克思主义中国化研究重点学科建设虽取得一些成绩，但与中国社会科学院"三个定位"的要求还存在不小的差距，与研究部提出的"深进去"、"走出去"、"走下去"三个方面的要求还存在很大差距，需要在今后发展中加以重点克服和推进。一是在"深进去"方面，学科成员在原著研读文献学习上还要进一步加强；二是在"走出去"方面，受语言文化、资料来源、研究领域等因素影响，就马克思主义中国化问题或中国特色社会主义问题与海外学者交流不够，对海外马克思主义中国化研究的再研究不够；三是在"走下去"方面，把马克思主义中国化的最新理论成果与中国特色社会主义伟大实践结合得不够，等等。这些问题在一定程度上影响了学科更好地发展。

二　重大问题研究进展

2012年，国内理论界继续从整体上推进关于马克思主义中国化的理论研究，从多个维度解析马克思主义中国化的内涵和逻辑，系统总结马克思主义中国化进程中的历史经验和规律性，特别是对中国特色社会主义理论体系和中国特色社会主义具体实践中的一系列问题进行了广泛和深入的探讨。

（一）马克思主义中国化的整体性研究

1. 马克思主义中国化的基本逻辑和方法论研究

马克思主义在中国化的过程中遵循什么样的基本逻辑，里面内含着什么样的方法论，理论界与学术界对此非常关注。中国社会科学院专设了两个重大课题，即《马克思主义中国化的基本经验及规律性认识》（赵智奎主持）、《马克思主义中国化的逻辑进程分析》（金民卿主持）。

中国社会科学院马克思主义中国化研究部金民卿研究员提出，马克思主义中国化作为一个内涵丰富的思想运动过程，呈现出相对独立的思想逻辑。首先，吸收与内化是马克思主义中国化的理论起点。所谓吸收，就是理论主体通过学习，掌握马克思主义基本原理和理论精髓、中国传统文化的优秀内容、人类文明发展积累的优秀成果，经过历史检验的实践经验，为开展理论创新奠定正确方向和知识积累。所谓内化，就是理论主体将马克思主义科学真理内化为自身的世界观、方法论，确立马克思主义的理想信念，同时将学习而得的各种优秀知识和经验转化为自身的知识要素，实现知识结构的优化和升级。其次，结合与转化是马克思主义中国化的关键环节。所谓结合，就是在吸收内化的基础上，把马克思主义基本原理同中国文化传统相结合，同中国革命、建设和改革的实践及其经验相结合，同中国不同时期的时代特征相结合，实现马克思主义同中国的历史文化、现实实践的良性互动。所谓转化，就是将马克思主义理论转换为带有中国民族特点和时代特征的理论，形成具有时代特征和中国特色的马克思主义话语体系和理论建构。再次，突破与创新是马克思主义中国化的理论走向。所谓突破，就是突破已经不适应当代实际要求的经验，以及马克思主义经典作家在当时的历史条件下提出的、带有时代局限性和空间局限性的个别观点。所谓创新，就是要在坚持基本原理和结合转化的基础上，根据新的时代特点和实践要求，推动实践和理论上的新创造，提出新的思想观点、概念论断、理论体系，推进马克思主义理论的创新发展，实现马克思主义中国化的历史性飞跃。①

关于马克思主义中国化的方法论，山东大学马克思主义学院教授刘明芝认为：实现马克思主义中国化、时代化、大众化需要一定的方式方法。方法论是马克思主义中国化、时代化、大众化的关键环节，是推动中国社会发展及社会主义现代化建设的有力工具。毛泽东、邓小平是最好的表率与典范，他们丰富的方法论思想是实现马克思主义中国化、时代化、大众化的强有力依据。当今中国要实现马克思主义中国化、时代化、大众化必须通过正确的途径，采取一定的方法，而精通马克思主义、熟知中国文化、把握时代脉搏、深入调查研究、进行科学抽象思维等是最有效的方法。②

2. 马克思主义中国化的历史进程和经验研究

把马克思主义中国化进程还原到历史情境中来客观地进行研究，非常有助于总结马克思主义中国化的经验与规律。学界对此进行了深入的探讨。

金民卿认为，井冈山时期是中国共产党人独立领导中国革命实践、探索中国革命道路的开始，也是中国共产党人在马克思主义中国化历史上真正迈出的第一步。井冈山时期的探索和经验，为中国共产党人在新的历史条件下进一步推进中国特色社会主义和马克思主义中国化的发展留下了深刻启示：从中国实际出发运用和发展马克思主义，是马克思主义中国化的核心内容；不断把中国经验上升为马克思主义理论，是马克思主义中国化的重要内涵之一；同错误思想进行不懈的交锋和斗争，是马克思主义中国化发展的重要路径；用马克思主义理论武装全党和教育群众，始终是党推动马克思主义中国化不可忽视的重要任务。③

山东大学马克思主义学院教授周向军提出，改革开放以来，邓小平对马克思主义中国化作出了突出贡献：重新确立、丰富和发展了实事求是的思想路线，解决了推进马克思主义中国化的思想路线问题；提出了“建设有中国特色的社会主义”的命题，指明了马克思主义中国化的根本任务和努力方向，使马克思主义中国化事业在实践上取得巨大成功；创立了邓小平理论，为形成马克思主义中国化的第二大理论成果——中国特色社会主义理论体系作了奠基性的工作。④

关于邓小平“南方谈话”在马克思主义中国化过程中的地位，中共中央党史研究室原副主任石仲泉教授认为，“南方谈话”集邓小平以往思想之大成，是对邓小平关于建设中国特色社会主义诸多理论问题作了比较全面论述的综合性著作。它及时和明确地回答了改革开放后

---

① 金民卿：《马克思主义中国化的思想逻辑》，《求是》2012 年第 21 期。

② 刘明芝：《方法论：马克思主义中国化、时代化、大众化的关键环节》，《理论学刊》2012 年第 4 期。

③ 金民卿：《井冈山时期马克思主义中国化的初步探索及其当代启示》，《井冈山大学学报》2012 年第 3 期。

④ 周向军：《改革开放以来邓小平对马克思主义中国化的突出贡献》，《思想理论教育》2012 年第 4 期。

困扰和束缚人们思想的许多重大问题，站在了当代中国理论前沿的高地上。它提出的“改革也是解放生产力”论、“三个有利于标准”论、“发展才是硬道理”论、“社会主义本质”论、“社会主义市场经济”论等许多重要理论观点，将马克思主义中国化的认识提高到新的科学水平。它今后依然是指导我们消除顾虑、解放思想，深化改革，深入推进党风廉政建设和反腐败斗争，推进社会主义核心价值体系建设，反对形式主义、整顿文风的重要指针。①

3. 马克思主义中国化、时代化与大众化的整体推进研究

马克思主义的中国化、时代化与大众化，自整体提出以来，一直是学界研究的一个重点。关于马克思主义的中国化、时代化与大众化，中国社会科学院马克思主义研究院马克思主义发展研究部主任罗文东研究员等认为，民族化、时代化、大众化是运用和发展马克思主义的必然要求。马克思主义要把握时代进步的脉搏，要为人民群众所信奉，就必须适应各个国家不同时期的基本国情。中国共产党思想建设的关键是不断推进马克思主义中国化。中国特色社会主义理论体系是马克思主义中国化、时代化、大众化的最新成果。它比较系统地初步揭示了建设中国特色社会主义的思想路线、发展道路、发展阶段、发展战略、根本任务、发展动力、依靠力量、国际战略、领导力量和根本目的，形成了一系列新思想新观点，丰富和发展了马克思主义的世界观、历史观、价值观和方法论，深化了对社会主义建设规律、共产党执政规律和人类社会发展规律的认识，从而把对社会主义的认识提高到一个新的科学水平。②

中国人民大学马克思主义学院梁树发教授提出：马克思主义具体化有“指向的具体化”、“过程的具体化”和“结果的具体化”三种含义。马克思主义具体化表现为“空间维度的具体化”和“时间维度的具体化”两种形式。前者就是马克思主义的民族化、本土化，对于我们就是中国化；后者就是马克思主义的时代化。大众化是马克思主义主体的具体化，是对马克思主义接受主体的马克思主义理论传播与教育问题。大众化要求是对专业马克思主义理论工作者的挑战，专业马克思主义工作者应该自觉地投入到马克思主义中国化、时代化、大众化实践中去。③

关于马克思主义中国化与中国传统文化的关系，山东大学马克思主义学院杨宏伟认为：首先，对马克思主义中国化与中国传统文化的研究仍然要坚定不移地坚持以马克思主义为指导，站在马克思主义的根本立场和基本观点上正确地把握马克思主义与中国传统文化；其次，中国传统文化的内容应该划分为社会政治理想、伦理道德、习惯风俗三个不同的层面，马克思主义与中国传统文化的结合点应该主要放在社会政治思想层面上，而不是无限泛化到所有层面，否则很容易导致马克思主义的教条化与庸俗化；再次，马克思主义中国化与中国传统文化研究的目的应该归结到为中国社会主义现代化服务，而不是单纯为了研究而研究，不是用中国传统文化为马克思主义做注脚和解读，更不是为了夸耀我们的民族传统文化；最后，对马克思主义中国化与中国传统文化的研究要放在世界文化交流的背景下去研究，敞开胸怀，

---

① 石仲泉：《“南方谈话”是马克思主义中国化发展到新阶段的伟大代表性文献》，《中国延安干部学院学报》2012年第2期。

② 罗文东、易艳华：《马克思主义中国化、时代化、大众化的本质要求》，《理论学刊》2012年第2期。

③ 梁树发：《具体化视域中的马克思主义中国化、时代化、大众化》，《理论视野》2012年第9期。

拥抱世界各民族先进文化和文明。①

（二）马克思主义中国化的两次历史性飞跃及其理论成果

1. 毛泽东思想研究状况

毛泽东思想，是马克思主义中国化的第一次历史性飞跃，是马克思主义与中国革命建设实际相结合的产物。2012 年，学界对毛泽东思想的研究主要集中在：

（1）科学评价毛泽东和毛泽东思想的历史地位

党的十八大报告指出："科学发展观同马克思列宁主义、毛泽东思想、邓小平理论、'三个代表'重要思想一道，是党必须长期坚持的指导思想。"报告还指出，"以毛泽东同志为核心的党的第一代中央领导集体带领全党全国各族人民完成了新民主主义革命，进行了社会主义改造，确立了社会主义基本制度，成功实现了中国历史上最深刻最伟大的社会变革，为当代中国一切发展进步奠定了根本政治前提和制度基础。在探索过程中，虽然经历了严重曲折，但党在社会主义建设中取得的独创性理论成果和巨大成就，为新的历史时期开创中国特色社会主义提供了宝贵经验、理论准备、物质基础。"这是对一个时期以来国内外一些人所谓"去毛化"观点的有力回应，也再一次明确表达了我们党对毛泽东和毛泽东思想的科学态度。

中国社会科学院党组成员、副院长兼当代中国研究所所长李捷研究员在《关于毛泽东思想生平研究应注意的几个问题》一文中指出：一个时期以来，污蔑、贬损和攻击毛泽东同志的言论林林总总。明明毛泽东同志是名垂千古的伟大的民族英雄，一些人却偏要把他说成是"千古罪人"；明明毛泽东同志是中国社会主义制度的奠基人和中国社会主义道路的探索者，一些人却偏要把这说成是把中国引上了一条错误道路；明明十一届三中全会以来，邓小平、江泽民、胡锦涛同志的重要讲话和党中央的一系列决议文献中，一贯充分肯定毛泽东同志对中国革命和建设事业作出的伟大贡献，把孙中山先生、毛泽东同志和邓小平同志并称为 20 世纪站在时代前列、领导三次历史性的巨大变化的三位伟人，把毛泽东同志的思想、探索和业绩作为当今中国特色社会主义伟大道路和思想理论体系的源头和基础，一些人却偏要无中生有地造谣，说党中央曾就否定毛泽东和毛泽东思想作出过决定，邓小平也表示过类似的意见。这些都是别有用心，颠倒黑白，造谣污蔑。不容否认，毛泽东同志对于阶级斗争严重扩大化特别是"文化大革命"的错误，我们不但不能回避，还要继续深入地研究其发生发展的原因，深刻地记取沉痛教训，永不能再犯。但是，我们也决不能容忍一些别有用心的人，以此借题发挥，给中国共产党抹黑，给毛泽东同志等老一辈革命家抹黑，给社会主义抹黑。对这些言论，我们不能听之任之，而要通过深入的、有针对性的研究，用事实来说话，用科学论证来说话。②

中央档案馆研究馆员齐得平发表的《我所了解的〈毛泽东选集〉第四卷档案和手稿情况——兼驳所谓〈毛泽东选集〉真相》，就是用事实来说话，用科学论证来说话的文章。有一段时间，互联网上流传一篇署名罗冰的所谓《〈毛泽东选集〉真相》的文章，诬称《毛泽东选集》一至四卷的一百六十余篇文章中，由毛泽东执笔起草的只有十二篇，经毛泽东修改的共

① 杨宏伟：《论马克思主义中国化与中国传统文化》，《社会科学家》2012 年第 4 期。

② 李捷：《关于毛泽东思想生平研究应注意的几个问题》，《现代哲学》2012 年第 2 期。

有十三篇，其余诸篇全是由中共中央其他领导成员，或中共中央办公厅以及毛泽东的秘书等人起草的。不少不明真相的人被这种别有用心的编造所迷惑，还有人写文章进行引证，以讹传讹。齐文以确凿档案文献为据，有力驳斥了罗冰们的谣言。[①]

毛泽东思想是中国共产党的一面旗帜，是时代的一面旗帜，也是中华民族的一面旗帜。研究和宣传毛泽东思想、生平业绩、品德风范，就要有针对性地回答和澄清一些令人们困惑的理论问题和事实真相，有力回击境内外对毛泽东同志进行的别有用心的污蔑、贬损和攻击，自觉抵制形形色色的历史虚无主义的影响。

(2) 毛泽东文化思想研究

2012年是毛泽东《在延安文艺座谈会上的讲话》(以下简称《讲话》)发表70周年。在中共十七届六中全会提出要坚持中国特色社会主义文化发展道路、建设社会主义文化强国的背景下，纪念《讲话》成为热点。5月23日，中共中央召开座谈会，胡锦涛作出重要指示：70年的历史充分表明，《讲话》始终闪耀着伟大的真理光芒，《讲话》所指明的方向和道路始终是我国文艺事业发展必须遵循的正确方向和道路。李长春出席座谈会并讲话指出：在新的历史条件下继承和弘扬《讲话》精神，最重要的就是深入贯彻落实党的十七届六中全会精神，坚持中国特色社会主义文化发展道路，建设社会主义文化强国。理论界、学术界、文化界举办了各种学术研讨和纪念活动，阐发《讲话》的历史意义和当代价值，对《讲话》精髓的研讨深化了毛泽东文化思想研究。

李捷把《讲话》的历史意义和当代价值概况为三点：一是在系统总结五四运动以来革命文化发展的基本经验方面占有开创性地位；二是在马克思主义中国化的文化理论形成与发展中占有奠基性的地位；三是在开辟中国特色社会主义文化发展道路中占有开创性的地位。[②]北京师范大学文学院教授童庆炳认为，《讲话》不是一般的文艺学著作，它产生于抗日战争时期延安整风这个特殊的历史时期，是当时党的整风文献之一，是马克思主义中国化的重要标志之一。[③] 北京大学中文系教授董学文认为，彻底解决文艺工作者与人民群众结合的问题、高度重视创作主体的世界观和思想感情对文艺创作的功能与价值、创造性揭示文艺工作者审美情感实现的新方法和新途径，《讲话》的这三条理论功绩，在人类文艺思想史和马克思主义文艺思想史上，都带有原创价值。[④]

署名廖文在《求是》发表文章说，文艺的性质、功能、价值、内容与形式等本源性问题是文艺原点问题，抓住原点问题，就抓住了解决一切问题的关键。《讲话》的非凡之处在于回答了文艺“为什么人”的核心问题。时下，放弃对“为什么人”的严肃叩问却成为某些人追逐的时髦，在文艺属性上刻意地“去意识形态化”，从根本上说是在原点问题上本末倒置，其

---

① 齐得平：《我所了解的〈毛泽东选集〉第四卷档案和手稿情况——兼驳所谓〈毛泽东选集〉真相》，《党的文献》2012年第2期。

② 李捷：《马克思主义中国化文艺理论的奠基之作——纪念毛泽东〈在延安文艺座谈会上的讲话〉发表70周年》，《光明日报》2012年5月24日。

③ 童庆炳：《历史意义与当代价值——毛泽东〈在延安文艺座谈会上的讲话〉发表70周年笔谈》，《党的文献》2012年第3期。

④ 董学文：《历史意义与当代价值——毛泽东〈在延安文艺座谈会上的讲话〉发表70周年笔谈》，《党的文献》2012年第3期。

结果是使文艺远离了反映和观照客观现实的责任担当、认识世界和改造世界的崇高目标，远离了伟大的艺术作品所需要的宏大社会关怀和人文关怀，也远离了涵养文艺生命和生机的历史、民族和时代土壤。[①]

毛泽东文化思想中的"文化领导权"问题。"文化领导权"是意大利共产党领袖、思想家葛兰西提出的概念和理论，中共中央文献研究室副编审费虹寰在《毛泽东〈在延安文艺座谈会上的讲话〉与"文化领导权"问题》一文中认为，在相关研究中引入"文化领导权"的概念是适宜的。毛泽东《在延安文艺座谈会上的讲话》中关于"文艺为工农兵服务"、"无产阶级的文学艺术是无产阶级整个革命事业的一部分"、"是整个革命机器中的'齿轮和螺丝钉'"等思想，其本质在于，在确立毛泽东思想对中国革命指导地位的目标下，以规范革命文艺发展方向的形式，改造知识分子文艺家的小资产阶级属性，使其彻底"无产阶级化"，进而夺取中国革命的"文化领导权"，并以其为中介，宣传、教育和组织人民，接受和拥护中国共产党的领导，造就取得全国胜利的政治基础。如果说，毛泽东在《新民主主义论》中敏感地触及了"文化领导权"的命题，那么，结合延安整风运动和确立毛泽东思想指导地位的历史实践，《讲话》则从整顿文艺队伍、确立党对文艺工作的政治领导等方面入手，制定了中国共产党建立文化领导权的蓝图和操作手册。[②]

毛泽东对中国特色社会主义文化发展道路的探索与贡献。中国社会科学院当代中国研究所研究员欧阳雪梅认为，毛泽东在开辟"马克思主义中国化"道路的同时，在中国新文化的建设中表现了高度的文化自觉与文化自信，坚持以马克思主义为指导，把荡涤封建文化、建设民族的科学的大众的新文化作为文化纲领，发挥人民在文化建设中的主体作用，创造出以延安革命文艺为代表的中国先进文化，并总结文化发展的经验教训，提出了繁荣发展社会主义文化的"双百"方针，坚持了文化发展的正确方向，对中国文化事业尤其是先进文化建设中的带有方向性、根本性、战略性的重大问题进行了积极的探索，深刻地影响了新中国文化建设的实践，成为中国特色社会主义文化发展道路探索的历史起点。同时也应看到，由于历史时代局限，毛泽东晚年的文化探索比较明显地存在着理性认识与实践操作相脱节的问题，提出的一些文化建设思想在实践中没有得到严格遵守和真正执行。而且，由于当时的国际形势与"左"倾思想影响，探索中出现偏差与失误。但是，毛泽东提出的上述新文化建设思想，对文化强国目标的追求以及繁荣文化的举措，有着指导与借鉴意义。[③]

党史专家，北京大学马克思主义学院教授沙健孙从七个方面对毛泽东关于社会主义文化建设的思想进行了梳理：社会主义文化建设的重要性，从新民主主义文化到社会主义文化，坚持马克思主义在思想文化领域的指导地位，实行百花齐放、百家争鸣的方针，正确处理文化问题上的古今中外的关系，建设工人阶级知识分子的宏大队伍，加强共产党对社会主义文化建设的领导。总起来说，毛泽东关于社会主义文化建设的思想构成了一个相当完整的体系。诚然，党在领导文化工作的过程中曾经经历过重大的曲折。对于文化工作中发生过的问题，我们必须予以正视，并且认真地从中吸取教训。但是，我们不能据此就从根本上否定毛泽东

① 廖文：《文艺原点问题要反复讲——重温毛泽东〈在延安文艺座谈会上的讲话〉》，《求是》2012 年第 10 期。

② 费虹寰：《毛泽东〈在延安文艺座谈会上的讲话〉与"文化领导权"问题》，《党的文献》2011 年第 6 期。

③ 欧阳雪梅：《毛泽东对中国特色社会主义文化发展道路的探索与贡献》，《湖南社会科学》2012 年第 2 期。

关于社会主义文化建设的许多正确思想的重大意义。①

2. 中国特色社会主义理论体系研究

中国特色社会主义理论体系是马克思主义在中国的第二次历史性飞跃，是马克思主义与中国改革实际相结合的产物。2012年学界主要围绕其基本内涵、逻辑和方法论展开了卓有成效的研究。

(1) 党的十八大与中国特色社会主义理论体系创新。党的十八大报告勾画了在新的历史条件下全面建成小康社会、加快推进社会主义现代化、夺取中国特色社会主义新胜利的宏伟蓝图，是我们党团结带领全国各族人民沿着中国特色社会主义道路继续前进、为全面建成小康社会而奋斗的政治宣言和行动纲领，为中国特色社会主义理论体系研究指明了方向。

党的十八大明确了科学发展观的历史地位。科学发展观是中国特色社会主义理论体系最新成果，是中国共产党集体智慧的结晶，是指导党和国家全部工作的强大思想武器。科学发展观同马克思列宁主义、毛泽东思想、邓小平理论、“三个代表”重要思想一道，是党必须长期坚持的指导思想。

党的十八大科学界定了中国特色社会主义理论体系的内涵。中国特色社会主义理论体系，就是包括邓小平理论、“三个代表”重要思想、科学发展观在内的科学理论体系，是对马克思列宁主义、毛泽东思想的坚持和发展。

(2) 学界对中国特色社会主义理论体系的研究。中国社会科学院学部委员、马克思主义研究院院长程恩富教授等人提出：中国特色社会主义制度体系的主要内涵和特点，可以从几个方面进行归纳。第一是“一个目标、四层框架”的中国特色社会主义经济制度。“一个目标”，就是要解放生产力，发展生产力，消灭剥削，消除两极分化，实现共同富裕。在逐步实现共同富裕的基础上，初步确立了“四主型经济制度”：其一，在产权制度上确立和完善公有主体型的多种类产权制度。其二，在分配制度上确立和完善劳动主体型的多要素分配制度。其三，在市场制度上确立和完善国家主导型的多结构市场制度。其四，在对外经济制度上确立和完善自力主导型的多方位开放制度。第二是“三者统一、四层框架”的中国特色社会主义政治制度。坚持中国特色政治发展之路，促进“坚持党的领导、人民当家做主、依法治国”的有机统一，真正体现人民民主专政这一社会主义国家的国体。注重政治制度的统一性和协调性，在四个层面完善我国的政治制度：一是坚持和完善人民代表大会制度；二是坚持和完善中国共产党领导的多党合作和政治协商制度；三是坚持和完善民族区域自治和“一国两制”制度；四是坚持和完善基层群众自治制度。第三是“一个体系、五层框架”的中国特色社会主义文化制度。文化制度建设的核心在于弘扬社会主义核心价值体系和满足人民精神需要。中国特色社会主义文化制度的具体内容包含五个层面的制度：一是以社会主义核心价值体系为主体、包容多样性的文化传播制度；二是以公有制为主体、多种所有制共同发展的文化产权制度；三是以文化产业为主体、发展公益性文化事业的文化企事业制度；四是以民族文化为主体、吸收外来有益文化的文化开放制度；五是以党政责任为主体、发挥市场积极作用的文化调控制度。第四是“四个机制、五层框架”的中国特色社会主义社会制度。政府管理力

① 沙健孙：《毛泽东关于社会主义文化建设的若干思想》，《毛泽东邓小平理论研究》2012年第8期。

量同社会调节力量互动，形成了科学有效的利益协调机制、诉求表达机制、矛盾调处机制、权益保障机制。应建立和完善五个方面的具体制度：一是要健全“党委领导、政府负责、社会协同、公众参与”的社会管理制度；二是要形成均等化和城乡统筹的基本公共服务制度；三是要建立健全广覆盖、多层次和可持续的社会保障制度；四是要构建政府主导和统筹协调的群众权益维护制度；五是要建立政府主导、预防与应急并重的公共安全管理制度。[①]

中共中央党校科社部主任、教授王怀超对中国特色社会主义理论的基本轮廓进行了分析，他认为：中国特色社会主义理论的基本轮廓和主要论点大致可以作如下概括：一条主线；两块基石；十五个主要论点；一个核心理念。所谓一条主线，就是经济文化落后的中国建设社会主义现代化强国的规律性。这既是贯穿中国特色社会主义理论的一条主线，又是中国特色社会主义理论的研究对象。两块基石，一是社会主义初级阶段理论，二是时代主题理论即和平与发展。十五个主要论点是指：社会主义初级阶段的主要矛盾论、社会主义本质论、社会主义核心价值论、社会主义改革开放论、社会主义现代化发展战略论、社会主义市场经济论、社会主义民主政治论、社会主义文化建设论、社会主义社会建设论、社会主义现代化建设国际环境论、中国社会主义现代化建设领导核心论、以人为本、人的全面发展论、科学发展论、社会主义民族理论、社会主义宗教理论。一个核心理念就是强国富民。[②]

在中国特色社会主义的界定方面，中央党校马克思主义理论教研部主任、教授周为民提出了一种新的概括，即：中国特色社会主义是关于中国现代化目标与条件的科学理论。按照这一理论，中国现代化的目标已不仅仅是过去所说的那“四化”，而是在“以人为本”理念的统领下，发展社会主义的市场经济、民主政治、先进文化、和谐社会，由建成小康社会、全面建设小康社会，直至建成富强民主文明和谐的社会主义现代化的社会。条件问题是怎样实现以此为目标的现代化。包括邓小平理论、“三个代表”重要思想、科学发展观等重大战略构想在内的中国特色社会主义理论体系，从对基本国情的科学分析，到对发展的动力、战略、步骤、方式等的新认识，从社会主义初级阶段理论，到社会主义市场经济理论，再到社会主义和谐社会理论等，马克思主义中国化的这一系列最新成果，全面回答了中国现代化条件的问题，即怎样实现现代化的问题。[③]

山东省社会科学界联合会研究员包心鉴主张：中国特色社会主义不仅要进行“历史必然性”的证明和“现实必要性”的证明，而且要进行“内在逻辑性”的证明。所谓中国特色社会主义的“内在逻辑”，即是说，中国特色社会主义理论、道路、制度各自有着内在的产生与发展的规律，同时它们相互之间又有着内在的逻辑联系。作为理论形态的中国特色社会主义，其内在逻辑证明，需要着重深入回答中国特色社会主义理论体系与改革开放的关系、与毛泽东思想的关系以及这一理论体系迄今为止所包容的三大理论成果之间的逻辑关系。作为道路形态的中国特色社会主义，其内在逻辑证明，需要着重深入回答中国共产党为什么能够选择这样一条正确道路、这条道路的主题、本质、内涵、目标是什么以及中国特色社会主义道路与其他现代化道路相比较的特殊价值。作为制度形态的中国特色社会主义，其内在逻辑证明，

---

① 程恩富、侯为民：《不断完善中国特色社会主义制度体系》，《河北日报》2012 年 11 月 7 日。

② 王怀超：《关于中国特色社会主义理论几个基本问题的思考》，《科学社会主义》2012 年第 2 期。

③ 周为民：《再谈界定“中国特色社会主义”》，《北京日报》2012 年 1 月 9 日。

需要着重深入回答中国特色社会主义制度的逻辑依据、基本内容、内在本质和主要特征等重大问题，从而深入揭示中国特色社会主义制度的现实价值。①

关于中国特色社会主义建设实践的内在逻辑与发展趋向，中共中央党校研究生学院院长、教授韩庆祥、张健撰文指出：就全球视野来看，中国特色社会主义建设实践是在全球进入金融资本集权的境遇中和后工业社会的语境下展开的。就结构分析来看，一方面，30多年来中国特色社会主义的实践内含了“功能思维→政府主导→理论引领→混合结构→人民主体”五个结构要素和相应的五个演进梯次，形成了以“中国特色社会主义建设实践的内在逻辑”为特征的哲学分析框架；另一方面，中国共产党人的重要责任和使命（执政为民）与人民群众的新期待（实践创新），决定了中国特色社会主义建设实践的不断发展，应是在“深层结构→核心体制→运行方式”三个层级上进行改革，力争实现重大突破，并体现为“调整结构→改革体制→转变方式→建构秩序”，从而形成了以“中国特色社会主义建设实践的发展趋向”为导引的创新发展逻辑。②

复旦大学教授陈学明、同济大学教授金瑶梅讨论了中国特色社会主义道路的世界意义。他们认为，中国特色社会主义道路代表了对一种真正属于人的生存状态的追求，是对正处于危机之中的西方文明支配下的人类存在方式的革命。中国特色社会主义道路的开创，不仅极大改变了中国历史发展进程，对世界历史发展也产生了重大影响。中国特色社会主义道路注重的是“特色”，但强调“民族特色”并不是走入“民族狭隘性”，恰恰相反，是对“民族狭隘性”的否定与超越——“民族特色”意味着一个民族充分调动自己的内聚力，形成和发挥自己的优势。在这一意义上，中国特色社会主义道路产生世界性影响是必然的：为人类文明探索出了一种新的发展模式；为国际共产主义运动带来了新的活力和希望；为发展中国家摆脱贫穷落后树立了积极的示范效应。③

3. 中国特色社会主义理论体系内各个具体理论形态的研究进展

2012年度，国内学界对中国特色社会主义理论体系目前存在的三种具体理论形态——邓小平理论、“三个代表”重要思想和科学发展观，分别进行了进一步的理论阐释与探究。

（1）邓小平理论研究进展

邓小平为基本路线的确立与中国特色社会主义道路的开辟做出了巨大贡献。李捷认为，邓小平开创了改革开放的伟大实践，提出的“建设有中国特色的社会主义”的主题，“一个中心、两个基本点”的基本路线，所创立的邓小平理论，为开创和形成中国特色社会主义道路、理论体系、制度奠定了坚实的基础。没有了上述主题、基本路线和邓小平理论，就没有中国特色社会主义。这条基本路线对开辟中国特色社会主义道路起了重要的指导作用：第一，为中国特色社会主义道路确定了历史方位；第二，为中国特色社会主义道路确立了兴国之要；第三，为中国特色社会主义道路奠定了立国之本；第四，为中国特色社会主义道路指明了强国之路；第五，为中国特色社会主义道路明确了奋斗目标。以上五个方面，相互联系贯穿起来，就是社会主义初级阶段理论和“一个中心、两个基本点”的基本路线。这些方面构成了

① 包心鉴：《中国特色社会主义内在逻辑研究》，《中共福建省委党校学报》2012年第5期。

② 韩庆祥、张健：《中国特色社会主义建设实践的内在逻辑与发展趋向》，《中国社会科学》2012年第3期。

③ 陈学明、金瑶梅：《中国特色社会主义道路的世界意义》，《中国社会科学报》2012年2月8日。

邓小平理论最基本的主干，也为中国特色社会主义道路指明了方向。正是沿着这样一个根本方向，我们开辟、形成、发展了中国特色社会主义道路。[①]

关于共同富裕在中国特色社会主义理论中的地位，时任中国社会科学院常务副院长、学部主席团主席王伟光教授提出：共同富裕是社会主义的重要本质，是社会主义与资本主义的不同特点，是社会主义制度不能动摇的基本原则。社会主义制度是实现共同富裕的根本保证，毫不动摇地坚持公有制的主体地位是实现共同富裕的经济基础，是社会主义必须坚持的根本原则。如果导致两极分化，出现新的剥削阶级，就不是社会主义，就会走到资本主义邪路上去。富裕起来后，财富怎样分配，怎样防止两极分化，实现共同富裕，这是必须利用各种手段、各种方案、各种方法加以解决的中心课题。坚持马克思主义主流意识形态的指导地位，坚持核心价值观的主导地位，坚持共产主义远大理想和中国特色社会主义共同理想的主心骨地位，是坚持社会主义共同富裕的思想基础。[②]

中国社会科学院马克思主义中国化研究部原主任赵智奎研究员也对共同富裕问题进行了阐述。他强调，走社会主义道路，就是要逐步实现共同富裕。邓小平关于共同富裕的构想，是符合中国国情的。处于社会主义初级阶段的中国，发展极不平衡。东部沿海地区和中部地区，有许多发展的机遇和优势，与边疆地区、少数民族地区、革命老区相比，差距就更大。这是历史形成的。在这种情况下，齐头并进实现共同富裕，是不现实的，也不符合客观实际。因此，有条件的地方先发展起来、先富裕起来，这是必然的。问题在于，先富裕起来的地区和一部分人，如何帮助还没有富裕起来的地区和另一部分人也能走上富裕之路，这是一个重大课题。解决贫富差距问题，从分配问题入手是必要的，但必须治本。从根本上解决贫富差距问题，还是要坚持社会主义公有制为主体，解决所有制问题。[③]

2012 年是邓小平南方谈话二十周年，对此学术界开展了一系列的纪念活动、发表文章对南方谈话进行了研究和讨论。石仲泉认为："南方谈话"集邓小平以往思想之大成，是对邓小平关于建设中国特色社会主义诸多理论问题作了比较全面论述的综合性著作。它及时和明确地回答了改革开放后困扰和束缚人们思想的许多重大问题，站在了当代中国理论前沿的高地上。它提出的"改革也是解放生产力"论、"三个有利于标准"论、"发展才是硬道理"论、"社会主义本质"论、"社会主义市场经济"论等许多重要理论观点，将马克思主义中国化的认识提高到新的科学水平。它成为伟大文献与邓小平的个人特质是分不开的。它今后依然是指导我们消除顾虑、解放思想、深化改革、深入推进党风廉政建设和反腐败斗争、推进社会主义核心价值体系建设、反对形式主义、整顿文风的重要指针。[④]

中国社会科学院马克思主义中国化研究部副研究员贺新元对邓小平南方谈话的意义进行了深入挖掘。他认为，昨天的历史转折，关联着今天的发展情势，影响着明天的发展方向。邓小平在 20 年前的南方谈话，现在依然振聋发聩。这篇充满革命理想主义与革命现实主义的

---

① 李捷：《基本路线的确立与中国特色社会主义道路的开辟》，《毛泽东邓小平理论研究》2012 年第 9 期。

② 王伟光：《走共同富裕之路是发展中国特色社会主义的战略选择》，《红旗文稿》2012 年第 1 期。

③ 赵智奎：《"走社会主义道路，就是要逐步实现共同富裕"》，"人民网"2012 年 1 月 6 日。

④ 石仲泉：《"南方谈话"是马克思主义中国化发展到新阶段的伟大代表性文献》，《中国延安干部学院学报》2012 年第 2 期。

光辉文献的核心价值，就是坚持党的基本路线一百年不动摇，就是“不能改变这条路线，特别是不能使之不知不觉地动摇，变为事实”。重温与挖掘其中真理性思想的历史价值、当代价值与警示价值，对于进一步科学推进中国特色社会主义伟大事业具有重要的理论和现实意义。[①] 中国社会科学院马克思主义中国化研究部王永浩博士特别从爱国主义的角度解读邓小平的南方谈话，表示：时隔 20 年，我们今天重温邓小平这篇贯穿着爱国主义思想的光辉文献，感受他热爱祖国和人民的深厚情谊，学习他为祖国和人民不懈奋斗的崇高精神，更应该自觉地把个人的前途与祖国的命运联系起来，把热爱祖国和人民的情感与行动结合起来，把爱国主义与社会主义统一起来，以满腔热忱积极投身到社会主义现代化建设事业中去。[②]

北京大学社会学系教授夏学銮认为，邓小平在国际共产主义运动低潮之际，挺身而出，力挽狂澜，拨正船头，引导中国特色社会主义航船驶向正确的航向。南方谈话的改革精神为中国当下改革提供了源源不断的强大动力源泉，当前中国改革是躬行改革精神、发展改革精神、创新改革精神的实践场域。南方谈话具有：其一，五条思想精髓。即：对生产力认识的飞跃；对党的基本路线的概括；对“姓资”还是“姓社”判断标准的提出；对“计划”和“市场”功能的厘清；对社会主义本质的强调。其二，五个现实针对性。即：“发展才是硬道理”的思想创新；“要坚持两手抓”的辩证法；改革开放必须坚持四项基本原则的强调；对接班人的忧虑；中国特色社会主义道路的提出。其三，六个方法论价值。即：解决复杂社会问题的马克思主义的立场、观点和方法；三个“有利于”的判断标准；实事求是的思想路线和工作路线；不搞争论、大胆改革的实践驱动；少讲空话、多干实事的领导方式；让人民得到更多实惠的执政路线。因此邓小平南方谈话与当前中国改革，二者不仅在时代背景上有些契合，而且在改革精神上前后相承。[③]

无论是在对邓小平生平思想的研究中，还是在对新时期中国改革开放进程的研究中，“南方谈话”都是一个不可或缺的重要环节。在国外学术视野中，“南方谈话”不仅是邓小平革命生涯中的重要事件，而且对中华人民共和国的历史发生了重大影响。中国社会科学院当代中国研究所副编审王爱云通过对国外邓小平思想的研究梳理认为，自 1992 年邓小平发表“南方谈话”以来，国外学术界对之进行了持续的关注和研究。在其研究视野中，“南方谈话”不仅是邓小平革命生涯中的重要事件，而且是“中华人民共和国历史上重要的政治里程碑”。他们的研究范围，从“南方谈话”的背景、南方视察的行程、谈话内容到“南方谈话”的意义和深远影响，越来越宽泛。通过这种全面研究，他们逐渐修正了对“南方谈话”的一些错误认识，对国外社会正确认识中国特色社会主义理论与实践大有裨益。[④]

(2)“三个代表”重要思想研究进展

2012 年度，学界着重从江泽民对中国特色社会主义理论体系的历史贡献以及他的党建思想等多个角度展开研究。

作为中国第三代领导集体的核心，江泽民提出的“三个代表”重要思想解决了在新的情

① 贺新元：《邓小平南方谈话价值刍议》，《新视野》2012 年第 5 期。

② 王永浩：《邓小平南方谈话的爱国主义解读》，《求实》2012 年第 5 期。

③ 夏学銮：《邓小平南方谈话的当代启示》，《人民论坛》2012 年第 10 期。

④ 王爱云：《20 年来国外学术界对“南方谈话”的研究》，《当代中国史研究》2012 年第 3 期。

况下“建设什么样的党、怎样建设党的问题”，为此在诸多研究中关于江泽民的党建思想仍有较大的关注。中共中央文献研究室编审徐永军认为江泽民任中共中央总书记的十三年间，国际国内形势发生深刻变化。世界社会主义事业的受挫和国际竞争的日趋激烈，给我们带来严峻挑战；经济全球化的趋势和市场经济的发展，给我们带来新的考验；党的历史方位和党员队伍构成的变化，也给我们带来了新的课题。在这十三年中，以江泽民为核心的党中央明确了推进党的建设新的伟大工程的任务和总目标；提出了加强党的执政能力建设和保持党的先进性的重要命题；创立了“三个代表”重要思想；探索了一系列加强党的建设的新思路和新举措；积累了宝贵经验，发展和丰富了党建理论。十三年的伟大探索历程和形成的理论、积累的经验，是一笔宝贵财富，在新世纪新阶段仍有重要指导作用和现实意义。①

武汉理工大学陈哲通过对江泽民的学习型政党建设进行研究认为，江泽民同志的学习观和学习型政党建设思想由学习的意义、主体、内容、方针和目的等组成，在新世纪新阶段，完整准确地掌握江泽民同志的学习观和加强学习型政党建设的思想，对于当前马克思主义学习型政党的建设和学习型社会的形成，具有重要的理论和现实意义。② 武汉理工大学政治与行政学院教授邱观建、程允淦认为在新时期江泽民高度重视党的建设伟大工程，提出加强并改进非公有制经济组织党的建设工作，形成其非公有制经济组织党建思想：一是科学认知非公有制经济组织党建工作的重大意义；二是推动非公有制经济组织党建工作的理论创新与实践发展；三是对非公有制经济组织党建工作理念与方法、党组织工作职责、党建工作方向与重点等作出科学的论断。江泽民非公有制经济党建思想丰富和发展了新时期党建理论，推动了非公有制经济组织党建工作的开展。③

空军第一航空学院周孟雷认为，中国共产党是一个善于学习的马克思主义政党。自成立以来，中国共产党不断学习人类创造的一切有益的知识，形成了优良的学风，在革命、建设、改革开放的伟大实践中发挥了重大的作用。在改革开放的新时期，江泽民继承和发展了我党的学习观，就学习的重要性、学习的内容、学习的方法作了全面阐述，形成了自己的学习思想，有力地指导了全党全社会的学习，促进了社会主义现代化建设。在中华民族伟大复兴的征程中，深入研究江泽民的学习思想，对中国共产党和中国社会发展进步具有持久的意义。④

党的十八大对中国特色社会主义制度有了新的论述，对此吉林医药学院的研究生邹谨、臧凯认为江泽民关于确立中国特色社会主义制度的贡献主要体现为：认清中国国情，总结历史经验，维护世界多样性，为确立中国特色社会主义制度提供了重要依据；强调坚持和完善社会主义基本制度，为确立中国特色社会主义制度指明了根本方向；提出社会主义初级阶段的基本经济制度分配制度，为中国特色社会主义制度增添了重要内容；主张推进体制改革，为确立中国特色社会主义制度提供了根本动力；提出依法治国，为形成中国特色社会主义法

① 徐永军：《江泽民与党的建设新的伟大工程》，《党的文献》2012年第5期。

② 陈哲：《论江泽民同志的学习观和学习型政党建设的思想》，《毛泽东思想研究》2012年第6期。

③ 邱观建、程允淦：《江泽民非公有制经济组织党建思想探析》，《武汉理工大学学报》（社会科学版）2012年第2期。

④ 周孟雷：《江泽民对我党学习观的继承和发展》，《中共云南省委党校学报》2012年第2期。

律体系奠定了思想基础[①]。

东北大学文法学院周彦霞博士、秦书生教授认为，面对全球生态环境恶化和我国社会主义现代化建设中出现的一系列生态环境问题，江泽民在继承马克思主义生态观的基础上，提出了以实现人口资源环境协调发展为核心的生态思想，其基本内容包括树立全民节约资源与保护环境意识，正确处理经济发展与环境保护的关系，重视科学技术在改善生态环境中的作用，将环境保护纳入法制化、制度化轨道，加强国际合作，解决生态环境问题等方面。江泽民生态思想具有重要的理论意义和现实意义。[②]

电子科技大学马克思主义教育学院的罗大明、李单晶认为，江泽民同志深刻地把握在新科技革命和产业革命背景下，科技文化在实现经济科技跨越式发展和加强社会主义精神文明建设中的重要地位和所起的重要作用，对科技文化作出了一系列论述，形成了江泽民同志的科技文化思想。江泽民同志的科技文化思想是对马克思列宁主义、毛泽东思想、邓小平理论的继承和发展，是“三个代表”重要思想的重要组成部分。作者对江泽民关于科技文化对先进文化建设具有重要作用，科技文化对经济社会建设具有推动作用，人才在科技文化建设中具有关键作用，科技文化的本质特征在于创新，科普是提高全民族科学文化素质的基础等方面的内容进行探讨。[③]

武汉大学马克思主义学院杨攀博士认为，在以人为本视阈下，江泽民探索文化发展和文化体制改革取得了诸多积极的成果，做出了重大理论贡献，主要表现为：立足人民群众主体地位，提出建设有中国特色社会主义文化；提出“三个代表”思想，首将“先进文化”和“先进生产力”并重，作为实现最广大人民根本利益的“两翼”；以人类社会历史的宏大眼光重视文化建设；紧抓政治文化建设，促进执政为民；提倡法治德治相结合，共建人类文明社会；提出传承传统文化与民族精神，推进人与社会的和谐发展；强调发挥人的作用，以人化理性和文化创新推动文化全球化；提出依靠人民的力量，全面推进文化体制改革科学化发展。[④]

清华大学马克思主义学院陈洪玲等认为，“三个代表”重要思想是中国共产党人不断推进马克思主义与时俱进的过程中产生的，它与马克思主义时代化的其他成果是一脉相承的；它的形成是时代的诉求；是对新时期党的任务、党的宗旨和党的建设的实践；它既坚定不移地坚持了马克思主义世界观和方法论，又赋予它们鲜明的时代特征和时代精神，实践并实现了马克思主义时代化。[⑤]

湖南省委党校党史教研部副主任、副教授李美玲认为，新时期，根据世情国情党情的变化，以江泽民为核心的第三代中央领导集体在继承马克思主义的基础上，对马克思主义作了创造性发展，形成了“三个代表”重要思想。马克思主义中国化时代化大众化与“三个代表”重要思想相互促进，“三个代表”重要思想是马克思主义中国化时代化大众化的重要成果，马

① 邹谨、臧凯：《江泽民对确立中国特色社会主义制度的贡献》，《江西科技学院学报》2012年第3期。

② 周彦霞、秦书生：《江泽民生态思想探析》，《学术论坛》2012年第9期。

③ 罗大明、李单晶：《江泽民同志科技文化思想探索》，《毛泽东思想研究》2012年第4期。

④ 杨攀：《论江泽民对中国特色社会主义文化建设的理论贡献》，《湖北省社会主义学院学报》2012年第4期。

⑤ 陈洪玲、韩毅：《马克思主义时代化与“三个代表”重要思想的实践》，《理论学刊》2012年第2期。

克思主义中国化时代化大众化则从空间、时间、客体三大维度为“三个代表”重要思想提供了理论和实践依据。①

(3) 科学发展观研究进展

2012年，党的十八大把科学发展观作为党的指导思想写进了党章，学术理论界在科学发展观的重要贡献、科学发展观对以往发展理论的超越与成就、如何贯彻落实科学发展观等多个维度上同时展开研究。

十八大以把科学发展观作为党的指导思想而载入史册，并由此在党的思想理论创新历史上奠定它特殊的历史地位。中共中央党校原副校长李君如认为，科学发展观以其科学性而成为党的指导思想。首先是因为科学发展观是马克思主义关于发展的世界观和方法论在当代中国社会主义实践中的运用和发展，是中国特色社会主义理论体系的最新成果。其次是因为科学发展观是中国特色社会主义理论体系的重要组成部分，对于实现国家繁荣富强和人民共同富裕这一历史性课题，具有重要的理论指导意义。再次是因为科学发展观在过去的十年里经受住了实践的检验。以高度的理论自觉和政治自觉坚持科学发展观。党的十八大把科学发展观作为党的指导思想确立起来，就可以把思想理论的科学性和组织制度的权威性结合起来，进一步推动全党全国各族人民在过去学习和实践科学发展观的基础上，进一步学好科学发展观，掌握好科学发展观。②

中国社会科学院马克思主义研究院党委书记邓纯东撰文认为，科学发展观回答了新形势下我们要实现什么样的发展、怎样实现发展的基本问题，体现了马克思主义基本原理与当代中国发展现实的有机结合。其一，科学发展观对于确保我国经济的健康、更好更快的发展具有决定性的意义。如提出实现集约式经济增长，实施创新驱动战略，实施可持续发展战略等。其二，科学发展观对发展的含义有了科学、全面的规范。提出“发展”不只是经济建设一方面，还包括政治建设、文化建设、社会建设、生态文明建设。其三，科学发展观明确了发展的目的这个根本。科学发展观明确指出，人是目的，不是手段，是主体，不是工具。其四，科学发展观明确了“发展”标准、效果的评价理念与标准。包括：发展应是可持续的；发展的同时应实现社会公平正义；发展应使人民幸福感全面增强；发展应使社会更加和谐有序。③

中国社会科学院马克思主义研究院原党委书记侯惠勤教授认为，科学发展观是对邓小平理论和“三个代表”重要思想指导下我国改革发展基本实践的科学总结和理论创新。科学发展观的形成和贯彻，进一步丰富了中国特色社会主义的实践特色、理论特色、民族特色、时代特色；科学发展观的形成和贯彻，使我们党在新的历史发展阶段掌握了统筹兼顾的主动权。④

中国社会科学院中国特色社会主义理论体系研究中心撰文认为，十八大作出了在当代中国坚持发展是硬道理的本质要求就是坚持科学发展的重大论断。这一论断，不仅深刻揭示了

---

① 李美玲：《马克思主义中国化时代化大众化与“三个代表”重要思想的形成》，《湖北省社会主义学院学报》2012年第2期。

② 李君如：《科学发展观是党必须长期坚持的指导思想》，《河南日报》2012年12月12日。

③ 邓纯东：《科学发展观明确了什么》，《学习时报》2012年11月26日。

④ 《科学发展的行动指南——理论专家侯惠勤概谈10年来党的理论创新成果》，《解放军报》2012年11月7日。

科学发展观的理论价值，而且深化了对科学发展观核心内涵的认识，为中国经济进入以科学发展为主题的崭新时代指明了方向。其一，发展是解决中国一切问题的“总钥匙”。发展，特别是经济发展，对于推进社会主义现代化具有决定性意义，始终是中国特色社会主义建设的核心问题；其二，坚持科学发展是决定中国未来发展走向的关键。当前中国经济发展面临着比以往任何时候都更为严峻的挑战，能否实现科学发展成为决定中国未来发展走向的关键；其三，坚定不移地走科学发展道路。只要我们自觉把科学发展观作为一切工作和行动的指针，努力把思想认识统一到坚持科学发展的时代主题上来，切实把经济发展转到依靠内生自主增长的科学发展轨道上来，再保持更长时间的经济较快发展是完全有可能的。[①]

科学发展观的形成和发展是一个理论创新和实践创新的过程。“源于实践、指导实践”的特质，鲜明地体现着科学发展观的实践性。如何将科学发展观落到实处、指导实践，应该是我们当前和今后一个时期的关键。中共中央党校教授韩庆祥认为要实现科学发展就必须解决：①关于实现经济发展方式根本转变问题。这就要求实现由粗放的经济增长方式向以“自主创新能力”为核心的现代经济发展方式转变。它在实质上讲的是应以自主创新之路来实现科学发展，因而属于贯彻落实科学发展观的基本路径。②关于公平分配利益进而化解社会矛盾问题。实现经济发展方式根本转变，主要是解决如何又好又快地把“蛋糕”做大的问题；公平分配利益进而化解社会矛盾，主要是解决如何公平合理分割“蛋糕”进而有效解决民生和保持社会稳定问题。③关于推进政府行政体制改革问题。无论在转变经济发展方式方面，还是在公平分配利益进而化解社会矛盾、保持社会稳定方面，政府都具主导作用，政府行政体制是否适应转变经济发展方式和公平分配利益的要求，直接影响着后二者的成败。这属于贯彻落实科学发展观的“长效体制”。[②] 中共重庆市綦江区委副书记杨晓云认为要贯彻科学发展观要做到：拓宽研究方向，注重制度设计；凸显指导地位，营造良好氛围；把握精神实质，坚持联系实际；端正用人风气，增强内生动力；转变政府职能，深化财税改革等工作。[③]

科学发展观作为对现代性问题的批判和诊断，从哲学上为中国现代化提供了一套意义深远的方法论。在这个问题上，武汉大学哲学学院、马克思主义哲学研究所副教授赵士发提出：科学发展观在方法论上的意蕴包括以下几个有机统一的层面：一是人文主义的价值关怀；二是理性主义的批判精神；三是整体主义的世界历史眼光；四是多元主义的生态思维。唯有站在哲学人类学与哲学方法论的高度理解科学发展观，才能使之成为指导实践的政治智慧与人生智慧，并在实践中科学地贯彻落实它。[④]

关于坚持和完善我国现阶段的基本经济制度，中国社会科学院学部委员、马克思列宁主义毛泽东思想研究所原所长李崇富教授认为，这是关系到中国特色社会主义的前途命运，即关系我国生产力能否长远发展，共同富裕能否逐步实现，社会主义经济基础及其社会形态的性质能否得到维护、巩固和发展的一个原则性和根本性的问题。从促进社会生产力发展看，

---

① 中国社会科学院中国特色社会主义理论体系研究中心：《当代中国发展的本质要求是坚持科学发展》，《求是》2012年第24期。

② 韩庆祥：《深化理解和贯彻落实科学发展观的三个问题》，《红旗文稿》2012年第13期。

③ 杨晓云：《如何让科学发展观落到实处》，《学习时报》2012年12月24日。

④ 赵士发：《论科学发展观的方法论意蕴》，《理论视野》2012年第6期。

坚持和完善我国法定的基本经济制度有着客观必然性；从坚持走共同富裕道路看，我国坚持生产资料公有制为主体有着极端重要性；从维护我国社会主义社会形态看，坚持生产资料公有制为主体有着绝对必要性。[①] 中国社会科学院马克思主义研究院副研究员王佳菲也认为：摒弃“零和”思维，坚持“两个毫不动摇”，即毫不动摇地巩固和发展公有制经济，同时毫不动摇地鼓励、支持和引导非公有制经济发展，是我们历经几十年的艰苦探索，运用马克思主义关于生产力与生产关系相互关系的基本原理，结合我国具体国情所做出的现实选择，是中国特色社会主义经济建设的独特优势。国有经济和民营经济共同发展、共同繁荣才是中国经济进步的突出特征。要从所谓不是“国进民退”就是“国退民进”、只有遏制国企发展才能为民企争取空间的“零和博弈”思维中解放出来，坚持“两个毫不动摇”，避免落入私有化的陷阱或重蹈单一公有制的覆辙。[②]

中国社会科学院马克思主义研究发展部副主任辛向阳强调中国特色社会主义政治制度具有五大优势。中国特色社会主义政治制度首要的优势在于以科学的世界观作指导；其次，中国特色社会主义政治制度能够集中力量办大事；第三，中国特色社会主义政治制度是社会主义市场经济不断完善的基本保障；第四，中国特色社会主义政治制度能够捕捉重要发展机遇并且不断把这些机遇转化为发展的动力；第五，中国特色社会主义政治制度是以民主集中制为原则的最便利、最有效的制度。中国特色社会主义政治制度的优势已经得到国际社会的认可。符合民意、适合国情、卓有成效，这就是中国特色社会主义政治制度的特性。[③]

关于社会主义文化发展，中国社会科学院马克思主义研究院副研究员李建国认为，要“坚持社会主义先进文化前进方向”，有两项基础性、前提性工作要做好：一是明确方向的具体指向，即什么样的文化才是社会主义先进文化；二是找出与这个发展方向相悖之处，以便找到工作的切入点，使文化发展的政策和措施更加有的放矢。阻碍社会主义先进文化建设的主要因素，是社会上存在的诸多消极文化现象和精神因素。为此，我们要筑牢共同理想信念根基，抵制不恰当价值观流行，防止封建文化沉渣泛起，警惕西方腐朽文化侵入。[④]

关于中国特色社会主义条件下的农村集体经济问题，中国社会科学院马克思主义研究院副研究员彭海红撰文指出，当前中国农村的生产经营方式呈现出一些小农经济的特征，不仅限制了农业生产的规模化、专业化和产业化，而且阻碍了农民与集体以及农民相互之间的联系。在保证农民生产自主权的前提下，不断提高农民的组织化水平显得尤为必要。当然，生产经营方式不可能是一个模式，不能“一刀切”。在以家庭承包经营为基础、统分结合的双层经营体制下，发展农业适度规模经营至少有以下几种方式：一是鼓励土地承包经营权流转，促进土地向种植大户集中。二是在鼓励土地承包经营权流转的同时，在第二、第三产业发达的农村，也应尊重当地农民意愿，允许土地向村（组）集体经济组织集中，允许他们探索适合当地条件的土地适度规模经营形式。[⑤]

---

① 李崇富：《论坚持和完善我国现阶段的基本经济制度》，《北京联合大学学报》2012 年第 4 期。

② 王佳菲：《摒弃“零和”思维，坚持“两个毫不动摇”》，《红旗文稿》2012 年第 12 期。

③ 辛向阳：《中国特色社会主义政治制度的五大优势》，《党建》2012 年第 5 期。

④ 李建国：《注重社会主义先进文化的意识形态建设》，《学习月刊》2012 年第 3 期。

⑤ 彭海红：《我国农村基本经营制度改革与反思》，《农业经济》2012 年第 7 期。

中国社会科学院马克思主义研究院助理研究员范春燕、研究员冯颜利对海外关于中国特色社会主义的研究进行了总结，并根据研究“主体”及其“视角”大致划分了以下四类：一是海外主流中国学的“现代化”视角—主要是从现代化理论出发对中国特色社会主义道路的“特殊性”进行比较研究；二是西方左翼学者的“替代性”视角—主要是从世界资本主义“替代性”的角度出发对中国的市场社会主义进行分析和评价；三是海外一些政要学者的“发展中国家”视角—主要是从中国经验对于发展中国家尤其是南方国家的示范效用出发对“中国模式”进行解读；四是海外共产党的“社会主义改革”视角—主要是从“现实存在的社会主义”如何通过改革继续存在且发展壮大的角度出发对中国特色社会主义的理论和实践进行关注和追踪。从这些不同的视角出发，他们所得出的关于中国特色社会主义的结论也各不相同。①

4. 毛泽东思想与中国特色社会主义理论体系的关系

党的十八大明确了毛泽东思想与中国特色社会主义理论体系的关系，即中国特色社会主义理论体系是对毛泽东思想的继承、发展。中国特色社会主义理论体系，是马克思主义中国化最新成果，包括邓小平理论、“三个代表”重要思想、科学发展观，同马克思列宁主义、毛泽东思想是坚持、发展和继承、创新的关系。马克思列宁主义、毛泽东思想一定不能丢，丢了就丧失根本。

毛泽东思想与中国特色社会主义理论体系的关系一直是热点难点重点问题。中共中央党校教授许全兴从研究“第二次结合”的主题、历史起点和过程，“第二次结合”与“第二次革命”等问题切入，探寻两者关系，富于新意。②

许全兴认为，“第二次结合”的历史起点不是1956年，也不是1978年，而是1949年。他说，李君如在《新中国60年来马克思主义中国化与中国特色社会主义的探索》一文中，把“第一次结合”和“第一次飞跃”的历史下限定在1956年，这种观点值得商榷；龚育之根据邓小平的“改革是中国的第二次革命”的提法，在其《从毛泽东到邓小平》一书中，把“第一代中央领导集体”领导的“第一次革命”分为“新民主主义革命和向社会主义过渡”，把毛泽东领导的社会主义改造和社会主义革命的历史看作是“第一次伟大革命的一个阶段”，是“第一次飞跃的延伸”。这一观点仍有商榷的余地。

许全兴提出，“第二次结合”的主题是实现社会主义现代化。从大的历史尺度看，中国特色社会主义道路的历史起点是中华人民共和国成立，它标志着新民主主义革命的基本结束和社会主义革命的开始，也意味着“第一次结合”、“第一次飞跃”的完成和“第二次结合”的开始。“理论与实际的结合”与“理论上的飞跃”是两个不同概念。前者是一个复杂的过程，期间会有曲折和错误；后者是指“结合”过程中形成了正确认识的成果，它不是在“结合”一开始就能做到的。彰显、突出邓小平的“改革是中国的第二次革命”是可以的，在一定时期甚至是必要的，但若为了论证“改革是中国的第二次革命”的提法而把新民主主义革命和社会主义革命这样两个性质不同、任务不同的革命合并为一次革命的两个阶段则不可取。至

① 范春燕、冯颜利：《海外中国特色社会主义研究的几个不同视角》，《国外社会科学》2012年第2期。

② 许全兴：《毛泽东与“第二次结合”的若干理论问题》，《毛泽东邓小平理论研究》2012年第8期。

于否认社会主义革命的独立意义而仅仅把它看成是新民主主义革命的延伸的观点，则更为不妥。对社会主义革命可以有不同的评价，但若无视或否定它在历史上曾发生过的事实则不是唯物主义者应取的实事求是态度。

许全兴进一步指出，从中国特色社会主义的实践过程和理论逻辑看，毛泽东思想中关于社会主义革命和社会主义建设的理论无疑是“第二次结合”的产物，是中国特色社会主义理论的出发点和基础，决不能把它看成是新民主主义时期思想的延伸。毛泽东思想与中国特色社会主义理论体系一脉相承，两者在外延上存在着一定的交叉，这是由于这两个理论体系的命名方式不同。毛泽东思想是以它的主要创立者的名字来命名的，而中国特色社会主义理论则是以它解决的历史课题和任务的名称来命名的。承认毛泽东是中国社会主义事业的开创者和奠基者，那就应顺理成章地承认毛泽东思想中有关社会主义革命和建设的理论是中国特色社会主义理论的组成部分。毛泽东思想和邓小平理论都是以主要创立者的名字来命名的，两者之间虽然一脉相承，但其理论边界是清晰的，在外延上不存在交错的问题。同样，新民主主义理论与中国特色社会主义理论两者之间，在外延上也不存在交错的问题，因为两者均是以解决的历史任务的名称和性质来命名的。

三　学科建设有待解决和需要深入研究的几个问题

1. 关于马克思主义中国化研究学科建设问题。从学科建设与发展的趋势看，学科建设还是缓慢的。到目前为止，本学科没有在学科研究对象、学科性质、研究方法、研究意义、研究任务等方面形成定性的成熟的内涵，学界在这些方面还没有完全达成一致性的认同，还未有本学科的一整套自己的固定教材。在学科建设上需要深入研究的方面是：定性研究对象，定位学科性质，拓展研究领域，开阔研究视角，创新研究方法，探究研究意义，明确研究任务等。

2. 关于马克思主义中国化中的“马克思主义”来源问题。有人认为，只包含马克思恩格斯学说；有人认为，还包括列宁主义；还有人提出，斯大林主义也应包括其中。把这个来源问题搞清楚，有助于更好地推进马克思主义与中国具体实际相结合，才有助于更好地把中国经验马克思主义化。从最近的各种研究成果看来，目前还没能从根本上回答清楚这个问题。

3. 关于马克思主义中国化的历史连续性问题。在历史连续性上，关于从“大跃进”到“文化大革命”结束这段时期的马克思主义中国化研究就显得尤其薄弱，形成一种历史断层，未能清晰完整地梳理马克思主义中国化的思想脉络。自马克思主义传入中国起，从李大钊开始提出要运用马克思主义来解决中国问题时，便开始了马克思主义中国化的历史进程，期间经过建党时期、大革命时期、土地革命时期、抗日战争时期、解放战争时期、新中国成立、社会主义建设和探索时期、“文化大革命”时期、改革开放新时期以及到现在，构成了一个完整的自然的历史过程。虽说各个时期马克思主义中国化呈现出不同时期的特征，但历史发展没有中断。缺乏“大跃进”到“文化大革命”结束这段时期的研究，给人的感觉是这期间不存在马克思主义中国化的问题。加强对这段历史时期的马克思主义中国化研究，不仅有利于更好地总结经验教训，还有利于马克思主义中国化连贯性和完整性的研究。

4. 关于马克思主义中国化研究方法问题。多种研究方法和多视角在马克思主义中国化研究中得到广泛运用，取得了一些成果。其中马克思主义中国化比较研究还有待于进一步重视与强化：一是对马克思主义中国化与其他国家的马克思主义民族化的比较研究，二是马克思主义中国化与西方各种社会思潮中国化、马克思主义中国化与佛教中国化等方面的比较研究等。有些内容已经有人在展开研究，希望有更多的人投入进去，生产出更多更好的研究成果出来。

5. 关于马克思主义中国化研究中的微观个案研究问题。宏观整体研究多，微观个案研究少，一直是马克思主义中国化研究中存在的问题。近年来，微观的个案研究也开始多了起来，但许多与马克思主义中国化相关的重要的微观个案没有进入研究者的视野。如，近现代的民粹主义、自由主义、实用主义、进化论等思潮与马克思主义中国化的关系。还如，近现代的问题与主义之争、社会性质论战、社会史论战等论战与马克思主义中国化的关系。《觉悟》、《星期评论》、《解放》周刊、《向导》、《新青年》、《解放日报》、《人民日报》、《红旗》、《中国文化》等不同历史时期的主要报刊，都可作为马克思主义中国化研究的个案。马克思主义中国化过程中的国民党人的态度、民众的心理、社会的舆论等，也可以作为研究的不同角度和个案。微观个案研究有助于丰富马克思主义中国化宏观上的研究。

（供稿：贺新元　王宜秋　于晓雷　李建国　贾可卿）

马克思主义发展史

一　2012年马克思主义发展史学科的基本情况

第一，马克思主义发展史的整体性问题受到学术界重视。

自从马克思主义理论一级学科设立以来，学术界一直比较关注马克思主义理论的整体性研究。对马克思主义理论整体性问题的关注既缘于对马克思主义理论分学科（马克思主义理论一级学科下设六个二级学科）研究状况的反思，也是对国内外理论界存在的“马克思主义过时论”、“马克思主义失败论”、“两个马克思的对立”、“马克思恩格斯对立论”等思潮的回应。近年来关于马克思主义理论整体性研究的文章较多，但是对于马克思主义发展史的整体性研究，学术界的研究可谓凤毛麟角。2012年，中国马克思主义哲学史学会会长、《教学与研究》杂志主编、中国人民大学马克思主义学院梁树发教授撰文探讨马克思主义发展史的基础理论构成问题。他认为，马克思主义发展史学科作为马克思主义理论学科下独立的二级学科，同其他学科一样有其系统的、确定的基础理论。这一学科的基础理论的实质和核心在于马克思主义发展问题。他从马克思主义发展的本质理论、条件理论、道路理论、主体理论、阶段理论、规律理论和研究方法等七个方面，展开对马克思主义发展史整体性基础理论的探索。[①]

2012年4月6—8日在安徽大学召开了“全国高校马克思主义理论学科研究会第十一次学科论坛”。这次论坛是全国高校马克思主义理论学科研究会首次以“马克思主义发展史”为主题召开的学术研讨会。学者们对当前马克思主义发展史研究中的前沿理论问题，如马克思主义中国化史研究、马克思主义发展史研究的方法论问题、当前马克思主义发展史需要重点研究的问题等提出了自己的观点。其中，中国人民大学马克思主义学院张新教授提出在马克思主义通史方面需要加强马克思主义理论发展过程的整体性研究，中国化马克思主义、西方马克思主义在马克思主义发展史上的地位问题以及经典作家的思想流派的研究；在马克思主义文献学方面需要建立起一个完整的马克思主义文献学的研究框架。安徽大学马克思主义研究院党总支书记吴家华教授认为，从历史形态的角度考察唯物史观是马克思主义发展史研究的整体性和历史性的要求，体现了马克思主义哲学形态研究的新动向，也可为建构历史唯物主义的当代形态提供理论借鉴。[②]

---

① 梁树发：《马克思主义发展史的基础理论》，《思想理论教育导刊》2012年第7期。

② 参见程妍《“全国高校马克思主义理论学科研究会第十一次学科论坛”综述》，《教学与研究》2012年第6期。

第二，马克思主义发展史阶段划分标准和发展史观的研究。

马克思主义发展史的实质和核心是马克思主义的发展。但是在如何理解马克思主义的发展问题上，中国社会科学院马克思主义研究院侯惠勤教授认为存在两种观点：一种是“阶段论”的发展，按照这种发展论，中国化的马克思主义被视为直线式发展的新阶段，这意味着中国化马克思主义对马克思列宁主义的全面发展和全面超越，其结果就是用马克思主义中国化的成果取代马克思列宁主义；一种是“结合论”的发展，即认为马克思主义发展的实质是把马克思主义的基本原理与中国实际相结合，是把马克思主义运用到中国的具体国情和新的时代特征中，就是具体应用式发展、局部发展，而不是根本立场、观点、方法上的创新，不是全面创新、全面超越。①

第一种“阶段论”的划分，常见于马克思主义发展史的基本著作中，把马克思主义一百六十多年的历史，划分为马克思恩格斯创立时期的马克思主义、列宁主义、中国化马克思主义（包括毛泽东思想和中国特色社会主义理论体系）三个大的历史阶段。梁树发教授指出，这种发展阶段的划分只是“依照马克思主义发展史中呈现的若干形态以及关于这些形态在马克思主义发展史上的一定地位的认识和判断，作出的自然主义顺序排列”②。至于这种阶段划分的标准问题，学术界并未形成统一性认识，看来也难以形成统一的认识和标准。由于没有明确的阶段划分标准，紧接而来的问题便是：恩格斯逝世后“第二国际的马克思主义”在马克思主义发展史上处于何种地位？以“西方马克思主义”为代表的现当代国外马克思主义研究在马克思主义发展史上处于何种地位？他们能否作为马克思主义发展史上的一个重要阶段？对于目前在马克思主义发展史研究中呈现的“国别史”研究特征，如何判定该国家的马克思主义发展形态是否能够成为马克思主义发展史上的一个发展阶段？梁树发教授指出，只有那种代表了马克思主义发展趋势的一定历史时代，从而成为马克思主义发展的一个时期的主流形态，才有可能成为一般的总体的马克思主义发展史的一定阶段。③ 依照这一标准，复旦大学马克思主义研究院常务副院长顾钰民教授认为，中国化马克思主义是以中国的实践为基础总结出来并经过实践检验的理论，因此中国化马克思主义发展在整个马克思主义发展史的研究中处于当代的主流地位，中国化马克思主义是马克思主义发展史上的一个新阶段。④

恩格斯逝世之后的“第二国际的马克思主义”，虽然在阐释、宣传和捍卫马克思主义方面有所贡献，也同以伯恩施坦为代表的修正主义作过斗争，但同时也存在将马克思主义庸俗化的倾向，在战争与革命问题上存在机会主义错误。以是否是马克思主义发展的主流形态并代表马克思主义发展的历史趋势为马克思主义发展史阶段划分的标准和原则，“第二国际的马克思主义”显然不能算是主流形态，也不能代表马克思主义发展的历史趋势，所以它不能算作马克思主义发展史的一个阶段。对此，也有学者有不同意见，中国社会科学院马克思主义研究院李伟研究员提出，对是否应把“发展”作更宽阔的理解，在实践上和理论上作出了重大贡献和创新的可视为马克思主义发展史中的一个阶段，而造成重大挫折和错误的也可看做马

① 参见侯惠勤等《马克思主义意识形态论》，南京大学出版社2011年版，第73页。

② 梁树发：《马克思主义发展史的基础理论》，《思想理论教育导刊》2012年第7期。

③ 同上。

④ 参见《高校学者创新马克思主义研究》，《中国社会科学报》2012年4月16日。

克思主义发展史的一个阶段。历史进程本身就是起伏变化的。只讲胜利不讲挫折，只讲创新不讲错误，不能反映历史的真实面貌。

随着“西方马克思主义”研究的不断深化和理论界的思想解放，开始把它作为马克思主义发展的一定形态进行研究，但是显然不认为它是马克思主义发展史的主流形态，因此它也不具有马克思主义发展史的阶段性意义。中国社会科学院哲学所徐崇温研究员认为，所谓“西方马克思主义”只是“西方社会的一种左翼激进主义思潮”，因而“西方马克思主义”这个概念并不科学。西方知识界的一小部分人写了一些批判西方社会的文章，坐而论道，脱离工人运动，这种性质的“讲坛马克思主义”在西方没有多大影响。

学术界越来越重视马克思主义发展史的全面性、真实性、生动性。全面、真实的马克思主义发展史从来不是仅由所谓正统的流派组成的“正史”，矛盾、斗争、曲折甚至倒退始终伴随马克思主义发展历史的始终。在矛盾、斗争、曲折中发展是马克思主义发展的规律之一。从这个意义上讲，第二国际的马克思主义、“西方马克思主义”都是马克思主义发展史的重要组成部分，为马克思主义发展提供经验，对马克思主义的发展产生重要影响。

第三，更加注重马克思主义发展史三种研究路径的结合。

目前，研究马克思主义存在三种路径，即文献考证法、理论阐释法、现实引导法，马克思主义发展史研究同样要遵循这三种路径。三种路径各有千秋，非别侧重于从文本、理论、现实角度阐释马克思主义的思想发展史。应该指出的是，研究方法各自有所侧重不意味着它们之间存在严格的界限，如果过分倚重其一，忽略其他，容易导致马克思主义发展史研究陷入纠缠细节、断章取义、实用主义的误区，只有三种研究方法的有机整合、综合运用才能将马克思主义发展史研究推向新的境界，实现马克思主义的理论创新，凸显马克思主义的现实说服力和引导力。

从本年度马克思主义发展史学科召开的几次大的学术会议来看，学术界更加注重三种研究路径的互补性。比如，2012 年 6 月 15 日在北京大学召开的“文本学研究与对马克思思想的新理解”研讨会[①]，讨论的议题就是要实现文本研究与思想研究的相互促动和互补融合。学者们认识到：借助文本的细致研究，能够对一些争论已久的问题作出新的阐释，从而进一步深化对马克思主义思想的理解。比如，关于《1844 年经济学哲学手稿》的讨论、马克思与恩格斯的学术思想关系、青年马克思与赫斯的关系等问题的认识，都需要借助文本研究的成果向前推进。可以说，沿着文本研究的路径有助于理解马克思主义的复杂内涵。但同时，学者们也认识到文献考证离不开思想阐释，马克思主义的思想及其当代性始终应该重视。中国人民大学马克思主义学院庄福龄教授对马克思主义文献学研究提出三点要求：首先，不能脱离其时代背景，如版本考据不能脱离马克思早期思想变化快且剧烈这一特点；其次，不能脱离德国乃至欧洲的历史特别是哲学发展史；再次，不能脱离其“左邻右舍”的学术群体。他认为，从文本考证和思想发展史的角度理解原著，具有现实价值，能为认识和解决实践中的问题提供指导。[②] 需要特别注意的是，不能把马克思主义发展史书写成以文本为主体的思想

① 张春海：《马克思主义文本研究离不开中国声音》，《中国社会科学报》2012 年 6 月 18 日。

② 同上。

史，应以具体的革命实践活动为主体和主线，思想理论只是历史实践活动的思想表现。马克思主义发展史的真实面貌和生动与否关键就在这里。必须坚定社会存在决定社会意识的基本方法。

二　重大问题研究进展

2012年，马克思主义发展史在马克思主义文献学、马克思主义辩证法、历史唯物主义、整体性问题、社会形态理论研究等方面都有所推进。

第一，《马克思恩格斯全集》历史考证版研究。

马克思主义发展史要有所进展，需要有新的历史材料，文献学无疑是基础。文献考证研究是马克思主义研究的基础性工作。从目前国内外的研究来看，马克思主义文献学研究已经是马克思主义研究的重要组成部分，其中，关于《马克思恩格斯全集》历史考证版（MEGA2）的研究堪称马克思主义文献学研究的"显学"。

自1990年5月起，《马克思恩格斯全集》历史考证版（MEGA2）的编辑发行由"国际马克思恩格斯基金会"专门负责。这一基金会由荷兰国际社会历史研究所同莫斯科马克思列宁主义研究院、德国勃兰登堡科学院和马克思故居联合签署协议成立，标志着MEGA2项目研究中心由民主德国和苏联向荷兰和德国的转移。当时成立这一基金会的初衷是为了使MEGA项目摆脱对国家的依赖，彻底实现MEGA研究的"学院化"。秉承"去政治化、去意识形态化、完整性、高学术和国际化"的编辑准则，截止到2011年，计划出版114卷的MEGA2现在出版了57卷，正好完成了一半，加上最近将要出版的第一部分第30卷，MEGA2的出版已经过半。①

根据国内外研究MEGA2的文献资料，2012年国外一些专家主要通过具体、细致考察马克思笔记的诞生过程，提出自己对马克思思想的新理解。比如，国际知名MEGA专家、德国的尤根·罗扬博士在《马克思主义与现实》2012年第2期撰文指出，细致考察与全面收录出版马克思大量笔记的MEGA2第四部分，不是对马克思的"遗物崇拜"，而是理解马克思著作、思想的重要依据。他以1844年手稿及其摘录笔记作为案例研究，明确指出手稿并不是对某种世界观的系统阐发，它所展现的是处于运动中的马克思的思想，即由他的阅读和他所参加的讨论所推动的新思想的诞生与发展过程。只有把手稿和笔记结合起来，才能真正地、全面地理解马克思。② 再如，德国爱尔福特师范大学哲学教授埃克·考普夫阐述了《资本论》的创作史，包括从设想、受恩格斯推动，到写作手稿、出版《政治经济学批判》第一分册，再到写作《资本论》两部手稿并正式出版第1卷的全部过程。③ 柏林MEGA编辑促进协会会员、资深MEGA2编辑学家雷娜特·默克尔—梅利斯，依据MEGA2三个卷次（第一部分第

---

① 参见［德］马丁·洪特《MEGA2的进展和关于马克思著作的若干热点讨论》，金建译，《马克思主义与现实》2011年第5期。

② ［德］尤根·罗扬：《理论的诞生——以1844年笔记为例》，赵玉兰译，《马克思主义与现实》2012年第2期。

③ 参见［德］埃克·考普夫《〈资本论〉第1卷德文第1版在MEGA2中的编辑情况》，张红山译，《马克思主义与现实》2012年第5期。

30—32卷)，通过具体的实例、确凿的数据，对恩格斯的晚期著作及其在MEGA2中的编辑情况作出概略阐述。[①]

德国是MEGA2研究的中心之一，居于研究中心的专家学者具有掌握文献和出版发行最新动态的优势条件，并且，有的学者直接参与MEGA2的编辑，结合自己的编辑经验和研究体会，对马克思思想的重新理解常能提出权威性的、可信度高的解读。比如，雷娜特·默克尔—梅利斯（Renate Merkel-Melis)，是柏林MEGA编辑促进协会会员、资深MEGA2编辑学家，自1994年起成为柏林—勃兰登堡科学院MEGA2工作站自由编者，负责MEGA2第一部分第30卷、第31卷的编辑工作。埃克·考普夫（Eike Kopf)，是德国爱尔福特师范大学哲学教授，曾参与MEGA2第二部分第5卷、第8卷、第15卷、第四部分第25卷和第28卷的编辑工作，2010年完成MEGA2第一部分第4卷和第6卷的编辑工作。这种将编辑经历和研究经历集于一身的特殊身份，有利于其就马克思文献编撰中的有关问题提出独到见解。

与国外学者直接参与MEGA2的编辑研究不同，国内学者更多借助已出版发行的MEGA材料进行研究。目前，国内比较有影响的马克思主义文献学研究阵地有中央编译局、中国社会科学院哲学研究所、北京大学、清华大学、复旦大学、南京大学等。2012年国内外关于MEGA2的研究主要围绕马克思与恩格斯的合作关系、恩格斯晚期著作以及关于马克思思想的一些新解读、新探讨等问题展开。

关于马克思与恩格斯的学术思想关系问题。近年来，受到学术界热切关注。目前大致有“一致论”、“差异论”、“共创论”三种观点，将这一问题进一步推向深入，需要借助MEGA2的最新文献资料。目前，《资本论》第3卷究竟可以看做是马克思与恩格斯合作关系的案例，还是看做体现马克思与恩格斯学术思想关系差异的案例，学术界存在分歧。比如，作为柏林勃兰登堡科学院MEGA编辑部成员之一的雷金娜·罗特，主要负责MEGA2第二部分“《资本论》及其手稿”编辑工作，他认为《资本论》第3卷是考察马克思与恩格斯合作关系的重要文本。根据MEGA2所提供的资料，可以看出，一方面，恩格斯尽可能地保持了马克思手稿的原貌，不做改动；另一方面，恩格斯又在很大程度上完善了马克思的手稿，例如对马克思简单叙述的地方进行详细清晰地论述、统一符号、增写导论等等。对于恩格斯编辑马克思手稿的考察并不涉及恩格斯是否歪曲了马克思，因为有大量证据表明，恩格斯在编辑工作中并没有任意而为。[②] 北京大学中国语言文学系的韩毓海教授在《马克思的事业——从布鲁塞尔到北京》一书中，主张马克思主义最通俗的阐释者是恩格斯，但是，马克思真正的或者说最好的读者却不是恩格斯，因为，恩格斯对《资本论》第3卷的理解，并不是马克思的全部思想。马克思在《资本论》第3卷中阐述资本主义的基本矛盾是“过剩资本”与“劳动”之间、“虚拟资本”与“现实资本”之间的矛盾，而不是恩格斯理解的所谓“生产”与“消费”之间的矛盾，恩格斯所理解的“资本”其实不过就是马克思所说的“现实资本”，经过恩格斯

① [德]雷娜特·默克尔—梅利斯：《论MEGA2中恩格斯晚期著作的编辑》，李莉娜译，《马克思主义与现实》2012年第3期。

② 参见[德]雷金娜·罗特《作者马克思与编者恩格斯：关于〈资本论〉第3卷的不同观点》，《马克思主义与现实》2012年第5期。

阐释的马克思绝不是马克思的全部。①

关于MEGA2中恩格斯晚期著作的篇幅与发展脉络问题。恩格斯的晚期著作，即他在马克思逝世后的1883—1895年间撰写的著作是MEGA2的重要研究对象。雷娜特·默克尔—梅利斯，作为资深MEGA2编辑学家，依据MEGA2三个卷次（第一部分第30—32卷），描述了恩格斯晚年创作时期的基本特征：恩格斯实现自己的首要关切（传播、维护和继续完成他与马克思共同创作的学术和政治著作）具备哪些前提；用例证和实际计算的方法阐明恩格斯这一时期内的著作篇幅之庞大和内容之多样；概述恩格斯的晚期著作涵盖的丰富主题，这里主要着眼于这一时期马克思恩格斯著作的新版和译本，以及在恩格斯的协助下完成的其他著作。②

关于MEGA2提供的最新文本文献资料，中国社会科学院哲学所魏小萍研究员提出，可以从马克思和恩格斯新历史观的形成过程中，理解这一新历史观所包含的基本要素及其相互关联性。这一方面有助于克服那种将唯物史观中的"物"理解为不包含人的因素的"物"，而将人的因素排除在这一"物"的因素之外的机械的、教条式的解读方法；另一方面通过对人的意识内容的具体分析，能够更加全面地解读马克思对于人们的社会存在与人们的意识之间的相互关系，同时从认识论和存在论两个意义上来分析社会历史进程中人的能动作用。③

中国社会科学院哲学所欧阳英研究员研读MEGA2，认为马克思的国家学说的理论基础是新社会观，即"社会决定国家"。马克思国家学说的理论创新是揭示和阐明了国家与阶级之间的内在联系，它的理论走向是倡导最终实现无冲突的和谐社会。④ 这样的社会只能是共产主义社会。

意大利学者马塞罗·默斯托认为，MEGA2为我们提供了重新认识马克思主义的文献资料，有助于澄清过去由于资料缺乏而导致的对马克思主义形成过程的不准确理解。⑤ MEGA2的编辑原则被确立为："去政治化、去意识形态化、完整性、高学术和国际化"。⑥ 南京大学哲学系讲师孙乐强指出，MEGA确立的这一编辑准则为我们全景式地再现马克思恩格斯思想的形成过程奠定了重要的文献基础，为我们了解马克思恩格斯著作的"本真状态"提供了一定的文献根据。但是我们绝不能以此为依据来过分抬高学院版MEGA的价值和意义，更不能把学院版MEGA遵奉为国内马克思主义研究的范本和楷模，这样不仅会扭曲马克思恩格斯思想的原意，而且也会对我国马克思主义研究产生恶劣影响。孙乐强进一步指出，过分抬高非定稿文本的历史地位，会把所有文字神圣化，以此制造"两个马克思"的神话；会导致所谓的"本真马克思"崇拜，冲击我国马克思主义意识形态的指导地位。作为马克思主义者，我

① 参见韩毓海《马克思的事业——从布鲁塞尔到北京》，中国人民大学出版社2012年版，第194页。

② ［德］雷娜特·默克尔—梅利斯：《论MEGA2中恩格斯晚期著作的编辑》，《马克思主义与现实》2012年第3期。

③ 魏小萍：《对马克思和恩格斯新历史观的解读——以历史考证版为基础》，《清华大学学报》（哲学社会科学版）2012年第3期。

④ 欧阳英：《从MEGA2重新理解马克思有关国家的学说》，《哲学研究》2011年第3期。

⑤ ［芬］维萨·奥特宁：《MEGA2与另一个马克思——马塞罗·默斯托访谈》，金建译，《国外理论动态》2011年第8期。

⑥ 转引自孙乐强《在学术性与意识形态之间——MEGA对我国马克思主义哲学研究的影响及其价值评估》，《江海学刊》2012年第3期。

们绝不能把学院版 MEGA 的解构主义遵奉为我国马克思主义研究的楷模，而必须建构具有中国特色的马克思主义理论体系，凸显“中国问题意识”，形成具有民族特色的、中国自主的学术话语体系。[①]

第二，马克思主义辩证法研究。

近年来，由于人类生存方式的深刻变革以及马克思主义理论研究的不断深入和问题拓展，辩证法研究也随之深入。2012 年，国内关于马克思主义辩证法问题的研究主要围绕辩证法与辩证法观、辩证法的本质等问题展开。

黑龙江省社会科学院《学习与探索》高云涌编审、哈尔滨工程大学思想政治教研部王林平副教授提出，在国内关于辩证法的讨论中，人们在各种意义上使用辩证法一词，使得辩证法成为了一个没有边界约束的论域，因而需要明确区分辩证法观和辩证法的概念，使边界明确、语义清晰。[②] 基于辩证法与辩证法观概念的区分，复旦大学哲学院孙承叔教授对西方马克思主义的辩证法观作了论析，指出西方马克思主义对辩证法问题的共同理论倾向，即他们反对自然辩证法的提法，认为自然界有客观规律，却没有辩证的发展过程，辩证的发展过程只属于人类，所以他们主张用历史辩证法的提法代替自然辩证法的提法。这是西方马克思主义的辩证法观。[③] 辩证法与辩证法观究竟是一种什么关系，是一个有待澄清的问题。

辩证法究竟是一种方法还是一种理论，或者既是一种方法又是一种理论？一种观点认为，传统教科书把辩证法当做自然、社会和思维普遍存在的规律，是对这些规律的科学把握。辩证法作为思维智慧，是一种运用概念进行思维的技巧，它是反思和总结实践经验和思维发展的历史而形成的。反对的观点则认为，辩证法不只是方法，也是理论，方法是由理论转化而来的，或者说，它首先是理论，然后才是方法。唯物辩证法作为理论是自然、社会、思维最一般规律的反映，这是唯物辩证法作为普遍适用的方法和方法论的最深刻的基础，否定了这一点，遮蔽了唯物辩证法作为本体论的“真理”这个维度，而仅仅将之当做是一种工具性、技术性和策略性的方法，看似是拯救了辩证法作为方法论智慧的灵活性，实则是为辩证法沦落为无条件、无限制使用的“变戏法”打开了方便之门。[④]

辩证法的本质是“对话”还是“批判”？吉林大学农学部公共教学中心白刚教授撰文指出，辩证法的原意是“对话”和“相互讨论”，但在哲学的后来发展中，“对话”原有的开放性和流动性意义消失了，对话变成了同一性的独裁。[⑤] 中山大学哲学系刘森林教授认为，辩证法发展到马克思时，马克思又看到了“对话双方或多方之间基于追求真理而进行的平等交谈被启蒙主体与他者之间的不平等关系所取代”[⑥]。也即是说，马克思已经看到了资本主义社会资产阶级与无产阶级这两大阶级之间不平等的事实。正是由于马克思认识到了这一事实，

---

① 孙乐强：《在学术性与意识形态之间——MEGA 对我国马克思主义哲学研究的影响及其价值评估》，《江海学刊》2012 年第 3 期。

② 高云涌、王林平：《“辩证法研究”还是“研究辩证法”？——对近年来国内有关辩证法讨论的一个质询》，《天津社会科学》2012 年第 4 期。

③ 孙承叔：《是自然辩证法还是历史辩证法——西方马克思主义的辩证法观论析》，《学习与探索》2012 年第 1 期。

④ 参见黄志军《辩证法的当代复兴——近年来国内辩证法研究述评》，《哲学动态》2012 年第 6 期。

⑤ 白刚：《当代马克思辩证法研究的三个问题》，《天津社会科学》2012 年第 4 期。

⑥ 刘森林：《恩格斯与辩证法：误解的澄清》，《南京大学学报》（人文社科版）2005 年第 1 期。

并力图改变这种不平等状况，所以马克思强调自己辩证法的“批判”性本质。马克思在《资本论》中指出：“辩证法，在其合理形态上，引起资产阶级及其空论主义的代言人的恼怒和恐怖，因为辩证法在对现存事物的肯定的理解中同时包含对现存事物的否定的理解，即对现存事物的必然灭亡的理解；辩证法对每一种既成的形式都是从不断的运动中，因而也是从它的暂时性方面去理解；辩证法不崇拜任何东西，按其本质来说，它是批判的和革命的。”①

关于历史唯物主义与辩证法的内在关系如何，吉林大学哲学基础理论研究中心贺来教授认为，历史唯物主义与辩证法具有深层的一致性。马克思通过对黑格尔的批判，从人的现实的感性实践活动出发，为辩证法奠定了真实的基础。批判性作为辩证法的理论品格，同样也是历史唯物主义的理论品格。② 武汉大学哲学学院何萍教授指出，马克思的历史唯物主义由历史辩证法和历史理论两大部分构成，历史辩证法是历史唯物主义的骨架子，历史理论是历史唯物主义的内容。由于中国学者更重视历史理论的研究，而把历史辩证法的研究留给了唯物辩证法，这实际上是忽视了历史唯物主义有其内在的哲学根据，从而把历史唯物主义降低为一般历史理论。③

第三，历史唯物主义研究。

2012年，学界继续历史唯物主义学科性质的讨论，围绕历史唯物主义的发展形态、历史唯物主义的主题、历史唯物主义与辩证法的关系等问题发表观点。为了将学术界关于历史唯物主义理论的讨论引向深入，《中国社会科学》杂志在2012年第3期上刊登了一组笔谈，主题为：“历史唯物主义研究：问题域与学科性”。

郑州大学公共管理学院教授郑永扣、副教授潘中伟认为，德国古典哲学提出了哲学科学化的目标，马克思恩格斯批判地继承了其中关于“哲学”、“科学”的基本界定。尽管历史唯物主义有其自身的哲学前提，它仍然是一门历史科学的理论纲要。他们认为，历史唯物主义既不是历史哲学，也不是孔德意义上的实证科学。

中国人民大学哲学院院长郝立新教授则强调，要重视历史唯物主义理论的内在整体性，从整体上把握历史唯物主义的理论本质、特征和发展形态。他认为，历史唯物主义存在一个多层次、多维度的结构，这种理论特性决定了它在思想进程与现实进程的交汇点上呈现出既相联系、又相区别的历史形态。对历史唯物主义的本质的理解必须从社会历史认识的历程出发。历史唯物主义的社会历史本体论、社会历史认识论、社会历史辩证法、社会历史价值论的有机统一。要在重视历史唯物主义整体性的基础上，把握历史唯物主义的经典形态和发展形态，在特定的历史和现实坐标下把握历史唯物主义的精髓，这有助于我们深化对历史唯物主义的理论价值和现实意义的认识，有助于理解或解决历史唯物主义论争中的一些分歧。④

关于历史唯物主义的主题，北京大学哲学系丰子义教授认为，准确理解和把握历史唯物主义并对其进行合理的定位，须充分考虑到实现无产阶级和人类的解放是马克思主义哲学的主题。在这一主题指引下，马克思不仅实现了对资本主义的彻底批判，也丰富发展了历史唯

① 马克思：《资本论》第1卷，人民出版社2004年版，第22页。

② 贺来：《历史唯物主义的辩证本性》，《中国社会科学》2012年第3期。

③ 何萍：《马克思历史辩证法的理性结构》，《南京大学学报》2012年第3期。

④ 郝立新：《历史唯物主义的理论本质和发展形态》，《中国社会科学》2012年第3期。

物主义。这对中国特色社会主义建设具有理论启示和价值。[①]

关于历史唯物主义与辩证法，吉林大学哲学基础理论研究中心贺来教授认为，这些年来，历史唯物主义与辩证法之间内在关系的研究相对薄弱。历史唯物主义与辩证法具有深层的一致性，马克思通过对黑格尔的批判，从人的现实的感性实践活动出发，为辩证法奠定了真实的基础。批判性作为辩证法的理论品格，同样也是历史唯物主义的理论品格。阐发“历史唯物主义”的“辩证”的本性，对于深化历史唯物主义的基础理论研究和彰显历史唯物主义独特的精神品格具有十分重要的意义。[②]

第四，马克思主义整体性研究。

2012 年，学界围绕马克思主义整体性研究的源起与必要性、马克思主义整体性的内涵、马克思主义整体性研究的理论与实践意义等问题继续深入。

中共中央党校研究生学院院长韩庆祥教授等学者指出，随着马克思主义理论被确立为国家一级学科，以及马克思主义学院在全国高等院校的纷纷成立，国内马克思主义研究呈现出一派热闹景象，但是这种表面上的热闹并不能说明大多数人真正从心灵深处认同、信仰马克思主义。引起这种悖论式现象的根本原因在于：我们没有完整而准确地理解马克思主义，没有以科学的态度对待马克思主义，进而导致了对马克思主义的种种误解，把完整的马克思主义变得支离破碎。所以，从整体上来理解马克思主义，进而恢复马克思主义的整体性形象，成为马克思主义理论工作者的一项重大课题。[③]

中国人民大学马克思主义学院讲师沈江平博士认为，理论界关于“什么是马克思主义、怎样理解马克思主义”问题的争论就涉及对马克思主义整体性问题的把握和研究。[④]

中共中央党校马克思主义理论教研部牛先锋教授认为，长期以来，学术界对于马克思主义的研究是分学科进行的，做分门别类的研究，这有助于研究的深入和问题的细化，也容易造成对马克思主义理解的碎片化、片面化。新世纪以来，马克思主义理论研究和建设工程的实施和马克思主义理论一级学科的设立，推进了马克思主义整体性研究。在此背景下，马克思主义整体性研究成为一个学术热点。[⑤]

如何理解马克思主义传统三分法，理论界看法不同。韩庆祥教授认为，列宁提出马克思主义哲学、马克思主义政治经济学和科学社会主义是马克思主义的三个组成部分，实际上蕴涵着一个前提，即马克思主义是一个整体，这一整体性的学说有三个直接的理论来源。辽宁大学马克思主义学院院长房广顺认为，恩格斯在同杜林论战的时候，从哲学、政治经济学和科学社会主义三个部分对马克思主义进行系统的阐述，这正是恩格斯对马克思主义的伟大贡献，使马克思主义的科学理论更加系统化、条理化、大众化，变为易于被工人阶级和劳动人民所掌握的科学理论。恩格斯在对马克思主义理论进行系统阐述的时候，并不是把它们机械

① 丰子义：《历史唯物主义与马克思主义哲学主题》，《中国社会科学》2012 年第 3 期。

② 贺来：《历史唯物主义的辩证本性》，《中国社会科学》2012 年第 3 期。

③ 韩庆祥、邱耕田、王虎学：《论马克思主义的整体性》（上），《哲学研究》2012 年第 8 期。

④ 沈江平：《马克思主义整体性问题研究澄明》，《云南社会科学》2012 年第 1 期。

⑤ 牛先锋：《马克思主义整体性问题的研究现状与进向》，《理论学刊》2012 年第 4 期。

地分解为若干互不相干的内容，而是仍然坚持用整体性的观点和方法进行论述。[①] 沈江平博士则认为，马克思主义三分法来源于恩格斯的说法不成立，在《反杜林论》的结构上分为哲学编、政治经济学编和社会主义编三个部分，但恩格斯本人在《反杜林论》序言中指出，这本书"并不是以另一个体系去同杜林先生的'体系'相对立"[②]。后来马克思、恩格斯任何一部著作，都没有涉及马克思主义三部分体系理论的论说，因此三分法是不科学的、不成立的。中国人民大学马克思主义学院讲师郗戈博士则认为，在传统教科书中，马克思思想被强行拆分为哲学、政治经济学和科学社会主义三个部分，但是三者之间的内在关系却没有得到有效说明。这种强行拆分曾经发挥过不可低估的历史意义，但同时也是弊端重重，它实际上遮蔽了历史唯物主义本身的总体性视野，并进一步导致其批判维度的丧失。这应当也是历史唯物主义在现代性话语中显著缺场，马克思主义的批判锋芒显著淡化的一个重要原因。[③]

如何认识当前马克思主义理论的学科划分，究竟学科划分有利于马克思主义整体性研究，还是会导致马克思主义研究的碎片化、片面化和教条化？学者们倾向于从利弊两方面看待马克思主义学科划分。他们指出，将马克思主义进行分科研究并不违背马克思主义整体性原则。马克思主义既是统一整体又是可分的，各个组成部分具有相对独立性，可以作为专门学科研究。从分科性研究与整体性研究的关系来看，分科性研究体现在整体性研究之中，整体性研究融于分科性研究之中。没有分科性研究的支撑，马克思主义整体性研究就无从谈起。实践也证明，囫囵吞枣式地进行所谓马克思主义整体性研究，其结果往往对理论本身和实践都是有害的，分科研究有助于研究的深入和问题的细化；另一方面，分科研究如果忽视整体性研究视野，忽视它们存在着不可分割的内在联系，甚至存在门户之见的对立，会导致马克思主义的人为肢解，导致马克思主义的碎片化、片面化和教条化，丧失由整体性赋予各分科的马克思主义本质。

牛先锋教授指出，在这次关于马克思主义整体性讨论中，明显存在着三方面不足。一是过多的重复性研究。如对于研究该问题的重要性、必要性、意义等的论述连篇累牍，总是在这方面打转转而深入不到问题的核心，结果使研究失去了学术价值，变成了空乏的口号。二是看似在论述马克思主义的整体性，其实不自觉地又以一种新的方法在分割马克思主义。如严格地把马克思主义分成若干层次，而层次之间又有标准相区分，不能相互跨越，这事实上是违背马克思主义整体性的。还有的文章看似在从不同角度论述马克思主义的整体性，其实强调的依然是某一个学科，又把马克思主义固化到分门别类的学科中去了。三是缺乏创新性，没有尝试构建一个整体性的马克思主义理论学科体系，这是目前该问题研究最应该着力的地方。马克思主义整体性研究已经进行这么多年了，还没有提出一个哪怕是供学界批判的对象，这不能不说是一大缺憾。[④]

第五，马克思主义社会形态理论。

马克思的社会形态理论被看做历史唯物主义的核心内容之一。我国学术界对马克思社会

---

① 房广顺：《马克思主义整体性问题回顾与瞻望》，《辽宁大学学报》（哲学社会科学版）2012年第3期。

② 《马克思恩格斯选集》第3卷，人民出版社1995年版，第344页。

③ 郗戈：《"资本主义现代性"批判与历史唯物主义的问题意识》，《学术研究》2012年第4期。

④ 牛先锋：《马克思主义整体性问题的研究现状与进向》，《理论学刊》2012年第4期。

形态理论的研究早在20世纪30年代就已经开始，当时那些最早接触马克思主义和唯物史观的人士运用马克思社会形态理论对我国的历史和社会性质问题进行研究，推动了唯物史观在中国的传播和发展。及至20世纪60年代，围绕史学领域的一些重大问题，如中国近代社会的性质、亚细亚生产方式、奴隶制、中国近代史分期等，都遵循马克思主义的社会形态理论而展开，当时主要以马克思“五形态说”为理论话语和参照坐标。改革开放以来，学术界重新对社会形态理论进行探讨，探讨的过程中存在很多争论。根据2012年的文献资料，学术界关于马克思主义社会形态理论有以下几种代表性观点：

黑龙江大学马克思主义哲学研究基地的隽鸿飞教授根据《德意志意识形态》一书的观点，论证“三形态说”与“五形态说”是统一的。他认为需要回到马克思社会历史理论的起点，才能真正理解其社会形态理论的本质。他指出，马克思正是在《德意志意识形态》中根据分工的发展阶段提出了“五形态”说的同时，根据自然产生的生产工具与由文明创造的生产工具的差别区分了前资本主义社会和资本主义社会，从而形成“三形态”说的初步表述。这一思想在《1857—1858年经济学手稿》中得到了进一步的丰富和发展，形成了“五形态说”与“三形态说”的统一。这种统一是马克思社会历史理论基本原则——历史与逻辑相统一原则的体现。①

华南师范大学政治与行政学院刘同舫教授认为“三形态说”更根本、更具普适性。他认为，马克思一生的理论主题就是人类解放，其学说就是关于人类解放的学说，他对社会形态问题的探讨没有离开人类解放的主题。“三形态说”与“五形态说”何者更为根本、何者更具有普适性，应该考察何者更具有解放的维度。而“三形态说”与人类解放理论在某种程度上实现了“视阈融合”，作为人类解放理论之组成部分的“三形态说”更为根本，也更具有普适性。②

北京大学哲学系杨学功等学者认为，如果按照以资本主义为核心阐述马克思三大社会形态理论的理解，那么，马克思的三大社会形态理论不是为了说明人类社会发展的一般规律，而只是为了说明资本主义社会是历史的而不是永存的，也就是提供一种关于资本主义社会起源和灭亡的理论。而实际上，马克思对资本主义社会的分析与批判并不构成其最终目的，而是通过批判资本主义社会来研究过去的社会形态和探索未来的社会形态，进而达到揭示人类社会发展一般规律的目的。③

第六，中国特色社会主义的历史地位。

2012年，以纪念党的十二大召开30周年、“南方谈话”发表20周年为契机，马克思主义理论界围绕中国特色社会主义的历史地位和历史意义、科学发展观在马克思主义发展史上的地位等问题展开研究。

《中国特色社会主义史论研究》三卷本，（赵曜任总主编，严书翰、叶庆丰、胡振良任分卷主编，中共中央党校出版社2012年版）着重从中国特色社会主义理论体系的历史地位和重

① 隽鸿飞：《〈德意志意识形态〉中的社会形态理论》，《学习与探索》2012年第6期。

② 刘同舫：《马克思人类解放视域中的社会形态理论》，《福建论坛》（人文社会科学版）2012年第5期。

③ 杨学功、楼俊超：《如何理解马克思的三大社会形态理论——兼评学界的几种常见理解》，《教学与研究》2012年第8期。

大意义的认识高度，阐述了中国特色社会主义的历史和理论。该书认为，20世纪社会主义的发展面临两大历史难题：一是发达资本主义国家无产阶级夺取政权的问题，迄今还没有一个国家获得成功；二是经济文化落后国家如何建设、发展、巩固社会主义的问题。中国特色社会主义理论体系的历史地位和重大意义就在于它在这个难题上取得了历史性的突破。从中国特色社会主义怎样实现这个历史性突破入手，该书从历史实践、科学体系、前沿问题三个方面对中国特色社会主义道路和理论体系做了研究和阐述。

河南许昌学院社科部李家祥等学者认为，中国特色社会主义是在坚持科学社会主义基本原则的前提下，在实践中形成鲜明的中国特色和时代特征；中国特色社会主义是繁荣发展中国的必由之路，以改革开放为特征的中国特色社会主义建设的伟大成就展现出中华民族的光明前景，体现出社会主义发展方向。①

武汉大学马克思主义学院副院长袁银传教授，广东交通职业技术学院思政部讲师马晓玲认为，中国特色社会主义是中国共产党带领中国各族人民经过90年的奋斗、创造、积累而逐步形成的一种社会主义的实践方式、社会制度和理论体系。中国特色社会主义的重大历史意义体现在三方面：一是中国特色社会主义在人类文明发展史上，揭示和彰显了人类文明发展的多样性，彻底解构了“西方中心论”构建的话语体系。二是中国特色社会主义在社会主义发展史上展示了社会主义制度的优越性和生命力，对于社会主义国家以及其他“后发”国家选择本民族的发展道路和社会制度具有借鉴意义。三是中国特色社会主义在中华民族复兴史上解决了中国社会主义革命、建设和改革开放的历史阶段的任务，是中华民族实现伟大复兴的旗帜。②

关于科学发展观在马克思主义发展史上的地位问题。党的十八大报告进一步阐述了科学发展观在马克思主义发展史上的理论地位，即：“科学发展观是马克思主义同当代中国实际和时代特征相结合的产物，是马克思主义关于发展的世界观和方法论的集中体现，是对新形势下实现什么样的发展、怎样发展等重大问题作出的新回答，把我们对中国特色社会主义规律的认识提高到新的水平，开辟了当代中国马克思主义发展新境界。”

中国社会科学院中国特色社会主义理论体系研究中心夏春涛研究员、中国社会科学院马克思主义研究院吴波编审对理论界研究科学发展观历史地位问题的成果作了两方面概括：一是科学发展观在十六大以来理论创新成果中的地位。二是科学发展观在马克思主义中国化进程中的关联与定位。③

中共中央党校科学社会主义教研部赵宏副教授总结了科学发展观与邓小平理论、“三个代表”重要思想的共同点。他认为，科学发展观与邓小平理论、“三个代表”重要思想都为马克思主义增添了新的时代内容。一是对马克思主义理论做出新的科学结论；二是根据新的历史条件和时代背景，提出了以往马克思主义者没有提出的新理论，从而创造性地开拓了社会主义理论的新境界。④

---

① 李家祥、曲睿：《试论中国特色社会主义的历史地位》，《理论观察》2012年第1期。

② 袁银传、马晓玲：《论中国特色社会主义的历史意义》，《湖湘论坛》2012年第2期。

③ 夏春涛、吴波：《科学发展观的历史地位与指导意义研究述评》，《党的文献》2012年第1期。

④ 赵宏：《科学发展观地位作用的新定位》，《科学社会主义》2012年第6期。

三　学科建设中有待解决和深入研究的若干问题

第一，2012 年，本学科在马克思主义文献学、马克思主义辩证法、历史唯物主义、整体性问题、社会形态理论研究等方面都有所推进，在回应“马克思主义过时论”、“马克思主义失败论”、“两个马克思的对立”、“第三个马克思的发现”、“马克思恩格斯对立论”等曲解、肢解马克思主义思潮的同时，马克思主义整体性研究成为理论界关注的重大问题。经过几年的研究积累，在不断探讨马克思主义发展史的学科边界、学科领域、学科特点和研究方法的基础上，学者们深入思考马克思主义发展史学科的整体架构问题。虽然这方面的研究成果还不是很丰富，但意识到“整体性”问题对研究马克思主义通史的重要意义，有利于进一步拓展和深化马克思主义发展史的学术研究和学科建设。问题本身不在于分科研究或整体性研究，而在于研究者本人的视角和综合研究的能力。今后应当尽快拿出所谓“整体性”研究的成果，而不要在“整体性”概念上坐而论道、止步不前。

第二，三十多年来，我们关于中国特色社会主义的理解和认识日益全面、深刻，形成了关于中国特色社会主义的一系列科学论断和精辟概括。但是对中国特色社会主义的理解不能仅止于这些论断和总结，人们同样关心中国特色社会主义的历史渊源和未来走向，关心中国特色社会主义从哪里来到哪里去的问题。从马克思主义发展的角度研究中国特色社会主义，对于阐明中国特色社会主义与改革开放前 30 年社会主义探索和建设既一脉相承又改革创新的关系、阐明中国特色社会主义的社会主义属性意义重大，对于科学认识和正确评价改革开放前后两个历史时期、完整准确地把握中国特色社会主义意义重大。

第三，2012 年的马克思主义发展史学科建设在研究成果的数量和质量、科研队伍的培养、学术活动的开展和影响等方面都在稳步进展，同时也要看到不足，比如，以“历史分期”和“问题研究”相结合为线索的马克思主义发展通史性著作比较多，而以马克思主义发展的内在逻辑发展为线索的通史性著作尚未出现。比如，马克思主义诞生的历史、马克思主义发展的历史充满曲折、反复，再现历史的真实性需要“细节”研究，没有细节的马克思主义发展史是空洞的。如何处理马克思主义发展的整体历史与细节的关系尚待深入研究。人们期待在这些方面能够取得更大的突破和进展！

（供稿：任洁）

国外马克思主义

一 研究概况

国外马克思主义研究是当今我国哲学社会科学研究中最热门的领域之一。20 世纪 80 年代我国学者开始研究西方马克思主义，并迅速引起学界的高度关注，虽 90 年代初陷入低迷，但 90 年代后期逐步复苏，21 世纪至今则完全进入急剧发展膨胀期。从研究范围看，国外马克思主义研究已经从经典西方马克思主义研究扩展到国外共产党理论与实践、东欧新马克思主义、国外左翼思想、后马克思主义以及马克思学等领域；从学术门类看，国外马克思主义研究已经从原来的一个理论热点发展成为一个单独的二级学科；从学术影响看，国外马克思主义研究流派、人物和理论当今不仅是国外马克思主义研究学科的主攻方向，而且已经成为马克思主义理论、哲学、法学、政治学、经济学、社会学、文学、宗教学等众多学科领域的重要选题之一，特别是已成为广大博士后、博士和硕士生的重要选题来源之一。因此，不断有学者提出“划界意识”与“现实诉求”的问题，即何谓国外马克思主义研究、为什么要进行国外马克思主义研究的问题。由于西方马克思主义研究的哲学传统，我们把从哲学上进行的国外马克思主义研究都放到西方马克思主义研究领域，而把国外马克思主义研究中不是国外共产党研究也不是从哲学上进行的研究都放到国外左翼思想研究领域，这样，我们阐述的 2012 年国外马克思主义研究概况主要从以下三个方面进行。

（一）国外共产党研究概况

2012 年，伴随资本主义金融—经济危机不断发酵，资本主义制度受到其体制内外各行业人士的批评和质疑①。在这种大背景下，世界各国共产党表现相对活跃，国内外学界对其关注度亦有所升温。

在国外，除各共产党的党报、党刊和网站继续刊登阐释国际金融危机和欧债危机、各国共产党斗争新进展及其对社会主义实践和理论反思的文章外，一些激进左翼运动网站陆续发表了不少介绍和分析国外共产党的文章，主要有世界社会主义网站（http：//www. wsws. org）、国际视点网站（http：//www. internationalviewpoint. org）、俄罗斯的左翼阵线网站（http：//www. leftfront. ru/48E54398C28CD/2/）以及俄罗斯左派网站（http：//www. left. ru/2012/5/index. phtml）等。

---

① 李慎明主编：《世界在反思》（之二），社会科学文献出版社 2012 年版。

在国外学界，除对苏东地区共产主义政党的状况给予关注外，从考察国外一些共产党的发展历史的角度关注政党状况的文章也成为一个研究新视角。同时，一些阐释、解析某一共产党发展历程的大部头著作也相继出版，比如：加拿大卡尔加里大学政治学教授塔里克·伊斯梅尔（Tareq Y. Ismael）的著作《伊拉克共产党的兴衰》① 和《苏丹共产党：意识形态和政党政治》②。

近年来，激进左翼政党研究在国外左翼政党研究领域得到振兴。共产党作为激进左翼的重要组成部分，对其进行的研究也被逐渐引向深入。一是德国罗莎·卢森堡基金会出版的研究报告集《从革命到联盟——欧洲激进左翼政党》③。二是凯特·哈德森的《新欧洲左翼——21 世纪的社会主义?》④。

在国内学界，2012 年对国外共产党的研究稳步推进。中国社会科学院世界社会主义研究中心推出的通俗读物“居安思危·世界社会主义小丛书”系列中有《古巴：本土的可行的社会主义》，由中国社会科学院古巴问题资深专家毛相麟研究员撰写，该书对古巴的概况、古巴是怎样走向社会主义道路的、古巴共产党的理论和实践特点、古巴的社会主义政治、经济制度以及教育、医疗和社会保障、对外关系和外交政策进行了全面系统梳理。本年度还有六十余篇相关学术论文发表。这些论文的研究主题延续了近年来学界的国外共产党研究传统，重点关注议题仍然集中在世界共产党的当前态势与发展趋势、共产党和工人党国际会议综述、各国共产党的理论与实践新进展、前苏东地区共产党经验与教训的再思考、对资本主义制度和资本主义经济危机的批判和剖析等。与此同时，对有些国家共产党的研究比往年更加深入，比如关于日本和尼泊尔共产党研究的一些相关成果，为我们提供了更加丰富的研究材料和可资借鉴的重要观点。而且，随着一些小语种人才加入研究队伍，国外共产党的研究范围更加扩大，比如首次出现了对伊拉克共产党和瑞典共产党的介绍和分析，而对意大利共产党的研究也因为懂意文学者的出现而摆脱了长期依赖英文材料的局面。这些新的研究成果，扩大了我们的研究视阈，对国外共产党研究学科的长远发展大有裨益。

（二）西方马克思主义研究概况

首先，对卢卡奇、葛兰西、阿多诺、萨特、阿尔都塞等西方马克思主义者的研究一直持续升温。蒂莫西·贝维斯（Timothy Bewes）和蒂莫西·豪（Timothy Hall）编辑的论文集《卢卡奇：根本的实存不和谐》力图对卢卡奇的早期文学思想与晚期政治哲学思想进行一种连续的思考，认为卢卡奇的形式概念既是文学的也是社会的，它意味着朝向行动和变革的、具体的可理解的历史概念。⑤ 与此相呼应，今年我国出版了《新马克思主义评论》第一辑“卢卡奇专辑”，该论文集对卢卡奇的物化理论进行了较为深入的探讨。

当代英国著名的黑格尔主义马克思主义者梅扎罗斯以《超越资本》而确立了其在马克思

---

① Tareq Y. Ismael, *The Rise and Fall of the Iraq Communist Party*, Cambridge University Press, 2012.

② Tareq Y. Ismael, *The Sudanese Communist Party*: *Ideology and Party Politics*, Routledge, 2012.

③ Birgit Daiber, Cornelia Hildebrandt, Anna Striethorst (Ed.), *From Revolution to Coalition——Radical Left Parties in Europe*, 2012.

④ Kate Hudson, *The New European Left*: *A Socialism for the Twenty-First Centry*?, Palgrave Macmillan, 2012.

⑤ http: //marxandphilosophy. org. uk/reviewofbooks/reviews/2012/554.

主义传统中重要思想家的地位，近年来又出版了两卷本的《社会结构和意识形式》，第一卷为《方法的社会决定》，第二卷为《结构与历史的辩证法》。在第二卷中，梅扎罗斯基于马克思的著作，以一种朝向未来的辩证总体性方式，陈述了结构与代理、个人与社会、经济基础与上层建筑、自然与历史之间的关系。

其次，继续讨论后马克思主义的学术定位及其涉及范围。大多数学者认同拉克劳、墨菲、德里达、齐泽克等人归属后马克思主义理论家。学界认为后马克思主义存在三种致思路径：第一，后现代的马克思主义，即以解构主义的视角反击马克思主义，虽然也在某种程度上借重马克思的遗产，但是其重心在于破坏马克思主义；第二，在后工业社会与资本主义全球化的历史情境下，以批判马克思主义为出发点，目的在于重建、补充马克思主义并恢复其在现时代的活力，其重心在于批判的重建；第三，在西方哲学的背景下，对全球资本主义进行激进批判，宣扬列宁、毛泽东的革命精神，以齐泽克、巴迪欧等为代表。

再次，持续关注生态学马克思主义研究。福斯特近年来发表了一系列的论著（《生态学革命：与我们的行星言归于好》、《生态裂口：资本主义对地球的战争》、《财富的悖论：资本主义与生态结构》、《每个环保主义者都需要对资本主义了解些什么》等[①]，此外，福斯特还在《每月评论》上发表了《马克思政治经济学的生态学》、《星球的危机时刻》、《资本主义和灾难积累》等文章）探讨资本主义和生态危机的关系，他旗帜鲜明地反对绿色资本主义能够解决全球生态危机的观点，认为解决日益严重的环境问题的唯一方案仍旧是社会主义。

（三）国外左翼思想研究概况

2012 年，我国对国外左翼思想理论、左翼思潮和运动的研究有较大扩展。

一是苏东剧变问题与英美日等发达国家的左翼思想仍是国内学界关注的重点。关于苏东剧变的根源问题，学界认为，苏共蜕化变质的根本原因在于从赫鲁晓夫集团到戈尔巴乔夫集团逐渐脱离、背离乃至最终背叛了马克思主义、社会主义和最广大人民群众的根本利益。[②]

二是 2008 年国际金融危机以来，国外左翼学者对资本主义进行的重点批判并对社会主义进行的肯定。冯颜利、唐庆概述了国外学者对中国特色社会主义经济政治文化的研究[③]；冯颜利、张朋光总结了金融危机以来国外马克思主义研究的整体状况[④]；段忠桥指出：20 世纪 80 年代以后，随着苏东社会主义制度逐渐衰落和最终解体，社会主义在发达资本主义国家的前途命运，引起英美马克思主义者的极大重视并迅速成为他们的研究主题。从相关研究成果看，虽然他们都坚信社会主义比资本主义更优越并最终会取代资本主义，都认为应动员人民积极参加反对资本主义和创建社会主义的斗争，但在对社会主义的认识上却存在明显分歧，因而形成了两个不同的研究趋向。一是强调对社会主义的道德辩护，以分析的马克思主义者 G. A. 科亨和约翰 · 罗默为代表；二是强调应坚持社会主义必然性的信念，以辩证法的马克思主义者伯特尔 · 奥尔曼和市场社会主义者詹姆斯 · 劳勒为代表。[⑤]

---

① 林晖：《危机时代的激进想象力：美国左翼学术的新趋向》，《复旦学报》（社会科学版）2012 年第 2 期。

② 刘昀献：《苏共精英的退化与苏共败亡》，《江西师范大学学报》2012 年第 1 期。

③ 冯颜利、唐庆：《海外学者论中国特色社会主义经济政治文化》，《北京航空航天大学学报》2012 年第 6 期。

④ 冯颜利、张朋光：《金融危机以来国外马克思主义研究的主要特征与现实意义》，《山东社会科学》2013 年第 1 期。

⑤ 段忠桥：《当代英美社会主义研究的两个趋向》，《科学社会主义》2012 年第 3 期。

三是持续关注历史问题，以史为鉴，服务于当代。如：对伯恩施坦的研究，剖析了伯恩施坦的社会主义改良思想观，以及他对资本主义和社会主义等一系列重大问题的重新认识；对卢森堡的研究认为，卢森堡和列宁关于无产阶级政党的组织策略各有所见，并在不同领域有所体现，但两位马克思主义者的最终日的是一致的：即建立一个“统一的紧密团结的无产阶级政党”。

二　重大问题研究进展

（一）国外共产党重大问题研究进展

1. 世界共产党的发展态势与趋势

在历年来的学科发展中，对世界共产党的整体发展状况以及未来发展趋势进行分析，都不乏关注与思考。2012 年度也有学者把目光投向这一宏观话题。林怀艺的《世界共产党的当前态势及发展趋势》[①] 一文，对当今世界近百个国家的一百二十多个共产党进行总体把握，将这些共产党划分为四种类型，概括分析了其面临的具体问题，认为社会主义国家的共产党作为领导核心和执政力量，都在努力探索本国如何坚持、巩固和发展社会主义；其他发展中国家共产党的情况复杂，力量分散，影响有限；原苏东地区转型国家共产党的力量下滑，起伏不定，生存空间受到限制；发达国家共产党受苏东剧变的冲击最为严重，在政治生活中被边缘化的倾向加重。在综合评析世界共产党发展现状基础上，作者尤其指出了共产党未来的六大发展趋势，主要包括：将继续在“两个必然”与“两个决不会”的辩证统一中开辟自己的生存和发展道路；将继续坚持和发展马克思主义理论，从各个方面把这门科学推向前进；将继续推进党自身的改革，提高党应对社会生态环境变化的能力；将继续保持多样化的格局，并在独立自主的基础上加强彼此之间的沟通协调；社会主义国家执政党的成就和经验将继续为世界非执政的共产党提供精神动力和智力支持；其对社会进步所作的贡献将继续对人类文明产生深远影响，等等。

2. 世界共产党和工人党国际会议历程研究

世界共产党和工人党国际会议今年已经走过自己的第 13 个年头。作为后冷战时代世界共产党国际联合的一种新形式，从其召开伊始就引起国内学者的关注。由于会议迄今已经持续 13 届，相关运作相对成熟，具有了一定综合研究的价值，因此本年度出现了对会议的发展历程进行整体分析和研究的文章，此外一些文章也延续往年传统，对最新召开的共产党和工人党国际会议第十三次代表大会进行跟踪介绍。

关于世界共产党和工人党国际会议的发展历程与关注的问题。王喜满、王子凤把整个会议的发展历史划分为三个主要阶段[②]：一是酝酿与准备时期（1991—1998 年），认为会议产生于苏东剧变后各国共产党进行多边交往的迫切愿望。二是产生与初创时期（1999—2005 年），该时期，希腊共产党在雅典连续主办了七次世界“共产党和工人党国际会议”，为会议的延续

① 林怀艺：《世界共产党的当前态势及发展趋势》，《社会主义研究》2012 年第 4 期。

② 王喜满、王子凤：《1999—2011 年世界“共产党和工人党国际会议”评析》，《马克思主义研究》2012 年第 4 期。

发挥了至关重要的作用。三是拓展与完善时期（2006年至今），这既表现在会议举办地点的变化上（迄今为止，除大洋洲之外，会议已经走遍了世界各个大洲），也表现在会议内容的不断拓展上。从与会党派的发言和历届会议决议来看，主要提出了关于时代、资本主义新变化、当代世界社会主义运动、建设马克思主义新型工人政党等问题的一些新看法和新主张。作者认为，世界“共产党和工人党国际会议”经过十几年的发展，逐渐成长为一个资本主义国家马克思主义工人政党主导的反帝反垄断的社会主义性质的国际会议。研究其产生和发展进程、组成和运行机制、性质和特点、理论和实践，对于在新的历史时期探索加强世界社会主义运动团结与合作的形式和方法有重要意义。

关于世界共产党和工人党国际会议第十三次代表大会。会议于2011年12月9—11日在希腊的雅典举行，多位学者对此进行介绍，其中民主问题与资本主义经济危机是两个主要切入点。关于民主，会议认为相对于资本主义民主，社会主义民主应该更加深刻和更加丰富。然而，许多国家的社会主义民主建设进程中却出现了严重的问题：一是无产阶级专政被先锋队（如政党）的专政所取代。二是在民主集中制执行过程中，党内民主不断削弱，而集中却不断强化，并导致了党与群众关系的疏离。①

关于资本主义危机的性质，会议强调这次危机是一场制度性危机，不是由于资本主义体制的问题，而是由于其根本制度本身存在缺陷，才导致出现了经常性和周期性的危机。这也是由资本主义的基本矛盾（生产社会化与生产资料私人占有之间的矛盾）不断尖锐化所造成的，而不是由于缺少系统性的治理政策，或者是由于对贪婪的银行家和资本家缺乏有效监管导致的结果。资本主义全球化使危机呈现出全球性、全面性的特点；“主权债务危机”的相继爆发表明经济危机正在向纵深方向发展，也表明危机是资本主义制度内生的、不可克服的基本矛盾的显现。②

3. 各国共产党实践发展新进展

相关学者围绕国外一些共产党的最新发展与实践情况进行了跟踪介绍与评析。尼共（毛）是南亚共产主义运动中最具影响力的组织之一，本年度多位学者关注其实践斗争新进展。卢远从透视尼共（毛）名称流变及其自身嬗变的背后机理出发，分析尼共（毛）发展史，认为印度因素是尼共（毛）崛起的关键变量，该党采取“武装斗争＋议会斗争”的模式并取得了革命的胜利，向世界展示了当代南亚国际共运的多元姿态。当前，如何稳定现有的执政联盟、克服内部分歧等等是其面临的主要挑战。③ 王静的文章也指出当前尼联共（毛）党内出现了分歧和分裂，但她认为原因在于其选择了议会斗争，通过对尼联共（毛）发展历史的简单考察及其与尼泊尔国内其他左翼政党的区别，她指出，人民运动才是尼联共（毛）生存和发展的基础，尼联共（毛）放弃人民运动，选择议会斗争道路以来，尤其随着它同意将其领导的人民解放军并入尼泊尔国家军队，尼联共（毛）的实力不断地遭到削减，伴随着这种发展趋势，尼联共（毛）面临生死存亡之境④。

---

① 聂运麟等：《社会主义才是未来——第十三次共产党和工人党国际会议述评》，《红旗文稿》2012年第7期。

② 宋丽丹：《国外共产党论当前资本主义经济危机及世界形势》，《当代世界及社会主义》2012年第3期。

③ 卢远：《尼泊尔共产党（毛派）的缘起及发展》，《暨南学报》2012年第2期。

④ 王静：《继续议会斗争，还是人民起义？——尼联共（毛）面临关键抉择》，《国外理论动态》2012年第2期。

日本共产党也是今年受关注较多的共产党之一。王长汶分析了新形势下日本共产党的政策定位及其政治发展前景，认为苏东剧变以来，日共在实践中把原则的坚定性与策略的灵活性结合起来，在广大党员和支持者所能接受的范围之内放弃一些过时的原则，对其纲领路线进行了调整，获得了越来越多基层民众的支持。在全球金融和经济危机背景下，再次获得新的重大发展，引起国内外高度关注。但是，作为在野党的日本共产党也面临着一系列的挑战，要想影响日本政治，还有漫长的路要走。① 史少博认为，日本共产党与时俱进、不断改进日本共产党纲领，他们坚信社会主义、共产主义战胜资本主义是必然的历史趋势。日本的共产党虽然一直是在野党，但日本的共产党一直在为人民谋幸福方面默默努力奋斗着，一刻也没有停止过；他们反对战争，他们为日本的住房改善、保育的免费、学生伙食的免费、儿童和老人的医疗免费、贫富差距的缩小方面不懈奋争，并取得了一定的成绩。②

囿于语言的局限，意大利共产党研究一直是国内学界的薄弱环节。今年有两篇研究文章值得关注（意大利的两个共产党很少有英文的研究资料）。一是刘光毅对意大利重建共发展与演变的研究。他通过对意大利重建共成立 20 年来的演变历程，尤其是它在 2006 年、2008 年、2009 年议会选举中出现巨大反差的原因，以及它的党员和选民群体进行分析后认为，重建共频繁的党内分裂及其结盟政策反复摇摆，与该党具有双重政治目标紧密相关，使它始终处于身份逻辑和竞争逻辑的矛盾之中，无法在斗争方式、结盟对象等问题上形成清晰、统一的认识。③ 另一篇文章是李凯旋对意大利共产党人党第六次全国代表大会的介绍和评析。文章认为，意大利共产党人党第六次全国代表大会分析了深陷危机的意大利经济形势和充满不确定性因素的意大利政治局势，提出了应对危机的建议以及与意重建共进行政治联盟的必要性，并在此基础上提出了重新建立一支统一的意大利共产党的党建目标，同时也提出了在全欧洲建立统一共产主义组织的希望。作者特别指出，意共产党人党六大对党在工会组织中影响力微弱的判断，也可用于描述目前多数发达资本主义国家共产党在工人运动中的中心地位和作用。④

胡雨对伊拉克共产党兴衰历史⑤的研究，是国内第一个围绕伊共进行的专项探讨，填补了国外共产党研究领域的空白。胡雨认为，1934 年成立的伊拉克共产党是在俄国十月革命的鼓舞下建立起来的。在极其艰苦的环境中，伊共筚路蓝缕，坚忍不拔，几经沉浮，到 20 世纪五六十年代已成伊拉克政坛举足轻重的力量，被公认为阿拉伯世界共产主义运动中影响深远、组织严密、包容广泛的无产阶级政党。然则，面对 1958 年“七月革命”后错综复杂的国内外形势，伊共未能制定审时度势的政治方略、采取行之有效的斗争策略、坚持独立自主的政治路线，进而导致其渐趋式微，以悲剧告终。历史表明，各国共产党只有恪守相互平等的原则，坚持独立自主的方针，探索符合本国国情的发展道路，国际共产主义运动才能兴旺发达，长

---

① 王长汶：《新形势下日本共产党的政策定位及政治前景分析》，《云南政治学院学报》2012 年第 2 期。

② 史少博：《论当今的日本共产党》，《理论月刊》2012 年第 10 期。

③ 刘光毅：《意大利重建共产党的演变与问题》，《当代世界社会主义问题》2012 年第 2 期。

④ 李凯旋：《团结左翼，重新建立共产党——意大利共产党人党第六次全国代表大会述评》，《当代世界与社会主义》2012 年第 3 期。

⑤ 胡雨：《伊拉克共产党兴衰历程及其经验教训》，《当代世界与社会主义》2012 年第 4 期。

盛不衰。

吴国富研究了印度共产党（毛主义）的起源及其演变。他认为，印共（毛）继承了查鲁·马宗达的组织遗产，吸收了安得拉共产党的理论和长期领导武装斗争的经验，坚持并发展了纳萨尔巴里式的农民武装斗争。这个过程始于自发的特仑甘纳农民起义，走过自觉的纳萨尔巴里农民斗争，经历"黑暗篇章"时期的阵痛，于新世纪初独立建党，先后完成组织和思想的双重整合。该党的演进历经挫折却从未断裂，其缘起虽受国内外共运气候的影响，但仍植根于印度社会经济现实。如今的印共（毛）已形成严密而完备的思想体系和组织系统，为新时期继续进行革命斗争准备了思想基础和组织条件，其存在与发展壮大给印度带来极为深远的影响。[①]

在国际金融—经济危机的大背景下，分析危机下国外共产党理论和斗争实践新进展的文章为数不少。于海青对希腊共产党的当前斗争进行了总结，作为欧洲左翼中最具激进色彩的政党，希腊共产党自欧债危机爆发后一直站在斗争的最前线，组织领导罢工、抗议和游行，引领民众与政府的反危机措施展开针锋相对的斗争。她指出，资本主义危机下，希腊共产党在相关"占领"运动、对资本主义危机的认识以及议会内斗争等问题上提出了新的观点，明确表达了希腊共产党人在资本主义危机中的战略策略和基本立场。[②] 刘卫卫介绍了资本主义危机下加拿大共产党的立场和主张，指出全球经济危机爆发后，加拿大共产党的基本认识是：此次危机不仅是新自由主义政策本身的失败，更是资本主义制度自身运行的必然结果；资本主义应对危机的措施，是为了转嫁危机，并利用危机攫取更多的利益，维护资本主义制度；危机虽仍未见底，但其深刻影响及普遍性特征已经充分显现；危机充分暴露了资本主义制度的历史局限性，表明了用社会主义替代资本主义的迫切需要，并阐明了共产党的任务及国际共产主义运动的理论与策略。[③]

在前苏东地区共产党的研究中，一些文章介绍了共产党的斗争实践及其理论纲领发展的新情况。比如马细谱分析了中东欧各国共产党的发展现状，指出中东欧各国共产党存在的一些问题，比如组织小，人数少；共产党组织不团结，力量分散；共产党的处境仍然十分困难，斗争的道路极为艰难等等，但作者同时也认为，各国共产党正在努力摆脱边缘化地位和孤立状态，它们积极参与同国外左翼的合作与交流，并主张建立地区共产党组织和国际共产主义组织。[④] 陈爱茹的《乌克兰共产党新纲领述评》一文，对乌克兰共产党通过的新纲领进行了介绍和评析。文章介绍了乌共新党纲包括五个部分：历史道路的教训、反社会主义政变之后的乌克兰社会、争取社会主义斗争中的党、当今世界的乌克兰、在争取社会主义的斗争中联合劳动人民的力量，指出新纲领是乌克兰共产党根据当前的国内国际形势，在原有旧纲领已经使用 16 年，很多地方不再适应新形势、新情况、新问题的情况下，通过的党的宣言。对于乌克兰共产党的最低纲领和最高纲领，党的阶级基础和党所倚重的社会基础，在纲领中都进

① 吴国富：《印度共产党（毛主义）的起源及其演变》，《社会主义研究》2012 年第 6 期。

② 于海青：《希腊共产党论当前反资本主义斗争的策略》，《中国社会科学报》2012 年 5 月 23 日。

③ 刘卫卫：《加拿大共产党论全球经济危机与国际共运的当前任务》，《中共四川省委党校学报》2012 年第 2 期。

④ 马细谱：《中东欧各国共产党现状》，《决策与信息》2012 年第 7 期。

行了明确阐述。[①] 刘淑春对 21 世纪以来俄罗斯共产党人在当代俄罗斯阶级阶层问题上的观点和主张进行了梳理。俄共认为，资本主义制度重回俄罗斯，社会两极分化，资本与劳动之间的对立成为社会的主要矛盾；俄罗斯的统治阶级由寡头、新生资产阶级和上层官僚集团构成，掌握着国家基本的生产资料和实权，而占人口大多数的雇佣劳动者阶级和受压制的小业主是被统治阶级，受失业威胁且看不到前途；"当代无产阶级"由体力和脑力雇佣劳动者构成，作为一个整体，阶级意识薄弱。因此，团结各劳动群体，增强当代无产阶级的阶级意识，是共产党人的当务之急。[②]

4. 对社会主义理论的新探索

苏东剧变后，国外各共产党在发展困境中纷纷对社会主义理论进行反思和创新。本年度有多篇研究论文关注这一重要主题。张文化对葡萄牙共产党的社会主义观进行探讨，认为葡萄牙共产党在 91 年的奋斗历程中，始终坚持社会主义和共产主义的奋斗目标，并根据国际国内形势的变化和自身斗争实践的发展，不断深化和调整对社会主义和共产主义的认识，明确提出了坚定社会主义理想信念的"三个主要支柱"：即马列主义的科学性和实践性，十月革命的普遍历史意义，20 世纪世界社会主义运动的成就和经验教训以及资本主义制度不可克服的矛盾及其发展趋势，为葡共独具特色的社会主义观奠定了坚实的理论基础。[③] 李伟对苏东剧变后原苏东地区共产党社会主义观的演变进行分析，认为苏东剧变虽然一度使这一地区的社会主义运动遭受严重挫折，但一些坚定的共产党人在处境艰难的情况下仍坚持斗争。他们不但实现了组织上的重建，而且积极参与国内政治活动，扩大了自身的影响。他们坚持马克思主义的基本观点，反对本国右翼政党的自由主义政策，主张以马列主义思想为指导复兴共产主义运动，重新审视全球化，对资本主义的发展模式持谴责否定态度，为复兴社会主义运动进行了新的探索。[④]

王淼从更为宏观的视角对国外共产党的"社会主义模式"论进行思考。她认为，马克思主义经典作家虽然没有对社会主义发展模式作出具体论述，不过在他们的著作中却暗含着对"社会主义多样化模式"的设想。苏联社会主义模式在苏联以及世界社会主义发展史上发挥过积极作用，同时也存在着种种弊端。冷战后国外共产党在审视苏联模式经验与教训的基础上，普遍认为社会主义没有固定的模式，各党应该根据本国国情建设适合本国的多样化的社会主义发展道路，并对备受世界关注的"中国模式"给予了高度肯定。[⑤] 在另一篇分析共产党社会主义理论演变的文章中，王淼则以民主问题为切入点，进行了国外共产党在社会主义民主问题上的探索。她指出，二战后苏东社会主义国家普遍在坚持无产阶级专政和一党制的政治建设过程中忽视了社会主义民主建设，这不仅导致了西方资产阶级对社会主义"缺失民主"的攻击，而且使得群众对"无产阶级专政"与"社会主义民主"之间的关系产生了质疑。事

① 陈爱茹：《乌克兰共产党新纲领述评》，《当代世界与社会主义》2012 年第 1 期。

② 刘淑春：《俄罗斯共产党人的阶级分析》，《马克思主义研究》2012 年第 6 期。

③ 张文化：《葡萄牙共产党的社会主义观及其"三个主要支柱"》，《河南社会科学》2012 年第 9 期。

④ 李伟：《冷战结束后原苏东地区共产党对社会主义的新探索》，《齐鲁师范学院学报》2012 年第 3 期。

⑤ 王淼：《"社会主义模式"从"一"到"多"的嬗变——以国外共产党的理论探索为视角》，《陕西师范大学学报》2012 年第 5 期。

实上，在马克思主义经典作家那里，“无产阶级专政”、“一党制”与“社会主义民主”之间并无矛盾，而且是相互统一的关系。冷战结束后，国外共产党人对“社会主义民主”问题进行了积极的反思，并结合新的历史条件提出了许多新主张和新思路。如何正确地理解和把握“社会主义民主”，是当前应该认真思考的问题。[①]

5. 国外共产党党建经验与启示

对国外共产党党建理论和实践进行研究，以为中国共产党党建提供可资借鉴的经验，是近年来国外共产党研究的一个持续性热点。本年度发表多篇相关研究论文，覆盖面更宽，研究内容也更加深入。有的文章概括地总结了国外社会主义国家执政共产党的党建实践，比如张钟声、李艳华将执政共产党党建的基本规律总结为坚持社会主义方向、不断巩固共产党执政地位；坚持改革开放；大力加强执政党建设，不断提高党的执政水平；始终保持与人民群众的血肉联系；根据时代变化发展党的指导思想和执政理论；坚持经济建设与党的建设相结合，等等。[②]

还有一些文章对具体国家共产党的党建理论与实践进行了总结分析。尹文清重点考察了发达资本主义世界最大的共产党——日本共产党的党建实践，指出日共自诞生后始终处在各种挑战之中，尤其是随着冷战结束和经济全球化的迅速发展，使日共的政治生态进一步恶化。在艰难的环境中，日共在坚持“共产党”的组织名称和共产主义的奋斗目标的同时，把加强党的自身建设提升到生死存亡的高度加以重视，并根据国情变化，修改党的纲领、调整党的政策、加强党的组织建设和制度建设，其党建经验不仅对同处于发达资本主义国家的共产党党建有着借鉴意义，而且对当代社会主义国家执政党也有重要的启示作用。[③] 袁群、黄家远对尼联共（毛）主要创始人和现任党主席普拉昌达的党建思想进行了系统研究，指出自尼联共（毛）1995年成立以来，普拉昌达一直将建设一个“战斗的、革命的、新型的”共产党作为革命的首要任务。在领导尼泊尔革命的过程中，普拉昌达依据尼泊尔国情，把马克思主义的建党学说与尼泊尔革命和党的建设的具体实践结合起来，在党的思想建设、组织建设、作风建设和党际交往等方面进行了有益的理论和实践探索，创立了具有尼泊尔特色的党建理论。普拉昌达的党建思想对其他国家的共产党，特别是欠发达资本主义国家的共产党加强自身建设具有重要的指导意义。[④] 此外，对俄罗斯联邦共产党党建[⑤]以及巴西共产党党内规章制度建设[⑥]的专论文章也值得我们关注。周华平对1991年更名为左翼民主党的意大利共产党的衰亡原因进行了探析，文章运用历史事件合力论的方法分析了意共，认为它的衰亡是由国际国内、党内党外诸多因素导致的结果，其中有意共长期积累的历史问题，也有诱发困境全面爆发的外部因素。[⑦]

---

① 王淼：《当代国外共产党对社会主义民主的探索》，《当代世界与社会主义》2012年第3期。

② 张钟声、李艳华：《国外社会主义国家执政党建设规律的启示》，《理论界》2012年第10期。

③ 尹文清：《日本共产党党建的经验与启示》，《中国特色社会主义研究》2012年第3期

④ 袁群、黄家远：《普拉昌达的党建思想探析》，《社会主义研究》2012年第3期。

⑤ 王小堂、丁爽：《久加诺夫对俄罗斯联邦共产党建设的探索》，《中共乐山市委党校学报》2012年第2期。

⑥ 勒呈伟、刘玉：《巴西政党党内规章制度建设与启示——以巴西劳工党与共产党为例》，《理论月刊》2012年第2期。

⑦ 周华平：《意大利共产党衰亡的原因初探》，《社会主义研究》2012年第6期。

（二）西方马克思主义重大问题研究进展

1. 对西方马克思主义性质的讨论

徐崇温是中国研究西方马克思主义的先行者，刘放桐在中国研究现代西方哲学方面也具有公认的学术地位，2012 年两人都公开发表了文章[①]，对西方马克思主义的性质问题进行了论述。

首先，关于西方马克思主义的性质界定。徐崇温认为，西方马克思主义既不是“反马克思主义”，也不是“马克思主义的当代发展形态”，西方马克思主义不等于马克思主义。归根结底，西方马克思主义是用西方的唯心主义思潮去解释、发挥、补充、“结合”马克思主义，和马克思主义有着原则性的区别。或言之，西方马克思主义只是一种不同于机械唯物主义、新康德主义对马克思主义的歪曲之另一种歪曲而已。除了以上否定的界定外，徐崇温还对西方马克思主义进行了肯定的界定：“在马克思的新唯物主义世界观的指引下，我觉得‘西方马克思主义’是西方社会的一种左翼激进主义思潮。”而刘放桐则不主张对西方马克思主义进行笼统的定性，认为应对西方马克思主义中具体人物的观点具体分析，不能笼统地说西马非马。“西方马克思主义对正统马克思主义有所偏离并不意味着它们不可能再是马克思主义派别，应当在坚持马克思主义的根本原则的基础上，对西方马克思主义内部的不同派系的理论，特别是它们偏离马克思主义的具体情况作出分析，分别作出回答。”“西方马克思主义者中有的是忠诚的马克思主义者，有的只是马克思主义的同情者，甚至只是一般的研究者。他们的理论观点有的可能接近正统马克思主义，有的就是狭义的西方马克思主义，还有的可能是非马克思主义甚至反马克思主义，后者有时被称为西方马克思学。”

对西方马克思主义性质的讨论有着双重的内涵。首先它是某种意义上的“老调重弹”。众所周知，在 20 世纪八九十年代，我国对西方马克思主义进行过历时较长、范围较广的讨论。之所以会出现某种程度的“历史重演”，是由时代背景所造就的。20 世纪八九十年代是一个历史大变动时期，国际上苏东剧变后“历史终结论”甚嚣尘上；中国国内实行改革开放，遇到了许多新问题、采取了许多新措施。这一两年又出现对西方马克思主义性质的讨论，是和 2008 年以来国际金融危机对全球政治经济的冲击分不开的。同时，中国改革进入了攻坚阶段，在这种内外形势的综合作用下，在学术领域的反应就是不同观点的交锋。第二重意味在于，它是从 2010 年以来的关于西方马克思主义划界问题讨论的延续和深化。自从国外马克思主义成为二级学科以来，清理国外马克思主义和西方马克思主义以及西方左翼激进思潮之间的关系，就成为一个急需解决的问题。将何种内容划归西方马克思主义的研究范围与西方马克思主义性质的界定是密切相关的。

其次，关于现代西方哲学与马克思主义哲学的关系。徐崇温、刘放桐两位学者都承认西方马克思主义是吸收了西方唯心主义哲学的一些理论资源，对马克思主义进行了解读、调整和发挥。然而，他们对西方哲学和马克思主义哲学之间的关系却有着不同的看法。徐崇温否定了西方哲学能和马克思主义进行结合，因为两者属于不同的世界观，它们的结合只会导致

① 徐崇温：《“西方马克思主义”研究在我国的开展》，《江西师范大学学报》（哲学社会科学版）2012 年第 1 期；刘放桐：《当代哲学的变更与后现代主义和西方马克思主义》，《社会科学战线》2012 年第 5 期。

真理多元化和指导思想多元化；这也是他否认西方马克思主义是马克思主义发展一脉的思想基础。刘放桐则认为，西方哲学与马克思主义哲学虽然不同，但是也不能把二者完全对立起来，因此，西方马克思主义学者在将西方哲学应用于对马克思主义的解读发挥方面，在不同的作者那里，唯心主义与唯物主义、形而上学与辩证法的联系性质和程度都是不同的，需要具体分析，而且“尽管西方马克思主义所接受或接近的现代西方哲学思潮与马克思主义哲学在理论特征上存在对立，但在超越近代哲学思维方式、走向现代哲学思维方式上，二者之间存在着重要的共同之处。再次，西方马克思主义一些派别的确受到现代西方哲学流派所存在的唯心主义和形而上学倾向的影响，这种倾向无疑与马克思主义的唯物主义和辩证法相冲突。但无论是他们本人或对他们发生影响的许多现代西方哲学家，其基本理论倾向并非直接就是唯心主义和形而上学”。[①]

西方马克思主义采用现代西方唯心主义哲学的理论资源对马克思主义进行再解读，试图发挥和凸显其中能动性、主体性的方面，对当代资本主义与法西斯主义的批判具有重要启示作用。然而，西方马克思主义文化批判、意识形态批判、科学技术批判以及性格心理批判无不显示出其所运用的唯心主义哲学的苍白无力，现代西方哲学与马克思主义的确是两种不同的世界观，历史事实证明，它们的结合的确会给人以启迪，但却难以在现实的社会运动中结出硕果。

再次，卢卡奇与葛兰西是否是马克思主义者的问题。徐崇温明确批判了卢卡奇的“意识即实践”的观点与葛兰西的“实践哲学”，认为他们不是马克思主义的。他说：“卢卡奇的这种意识即实践的实践观，来源于青年黑格尔派的黑格尔唯心主义思想，来源于用这种黑格尔主义去解释和结合马克思主义，而且在实际生活中只能带来有害的后果，因为它根本忽略了无产阶级为了夺取政权，还必须进行激烈的政治斗争，而不仅是意识形态的斗争。”葛兰西的“实践哲学是一种只讲实践而不讲唯物主义的哲学……当葛兰西一旦接受了唯心主义者认为唯物主义和宗教一样是‘先验的’和‘形而上学的’诡辩，他在某种程度上成为他原打算反对的、在唯心主义内吸收马克思主义的一方，就成为不可避免的事情了。”[②] 而刘放桐则认为，早期西方马克思主义者就是马克思主义者。“卢卡奇、科尔施、葛兰西以及与他们相近的一些西方马克思主义者是他们所在国家共产党的理论家或真诚的马克思主义者。他们对苏联模式的‘正统’马克思主义提出质疑并不是想背离和放弃马克思主义本身，而只是因为这种形态的马克思主义脱离实际，未能引导欧洲各国无产阶级取得革命的胜利。他们由此企图对马克思主义作出新的解释。尽管他们的解释同样存在片面性，甚至受到某些资产阶级哲学流派的影响，但不能因此就断言他们倒向资产阶级思潮，否定他们是马克思主义派别。”[③]

西方马克思主义的资本主义批判经过了漫长的演化过程，[④] 在这个批判不断深化的过程中，西方马克思主义不仅取得了理论上的成就，而且也对现实社会生活发生了很多影响，比如 1968 年五月风暴的爆发，生态马克思主义对绿色政治的影响等等，甚至当代欧洲的中左翼

---

① 刘放桐：《当代哲学的变更与后现代主义和西方马克思主义》，《社会科学战线》2012 年第 5 期。

② 徐崇温：《“西方马克思主义”研究在我国的开展》，《江西师范大学学报》(哲学社会科学版) 2012 年第 1 期。

③ 刘放桐：《当代哲学的变更与后现代主义和西方马克思主义》，《社会科学战线》2012 年第 5 期。

④ 袁银传、杨乐强：《西方马克思主义的批判路径及其启示》，《中国社会科学》2012 年第 5 期。

政府采取的诸多社会政策，在很大程度上也是得益于经典马克思主义和西方马克思主义在理论上对自由主义的纠偏。然而，西方马克思主义理论为什么越来越退化为一种书斋里的形而上学式批判、为什么在社会生活领域愈来愈丧失其批判力度、为什么缺乏可靠的对抗资本主义主体以及切实可行的解放路径，这就是由于它本质上科学化、时代化和大众化的匮乏。也许正像有的学者指出的："早期西方马克思主义者一方面对资产阶级的意识形态的虚假性进行了尖锐的批判，一方面又站在肯定的立场上提出要无产阶级去夺取意识形态的领导权，并用无产阶级自己的意识形态去代替资产阶级的意识形态……他们寄希望于无产阶级革命，但又有别于马恩经典作家，提倡一种'文化—心理'革命，通过意识形态领导权的获得取得最终胜利。这一思想理论上的分野，最终导致了实践层面的明显差异"[①]。西方马克思主义总是以自身的失败来见证现存的社会主义制度和实践的成功——中国式、越南式和古巴式的社会主义建设的成功，这促使我们深思西方马克思主义理论内部之僵局和西欧左翼面临的外部现实之困境。

2. 齐泽克等国外马克思主义研究者对资本主义的激进批判

伴随着一年来世界各地风起云涌、而今逐渐落下帷幕的占领运动，左翼激进哲学异常活跃。在质疑、反抗资本主义体系的斗争过程中，不断涌现出对无产阶级斗争策略问题等的反思。然而这时的斗争远非马恩条件下的无产阶级革命，甚至与各式各样的新社会运动（性的、环境的、种族的）都不再一样，占领运动一方面具有共同的虚拟敌人——那 1%的剥削者，另一方面又异象纷呈，有的是对学校体制不满，有的是对警察镇压和欺骗进行抗争，更多的是对由于失业、紧缩等造成的生活水平下降进行抗议，这个运动是否真的能造成像齐泽克、巴迪欧这样的激进政治哲学家所期待的"事件点"？是否真的产生拉克劳式的"等价链条"中的异质性因素？这种乱象所要求得到的东西是否归根结底只是它想反对的？人们究竟想要什么——是寻求对资本主义体系的整体替代还是只是表达对"幸福的九十年代"的乡愁式怀念？正如许多学者所感知到的，这次危机促使人们以与资本主义体系保持间距的方式重新审视它，打破了痴迷它的神话，打开了人们对于"不可能的可能性"之想象的空间，然而，这只是开端——"清场"工作的开端，甚至人们必须要做好敌人不断卷土重来、我们要不断"清场"的心理准备。这一切都不能妨碍齐泽克、巴迪欧及其"同志们"尖锐地思考资本主义体系的"征兆点"，不能阻止他们挑战资本主义不死的自我复制驱力。

2012 年齐泽克出版了著作《比无还少——黑格尔与辩证唯物主义的阴影》[②]，他通过用黑格尔透视拉康、用拉康透视黑格尔的方法，试图克服黑格尔的困境（即没有论及纯粹重复以及没有对象 a 的地位）和拉康在第 20 期研讨班《再来一次》中遭遇的僵局，从而指明与拉康相比，利奥塔、德勒兹等人的反资本主义只是一种内部的反叛和辩证的颠覆，而拉康理论则揭露了对资本主义现实的幻象以及对此现实的僭越之幻象，即便用另一个主人能指来替代当前的主人能指，其最终结局也终会功亏一篑。齐泽克通过对黑格尔的重复以及对黑格尔进行齐泽克式的诠释，成为不完善的本体论之终极拥护者，齐泽克明确指出，黑格尔把康德在现

① 马驰：《警惕意识形态的虚假性》，《黑龙江社会科学》2012 年第 1 期。

② Slavoj Žižek. Less than nothing：Hegel and the shadow of dialectical materialism. Verso，2012.

象与物自体之间的外部裂隙内在化了，本体论本身就是不一致的、不完善的、有裂隙的，这也正是他主张不仅要把绝对精神理解为实体，而且要理解为主体的原因所在。在《比无还少》中，齐泽克再次声称了自己的主张，即赞成巴迪欧式的激进解放规划，这种规划曾经在他的著作中一再出现（最明显的可见其《捍卫失落的事业》），在 2012 年的这本著作中，齐泽克哲学激进的政治立场和政治意蕴再次得到了证明。对此，约翰·格雷评论道，无论齐泽克批评谁不够激进，他自己的虚无缥缈的激进主义与资本主义之间都具有一种同构关系。也就是说，只有在当今资本主义脆弱的文化自觉基础上才能产生像齐泽克这样的激进知识分子。毫无疑问，齐泽克借助于拉康对当代资本主义进行了极为彻底的批判，但同时，他“也再生产了他在资本主义运作中所感知到的强迫性的、无意义的动力”，因此，在他对激进解放规划的反复重申中，也完美地再现了他所批评的“次协调逻辑”，以至于可以说他的工作也毫无意义[①]。格雷的批评是尖锐的，它刺中了齐泽克思想的阿喀琉斯之踵（Achilles' Heel），遵循驱力逻辑的齐泽克追寻的是超越，然而，这种貌似激进的超越又如何区别于法兰克福学派的美学和艺术超越呢？就其共有的黑格尔主义基础而言，它们是否存在同根同源的共生关系呢？

齐泽克将巴迪欧、朗西埃、阿甘本三人视为同道，在激进地批判资本主义、寻求思想上与实践上打破全球资本主义铁幕方面，“四条汉子”在思想本原以及前进方向上都具有较大的一致性。尤其是巴迪欧，这个在法国思想界的德勒兹风潮尚未平息之时，已然掀起又一轮思想狂飙突进的激进哲学家，其影响力越来越大。他提出的“数学本体论”、事件哲学、减除政治学等概念对后马克思主义思想家尤其是齐泽克都具有很大的影响。齐泽克评论道：“巴迪欧是一个奠基式的人物，是一个极具领袖气质的知识分子……他以独特的方式把严格的数学知识、真正的哲学情怀、艺术家的感性和激进的政治活动结合起来。他的政治活动始于 20 世纪 60 年代的‘毛主义’活动，继而在给《世界》的一封信中公开支持红色高棉，反对 1978 年越南发动的侵略战争。对这样一位把科学、美学和政治革命中三个伟大的 M（Mathematics，Mallarme，Mao）集于一身的作家，还能有什么更多的要求吗？但当你把它的人格魅力撇在一边而认真地沉浸在他的著作之中时，巴迪欧甚至更加迷人。”[②] 巴迪欧以事件哲学而著称，什么是事件？事件不是产生于既定的情势下、不受制于因果关系的制约，事件只能产生于事件“点”，是与实在界的不期而遇、偶然遭逢，事件的意义在于其回溯的效果。巴迪欧的事件哲学与齐泽克的行动理论在精神气质上有相同之处。他们的哲学理论为其政治主张奠定了基础。他们都致力于谋求对资本主义“自由民主”框架的某种革命性突破。

近些年，在对左翼政治的反思中，独树一帜的激进政治学不仅在西方左翼学界独领风骚、而且盖过了批判理论第三代的风头。然而，对于左翼政治的出路，这种激进的全面颠覆策略并非唯一的思考，《社会主义记录 2013》对左翼政治的策略作了一种更为“现实的”思考。它指出，尽管有朝一日一种暴动式的与资本主义制度的决裂也许是可能的，然而，在可预见的将来这种可能性仍然微乎其微。他们认为当前的时代现实是，资本主义处于经济危机中，尽管有些政权处于不稳定状态，但是资本主义总体在政治上仍是安全的，无论会出现什么种

① 约翰·格雷：《齐泽克的暴力想象》，《纽约书评》2012 年 7 月 12 日，http：//www.nybooks.com/articles/archives/2012/jul/12/violent-visions-slavoj-zizek/？pagination＝false&printpage＝true.

② 同上。

类的政治创新，资本主义仍将继续解构我们从中运转的环境，所以，对任何反资本主义和通往社会主义战略的思考都必须在这个大背景下，以资本主义为条件来进行。他们仍致力于探索现实的、逐渐的、全面的变革资本主义之途。由此可见，这种致思路径与齐泽克等人的激进解放的政治哲学是大相径庭的。事实上，左翼政治在现实政治实践中逐渐丧失活力的事实已经证明这种致思路径缺乏可行性。

（三）国外左翼思想重大问题研究进展

1. 苏东剧变问题研究

自20世纪80年代开始，苏联领导人逐步抛出错误的改革路线，引发信仰虚无主义危机。指导思想的人道主义化瓦解马克思主义信仰合法性，经济建设的私有化浪潮摧毁社会主义信仰基石，政治改革“新思维”引发自由主义信仰泛滥，自由化舆论宣传滋生多元理想信念。信仰虚无主义的催化剂效应，形成一股又一股反共反社会主义的浪潮，最终促成苏联解体。[①]由此，葛新生进一步作出结论，在苏联剧变过程中，各种因素中必有一个是主导的、具有关键作用和决定意义的根本因素。特权阶层长期把持权力要害部门，体系僵化导致主流信仰流失，意识形态崩溃，无疑是至关重要的因素。苏联长期以来依靠苏联共产党的思想理论控制统合社会，大部分党员和各阶层民众以此作为信念支撑。没有苏联共产党作为领导核心，没有了马克思列宁主义作为指导思想，苏联焉能不变?[②]

在苏联解体20年时，俄罗斯学界提出了“苏维埃文明”这个概念，反思苏联解体20年以来教育界、科技界包括其他领域的滑坡现象等。学者们全面回顾苏联历史的重要阶段，概括了“苏维埃文明”的特征、含义和表现形式。提出要把“苏维埃文明”放在人类社会发展的长河中考量它的作用，确定它在世界文明史中的位置。[③]

2. 西方左翼关于替代或超越资本主义必要性和可能性的研究

各国左翼学者主要是从2008年以来的金融危机给世界带来的灾难性影响这一层面，认识危机的根源，提出替代和超越资本主义的问题。

首先，学者们认为这场危机实质上是一场系统性的结构危机，只有全面的结构性改革才能解决危机。比利时著名作家范德皮特（Marc Vandepitte）和英国米德萨斯大学教授奥纳朗（Özlem Onaran）从经济、政治和生态层面分析了资本主义的危机，认为全球资本主义深陷全面的危机，不可能再持续发展。在经济上，资本主义的本质是利润最大化，目的是积累资本，可目前资本主义面临着严重的利润实现危机，即无法以利润的形式从工人劳动中榨取剩余价值，而劳动力收入份额的不断下降和实际工资的停滞不前，始终是利润实现危机的一个潜在根源，于是为了摆脱长期利润率减少的趋势，资本主义通过新自由主义、全球化、债务、财政爆炸和军事扩张等来暂时解决问题，但不仅没有成功，反而使矛盾加剧了。在政治上，

---

① 杨金华：《论苏联剧变中的信仰虚无主义危机》，《中国延安干部学院学报》2012年第3期。

② 葛新生：《指导思想不力，难逃覆亡结局——苏共垮台的深层次原因探讨》，《人民论坛·学术前沿》2012年第12期。

③ 《Круглый стол》в редакции《Правды》//Каковы же опыт и уроки советской цивилизации? //http://za.zubr.in.ua/2012/10/16/18249/; Геннадий зюганов//Советская цивилизация — воспоминание о будущем//Советская Россия25/10/2012.

危机爆发后，西方国家政府的支持率都在下降，失业率和不平等的加剧引发了严重的政治不满，其合法性和社会稳定性已出现了问题，西方政治模式和意识形态霸权已经终结。在生态上，对利润的无休止追逐和漠视全球生态环境，威胁到人类自身的生存。范德皮特还指出危机还发生在社会和地缘政治领域。在社会领域，巨大的社会财富以极端不平等的方式被分配，而这种不平等还在加剧，使得资本主义制度的运行极其低效，且没有能力再去创造有效益和具有生产力的发展。

其次，认为目前解决危机的政策并未真正触及危机的根源，既得不到社会精英的支持，也得不到民众的支持。在危机发生后，所有发达国家都以史无前例的拯救行动应对这场危机，实现了极为宽松的货币政策和财政政策，但始终没有触及危机真正的根源。奥纳朗指出，美国过分强调低利率，对这场危机承担主要责任的金融机构提出的实际要求更少，也很少关注金融市场自由化问题，且一揽子拯救计划的代价并未分担到责任人和富人身上。英国亦是如此。接受国际货币基金组织救助的匈牙利、拉脱维亚和罗马尼亚各国公共部门的工资被削减20%以上，社会福利基金也同样被削减。所以，奥纳朗认为这种适度扩张的反危机政策是短命的，而大规模削减预算则会给普通民众带来毁灭性的后果。阿明也指出，所谓改造资本主义、有道德的金融操作这些看似冠冕堂皇的建议，其目的是在回避那些真正的实质问题，我们必须搞清楚是解救资本主义当下的危机，还是危机中的资本主义？显然，我们要寻求的应该是抛弃任何帮助资本主义的战略。

英国经济学家特纳也批评了现行的政策，认为右派为稳定资本主义制度而采取的政策迫使民众付出高昂代价，却反而弄巧成拙。政府和媒体都用高额的财政赤字来作为削减公共部门花费的原因，但高额赤字明显是由于信贷危机和税收崩溃造成的。同时，降低工人工资并不能像右派期待的那样导致经济复苏。面对长期的结构危机，所有这些短期政策都只是权宜之计。另一方面，政府的干预政策意在保持现状，而非降低市场的影响。加强管制并不能解决这次危机，最终的解决只能通过政治手段。法国著名左翼政治家贝桑希诺（Olivier Besancenot）则更为激进地把这种挽救政策称为实际上加速和实现了新自由主义的政策，取消所有的社会福利项目，降低工资，增加债务，进一步恶化了生产过剩，所以只能产生而不能消除危机。①

最后，关于资本主义替代方案的选择问题。以建立社会主义社会为目标的结构改革都是应消除资本主义制度，从而根除资本主义的野蛮增长和危机。梅斯扎罗斯曾指出，所有失败的方案——自由主义和新自由主义、社会民主主义的渐进道路，甚至后来新自由主义化的社会民主主义，都是试图在现存社会代谢秩序的结构框架内实现他们的目标。痛苦的历史经验告诉我们，问题并不仅仅是“克服资本主义”，而是把资本从社会再生产的代谢过程中清除。所有试图永久地解决问题和控制资本不同功能的模式在过去都失败了。资本具有结构上的根深蒂固的不可控性，即在资本制度本身的结构架构内没有一种杠杆能带来永久的控制——资本必须完全被消除。

---

① Olivier Besancenot, From Paris to New York: The Struggle against Neoliberalism, *International Socialist Review*, March-April 2012.

3. 日本马克思主义者对国际金融危机与经济危机的研究

日本马克思主义经济学界针对2008年以来资本主义经济危机的性质、原因、可能导致的结果，运用马克思主义经济学原理进行了深入的研究。当今日本马克思主义经济学界最具代表性的三大学派，即正统派、宇野派和调节学派的代表人物井村喜代子、伊藤诚和山田锐夫从各自学派的基本理论出发提出了各自观点和主张。他们对金融危机的认识可以归纳为以下异同点。

相同的认识：(1) 2008年以来的世界经济危机是20世纪70年代以后，现代资本主义在迎接新的发展阶段过程中的危机与恐慌，是结构性危机；(2) 现代资本主义面临的变化是从生产资本主导的体制向金融资本主导的体制转变的质的变化，即是从"福特主义"向"金融主导型模式"的转换，是"现代资本主义的变质"以及"金融的变质"；(3) 在上述认识的基础上，提出2008年世界经济危机是从产业的现实资本的运动中，作为相对独立的运动的一场"独立的货币恐慌"，是"从实体经济独立出来的投机性金融活动"，"作为魔杖的金融"发挥着巨大的威力。

不同的认识：(1) 是主张"金融的变质"、强调"投机性金融活动"的历史独特性，还是主张独特的"作为第二种类型的货币恐慌"，是否要从原理（《资本论》）中寻找端倪？(2) 是将货币危机、金融危机、财政危机等具有连贯性的危机置于"现代资本主义的变质"下，在其结构性的一贯性中考察，还是回到古典资本主义的信用、金融体系中，考察其在现代的表现抑或是将资本主义的增长和危机置于"历史交替"的进程中来进行类型划分？

4. 对伯恩施坦等问题的研究

朱旭红、田明孝认为伯恩施坦的社会主义改良思想观典型地反映在他对资本主义和社会主义等一系列重大问题的重新认识上：对资本主义的积极肯定和正面预设，对资产阶级自由主义前所未有的认同；不同于马克思主义传统理论的社会主义概念；来自于资本主义自身内在的"相对改进"和"文明化"阶级斗争的社会主义实现道路；对于资本主义现时改良的相对注重，等等。[①] 对卢森堡的研究认为，卢森堡和列宁关于无产阶级政党的组织策略各有所见，主要体现在关于克服党内机会主义的具体途径、如何处理党内民主与集中的关系以及对党内知识分子的纪律观念的认识等方面，但不可否认两位马克思主义者的最终目的是一致的：即建立一个"统一的紧密团结的无产阶级政党"。[②]

5. 全球左翼论坛——占领制度"高地"问题

2012年在美国纽约召开的全球左翼论坛，以其鲜明的主题："占领资本主义制度：对抗全球资本主义"引起了世界的关注。我国学者也参加了此次论坛。[③]

自2011年9月17日美国纽约爆发反对美国政治的权钱交易、两党政争以及社会不公正的"占领华尔街"运动以来，世界左翼运动研究呈现出一个鲜明的特点，即从制度高度对抗资本主义，反对"让少数人主宰一切，多数人被迫沉默"的状况。由此，2012年3月16日

① 朱旭红、田明孝：《论伯恩施坦社会主义改良思想及其历史影响》，《社会科学》2012年第3期。

② 范冉冉：《卢森堡和列宁在党的组织策略上的共识与分歧》，《河北大学学报》（哲学社会科学版）2012年第3期。

③ 《中共中央编译局学者参加2012年全球左翼论坛》，中央编译局网 http://www.cctb.net/news/201203/t20120330_32960.htm。

至18日，全球左翼论坛紧密结合经济危机持续蔓延并不断加深、“占领华尔街”等政治社会运动风起云涌等现实热点问题，深入探讨和研究了自金融经济危机以来的重大问题，将主题设为“占领资本主义制度：对抗全球资本主义”（Occupy the System：Confronting Global Capitalism)。围绕主题，论坛设立了434个专题研讨会，1800多人作了专题发言。专题研讨会主题突出、涉猎广泛，重点讨论了资本主义经济危机、占领或超越资本主义等问题。论坛还重点关注了生态保护、科技、新媒体、反战、就业、教育、医疗卫生、移民、马克思主义、女权主义、无政府主义、激进主义、地区政治、地区关系等问题。与中国有关的议题也受到广泛关注，如复杂环境下中国和平崛起面临的挑战、单边主义国际秩序中中国的多边主义政策以及中美关系等问题。

在为数众多的议题中，占领运动备受关注，涉及占领运动的方方面面：既有对占领华尔街等各国占领运动具体情况的介绍，也有对占领运动的源起、发展历程、战略策略、意义和影响、面临的挑战、未来方向及前景的讨论与分析；既有从全球视角解读各地的占领运动，也有从地区视角观察全球占领运动。左翼论坛认为，占领华尔街运动传递的信息很明确：生活在世界上最富有的国家中的极少数人攫取了这个国家的大部分财富并用来腐蚀政治，而其余的绝大部分人口则为失去工作、住房不保、债台高筑、日益贫困所困扰。左翼论坛对占领运动的意义给予充分肯定，认为世界在变化，人民在觉醒，埃及、希腊、拉美国家、美国和其他国家出现的群众运动为左翼的发展提供了新的机遇。与占领运动相联系，左翼论坛把对新自由主义的批判与反对资本主义联系起来，鼓励对现有秩序提出激进的替代方案，包括选择社会主义。由《科学与社会》发起的一场专题讨论，呼吁要从社会层面上占领华尔街、占领白宫、设计美国的社会主义。来自美国劳德代尔堡的激进派漫画家、作家斯特凡妮 · 麦克米伦把环境危机与资本主义无休无止的扩张需求联系起来，认为“资本主义与生活本身处于根本矛盾之中”，与自然保持“可持续的健康关系”的新经济只能是与资本主义决裂的经济，主张把社会主义传统与绿色传统结合起来。会议对资本主义及其危机以及资本主义制度的替代选择问题进行了深入讨论，讨论的话题之多、程度之热烈仅次于占领运动。①

三　学科发展应注意的若干问题

(一) 国外共产党研究方面

2012年度国内的国外共产党研究有进展，但也存在明显问题。与国外学界的共产党研究相比，问题主要表现在两个方面：

一是相关资料收集渠道不畅，研究资料匮乏。目前国内共产党研究的主要资料来源是各大共产党网站以及激进左翼网站上登载的一些信息和文章，由于这些网站带有强烈偏向性，不可避免地会对学者的认知产生影响，在介绍国外共产党的发展状况时有时不能做到客观、准确。同时，也正是由于材料掌握不够，有的研究某一共产党的文章带有明显的主观色彩，凭自己的主观意志进行分析、评价，缺乏科学研究中最重要的实事求是精神，给学科发展带

① 靳呈伟：《2012年全球左翼论坛》，《国外理论动态》2012年第5期。

来不利影响。

二是视野过于狭窄，与各国各地区左翼政治的研究结合不够。国外共产党既是一支相对独立的政治力量，同时也是左翼政党中的一员。在当前国外理论界，一种普遍的看法认为位于社会民主党左侧的激进左翼政党已经构成了一个明显的“政党家族”，成为西方政治生态中的重要组成部分。因此，在目前的国外政党和左翼研究领域，单纯研究某一个共产党的成果极少，多数是将共产党纳入某一国家和地区激进左翼政治发展的更为宽广的背景之下进行的研究。对共产党研究而言，这种切入点能够让我们的视野变得更加宏观。借鉴国外研究经验，转换我们的研究思路，国外共产党研究可能会有更大收获。

（二）西方马克思主义研究方面

2012年国内外对西方马克思主义的研究日趋深入。这尤其体现在将西方马克思主义思想置于马克思主义的总体坐标系中，结合德国古典哲学和现代西方哲学的重要思想资源（比如存在主义、现象学等）进行重新审视。在对阿多诺的辩证法思想以及西方马克思主义中的关键词“物化”理论的研究方面表现得尤为突出。这在深化西方马克思主义理论研究的同时也促进了马克思主义研究本身的再思考，推动了对马克思主义辩证法和马克思拜物教思想的研究。我们认为，西方马克思主义可以作为在德国古典哲学（以及现代西方哲学）与马克思主义哲学之间，具有双向反思和双向回馈作用的一个思想桥梁，这种理论趋势可以很好地促进各方的深入发展。

除了在理论深度上取得了一定的进展，国内学界对于当代在西方盛行的西方马克思主义思潮也具有很强的理论自觉。这集中体现在对后马克思思潮和生态马克思主义的研究方面。伴随着资本主义全球化席卷世界的狂潮而来的，不仅有各种各样的资本主义病症——最为显著的就是2008年以来的金融危机——而且对资本主义弊病的批判也日趋激进。后马克思思潮诸家（齐泽克、巴迪欧、朗西埃等）利用各式各样的理论资源（精神分析的、数学的、美学的等等），立足于马克思主义的传统，作出了超越资本主义的学术努力，对我们反思资本主义制度以及现代性都具有很好的启示作用。全球资本主义泛滥带来的生态恶果触目惊心，生态马克思主义以生态危机为突破口，对资本主义的批判可谓是深入人心。国内学界对西方马克思主义当代发展的这两支劲旅进行了充分的关注，评述其思想、借鉴其优长，对我们的社会主义建设事业发挥了较好的引导作用。

除此之外，在西方马克思主义研究中也存在一些要注意的问题。

1. 关于后马克思主义。目前较多停留于对具体人物思想的介绍和评论方面，深度研究还较缺乏。除了巴迪欧、朗西埃、阿甘本等人研究处于兴起阶段，对齐泽克的研究也有待深入。有人认为对于齐泽克的研究基本完成了，因为他的著作中译本最多，研究的时间也相对较长些，然而，以目前国内学界对齐泽克思想的解读来说，如果仍然停留于其意识形态幻象阶段，很难往前推进，因为如果对拉康的精神分析理论、德国古典哲学尤其是黑格尔哲学没有较好地理解的话，是很难深化齐泽克研究的，同时也很可能导致误读和曲解。

后马克思主义研究中的另一个问题就是如何与中国现实以及国际情势相结合。正如很多学者呼吁的，西方马克思主义研究要具有鲜明的问题意识，不能局限于只研究人物。实际上，当代著名的激进思想家诸如齐泽克、巴迪欧、德勒兹、阿甘本等人都具有很强的问题意识，如何将他们思想的闪光点与中国国情相结合是一个有很大难度的课题，值得西马学界认真思考。

2. 关于生态马克思主义。在当代，生态马克思主义一枝独秀，成为当代西方马克思主义中具有很强的批判锋芒的一支理论流派。但是如何深化却是一个难题，有的从哲学层次上展开，有的从经济学角度切入，还有的具有后现代空间转向的维度。生态马克思主义研究中体现了充分的跨学科研究特点，但是，要想成为具有一定深度的、较为科学的理论体系，还有很长的路要走。相应的，国内学界对其研究也需在综合创新、系统建构方面下工夫。

3. 关于经典西方马克思主义研究。虽然经过30年的发展，我们对卢卡奇、葛兰西、阿尔都塞、阿多诺、马尔库塞等经典西方马克思主义代表作者有了一定深度的研究，然而，如果不从每个思想者各自的思想背景出发，其研究就仍然是隔靴搔痒，不仅对其理论精神体会不够，而且对现实的指导也会缺乏效力。我们不仅要看他们思什么、还要看他们如何思、看他们没有思及的问题是什么、看他们思之限度为何。所以，我们认为，综观西马研究领域，更重要的还是在深度上下工夫，当然，这个工作不会是一蹴而就的。

西方马克思主义研究中素以科学主义与人文主义的对抗为特征，2012年12月Verso出版《概念与形式》两卷本，可算得上是科学主义一脉的重要作品。是否资本主义批判之科学主义与人文主义的两军对垒，又会掀起学界反思全球资本主义的另一轮新高潮呢？我们拭目以待。

（三）国外左翼思想研究方面

2012年国外左翼思想研究呈现出这样的特点：一是针对重大问题的研究日益深化，并取得了较重要的研究成果。像苏东剧变问题与英美日等发达国家的左翼思想持续受国内学界的关注。一些历史问题的研究能够结合当代实际，挖掘出现实意义；二是研究热点集中，主要是2008年国际金融危机以来，国外左翼学者对资本主义的批判和对社会主义的肯定。尤其是“全球左翼论坛”发起的研讨，紧密结合了自美国源起的“占领华尔街运动”，对资本主义制度的种种弊端进行了深入的批判，提出了种种替代资本主义的方案。对此问题的关注和研究将推动世界左翼运动的发展，同时也对世界社会主义运动起到了推动作用。三是关注的领域扩大化，研究的内容涵盖了世界绝大部分地区。虽然欧美等发达资本主义国家的左翼思想更容易受到关注，但是处于非主流地位的小国家的社会主义运动也有研究，它们犹如星星之火，为未来世界社会主义的燎原之势积蓄着宝贵的火种。当然，国外左翼思想研究也存在一些需要注意的问题。

1. 关于“斯大林模式”问题

李慎明提出，苏联在列宁和斯大林时期所建立的社会主义制度和具体管理体制机制，是马克思主义科学社会主义理论在苏联的实践。实践证明，这一制度是符合苏联实际的，并取得了巨大的成功。但是西方的一些学者和政治家却把这一制度贬之为与希特勒法西斯并列的最残暴、最不人道的斯大林社会主义模式。因此，我们谨慎使用“斯大林模式”这一提法，原因是一不小心就极容易落入西方话语体系的陷阱。[①]

① 李慎明：《居安思危——苏联解体、苏共垮台20年的思考》，《前线》2011年第5期。

2. “划界意识”问题

学界反思了我国目前国外马克思主义研究的状况，提出在本领域研究中需要具有一种“划界意识”。(1) 基础性“划界意识”：即应当对国外马克思主义研究所涉及的各种流派、人物和观点的客观的学术影响力和现实影响力作出切实而恰当的评估，从而在该研究领域突出重点和核心层。(2) 深层面的“划界意识”：在对国外马克思主义研究对象的学术影响力和现实影响力作出评估的基础上，进一步对每一具体研究对象的价值取向、基本观点，特别是其同马克思思想的真实关系作出具体的区分性评价，以便突出国外马克思主义研究学科对马克思主义的强调。(3)“现实诉求”：回答为什么要研究国外马克思主义的问题，即明确该领域研究所要达到的目标，所期待的理论成果。

郑能针对国外马克思主义研究流派众多、观点纷杂的现状，提倡一种自觉选择意识，认为研究者个体应当自觉对研究对象进行选择：第一，研究应当与社会主义的价值取向一致；第二，研究对象应当与经典马克思主义作家的学说有继承关系，肯定唯物史观和社会主义；第三，研究应当关注影响力大的人物和理论，应当能够对原有问题有所超越，能够推进和解释新问题；第四，研究应当对中国现实有指导意义，有助于理解当代中国所面临的问题。①

王凤才、陈学明指出，为了减少“国外马克思主义研究”领域里无谓的概念之争，弄清西方马克思主义与正统马克思主义、东欧“新马克思主义”、国外马克思学，以及西方马克思主义与后马克思主义、英美马克思主义的关系，有必要澄清“国外马克思主义研究”的四条不同阐释路径，即“正统马克思主义”阐释路径、东欧“新马克思主义”阐释路径、“西方马克思主义”阐释路径、“国外马克思学”阐释路径。这四条阐释路径各有特点，不应该采取“贴标签”的方式评判之，而应该采取实事求是的态度对之进行具体分析。在这里，应当避免两种错误倾向：一是将国外马克思主义研究“神圣化”，即用国外马克思主义研究否定马克思主义中国化研究；二是将国外马克思主义研究“虚无化”，即用虚无主义态度对待国外马克思主义研究的成果。②

（供稿：冯颜利、李瑞琴、于海青、张剑、陈慧平、陈爱茹、沈阳）

① 郑能：《深化国外马克思主义研究》，《社会主义与现实》2011 年第 3 期。

② 王凤才、陈学明：《国外马克思主义研究：四条路径及其评价》，《学术月刊》2011 年第 2 期。

国际共产主义运动

一 研究概况

2012 年，“国际共产主义运动”学科一方面继续深化并拓展对国际共产主义运动重大历史事件以及重要历史组织和人物的研究，另一方面，针对国际金融—经济危机和欧美主权债务危机不断深化，大规模社会运动在西方国家频繁爆发的态势，国内外学界对危机背景下资本主义的制度缺陷、历史命运进行了深入研究，对世界社会主义运动的发展现状、发展策略和发展前景进行了广泛探讨，形成了一系列有深度、有价值的著述和观点，推动国际共产主义运动学科取得了较大发展。

（一）研究特点更加鲜明，亮点突出

本年度国际共产主义运动学科呈现出了以下两大鲜明特点。

1. 研究中更加重视对历史文献和事实材料的挖掘考究

以《国际共产主义运动历史文献》① 的陆续出版以及国内外大量历史档案和文献资料的揭秘挖掘为契机，学界运用各种新材料对国际共产主义运动重大历史和现实问题进行研究分析。

2012 年国际共产主义运动学科呈现出的一个突出特点是，无论是对国际共产主义运动重大历史事件的回顾反思，还是对重大现实问题的研究探讨，都更加注重对历史文献和事实材料的深入挖掘和严格考究。譬如，在本年度对苏联解体问题的研究中，《苏联亡党亡国二十年祭——俄罗斯人在诉说》摄制组先后三次赴俄罗斯采访苏联解体亲历者、当事人及普通民众，采用一些权威人士亲述的方式，全景展现并深刻揭示苏共亡党、苏联解体的历史过程和教训。中国社会科学院副院长李慎明主编的《亲历苏联解体二十年后的回忆与反思》一书，也甄选了近年俄罗斯出现的最新资料，内容涵盖重要政治人物的回忆录、亲历者的访谈录、解密的档案材料、研究分析材料和部分尚未出版的手稿等。另外，学界对国际共产主义运动重要历史人物和组织的研究，也愈来愈注重运用一手的历史文献，对国际共产主义运动现状的把握，也偏向于建立在大量事实材料的基础上。

2. 更加注重对重大研究成果的宣传推广

本年度国际共产主义运动学科更加注重对学科研究成果尤其是重大研究成果的宣传推广。

---

① 该套文献由中央编译出版社出版，计划于 2014 年出齐 60 卷，主要收编共产主义者同盟、第一国际、第二国际、第三国际、共产党和工人党情报局等五个国际组织已发表的全部文献档案，包括历次代表大会、代表会议和其他重要会议的记录、决议和有关文件。

除每年一次的《世界社会主义黄皮书——且听低谷新潮声》发布会如期于 2012 年 3 月 2 日召开外，还举办了如下几次重大的学术成果发布交流会。4 月 6 日，中央编译局主办《国际共产主义运动历史文献》出版座谈会，与会者围绕该套书首批 12 卷（第 1—8 卷，第 12、31、32、56 卷）的出版及今后的研究工作进行了研讨。4 月 10 日，中国社科院世界社会主义研究中心举办由该中心制作完成的《居安思危》党内系列教育参考片——《苏联亡党亡国二十年祭——俄罗斯人在诉说》汇报会，对该片的拍摄过程、主要内容以及意义影响等进行了全面介绍，认为该片的发行对教育广大党员领导干部增强居安思危意识，坚定共产主义和中国特色社会主义理想信念，保持党的先进性和纯洁性有着重要的现实意义。9 月 8 日，中央马克思主义理论研究和建设工程重点教材《国际共产主义运动史》课题组、人民出版社、山西师范大学联合主办《国际共产主义运动史》首发式暨学术研讨会，与会者对该书的特点和内容进行交流，该课题组第一首席专家吴恩远还在《光明日报》发文对该书进行了介绍。[①] 10 月 10 日，中国社科院世界社会主义研究中心与社会科学文献出版社联合召开“居安思危·世界社会主义小丛书”出版新闻发布会，围绕该丛书的内容、形式、价值展开充分讨论，认为该丛书展示了世界社会主义运动跌宕起伏、各种思潮渗透交锋以及主要探索者艰辛开拓的历史，对于抵制和批驳危害我国社会主义的各种错误思潮，加强社会主义意识形态工作具有重要意义。

（二）研究范围继续拓展，研究成果丰硕

2012 年，学界对国际共产主义运动重大历史和现实问题进行了全面研究，取得了丰硕成果。

1. 拓展并深化对国际共产主义运动史整体以及重大历史事件和人物的研究

本年度学界对国际共产主义运动史相关主题的研究继续保持活跃。围绕国际共产主义运动史上的重大事件、人物和组织，学界大量挖掘新的史料文献并进行深度分析。

在整体研究方面：作为马克思主义理论研究与建设工程系列教材的《国际共产主义运动史》于 2012 年 5 月出版，该书为国际共产主义运动教学与研究提供了重要的教材；《国际共产主义运动历史文献》首批 12 卷于 2011 年 12 月正式出版，该丛书以丰富翔实的第一手资料，全景呈现了从国际共产主义运动兴起到世界社会主义阵营形成的历史过程，对国际共运史学科的发展将起到推动作用；此外，程玉海、张祥云、泰正为主编的《国际共运史与社会主义研究辑刊 2012 卷》、贝弗里·J. 西尔弗的《劳工的力量：1870 年以来的工人运动与全球化》等著作，也对全面把握国际共运的历史进程有着积极作用。

在专题研究方面，一是运用大量一手材料，对一些重大历史事件进行了深刻反思和分析。尤其是围绕苏联解体、十月革命，学界多视角、多方法进行了深入研究。如陈之骅的《俄国十月社会主义革命》、沙煜博的《俄国十月革命不是对马克思“跨越”理论的实践证明》等著述对十月革命进行了分析。李慎明主编的《亲历苏联解体二十年后的回忆与反思》、王正泉的《戈尔巴乔夫与“人道的民主的社会主义”》、刘淑春的《20 年后俄罗斯各派人士论苏联八一九事件》、马龙闪的《俄罗斯三位总统如何因应苏联解体》、李永忠、董瑛的《苏联解体的 15 种学说》、冯绍雷的《一场远未终结的辩论——关于苏联解体问题的国外学术诠释》等对苏联

① 吴恩远：《国际共产主义运动史教学和研究的新成果》，《光明日报》2012 年 7 月 3 日。

解体进行了探讨。

二是根据新披露的材料，对主要历史组织和人物进行了更加客观的分析，提出了一些不同于以往的评价。特别是围绕共产国际与中共、中国革命的关系①，围绕斯大林、普列汉诺夫、布哈林、卢森堡、托洛茨基等有争议的人物②，学界在充分运用各种史料文献的基础上，突破传统思维，进行了多角度的探索。

2. 加强对当代资本主义和世界社会主义发展动态的及时跟踪

一是继续关注当前资本主义危机的发展状况、成因、影响以及资本主义的发展趋势。此类著述包括谢富胜的《控制与效率：资本主义劳动过程理论与当代实践》、程宝光的《虚拟与掠夺——资本主义最高和最后阶段论》、马列光的《资本主义大崩溃》、莱斯利·斯克莱尔的《资本主义全球化及其替代方案》以及聂运麟的《共产党和工人党视野中的资本主义新变化》、朱安东的《世界资本主义危机的根源和发展》、赵明昊的《当前西方对资本主义困境的反思》、杨斌的《当前西方资本主义危机引发的困境及其出路》、唐珏岚的《金融危机下的资本主义将何去何从》、蔡万焕的《金融资本的矛盾与资本主义发展的未来》、叶楠的《当代资本主义基本矛盾剖析》等。学界普遍认为，当前的危机是资本主义制度固有的，只要资本主义基本矛盾得不到解决，危机就不可能消除。发达国家采取的以维护垄断资本利益为主旨的反危机举措，不但不能从根本上解决危机，反而加剧了社会矛盾。

二是跟踪研究当代资本主义劳资矛盾以及西方社会运动蓬勃发展的原因、性质、发展策略等。研究认为，当前频繁爆发的发达国家各种社会运动，是其奉行的新自由主义理论与实践导致的，尽管工人阶级和人民群众的反抗运动在很多国家有风起云涌之势，但从总体来看仍发展缓慢。此类著作包括孙寿涛的《20世纪70年代以来发达资本主义国家工人阶级的数量增长与构成变动》、张新宁的《"占领华尔街"运动与资本主义制度危机——国外学者的视角》、吕薇洲、易艳华的《"占领"运动、金融危机与资本主义的历史命运》、段莉群的《从"占领华尔街"运动进一步认识当代资本主义本质》、刘海霞的《当代资本主义的深刻矛盾与危机——对"占领华尔街运动"的反思》、崔学东的《新自由主义导致全球劳资关系不断恶化》、洛伦·戈尔德纳的《当代资本主义国家工会的危机》、詹姆斯·彼得拉斯的《欧洲和美国工人阶级：右派、左派和中间派》以及斯洛文尼亚学者斯拉沃热·齐泽克的《工薪资产阶级的反抗》等。

三是加强了对发达国家共产党和世界社会主义发展现状和前景的介绍和评析。此类著述包括李慎明主编的《世界社会主义黄皮书：世界社会主义跟踪研究报告（2011—2012）》、张森林的《经济全球化与世界社会主义价值的思考》、王学东的《国际金融危机与世界社会主

---

① 吕永锋：《共产国际对中共早期决策影响的双重性》，《改革与开放》2012年第6期；武琼：《再议中国共产党处理与共产国际关系的成功实践》，《党史文苑》2012年第12期；徐骥：《浅析共产国际与第二次国共合作的形成》，《科技信息》2012年第14期。

② 张万杰：《斯大林思想与20世纪世界社会主义》，《学术论坛》2012年第8期；徐芹：《普列汉诺夫和列宁对俄国资本主义道路论证方式之比较》，《井冈山大学学报》2012年第2期；于贵军：《布哈林问题的由来》，《绥化学院学报》2012年第1期；刘磊：《论托洛茨基的反纳粹理论》，《长治学院学报》2012年第4期；贾淑品：《卢森堡反对伯恩施坦主义的实践过程》，《井冈山大学学报》2012年第1期。

义》、程恩富的《世界社会主义的未来取决于国际无产阶级有效联合行动》、胡振良的《新世纪世界社会主义的新发展》、姜辉的《剧烈变化时代的世界社会主义：机遇与挑战》、刘志明的《金融危机后世界社会主义的理论革新与战略策略调整》、康晏如的《白俄罗斯共产党新纲领述评》、李凯旋的《瑞典共产党人论经济危机及其他问题》等。学界普遍认为，尽管危机重创了资本主义制度，但资强社弱的态势没有得到根本扭转，两制国家竞争合作的局面仍将继续维持，世界社会主义的振兴事业仍面临诸多挑战。

四是继续关注各社会主义国家的发展现状和前景。学界除了对中国特色社会主义给予密切关注，也对越南、古巴、朝鲜、老挝四个社会主义国家的发展现状和前景进行了研究。相关成果包括陈明凡的《越南政治革新研究》、陈元中主编的《马克思主义越南本土化的理论与实践》、布兰德利·沃麦克的《现代化与中越模式》、朱继胜的《越南社会主义定向市场经济的逻辑生成——基于历史唯物主义的视野》、徐世澄的《古巴求变》、陈定辉的《老挝：2011年发展回顾与2012年展望》、李军的《朝鲜经济发展现状及前景》、张慧智的《朝鲜经济发展方式探析》以及韩国学者金炼铁的《金正恩体制的改革开放可能性》等。学界认为，以社会主义市场经济为改革目标的中越两国改革明显领先于其他社会主义国家；老挝模式紧跟越南，近年来渐入佳境；古巴经济模式更新，坚持计划经济为主，合理利用市场因素，试图稳中求变，趋于谨慎；朝鲜改革初现端倪，但方向尚不明确。

3. 加强对资本主义和社会主义相互关系以及当代国内外各种社会思潮的分析研究

学界在跟踪研究国际共产主义运动发展现状的基础上，进一步剖析了危机背景下资本主义和社会主义的相互关系，加强了关于资本主义危机对世界社会主义运动的影响以及危机背景下世界社会主义发展趋势等问题的研究。相关著述包括李慎明主编的《世界在动荡、变革、调整》、《世界在反思（当代资本主义评析）》、林德山的《理解资本主义与社会主义的几个基本问题》、陈海燕的《论社会主义与资本主义两制并存的自发性与博弈的自觉性》、代金平与马雪的《金融危机对当代资本主义与世界社会主义发展的影响》、臧秀玲与杨帆的《国际金融危机对当代资本主义和世界社会主义的影响》等。

另外，学界也加强了对当代国内外各种社会思潮的分析研究。学界普遍认为，社会主义模式具有多样性和民族性，研究和分析这些思潮，有助于更好地吸收各种思潮中积极合理的思想观点，更有力地抵制和批驳各种反社会主义的错误思潮。此类著述包括世界社会主义小丛书中的《民主社会主义评析》（周新城著）、《西方世界中的社会主义思潮》（姜辉、于海青著）、《当代拉丁美洲的社会主义思潮与实践》（徐世澄著）、《历史虚无主义评析》（梁柱著）、《“普世价值”评析》（汪亭友著）、《戈尔巴乔夫与“人道的民主的社会主义”》（王正泉著），以及刘淑春的《俄罗斯社会主义流派当前境况》、程恩富与丁晓钦的《金融危机催生变革资本主义思潮》、吕薇洲的《当代欧美三大社会主义流派辨析》、《“欧洲福利国家及其批判”论析》、张飞岸的《评析当代中国五大社会思潮》等。

（三）学术活动丰富多样，交流频繁

2012年，各类学术交流活动频繁，对学科发展起到了直接的推动作用。

1. 围绕当代资本主义的制度危机和发展前景，国内外举办了多场论坛

1月17—22日，在巴西举行的主题为“资本主义危机：社会与环境正义”的世界社会论

坛，数万名代表参加会议，会议认为，危机持续蔓延并无法根除的根源在于资本主义制度，发展中国家应破除对资本主义的迷信，努力寻求建立一个新的发展模式。1 月 25—29 日，在瑞士召开主题为“大转型：塑造新模式”的达沃斯世界经济论坛，与会者围绕“反思资本主义”这一核心话题展开了 250 余场讨论。3 月 16—18 日，在美国纽约举行主题为“占领制度：对抗全球资本主义”的全球左翼论坛，会议结合经济危机持续蔓延、“占领华尔街”等政治社会运动风起云涌等现实热点问题，围绕占领运动、资本主义危机与替代以及左翼复兴等问题进行了深入探讨。5 月 25—27 日，在墨西哥召开了主题为“国家危机、大众运动和人类发展”的世界政治经济学学会第七届论坛，论坛围绕债务危机和就业危机，政权合法性危机和政治动向，人类发展、生态经济和可持续发展，以及发展中国家的合作与发展等议题展开讨论。7 月 4—6 日，在委内瑞拉召开了主题为“资本主义制度下的危机、左翼政党面临的问题”的第 18 届圣保罗论坛。

2. 围绕共产党和左翼的发展策略以及世界社会主义的发展前景召开了多场研讨会

5 月 18—20 日，在比利时召开的第 21 届国际共产党人研讨会，来自 59 个共产党和工人党的代表围绕“共产党人的当前任务与争取社会主义斗争之间的关系”进行了研讨。10 月 1—2 日在比利时举行了“欧洲共产党会议”，会议的主题为“共产党和工人党对于资本主义危机的立场：是被同化，还是与之决裂；所谓的有利于人民的管理资本主义的幻想；共产党人为了维护工人阶级和广大人民利益、推翻资本主义和实现社会主义而斗争”，与会者在分析资本主义经济危机的基础上，介绍了本国开展阶级斗争、反对资本进攻的经验。11 月 22—25 日在黎巴嫩举行的“第十四次共产党和工人党国际会议”，来自 60 个共产党工人党的 84 名代表围绕“加强反抗不断升级的帝国主义侵略行径，为实现人民的社会、经济和民主权利和愿望，为了社会主义而斗争”议题交流了看法。11 月 29—30 日，在北京举行的“第三届世界社会主义论坛——资本主义危机与社会主义未来国际学术研讨会”，来自多国的近一百五十位代表，探讨了全球经济政治格局的演变，展望了世界社会主义的发展前景。11 月 23—26 日，在山东举行的中国国际共运史学会年会暨“当今世界变化中的资本主义与社会主义”学术研讨会，围绕资本主义体制困境与发展模式调整、世界左翼政治运动的形势与特点、中国社会转型与改革、中国特色社会主义的理论与实践、执政党建设、国际共运史研究方法等问题进行了交流探讨。11 月 27—28 日，在广西举行了“当代世界社会主义的理论与实践——民族、民生、民主学术研讨会暨当代世界社会主义专业委员会 2012 年年会”，与会者围绕当代社会主义的新理论和新实践、社会主义的民族化与社会主义建设中的民族问题、民主的价值与社会主义民主的探索、社会主义民主建设的经验教训等问题进行了交流与探讨。11 月 30 日，在中国社科院马克思主义研究院召开主题为“资本主义经济危机与共产党的理论与策略”的小型国际研讨会，来自英、法、美、尼泊尔等国的共产党人与中国学者围绕资本主义国家共产党的现状、共产党与工会的关系、共产党在工人运动中的作用等问题展开讨论。12 月 15—16 日，在莫斯科举行了主题为“共产主义运动的今天与明天”国际论坛，来自中国、巴西、越南、希腊、印度、古巴、黎巴嫩、葡萄牙、乌克兰和捷克的共产党代表，就当前国际共产主义运动面临的局势和所应采取的战略、策略交流了看法。

上述各种国际论坛和各类学术研讨会，不仅促进了国际共产主义运动学科发展和学术交流，而且有助于推动国际共产主义理论创新和国际共产主义运动复兴。

二　重大问题研究进展

（一）苏联解体原因与影响研究

本年度国内外政治界、学术界继续关注苏联解体这一历史事件，从多种视角、借助多种方法对此问题沿以下三个脉络展开了深入研究和探讨，达成了一些共识，但也存在争论。

1. 从宏观视角综合反思苏联解体的原因

从这一视角入手开展的研究仍占对苏联解体问题研究的主体。有研究者从宏观视角出发，将近年来国内学界对苏联解体原因的分析归纳为15种说法，包括“三大垄断”说、体制弊端说、改革失败说、蜕化变质说、精英叛变说、党群疏离说、腐败亡党说、斯大林说、和平演变说、戈氏葬送说、民族矛盾说、军备竞赛说、可以避免说、合理因素说、舆论失控说①，意在说明苏联的解体是由多种因素促成的。诚然，上述每一种说法都可能是苏联解体的原因之一，但其中哪一种原因起决定性作用，这是学界仍在争论的焦点。由李慎明等撰写的《居安思危》党内系列教育参考片——《苏联亡党亡国二十年祭——俄罗斯人在诉说》的解说词认为，历史唯物主义认为人民群众是历史发展的最终决定力量，但在特定条件下和一段时日，时代、阶级的代表人物也起着决定性作用。苏共党内逐渐形成了脱离、背离和最终背叛最广大人民根本利益的特权阶层和像戈尔巴乔夫等人这样的代表人物。这些领袖人物丧失对共产主义的信念，主张放弃马列主义的指导地位，全盘照搬西方的理论和制度模式，最终导致苏共74年执政地位的丧失，其结果只能是经济危机，政治动荡，意识形态领域混乱不堪，精神消极颓废，社会矛盾迭出，人民群众遭殃。在苏联亡党亡国的过程中，西方世界和平演变战略这一外因，是通过戈尔巴乔夫、叶利钦这些代理人的内因而起作用的。② 但持不同见解的学者认为，把苏联解体的根本原因归咎于戈尔巴乔夫的背叛是荒唐的③；也有学者认为苏联解体绝不是由赫鲁晓夫、戈尔巴乔夫等几个领导人的错误造成的，而是源于苏联社会主义社会内在的三大矛盾和三大缺失，并认为由于苏联改革开放的延误，导致苏联爆发经济、政治和民族三大危机，最终导致苏联亡党、亡国、亡制。④

2. 从微观视角具体考察苏联解体的诸多因素

苏联解体是诸多因素共同作用的结果。只有结合具体的史实，方能作出比较可靠的结论。本年度国内学界也不乏从经济、政治、民族、宗教等视角，借助对苏联经济、政治体制、阶级结构和社会状况的考察，具体探究苏联解体的诸多因素。包括，苏联高度集中的计划经济体制抑制经济发展的活力，高度集权的政治模式抵触民主与监督，以民族为特征的联邦制自身缺陷、民族政策的执行偏失所引发的民族间的冲突与对抗，“宗教热潮”带来的宗教问题的

① 李永忠、董瑛：《苏联解体的15种学说》，《决策与信息》2012年第4期。

② 李慎明等：《苏联亡党亡国二十年祭——俄罗斯人在诉说》，载《世界社会主义跟踪研究报告（2011—2012）——且听低谷新潮声》（之八），社会科学文献出版社2012年版，第535、536页。

③ 黄军甫：《解密档案中的苏联解体真相》，《决策》2012年第2期。

④ 高放：《苏联灭亡的六个原因》，《炎黄春秋》2012年第5期。

政治化以及宗教问题与民族问题的相互交织，对苏联解体起到了重要的破坏性力量。[①]

3. 从意识形态、唯物史观等更为深层次的视角挖掘苏联解体的原因

例如有研究者提出，苏联在根本性的大是大非问题上摇摆甚至背离，放弃马克思主义对意识形态领域的一元化指导地位，放任意识形态多元化，导致非马克思主义和反马克思主义的思想甚嚣尘上，这是导致苏联解体的一个十分重要的原因。[②] 另有研究者运用马克思主义唯物史观对苏联解体原因进行分析，认为以戈尔巴乔夫为首的苏联从根本上违背了马克思主义唯物史观所阐述的建立、建设社会主义的原则；放弃了共产党对国家的领导；改变了社会主义改革自我完善的性质；改变了科学社会主义的政治路线；抛弃了马列主义指导思想；修改宪法，改变了社会主义性质。其结果必致亡党亡国。[③]

4. 苏联解体的教训与启示

苏联解体不仅给原苏联各共和国带来了一系列政治上、经济上的冲击，也引发了世界的震荡，对整个世界产生了巨大影响。总结和反思苏联解体的深刻教训，对于认识社会主义建设规律和无产阶级政党执政规律有重要的启示。

本年度国内学界从经济、政治、文化、社会建设等方面，全面探究苏联解体对我国正在进行的中国特色社会主义建设和进一步提高中国共产党的执政能力提供的现实启示。其中，研究者们在维护人民群众权益重要性方面达成了共识。例如有学者认为，政治认同关系着无产阶级政党发展的兴衰成败，社会公平正义的实现与否也关系着政权的命运和国家的前途。反思苏联解体的教训，我们党必须坚持和实践立党为公、执政为民，情为民所系，利为民所谋。要坚定不移地发展社会主义民主政治。[④] 也有学者指出，国家利益是人民利益的集中体现，政府制定任何路线、方针、政策，都必须首先满足人民的利益需求。苏联共产党没有与时俱进，没有正确处理好国家利益与人民利益的关系，结果垮台了。[⑤] 还有研究者提出，苏联不坚持社会主义，走的是一条“邪路”，结果亡国亡党了；想坚持社会主义，却不改革开放，不发展经济、不改善人民生活，继续走僵化体制的“老路”，那也是一条死路；只有既坚持社会主义又实行改革开放，发展经济，改善人民生活，才是社会主义繁荣昌盛的“新路”。[⑥]

总之，本年度国内外学界对苏联解体问题的研究与探讨，在确保研究资料的原始性、观察视角全面性的同时，不断拓展新的分析思路，例如有研究者从学科范畴角度，介绍了近二十年来国外学术界是怎样利用政治学、经济学、社会学、历史学、国际研究等各个学科门类

---

① 沈洁：《二十年后看苏联解体原因的研究综述》，《学理论》2012 年第 10 期；阙静怡：《苏联解体原因的再思索——以民族问题为视角》，《传承》2012 年第 6 期；白虹：《宗教在苏联解体过程中起了什么作用》，《中国党政干部论坛》2012 年第 10 期。

② 曹长盛：《苏联解体警示：大是大非摇摆之祸》，《人民论坛》2012 年第 5 期。

③ 栾文莲：《运用唯物史观基本观点评析苏联解体》，《中共四川省委省级机关党校学报》2012 年第 2 期。

④ 葛明岩：《苏联解体的教训与启示》，《科教导刊》2012 年第 8 期。

⑤ 刘植荣：《苏联解体二十年周年：执政党要处理好国家利益与人民利益的关系》，《新金融观察》2012 年 1 月 13 日。

⑥ 林文苑：《苏联解体的历史审视与现实启示——访中联部研究室原副主任肖枫研究员》，《上海党史与党建》2012 年第 1 期。

的知识和范畴，对苏联解体这一事件进行学术性解释的[①]，有助于我们更为纵深全面地探究苏联解体这一重大历史事件的历史发展脉络与逻辑。

（二）国际共产主义运动史重要组织和人物研究

随着史料文献的不断涌现、研究环境的发展变化以及研究视野的不断拓展，不少学者突破传统思维对国际共产主义运动史的重要组织和代表人物研究的束缚，丰富发展了对国际共产主义运动史上重要组织和人物的研究。2012年度，围绕共产国际这一重要历史组织，围绕斯大林、普列汉诺夫、布哈林、伯恩斯坦等有争议的历史人物，学界进行了深入研究。

1. 关于共产国际的研究

国内学界一直对共产国际保持较高的研究兴趣，究其原因在于中国近现代史、中国共产党同共产国际和苏联有着不可分割的联系。本年度国内学界对共产国际与中国革命之间的关系进行了大量探讨。既有从宏观视角对共产国际在中国革命整个过程中所起作用的宏观把握，也有从微观视角对共产国际在中国革命某一阶段所起作用的具体考察。在梳理与对比中，学界对共产国际的功过是非作出更为客观公正的评价。例如有研究者分析了共产国际对中共早期决策影响的双重性，认为共产国际正确论述了中国革命的一般问题，但其阐述中国革命具体策略则多与中国国情相悖。[②] 也有研究者对共产国际与中国农村包围城市革命道路形成的相关性进行考察，在肯定共产国际为中国共产党探索和开辟农村包围城市革命道路创造了重要条件的同时，也指出了共产国际坚持的“左”的理论政策和“城市中心论”的道路，导致中共党内连续发生三次“左”倾错误，使中国革命遭到挫折乃至失败，则说明了共产国际对中国共产党探索农村包围城市道路产生了消极的影响。[③] 另有研究者以共产国际与第二次国共合作的形成为主线，着重探讨了共产国际对中国革命的贡献及其所犯的错误，认为中国革命进程的许多重大问题都涉及共产国际。[④] 上述文章从不同的角度和侧面对共产国际对中国革命的影响作了富有新意的探索，使人们对这一问题的认识不断扩展和深化。

2. 关于斯大林和斯大林模式的研究

在国内学界对于斯大林的研究评价中，从苏联解体与斯大林（模式）的关系视角对斯大林展开的评价屡见不鲜且一直争论不休。例如，在斯大林同苏联解体的关系方面，有学者主张苏联解体是坚守“斯大林模式”所导致的经济、政治、社会体制窒息了苏联社会主义的生机与活力，阻碍了社会主义优越性的发挥所致；但也有研究者持相反意见，认为苏联解体、苏共灭亡是由斯大林的继承人（从赫鲁晓夫开始到戈尔巴乔夫）大反斯大林、全盘否定斯大林所造成的恶果[⑤]。除此之外，也有些学者从不同方面对斯大林进行评价。例如，从唯物史观的视角揭示斯大林所导致的历史唯物主义教条化[⑥]；结合苏联社会主义建设过程，考察斯

① 冯绍雷：《一场远未终结的辩论——关于苏联解体问题的国外学术诠释》，《世界经济与政治》2012年第3期。

② 吕永锋：《共产国际对中共早期决策影响的双重性》，《改革与开放》2012年第6期。

③ 吕偲、刘丽琼：《共产国际与中国农村包围城市道路的形成》，《毛泽东思想研究》2012年第5期。

④ 徐骥：《浅析共产国际与第二次国共合作的形成》，《科技信息》2012年第14期。

⑤ 李永忠、董瑛：《苏联解体的15种学说》，《决策与信息》2012年第4期。

⑥ 刘华初：《斯大林对历史唯物主义的教条化解读》，《山西财经大学学报》2012年第4期。

大林社会主义社会基本矛盾思想的反复历程（承认—否认—勉强承认）、成因与启示[①]；结合斯大林的“东方观”及其所界定的包括中国革命在内的东方革命，肯定其对东方无产阶级政党特别是中国共产党的帮助与扶持，对中国革命的指导作用等[②]。这些考察视角不同，褒贬不一，需要我们运用正确的历史观和方法论对史实作更为深入的发掘。

3. 关于普列汉诺夫及其理论的研究

普列汉诺夫是俄国社会民主工党的重要理论家，国内学界对普列汉诺夫的研究大多采用对比的方式，将普列汉诺夫的思想与列宁的思想加以比较后得出评价。例如，在普列汉诺夫与列宁有关党内民主问题的争论方面，有研究者梳理了二者争论的内容，认为二者争论的实质是如何处理党内权力与权利的关系。在批判普列汉诺夫有关党内民主问题上的错误言行（偏离对党的代表大会权威的维护、未弄清党内权力授受关系的实质、在如何严格党的纪律问题上对列宁的批评与指责、在少数服从多数和保障少数的民主权利方面执行的双重标准等）的同时，也肯定其在如何确保党的代表大会时效性、如何确保大会代表的广泛性、如何保证代表自由发表不同意见等问题上提出的观点[③]。另有研究者认为，普列汉诺夫对列宁的批评深化了列宁早期对党内民主的认识，是列宁早期党内民主思想的理论来源之一。[④] 此外，也有研究者充分肯定了普列汉诺夫在论证俄国资本主义道路的必然性和批判民粹主义方面所起到的积极意义。[⑤] 可见，国内学界对于普列汉诺夫的评价肯定的因素在不断增多，即便是批判，也会在批判中承认其思想的积极方面。

4. 关于布哈林及其理论的研究

对于在苏联时期遭到严厉批判的布哈林及其有关社会主义道路的理论探索，学界也更多地从正面加以诠释。有研究者指出，布哈林遭到批判的主要原因是 1928 年他与斯大林在国家工业化与农业集体问题上的分歧和争论，争论的实质是建设社会主义的模式之争，即两种不同的社会主义道路和方法的争论。这种争论只是方式、方法上的分歧而非敌我矛盾。[⑥] 需要指出的是，从马克思主义发展史视角研究布哈林的思想在本年度较为明显。例如布哈林的平衡思想，有研究者就充分肯定了其在马克思主义发展史上的地位，认为依据布哈林的平衡论，平衡是社会历史发展的常态，任何社会都是通过“平衡—平衡的破坏—新的平衡”这样的过程实现发展的，这是马克思主义发展史上第一次通过平衡的视角来看待社会历史发展并探讨社会历史发展一般规律的思想，形成了社会历史发展的平衡思想，丰富和发展了马克思主义的历史唯物主义理论。[⑦] 再如布哈林的道德理论，有研究者认为其在世界上第一个社会主义国家系统而通俗地阐述了马克思主义关于上层建筑结构系统中的道德理论，对马克思主义伦

① 李艳艳：《斯大林社会主义社会基本矛盾思想的反复与启示》，《史学集刊》2012 年第 11 期。

② 陈晓红：《论斯大林的“东方”观及对东方革命的扶持》，《湖南师范大学社会科学学报》2012 年第 1 期。

③ 王进芬：《列宁与普列汉诺夫在党内民主问题上的争论及其现实启示》，《马克思主义研究》2012 年第 2 期。

④ 李东明：《列宁早期党内民主思想的理论渊源》，《信阳农业高等专科学校学报》2012 年第 6 期。

⑤ 徐芹：《普列汉诺夫和列宁对俄国资本主义道路论证方式之比较》，《井冈山大学学报》（社会科学版）2012 年第 2 期。

⑥ 于贵军：《布哈林问题的由来》，《绥化学院学报》2012 年第 1 期。

⑦ 胡晏宁：《论布哈林的平衡论思想及其现实意义》，《理论与实践》2012 年第 11 期。

理思想在苏联的发展作出了贡献。[①] 在肯定布哈林有关思想对马克思主义发展史作出贡献的同时，研究者们也不否认这些思想的局限性。例如在肯定布哈林道德理论的同时，也指出这一思想存在着过分强调经济关系的决定作用，忽视意识形态、上层建筑中其他因素与道德的相互影响和相互作用的局限性。

5. 关于伯恩施坦的研究

伯恩施坦在国际共运史上曾是马克思主义者，后来成为修正主义的代表人物，同时成为民主社会主义的创始者。本年度国内围绕伯恩施坦的争论未见平息。批判者依然坚持当年列宁和卢森堡的看法，继续把伯恩施坦视为修正主义者加以批判。例如有研究者详细阐述了列宁对伯恩斯坦所提出的全民党、一切富有仁爱精神的改良党的政党理论的批判与重建，指出伯恩施坦的主张抛弃了无产阶级的立场，实际上否定了党的无产阶级先锋队性质。[②] 也有研究者从卢森堡批判伯恩施坦的系列文章以及卢森堡对国际上追随伯恩斯坦机会主义行为的批判入手，探讨了卢森堡反对伯恩施坦主义的实践过程。[③] 有学者则将伯恩施坦视为社会民主主义者，借助对伯恩施坦在资本主义和社会主义一系列重大问题上的重新认识的梳理，肯定伯恩施坦社会主义改良思想在社会主义运动中所起到的重要影响[④]。随着史料的不断涌现，研究视野的不断拓展与加深，围绕伯恩施坦的争论呈现出愈演愈烈之势。

（三）资本主义危机的影响与走势研究

对于 2008 年的金融危机以及随后的经济危机的根源，学界已基本达成共识，即认为此次危机是资本主义基本矛盾的一种表现，垄断金融资本更是罪魁祸首。只要资本主义基本矛盾得不到解决，经济危机就将永远伴随着资本主义制度。在这一理论共识的基础上，2012 年度，学界重点分析了资本主义经济危机的影响以及资本主义的历史命运。

1. 资本主义经济危机产生的影响

此次危机不仅重创了资本主义国家的经济，使世界主要资本主义国家都陷入了经济增长停滞、失业率居高不下、贫富差距扩大等困境，还导致了资本主义的制度与观念危机，引发了学术界对资本主义经济、社会和政治发展模式的反思。

（1）危机加剧了资本主义国家之间的矛盾

学者普遍认为，危机本身以及发达国家转嫁危机的做法，致使资本主义国家之间以及发达国家与发展中国家之间的不平等和矛盾日益加深。

许多学者都指出，金融危机，特别是货币贬值，加剧了帝国主义之间的竞争，也加深了帝国主义之间，尤其是欧盟内部关于如何更好地解决各种主权债务危机的分歧。学者们还强调，欧债危机不仅是政府接管银行债务的产物，还是欧元区国家之间不平等的产物。这些不平等既是德国和法国垄断欧盟市场的结果，又是禁止国家援助工业的结果。[⑤]

---

① 王东文：《布哈林的道德理论及其意义探索》，《中共南京市委党校学报》2012 年第 1 期。

② 贾淑品、李后梅：《论列宁对伯恩施坦政党观的批判》，《理论探讨》2012 年第 3 期。

③ 贾淑品：《卢森堡反对伯恩施坦主义的实践过程》，《井冈山大学学报》（社会科学版）2012 年第 1 期。

④ 朱旭红、田明孝：《论伯恩施坦社会主义改良思想观及其历史影响》，《社会科学》2012 年第 3 期。

⑤ 张顺洪：《构建大众的、民主的、由工人阶级领导的反垄断同盟——英共总书记谈当前国际金融危机》，《红旗文稿》2012 年第 5 期。

学者们还指出，不仅危机本身加剧了国家间的矛盾，危机发生后发达国家转嫁危机的举措也使矛盾进一步深化。发达国家采取了多种方式向外转嫁危机，如“通过战争达到控制石油等资源获取利益……通过在中心国家和严重负债的边缘国家之间建构一种结构性的债务关系，使财富大规模地从边缘转移到中心”①，或采取贸易保护主义政策，如欧盟拟强化“贸易防御”执法，日美两国商务部门提出对华太阳能电池征收反倾销税等，这些政策必将导致发达国家与发展中国家之间的矛盾日益加剧。

(2) 危机削弱了美国作为世界警察的地位

学界认为，尽管美国仍然是最为强大的帝国主义国家，然而美国经济实力相对下降已经是不争的事实，美国的巨额财政赤字几乎已经占到了其政府总收入的一半；为偿还债务，美国对外国融资的依赖性不断增长（主要是以政府发行债券的形式）；为维持其国内商品的生产和服务，美国市场处于外国直接投资的净流入状态；美元不断贬值，自1971年以来相对于其他主要货币，美元几乎已经贬值三分之二②。

(3) 危机重创了新自由主义

学界普遍认为，新自由主义就是为危机准备条件并且引爆危机的罪魁祸首。中国社会科学院荣誉学部委员徐崇温指出，“新自由主义没有让美国为首的西方社会获得梦寐以求的快速增长，反而引爆了使全球经济陷入泥潭的国际金融危机，各国经济严重受挫，社会矛盾激化”，“国际金融危机打破了新自由主义的神话，宣告了新自由主义的终结”③。

许多西方学者也对新自由主义进行了批判，如伦敦政治经济学院的马丁•雅克认为，“原有的方式早就被证明无效。西方世界不但在政治和经济上受到打击，在思想上也是如此。”④埃及前外交部长助理贾迈勒•卜尤米认为，“随着美国次贷危机爆发，继而引发欧债危机和全球范围的金融危机和市场崩溃，美国这一自由资本主义的最大实体恰恰印证了自由资本主义的失败。而这一失败的原因则在于自由资本主义无法控制自由资本产生的黑洞”。⑤

也有学者指出，尽管新自由主义受到很大冲击，但并没有彻底退出政治舞台。由于新自由主义在本质上是美国在全球推行美元霸权的理论工具，是华尔街垄断金融资本攫取全球财富的神圣外衣，更是资本主义晚期金融资本扩张的产物，所以，只要垄断金融资本依然统治着发达资本主义国家，这些国家滋生新自由主义的温床就不会消失⑥。

(4) 危机引发了对欧洲福利制度的反思

随着欧债危机的蔓延，欧洲福利资本主义发展模式隐藏着的深层次矛盾越来越暴露无遗和招致诟病。有学者就指出，“百年不遇的世界金融危机使人们认清了美式资本主义存在的弊病，但这并不反衬欧洲资本主义模式的胜利，福利资本主义模式并不完美，同样存在自身无

① 宋丽丹:《国外共产党论当前资本主义经济危机及世界形势》,《当代世界与社会主义》2012年第3期。

② 刘卫卫:《加拿大共产党论全球经济危机与国际共运的当前任务》,《中共四川省委党校学报》2012年第2期。

③ 徐崇温:《新自由主义与国际金融危机》,《毛泽东邓小平理论研究》2012年第4期。

④ [英] 马丁•雅克:《新自由市场主义埋下祸根》，参考消息网2012年1月19日。

⑤ [埃及] 贾迈勒•卜尤米:《美欧危机印证自由主义失败》，参考消息网2012年1月20日。

⑥ 陈硕颖:《试析新自由主义支撑下的美元霸权》,《高校理论战线》2012年第11期。

法摆脱的缺陷”。[①]

还有学者具体分析了欧洲福利制度的缺陷，认为，随着社会福利开支剧增、人口数量的增加和结构变化、产业转移海外而引起的产业空心化及工作岗位的流失，使得福利国家的成本越来越高，灵活性丧失，竞争力大幅下降，这种在经济快速发展时期建立起来的高工资、高福利、高税收的发展模式越发不可持续。同时，庞大的社会福利开支使政府在教育培训、科技创新、基础设施建设等方面的投入心有余而力不足，难以迅速形成新的增长点，导致欧洲经济“缺血”严重。[②]

许多资本主义国家的共产党也指出，资本主义所谓的福利国家已经在资本家为保持利润率所施加的压力下被挤得粉碎。福利国家制度的衰退，表明资本主义已经陷入治理的困境[③]。

(5) 危机可能再次引发世界经济衰退

不少学者对危机的进一步影响作出了预测，认为危机可能再次引发世界经济衰退。在2012年11月举行的“第三届世界社会主义论坛”中，汝信等学者就指出：此次金融危机很可能成为垄断资本主义统治走向衰落的起点。在实体经济不见起色的情况下，虚拟经济的高歌狂飙只会造成社会动荡，引发世界经济衰退。

孟捷指出，“在未来的地平线上，若无一场大规模的新技术革命（如绿色技术和纳米技术革命）甚或帝国主义的战争，发达资本主义经济的确有可能像垄断资本学派所预言的那样，在最近这次危机后步入一段长期停滞的局面”。[④]

还有学者认为，世界经济不仅可能会陷入衰退，甚至会引发经济动荡。中国社会科学院马克思主义研究院院长程恩富等学者就指出，“西方资本主义经济可能陷入长期动荡……金融衍生品坏债其实是脱离实体经济的投机赌博债务，世界各国只有正确认识这种坏债的巨大危害和性质，采取果断措施将其冻结、注销才能化险为夷，否则将会不断遭受一轮轮金融和经济危机的袭击”。[⑤]

2. 危机背景下资本主义的历史命运

国内外的马克思主义学者一致认为，此次危机严重打击了资本主义制度，深刻表明了资本主义的各种调控措施无法从根本上解决资本主义的基本矛盾，资本主义制度最终必将被社会主义所取代。

(1) 资本主义政府应对危机的措施实质是转嫁危机，并未能从根本上解决资本主义的基本矛盾，也不可能改变资本主义的历史命运

金融危机爆发后，资本主义政府迅速采取了应对措施，主要包括：实施刺激计划、削减社会福利、紧缩公共开支等。对于上述反危机措施的实质，学界从不同方面进行了论述。普遍认为，其实质是维护资本家的利益，而把危机的损失转嫁给了人民。因此，这种以维护垄断资本利益为主旨的应对举措并不能从根本上解决危机，也不可能解决资本主义的基本矛盾

① 臧秀玲、杨帆：《国际金融危机对当代资本主义和世界社会主义的影响》，《山东社会科学》2012年第2期。
② 周余云：《当前欧美资本主义的体制困境及其影响》，《科学社会主义》2012年第3期。
③ 聂运麟等：《社会主义才是未来——第十三次共产党和工人党国际会议述评》，《红旗文稿》2012年第7期。
④ 孟捷：《新自由主义积累体制的矛盾与2008年经济—金融危机》，《学术月刊》2012年第9期。
⑤ 程恩富、杨斌：《当前西方资本主义危机引发的困境及其出路》，《当代世界》2012年第5期。

甚或改变资本主义的历史命运，反而会对资本主义的经济运行带来许多不良影响。

许多资本主义国家的共产党就指出，“救市计划的款项来自于纳税人，但却承担不起满足不断上升的人民的购买力和需求的责任。主权债务的负担已经被转嫁到普通民众头上，已经遭受到了危机摧残的人们因此还仍然要遭受政府的破产的现实”。① 他们认为，尽管各国政府在危机的具体应对措施上会出现分歧，但在根本统治政策上没有任何不同，要牺牲工人阶级的利益是他们的共识。

国内学者对此也进行了深入分析。有学者指出，“危机发生后，美国的解决方式令普通美国民众财富流失……过量的美元流向市场，加快稀释了人们手中持有的美元财富，使老百姓在货币贬值中承担着金融大亨们所导致的社会危机损失”。② 有学者对反危机举措的性质进行了分析，认为“这些政策在本质上是以新自由主义来挽救新自由主义，不仅在经济上把美国拖入长期衰退乃至滞胀，而且在政治上预示着阶级矛盾白热化时期的到来”。③ 还有学者从反危机举措与资本主义基本矛盾的关系进行了分析，认为“由于各国政府的救市措施未能克服导致危机发生的资本主义基本矛盾，自然也就无法消除导致资本主义经济危机周期性爆发的根源”。④

(2) 危机再次证明了资本主义必将被社会主义所取代的历史命运

学者们普遍认为，此次危机的发生以及危机发生后资本主义政府采取的救市举措再次证明，资本主义生产力的发展和生产关系的调整并未克服资本主义的基本矛盾，资本主义必将被社会主义所取代的历史命运并未改变。

许多资本主义国家的共产党就明确指出，“资本主义不可能解决实际的危机。只有改变资本主义、实行社会主义才能真正解决危机。社会主义革命的时刻就要到来”。⑤

我国许多学者也指出，尽管当代资本主义在生产力和生产关系、经济基础和上层建筑等各方面都发生了一系列新变化，但是，这些新变化并没有触动资本主义统治的根基，并没有改变资本主义制度的性质，也没有改变马克思主义对资本主义社会所作分析的科学性。正是由于资本主义社会基本矛盾的存在及其无法克服，它就必然要被更高的社会形态所代替⑥。

在明确资本主义必将被社会主义取代这一历史命运的基础上，不少学者也提出，尽管金融危机使资本主义遭受重创，但它仍有一定的发展空间。他们认为，“这场危机确实给发达资本主义国家带来了严重后果，但资本主义还不至于‘终结’。在后金融危机时期，资本主义依然具有创新能力和容纳生产力发展的空间”。⑦ “应看到欧美政治经济体制相对成熟，历史上

---

① 韩晶晶、吴国富：《资本主义国家共产党对国际金融危机的新分析和反危机新规划》，《社会主义研究》2012年第3期。

② 高汉：《从占领华尔街运动看美国的金融发展与收入分配》，《兰州学刊》2012年第2期。

③ 齐昊、李钟瑾：《以新自由主义挽救新自由主义——美国危机治理政策批判》，《马克思主义与现实》2012年第4期。

④ 张莉、李慎明：《“资本主义冬季之后是社会主义的春天”——李慎明对当今世界格局及发展趋势的深度剖析》，《国外社会科学》2012年第5期。

⑤ 刘春元：《第21届国际共产党人研讨会述评》，《马克思主义研究》2012年第10期。

⑥ 叶楠：《当代资本主义基本矛盾剖析》，《经济研究导刊》2012年第10期。

⑦ 杨玲：《论后金融危机时期资本主义的发展》，《当代世界与社会主义》2012年第5期。

经历过多次冲击，其制度安排还有相当的韧性，其自我修复的能力还很强，既使目前部分国家的社会抗议运动打出了‘反体制’旗号，但目前也难以撼动资本主义的根基”。[①]

（四）资本主义国家的劳资矛盾和工人运动研究

由于众多发达资本主义国家的反危机举措将危机的后果转嫁到普通民众身上，各国民众普遍面临着失业率居高不下、社会福利不断削减、生活水平日益下降的状况，而引发此次危机的金融垄断资本不仅并未遭受任何损失，反而进一步巩固了其垄断地位，加强了对劳动的攻势，由此导致资本主义国家劳资矛盾日益激化，大规模的工人运动和社会运动频繁爆发。在这一背景下，国内外学界对资本主义国家劳资矛盾和工人运动进行了深入研究。

1. 劳资矛盾表现为各种社会运动

劳资矛盾在资本主义经济繁荣时期一度缓和，在所谓资本主义的黄金时代（1945—1975年），发达资本主义国家的劳资双方在相互妥协的基础上达到了平衡，一定程度上形成了劳资两利的双赢格局。随着世界经济一体化不断深入，各国劳动关系趋向缓和。[②] 但是随着经济危机的深入发展，劳资矛盾又重新活跃起来。

当前，劳资矛盾主要表现为各种社会运动。在世界各地，为争取工人的社会权利、劳动权利和社会保障权利而发起的反对帝国主义、资本主义剥削和压迫的群众斗争在不断高涨，工人罢工运动、“占领”运动及其他大规模的群众抗议活动此起彼伏。

对于社会运动为何会如此频繁地发生，学界普遍认为，其直接原因是西方国家新自由主义长期泛滥和恶性发展，导致严重的贫富两极分化、高失业率和社会不平等，引发了民众的强烈不满；其根本原因则是资本主义的基本矛盾。“占领”运动的实质是社会各阶层对金融危机、新自由主义和资本主义制度的抗议[③]。正如占领宣言所说，这是代表99%的美国人的草根阶层对代表1%的美国上层精英的一次宣泄。

2. 劳资矛盾的具体成因

学界认为，发达资本主义国家所奉行的新自由主义理论与实践是导致劳资关系变化的主要原因。而金融化所带来的股东支配地位和公司治理结构的变化，以及金融业的日益膨胀也是形成劳资利益新格局的重要原因[④]。

有学者指出，新自由主义强调自由竞争，实质上在取消国家干预和削减社会保障的同时，瓦解了劳工组织，导致收入分配向资本倾斜；强调提高股东价值，实质上是要确立金融资本对工业资本的支配地位。金融化和金融危机不断分割和边缘化工人阶级，造成产业工人数量急剧减少；边缘化工人群体不断增加；工人阶级身份和利益异质化。[⑤]

还有学者从全球化的角度进行了阐释，认为“以跨国公司为代表的全球化的兴起是国际垄断资本在世界范围内进行劳工套利，对第三世界国家劳工进行超级剥削，从而获取巨额利

① 周余云：《当前欧美资本主义的体制困境及其影响》，《科学社会主义》2012年第3期。

② 杨晓智：《趋同还是存异——世界经济一体化下各国劳动关系的比较研究》，《中国劳动关系学院学报》2012年第1期；王舒圆：《冷战结束后西欧工人罢工新特征分析》，《思想理论教育导刊》2012年第3期。

③ 吕薇洲、易艳华：《“占领”运动、金融危机与资本主义的历史命运》，《山东社会科学》2012年第8期。

④ 陈波：《经济金融化与劳资利益关系的变化》，《社会科学》2012年第6期。

⑤ 崔学东：《新自由主义导致全球劳资关系不断恶化》，《红旗文稿》2012年第20期。

润的过程。资本主义生产方式的全球扩张以及由此带来的庞大的全球劳动后备军使得全世界劳工（发展中国家的和发达国家的）都处于不利地位。”① 也有学者指出，经济全球化有利于资本海外积累，从而摆脱国内生产过剩，并削弱各国劳动者和工会的地位。外包和对外直接投资推动了就业岗位向海外转移，这种压力削弱了发达国家工会的集体谈判能力，也削弱了各国工人阶级之间可能出现的团结②。

3. 社会运动和工人运动对资本主义的影响

对于西方社会运动和工人运动的影响，许多学者都进行了高度评价，认为，当前的社会运动具有广泛民众性、国际波及性、持久对抗性等特征，因而扩散速度快，吸附性强，能够把不同诉求的人聚合在一起，从而产生较大的影响。《时代》杂志甚至把“示威者”列为“年度风云人物”，充分体现了这一社会运动的意义，它认为这意味着自1991年苏联解体之后一个漫长的社会和政治冷漠时期的结束。许多学者指出，发生在雅典、伦敦、华盛顿、巴黎、罗马的反抗运动唤醒了广大人民群众，振动了整个世界，这也打破了20年来工人阶级和群众运动的沉寂局面。

有学者从运动的诉求转变入手分析了运动对资本主义的影响，认为，自20世纪后期以来，西方工人罢工运动的主要诉求大多体现在经济方面，如保障就业、提高工资、反对削减福利、提高教育水平等等。但随着危机的发展，在工人运动中政治诉求开始逐渐显现，出现了“资本主义是危机的源头”、“终结资本主义制度”、“我们拒绝为资本主义的危机付账”等口号③。

有学者对当前社会运动在世界劳工运动中的作用进行了分析，认为“占领运动是从过去的诸如新左派运动、妇女解放运动以及全球正义运动等发展而来的，该运动有助于塑造反资本主义的情感，并有可能激发新的劳工运动”。④ “占领华尔街”运动实际上起到了先锋队的作用。尽管运动否认这一点，但事实的确如此。他们是99%的代言人。⑤

有学者从运动的性质等方面进行了分析，指出，从“占领华尔街”升级为“占领华盛顿”，民众开始将矛头指向美国的政治体制，呼吁“将金钱踢出选举”，“清理与资本相连的政治体系”。⑥ 美国马克思主义学者理查德·沃尔夫也指出，“占领华尔街”运动是半个世纪后第一个将资本主义整体作为批判对象的群众运动。这让数千万有类似想法的美国人看到，他们并不孤单。而这也让统治集团看到，反资本主义立场在美国也可能存在，而且受到支持⑦。总之，社会运动的频繁爆发表明工人阶级的影响在全球范围内的回归，意味着新的反资本主义运动处于发展变化中。美国的占领运动（特别是纽约和奥克兰的占领运动）与有组织劳工

① ［美］J.B.福斯特、R.W.麦克切斯尼、R.J.约恩纳：《全球劳动后备军与新帝国主义》，张慧鹏译，《国外理论动态》2012年第6期。

② 崔学东：《新自由主义导致全球劳资关系不断恶化》，《红旗文稿》2012年第20期。

③ 王舒圆：《冷战结束后西欧工人罢工新特征分析》，《思想理论教育导刊》2012年第3期。

④ 吕薇洲：《占领制度：对抗全球资本主义——2012年全球“左翼论坛”述评》，《毛泽东邓小平理论研究》2012年第10期。

⑤ David Harvey, “Urban Revolution is Coming”, http://www.salon.com/2012/4/28.

⑥ 全国哲学社会科学规划办公室：《英国骚乱、“占领华尔街”抗议活动及其警示》，《理论导报》2012年第2期。

⑦ 《新德意志报：美马克思主义者谈占领华尔街运动》，http://www.china.com.cn，2012年3月16日。

的链接，将会给工人阶级运动带来新生①。

4. 工会及共产党在工人运动中的作用

对于工会在西方工人运动中的作用，学界普遍认为，自从20世纪70年代初发生世界资本主义危机以来，尽管西方国家工会或许在有些情况下能改善某些工人的处境，但这段历史总体表明，工人阶级作为一个整体不可能通过工会取得真正的地位改善。这是因为世界资产阶级一直是从大局出发行动的，而工会对世界大变局一直无所适从。②

对于资本主义国家共产党的作用，许多学者都强调，当前形势要求加紧阶级斗争、意识形态、政治和群众斗争以阻止反人民措施的执行，扩大满足当今人民需求的斗争的成果；当前的形势也要求工人组织起来对垄断和帝国主义进行反攻，推翻资本主义体制并结束人对人的剥削。在这种斗争中，必须增强共产党的实力及领导作用，如果失去了共产党和工人党以及先锋阶级工人阶级的领导作用，人民将极易被代表垄断、金融资本和帝国主义的政治力量迷惑、同化、控制③。

（五）世界社会主义运动的现状与前景研究

全球金融危机背景下的世界社会主义运动方兴未艾。一方面，社会主义话题重回西方舆论场，社会主义理论创新与实践探索呈现出新的历史特征与发展态势，另一方面，世界社会主义运动仍面临诸多挑战，资本主义替代力量有待积蓄，社会主义复兴之路远非坦途。在这一背景下，2012年度学界围绕世界社会主义运动的发展现状和前景进行了深入研究。

1. 世界社会主义运动的总体特征

学界认为，世界社会主义发展的突出特点包括：（1）世界社会主义发展体现出其内在的"必然性"、"复杂性"和"长期性"；（2）世界社会主义发展体现出多元化、多样性特点；（3）世界社会主义的发展体现出广泛的"包容性"特点；（4）世界社会主义发展体现出一种强烈的创新性特点。社会主义的观念在更新、社会主义的政策在变化、社会主义的组织在调整、社会主义的流派在嬗变，社会主义运动的确在经历着历史的选择。④ 例如，近年来在拉丁美洲悄然兴起的左翼一体化组织美洲玻利瓦尔联盟（ALBA），即从一定程度上超越了以单一左翼运动、单一左翼政党、单一左翼国家为基本主体的传统社会主义运动，并试图成为外围资本主义地区迎战新自由主义全球化的一种制度化、组织化、革命化及创新化的地区性团结阵线。

在理论方面，社会主义模式、社会主义本质和社会主义基本特征等成为学界关注的重点。学者们普遍认为，社会主义模式具有多样性和民族性，社会主义发展模式要适时更新。关于社会主义本质，古巴领导人劳尔·卡斯特罗强调计划和组织协调是社会主义的本质，而美共主席萨姆·韦伯认为，不可将社会主义的本质简化成财产权、所有制关系和全盘社会化。关于社会主义基本特征，西方学界认为，社会主义应从生态文明的角度，发展一个可持续和负责任的自然资源利用模式，应从为剩余价值生产转向满足全世界人类生命需求的生产，民主

---

① Jones, J., The Shock of the New: Anti-capitalism and the Crisis, *International Socialism*, 2012年第134期。

② ［美］洛伦·戈尔德纳：《当代资本主义国家工会的危机》，郭懋安译，《国外理论动态》2012年第3期。

③ 聂运麟等：《社会主义才是未来——第十三次共产党和工人党国际会议述评》，《红旗文稿》2012年第7期。

④ 胡振良：《新世纪世界社会主义的新发展》，《决策与信息》2012年第11期。

应从政治领域逐渐扩展到其他社会关系中，社会主义应把关乎人类进步的决定性因素包括在内等。在实践领域，学界认为各国左翼在斗争策略上，不再迷信选举政治，强调议会内斗争与议会外斗争的结合；在党的建设上，强调建设“传统”的马克思列宁主义政党和努力保持党的“独立性”；在统一战线的问题上，强调克服宗派主义的影响，努力实现世界左翼大联合与全球反资本主义力量大团结。①

总之，学界普遍认为，世界社会主义已经从过去由一个国际中心领导、走唯一革命道路、建设统一模式的社会主义运动，转变成为由各国共产党独立自主领导，走符合本国国情的革命发展道路，建设具有本国特色的社会主义运动。②

2. 世界社会主义运动面临的挑战

学界普遍认为，资本主义经济危机并不必然带来社会主义的全面复兴，无产阶级工人运动面临新的历史挑战。

程恩富认为，世界社会主义的未来在很大程度上取决于当代无产阶级联合的水平和工作效率，当前首先需要明确和解决两个问题。其一，要实现马克思在《共产党宣言》中所讲的“全世界无产者联合起来”，重点从六个形式或途径加强联合：(1) 全世界劳动阶级性质左翼政党的联合。各国共产党、工人党和劳动党可以新成立一个共产国际，汲取各种性质的政党国际工作的经验教训，以新的组织原则和思维方式开展工作。(2) 全世界劳动阶级性质的左翼工会的联合。(3) 全世界马克思主义和左翼性质的学会联合起来。(4) 全世界马克思主义和左翼性质媒体间的联合。(5) 全世界马克思主义和左翼性质论坛的联合。(6) 全世界劳动阶级和左翼性质运动的联合。其二，马克思主义和左翼人士在各国和世界工作中应该注意几个战略和策略问题：(1) 加强左翼理论、战略和策略的互相交流，求大同存小异，减少不必要的争论。(2) 以马克思主义左翼为核心，团结一切可以团结的泛左翼力量，形成广泛的社会主义国际统一战线。(3) 在工会、学校等各界单位中积极发展左翼团队，与公开或秘密或潜在的左翼人士建立联系。(4) 在人文社会科学的各个学科成立和发展各国和世界性的马克思主义学会，主办报刊、网站和出版社等多种媒体，并在高校和社会上开设马克思主义课程和社会性的公开讲坛。(5) 在各种左翼运动中物色、提拔坚定的、具有创新精神的马克思主义和左翼人士，使其掌握关键的领导权。(6) 以公开或隐蔽等多种方式积极的影响、参与和引导国内外左翼运动和进步运动。(7) 只要不违反现行法律，共产党等有关左翼组织应当积极创办和壮大营利性企业，以便为各项活动直接或间接地提供经费支持。(8) 社会主义国家应以国际共产主义运动大局为重，冷静处理社会主义国家之间的各种矛盾和争端。此外，也要加大宣传各国的左翼实践典型，让人民群众从典型中领悟左翼的价值观和进步性。③

有国外学者认为，经济危机中爆发的南欧罢工、“阿拉伯之春”、“占领华尔街”等抗议活动，虽有一定影响力，但大多属于工薪阶层中的特殊群体对具体问题的关切。这些运动缺乏对工人、农民的有效动员，不具有无产阶级运动的性质，不关涉社会财富的再分配，难以撼

① 刘志明：《金融危机后世界社会主义的理论革新与战略策略调整》，《安徽大学学报》(哲学社会科学版) 2012年第1期。

② 聂运麟：《当代世界社会主义运动的变革与转型》，《思想理论研究》2012年2月刊(上)。

③ 程恩富：《世界社会主义的未来取决于国际无产阶级有效联合行动》，《国外社会科学》2012年第5期。

动资本主义的制度根基。[①] 代表先进生产力的中产阶级作为西方社会的主体，不同于传统的工人阶级，他们虽在经济危机中受到很大冲击和损害，但还未达到饥寒交迫的困境，对社会主义的热情并不高，但从与资本的从属关系看，中产阶级中的绝大多数是出卖劳动力的工人阶级，这决定了他们必然会在某个时刻站起来反对资本主义。在西方发达资本主义国家，没有中产阶级的广泛参与，任何社会运动的成功概率都微乎其微。

有国外学者认为，传统工会因自身的局限性已无法代表无产阶级的斗争诉求。西方社会的工会比共产党和工人党更有号召力。但作为资本主义体系的一个器官，工会的一个主要职责是维护资本主义的稳定，它组织领导的各种社会活动只能是在资本主义制度所许可的范围内进行的经济斗争。虽然经济斗争和政治斗争之间没有不可逾越的鸿沟，但工会毫无疑问的是当今世界社会主义运动的绊脚石。工会只有吸纳失业工人等斗争积极分子，才能在未来有利形势下转变为超越自己的、广泛的阶级组织。[②]

有学者把世界社会主义运动面临的问题和挑战归纳为：(1) 从世界资本主义与社会主义力量对比的总态势看，“资强社弱”的态势还没有根本改变，资本主义在总体上处于攻势越来越强烈的时期；(2) 从社会主义力量的政治影响力看，特别是在发生危机的西方国家，共产党等社会主义政党组织在各国政治舞台上仍然处于受排斥甚至边缘化的地位，其观点、主张、政策很难影响本国政府决策；(3) 从西方社会主义政党和力量对社会运动的领导力和影响力看，它们利用资本主义危机的能力不足、经验不够，难以提出有效的克服危机战略策略，难以有效引导不满危机和反对资本统治的群众运动；(4) 从世界社会主义运动的主体即工人阶级来看，尽管一个规模庞大的全球工人阶级客观上逐渐形成和发展，但全球工人阶级处于“自在”状态，尚未明显形成全球性的工人阶级意识。[③]

3. 世界社会主义运动的发展前景

学界普遍认为，资本主义经济危机虽为世界社会主义运动提供了发展机遇，但资本主义和社会主义在世界范围内的力量对比依然悬殊，世界社会主义运动的发展前景喜忧参半。

对于社会主义和资本主义未来的力量消长，学界观点不一。较为乐观的看法认为，资本主义体系危机愈演愈烈，资本主义已难以为继，世界社会主义不久即可出现新的高潮。略为谨慎的看法认为，以美国为首的资本主义力量过于强大，世界社会主义运动只能在曲折中缓慢前行。有学者认为，危机导致资本主义国家尤其是美国在力量结构和全球影响上都明显削弱，但资本主义国家的绝对实力、综合国力依然强大，其创新力和竞争力依然保持领先地位，并利用全球化的历史机遇，握有国际体系权力、国际议程及议题创制权和行动力，而以中国为代表的社会主义国家在与资本主义竞争中仍处于弱势和守势。[④] 另有国外共产党人预言，国际金融垄断资本主义正利用危机侵蚀国家主权，促使世界走向新的危机与革命，新时代下资本主义制度的日益反动、反共浪潮和法西斯主义的再度兴起、战争风险的日益增加等都有

① ［斯洛文尼亚］斯拉沃热·齐泽克：《工薪资产阶级的反抗》，王晓群译，《国外理论动态》2012 年第 8 期；许宝友：《占领制度“高地”，对抗全球资本主义——2012 年纽约左翼论坛综述》，《当代世界与社会主义》2012 年第 2 期。

② ［美］洛伦·戈尔德纳：《当代资本主义国家工会的危机》，郭懋安译，《国外理论动态》2012 年第 3 期。

③ 姜辉：《剧烈变化时代的世界社会主义：机遇与挑战》，《国外社会科学》2012 年第 5 期。

④ 王学东：《国际金融危机与世界社会主义》，《科学社会主义》2012 年第 3 期。

可能危及世界社会主义运动的前途与命运。[①]

关于社会主义替代资本主义的方式路径，有学者认为，世界社会主义运动的高涨不可能靠社会主义国家输出革命来实现，因为现在发达资本主义国家内部根本不存在无产阶级武装夺取政权，通过暴力革命手段强行改变生产关系和社会关系的条件和可能。[②] 关于社会主义替代资本主义的战略策略，有学者认为，要实现“全世界无产者联合起来”，应加强全世界劳动阶级性质的左翼政党联合、全世界劳动阶级性质的左翼工会联合、全世界马克思主义和左翼性质的学会联合、全世界马克思主义和左翼性质的媒体联合、全世界马克思主义和左翼性质的论坛联合、全世界劳动阶级和左翼性质的运动联合。[③]

有学者提出：社会主义必须经历从传统到现代的发展，使社会主义建立在“现代”的基础之上，反映当今时代的特点，回应时代的要求，适应变化了的实际，推进理论、实践的创新和与时俱进。[④]

（六）现有社会主义国家改革理论与实践研究

2012年中国共产党第十八次全国代表大会的召开，使中国特色社会主义舆论再次聚焦。从误解到观望、从对话到认同，国外学界对中国特色社会主义的认知日趋理性与全面。除了对社会主义中国进行研究，学界还关注了越南、古巴、老挝、朝鲜四国的社会主义建设。

1. 学界关注越南共产党频出反腐败重拳

越共六大以来，反腐败成为越南共产党历次全国代表大会的重要议题。越共十一届五中全会继续讨论党建问题，新成立的越共中央反腐小组取代原政府反腐指导委员会，由总书记直接担任小组组长，会议还恢复了中央内政部，以加强党内组织管理。在越共十一届六中全会上，全体政治局委员及越南总理阮晋勇作自我批评，承认在工作中出现了错误，并提议中央委员会处分政治局集体及其中一位政治局委员，但中央委员会最终未作处分。越南共产党机关杂志《共产杂志》连续刊发多篇理论文章，集中论述预防贪污腐败、加强思想道德教育和作风建设等问题。[⑤] 越南各界对越共密集的整党举措评价积极、反响热烈，学界对此观点不一。有学者认为，越共正向国内外表明其反腐败的坚定决心和信心[⑥]；另有学者认为，此举体现了越共内部派系和权力斗争。尽管舆论普遍赞同越共反腐倡廉的做法，但其实际效果如何，目前尚难定论[⑦]，而党内权力斗争无疑将对越南共产党的执政根基和越南现行政治体制构成严重威胁。

学界对越南定向市场经济、政治革新、马克思主义本土化等问题也较为关注。朱继胜认

① 宋丽丹：《国外共产党论当前资本主义经济危机及世界形势》，《当代世界与社会主义》2012年第3期。

② 王学东：《国际金融危机与世界社会主义》，《科学社会主义》2012年第3期。

③ 程恩富：《世界社会主义的未来取决于国际无产阶级有效联合行动》，《国外社会科学》2012年第5期。

④ 胡振良：《新世纪世界社会主义的新发展》，《决策与信息》2012年第11期。

⑤ 如2012年11月刊登了如下文章：梅世阳：《加强监督检查工作和党的纪律，旨在提高干部和党员的政治品质和革命道德》；武氏青梅：《从“改变工作方式”到“当前党的建设的一些紧迫问题”》；黎明军：《关于个新时期建设和发展社会主义民主的过程》等。

⑥ 陈明凡：《越南：铲除“国难”任重道远》，《中国纪检监察报》2012年6月25日。

⑦ 潘金娥：《越共十一大一些主要理论观点的变化》，载《世界社会主义黄皮书：世界社会主义跟踪研究报告（2011—2012）》，社会科学文献出版社2012年版。

为，越南实行“社会主义定向市场经济”的目标模式，实质上是把市场经济与社会主义相结合，将资本力量纳入社会主义“以人为根”的轨道。[①] 陈明凡从马克思主义的理论视角，对越南政治革新的背景、发展轨迹、理论基础进行了历史性考察，对越南政治革新的主要举措、效果和经验进行了总结和评述，该成果具有较强的学术价值和借鉴意义。[②] 陈元中主编的论文集《马克思主义越南本土化的理论与实践》，汇集了近三十篇广西学者对越南的研究成果，从理论与实践的角度，反映了越南各时期马克思主义本土化及越南高校马克思主义理论教育等相关情况，并对中越政治、教育等方面的异同点进行了比较。[③]

2. 学界热议古巴经济模式更新的机遇与挑战

自 2011 年 4 月古巴共产党第六次全国代表大会颁布《党和革命的经济与社会政策纲要》以来，古巴国内局势总体稳定，经济模式更新有序推进，古巴共产党党建工作进一步加强。

2012 年 1 月 28—29 日召开的古巴共产党第一次全国代表会议，讨论并通过了《古巴共产党工作目标》，强调党建工作须从党的领导、组织和思想上确保经济模式“更新”路线、方针和政策的贯彻与执行。会议决定古巴共产党实行领导干部任期制，任期最多不超过两届，每届五年。古巴学者艾德基斯·麦迪那·加西亚认为，古巴共产党的历史建制有其特殊性，它不是金钱至上的选举政治，不是无神论政党（古共允许宗教人士和信徒入党），它先革命后建党，发展新党员由群众提名、群众评议、群众表决，它以马列主义和古巴独立先驱思想为指南，严格遵守组织生活原则，密切联系群众，具有坚实的执政基础和共识，因此西方流行的政治理论是无法有效解读古巴共产党独特的政党认同和范式的，古巴共产党是领导和团结古巴人民应对当前及未来挑战的中流砥柱，敌对势力的攻击和诋毁恰恰证明了古巴共产党在古巴社会主义建设中肩负的重要使命。[④]

学界普遍认为，古巴经济模式更新一方面为古巴社会主义制度的完善提供了发展契机，另一方面也触动了古巴社会主义生产关系中的深层矛盾，更新面临重重挑战。古巴学者卡米拉·皮涅罗·哈内克认为，古巴经济模式更新应重点推进合作社的改革创新，尽管在一些部门和领域已开始试点和推广合作社经验，但现有的合作社实践还处于良莠不齐的阶段，中央和地方各级政府应尽可能为合作社的发展提供政策保障，趋利避害地引导合作社发展符合自身特点的组织文化，鼓励相关人员和机构探索新的合作社实现形式，尤其是承租国有资产并雇有三个以上劳动者的个体经营者。[⑤] 荷兰拉美裔学者安东尼奥·卡莫纳·巴埃兹认为，古巴经济模式更新旨在捍卫社会主义的发展成果，无论是古巴共产党还是古巴政府仍将以管理者、分配者而不是生产者的身份，继续为古巴人民的集体需求提供物质基础。同时指出，尽

① 朱继胜：《越南社会主义定向市场经济的逻辑生成——基于历史唯物主义的视野》，《社会主义研究》2012 年第 3 期。

② 陈明凡：《越南的政治体制革新》，社会科学文献出版社 2012 年版。

③ 陈元中主编：《马克思主义越南本土化的理论与实践》，广西人民出版社有限公司 2012 年版。

④ Eyedelkis Medina García，Pedro Tejera Escull，Jaime Ezequiel Tamayo Rodríguez，¿Partido Único en Cuba?，http：//www.ecured.cu/index.php/Partido _ %C3%9Anico _ en _ Cuba.

⑤ Camila Piñeiro Harnecker，Ahora que sí van las cooperativas，vamos a hacerlo bien. Roles de las cooperativas en el nuevo modelo económico cubano，Revista Temas，20－02－2012，http：//www.temas.cult.cu/catalejo/economia/Camila _ Pineiro.pdf.

管古巴的经济发展战略进行了调整，但以国家和市场关系为中心的古巴社会主义发展模式却从未动摇，古巴社会主义计划经济的核心特征仍然是最重要的，国家在公私部门配置资源、生产与再分配过程中的至高无上足以解释古巴经济模式更新为何不会带来古巴国内的激进转型、社会主义制度的放弃、党及国家机器的解体。① 中国学者徐世澄认为，古共六大后，古巴国内最显著的变化包括大幅减少国有部门冗员、个体户激增、逐渐取消计划供应购物本、允许承包土地、为私人买卖住房和汽车开绿灯等，除经济封锁、国际金融危机等外部挑战外，高层领导人年龄偏高和经济增长缓慢、老百姓吃饭难是古巴面临的主要问题，尤其是自2009年以来，古巴经济增长率均未达到预期指标且均不到拉美地区经济增长率的一半，对委内瑞拉的石油经济依赖严重。② 美国学者哈维尔·克拉雷斯认为，尽管六大公布的古巴社会经济发展纲要首次对古巴的发展瓶颈作出了内源性分析，但古巴仍旧对产权和政治权利的放开有所保留，“更新”将有助于古巴贫困的减少，但无法彻底终结古巴“有平等无增长”的发展困境，它将成为古巴历史上持续时间较长的改革与调整期。③ 波兰前副总理格泽高滋·W. 科勒德克认为，在剧烈变化的全球化时代，为避免古巴陷入混乱、灾难或再次沦为美国的半殖民地，古巴应努力构造一个特殊的加勒比式的社会市场经济，古巴经济既要实施价格放开，适当地调整工资和收入，又不能失去良好的社会保障和人力资本体系投资，“不要将孩子连同洗澡水一起倒掉”，中国和越南的经验更适用于古巴。④

3. 学界解读老挝社会主义革新开放新局面

2011—2012年老挝人民革命党召开第九次全国代表大会，在老挝国会、政府顺利实现换届选举的背景下，老挝社会主义取得了喜人成绩，经济增长率达8%，脱贫成效显著，大量外援投资涌入，外交活跃务实⑤。2012年，学界对老挝社会主义的历史进行了回顾与总结，对老挝社会主义的最新进展进行了跟踪与解读。

学界认为，经过二十多年革新开放的实践，老挝社会主义结合基本国情，找到了一条适合自己的发展道路，提出了“有原则的全面革新路线”，实现了经济逐年增长，人民生活水平不断提高，社会保持稳定。在思想理论建设与教育方面，老挝人民革命党提出社会主义革新路线必须坚持“六项原则”和“五个观点”，并积极开展党员干部特别是领导干部队伍的思想理论学习。相比中国，老挝重视列宁新经济政策理论和实践的研究；在宗教问题上，主张充分利用宗教为社会主义服务；认为既要重视马克思主义理论的学校教育，更应重视社会教育。⑥

4. 学界探讨朝鲜经济改革的可能性与必然性

自2011年年底朝鲜新一代领导人金正恩执政以来，朝鲜政局稳定，经济平缓增长，社会

① Antonio Carmona Báez, Economic change in Cuba: The (re-) making of a socialist development strategy, International Critical Thought, Volume 2 No. 3, September 2012, pp. 310－311.

② 徐世澄：《古巴求变》，《同舟共进》2012年第7期。

③ Javier Corrales, *Cuba's "Equity Without Growth" Dilemma and the 2011* Lineamientos, Latin American Politics and Society, http://onlinelibrary.wiley.com/doi/10.1111/j.1548－2456.2012.00150.x/abstract.

④ [波兰] 格泽高滋·W. 科勒德克：《古巴改革：别把孩子同洗澡水一起倒掉》，张璐晶译，《中国经济周刊》2012年第31期。

⑤ 陈定辉：《老挝：2011年发展回顾与2012年展望》，《东南亚纵横》2012年第2期。

⑥ 杨智平：《老挝社会主义意识形态与思想理论教育》，《海南大学学报》(人文社会科学版)2012年第3期。

文化凸显新变化，对外经济合作（尤其是中朝经济合作）发展迅速。面对外界改革传言，朝鲜官方多次表态，将坚持“主体”、“先军”和社会主义道路不动摇。

学界对朝鲜实行改革开放的前景观点不一。有学者认为朝鲜改革具有必然性，朝鲜以往的经济改革具有表面性及摇摆性，阻碍朝鲜经济改革的因素包括对政治稳定的担心、经济状况的制约、领军人物的匮乏、舆论准备的不足、国际势力的干扰等，改革是朝鲜摆脱经济困境、实现政治稳定、融入国际社会的必然选择。① 有学者认为，金正恩主政后相当长一段时间内，朝鲜仍将坚持金正日时代的经济发展路线和方针，继续推进朝鲜式的经济强国建设，而要谋求经济更高水平的发展，朝鲜应积极改善外部安全环境，获取资金，充分发挥比较优势，开辟经济发展的新路径和新领域，创造新的经济增长点，根据不同时期的不同发展需求，进一步改善经济管理模式，充分发挥计划与市场的优势，使二者相得益彰，以促经济发展。② 有学者认为，朝鲜目前已存在局部的、阶段性经济改革，要扩大经济改革须由“改革精英”行使经济方面的政策主导权，其次有待国际紧张局势趋于缓和，先军政治发生改变，最后须培养能推动改革开放的精英，朝鲜媒体反对改革的言论源于意识形态变化落后于现实变化。③ 有学者认为，朝鲜改革不会顺进。朝鲜当局为维持政权，很难实施改革开放，尽管不会出现导向明确的改革开放，但存在自由化的可能。④

三　学科建设需着力解决的几个问题

2012 年，伴随着各种文献材料的不断涌现和各类论坛研讨会的频繁召开，国际共产主义运动学科取得了一系列新进展。特别是围绕苏联解体、十月革命等国际共产主义运动重大历史问题、围绕当代资本主义的制度危机、历史命运和世界社会主义的发展现状、未来策略等重大现实问题，国内外学界进行了比较深入的探讨，推出了许多新作品，提出了诸多新观点。作为国内唯一以“国际共产主义运动”命名的一个研究机构，中国社科院马克思主义研究院国际共运部充分利用外语语种比较齐全的优势，及时跟踪学科前沿问题，积极开展学术活动，以国际共产主义运动史、当代世界社会主义、当代世界资本主义三个研究室为依托，以国际共产主义运动重大历史与现实问题为关注点，围绕国际共产主义运动的实践经验和资本主义政治经济危机及其对世界社会主义运动发展趋势的影响等问题，进行了比较深入的研究，推出了一批引起较大社会反响的研究成果，在国外共产党、世界社会主义以及资本主义危机与西方社会思潮等领域的最新研究理论成果位居国内学科前沿。

但从总体上看，曾是我国人文社科领域优势学科的国际共产主义运动学科，依然处于恢复和艰难发展阶段。无论是在学科研究内容和研究深度，还是在研究方法和研究队伍建设方面，都存在许多亟待深化和改进的地方。概而言之，应从以下几个方面进一步努力。

① 朱辽野、许永根：《朝鲜经济改革前景探析》，《辽东学院学报》（社会科学版）2011 年第 5 期。

② 李军：《朝鲜经济发展现状及前景》，《现代国际关系》2012 年第 1 期。

③ ［韩］金炼铁：《金正恩体制的改革开放可能性》，《KDI 朝鲜经济评论》2012 年第 6 期。

④ ［韩］李锡等：《金正恩时代朝鲜经济改革开放的可能性》，《KDI 朝鲜经济评论》2012 年第 9 期。

1. 努力从历史与现实、理论与实践的结合中认识把握国际共产主义运动发展的规律

以史为鉴可以知兴替。研究国际共产主义运动的历史和现状，一个最为重要的目的是为世界社会主义运动发展的未来指明前进方向。

近年来，各种新史料新文献的解密和发掘，为国际共产主义运动史研究的精确性提供了必要的基础。但在对国际共产主义运动史的研究中，也出现了从个人的意愿而不是从对历史实际进程的认识出发，动辄根据少许材料，随意裁减历史乃至歪曲事实的现象，尤其是在对国际共产主义运动重要历史事件、历史人物和组织的研究中，经常出现此类“为历史而历史”的问题。

另外，危机背景下资本主义的前途命运和世界社会主义运动的发展日益受到人们的关注。涌现出了一大批解读资本主义危机成因、性质和影响，关注社会主义现状、策略和前景的著述，但这些成果大都还停留在“就动态讲动态，就现状论现状”的态势描述层面。能够真正从历史与现实相结合、理论与实践相联系的角度来探寻和把握国际共产主义运动发生发展的规律的，具有久远价值的、值得称道的拳头作品并不多见，缺乏深度的理论分析和战略性判断及有效的对策建议。我国学界尤其缺乏对国外左翼学者和共产党人关于世界社会主义面临的共性问题、关于中国特色社会主义特殊性问题的疑惑和误解的梳理和正面回应。

这就要求我们在今后的研究中，加强对国际共运历史文献的探究和当前世界各种社会运动的实地考察，努力运用历史与现实、理论与实践相结合的方法，针对当今世界经济政治格局大变革、大调整的新实际，联系当今世界社会主义运动的新需要，进一步从研究资本主义的发展历程、基本规律、基本矛盾及其新变化、新问题入手，从资本主义发展史中总结共产主义运动史的发生及发展变化的规律，从资本主义的新变化中把握当代世界社会主义运动面临的挑战和发展趋势，为世界社会主义运动的发展提供现实可行的思路和策略。努力在实践和学术研究双重领域推动国际共产主义运动事业的发展。

2. 切实加强国际共产主义运动学界之间及其同其他不同学科之间的沟通与合作

作为研究国际共产主义运动历史进程及其发展规律的学科，国际共产主义运动学科“是一个跨学科、多维度的研究领域，需要一个多层研究系统与之相适应”①。

相对于苏东剧变初期，当前从事国际共产主义运动学科研究的教学机构和研究中心以及学术团体有了一定的恢复，但各部门之间缺乏必要的分工、交流与合作，并因此导致了学科发展缺乏整体规划，研究力量缺乏整合机制，研究成果分散且低水平重复，这一点无论从目前的学术交流还是研究成果都能反映出来。当前，国际共产主义运动学界之间的交流与合作态势，无论是与国际共产主义运动学科自身发展的需要还是同其他学科相关发展状况相比，都还存在一定差距。

基于此，一方面要加强从事国际共产主义运动研究的教学机构和研究中心以及学术团体之间的联系，充分发挥中国社科院、中央编译局和中联部相关研究部门、中国社科院世界社会主义研究中心、国内其他“科学社会主义与国际共产主义运动”重点学科，以及中国国际共产主义运动史学会和中国科社学会世界社会主义专业委员会等专业团体的作用，积极整合

① 黄蕊：《当前国际共运史研究的现状与发展》，《当代世界与社会主义》2012年第5期。

各高校相关研究力量，加强与国外相关研究机构和学者的交流，对国际共运史基本理论和历史问题以及当前世界社会主义发展面临的重大问题进行集体攻关，推出有分量的成果，扩大国际共运学科在社会上的整体影响。另一方面需加强国际共产主义运动同政治学、历史学、社会学、经济学等其他学科之间的沟通合作，形成学界相互协作，学科相互沟通的良性互动机制，拓展与国际左翼学者、共产党组织及其他马克思主义研究机构的学术交流平台，加强彼此间的互动。

3. 努力加强国际共产主义运动学科人才队伍建设和后备力量的培养

众所周知，20 世纪 80 年代末 90 年代初世界社会主义运动陷入低潮后，国际共产主义运动学科的研究人员不断“逃离”本专业，开始转向世界经济政治与国际关系等其他学科。尽管近几年，国际金融危机的爆发使社会主义话题重返舆论场，使国际共产主义运动相关领域的研究重新受到了青睐。但总体上看，目前，专门从事国际共产主义运动尤其是从事国际共产主义运动史研究的人员仍比较少，且大都是老的专家学者。随着一批老的从事国际共产主义运动史研究的专家相继退休，国际共产主义运动理论研究面临的“后继乏人”、后备力量不足现象依然比较突出。

要扭转这一状况，一方面要加强对国际共产主义运动学科现有研究人员的培养，发挥他们的优势，鼓励研究人员在国内国外深造，加强马克思主义经典著作的研读，加强马克思主义发展史、社会主义思想史和国际共产主义运动史等学科知识的学习，夯实研究队伍的理论功底，提升其运用马克思主义基本理论分析世界社会主义运动的历史与现实问题的能力。从而不仅使本学科人员能够利用外语优势对学科前沿进行跟踪研究，还能对其进行深入的理论分析，力争在跟踪研究国外共产党、世界社会主义运动和当代资本主义的最新动态及深入的理论研究两个方面都达到国内领先水平。另一方面，各教育教学单位和相关研究部门还要着力培养或招收一批具有马克思主义理论素养，具有国际共产主义运动理论功底，具有一定外语水平和科研能力的青年学生和学者，尽快提高国际共产主义运动学科研究队伍的整体学科素养和科研水平。

（撰稿人：吕薇洲、邢文增、潘西华、贺钦）

中国近现代史基本问题研究*

一　研究概况

2012年，在中国共产党历史上是一个重要年份。中共召开了第十八次全国代表大会，深入总结了中国共产党的历史，特别是十六大以来的十年历史和十七大以来的五年历史，并对未来五年中国共产党的事业和建设发展进行了全面部署，顺利地实现中央领导层的新老交替。围绕着迎接、宣传、学习党的十八大，党建党史研究涌现了一大批优秀成果。

（一）党史研究动态

2012年党史学界以重大历史事件和重要历史人物纪念活动为契机，掀起了一个中共党史研究的热潮。随着新方法的运用和新史料的发掘，党史研究的领域和视野进一步拓展，在研究的内容和重点上，不但重视宏大叙事，而且重视历史细节，总体看来，人物研究、事件研究、专题研究等方面皆有新的进展，既突破了一些研究“禁区”，也澄清了一些误识，从而进一步发挥了党史研究“资政育人”的功能。本动态着重关注党史研究的一些重要进展和党史上的一些重大问题的研究情况，侧重于观点的综合分析。

2012年是中国共产党历史上一系列重大事件的纪念年份，延安整风运动和延安文艺座谈会举行70年，党的十二大召开30年，邓小平南方谈话20年，社会主义市场经济体制提出20年。党史学界围绕这些重大事件，结合新的史料，运用中国特色社会主义理论体系，结合中国革命、建设和改革的实践，进行了深入研究。围绕延安整风运动，结合中国共产党的建设实践，客观地分析了整风运动的历史功绩、不足之处和现实意义；针对文艺界的现状，再次挖掘了毛泽东《在延安文艺座谈会上的讲话》的重大意义；围绕中国特色社会主义道路、理论和实践，纪念“建设有中国特色的社会主义”理论命题提出30年；结合中国改革开放的现状和走向，纪念邓小平南方谈话20年，推进了邓小平生平和思想研究。

围绕学习和宣传党的十八精神，党史学界挖掘了党的代表大会的历史细节。有学者盘点了历史上党的全国代表大会，对会议召开的时间和地点、会议的议程和议题、会议的代表和代表的党员、会议的开会方式和宣传报道、会议的历史作用和影响等作了述评。有学者通过对历次党的全国代表大会细节的挖掘，从一个特定角度回顾了党代会的历史，这在一定程度上拓展和深化了中共党史研究。有学者对改革开放以来、十八大召开之前六次党的全国代表

* 本报告主要关注党建党史学科问题的研究。

大会报告的特点和新意进行了研究，认为深化党代会报告研究，对于加强党在改革开放和社会主义现代化建设新时期的研究，对于全面系统地加强中共历史基础理论研究和马克思主义中国化研究很有意义。

2012 年是彭真诞辰 110 周年，胡乔木诞辰 100 周年，等等。围绕党史重要人物的纪念，推进了党史人物研究。党史学界对彭真的历史贡献进行了更为深入的研究。有学者研究了彭真与北京的建设和发展问题，认为彭真是首都社会主义现代化建设的重要奠基者，主政北京 17 年，对北京的政治、经济、城市规划、教育、民生等方面都作出了重大贡献。有学者研究了彭真的党建思想和实践探索，认为彭真长期领导党的建设工作，高度重视党的建设经验和教训，探索了党的思想建设、组织建设、作风建设的规律和特点。还有学者研究了彭真的民主和法制思想，认为彭真长期领导、主持了社会主义民主和法制建设工作，尤其是 1979 年复出后，直接主持了宪法修改和一些重要法律的制定，是新中国社会主义法制的主要奠基人。

学术界以纪念胡乔木诞辰 100 周年为契机，对胡乔木的思想和贡献进行了深入研究。有学者认为，胡乔木的党史研究工作卓有建树，他是党史研究和党史工作的主要奠基者，是中央关于历史问题两个决议起草的重要参与者，是改革开放以后一个时期党史工作的主要领导者。有学者总结和概括了胡乔木对党史研究工作所作的卓越贡献，认为他确立了党史研究的基本原则和方法，即党史工作应坚持实事求是、历史主义、“四面八方”、普遍联系等原则，党史编撰应坚持史论结合法、热情式解读法、开放式接纳法、科学客观严谨法等基本方法；认为他不但在理论上丰富和发展了党史思想，而且在实践上推动了党的文献注释工作的规范化，拓展了马克思主义党史理论研究的空间。

2012 年党史研究的一个重要新进展是“党史文化”概念引进了党史领域，首次召开了全国党史文化论坛。“党史文化”是近年来党史研究中的一个新范畴和新领域，备受学界关注。学者主要围绕以下方面进行阐述①：一是关于“党史文化”的形成和内涵的界定。有学者指出，“党史文化”体现为物质、制度和精神三个层面，其中，物质文化是基础，精神文化是核心，制度文化是保障。从广义上讲，“党史文化”是中国共产党在领导中国革命、建设、改革和党的自身建设历史进程中所创造的物质财富和精神财富的总和；从狭义上讲，是中国共产党在领导中国革命、建设、改革和党的自身建设历史进程中所创造的精神财富的总和，包括研究、运用、宣传党的历史的过程和结果。二是关于“党史文化”的作用。有学者指出，中国共产党之所以能够始终充满生机活力，深层次的原因可以从党的文化和“党史文化”中来寻找，党的文化和“党史文化”集中体现了中国共产党人先进的理念和高尚的追求，蕴涵着中国共产党在应对各种困难和风险考验中的巨大勇气、智慧和力量。三是关于“党史文化”的历史书写问题。有学者指出，与纪念仪式相比，“党史文化”的书写将在另一个层面将“党史文化”构建为一种思想主流文化形态。它不是一种虚拟的漂浮物，只能与现实语境相关联，社会思潮、政治走向、经济形态、民族精神、传统观念等，都可能制约这种书写的进展。党史文化概念的提出和运用，将有助于重新构架党史研究体系，推进党史研究。

---

① 参见李庆刚、尤国珍、宋月红、刘振清《2012 年中共党史研究若干新见》，《北京日报》2012 年 12 月 31 日。

（二）党建研究情况

党建研究的理论性、实践性、政治性、政策性都很强，2012年全国党建研究有这样几个特点：

第一，坚持突出主线，开展党建研究。党的建设不是书斋里的学问，作为“行动中的马克思主义”，作为党的建设的思想表现的党建理论有着鲜明的实践特征。2012年，是党的十八大召开之年。全国党建研究以迎接、学习、贯彻十八大精神为主线，紧密结合推动科学发展、促进社会和谐的新形势新任务，加强了对党的建设全局性、战略性和紧迫性问题的研究，增强了研究的思想性、前瞻性和针对性。十八大召开前，全国范围广泛开展了党的建设专题调研，围绕新形势下党的建设面临的一系列新课题，推出了一批对实践有指导意义、对决策有参考价值的研究成果，系统总结了十七大以来党的建设的成就和经验，以多种形式开展宣传党的建设理论和实践创新成果。十八大召开后，学习、研讨和宣传十八大报告精神的活动在全国各地迅速开展，部署了一大批专门研究十八大精神的重大课题。

第二，进一步加强了前沿课题的研究。2012年全国党建研究会确定了四个重点课题：关于“新形势防止和消除‘四个危险’，保持和发展党的先进性研究”课题、关于“党员干部模范践行社会主义核心价值体系研究”课题、关于“坚持和健全民主集中制与加强领导班子思想政治建设研究”课题和关于“党的建设与加强和创新社会管理研究”课题，从解决党建面临的现实问题出发，引领着党建研究的方向。

第三，突出了研究的实践特色。对于2011年开展的创先争优活动，人们的认识往往局限于实践层次。2012年，重点从理论层次对此进行了研究，召开了创先争优理论研讨会。理论界、学术界围绕着创先争优与党的先进性建设的内在联系、党组织先进和党员优秀在新的历史条件下的具体表现和实现形式、创先争优活动取得的成效和经验、如何以党内创先争优带动社会创先争优，以及如何形成创先争优的长效机制等问题，进行了更加深入的研究，为深化创先争优、着力解决党的先进性建设中的突出问题提供了理论支持。

第四，以改革创新的精神加强党建理论研究。2012年，党建研究的领域有新的拓展。(1) 加大了纯洁性建设问题研究的力度。2012年年初，胡锦涛同志提出加强党的纯洁性建设的任务；此后，习近平同志两次就纯洁性建设作了比较详细的论述；党的十八大将纯洁性建设确定为党的建设主线的重要内容。学者就纯洁性建设的重要性、内涵、与先进性建设的关系、实现途径等广泛进行了研究。(2) 初步展开了对建设学习型、服务型、创新型马克思主义执政党的研究。特别是建设服务型执政党、创新型执政党作为重大战略部署首次在党的建设中亮相，对于以改革创新精神全面推进党的建设新的伟大工程，全面提高党的建设科学化水平具有重要意义。理论学术界普遍认为，提出建设“服务型”执政党，预示着我们党执政理念和方式的嬗变；而创新型执政党建设也不是一句简单口号，是促进党的执政水平和执政能力再提高，执政基础更稳固的必然选择。(3) 党的十八大提出要开展以为民、务实、清廉为主要内容的群众路线教育，新一届党中央提出“八项规定”，学者普遍认为，这两项建设涉及党的政治优势的发挥，涉及党的先进性和纯洁性的保持和发展，必须高度重视。

第五，注重党建研究成果的总结与宣传。2012年，全国党建研究会从全国47家出版社推荐的123种150多册图书中，评出郑科扬主编的《中国共产党党内民主研究》、中央组织部党建研究所编写的《中国共产党 90 年主要成就与经验》等 21 种图书荣膺第十二届全国优秀党建读物。这些图书集中展示了 2009 年至 2011 年全国的党建研究和党建理论创新的丰硕成果，特别是反映了全国理论工作者和实际工作者为隆重纪念新中国成立 60 周年、中国共产党成立 90 周年而出版的优秀党建著作，深化了对执政党建设规律的认识，积极回应了党员干部普遍关心的党建热点和难点问题。

（三）中国社会科学院"党建党史"学科建设情况

中国社科院"党建党史"学科，主要依托于马克思主义研究院党建党史研究室，学科带头人为金民卿研究员。2012 年，党建党史学科开展的社会活动和研究工作主要有：

学术活动方面。1 月 5 日，积极支持"第二届马克思主义中国化学术论坛——南方谈话与中国特色社会主义新发展"，学科负责人金民卿在论坛上作《邓小平南方谈话的思想价值和当代启示》的主题发言，学科成员均提交论文并作论坛发言。上半年，金民卿作为特邀专家参加中组部"干部工作法制化大纲"编制工作。11 月后，党的十八大召开之后，学科成员及早行动，接受新华社等重要媒体采访，在有关报刊和人民网、新华网等重要网络发表多篇学习文章，并在全国各地进行十八大精神宣讲。积极参加撰写《中国特色社会主义理论最新成果：深入学习党的十八大精神 100 题》。通过这些活动不断扩大党建党史学科的影响力。

国情调研方面。一年来，学科成员为了深入了解党史党建的各项创新成果，坚持理论联系实际的方针，围绕着国企党建、基层党建、反腐倡廉建设、党建文化等主题，积极到浙江、北京、新疆、河南、湖南、山东等地，开展多项国情调研活动。金民卿参与中国社科院同中国海洋石油总公司合作的重大课题研究，承担子课题"国有企业政治优势转化"研究；龚云、戴立兴参加山东莱芜钢铁集团党的建设国情调研课题；龚云参加并负责中组部 2011 年重点调研课题"非公党组织作用功能定位"研究；陈志刚参加中国社会科学院纪委组织的甘肃调研，等等。

学术影响方面。2012 年 3 月 21—22 日，金民卿应邀参加全国非公有制企业党建会议，并在中组部召开的讨论会上发言。金民卿在发言中提出：非公党建的工作必须注意的几个关系：非公企业的所有制性质同党的政治属性、阶级性质以及党的奋斗目标的关系；党员出资人的阶级属性、社会地位同党员的理想信仰之间的关系；非公企业党组织在服务企业发展、服务职工切身利益、服务党的工作大局之间的关系，特别是当非公企业的利益同职工群众的利益发生矛盾之时；非公企业中党员的个人利益同党的利益之间的关系，尤其是党员为了党的利益而遭遇企业歧视乃至解雇时。发言得到了中组部有关领导的肯定，并在《光明日报》、《中国组织人事报》等刊出。2012 年 5 月，龚云负责撰写的调研报告《非公有制企业党组织功能定位问题研究报告》获中组部 2011 年度组织工作全国重点课题成果二等奖。陈志刚参与的中组部委托课题"党员队伍规模的组成要素、评判标准研究报告"获中组部一等奖。

主要科研成果方面。出版了多部学术专著，如金民卿主编的《马克思主义中国化研究报告 NO. 3》、《马克思主义中国化研究报告 NO. 4》，陈志刚著《现代性批判及其对话》，龚云等著的《中国道路》等。发表了《邓小平南方谈话的思想价值与当代思考》、《中国需要怎样的思想沉淀——当代中国马克思主义理论创新启示》、《马克思主义大众化的实现途径》、《马克思主义中国化的初步探索及其当代启示》、《列宁的马克思主义观及其启示》等学术论文五十余篇。学科成员还承担了中国社科院重大课题“马克思主义中国化的逻辑进程分析”等项目，戴立兴承担的国家社科基金课题“毛泽东群众观及其当代意义研究”顺利进行。

二 党建党史学科若干重大问题研究

(一)关于党的十八大报告精神的宣传和研究

党的十八大召开后，我国思想界迅速开展了对十八大报告精神的宣传和解读。在短短一个多月中的时间中，网络、报纸和期刊上发表了一大批文章。

1. 关于十八大的地位和意义。中共中央党建研究室副主任李忠杰指出，认识十八大的历史地位和意义，须从四个视角来把握：一要从党代会本身的职权地位和发展过程看十八大的地位和意义；二要从党和国家所处的环境形势、机遇挑战看十八大承担的历史责任；三要从大会的主要决策看十八大对中国未来走向的影响和作用；四要从与以往大会的比较看十八大的发展进步。① 空军党的创新理论学习研究中心则明确指出，党的十八大意义重大，影响深远，必将作为中国特色社会主义事业发展的里程碑而载入史册。第一，十八大鲜明回答了我们党举什么旗、走什么路、以什么样的精神状态、朝着什么样的目标继续前进等关系党和国家工作全局的重大问题；第二，全面阐述了过去十年的辉煌成就和实践经验，提出了今后一个时期的大政方针和工作部署，为党和国家事业发展指明了前进方向；第三，郑重选出了年富力强、奋发有为的新一届中央领导集体，为保证党和国家事业的长远发展提供了坚强的组织保证。②

2. 关于十八大的主线和主题。2012年11月17日，在第十八届中共中央政治局第一次集体学习时，习近平总书记明确指出，坚持和发展中国特色社会主义是贯穿党的十八大报告的一条主线。我们要紧紧抓住这条主线，把坚持和发展中国特色社会主义作为学习贯彻党的十八大精神的聚焦点、着力点、落脚点，只有这样，才能把党的十八大精神学得更加深入、领会得更加透彻、贯彻得更加自觉。为了理解这条主线，要从理论和实践上把握五个方面：第一，深刻领会中国特色社会主义是党和人民长期实践取得的根本成就。第二，深刻领会中国特色社会主义是由道路、理论体系、制度三位一体构成的。第三，深刻领会建设中国特色社会主义的总依据、总布局、总任务。第四，深刻领会夺取中国特色社会主义新胜利的基本要求。第五，深刻领会确保党始终成为中国特色社会主义事业的坚强领导核心。③ 学术界围绕着这条主线，也做了很多的解读。华东师范大学政治学系主任齐卫平指出，从党的十五大到十八大，每一次党代会的主题都突出了旗帜。围绕中国特色社会主义伟大旗帜，党中央以丰富的思想表明了基本立场。道路、理论、制度构成旗帜的统一体。党的十八大继续在大会主题中突出强调高举中国特色社会主义伟大旗帜，既是一以贯之的接续，又是丰富发展的延伸。在实践发展中提升对旗帜问题的认识，在迈步前进中坚定对旗帜的自信，是党的十八大继往

---

① 李忠杰：《科学认识十八大的地位和意义》，《马克思主义和现实》2012年第6期。

② 空军党的创新理论学习研究中心：《充分认识党的十八大的历史地位和重大意义》，《求是》2012年第23期。

③ 习近平：《紧紧围绕坚持和发展中国特色社会主义学习宣传贯彻党的十八大精神》，《求是》2012年第23期。

开来的体现。[①]

3. 关于十八大报告的理论贡献。中共中央党校常务副校长李景田指出，党的十八大报告的重大历史性理论贡献概括起来主要有五个方面。第一，坚持以中国特色社会主义为主题推进理论创新。第二，科学发展观由重大战略思想确定为指导思想。对科学发展的内涵进行了进一步阐述，对贯彻落实科学发展观提出了新要求。这是十八大报告理论创新的最大亮点和最突出的贡献。第三，中国特色社会主义的认识提升到新水平。党的十八大首次将“中国特色社会主义制度”写入党的全国代表大会报告中，并科学阐述了中国特色社会主义道路、中国特色社会主义理论体系、中国特色社会主义制度的内涵及其相互关系。把生态文明建设纳入了中国特色社会主义事业总体布局。这些新阐述、新概括，标志着我们党对中国特色社会主义的认识达到了新水平。第四，什么是小康社会、如何建设小康社会的认识提升到新境界。十八大报告首次从五位一体总体布局出发，提出了全面建成小康社会新的要求和全面深化改革开放的目标。第五，党的建设科学化认识提升到新高度。党的十八大报告对党的建设主线、总体布局、总体目标和要求作出了新概括，确立了新形势下加强和改进党的建设的正确方向和基本要求。反映了党在新的历史条件下对自身建设规律性认识的深化，丰富和发展了党的建设理论，为全面建成小康社会条件下的党的建设提供了科学方略。[②]

4. 关于十八大理论创新的特色。中国社会科学院马克思主义研究院金民卿研究员认为，十八大在党的指导思想、重大理论、党的建设等方面，提出了一系列重要的创新性论述，构成了马克思主义中国化最新理论创新成果的有机组成部分。这些理论创新成果体现了新时期马克思主义理论创新的生动经验和鲜明特色：党的理论创新是在理想信念引领下的进行的，是在社会实践推动下发展的，是通过集中集体智慧获得的，是在思想交锋的过程中向前推进的，是通过统一思想过程不断走向群众实践的。[③]

5. 关于党建理论的新思想。党的十八大报告在部署全面提高党的建设科学化水平时，对全面推进党的建设新的伟大工程提出了许多新思想、新观点、新论断。综合学者们的理解，可以概括为十个方面。(1) 深化了党的建设科学化的理念，以“全面提高党的建设科学化水平”的新认识确立了其统领地位。(2) 将纯洁性纳入党的建设主线，使政党先进本质的体现与纯洁面貌的呈现相一致。(3) 在“五位一体”党建布局中突出了反腐倡廉建设的地位，强调腐败对党造成致命伤害甚至亡党亡国的危险性。(4) 提出以“四个增强”、“四个自我”为内容的保持党的先进性和纯洁性的新要求。(5) 形成“建设学习型、服务型、创新型的马克思主义执政党”的建设目标新概括。(6) 提出“以人为本、执政为民是检验党一切执政活动的最高标准”的新论断。(7) 将远大理想、信仰信念提到新的高度。(8) 提出积极发展党内民主的新部署。(9) 提出加快人才发展体制机制改革和政策创新，形成具有国际竞争力的人才制度优势。 (10) 提出坚持中国特色反腐倡廉道路，做到干部清正、政府清廉、政治

① 齐卫平：《高举中国特色社会主义伟大旗帜不动摇》，《上海党史与党建》2012年第12期。
② 李景田：《党的十八大的历史性理论贡献》，《光明日报》2012年11月21日。
③ 金民卿：《中国共产党理论创新的崭新成果》，中国社科网2012年11月9日。

清明。[①]

总的来说，党的十八大报告包含着丰富的内容，提出了一系列新观点、新思想、新论断，为我们今后的理论研究指明了方向。深入学习和把握十八大的精神，还需要从多个学科进行研究，这是党建党史学科在2013年的重要任务。

（二）关于党的先进性和纯洁性建设的研究

2012年1月，中共中央总书记胡锦涛在第十七届中央纪委七次全会上第一次阐述了党的纯洁性问题。习近平同志曾就保持和发展党的先进性和纯洁性作过两次集中的论述。[②]在这两次重要讲话的基础之上，各界人士对党的先进性和纯洁性建设问题进行了认真的研究与阐发。党的十八大首次将这一问题列为党的建设主线的内容。

理论界对党的纯洁性和保持党的纯洁性的思想理论渊源进行了探究。[③]中纪委副书记王伟提出，要准确把握新形势下保持党的纯洁性的重点环节。强调要始终保持党的指导思想纯洁、始终保持党的各级组织纯洁、始终保持党员和干部队伍纯洁、始终坚持党的性质和宗旨，永葆共产党人政治本色。[④]

国防大学中国特色社会主义理论体系研究中心撰文指出：一方面要充分认识保持党的纯洁性与永葆党的先进性的本质联系，保持党的纯洁性是永葆党的先进性的根本前提，保持党的纯洁性是永葆党的先进性的题中应有之义，保持党的纯洁性是永葆党的先进性的生命工程。另一方面要正确把握新的历史条件下保持党的纯洁性的总体要求，坚持强化思想理论武装和严格队伍管理相结合，坚持发扬党的优良作风和加强党性修养与党性锻炼相结合，坚持坚决惩治腐败和有效预防腐败相结合，坚持发挥监督作用和严肃党的纪律相结合。[⑤]

还有一些专家学者就保持党的先进性和纯洁性的基本内涵、基本经验、基本要求及与执政规律的关系等方面进行了深入研究。

（三）关于建设学习型、服务性、创新型执政党的研究

建设学习型、服务型、创新型的马克思主义执政党，是党的十八大提出的新要求。在十七届四中全会上，中央已经把建设马克思主义学习型政党作为“重大而紧迫的战略任务”提出来，现在则是对这一任务的扩展延伸和更为系统全面的阐述。目前，对学习型、服务性、创新型执政党的研究还刚刚破题。

我国思想界普遍认为，建设学习型、服务型、创新型马克思主义执政党，与建设学习型社会、服务型政府、创新型国家相适应，更加突出了党的宗旨意识和群众观点，更加突出了改革创新意识，反映了时代进步和社会发展对党的建设的新要求，有助于改善党的领导方式、执政方式和改进党的作风与形象。海南省委组织部吴慕君、李捷认为：“建设学习型、服务

---

① 齐卫平：《十八大创新党的建设的六个关注点》，《江西社会科学》2012年第11期；石仲泉：《十八大党建新论》，《上海党史与党建》2012年第12期。

② 参见习近平《扎实做好保持党的纯洁性各项工作》，《学习时报》2012年3月5日；习近平《坚持不懈推进党的先进性和纯洁性建设》，《党建研究》2012年第6期。

③ 参见张书林《保持党的纯洁性的思想演进轨迹探究》，《上海党史与党建》2012年4月号。

④ 参见王伟《保持党的纯洁性，建设坚强有力的执政党》，《求是》2012年第7期。

⑤ 参见国防大学中国特色社会主义理论体系研究中心《保持党的纯洁性，永葆党的先进性》，《求是》2012年第13期。

型、创新型党组织，既是一项意义深远、刻不容缓的战略任务，也是一项有机统一的系统工程。其中，学习是基础，是服务、创新的前提条件；服务是核心，是学习、创新的深入实践；创新是关键，是学习、服务的有力保障。这三者相辅相成，互相支撑，共同融入党的建设'血液'，转为党的建设'基因'，在推进党的建设新的伟大工程中发挥重要作用。"[①]

北京师范大学党委副书记王炳林教授认为：学习型党组织的学习不同于传统学习，应具有先进的学习理念，明确的奋斗目标，健全的学习机制，可持续的创新能力，以及良好的社会引领功能。建设服务型执政党至少包括四方面内容：在思想认识上，牢固树立宗旨意识和群众观点；在工作方法上，自觉贯彻党的群众路线；在考核评价上，把群众满意度作为重要依据；在运行机制上，建立常态化的服务体系。创新型执政党，是始终保持与时俱进的精神状态的党，是不断推进理论创新、实践创新、制度创新的党。关于三者关系，他认为：三者各有侧重又相互促进，从不同方面深化了对共产党执政规律的认识，统一于全面提高党的建设科学化水平的实践之中。其中，加强学习是基础工作，服务群众是根本目的，改革创新是动力源泉。[②]

今年以来，理论界对学习型政党的研究热度依然不减，对其理论依据及历史、现实依据进行了深入探讨；并从运用和发展马克思主义、创新党建理论角度，从学习型政党构建的动态过程等把握马克思主义学习型政党的内涵；从学习型政党的基本要求、现代管理理论、学习规律等方面入手探索了学习型政党建设途径；探讨了建设学习型政党理论与其他理论范畴的关系。

对学习型政党的认识方面，中南财经政法大学龚先庆副教授批判了建设学习型政党的几个认识误区：重宣传轻研究的倾向；学而不"习"，学习的运动化倾向；关门学习，"内功"有余而"外力"不足的倾向；就事论事，缺乏整体观的倾向；画地为牢，僵化保守的倾向。[③]山东大学王韶兴教授认为：在学习中认识规律，在遵循规律中求得发展，在科学发展中赢得地位，是学习型政党的本质属性和价值指向；以学习焕发党员活力、聚集组织力量、凝练价值目标、创新发展机制，学习型政党的基本功能和目的要求。学习型政党建设，实质上是以持续的政党学习为基础，以不断发展政党能力为核心，以有效实现政党目标为旨归的政党能力再造和政党文明重塑的过程。[④]

中南民族大学党委副书记徐柏才教授认为，当今时代发展给党的先进性建设提出了新的课题，建设学习型政党则是保持和发展党的先进性的动力来源和重要途径。中国共产党建设马克思主义学习型政党，必须符合党的独特价值追求，遵循马克思主义政党建设的内在逻辑，按照科学理论武装、具有世界眼光、善于把握规律、富有创新精神的基本要求和时代精神来进行。[⑤]怀化市委书记李亿龙提出，要用科学的机制保障学习型党组织建设，要建立和完善

① 参见吴慕君、李捷《努力建设学习型服务型创新型党组织》，《中国组织人事报》2012年12月11日。

② 参见王炳林《建设学习型服务型创新型政党》，《学习时报》2012年12月25日。

③ 参见龚先庆《走出马克思主义学习型政党的认识误区》，《学术论坛》2012年第5期。

④ 参见王韶兴《关于学习型政党建设的几点认识》，《山东社会科学》2012年第1期。

⑤ 参见徐柏才《建设马克思主义学习型政党：保持和发展党的先进性的本质要求》，《思想理论教育导刊》2012年第2期。

领导干部带学机制、基层党组织和党员常态化学习机制、学习成果转化机制和组织管理和检查督导机制。①

（四）关于党内民主的研究

党提出“党内民主是党的生命”的科学论断后，对党内民主的研究始终是党建研究的一个热点，新的思考，新思想、新见解、新成果层出不穷。2012年学术界对党内选举的研究主要集中在党内民主与党的建设的关系、党内选举相关理论、党内民主存在的问题、发展路径等领域，梳理和审视这些研究领域的成果，对于推进党内选举科学化具有重要意义。②

在如何看待党内民主与党的建设之间关系问题，扬子石化公司党校徐玉喜认为，党内民主发展的条件是党内各种关系处于良好状况，而党员政治上的平等，又是正确处理党内关系的基本条件。③ 中共中央党校常欣欣教授认为，新形势下保持党的纯洁性，要正视革命型政党在社会转型期所面临的问题。通过扎实的党内民主改革，切实践行党的民主原则和人民主权的政治理念，实现党内民主、社会民主与人民民主的良性互动，体现社会主义民主政治的优越性，以永葆党的先进性与纯洁性。④ 广西壮族自治区机关工委焦成举认为，当前要坚持以科学发展观统领党内民主建设。为此，必须要坚持“以人为本”的核心地位，要坚持“统筹兼顾”根本方法，要坚持“全面发展”这个模式，要坚持党内民主科学发展与制度创新相结合，要坚持党内民主建设的自主性。⑤

黑龙江省委巡视组副组长马国钧认为，选择党内民主建设的发展路径，是非常复杂的效用取舍过程，这就要求统筹考虑协商民主与竞争民主、直接民主与间接民主、基层民主与高层民主等结构性联系，科学安排价值取向与总体布局、生态约束与程序安排、时序选择与组织实施等技术性问题，实现基于结构功能最大化的要素配置的基本均衡，为我国政党和社会的双转型提供组织和制度保证。⑥ 河南省委党校牛安生教授认为，当前党内选举实践中在候选人提名、党代表成分、选举程序等三个方面存在着问题，改革和完善党内选举制度，需要制定《中国共产党选举工作条例》、正确认识党管干部和党委意图、竞争性选举、拉票现象等几个认识问题，完善与党内选举改革相配套的制度，提高党内选举的地位，完善党代表选举制度，完善党的代表大会和党的全体委员会选举制度，加强对竞争性选举的监督，加强党内选举文化的建设。⑦ 党代会常任制与党内民主两者是相辅相成的关系。一方面，党内民主是马克思主义政党一向重视的范畴和领域，为党代会常任制的推行提供了重要的合法性资源、思想资源和理论资源。另一方面，党代会常任制是促进党内民主的关键载体。国家行政学院汪玉凯教授认为，从提案制来看，党代会党员代表发挥责任的大小以及影响力要有具体的途径和手段，而提案制正是为党员代表提供了这样一种最好的方式，党代会代表提案制将促进

① 参见李亿龙《用科学的机制保障学习型党组织建设》，《求是》2012年第14期。

② 参见李芳云、禾子《近年来党内选举若干问题研究述评》，《当代世界与社会主义》2012年第3期。

③ 参见徐玉喜《党内民主发展的基本条件》，《唯实》2012年第5期。

④ 参见常欣欣《党内民主与保持党的纯洁性》，《科学社会主义》2012年第2期。

⑤ 参见焦成举《必须科学地推进党内民主建设》，《学术论坛》2012年第2期。

⑥ 参见马国钧《党内民主建设的路径选择研究》，《思想政治教育研究》2012年8月刊。

⑦ 参见牛安生《深化党内选举制度改革：问题与对策》，《中州学刊》2012年第3期。

党内民主走向制度化。[①] 在基层党内民主实践上，深化“公推直选”改革需要从认识提升、制度建设和机制优化三个方面着手。[②]

在以党内民主带动人民民主发展方面，西华师范大学尹学朋副教授认为，中国式民主应在中国共产党的领导下，协调好党内民主与人民民主的互动关系，通过制度创新丰富民主的实现形式，走中国特色的民主发展道路。为此，需要做到：以党内民主带动人民民主，充分发挥人民代表大会制度的优势；以党内民主带动人民民主，坚持完善中国特色协商民主制度；以党内民主带动人民民主，完善中国选举制度；以党内民主带动人民民主，巩固基层民主制度的基石。[③]

（五）关于建立健全防止利益冲突制度，推进反腐倡廉建设科学化的研究

我国理论界开始关注、研究并试图引进廉政范畴利益冲突始于2000年前后。[④] 2009年党的十七届四中全会通过的《中共中央关于加强和改进新形势下党的建设若干重大问题的决定》，首次提出了“建立健全防止利益冲突制度”的新概念，并把它确立为反腐倡廉的重要举措。自此学界对这个问题开始了比较广泛和深入的研究。

关于利益冲突的概念内涵及其与腐败问题的关系。北京航空航天大学公共管理学院杜治洲认为，利益冲突是指国家公职人员以间接的形式侵害公共利益为自己或亲属及关系密切者谋取利益的可能状态或现实状态。[⑤] 中共中央政策研究室党建局局长江金权指出，利益冲突有广义、狭义之分。而狭义的利益冲突，正是指权力寻租、以权谋私行为，其结果就是腐败。反腐倡廉建设的实质和核心内容就是防止利益冲突。[⑥] 检察日报社特刊部主任王治国、检察日报社社长李雪慧指出，利益冲突是指国家公职人员的私人利益，与其行使公共权力、履行公共职责时所代表的公共利益，相违背、相矛盾、相冲突的情境或状态。[⑦] 学者们一致认为，腐败具有明显的趋利性特征，利益是左右和支配腐败分子思想和行动的核心要素。防止利益冲突是防治腐败制度建设的关键举措。

关于利益冲突的类型。学者们从不同的视角出发，对利益冲突划分了不同的类型。根据行为划分为交易型利益冲突、影响型利益冲突、“旋转”型利益冲突。贵州省社会科学院党建研究所副研究员郭丽认为，根据利益冲突的不同主体，可以划分为个人利益冲突、集体利益冲突、地方利益冲突；根据领域，划分为公共资源配置型利益冲突、公共资产交易型利益冲突和公共产品生产型利益冲突；根据动因，划分为自发性和诱发性的利益冲突。[⑧]

关于我国防止利益冲突制度的历史与现状。学者们认为中国当前已经初步形成了防止利益冲突制度体系，但现行的防止利益冲突制度体系还存在一些问题和薄弱环节。第一，尽管

---

① 参见汪玉凯《党代会代表提案制将促进党内民主走向制度化》，《红旗文稿》2012年第22期。

② 参见陈家喜、刘王裔《党内公推直选的改革困境与发展路径》，《理论视野》2012年第4期。

③ 参见尹学朋《以党内民主带动人民民主发展的研究理路》，《学习论坛》2012年第3期。

④ 郭兴全：《基于利益冲突视角下的反腐倡廉制度创新》，《人文杂志》2012年第2期。

⑤ 杜治洲：《我国防止利益冲突制度的顶层设计》，《河南社会科学》2012年第1期。

⑥ 江金权：《试论建立健全防止利益冲突制度》，载《纪念中国共产党成立90周年党建理论与实践重庆研讨会论文集》，党建读物出版社2011年版，第108—114页。

⑦ 王治国、李雪慧：《防止利益冲突与惩治和预防腐败体系的完善》，《河南社会科学》2012年第2期。

⑧ 郭丽：《建立我国防止利益冲突制度的思考》，《中共贵州省委党校学报》2012年第1期。

利益冲突的概念很早就写进制度规定中，但一些党员干部对防止利益冲突的认识仍比较滞后。第二，我国并没有专门针对利益冲突制定相关制度。第三，制度执行力不强的问题普遍存在。第四，防止利益冲突制度规定仅仅是党内规定和行政法规，法律效力大打折扣，权威性不高。[①]

关于建立健全防止利益冲突制度的对策建议。学者建议：第一，在防止利益冲突的制度设计上，需要摒弃意识形态的功利主义。第二，防止利益冲突必须纳入党和政府反腐倡廉建设的重要内容之中。第三，切实提高防止利益冲突制度的法制化、科学化水平。第四，要切实提高防止利益冲突制度的执行力，建立和健全防止利益冲突的多路径监督机制。第五，要深入推进行政管理体制改革，减少行政权力对微观经济活动的干预，铲除利益冲突产生的土壤和条件。第六，要运用系统规范的峻法严制惩治权力腐败化的利益勾结行为。[②]

（六）关于非公企业党的建设的研究

2012年3月颁布的《关于加强和改进非公有制企业党的建设工作的意见》，以及随后召开的全国非公有制企业党的建设工作会议，使非公企业党的建设研究成为一个热点。

关于在非公企业中开展党的建设工作的意义。学者们一致认为，在非公企业中建立党组织，加强党建工作，不但对党本身，而且对非公企业，都具有重要的、积极的意义。第一，加强非公企业党建是非公企业改善公司治理绩效的内在需要。第二，加强非公企业党建是扩大党的群众基础、巩固党的执政根基的客观要求。[③]

关于非公企业的迅速发展对党的建设的挑战。学者们一致认为，非公企业的迅速发展，对我国经济社会的发展和党的执政基础产生了重大影响，对加强党的建设提出了新课题新挑战。中共中央组织部组织二局通过对全国非公企业的党建工作的调查，从五个方面概括了非公企业的发展给党的建设带来的重大挑战。第一，非公经济发展速度快，占国民经济比重大，对我们党执政的经济基础产生重大影响。第二，非公企业党建工作“空白点”较多，对我们党执政的组织基础产生重大影响。第三，非公企业从业人员多、高收入群体多、新社会阶层人数多，对我们党执政的阶级基础和群众基础产生重大影响。第四，非公企业涉及行业多、分布领域广、社会影响大，对我们党执政的社会基础产生重大影响。第五，非公经济组织投资主体多元、思想意识多元化，对我们党执政的思想文化基础产生重大影响。[④]

此外，学者还围绕着推进非公企业党建工作提出了许多积极的建议。

（七）关于“建设有中国特色的社会主义”理论命题提出30年的研究

2012年是中国共产党的第十二次全国代表大会召开30周年，是邓小平同志提倡“建设

---

① 王延中、蒋来用：《论防止利益冲突制度建设》，《中国监察》2012年第1期；郭丽：《建立我国防止利益冲突制度的思考》，《中共贵州省委党校学报》2012年第1期。

② 朱前星、陈果：《国外防止利益冲突的制度设计及其启示》，《中共中央党校学报》2012年第1期；王延中、蒋来用：《论防止利益冲突制度建设》，《中国监察》2012年第1期；王治国、李雪慧：《防止利益冲突与惩治和预防腐败体系的完善》，《河南社会科学》2012年第2期。

③ 参见初明利、贾元昌《党的建设在非公企业公司治理中的作用与途径》，《中州学刊》2012年第5期。

④ 中央组织部组织二局：《推动非公企业发展 夯实党的执政基础》，《光明日报》2012年7月17日。

有中国特色的社会主义”理论命题提出 30 周年。以纪念“建设有中国特色的社会主义”理论命题 30 周年为契机，理论界深入研究中国特色社会主义理论的形成史。

2012 年 9 月 1 日至 2 日，中国中共文献研究会和中共四川省委宣传部在四川省广安市，联合举行了“学习胡锦涛同志重要讲话，沿着中国特色社会主义道路奋勇前进——纪念邓小平同志提出‘建设有中国特色的社会主义’30 周年”理论研讨会，就中国特色社会主义的发展历程、基本经验和当代价值，以及坚持和发展中国特色社会主义的一些重要的理论与实践问题进行研讨。[①] 这次研讨会对一些重要问题的研究成果主要体现在这样几个方面：

第一，关于中国特色社会主义的发展历程、基本经验和当代价值。会议对中国特色社会主义的发展历程作了多方面的描述，一致认为，中国特色社会主义三十多年的发展，是一个承前启后不断拓展、丰富和发展的历史进程。有学者从世界社会主义运动的视野，阐述了中国特色社会主义的当代价值，认为作为理论形态的中国特色社会主义，为中国社会主义发展乃至世界社会主义运动提供了新的理论指南；作为道路形态的中国特色社会主义，对当代后发展国家如何走向现代化具有重要的借鉴意义；作为制度形态的中国特色社会主义，对如何构建和完善科学的社会主义制度和真正发挥社会主义制度的优越性，具有长久的深远的启发意义。

第二，关于坚持和发展中国特色社会主义的基本要求和途径。有的学者指出，坚持和完善中国特色社会主义道路，要以科学发展观为指导，紧紧围绕科学发展这一主题和加快转变经济发展方式这一主线，深入破解我国改革发展中面临的一些新课题新矛盾，不断积累新经验、新认识，使中国特色社会主义道路越走越宽阔。有的学者认为，坚持和丰富中国特色社会主义理论体系，要在推进马克思主义中国化时代化大众化的过程中，进一步拓展和丰富中国特色社会主义的内涵和外延，完善中国特色社会主义的逻辑结构，增强中国特色社会主义的实践特色、理论特色、民族特色和时代特色。有的学者认为，坚持和完善中国特色社会主义制度，要大力推动改革创新，要借鉴西方发达国家的有益经验，但更重要的是要立足中国国情，在实践中探索和推进。

还有学者研究了中国特色社会主义发展史，以纪念建设有中国特色社会主义命题提出 30 年。北京大学中国特色社会主义理论体系研究中心承担的教育部重点研究基地重大项目成果、闫志民主编的《中国特色社会主义理论发展史》，系统梳理了中国特色社会主义理论产生和发展的时代背景和历史轨迹，阐释了这一理论产生的历史必然性，以严谨的逻辑和丰富可靠的史料，充分展示了中国特色社会主义理论是不断发展和开放的理论。

从历史的纵深角度研究中国特色社会主义，是深化中国特色社会主义研究的一个重要维度。这方面研究还有很大空间，需要进一步加强对中国特色社会主义的形成发展史研究。中国社会科学院原副院长朱佳木认为，研究新中国不同历史时期的比较，有助于深入认识中国特色社会主义的科学内涵；研究新中国不同历史时期的联系，有助于深入认识中国特色社会主义的本质属性；研究新中国不同历史时期的变化及其背景，有助于深入认识中国特色社会

① 参见《“学习胡锦涛同志重要讲话，沿着中国特色社会主义道路奋勇前进——纪念邓小平同志提出‘建设有中国特色的社会主义’30 周年”理论研讨会召开》，“中央文献研究室网”2012 年 12 月 25 日。

主义的内在品格。

(八) 关于延安文艺座谈会及其影响的研究

毛泽东《在延安文艺座谈会上的讲话》发表 70 周年之际，理论界召开了纪念会和研讨会，以中国延安精神研究会、中国毛泽东诗词研究会、全国毛泽东文艺研究会 5 月 15 日在北京举办的理论研讨会为代表，深入研讨了毛泽东《在延安文艺座谈会上的讲话》的重要现实意义，驳斥了新时期以来各种对《讲话》的错误观点。

理论界的主流看法认为，毛泽东《在延安文艺座谈会上的讲话》是科学性、人民性和实践性的辩证统一，创造性地阐释了文艺与人民、文艺与政治、文艺与生活等一系列重大问题，指导和推动了文艺事业蓬勃发展，是推进文艺工作和文化工作的纲领，在今天深入推进社会主义文化大发展之际，仍然具有重大现实指导意义。

中国社会科学院副院长、当代中国研究所所长李捷认为，毛泽东同志《在延安文艺座谈会上的讲话》是马克思主义中国化文艺理论的奠基之作，今天对于建设社会主义文化强国仍具有指导作用和现实意义。他认为：第一，这篇讲话在系统总结五四运动以来革命文化发展的基本经验方面，占有开创性的地位。第二，这篇讲话在马克思主义中国化的文艺理论形成与发展中，占有奠基性的地位。它标志着马克思主义中国化的文艺理论的诞生。第三，这篇讲话在开辟中国特色社会主义文化发展道路中，占有开创性的地位。[①]

有学者认为，在《在延安文艺座谈会上的讲话》中，毛泽东文艺大众化思想真正形成了其科学、系统的理论形态；"为人民大众"是其根本出发点和立足点；"文艺工作者的思想感情和工农兵大众的思想感情打成一片"是其基本内涵；"到大鲁艺去"、"讲老百姓的话"、"下决心跟老百姓学"是其重要途径；坚持普及和提高的辩证法，把普及和提高结合起来，是其一般运动方式和运动规律；文艺批评的人民性标准是其核心标准。

理论界强调在学习和贯彻《讲话》精神时，要注意几个区别：一是要把毛泽东文艺思想的基本原理同个别不够科学的提法加以区别；二是把毛泽东文艺思想同对它的曲解加以区别；三是把毛泽东文艺思想同毛泽东晚年的错误加以区别。

还有学者研究了《在延安文艺座谈会上的讲话》的出版情况。《讲话》曾先后经历了三次不同方式的修改，形成了四个版本，即：1942 年 5 月口头讲时的速记稿，1943 年 10 月的第一次公开发表稿，1953 年修订稿，1991 年修订稿。据不完全统计，《讲话》有单行本一百六十多种，其中新中国成立前的汉文单行本就有六十多种，新中国成立后有十多种。另有少数民族文本 19 种，外文出版社出版的外文本四十多种，美国、法国、朝鲜、日本等 25 个国家出版的外文版四十余种，盲文本一种。[②]

理论界结合纪念延安文艺座谈会 70 年发表了一些成果，批驳了近些年各种攻击延安文艺座谈会讲话的错误观点，起到了正本清源的作用。同时，也要看到借反思新中国成立前 29 年文艺事业中出现的曲折，否定中国共产党领导的文艺事业的思潮、把这些曲折归罪于延安文艺座谈会讲话的观点在社会上仍然有相当影响，而批驳这种思潮，更深入地总结延安文艺座

---

① 李捷：《〈在延安文艺座谈会上的讲话〉是马克思主义中国化文艺理论的奠基之作》，"当代中国所研究网" 2012 年 5 月 20 日。

② 赵敏：《〈在延安文艺座谈会上的讲话〉出版前后》，"天下韶山网" 2012 年 8 月 21 日。

谈会的历史经验还有待深入研究。

（九）国外党史研究的新进展

伴随着中国的崛起，国外越来越多的学者关注作为中国唯一的执政党——中国共产党的历史。

在中国共产党91年的历史中，中国共产党一直重视革命传统的教育。国外学者也对这一传统进行了深入研究。2012年10月，哈佛大学裴宜理（Elizabeth J. Perry）出版了新书《安源——发掘中国的革命传统》（*Anyuan - Mining, China's Revolutionary Tradition*），讨论了中国共产党如何通过文化动员维护其政治合法性。裴宜理认为，对革命传统的不断动员是中国共产党独特的能力，也是其合法性的重要来源。中国共产党从革命初期就在证明中国共产党与中国传统文化之间有深层联系。革命是暴力的，但革命具有某种特定的价值和理想，而整个制度都会试图契合这种价值和理想。在中国，由于毛泽东的努力，中国人将革命传统和爱国主义联系到了一起，也是中国革命中的重要特点。①

对毛泽东的研究曾经是国外中共党史研究的一个热点话题。新见解仍然不断出现。美国学者安德鲁·罗斯研究了毛泽东对西方政治文化的影响就是一例。他认为，在西方，人们记得毛的思想对冷战时期左派和1968年这一代人令人激动的冲击，但是人们很少理解其对70年代以来文化政治格局的影响。70年代以来西方左右翼之间的文化斗争（Cultural Wars）开展得轰轰烈烈，有着一系列引人注目的运动和事件。安德鲁·罗斯通过考察历史的案例，尝试描绘了毛泽东对教育改革、文化和社区的社会运动以及立法变迁的潜在影响。毛泽东的教诲，如自我批评、青年造反、提高觉悟，在西方有着比中国更长久且深远的发展，目前仍在进行的一系列左派辩论，诸如提倡文化正义还是社会正义更为优先的问题，其实亦带有毛泽东思想的色彩。他认为，毛泽东思想的输出，无论在“文化大革命”中还是在文化战争中，对于如何全面理解文化与政治的关系的变化有着重大贡献。②

中国发展问题是西方中共党史研究的一个热点问题。德国学者历来关注当代中国发展问题。他们关注的问题主要有：中国发展战略、中国经验、中国道路、中国模式；中国总体建设成就与问题；中国社会转型与市场经济体制；中国宏观调控政策与产业结构转型；中国工业化、城市化、和谐社会；中国改革开放政策；中国民主法治建设；中国民族问题与民族政策；中国综合国力、国际地位与国际关系；等等。在德国学者的研究中，“中国发展道路”是指十一届三中全会以来的中国特色社会主义道路，但对于这条道路的性质，德国学者有不同的看法，具体地说，有四种不同观点：（1）效仿东亚模式的、国家资本主义道路；（2）“政治实用主义”的、非资本主义道路；（3）成功的、非社会主义的道路；（4）超常规发展的、社会主义道路。③

国外中共党史研究对我们有启迪意义。但是由于史料占有不充分，特别是由于立场不同，在看到国外学者中共党史研究的积极的一面、借鉴其合理成果的同时，也不要把国外学者特

① 参见2012年12月出版的《看历史》杂志，“政见CNPolitics”文章链接http：//cnpolitics.org/2012/12/elizabeth-perry/。

② ［美］安德鲁·罗斯：《毛泽东对西方政治文化的影响》，《湖南科技大学学报》（社会科学版）2008年第4期。

③ 王凤才、杨晓慧：《德国马克思主义学者视野中的“中国发展道路”》，《中国浦东干部学院学报》2012年第2期。

别是西方学者中共党史研究看作是“客观的”、“科学的”党史研究，从而贬低我们自己的党史研究。

三　关于学科建设及需要深入研究的若干问题

2012 年的党建研究取得的成绩很大，但是在一些问题上还需要深化。比如：在党建研究新领域方面，对建设学习型、服务型、创新型马克思主义执政党的研究还需要深入进行；对作风建设、反腐倡廉建设的研究如何能够转化为治党的实践成果还有待进一步探索。在党建理论研究方法方面，需要慎用新概念、警惕照搬西方政党的思想，克服为创新而创新的倾向。

2013 年，需要围绕党的建设科学化这一重大命题，开展更深入的调查和研究。

深入研究十八大精神是 2013 年党建研究的一个重要任务和重要方向。党建学者要切实增强政治责任感和历史使命感，以饱满的工作热情和昂扬的精神状态，确保党建研究各项工作服务于十八大的各项党建工作部署，服务于落实十八大的各项任务。

加大对党建工作薄弱环节的研究，坚持党建研究的正确方向，以科学求实精神深入研究党的建设重大问题，维护中央权威，确保中央政令畅通，坚决贯彻落实党的理论、路线、方针、政策和中央的各项决策部署。

注重研究方法。一是具有世界眼光，把中国执政党建设放在当代政党政治发展中来考察，来把握中国执政党建设的规律。二是从正反两方面经验教训的对比中深化对执政党建设规律的认识。三是坚持具体分析党的建设各个不同发展阶段的特征。

2012 年党史研究，无论是宏观研究，还是微观考证，由于各种新史料的不断公布和发现，整体上都呈现出比较活跃的气象，仍然需要引起高度重视的问题是历史虚无主义思潮，对其影响不可小觑。

党史研究关系到中国共产党执政的合法性，一些对共产党执政不满的人就采取历史虚无主义思潮惯用“影射史学”的做法，借颠覆党史基本结论的做法来攻击中国共产党。虽然主流学界多次反对历史虚无主义思潮，但是这股思潮的影响不但没有收敛，而且大有蔓延之势，特别是在社会上和网络上，尤其在民间党史学中影响甚大。20 世纪 90 年代以来，中共历史的研究大大地拓展了，很多问题的研究比过去要深入得多。一个值得关注的趋势，就是中共历史研究出现了一个民间学派，它的话语和判断更为史学界注意，在国外也反响很大。民间党史学在活跃党史研究方面起了一定的积极作用，但里面尘沙俱下，不少方面成为历史虚无主义思潮的载体。

2012 年历史虚无主义思潮在党史研究的表现集中在告别革命思潮的渗透，一些人在公开发表的文章和报告中否定土地革命、土地改革、毛泽东、新民主主义。特别是《炎黄春秋》2012 年发表了一系列错误观点，成为历史虚无主义思潮的主要阵地。邵燕祥认为，“从精神上消灭知识分子，这就是所谓‘团结，教育，改造’的知识分子政策的真谛。它与对工商业和工商业者‘利用，限制，改造’的政策精神，并无二致。知识分子在几十年间历经的磨难，正是这一基本政策派生的，并非所谓‘经是好经，让歪嘴和尚给念歪了’。来自各级干部对知识分子的歧视、打击、迫害，其源盖出于此。”[①] 杨继绳认为，“1949 年以后的新民主主义不是民主主义，而是专制主义。1949 年以后，新民主主义的逻辑只能是无产阶级专政。我们的改革目标是市场经济、宪政民主。”[②] 李锐认为，“我认为我们党实际上是一个农民党，毛泽东是一个农民领袖。大家知道，胡绳最后一篇文章就是写毛泽东是个民粹主义者，他是真正研究了党的历史。这是我们最有名的历史学家胡绳得出的结论。党继承了毛泽东的传统，一个人说了算。”[③] 北京大学张千帆认为，“应该看到，无论在理论上还是事实上，毛泽东的阶级分析及其对中国的‘半殖民地’定性显然是不准确的。民国之后，除了日本大规模侵华之外，中国整体上并不受制于任何‘帝国主义’势力的直接控制，‘殖民’从何谈起？在此不妨将其视为一种意识形态策略，目的在于从道义上孤立国民党及其经济支柱——大资本家或‘官僚资本’，并团结小资产阶级和‘民族资产阶级’等‘一切可以团结的力量’取得革命胜利。”[④]

深化党史研究，需要从以下几个方面着手：

（一）加强党史学科理论和党史研究学术史研究

党史研究从一定意义上说伴随党的整个历史，具有强烈的政治性。改革开放以来党史学科的学术性大大增强。作为党史学科的最高学术刊物——《中共党史研究》这些年来因为强调其学术刊物的特性，在学术界的影响越来越大，对提升党史学科的学术化发挥了积极的作用，也有效地发挥了党史学科资政育人的功能。同时，应该客观地看到，党史学科的学术性在学术界还不被普遍认可。提高党史学科的学术化水平，增强党史学科的科学性，当前特别要重视下列两方面。

第一，加强党史学科的基本理论研究。党史学科要以马克思主义为指导，特别是要遵循唯物史观的基本原理，要用中国化马克思主义指导党史研究。但是不能停留在泛泛地谈唯物史观为指导，应该将唯物史观与党史学科相结合，研究党史学科其自身的理论。在这方面，还有很大的研究空间。如党史学科的政治性与学术性关系，到底如何实现这二者的统一，还缺乏具体的措施。2012 年马克思主义理论研究和建设工程出版了沙健孙教授主编的《马克思主义经典作家历史理论经典著作选读》是加强党史学科理论研究的重要参考书。在加强马克思主义经典作家的历史论述基础上，要构建党史学科本身的理论框架和学科体系。

第二，加强党史学术史研究。关于党史学科史学史的相关著作出版了不少，但党史学术史研究不够。加强党史学术史研究，包括党史学术“内史”和学术“外史”研究。学术“内史”主要是从学术本身研究，主要研究学术研究的历史。学术人物研究是其中重要的方面。2012 年是著名的马克思主义理论家、党史大家胡乔木诞辰 100 周年，理论界再次探讨了胡乔木的党史研究思想。也有学者出版了党史专家胡华、何干之的学术传记，这些都是推进党史学术史的重要方面。当前要系统地梳理党史学科的发展史，不仅研究党史学科在中国的发展，也要研究在国外的发展。学术“外史”主要研究党史学科与政治、社会等的关系史，要特别

---

① 邵燕祥：《对“团结，教育，改造”的反思》，《炎黄春秋》2012 年第 3 期。

② 杨继绳：《追忆朱厚泽》，《炎黄春秋》2012 年第 5 期。

③ 李锐：《上下互动，促进政治体制改革》，《炎黄春秋》2012 年第 5 期。

④ 张千帆：《宪政民主应成为基本共识》，《炎黄春秋》2012 年第 6 期。

注重考察学术史背后的政治、社会、思想、文化等背景及其内在的历史关系，把握党史学科的特殊性，推进党史研究。

第三，加强党史资料的收集、整理、鉴别、利用。作为历史学的一门分支，占有真实而丰富的资料是从事党史研究的基础。当前各类党史资料非常丰富，特别是各种回忆录、口述史更是铺天盖地。由于党史学科的特殊性，档案的开放有其特殊性。所以要充分利用地方资料和口述史。在地方资料方面，山西大学收集了农村集体化时期的文献资料几百万件，对研究集体化时期的农村历史具有很大的价值。在口述史方面，武汉社会科学院的马社香的《前奏》和《中国农业合作化运动口述史》对研究晚年毛泽东和农业合作化运动史具有重要价值。

（二）加强与相近学科的交流

中共党史学科与中国近现代史学、世界近现代史、马克思主义中国化、中国近现代史基本问题有着密切联系，许多方面存在交叉关系。社会现象本身就是密切联系的。当前党史学科发展中存在的一个严重不足就是与相邻学科交流不足。从历史的本来面目来说，中共党史本来就是中国近现代历史的一部分，也是世界近现代史的重要部分。因此，党史学科要充分利用中国近现代史学科的研究成果，会通民国史与党史应该是一个很好的方向。中国近现代史学科已经发展得很成熟，为中共党史能够提供很好的借鉴。具有很好的中国近现代史功底的学者研究中共党史，更有助于深化党史问题研究。近年一些在社会上比较认可的党史研究，大多具有中国近现代史学科背景。中国自从鸦片战争以来，就成为世界一体化历史的一部分。中国共产党的成立本身就是受到外部因素的影响。因此，中共党史学科的发展应该加强与世界近现代史学科的联系，学会用比较的眼光、国际的视野看待党史。中共党史学科一门意识形态很强的学科，作为马克思主义理论学科的二级学科马克思主义中国化、中国近现代史基本问题与党史学科更是密不可分，因此，党史学科也要主动与这两个学科进行联系。

中共党史作为中国共产党的历史，因此跨学科的研究有助于认识党史、深化党史，特别是政治学、社会学等的理论方法可以借鉴。国外党史研究者在这方面对我们有很好的启示。

（三）发挥党史学科的科学性，继续批判历史虚无主义思潮

由于社会思想多元化、利益的多样，更由于西方国家的“分化”、“西化”图谋，所以党史研究中的杂音、噪音不断。历史虚无主义思潮就是一个例证。党史学科不是一门纯学问，必须服务于中国共产党的建设和事业的发展。因此，党史研究中要充分发挥党史学科的科学性，批判各种错误思潮，引导社会思潮。当前特别要继续从科学的角度批判历史虚无主义思潮。只有提高党史研究的科学性，才能有效地发挥批判的作用，做到以理服人。

（四）用群众熟悉的语言和方式普及党史文化

用群众熟悉的语言普及党史文化是发挥党史学科的教育功能重要途径。当前一般群众，特别是青年人就是对革命历史和传统缺少了解。与我们党史工作者工作做得不够有关，我们还不太会用他们所习惯的那些鲜活的语言搞教育，不太会运用年轻人非常熟悉、运用娴熟的新兴媒体，比如动漫、手机网络、微博等等。我们要学会用群众特别是青年人熟悉的

语言和传播方式进行生动的党史教育，让党史鲜活起来、形象起来，把党史的内容变成可敬、可爱、可亲、可接受的东西，让群众在潜移默化中自然接受。如果我们的党史能够从书斋里、课本里、党史学问家的学术语言中走出来，走进寻常百姓之中，用鲜活的语言、新鲜的形式，包括微博的方式、动漫的形式，真正形成一种文化，它的传播力、影响力就会很大。

（供稿：金民卿、陈志刚、龚云、戴立兴）

思想政治教育

一 研究概况

2012年，思想政治教育学科以深入学习贯彻十七届六中全会精神和十八大精神为契机，在继续推进思想政治教育基础理论研究的同时，重点关注思想政治教育重大理论和现实问题，取得了丰富的研究成果。

（一）学科建设稳步发展

当前，思想政治教育学科建设着眼时代特征，立足不断发展的实践，认真总结学科建设的经验，主动适应党的思想理论建设和高校思想政治理论课建设的需要，取得了重要进展。

1. 学科队伍的整体素质不断提高

思想政治理论课教师是高校马克思主义理论学科队伍的主体。近年来，各高校按照“一岗双能”、“一身二任”的要求，努力提高教师自身的理论素养、业务能力和道德修养，不断强化学科意识，积极参与学科建设；进一步积聚学科力量，整合资源，以项目为纽带，形成老中青结合的学科队伍。通过举办各级高校哲学社会科学教学科研骨干研修班、到相关的研究基地进行访问研究，以及国内外社会考察和挂职锻炼等多种途径，学科队伍素质得到了全面提高。

2. 学科建设经费投入力度不断加大

近年来，国家采取了有力措施，为加强马克思主义理论学科建设，特别是学科带头人和中青年骨干培养、提高队伍整体素质，提供了有力保障。学科建设经费，由国家、地方和学校共同筹措、分级管理。教育部每年都会安排一定数量的马克思主义理论学科导师和思想政治理论课教师专项课题。

3. 关于思想政治教育学科建设问题的研究持续深入

2012年，研究者们主要围绕思想政治教育学科建设问题中的学科使命、学科定位、学科属性、学科价值、学科合法性、学科规范建设、跨学科研究、思想政治教育史学科建设等问题展开讨论，从不同的角度深化了对思想政治教育学科建设问题的研究。

（二）2012年思想政治教育理论研究和学科建设的重要学术活动

2012年，国内理论界围绕学习党的十七届六中全会精神、学习党的十八大精神、纪念雷锋逝世50周年等主题，举办了多次学术会议、交流活动，整合、交流、宣传思想政治教育学科的最新成果，对学科建设起到了很大的推动作用。其中比较重要的活动有：

(1) 2月28—29日，中宣部在京举行“第九届中国公民道德论坛”。时任中共中央政治局委员、中央书记处书记、中宣部部长刘云山出席论坛并讲话，强调要认真贯彻党的十七届六中全会精神，在全社会深入开展学雷锋活动，大力弘扬雷锋精神，激扬人民心中蕴藏的美好思想品德，焕发人们建设文明风尚的巨大热情，把公民道德建设不断引向深入，为推动科学发展、促进社会和谐提供有力的思想道德支撑。

(2) 2月29日，由教育部思想政治工作司指导、全国高校辅导员工作研究会和中国学位与研究生教育学会德育委员会主办、四川大学承办的“2012年全国大学生思想政治教育处长论坛”在四川大学举行。论坛的主题是“以社会主义核心价值体系为统领，进一步提升大学生思想政治教育工作科学化水平”。

(3) 5月14—15日，湖南省长沙市举行了“2012年雷锋精神论坛”，论坛主题为“雷锋精神”时代化与学雷锋活动常态化。“雷锋精神论坛”的举行是深入贯彻落实党的十七届六中全会精神的一项重大举措，对于更好地把握雷锋精神的丰富内涵，推动学雷锋活动常态化、机制化，加强社会主义核心价值体系建设，具有十分重要的意义。

(4) 5月16—17日，“2012年全国高等学校思想政治教育研究会会长会议”在广西大学召开，会议主要围绕如何进一步增强研究会工作的针对性和有效性，以及进一步提升研究会会刊《思想教育研究》的影响力等问题展开了讨论。

(5) 11月24—26日，由中国社会科学院马克思主义研究院主办，重庆工商大学承办的“2012年全国思想政治教育学术研讨会”在重庆召开，来自中国社科院和清华大学等多所高校的一百多名专家学者与会。大家认为，十八大精神进入高校课堂，推动高校师生深入学习贯彻十八大精神，是当前思想政治教育的重大理论与重大现实课题。

(6) 12月8—9日，“全国思想政治教育高端论坛”在厦门大学举行。论坛旨在全面回顾总结党的十六大以来，特别是党的十七大以来我国高校思想政治教育的历史发展和基本经验，认真学习贯彻落实党的十八大精神，进一步促进高校思想政治教育理论和实践的开拓创新。

（三）研究热点与学术成果

2012年思想政治教育研究的热点主题包括：思想政治教育学科建设、社会主义核心价值观的凝练与教育、当前我国道德的评价与道德建设、雷锋精神的时代价值、高校思想政治教育理论课课程教学及课程改革、高职院校的思想政治教育问题、高校政治辅导员的队伍建设、微博网络时代的思想政治教育问题等。从总体上看，2012年思想政治教育理论研究和学科建设呈现出基础理论研究更加深化、现实课题研究更加务实、研究视野更加广阔的特色。

1. 思想政治教育基础理论研究继续深化

在思想政治教育学科理论的导引和教育实践的促进下，2012年思想政治教育基础理论在思想政治教育的概念表述、本质属性、基本矛盾、价值定位、范畴概括、内容结构、原则与规律、方法与载体、效果评估、运行机制、马克思主义思想政治教育经典理论、中国共产党思想政治教育史、思想政治教育现代化等方面的研究继续扎实推进。这些成果，继续推进了思想政治教育的科学化进程和思想政治教育的学科化发展。其中对“思想政治教育研究范式”的讨论继续深入。陈勇、陈蕾、陈旻在《新时期思想政治教育研究范式的现状及发展析论》

中对当前思想政治教育研究范式的现状和困境进行了审视并对其原因作了分析；钱广荣在《思想政治教育研究如何借用范式——范式的本义与本质及方法论阈限之考查》中对思想政治教育理论研究范式可否转换问题提出不同意见；何海兵在《思想政治教育研究的范式转换》中探讨了思想政治教育人学范式的历史底蕴和学理基石问题；曾长秋、凡欣在《从“政治人”到“生态人”：思想政治教育中人学范式的转换》中提出以“生态人”作为思想政治教育中“人”的新定位；李月玲、王秀阁在《科学实践观视角下思想政治教育研究范式探微》中对“社会哲学研究范式”向“人学研究范式”的转换持否定态度，并由此提出科学实践观研究范式是新时期思想政治教育发展的必然选择。这些探讨从不同角度为今后的研究提供了有价值的参考。

2. 现实问题研究更加务实、研究视野更加广阔

结合2012年的重大时事政治事件，思想政治教育理论研究在社会主义核心价值观凝练、雷锋精神、道德建设等重大问题上展开了广泛而深入的讨论。

一是关于社会主义核心价值观的凝练。“社会主义核心价值观的凝练”在2012年仍然是理论界关注和讨论的学术热点。2012年以来，《光明日报》组织了凝练社会主义核心价值观的大讨论。该报理论版1月14日发表包心鉴的《社会主义核心价值观的凝练与建构》一文后，引起较大反响。《红旗文稿》也发表了柯缇祖的《社会主义核心价值观研究》等文章。3月16日，《求是》发表《大力弘扬社会主义核心价值体系》一组文章，从科技、教育、医药发展几个角度，探讨社会主义核心价值体系在行业发展中的具体表述，希望以此促进社会主义核心价值观的提炼和概括。

二是关于雷锋精神的讨论。党的十七届六中全会明确提出：“深入开展学雷锋活动，采取措施推动学习活动常态化。”2012年恰逢雷锋殉职50周年，中华大地上掀起了学习雷锋的一股股热潮。随着学雷锋活动的推进，关于雷锋及其代表的精神等一系列问题，也引起了学术界的讨论和争鸣。概括起来主要有三个重要问题和争论：(1) 为什么要学习雷锋？(2) 雷锋的哪些精神值得当代人学习？(3) 如何使学习雷锋活动常态化？李长春的《在全国深入开展学雷锋活动座谈会上的讲话》，刘云山的《永远的雷锋 永远的雷锋精神》，戴焰军的《论市场经济环境中的雷锋精神》，任仲平的《向我们时代的行动者致敬》，刘洋、陈娟的《用什么样的方式留住“雷锋”?》，以及刘晓玲的《学雷锋活动的常态化实践》等，对于上述问题展开了广泛的讨论。

三是关于道德问题的讨论。道德状况是一个社会文明进步与否的体现，道德风气是一个民族整体精神面貌的反映。如何看待当前的道德状况，涉及如何评价改革开放30年的成就、如何看待社会主义市场经济体制选择等根本性问题。因而，道德问题成为2012年社会各领域，特别是舆论界和学术界关注和讨论的热点问题。概括起来主要有三个重要的问题和争论，即该如何评价当前我国社会的道德状况？当前我国道德领域出现问题的主要原因有哪些？怎样进一步加强道德建设？秋石的三篇关于正确认识我国社会现阶段道德状况的文章，侯惠勤的《判断当前我国社会道德的总体状况要用马克思主义的历史观、世界观、方法论》，胡云腾的《加强道德建设要多管齐下》，戴木才的《全面客观地分析当前我国的道德状况》，葛晨虹的《对道德领域出现的问题要有深刻认识》，以及陈立思的《应该对我国的道德建设进行回顾

和梳理》等，针对上述问题作出了深入的思考和解答。

二　重大问题研究

（一）关于思想政治教育学科建设问题的研究

2012年，学界主要围绕思想政治教育学科建设问题中的学科使命、学科定位、学科属性、学科价值、学科合法性、学科规范建设、跨学科研究、思想政治教育史学科建设等问题展开讨论。

对于思想政治教育的学科使命，有学者指出，任何一门学科只要作为一门独立的学科而存在，就必然意味着它不仅有其赖以确立的特殊研究对象和固有规律，而且有其特有的学科功能，担负着特别的学科使命，具有特定的学科属性。具体分析思想政治教育的学科使命，深入阐明思想政治教育对于马克思主义传播、发展及其价值实现具有的意义，厘清马克思主义与思想政治教育的内在关联，是深刻把握思想政治教育学科定位，大力推进思想政治教育学科建设的必然要求。通过服务于加强高校思想政治理论课教育教学、改进大学生日常思想政治教育、推进社会主义精神文明和先进文化建设等，思想政治教育担当起确保中国特色社会主义建设者和接班人培养的合格与可靠，捍卫马克思主义在我国意识形态领域的指导地位，推进马克思主义中国化、时代化、大众化发展等学科使命。[①]

思想政治教育学科的合法性问题即其合理性、正当性问题近年来少有提及。有学者以学科准入与分等为视野，对此问题作了进一步探讨。从学科的准入看，思想政治教育学科准入最主要的机制是合政治性。但从学科的等级维度看，由于思想政治教育学科的认知维度较低，组织维度较低，在效用维度中只有政治效用维度较高，故在整个学科序列中等级较低，存在不容忽视的合法性危机。从专门化维度来看，思想政治教育学科归属不明、边界模糊。从学科的规范化来看，缺乏公认的范式，规范化程度低。从学科的理论化程度来看，目前思想政治教育学科界普遍存在轻视理论思维或理论建设，把思想政治教育学科看作“经验学科”的现象。要真正使思想政治教育学科发展成为成熟的学科，必须正视被“边缘化”以及自我边缘化的现实，向内使劲，不断提高学科的认知维度、组织维度、效用维度的等级，增强其认知性、人文性、社会性/市场性，推动思想政治教育学科的内涵发展。[②]

有学者指出，学科价值问题涉及思想政治教育学科合法性的基础，因此有必要对其重新审视。思想政治教育学科所内蕴的价值既包括工具理性，又含有价值理性。在目前思想政治教育发展阶段，既要注重思想政治教育的工具理性，又要张扬思想政治教育价值理性。思想政治教育受众个体价值在于实现马克思主义“人的全面发展”的要求，学科的社会价值则在于思想政治教育是社会主义核心价值体系的构成内容与必要形式。思想政治教育学科要根据人全面发展的本质规定，自觉实现思想政治教育个人价值与社会价值具体的、历史的统一，恢复思想政治教育世界中工具理性与价值理性之间的平衡，从而使思想政治教育学科合法性

---

① 白显良：《论思想政治教育的根本学科使命》，《学校党建与思想教育》2012年第4期。

② 周国平：《学科准入与分等视野下学科的合法性危机探讨——以思想政治教育学科为例》，《教育发展研究》2012年第2期。

具有更坚实的基础，学科也具有更强的生命力。[①]

在思想政治教育学科建设发展的30年中，始终呈现出明显的跨学科研究特点。有学者指出，要以马克思主义理论作为指导思想，把跨学科研究作为推动思想政治教育学科发展的动力，并以多学科理论为借鉴来丰富思想政治教育学科的基础理论，注重与时俱进地利用新兴学科来发展思想政治教育的分支学科。当前跨学科研究思想政治教育还滞后于实践发展的需要，如何把跨学科研究的成果及时转变为指导思想政治教育实践工作的具体方针、原则和方法，是思想政治教育学科建设发展的重要任务。唯有更加注重跨学科研究思想政治教育的综合性、融合性与应用性，推动相关学科理论与思想政治教育学科的有机结合，切实推动相关学科向思想政治教育学科的理论转化，才能不断增强思想政治教育的学科自信，才能形成具有自身独特学科特色的思想政治教育理论体系，才能不断推动思想政治教育学科的健康、持续发展。[②]

与此同时，也有学者清醒地认识到，思想政治教育学科在对待“借鉴还是移植”问题上的处理与把握还不够成熟，存在“移植”多于“借鉴”的不足。一方面思想政治教育学科的相关著作和论文与日俱增，另一方面思想政治教育学科建设的内涵与质量却未得到足够提升和有效改观，学科日益“被边缘化”的趋势愈发令人担忧。因此，思想政治教育研究者不仅要清楚本学科的家底——底子薄、存在滞后性，并对此怀有强烈的学科危机感，更要有强烈的学科责任意识，能够对本学科在借鉴其他学科过程中的长短得失有清醒认识和理性分析。提高学科素养、树立并践行学科精品意识、加强学科内涵建设是思想政治教育学科有效解决该问题的可行之路。[③]

关于思想政治教育的学科属性问题，有研究认为，思想政治教育是我国人文社会科学的新型学科，在马克思主义理论一级学科内设立思想政治教育二级学科，既明确了思想政治教育的学科属性，也说明了思想政治教育学科的特殊性。一是思想政治教育的人文性和科学性问题。思想政治教育具有人文性的一面，它具有为人的发展提供精神支持和价值关照的功能，彰显了人文的特色，并且在思想政治教育的过程中也应体现人文的关照。但思想政治教育具有更充分的社会科学特性，思想政治教育学科的研究更应以社会科学研究方法来介入思想政治教育过程，而不能使思想政治教育现象仅仅局限于个人的思想层面。二是思想政治教育学科的意识形态性与科学性问题。从思想政治教育现象本身的发展来看，虽然在无产阶级取得政权以后，思想政治教育依然具有意识形态的特点，但是由于思想政治教育活动所开展的主要内容是马克思主义意识形态，是无产阶级自己的思想武器，因此，思想政治教育活动具有科学性。在意识形态和科学性两个方面，思想政治教育活动更具有科学性的特点，思想政治教育应通过科学性来反映意识形态的要求。三是思想政治教育的理论性和应用性的问题。思想政治教育学科具有很强的理论性，但归根到底，它是一门应用学科，是整个马克思主义理论学科的落脚点和主要应用领域，应突出思想政治教育学科的应用性。[④]

---

① 鲁杰：《思想政治教育学的学科价值研究》，《湖北社会科学》2012年第8期。

② 邓卓明：《跨学科研究在思想政治教育学科建设中的应用》，《高校理论战线》2012年第2期。

③ 刘五景、金林南：《借鉴还是移植：思想政治教育学科建设之思》，《探索》2012年第1期。

④ 佘双好：《论思想政治教育的学科属性及发展路径》，《学校党建与思想教育》2012年第1期。

也有研究者着重提出意识形态话语权问题，认为意识形态话语权问题是反映思想政治教育学科性质的重要尺度，直接影响和制约着“培养什么人、如何培养人”的思想政治教育目标。思想政治教育学科建设，必须紧密围绕人的自由全面发展的主题，不断研究和探讨思想政治教育学科的意识形态话语权建设的基本规律，不断增强马克思主义及其中国化最新理论成果的话语权，为人的自由全面发展成长提供科学的理论指导和行为指南。思想政治教育学科的意识形态话语权建设，应当涵盖意识形态“显在话语”建设和“无声话语”建设等方面，既要依赖马克思主义理论的科学性，又要加强科学意识形态的宣传和教育；既要关注意识形态的话语创新，又要保持意识形态话语的科学“内核”。①

关于思想政治教育学科定位，有学者认为目前从思想政治学科建设状态来看，呈现出四种较有影响的思想政治教育观点或者范式。一是传统取向的学科定位。把思想政治教育学科看成是教育学科，把思想政治教育活动等同于在德育基础上的拓展，甚至用德育的定义来理解思想政治教育。二是科学取向的学科定位。把思想政治教育学科定位为应用社会科学学科，运用科学方法来探讨思想政治教育现象，提出思想政治教育的理论和假设，同时用以解决思想政治教育过程中的实际问题。三是文化取向或人学取向的学科定位。把思想政治教育的研究对象确定为全面整体的人，以人的思想品德形成规律及实施教育规律作为研究主题，倡导思想政治教育的人文关怀，以人的主体性、主动性和人的发展为基点构建思想政治教育理论。四是综合取向的学科定位。认为思想政治教育是一门需要从多学科进行研究的特殊学科，兼具有人文学科和社会科学的特点，对思想政治教育学科发展应采取综合取向。上述四种思想政治教育的学科定位和范式，体现了思想政治教育学科发展的四种不同的状态。目前思想政治教育学科发展现状处于传统人文科学研究为主导的研究范式，因而应进一步明确思想政治教育研究对象，形成新的思想政治教育研究方法，建立马克思主义思想政治教育学。②

在经历“跨越式”发展之后，思想政治教育学科发展逐步面临着学科规范建设不足的“瓶颈”。有学者认为，就目前而言，思想政治教育学科规范建设已经具备了一定的条件。第一，思想政治教育学科发展的阶段性成就为学科规范建设提供了重要的平台基础。第二，马克思主义理论学科研究会和思想政治教育学科研究会的建立，为思想政治教育学科规范建设提供了较好的组织基础和学术平台。第三，学术界关于学术规范的研究成果可以为思想政治教育学科规范建设提供重要的理论资源。但同时，思想政治教育学科规范建设也存在一些不足。第一，基础理论研究方面存在分歧和不足，除了主导性不足以外，还有学科边界不清、学科基本范畴研究不足等。这些不足为构建思想政治教育学科规范增加了难度。第二，高校思想政治教育学科建设水平参差不齐，为学科建设规范的有效实施增添了难度和变数。第三，社会宏观学术环境的规范化缺失，为思想政治教育学科规范建设增加了难度。鉴于目前思想政治教育学科建设和发展的现状，构建学科规范不可能一蹴而就，需要对学科规范进行总体设计，统筹安排，分清层次，逐步推进。③

还有学者提出要加强思想政治教育史学科建设。研究思想政治教育史，建立思想政治教

① 张国启：《论思想政治教育学科的意识形态话语权建设》，《学校党建与思想教育》2012 年第 25 期。

② 佘双好：《论思想政治教育的学科属性及发展路径》，《学校党建与思想教育》2012 年第 1 期。

③ 李辽宁：《思想政治教育学科规范建设有关问题的思考》，《思想理论教育导刊》2012 年第 8 期。

育史学学科，既有推进思想政治教育学科的意义，又有促进历史学科发展的作用。思想政治教育史是研究思想政治教育发生、发展的历史过程和基本规律的科学，即研究思想政治教育发生和发展的条件、环境、主体、客体、进程、结果，以及形式内容、组织机构、方针原则、经验教训等。从历史进程和学科意义上讲，思想政治教育史应该包括中国思想政治教育通史、世界思想政治教育通史。目前中国思想政治教育史学科体系和基本框架尚未建立，思想政治教育史的研究主要还停留在分时期研究的阶段、层次和水平。思想政治教育历史研究的创新发展和具体路径主要应从五个方面入手：一是界定思想政治教育史的学科性质和研究对象；二是明确思想政治教育史的基本观点和主要内容；三是构建思想政治教育史的学科体系和框架结构；四是梳理思想政治教育史的重要文献和大事纪要；五是解决思想政治教育史学科发展中的重大问题。思想政治教育史在思想政治教育学科中具有重要地位，发挥着不可替代的基础作用。加强思想政治教育史学科建设，必将有力地推动思想政治教育学科发展。①

从总体上看，思想政治教育学科仍面临着许多新情况、新问题需要研究。有学者指出，坚持思想政治教育学科建设的主导性和前沿性是开展学科建设的一个十分重要的问题。思想主导性是指学科建设的指导理论、主要目标、建设重点的主导地位和服务思想政治教育实践发挥主导作用的特性。前沿性是指思想政治教育及其学科建设迫切需要解决的重要理论与实际问题。坚持思想政治教育学科建设主导性，是为了维护思想政治教育的性质与尊严，发展思想政治教育的理论与特色，巩固思想政治教育的地位与根基，发挥思想政治教育的功能与优势，使思想政治教育更好地成为团结全党和全国各族人民实现党和国家各项任务的中心环节。把握思想政治教育学科建设前沿性，是为了适应和推进我国社会科学发展和人的全面发展的需要，不断深化、突破思想政治教育所面临的现实理论与实际问题研究，为人们提供精神动力与行为规范，使思想政治教育更富有创新性与实效性。②

（二）关于思想政治教育的本质与价值的研究

在思想政治教育学科成立到现在的近三十年时间里，思想政治教育本质一直是学界研究的重点问题，特别是近年出现了研究高潮和观点的交锋。从总体上看对思想政治教育的本质问题的认识仍然处于“仁者见仁、智者见智”的状态。

有学者将思想政治教育的本质归为思想掌握群众，因为思想掌握群众的过程，就是一定的阶级、集团运用自身的思想来教育、影响、提高、动员、引导群众实现一定政治目的和经济利益的过程。思想掌握群众，既是运用一定阶级的思想掌握本阶级群众的活动，也是运用一定阶级的思想影响和掌握其他阶级群众的活动，其实质都是力图让一定阶级的思想上升成为占主导地位或统治地位的思想，进而影响和支配全社会的实践活动，并在这一过程中，实现一定阶级的根本的政治目的和经济利益。思想掌握群众之所以是思想政治教育的本质，还在于它集中而深刻地体现了思想政治教育的本质特征。思想政治教育具有鲜明的政治性、广泛的群众性、生动的实践性和自觉的超越性，这些都是由思想政治教育的本质所决定的重要特征。③

① 王树荫：《思想政治教育史学科建设构想》，《高校理论战线》2012年第1期。

② 郑永廷：《试论坚持思想政治教育学科建设的主导性与前沿性》，《教学与研究》2012年第2期。

③ 骆郁廷：《思想政治教育的本质在于思想掌握群众》，《马克思主义研究》2012年第9期。

有学者认为，思想政治教育的本质就在于其“政治性”，即思想教育中的政治立场。这种“政治性”禀赋，就其根本意义上而言，在于党的思想政治教育的重点必须保持与党的中心任务、根本利益相一致的基础上。而且，思想政治教育作为思想层面的政治与教育的结合，是一种观念形态的教育活动，是观念世界的政治灌输与改造活动。在全球化、网络化的今天，思想政治教育所面临的最重要的挑战是全球政治多极化的“政治性”风险。[①]

有学者认为学术理论界对思想政治教育本质问题的困扰和纷争，究其本源是目前对思想政治教育根本矛盾的认识不够全面造成的。基于“事物的根本矛盾决定事物的本质属性”这一逻辑，认为思想政治教育内在地包含以下两个不可分割的根本性质：一方面，思想政治教育具有鲜明的意识形态性，它要为一定的阶级、政党和集团的利益服务；另一方面，思想政治教育具有超越性，它通过尊重、满足、提升和丰富人的需要而实现人之自我超越，促进人的自由而全面发展。思想政治教育的意识形态性和超越性是思想政治教育本质不可分割的有机联系的两个方面，是思想政治教育存在的合理性和合法性的理由所在。只有把思想政治教育的意识形态性和超越性有机地结合起来，才能把生动的面貌、鲜活的生命力还原于思想政治教育。[②]

有学者认为必须从研究思想政治教育的关系即普遍联系入手，把思想政治教育的本质界定为调节个人与社会的思想政治关系、促进个人思想品德与社会意识形态同质发展、以实现个人与社会良性互动的价值引导活动。根据矛盾的思维方法，思想政治教育矛盾关系的两个对立面应是个人的思想品德与社会的意识形态，其矛盾反映的应是个人的思想品德与社会意识形态之间既对立又统一的关系，个人的思想品德与社会的意识形态之间的矛盾关系正是思想政治教育内部联系与外部联系的统一。[③]

有学者认为思想政治教育本质认知应以马克思主义本质观为指导，坚持马克思主义实践本体论思维方式，以“价值”作为认知的逻辑起点。认为正确理解和把握思想政治教育的价值化本质，应从“历史—人—社会”三个维度出发，明晰思想政治教育价值化本质的历史性、属人性与社会性。思想政治教育在本质上也是促使人能够不断确证、实现人的自我价值，同时实现由“认识自己”到“成为自己”的转变。[④]

有学者认为思想政治教育的本质即关于（广义的）权利与义务的教育。其根据在于，权利与义务可以实质概括思想政治教育的内容；可以深刻揭示思想政治教育的性质、规律：越是革命的先进的思想政治教育，权利与义务的关系越一致；权利与义务的一致可以全面反映革命思想政治教育的最高目标；权利与义务的一致可以深刻揭示先进思想政治教育有效性的根源。[⑤] 也有研究认为，以前人们在定义“本质”时，强调事物与事物之间相区别的质，对“质”的规定偏重于与他物的差异性，忽略了共同性的本质。思想政治教育的本质应界定为人

---

① 郑建钟、张晓洪：《“正名”：“思想”与“政治”的“教育”抑或“思想”的“政治教育”》，《理论月刊》2012 年第 8 期。

② 卢景昆：《关于思想政治教育本质的再思考——基于对思想政治教育基本矛盾的反思》，《探索》2012 年第 2 期。

③ 褚凤英：《思想政治教育本质新论》，《学校党建与思想教育》2012 年第 3 期。

④ 李忠军：《关于思想政治教育本质的几点探讨》，《东北师范大学学报》（哲学社会科学版）2012 年第 5 期。

⑤ 曹祖明：《思想政治教育的本质：关于权利与义务的教育》，《西安政治学院学报》2012 年第 1 期。

类以满足自身和社会需求为目的，以价值审视、价值选择为内容，以构建理想价值为目标的精神生产实践活动。① 还有学者从文化视角探讨思想政治教育本质。思想政治教育是塑造人的灵魂的工程，是培养人的思想政治素质的精神生产实践。它的产品是精神性的。同时，思想政治教育又是一种人类特殊的精神生产实践活动，是人类精神生产的简单再生产和扩大再生产的统一。②

有研究通过对思想政治教育本质研究成果的梳理，得出认识：学界关于本质的看法并非莫衷一是，不管是阶级性说、意识形态性说、政治性说和价值引导说这些认同度高的本质观，还是早期的塑造说、灌输说，都是围绕阶级和阶级性来分析其本质的。虽然在近期有学者提出精神关怀、促进人的全面发展等本质观，但这也是与时代发展对思想政治教育的价值诉求息息相关的。因此，在思想政治教育本质研究的现有基础上，适应新形势发展需要，研究新现象、揭示新问题仍然是今后深化思想政治教育本质研究的着力点。③

有人认为，根据列宁提出的灌输论，历史和现实中的思想政治教育的本质都是一定的社会意识形态的教化和灌输。其他的社会科学学科也从某一个方面涉及"灌输"性质的工作，但是思想政治教育是在正面直接体现和揭示这一本质的学科。"灌输"既是思想政治教育学的一个主要的范畴，又准确揭示了思想政治教育的本质。坚持思想政治教育的本质是灌输，有利于奠定思想政治教育学体系发展的基础，使得思想政治教育学的其他概念和内容有了遵循的主线，联系为一个完整的体系；有利于提高思想政治教育工作者的理论自觉和高度的责任感；有利于明确坚持思想政治教育的方向性和党性原则，旗帜鲜明、理直气壮地开展思想政治工作；有利于促进思想政治教育方法的改进和更新，增加针对性和实效性。④

关于思想政治教育价值的研究，有人认为，思想政治教育价值既是关系范畴，也是实体范畴，更是实践范畴。思想政治教育价值具有物质性价值、精神性价值和实践性价值三个逻辑层次，在实践活动中具有有限性、历史性、依赖性、间接性、双向主体性等特性。思想政治教育价值具有开放性，不仅面向过去，也面向现在和未来。当思想政治教育价值从革命战争年代的"生命线说"转化为改革开放年代的"功能说"时，思想政治教育的物质性价值、精神性价值和实践性价值在不同时代获得了不同的表现形式。按照这种价值维度，对当前来说，物质生产力的发展价值、道德精神资源的开发价值、和谐社会的构建价值则构成了思想政治教育价值的当前意蕴和内在规定性，它们三者相辅相成，共同指向思想政治教育存在的当前意义。⑤

有学者围绕思想政治教育与经济价值、政治价值、文化价值实现之间的作用方式和价值生成关系，对思想政治教育社会价值生成的内在机制进行了探讨。其一，思想政治教育通过作用于劳动者的素质能够激活经济价值的实现，通过作用于生产关系能够推动经济价值的实现，通过作用于上层建筑能够保障经济价值的实现。其二，思想政治教育通过作用于人们的

① 张正瑞：《对思想政治教育本质研究的回顾与思考》，《思想教育研究》2012年第2期。

② 王升臻：《文化视角下思想政治教育本质新论》，《探索》2012年第2期。

③ 王娟、吴春梅：《思想政治教育本质研究中的差异与共识》，《河南社会科学》2012年第9期。

④ 刘书林：《论思想政治教育的本质——坚守"灌输论"的缘由》，《思想理论教育导刊》2012年第10期。

⑤ 胡沫：《思想政治教育价值的主体性审视》，《思想理论教育》2012年第10期。

政治思想能够促进政治价值的实现，通过作用于政治行为能够推动政治价值的实现，通过作用于政治关系能够保证政治价值的实现。其三，思想政治教育通过作用于核心价值观能够直接推动文化价值的实现，通过作用于精神生产能够间接促进文化价值的实现，通过作用于人的文化心理能够激发文化价值的实现[①]

有研究者认为，思想政治教育价值的实现包括三个方面：思想政治教育对象对教育者所传递的教育内容的接受与外化、思想政治教育功能的充分发挥、思想政治教育满足了人和社会发展的需要。三个方面循序渐进。思想政治教育价值的实现，是思想政治教育价值主客体双向互动的过程，其实质是客体的主体化与主体的客体化的统一。思想政治教育价值的实现并不是价值运动的终止，而是新的价值运动的开始，是新价值实现的基础。思想政治教育正是这样不断地促进人的发展和社会的发展，不断地实现着自己的价值。[②]

有研究者指出，传统思想政治教育重视社会价值却忽略了个人价值，现代思想政治教育却重点强调个人价值而轻视社会价值。实质上，思想政治教育的社会价值和个人价值是统一的。思想政治教育的个人价值和社会价值是相互同构、相互生成，有机地统一在思想政治教育过程中的两种价值形态。[③] 也有研究者认为，从思想政治教育的科学研究、学科建设和教育活动来看，尽管我们在思想政治教育社会价值与个体价值上已经达成了一些共识，但由于受传统思想政治教育的惯性作用和思维定势的影响，仍未对思想政治教育的社会价值和个体价值从理论到实践作出进一步的厘清和归位。思想政治教育作为政策性极强的社会实践活动，同样应该拓展思想政治教育价值追求的包容性，一方面，在突出其政治属性的同时，增进其社会管理和协调职能，在维护意识形态合法性和统一性的同时，突出其服务作用，发挥对社会矛盾的化解、调节作用。提升思想政治教育对政治、经济、社会、文化的有效推进。另一方面，在强调思想政治教育政治属性、教育属性的同时，突出其人本属性，做到尊重、满足和提高教育对象的需求，承认、维护和发展好教育对象的利益，能够在关注人的精神世界、关心人的现实生活上作为新的回应、新的回答，能够在复杂的社会思潮激荡中引领方向，能够在人们思想上众声喧哗时回应现实，能够在多样需求的诉求中实现价值引领，能够在利益驱动的行为中促进人全面发展。[④]

有研究者指出，思想政治教育要突破传统的价值理念，应当顺应时代和生态环境现状的实际要求，主动承担起生态文明建设服务责任，这也是它的价值创新的表现。思想政治教育生态价值的实现途径有三：其一，提倡科学的生态理念，倡导资源节约型消费观。其二，加强生态文化建设，营造良好的生态文明。其三，丰富生态教育内容，创新教育手段。[⑤]

针对近年来有关思想政治教育生态价值研究存在将“思想政治教育的生态价值”与“思想政治教育生态的价值”相混同的现象，有学者提出，应将生态观对于思想政治教育研究的价值（方法属性）、思想政治教育对于生态环境保护的教育引导价值（功能属性）、思想政治

① 杨威：《论思想政治教育社会价值的生成机制》，《思想理论教育》2012年第2期。

② 闵绪国：《思想政治教育价值实现的内涵与实质》，《思想教育研究》2012年第7期。

③ 李月玲：《思想政治教育价值再释义》，《理论月刊》2012年第1期。

④ 杨建义：《思想政治教育价值视野下的实效性问题探究》，《思想教育研究》2012年第8期。

⑤ 王彤、杨秋菊：《生态价值是思想政治教育价值的时代诉求》，《前沿》2012年第17期。

教育生态化理解后本身内涵着的人、社会与自然全面和谐发展的价值（价值属性）这三类不同层次区分开来。生态分析方法对于深化思想政治教育价值的认识集中体现在对思想政治教育的存在价值和发展价值的凸显上。其一，思想政治教育的生态价值，大多是强调思想政治教育在帮助人们提高生态环境保护意识方面的有用性。所谓思想政治教育的生态价值，即思想政治教育所彰显出来的通过其职能方式运作来实现生态价值普遍化被接受和认同的路径优势，也是思想政治教育对生态观的建构所体现出来的特定的能力和优势。其二，思想政治教育生态的价值，主要是特指引入生态学理论和方法对于思想政治教育理论与实践方面体现出来的效用，简言之，就是引入生态视阈来探究思想政治教育所体现和彰显出来的特定意义。因此，一方面，思想政治教育生态的价值表现为生态分析方法、生态视角或思维对于思想政治教育探究的有用性和有效性；另一方面，还表现为当以生态观来看待思想政治教育，将思想政治教育视为一个生态系统之后，作为生态系统本身所体现出来的生态主体（人）和生态环境（社会、自然）之间相互依系、全面和谐发展的价值要求。①

（三）关于思想政治教育的方法与范式的研究

有学者将耗散结构理论的演化发展观引入思想政治教育方法发展的观测和研究中，将人文方法与科学方法融合，探讨具有动态的、演化意义的科学人文思想政治教育方法发展模型。人文教育与科学教育的融合是增强思想政治教育功效和弥补思想政治教育效用不足的最好途径。思想政治教育中人文方法与科学方法的融合，是一个从观念到行为的过程，分为四个阶段：开放是思想政治教育中科学人文方法的发起阶段；非线性是思想政治教育中科学人文方法的冲突阶段；涨落是思想政治教育中科学人文方法的引导阶段；反馈是思想政治教育中科学人文方法的稳定和提高阶段。四个阶段共同构成了一个思想政治教育中科学人文方法的简单回路。②

也有学者按照思想政治教育的主要职能，将其分为理论教育法、实践教育法和批评与自我批评法，对应赋予模型名称为理论型（制订计划→选择方式→理论灌输）、实践型（制订计划→选择方式→参加实践）和批评与自我批评型（指出别人或自己错误→分析产生原因→提出解决办法）。而按照教育方式，又可分为疏导教育型（提出问题→选择方式→形成结论→进行疏导）、对比教育型（选择比照事物→选择具体方式→进行对比教育）、典型教育型（典型示范→引起思考→仿效或规避）和个人教育型（一把钥匙→一把锁）。③

有学者提出了要创新思想政治教育美学方法。思想政治教育美学方法，就是在思想政治教育过程中，借助美学理论，运用审美及艺术手段，创造富有艺术性、审美性、感染力和说服力的方式方法，增强思想政治教育效果，实现思想政治教育目的和任务，提高受教者的精神境界，塑造美的心灵和美的人格的方法。思想政治教育美学方法的主要内容包括思想政治教育“审美”型方法、思想政治教育“艺术”型方法、思想政治教育“移情”型方法和思想政治教育“体验”型方法。思想政治教育美学方法的实践手段包括塑造思想政治教育的内容

① 杨增岽：《论生态分析方法对深化思想政治教育价值认识的意义》，《学校党建与思想教育》2012年第6期。

② 蒙健堃：《基于耗散结构理论的科学人文思想政治教育方法发展模型》，《系统科学学报》2012年第2期。

③ 代德伟、赵达薇：《基于建模的中国思想政治教育方法剖析》，《学术探索》2012年第11期。

之美、培养思想政治教育的对象之美和营造思想政治教育的过程之美。[①]

有学者提出了思想政治教育生态方法，指出其核心旨归是借用生态学研究生命主体与其所在环境之间相互作用及关系的理论与方法来审视和发展思想政治教育方法，从而为思想政治教育方法理论与实践的深化发展提供了崭新的研究视角，进而为提高新时期思想政治教育的实效性提供一定的理论启示和实践指向。思想政治教育生态方法是整体开放、动态平衡、协同共生三者之间的统一。其具体包括思想政治教育生态系统分析法、思想政治教育生态要素互动法以及思想政治教育生态和谐共生法。[②]

有学者提出了思想政治教育方法创新机理这一概念。思想政治教育方法创新机理是在马克思主义辩证法指导下，系统、联系、动态、发展地分析思想政治教育方法创新系统的要素结构和发展过程，把握其内外动力和矛盾规律，指导思想政治教育方法科学有效地创新。它丰富了思想政治教育方法论的研究范畴，有利于方法论研究的科学化和学科化。同时也为解读当代复杂社会环境下的思想政治教育具体实践提供了理论依据，提高当前思想政治教育方法的针对性和实效性。机理是一个系统为实现特定的目标和功能，内部诸要素在一定环境条件下相互联系、相互作用的运行规则和原理。思想政治教育方法创新机理研究即探究思想政治教育方法创新内部要素的工作原理和联结方式，研究环境变化与方法创新系统变化之间的关联性和规律性。通过对思想政治教育方法创新系统内部因素联系方式和运动过程的研究，把握思想政治教育方法创新的内在基本规律，提高复杂环境下思想政治教育方法创新的实效性。[③]

也有学者提出了创新高校思想政治教育方法的具体对策。要通过方法的综合化、人性化、现代化、中国化，来创新高校思想政治教育；要用立体化的方法开展思想政治教育，不断增强高校思想政治教育的吸引力。[④] 也有学者按照内容与形式的关系，从思想政治教育实施方法的两个角度，即理论灌输教育与非理论灌输教育综合方式，结合马克思主义大众化背景，讨论了思想政治教育实施方法的创新。在坚持理论灌输教育方法的基础上，将其更多的与人民群众的根本利益相结合，使人民群众能够更好地“认同”马克思主义。在重视多种非理论灌输教育方法综合运用的基础上，将其更多地与先进的科学技术以及新兴的传播手段相结合，使马克思主义说人民群众“想听”、“愿听”、“听得懂”的话，使人民群众能够更好地“理解”马克思主义。无论是偏重于内容的理论灌输教育实施方法创新，还是偏重于形式的实施方法综合运用方式创新，都应牢记新时期马克思主义大众化赋予思想政治教育的历史使命，以人民群众如何更好地认同、理解和掌握马克思主义为出发点、突破口、基准线，这样的创新才是有目的、有意义、有成效的创新。[⑤]

有研究认为，总体来看，思想政治教育方法论研究还存在以下问题：一是在理论体系建构方面尚不成熟，基础理论研究相对薄弱，学科体系尚需规范和完善，整体构架还有待更深

---

① 王凤志：《论思想政治教育的美学方法创新》，《探索》2012 年第 3 期。

② 李伟、邹绍清：《试论思想政治教育生态方法》，《理论月刊》2012 年第 5 期。

③ 张毅翔：《辩证法视阈下思想政治教育方法创新机理探析》，《求实》2012 年第 9 期。

④ 彭建国：《注重方法创新增强高校思想政治教育吸引力》，《中国高等教育》2012 年第 12 期。

⑤ 付有：《马克思主义大众化与思想政治教育实施方法创新》，《河北联合大学学报》（社会科学版）2012 年第 5 期。

入细致的研究来充实。具体表现为：方法的分类标准不一，方法名称混乱，方法归纳不够全面，对方法的规律、功能、特点等基础理论研究不够彻底，方法的系统实践研究不足，缺乏实证研究等。二是存在理论与实践脱节的问题。现有的研究总体上呈现出两个倾向性：在宏观层面，注重理论研究或学理分析，理论研究者不从事实践工作，较少与思想政治教育的实践相结合，理论向实践的转化比较困难；在微观层面，就方法谈方法，思想政治教育的一线工作者虽然有丰富的工作经验，但理论基础相对薄弱，研究大多停留在经验层面，缺乏足够的理论支持和应有的理论深度，实践向理论的提升比较困难。这也造成了思想政治教育学术研究者与实务工作者两大群体的分化，在很大程度上浪费了有限的资源，阻碍了学科的发展。三是方法的发展与创新还不能满足实践的需要。表面上创新研究多，实质上多为重复研究，影响大、认同度高的研究成果少。思想政治教育方法论的相关学术研究对实践中新方法的涉猎存在一定的滞后性，应该努力克服这种滞后性，朝着同步甚至超前的目标迈进。四是研究方法比较局限经验总结和思辨研究较多，案例研究、行动研究、实证研究等方法的运用较少，规范性不足，研究方法的局限从根本上束缚了思想政治教育方法研究成果的整体水平。①

进入21世纪以来，“研究范式”成为思想政治教育学界关注的一个重要问题。2012年对这一问题的探讨继续深入。

有研究对当前思想政治教育研究范式的现状和困境进行了审视并对其原因作了分析。随着思想政治教育研究范式的确立，思想政治教育学科已经进入了一个稳步发展的常规科学时期，但在当前现实生活中，思想政治教育的有效性、实效性却不够明显。既有的思想政治教育研究范式由于难以有效地体现思想政治教育的本质特征和社会功能而陷入一定困境之中。究其原因，主要有两方面。一是思想政治教育实施的外部环境和社会条件发生了剧烈变化，原有的侧重强调社会需要、注重工具价值的思想政治教育研究范式已经不能很好地适应当今社会发展的要求，难以全面充分地为现阶段的社会历史任务服务。二是当前的思想政治教育理论研究在一定程度上局限于多年来形成的研究范式所划定的关注范围之中，而新时期的思想政治教育研究范式需要突破这种限制，将更多的内容纳入其理论视野。21世纪以来思想政治教育的理论研究日趋精细，使思想政治教育理论研究不断深化，但与实践对接不够也使其面临着日趋闭守甚至僵化的“危机”。越来越多的研究以基本的概念、范畴为“起点”，以构建相对完整的理论体系、学科体系为“己任”，而不是以经济社会发展给思想政治教育提出的重大理论和实践问题为主要任务和主攻方向，思想政治教育理论研究正呈现出一种“学院化”的发展趋向。理论接地气不够导致思想政治教育工作者底气不足以及思想政治教育有效性、实效性的降低，并影响到思想政治教育研究范式及学科的发展。②

对于思想政治教育理论研究范式可否转换问题，不少研究者认为，思想政治教育研究范式转换问题的提出表征着思想政治教育学术研究的自识、检审与积极变革。但也有研究者持不同意见。钱广荣认为，“范式”本义、本质为自然科学研究发展真实存在的“自然历史过程”，一种由史而来并由当下而去的永不终结的“自然历史过程”。范式本义及其真谛在于不

① 董晓蕾：《近年来思想政治教育方法论研究综述》，《思想教育研究》2012年第2期。

② 陈勇、陈蕾、陈旻：《新时期思想政治教育研究范式的现状及发展析论》，《思想教育研究》2012年第11期。

是强调唯有经由“科学革命”实现“范式转换”才能赢得“常规科学”的常态发展。但是，库恩并不轻言“转换”，更不刻意鼓动“转换”。在库恩那里，范式转换就是科学革命。我国社会科学研究尤其是思想政治教育研究领域是否亟待实行这样的“科学革命”，以至于在遮蔽和搁置马克思主义基本原理的情势下实行这样的“科学革命”，是需要持极为慎重的态度的。[①]

在思想政治教育“范式转换”的问题上，目前学界比较流行的是“人学范式转换”。认为思想政治教育社会哲学范式是历史形成的，强调社会需要、工具价值，其形成有独特的历史条件。从马克思主义人学与党的中心任务转移双重角度提出思想政治教育研究需要实现从社会哲学范式到人学范式的根本转换。持“人学范式转换”观点研究者虽然肯定了“社会哲学范式”下思想政治教育的成绩，强调“人学范式”是在继承以往发展的基础上的超越。但提出“思想政治教育人学范式转化”的命题，容易造成将“社会哲学范式”与“人学范式”对立起来的结果，产生一种“只要以社会发展为目标，只要强调社会需要、工具价值，就一定会忽视人的需求和发展”的认识。因此有学者提出，范式的转换或变革并不简单地是一种新范式彻底推翻一种旧范式，不是对旧范式的全盘否定，而是扬弃，即否定或抛弃旧范式中已为现实证明不科学、不合理的部分，其中科学、合理的部分则将理所当然地包容在新范式中，继续发挥其应有的作用。[②] 思想政治教育的人学范式并不是要否定和抛弃社会哲学范式，而是对社会哲学范式的继承和超越。思想政治教育人学范式强调以人为本，实现社会进步和人的自由全面发展的有机统一。[③]

有学者注意到了思想政治教育人学范式的历史底蕴和学理基石问题。认为有必要从马克思主义方法论视阈认识和评价“思想政治教育社会哲学范式”，揭示出“思想政治教育人学范式”出场的社会条件和内在困境。思想政治教育作为党的工作体系的一个组成部分，服从和服务于党的中心工作，其规划实施、内容选择、价值取向随着党的中心任务的变化而变化。质言之，思想政治教育具有历史性、受控性和一定程度的自主性。思想政治教育从过去强调社会价值、工具价值到现在强调以人为本，注重人的价值、尊严、自由全面发展，这是党的思想政治教育自我调整与变革的结果。为什么过去强调社会价值和工具价值会陷入理论困境和实践尴尬？这种价值取向遭遇到了何种挑战以致不得不展开自我省察与变革？思想政治教育人学范式的提倡和研究如果不对这些问题作出正面回应，难以有深刻的历史底蕴和学理基石。另一方面，马克思主义人学思想被认为是思想政治教育人学范式出场的理论视阈。近三十多年来，马克思主义人学的兴起确实是中国学界的一个引人注目的学术现象。无论是从指导思想、学科格局，还是从方法论角度上说，思想政治教育人学的构建都离不开马克思主义人学的观照。但是，马克思主义人学思想体系并没有得到足够的、系统的挖掘和阐释，甚至在某种程度上陷入了低谷。思想政治教育人学范式的构建停留于现实的个人、生成建构、全面发展等维度是远远不够的。思想政治教育人学要想夯实自身的基石，首要的是自主地对马

① 钱广荣：《思想政治教育研究如何借用范式——范式的本义与本质及方法论阈限之考查》，《思想政治教育研究》2012年第1期。

② 陈勇、陈蕾、陈旻：《新时期思想政治教育研究范式的现状及发展析论》，《思想教育研究》2012年第11期。

③ 何海兵：《思想政治教育研究的范式转换》，《思想教育研究》2012年第3期。

克思主义人学思想作出独特的、完整的梳理和阐明，而不是完全依赖于马克思主义人学既有的研究成果。[①]

还有研究提出以“生态人”作为思想政治教育中“人”的新定位，来推动人学范式的转换。认为在新的社会历史阶段，思想政治教育中的“人”不再是工业社会早期的“经济人”，也不再是置于意识形态迷雾下的“政治人”，而是应走向以自然、社会和个体生命互为生态性存在的“生态人”。[②]

但也有学者对“社会哲学研究范式”向“人学研究范式”的转换持否定态度，并由此提出科学实践观研究范式是新时期思想政治教育发展的必然选择，作为扬弃“社会哲学研究范式”和“人学研究范式”利弊的应然选择。从“社会哲学研究范式”向“人学研究范式”的转换，尽管是为了克服与之对应的范式下思想政治教育的困境而建立的，然而其本身却又陷入新的困境而受到不同的批判和挑战，问题的症结就在于他们割裂了个人与社会的关系。科学实践观所蕴涵的最基本的价值观就是个人和社会自始至终是统一的，以它作为思想政治教育的研究范式是对已有的“社会哲学研究范式”和“人学研究范式”的扬弃。这一研究范式的转换，不仅是应对现有思想政治教育困境之必须，而且符合思想政治教育本质要求。既有利于实现思想政治教育的个人价值和社会价值的有机统一，也有利于提高思想政治教育的理论性和实践性。思想政治教育作为一种实践活动，它不仅在于解释世界，即面向现实社会和既成的事实，对现有社会观念和道德品质进行合理性解释，从而规范和约束人们的思想；思想政治教育还在于改变世界，即面向社会和个人的未来发展，推动社会观念和道德品质向更高阶段发展，使人们的思想超越现有的社会观念，用更先进的观念引领社会的发展，从而达到个人和社会在意识形态领域的螺旋式上升及其良性互动。同时，思想政治教育一方面要强调和体现社会对人的责任，必须尊重人、为了人、依靠人、塑造人；另一方面要强调和体现人对社会的责任，必须培养人的社会责任感。所以，“科学实践观研究范式”下的思想政治教育既为个人“认同”历史、社会和时代，形成具有文明史内涵的世界观、人生观、价值观奠定基础；又为历史、社会和时代“认可”个人，形成具有时代内涵的世界图景、思维方式和价值规范创造条件。思想政治教育的根本使命，就是在这种“认同”与“认可”的双向互动中，实现个人和社会在意识形态领域的有机统一。[③]

（四）关于思想政治教育的借鉴研究与比较研究

借鉴研究与比较研究都强调世界性视野，与比较研究全方位地进行己方与他方的对比和分析，强调各方的优缺点不同，借鉴研究主要是单方面地强调他方所有和己方所无的特色。2012年，思想政治教育的借鉴研究与比较研究的成果主要集中在柏拉图及卢梭公民教育思想、国外公民教育状况、美国思想政治教育、亚洲国家和地区的思想政治教育、西方发达国家尤其是北欧、德国、澳大利亚等国的思想政治教育，以及俄罗斯、越南等国的思想政治教育等方面。

有学者对柏拉图公民教育思想进行了解析。柏拉图是西方系统探讨公民教育思想的第一

① 何海兵：《思想政治教育研究的范式转换》，《思想教育研究》2012年第3期。

② 曾长秋、凡欣：《从“政治人”到“生态人”：思想政治教育中人学范式的转换》，《伦理学研究》2012年第11期。

③ 李月玲、王秀阁：《科学实践观视角下思想政治教育研究范式探微》，《理论导刊》2012年第8期。

位哲学家。柏拉图公民教育思想的哲学基础是“理念论”和“灵魂说”。他认为，公民教育的目的是培养“哲学王”和合格“公民”；公民教育的本质是追求“德性”完善；公民教育的过程和内容须经由统治者详细规划和审查。探讨柏拉图的公民教育思想，有助于我们进一步把握和回归公民教育的目的和本质。柏拉图的公民教育思想服务于当时的城邦政治的需求，他将公民教育视为挽救城邦危机、实现城邦强盛和社会和谐的重要手段。同时，柏拉图的公民教育是“美德”教育。个人的“德性”完善是“灵魂转向”，是个体向“善”理念的不断接近，是个体人格完善和精神生命的提升。可以说，教育的本质就是“使人成为人”。现代教育一味重视技能训练，追逐教育的功利性目的，完全忽视“美德”培养。因此，如何回归教育本质，关注“美德”教育，是柏拉图的公民教育思想提出的命题，也是迄今值得我们深刻反思的问题。①

更多的学者对卢梭公民教育思想进行深入挖掘。有学者指出，对启蒙运动的反思是卢梭思想体系的关键主题。卢梭在个人、社会和国家的具体层面对启蒙思想进行了诊断和质疑，并尝试以公民教育方案实现对启蒙运动的积极取代。公民教育方案以自然和公民美德作为理想人格的双重准则，尝试以自然人为起点，完成对爱国公民的塑造。然而，自然和公民美德两种原则之间存在着内在张力，这个张力决定了公民教育方案的矛盾性，也导致公民教育方案对启蒙的超越并未完成。对卢梭思想前提的分析表明，公民教育方案的矛盾，来源于卢梭对政治的自然性的拒绝。把握卢梭与自然哲人的内在思想关联，有助于理解卢梭思想的复杂性。② 也有学者认为，以透视卢梭的公民教育理论为切入点，分析其思想内部的矛盾与冲突，反思个体与国家、社会的关系这一公民教育的第一原则，为公民教育的前提性问题思考提供一个视角。从整体视阈考量卢梭的公民教育思想，其公民教育和自然人教育的契合和断裂映射出他在寻求教育中“个人”与“国家”之间黄金分割点上的艰辛努力和困惑。长期以来，在对卢梭的公民教育理论的解读时，往往注重的是发掘他的公民教育理论中的国家主义和集体主义成分，少有把他的公民教育理论和他的自然人的教育理论整合起来进行分析和借鉴，很少看到他的公民教育和自然人教育之间的逻辑自洽和必要张力。而只有这种整合性的分析，才能从多侧面把握他的公民教育理论的全貌。原有的单一性解读更多地强调了公民的“公”而忽略了公民的“私”。没有看到“公”与“私”之间的内在契合和必要张力的保持。通过整合性的分析，悉察公民教育的潜藏诉求和面临的困境，对于反思公民教育的前提性观念，对于重新思考公民教育中个人、国家和社会的合理位置有深刻启示：个人自由——限度因所处社会发展阶段而定，归宿点在消极自由而不在积极自由；国家权力——道德上引领而非塑造，目的在个人而不在国家；社会定位——社会“人化”与人的“社会化”兼具。③

有学者着重考察了美国公民教育的改革历程——从 20 世纪前注重“价值灌输”、20 世纪上半叶以课程为中心的探索，发展到 20 世纪中期以后以社会问题为中心的重视公民参与实践的教育模式，每次变革都驱动着公民文化的变迁。公民文化最典型的特征是“参与”，只有在普遍存在的社会和政治参与中，政治体系的合法性才得以建立，民众才能在长期的参与实践

① 段元秀：《柏拉图公民教育思想论析》，《教育评论》2012 年第 2 期。

② 戴晓光：《公民教育方案与卢梭的启蒙之思》，《中国人民大学学报》2012 年第 3 期。

③ 于伟：《公民抑或自然人——卢梭公民教育理论的前提性困境初探》，《教育研究》2012 年第 6 期。

和训练中培养出参与理性和技能、升华认知学习、内化政治道德和宪政情感。由此得出对我国思想政治教育的两点启示。第一，应积极调整教育理念、目标和模式，借鉴世界各国公民教育的经验和教训，改变“灌输”或单一强调知识认知的教学手段，整合多渠道教育实践资源，通过参与实践和训练增加公民在政治体系中的自我效能感，以进一步培养公民理性、参与能力和政治认同。第二，我国思想政治教育的首要目的是推动当代中国马克思主义大众化，一定程度上在教育目的和功能上忽略了公民文化作为政治文化的社会性基础的重要功能。在社会主义核心价值引领下凝聚多元文化、推动公民文化健康有序的形成和发展，将是思想政治教育面临的一个重大课题。① 另外，还有研究关注到了俄罗斯的公民教育。从苏联社会主义话语体系中的公民教育到俄罗斯社会转型初期的公民教育的确立，再到新世纪俄罗斯公民教育体系的初步建立，俄罗斯的公民教育具有明显的时代变革印记。②

还有研究注意到了新媒体环境下媒介教育的重要性，提出以媒介教育促进公民教育。当前，英国、加拿大、美国、澳大利亚、芬兰、法国、德国、日本等国，甚至我国的台湾、香港等地区都已将媒介教育纳入中小学的公民教育体系，通过媒介教育令公民教育更出色已成为一种国际趋势。媒介教育绝不仅只是强调公众对媒介的选择、使用、参与和创造，更以媒介教育过程为社会校正过程，使学生积极生活于现代信息社会和行使公民权利。反观我国公民教育，对媒介教育认知和重视不够，利用率较低。在我国新媒体环境和社会主义政治文明建设大环境中，公民教育与媒介教育建立关系日益呈现出必行之势。首先，争取政府支持，公民教育与媒介教育的对接才会有一个更广阔的发展空间。其次，应将媒介教育贯穿小学公民教育到高校公民教育，发展相关的教材。另外，应提高公民教育教师和研究者的媒介素养，培养跨学科师资力量。③

有学者着重研究了美国的网络公民教育状况。美国网络公民教育致力于通过网络使未成年人和成年公民更广泛地了解美国社会的方方面面，成为一名知情的公民，并通过服务学习等形式体认自己在社会中应该承担的责任，激发公民的社会责任感和积极参与社会的热情。美国的网络公民教育内容主要包括公民知识教育、公民技能训练和公民品性培养三个方面。美国网络公民教育在路径方面主要包括：采用渗透式的隐性教育方法，强调互动协商与授受合一的教育方式，注重理论与实践相结合的教育模式。美国网络公民教育凸显了公民教育的政治性，针对不同的教育对象选择不同的教育内容，形成了网络公民教育的终身教育体系，形成了立体的、协同的网络公民教育机制，体现了强烈的时代性和前瞻性。④

有研究通过比较分析认为，中美两国都十分重视对大学生的思想政治教育，中国是以培养“四有”新人和社会主义的接班人为思想政治教育的目标，而美国则以培养“责任公民”为目标。中国的思想政治教育理论是以马克思主义为基础，以中国特色社会主义理论体系为导向，而美国的思想政治教育理论主要受杜威的实用主义影响较大。中美高校的课程设置也

① 杜海坤、傅安洲、张地珂：《美国公民教育变革对公民文化变迁的作用研究——基于历史发展的视角》，《湖北社会科学》2012 年第 12 期。

② 张鸿燕：《当代俄罗斯公民教育的嬗变及发展趋势》，《教育探索》2012 年第 3 期。

③ 陈苗苗、檀传宝：《国际视野下媒介教育促进公民教育研究》，《外国中小学教育》2012 年第 6 期。

④ 杨勇：《网络社会视阈下美国公民教育探析》，《外国教育研究》2012 年第 11 期。

因其目标和理论基础的不同而有所差异，从而影响到对大学生思想政治教育方式、方法的不同。中国大学生思想政治教育更多地注重教育的系统性、知识传播性，不仅注重教育者的主导性，更注重理论灌输。美国大学教师比较注重教学方法的多样化，注重发挥受教育者的自主性。中美大学生思想政治教育的主渠道都是思想政治课的课堂教学，但对比之下，美国大学一方面注重教学形式的灵活多样，注重隐蔽教育对人潜移默化的影响；另一方面也很重视思想政治教育的渗透性和时效性，并在思想政治教育方面取得了显著成效，这对我国思想政治教育的开展具有积极的意义。[①] 还有学者总结了美国国民教育方法的四大核心原则即爱国主义的政治原则、自由主义的经济原则、实用主义的文化原则和分析主义的方法原则。这四大原则贯穿了美国国民教育的始终，是其进行相关工作的根本出发点。对其进行批判性的吸收，有助于我国走出一条科学、有效和富有特色的思想政治教育之路。[②]

有学者指出，在美国高校，在高等教育阶段通过政治社会化的途径来培养公民道德以达到培养未来公民的理念与做法，值得我们细加研究并从中得到一些有益启示。政治社会化实质上就是个体与社会经过互动而形成特定政治价值观与政治态度，并在政治行为过程中形成政治能力的过程。基于对美国精神的追寻，以政治社会化为导向，美国高校在多元文化中不懈地坚持整体一致性的公民道德教育，通过课程学习、负责任的积极参与、品格教育、公民宗教的形式来完成道德知识的获得、道德情感与技能的培养，并以相关理论创新引领公民道德教育，以教育评价作为促进手段，给我们提供了可资借鉴的启发。[③] 有学者关注到美国高校思想政治教育意识形态性与非意识形态性的均衡发展问题，认为美国高校思想政治教育比较注重将意识形态性教育融入非意识形态性教育中，注重二者的均衡发展，具有很强的隐蔽性和渗透性，对我国高校思想政治教育工作具有一定启示作用。我国高校的思想政治教育应该在坚持以社会主义意识形态教育为主导的前提下，重视非意识形态教育，培养当代大学生公民意识与现代文明精神，探索构建社会主义核心价值观的有效实施途径。[④]

此外，还有研究选取理工科大学生为视角，对中美两国大学生思想政治教育进行比较分析，认为中美两国理工科大学思想政治教育在培养目标的政治性与全面性、教育内容的跨学科性与综合性、实施方法的多样性与科技性等方面存在共性；培养目标在价值取向上存在根本差异，教育内容在国家性质上存在主要差异，实施方法在“显性”与“隐性”侧重点上存在具体差异。国家性质及意识形态导致培养目标价值取向的根本差异；历史文化传统导致实施方法及具体操作方式的较大差异。并由此得出启示：一要依据我国理工科大学特点，进一步加强教育内容的跨学科性与综合性，使教育内容更加贴近我国科技文化的实际，注重思想政治素质教育与科技专业素质教育的有机融合。二要结合我国理工科大学特点，使实施方法更加多样化。三要进一步坚持中国特色社会主义的培养目标，使学生明确现代科技的意识形

① 张德才、张志强：《中美大学生思想政治教育比较分析》，《黑龙江高教研究》2012年第3期。

② 冯婕、祝杨军、胡锐：《美国国民教育方法中的四大核心原则及其对我国的启示》，《河北大学学报》（哲学社会科学版）2012年第7期。

③ 金家新、易连云：《政治社会化取向的美国高校公民道德教育行动》，《南京社会科学》2012年第7期。

④ 张敏、陈尚坤：《美国高校思想政治教育目标实现方式多样性的启示》，《江苏高教》2012年第6期。

态本质，使其利用科学技术更好地服务社会主义现代化建设。[①]

关于主要亚洲国家的思想政治教育。作为率先进入世界发达国家行列的亚洲国家，日本、韩国、新加坡始终把道德教育放在学校教育的首要位置，取得了积极的成效。有研究对日本、韩国、新加坡学校道德教育的目标和内容进行了分析，并比较了其差异性和特征，由此对我国学校道德教育提供了如下借鉴：一要架高起点，高度重视，积极推进学校德育工作；二要以社会主义核心价值体系为统领，凸显社会主义意识形态的主导性；三要正确对待中国传统文化，取其精华、弃其糟粕，不断赋予其新的时代精神；四要积极创新能够服务于中国特色社会主义伟大事业的学校德育目标和内容。[②]

有研究考察了我国台湾高校思想政治理论教育的发展历程及其特点。从20世纪40年代末到21世纪初，台湾高校思想政治教育经过了威权统治时代、政治开放时代、多元文化时代，思想政治教育无论是在内容上还是形式上都发生了巨大的变化，不同时代的台湾高校思想政治教育展现出不同的特点：高度党化、重视中华传统文化教育以及“通识化”。在此基础上提出对大陆高校思想政治理论教育的发展的借鉴意义：不断丰富高校思想政治理论教育的内容；充分发挥中华传统文化在高校思想政治理论教育中的作用；加强高校思想政治理论教育与通识教育的有效结合，提高思想政治教育的有效性。[③]

还有学者对越南高校思想政治教育革新进行了研究。作为革新开放事业的重要环节，越南高校思想政治教育在教育原则、理论基础、主体内容和教育方式等方面进行了一系列改革。一是坚持社会主义方向。越共发明了“社会主义定向”一词：越共认为，一方面越南是社会主义国家，在革新开放中必须坚持马列主义、胡志明思想；另一方面越南目前仍处于向社会主义过渡的初级阶段，是“不够格”的社会主义，这一提法体现了越南坚持社会主义事业的目标和努力方向。越南在革新开放中始终坚持“改革不改色，融入不溶化”。二是形成以马克思列宁主义为理论基础，以胡志明思想为主体的具有越南特色的高校思想政治教育体系，包括马克思主义时代观教育、科学社会主义教育、列宁新经济政策教育、爱国主义和社会主义道德教育等内容，以消除“理论危机”为首要目标。三是以加强理论研究为基础，加快推进教育方式方法转变。将马克思主义理论课教学作为高校思想政治教育的主渠道、主阵地，不断增强教育的针对性、实效性，提高教育的质量和效益。师资建设方面，提高马列课教师待遇，以调动科研与教研积极性。舆论宣传和教育是越南高校思想政治教育的重要途径。越南坚持党管媒体的原则，注重发挥大众舆论的引导功能。舆论宣传以正面宣传为主流，在宣传中不断增强媒体的政治意识、大局观和社会责任感，为越南统一思想、凝聚力量进行社会主义事业发挥了不可替代的作用。这些措施和经验对于我国高校思想政治教育的理论和实践具有借鉴价值和启示意义。当下中国高校思想政治教育应具有鲜明的问题意识和改革创新的勇气；实现坚定信仰与解放思想的辩证统一；实现坚持原则性和发展创新性的统一、坚持民族

① 魏晓文、关丽丽：《中美两国理工科大学思想政治教育异同及原因探析》，《思想理论教育导刊》2012年第7期。

② 张社强：《日本、韩国、新加坡学校道德教育比较研究》，《思想政治教育》2012年第4期。

③ 张嵘：《台湾高校思想政治理论教育的发展及其启示》，《思想政治教育》2012年第7期。

性和发展时代性的统一、坚持主导性和发展多元性的统一。[①]

（五）社会思潮与高校思想政治教育的研究

有学者认为，马克思主义利益观是评判各种社会思潮的性质的标准。马克思主义利益观是人们对利益和利益关系最基本的立场和态度。马克思主义利益观包含四个主要方面内容：第一，利益是人类赖以生存和发展的基础。第二，利益是生产力乃至社会发展的内驱力，是人类文明进步、实现自由而全面发展的内驱力。第三，利益是经济关系的表现，社会的基本矛盾集中表现为利益矛盾。第四，利益不是利己主义的个人私利。依据马克思主义利益观，那种为人类生存和发展创造条件、促进社会生产力发展、推动社会全面进步、代表绝大多数人的根本利益、促进人的自由全面发展、有利于人类走向自由解放的社会思潮是正确的、进步的、积极的；反之，就是错误的、落后的、消极的，甚至是反动的。当代中国的社会思潮纷繁复杂，日趋多样。我们必须依据马克思主义利益观对相互激荡的多样化社会思潮的性质作辩证的分析，从而采取正确有效的引领措施，促进社会主义和谐社会的构建。[②]

对于研究当代中国社会思潮应当遵循的基本原则问题，有学者将其归纳为四点。首先，社会思潮是社会变革时代社会基本矛盾的反映，所以，研究社会思潮必须和现实生活中的社会矛盾相结合。其次，要在社会思潮的斗争中研究社会思潮。只有在社会思潮的比较和斗争中研究，才能真正理解马克思主义中国化的历史脉络和中国特色社会主义理论体系、道路的实质，并为坚持和发展这一理论作出新的贡献。再次，研究社会思潮还要注意党性和科学性相结合。必须坚持无产阶级立场，把是否符合广大人民群众的根本利益作为出发点和落脚点，克服意识形态“价值中立化”倾向；同时，又要坚持科学分析，使其观点符合国情、民情、世情的实际，经得起历史的检验，避免“文化大革命”中“大批判”的简单化做法。最后，要在同西方社会文化思想的比较鉴别中研究社会思潮。[③]

关于当前我国社会思潮的现状及分类问题，可以说是众说纷纭。有学者认为主要包含以下几种：鼓吹“人性自私”、“私有制永恒”，反对公有制为主体、国有制为主导、多种经济成分共同发展的新自由主义思潮；鼓吹改良资本主义的民主社会主义思潮；借“普世价值论”鼓吹西方政治制度的思潮；鼓吹“告别革命”的历史虚无主义思潮；在人性和人生价值观上鼓吹个人主义、否定集体主义的思潮；从“左”的方面否定改革开放和中国特色社会主义思潮；中国和平崛起、迅速发展面临的国际思潮；另外还有在爱国主义宣传中鼓吹狭隘民族主义或民族虚无主义的思潮、儒教兴国的文化保守主义思潮；等等。[④] 有学者认为当前各种思潮流派中最具代表性、最具理论实力同马克思主义争夺话语权且足以对我国意识形态安全形成实质性挑战的，实际上是新自由主义、新权威主义、民主社会主义、文化保守主义、新民族主义和新左派等六大社会思潮。[⑤] 也有学者认为，在这些思潮中影响比较广泛的是直接来

---

① 王叶林、田然：《我国高校思想政治教育发展的方法论——基于对越南高校思想政治教育革新的研究》，《重庆理工大学学报》（社会科学版）2012 年第 8 期。

② 丁祥艳：《社会思潮的性质及其评判标准》，《广西社会科学》2012 年第 4 期。

③ 林泰：《科学引领社会思潮，做好高校思想政治教育工作》，《思想教育研究》2012 年第 3 期。

④ 同上。

⑤ 孙晓晖：《改革开放以来我国社会思潮的境遇、演变与走向》，《江西社会科学》2012 年第 11 期。

自西方的自由主义、新左派、民主社会主义。①

对于各种社会思潮今后的发展趋势及走向，有学者认为，随着中国文化内在包容性的不断增强，中国社会逐渐走向健康成熟。思潮多元化对中国未来的民主化进程具有积极的示范性意义。当代社会思潮的发展趋向，将在争论中更加具有“问题意识”、更加温和理性“保守”，并将在差异中寻求共识、在对垒中彼此掣肘。② 也有学者认为，随着国际环境的变化和改革开放的深入，社会思潮的斗争会在不同主题的争论中变换其表现形式；我们党也将在与各种错误思潮的斗争中，坚持和发展中国特色社会主义的理论、道路和制度，引导改革开放和社会主义现代化取得一个又一个新的胜利。③

当前在对待社会思潮的策略问题上，“引领”成为新的策略，表现在马克思主义理论、社会主义核心价值体系对多样化社会思潮的引领，在差异中扩大认同，在包容中求得共识。任何一个民族和国家的存在和发展，都需要主流意识形态的引领。面对各种思想文化大潮的相互激荡，当代中国马克思主义以理论的先进性、宽广的包容性以及群众的诉求性，凸显了其引领多样化社会思潮的资格和能力。④ 对于社会主义核心价值体系引领社会思潮问题，有学者从引领的可能性问题入手做了研究，将社会主义核心价值体系具备引领社会思潮的可能性归纳为四个条件：空气、底气、力气和锐气，即：具备引领社会思潮的良好氛围，具备引领社会思潮的坚实基础，具备引领社会思潮的内在能力，具备引领社会思潮的主动精神。⑤

有研究对马克思主义意识形态引领多样化社会思潮的规律进行了总结：不断创新和持续深入研究马克思主义理论，发挥其与时俱进的理论品质，适应时代的需要，是正确引领社会思潮的基本前提，也是永葆其生命力的基本前提。引领工作当准确把握当今社会思潮的源流、生成规律和传播特点，在社会思潮的动态发展过程中来分析研究其生成演变规律，了解并认知其传播特点，深化认识并详细了解其传播的整个过程，这是正确引领多样化社会思潮的基础。在进行引领工作中，应当厘清非主流思潮和主流意识形态的本质区别，对于严重干扰政治发展、挑战主流意识形态的错误思潮予以坚决反击，是正确引领社会思潮的关键。进行引领工作应当和先进的现代化传播手段结合起来，高度重视各种传播载体和传播手段的创新和应用。掌握先进的传播工具是正确引导社会思潮的重要保障。坚持求同存异、批判包容的开放态度，是以主流意识形态正确引领社会思潮的必要条件。⑥

对于优化和改进引领多样化社会思潮的具体办法或有效路径问题，有研究认为主要有六个方面。一是对多样化社会思潮分层分析、针对性引领。将社会思潮按其性质特点进行分层归类，区分出主流意识形态、非主流社会思潮及反主流的错误思潮等，采取不同的方法进行分类引导。二是将马克思主义引领与社会心理沟通机制相结合。把握影响人们政治信仰和政

---

① 杨威：《以马克思主义理性分析并科学引领社会思潮》，《思想教育研究》2012年第4期。

② 孙晓晖：《改革开放以来我国社会思潮的境遇、演变与走向》，《江西社会科学》2012年第11期。

③ 林泰：《科学引领社会思潮，做好高校思想政治教育工作》，《思想教育研究》2012年第3期。

④ 刘胜良：《用马克思主义引领当代中国社会思潮》，《山西师范大学学报》(社会科学版) 2012年第2期。

⑤ 胡宝平：《社会主义核心价值体系引领社会思潮的可能性研究》，《学术论坛》2012年第8期。

⑥ 赵金广、彭东立：《马克思主义意识形态引领多样化社会思潮方法途径的多维思考》，《河北师范大学学报》(哲学社会科学版) 2012年第3期。

治认同的社会心理特点与变化规律，以更有针对性的引领。三是将马克思主义引领与关心人民群众根本利益相结合。运用马克思主义理论分析说明社会现实问题，及时解决群众切身利益问题，增强马克思主义的亲和力和吸引力。四是既重视灌输又尊重受教育者主体权利和能动性。改进传统的灌输式的教育方法，把尊重受教育者主体权利和能动性放在首要位置，注重受教育者的身心发展规律，从关注人文关怀和推进人性发展的角度来实施理论教育。五是将马克思主义引领与弘扬民族精神和增强民族凝聚力相结合。把引领工作融入到建设中华民族精神家园的文化工程中来，把马克思主义的主流意识形态和多样化社会思潮融合到一个文化平台之中，坚持引领工作的民族性和文化性。六是加强马克思主义意识形态与哲学社会科学其他学科良性互动。在马克思主义指导下用最新的社会科学的理论成果来引领多样化的社会思潮，丰富引领手段，细化引领目标，推进引领工作扎实有效的进行。①

也有学者认为，加强党的理论创新是有效引领的思想基础，正是由于党始终坚持理论来源于实践，坚持用发展的马克思主义指导实践，才确保了党的蓬勃生机和旺盛活力，始终走在时代前列，成为引领其他社会思潮的"领头羊"；主导话语传播是有效引领的基本载体，应关注传播者的素质，培养一支具有深厚理论功底的马克思主义队伍，借助新的传播载体实现马克思主义的大众化，并借以引领社会思潮；运用预测疏导机制是有效引领的基本前提，要对社会思潮产生的条件、发展的趋势和可能产生的后果进行全面分析和评估，对潜在苗头进行前瞻性预测，作出全面、客观、综合性的预测和判断，鼓励进步思潮的流行并加以宣传，最大限度地防止错误思潮的形成，以减少因为未作预测而出现的不必要的危害；解决民生公正是有效引领的内在动力，实践证明，当代中国马克思主义为生产力的巨大发展，人民生活水平的提高，公平正义的分配提供理论基础，为广大人民所认同，成为中国的主流意识形态，成为引领社会思潮的核心价值观的灵魂。②

关于社会思潮对大学生的影响问题是学界普遍关注的重点。作为思想活跃的群体，大学生处于学术自由的高校，群体特征与高校特有的氛围为多元社会思潮在他们之中传播提供了有利的条件，因而高校大学生价值观更容易首当其冲地受多元社会思潮的影响。多元社会思潮对大学生价值观的影响是多方面的，其表现特征随时代的变化而呈现出新的特点。当前，社会思潮对大学生价值观的影响更加隐蔽，在影响内容、影响方式、影响后果等方面表现出一些新的特征：内容相互掺杂，渗透见缝插针，淡化核心价值。③

近年来，围绕"社会思潮对大学生的影响"，学术界展开了广泛而深入的讨论，研究视野越来越开阔，选题角度越来越新颖，研究力度越来越深入。学术界关于社会思潮对大学生的影响的研究，就内容而言，有两种倾向：一是考察整体社会思潮对大学生的影响；二是就某种特定类型的社会思潮，如实用主义、后现代主义等对大学生的影响进行研究。研究在路径上大体有三种：第一种路径，是实证调查、透视解析社会思潮对大学生的影响现状、途径和方式，并对各种社会思潮的影响进行性质判别和价值分析，解释其作用机理，并予以对策建

① 赵金广、彭东立：《马克思主义意识形态引领多样化社会思潮方法途径的多维思考》，《河北师范大学学报》（哲学社会科学版）2012 年第 3 期。

② 刘胜良：《用马克思主义引领当代中国社会思潮》，《山西师范大学学报》（社会科学版）2012 年第 2 期。

③ 谢春红、邹再金：《多元社会思潮对大学生价值观的影响与引导》，《前沿》2012 年第 19 期。

议，力图搭建当代社会思潮对大学生影响研究的基本脉络；第二种路径，是从社会发展史的角度考察影响大学生的主要社会思潮的发展演变历程、社会历史条件、思潮传播接受规律以及各种思潮之间的相互关系；第三种路径，从社会思潮对主流意识形态建设的挑战，增强高校思想政治教育效果入手，从方法论视角借鉴社会思潮影响的特征和方式，引导大学生科学对待各种社会思潮，提升“引领”社会思潮的策略与方法。研究的主要内容包括：社会思潮基本理论、当代社会思潮对大学生的影响现状、社会思潮的传播与接收、大学生与社会思潮的双向作用、社会思潮与大学校园文化以及社会思潮的引领。目前的相关研究还存在以下问题：其一，总体来看，目前学术界关于社会思潮对当代大学生影响的研究还比较薄弱，各种社会思潮在当代大学生群体中传播所带来的众多社会现象、社会问题还需要作出现实和理论上的回答。其二，低水平的重复研究比较多，不同视角、多重视角的研究较少。其三，关于社会思潮对大学生影响的实证研究少，绝大多数都是一般化的研究。其四，经验性研究在方法上还存在较多问题，表现在样本的抽取范围偏窄、资料的分析表面化以及概念的操作化过于简单等方面。其五，理论研究与经验研究相互脱节，缺乏必要的照应。今后值得重视的研究领域包括：社会思潮影响大学生的条件或机制研究，不同类型社会思潮对大学生影响差别及相互关系研究，社会思潮影响大学生所带来的社会后果。对这些问题给予深入的研究，将具有重大的理论意义与现实意义。①

关于高校思想政治课对社会思潮的引导的研究。有调研数据表明，当前思想政治课在对社会思潮的引导上存在一些问题。一是思政课教师在介绍西方思潮时普遍存在随意化、零散化、深度不足、供需不对称等问题。不正确的介绍方式非但不能对学生起到引导作用，相反还很可能充当传播错误思潮的媒介，需要引起重视并加以改进。二是思政课教师自身对社会思潮了解不够制约了对大学生进行社会思潮引导教育的效果。因此，发挥高校思政课在社会思潮引导中的主渠道作用要着重做好三个方面工作。一是明确介绍目的，改进教学方式，提升教学技巧。二是提高教师理论素养。三是做好思政课的社会实践教学，提高大学生运用理论分析实际的能力。②

改革开放三十多年来，高校思想政治教育在恢复中发展，在改进中加强，在创新中推进，取得了突出成绩。但不可否认的是，目前的思想政治教育理论课程教学的具体教学模式、教学方法以及课程改革等方面仍有巨大的探索空间，仍存在许多亟待解决的问题。一是当前高校思想政治理论课教育教学面临的重要性和实效性的落差困境。有学者认为需要从现代性视阈重新审视思想政治理论课教育教学，凸显思想政治理论课教育教学的现代性根源诉求，剖析其内在张力的贫乏和紧缩以及走向实践领域中的无力和难为，其原因是“社会本位”的膨胀和“主体本位”的缺失、“技术理性”的控制和“价值理性”的消解、“文化堕距黑洞”的充斥和理论的“实践”意义衰微、“理论教育方式”的主导和“事实教育方式”的游离。解决这种困境的良方是现代性超越之路，即理念维度、视野维度、实践维度的构建③。也有学者将困扰高校思想政治理论课教育教学工作实效性的深层症结归结于传统的思想政治理论课话

① 陈国华：《当代社会思潮对大学生的影响研究述评》，《毛泽东思想研究》2012年第5期。

② 焦凤梅：《高校思政课在社会思潮引导中存在的问题》，《继续教育研究》2012年第8期。

③ 孙其昂、王素玲：《思想政治理论课教育教学的现代性审视》，《教学与研究》2012年第6期。

语体系无法适应当代大学生自身的特点，形成了话语冲突。主要表现为话语形式发展滞后、话语内容空洞唯理、话语表达方式一言堂等[①]。二是增强思想政治理论课教学实效性的有效路径。提升思想政治理论课实践教学的实效性有三个视野：从高校实践教学视野看，关键是加强规范性；从思想政治理论课程体系的视野看，关键是构建感知性、针对性和综合性相结合的实践教学体系；从全员、全方位、全过程的育人视野看，关键是提高协调性。[②] 进一步把握教育教学规律性，体现科学化的精神实质和本质要求，是进一步增强高校思想政治理论课教育教学实效性的客观必然[③]。结合实际，可以从深化理念、构建体系、拓宽渠道、健全机制等方面探索思想政治理论课实践教学的有效路径[④]。转变教育理念，加强教学支持；以教师为主导，提高教师素质；以学生为主体，建构和谐的师生关系；创新教学方法，改革考核方式是增强思想政治理论课教学实效性的有效路径[⑤]。要加强高校思想政治理论课教师队伍建设。教师要坚持正确的教学理念，具备专业的教学素质，善用多样的教学方法以及营造良好的教学环境[⑥]；更新调适思想政治理论课话语体系，以人为本，增强话语的人文关怀；充实内容，注重向实践话语转换；消解霸权，构建对话式话语范式[⑦]；从优化教材内容、创新教学方法、深化社会实践、改革考核方式等方面努力形成一套立体的教学模式[⑧]。唤醒高校思想政治理论课大学生主体性是当前迫切的一项任务，具体可以通过“经营课堂”、“教师提升”、“教材建设”、“改善外部环境”等途径实现[⑨]。

关于高职院校思想政治教育问题。有研究指出，高职思想政治教育具有“就业导向”、“应用性”和“实践性”特征。[⑩] 当前高职院校思想政治教育存在教师专业化不强、思想政治教育与成人实践性和应用特征相脱离、思想政治教育人文化精神不足等问题。[⑪] 因此创新高职院校思想政治教育方法是亟待解决的重要问题。创新高职院校大学生思想政治教育方法，要坚持思政教育与全程化职业生涯指导和择业就业指导教育有机结合[⑫]，要坚持社会主义核心价值体系教育与就业指导教育相结合，职业道德教育与职业内涵、专业教育、实践活动相结合，情感教育与理性教育相结合，思政课网络平台与思政课课堂教学相结合。[⑬]

---

① 王影：《当代大学生与思想政治理论课话语体系的冲突与调适》，《教育探索》2012 年第 2 期。

② 李卫华：《提升思想政治理论课实践教学实效性的三个视野》，《思想理论教育导刊》2012 年第 6 期。

③ 苑申成：《提升高校思想政治理论课建设水平的科学化维度》，《高教探索》2012 年第 2 期。

④ 陈其胜：《高校思想政治理论课实践教学：立论基础、现实困境、路径选择》，《思想教育研究》2012 年第 2 期。

⑤ 卫志民：《制约与突破：高校思想政治理论课教学实效性分析》，《思想理论教育导刊》2012 年第 7 期。

⑥ 白洁：《高校思想政治理论课教学探析》，《教育理论与实践》2012 年第 12 期。

⑦ 王影：《当代大学生与思想政治理论课话语体系的冲突与调适》，《教育探索》2012 年第 2 期。

⑧ 时伟：《高校思想政治理论课教学方法创新刍议》，《学校党建与思想教育》2012 年第 27 期。

⑨ 陈建、林立华、王婧倩：《高校“思政课”大学生主体性“伪在场”及唤醒》，《江苏高教》2012 年第 5 期。

⑩ 郭丽平、杨瑞芬：《高职院校思想政治教育特征、困境与改进策略》，《成人教育》2012 年第 5 期。

⑪ 同上。

⑫ 赵兰杰、王艳红：《高职思政教育与全程化职业生涯指导的有机结合》，《职教论坛》2012 年第 14 期。

⑬ 张雅娟、张国威：《高职院校思想政治教育方法创新浅探》，《中国职业技术教育》2012 年第 5 期。

三 学科发展需进一步加强的几个方面

2012年思想政治教育学科在研究内容上结合党和国家的重大决策不断挖掘出了新的论题，在研究方法上也有所创新，取得了一批较高质量的科研成果。但是同时也必须看到，长期以来存在的关于思想政治教育的一些基本问题仍然存在争议，没有得到解决。今后研究中需要进一步加强的方面主要有：

第一，注重研究群体的全面性。从整体上看，2012年思想政治教育的研究对象绝大部分是大学生（包括高职生），而对中小学生及其他社会群体的研究明显薄弱。主要原因在于有关部门的行政设置，使得在实际工作中，存在中小学思想政治教育工作和高校思想政治教育工作各自为营，缺乏有效衔接的问题，在学术研究资源配置上也不平衡。此外，国企职工、农民工、先富群体、少数民族群体的思想道德状况也应受到足够的重视。今后非常有必要加强对上述群体的关注与研究。

第二，加强基础理论的研究。2012年基础理论研究呈现出相对稳定态势，虽然出版了一些著述、发表了大量的文论，但也存在一些缺陷。一是研究分歧较多，理论体系还不够完善。目前，在思想政治教育基础理论的许多问题上，学界还没有达成一致的意见，理论体系还多是从作为教育活动的思想政治教育层面进行构建，对思想政治教育本身丰富的内涵还需要进行多层次的挖掘，对思想政治教育理论体系进行多维度的构建。而造成分歧的最主要原因是学者们对于马克思主义经典著作了解得不够，这一点在关于灌输问题的分歧上尤为突出。二是研究方法单一，概念“嫁接套用”严重。很多概念是从哲学、伦理学、社会学、心理学等学科“嫁接套用”过来，研究成果缺乏对多学科理论与方法的有机吸纳与综合运用。三是重复研究较多，理论研究成果整体层次不高，真正意义上的开拓性、原创性学术成果相对较少。今后，必须深化思想政治教育基础理论研究，提升思想政治教育的学术含量，推进思想政治教育的实践创新。

第三，继续推进对社会思潮、马克思主义大众化等问题的研究。在今后的研究中，要结合不断出现的国内外新情况新问题，继续对重大理论和现实问题给以思想政治教育学科的关注和解读，真正担当起捍卫马克思主义在我国意识形态领域的指导地位，推进马克思主义中国化、时代化、大众化发展的学科使命。

（供稿：朱燕、余斌、李春华）

科学无神论

随着马克思主义理论学科建设与研究工程的推进，被列为濒危学科的科学无神论，依托马克思主义研究的大平台，进入学科建设的第三年。2012 年，科学无神论学科建设不断向前推进，已经取得实质性的进展。

一　本年度学科建设现状

（一）重要科研项目和主要学术活动

2012 年，中国社科院科学与无神论研究中心主任习五一主持的中国社科院重点国情调研项目——“当代大学生信教群体状况调查”顺利结项。课题组对当代大学生信教现象展开多角度深入的调查研究。课题组成员相继深入北京大学、中国人民大学、北京师范大学、清华大学等多所高校，收集资料，发放问卷，考察访谈。不仅对大学生信教群体进行深入细致的田野考察，而且对形成大学生信教现象的校园和社会环境进行调查分析。课题组提出的防范境外宗教势力渗透的对策建议，得到中央有关部门的高度重视。

2012 年，科学无神论学科相继举办许多学术研讨会和座谈会。其中重要的会议如下：

1 月 5 日，科学无神论学科作为支持学科，参与举办马克思主义中国化第二届学术论坛。此次论坛以“南方谈话与中国特色社会主义新发展”为主题。马克思主义无神论研究室学者发表的《简论“科学技术是第一生产力”与“科学无神论”》等论文，被新华网、人民网等媒体广泛转载。

2 月 17—18 日、8 月 4—5 日，中国无神论学会在北京举办主题为“坚持共产党员不能信教原则，警惕文化传教”的研讨会。来自中国社科院马研院、科学与无神论研究中心、世界宗教研究所、国家宗教事务局宗教研究中心、中共中央党校、北京科技大学、中国人民公安大学、上海师范大学、武汉大学、中国国际友谊促进会、中国科学技术协会、国务院发展研究中心等单位的专家学者共三十余人参会。与会人士指出，当前呼吁放开共产党员信教问题的声音主要来自学术界，这也是文化传教过程中的重要信号。

7 月 11—12 日，在原国家图书馆名誉馆长、中国社科院世界宗教研究所名誉所长、中国无神论学会理事长任继愈教授逝世三周年之际，任继愈研究会成立大会暨“任继愈先生的为人与为学”学术研讨会在先生的家乡山东省平原县举行。时任中国社科院常务副院长王伟光，国家图书馆党委书记、常务副馆长詹福瑞，中国工程院院士任继周，中国社科院荣誉学部委员、世界宗教研究所原所长杜继文，上海师范大学宗教研究所所长李申等一百五十余人参加会议。

任继愈研究会名誉理事长王伟光同志发表重要讲话，题为《深切缅怀任继愈先生，繁荣发展哲学社会科学》。李申以《任继愈先生的学术和人格》为题，习五一以《简论任继愈先生的科学无神论与宗教研究》为题，先后在全体大会上发言。任继愈研究会将全面总结任先生的宝贵精神遗产，使之在中国特色社会主义先进文化建设中继续发扬光大。

10月20—21日，中国无神论学会2012年学术年会在陕西西安举行。此次年会由中国无神论学会、中国社科院科学与无神论研究中心与陕西师范大学宗教研究中心联合主办。近五十名专家学者出席。他们来自中国社科院马研院、教育部社科研究中心、中共中央文献研究室、国家宗教事务局宗教研究中心、中国藏学研究中心、中国科学技术协会、中国国际友谊促进会、河北省社科院等研究机构，中国科学院大学、中国人民大学、北京科技大学、北京师范大学、武汉大学、中国矿业大学、河北师范大学、陕西师范大学、新疆师范大学、新疆维吾尔自治区党校、解放军西安政治学院、长沙理工大学、杭州师范大学、东北师范大学等高等院校。此次年会的主题是“教育与宗教相分离”。与会者围绕着教育与宗教相分离的理论与实践、无神论宣传与唯物论教育、抵御境外宗教渗透问题、宗教工作与宗教政策以及治理邪教等专题展开深入的探讨。此次年会纪要发表在《马克思主义研究》2012年第12期，引起马克思主义研究学术界的关注。

在人才队伍建设方面，自2011年起，马克思主义无神论研究室向中国社科院研究生院马克思主义研究系提出申请，在思想政治教育专业下招收科学无神论方向的硕士研究生，获得批准。2012年，中国社科院马研院马克思主义无神论研究室新招聘一名博士，作为科学无神论的专业研究人员。

（二）重要学术著作

2012年，作为学科复苏的标志，科学无神论学科开始出版学术著作。

2012年，作为《科学与无神论研究丛书》的第一本，习五一著《科学无神论与宗教研究》出版[①]。全书分为“科学无神论”、“宗教研究”、“邪教与膜拜团体研究”三编与附录“任继愈先生与科学无神论事业”。这部文集的内容包括科学无神论、自然科学与无神论、西方新无神论思潮、北京的传统宗教文化、近代中国与宗教、西藏问题与宗教、当代中国的民间信仰、当代世界宗教、邪教问题、膜拜团体等专题。作者强调指出，近年来，随着“宗教热”的兴起，一些人士极力推崇某种宗教文化，并积极推动这种“文化神学”成为国家研究机构和高等院校的学术方向，这种思潮已经开始影响政策制定和舆论导向。在社会主义核心价值体系中，科学无神论的唯物主义世界观和积极人生观占有重要地位。党中央一再指出：要巩固马克思主义的指导地位，要增强社会主义意识形态的吸引力与凝聚力，科学无神论的作用不容忽视。一个时期以来，有种舆论力图把科学无神论从马克思主义宗教观和社会主义意识形态中剔除出去，这是危险的，既不符合人类的历史发展趋势和当代社会的世俗化潮流，也与中国的人本主义传统相悖。无神论是人类社会文明和思考的结晶。科学无神论是社会主义核心价值体系的哲学基础，是一种幸福的生活方式，也是构建和谐社会的重要途径。

---

① 习五一：《科学无神论与宗教研究》，中国社会科学出版社2012年版。

中国无神论学会副理事长、上海师范大学李申教授的《宗教简史》[①] 一书从科学无神论的立场，论述宗教发生发展的基本历程，探讨宗教盛衰兴亡的原因。作者将宗教分为原始宗教、国家宗教、世界宗教和新兴宗教四类，勾勒出其主要特征和兴衰演变，展示不同历史时期宗教信仰的变迁，解释这些变迁与当时社会生活的互动关系。

《世界之战：科学与灵性如何决定未来》一书的中文版在 2012 年问世[②]。该书是一部辩论文集，被誉当今国际学术领域中关于"科学与灵性学关系中最重要、最有意义的著作之一"。由美国加州理工学院的物理学家伦纳德·蒙洛迪诺和西北大学助理教授迪帕克·乔普拉展开辩论。主辩论方物理学家伦纳德·蒙洛迪诺因与霍金合著《时间简史》和《大设计》而闻名于世。本书主线是科学世界观和灵性学世界观之间的冲突：即科学认为世界是实实在在的，是人类智力可探索的；而"灵性"则认为宇宙是一种智慧设计，处处充满能量。全书从宇宙（物质世界）、生命与人类大脑、神三个领域，分 18 个主题展开论辩与思想交锋。辩论双方围绕每个主题，各自撰写文章分别阐述自己的观点，轮流进行批驳。蒙洛迪诺以历史和现实中的事实雄辩地展示科学精神的力量。科学"有一套完整的方法体系，有开放的观点，有拥抱真理的渴望"，科学也许无法解决所有问题，但科学会坚持不懈地去寻找解决途径。而辩论的另一方迪帕克，尽管他一再强调灵性和宇宙的目的性，然而也不得不承认，自己反对传统意义上的神，认为新灵性学抛弃传统宗教的教义，因为宗教的排他性具有可怕的破坏性，许多人已经放弃有组织的宗教。这部辩论集将科学和"灵性"领域最前沿的成果与交锋展示给大众，对于了解西方无神论思潮的观点与现状具有重要的参考价值。

李胜先、刘玉新编著的《精神控制与心理学滥用》[③] 是一本值得关注的科普著作。于光远先生为该书作序。作者是有多年临床经验的医生，通过大量的案例，论述什么是精神控制；精神控制是怎么发生的；精神控制易感人群的特征。作者从科学无神论的视角，分析宗教、极端教派、膜拜团体和邪教等现象，对如何认识和帮助人们脱离和防范极端教派的精神控制，提出可操作性的方法和对策。

二　重大问题研究进展

2012 年，科学无神论的研究进展可以概括为五个方面，即：科学无神论理论研究、坚持教育与宗教相分离、宗教工作与宗教政策研究、中西方无神论思想史研究、膜拜团体研究。

（一）科学无神论理论研究

1. 科学无神论的当代价值

中国无神论学会副理事长杜继文教授认为，从整体上来说，科学无神论这个学科现状不错，但是路途尚远，因为路上的阻力和障碍非常多。现今的宗教热带来两种声音：一是要用正教抵御邪教，另一种是要用土教抵御洋教。这些主张无非都是要用鬼神论来挽救世道人心，

---

① 李申：《宗教简史》，广西师范大学出版社 2012 年版。

② ［英］伦纳德·蒙洛迪诺、［美］迪帕克·乔普拉：《世界之战：科学与灵性如何决定未来》，梁海英译，中信出版社 2012 年版。

③ 李胜先、刘玉新：《精神控制与心理学滥用》，武汉大学出版社 2012 年版。

制止道德滑坡，建设和谐社会。这种畸形的价值观来自一批接受国外神学培育的文化人，他们占据“宗教研究”、“宗教文化”的国家资源和话语平台，而一些当权者和教授专家则紧随其后。他们共同形成一种声音，即无神论作恶多端、不可宽容，并将严峻的现实问题归结为宗教信仰问题。事实上，党中央对无神论一直持支持态度，要求强化对无神论的宣传和研究工作。因此，科学无神论的生存环境不容我们掉以轻心。无神论者讲的是实话。科学无神论敢于肯定，鬼神及其彼岸世界是没有的；鬼神论没有任何经得住考察的事实根据，有关它的一切理性证明无一能够成立；剩下的是“见证”、宗教经验，但这些恰恰成为畸形心理学和脑科学的研究对象。过去、现在没有鬼神及其世界的存在，未来也肯定不会有。劳动创造了人，也创造了世界。这世上没有一个人是靠鬼神赐予生活的，指望天上掉馅饼只是痴心妄想。所以我们一定要把希望寄托在科教兴国和依靠劳动创造上。因此，无神论的学科建设正是形势的需要，是时代的呼声，也应该进行长期的战略布局。①

中国无神论学会副理事长兼秘书长习五一教授指出，任继愈先生的科学无神论和宗教研究思想有两个重要基石。第一是“研究宗教、批判神学”。在当前“宗教热”的背景下，这一思想有着特殊的意义与价值。第二，“科学无神论是我们国家的立国之本”，是马克思主义世界观的前提和思想基础。马克思主义无神论是科学无神论发展的高级形态，它进一步指出鬼神观念存在和传播的社会根源，只有消除有神论赖以生存的现实基础，人类社会才能最终抛弃有神论的观念。1978年年底“文革”刚刚结束，任先生就创建了中国无神论学会。20世纪90年代打着“特异功能”旗帜的新有神论泛滥成灾，在党中央的支持下，学会创办《科学与无神论》杂志，这是科学无神论事业的第一个转折点。第二个转折点则是无神论研究室和科学与无神论研究中心的成立，这正是任先生多方奔走呼吁、推动无神论研究事业发展的结果。我们要承继任继愈先生的崇高精神，锲而不舍、百折不挠，将科学无神论学科逐步建设起来，将先生的遗愿化为实际的宏图。②

习五一指出，邓小平的“科学技术是第一生产力”的论断是科教兴国战略的理论基石，也是科学无神论学科的理论基石之一。“科学技术是第一生产力”是对马克思主义关于科学技术和生产力理论的创造性发展。作为社会主义精神文明建设的重要任务，科学无神论建设属于科教兴国战略的一部分，科学无神论研究和宣传教育正是提高民族思想素质的必要环节。③

中国无神论学会副理事长张新鹰认为，无神论深厚的人文关怀性质符合真正的人道主义价值。他从现实的角度批驳“宗教道德高于世俗社会道德”、“信教者道德水平高于不信教者”等说法，探寻这类观念的文化以及政治历史的根源。这些说法可能以虚构的道德极差来论证信徒与非信徒的不同，容易造成宗教群体与社会的对立。无神论教育并不会“使人丧失敬畏感，变得无法无天”。他进一步批驳党内一部分人企图利用宗教对人民群众的麻醉、镇痛作用的短视心态。中国共产党不可能如历史上的统治者一般利用宗教来维持自身的执政地位。如果我们能够将无神论对有神论的理性批评变成一种社会常态，使公共话语中长久而适度地保

① 文丁：《科学无神论的学科建设和道路》，《科学与无神论》2012年第1期。

② 习五一：《简论任继愈先生的科学无神论与宗教研究》，《科学与无神论》2012年第5期。

③ 习五一：《简论“科学技术是第一生产力”与“科学无神论”》，载赵智奎、贺新元编《马克思主义中国研究报告：南方谈话与中国特色社会主义新发展》，社会科学文献出版社2012年版。

有一种对有神论的异议之声，那么这对于引导信教群众提高科学文化素质和信仰水平、减少宗教信仰向狂热升温的思想土壤都是大有好处的，同时也有利于降低社会管理的成本。因此，无神论研究和宣传是先进知识分子和广大人民群众在社会主义、共产主义的建设过程中实现自我提升、自我解放的必然选择。[①]

2. 科学无神论与马克思主义宗教观

科学无神论是马克思主义宗教观的哲学基础，在科学无神论研究领域，研究马克思主义宗教观是一个重要主题。

广西大学石金丽指出，当代马克思主义科学无神论作为对宗教问题和宗教现象的真理性认识，其精髓就在于运用历史唯物主义方法论，唯物地、辩证地、历史地、科学地揭示宗教的产生过程、内在逻辑及其发展规律。作者认为，历史唯物主义方法论是进行科学无神论研究的出发点，为科学无神论基本问题的研究指明方向，从而有利于我们全面而辩证地认识宗教问题。[②]

匈牙利学者阿格妮丝·赫勒研究马克思关于“人类解放”的思想中关于无神论的观点。作者认为，宣称憎恨所有神的普罗米修斯，在马克思那里成为自我解放的典范。当马克思成为一名共产主义者时，他试图证明无神论是走向共产主义的第一步。当马克思以普罗米修斯为例的时候，在他心目中，神不仅指天上的神，还指涉地上所有的神，包括政治权威、任何起源于习俗的权威以及个体应该遵守的规范和规则的权威。这每一个“必须”、每一个“应该”不断地叠加在个人意志之上。如果人类想真正地自由地生存，就必须抛弃“必须”和“应该”的权威[③]。

针对某些人对马列主义宗教观断章取义的概括和理解，即所谓的“鸦片论”和“斗争论”，国家宗教事务管理局加润国研究员通过梳理马列原著以及党的文献材料予以辩驳。他认为，马克思主义宗教观是马克思主义在宗教问题上的立场、观点、方法的集中体现，是共产党人正确认识和处理宗教问题的指导思想，是随着实践不断丰富发展的科学体系。而主张“鸦片论”、“斗争论”的人将马克思和列宁的某些话从整篇著作中抽离出来，变成脱离时代背景、具体语境和思想体系的抽象教条，严重割裂和歪曲马克思主义宗教观，背离党中央对马克思主义宗教观的正确理解和运用。他们不愿意通过认真阅读马列原著来掌握马克思主义宗教观的基本原理，再运用基本原理来观察分析宗教问题，而是将革命导师的话断章取义、到处生搬硬套。这种教条主义的做法在现实中碰壁之后，他们就声称马克思主义宗教观已经过时，要用非马克思主义的宗教观来修正。这些论调产生了恶劣的社会影响，导致很多人一听马克思主义宗教观就反感。我们必须尽快对此予以澄清和纠正。[④]

继辩驳“鸦片论”和“斗争论”之后，作者还撰文辨析近些年影响较大的“引导论”和“适应论”。他指出，党的宗教理论和政策是对马列主义宗教观的坚持和发展。某些人抓住党

① 张新鹰：《无神论教育的道德旨归和人道主义价值》，《科学与无神论》2012 年第 2 期。

② 石金丽：《历史唯物主义方法论视阈下的科学无神论探析》，《学理论》2012 年第 21 期。

③ ［匈］阿格妮丝·赫勒：《马克思与“人类解放”》，王静译，《马克思主义与现实》（京）2012 年第 2 期。

④ 加润国：《所谓“鸦片基石论”的错误及其由来（一）、（二）——马克思主义宗教观研究中的一个理论问题》，《科学与无神论》2012 年第 2、3 期。

的宗教理论和政策中的一句话概括出“引导论”和“适应论”，这是片面的。而拿这种片面的概括与所谓的“鸦片论”和“斗争论”进行对比，进而制造我们党与列宁的对立，更是非常有害的。这对党坚持在思想理论战线进行无神论宣传的基本主张造成冲击。无神论宣传是马克思主义政党对待宗教问题的基本政策之一，把它等同于批判宗教则是混淆概念。这些都是不认真读原著、望文生义、以偏概全的结果，我们对这些错误的理解应予以澄清。①

3. 共产党员不得信仰宗教

中共中央统战部常务副部长朱维群同志在《共产党员不能信仰宗教》一文中指出，辩证唯物主义世界观是党制定和贯彻宗教信仰自由政策的理论基础，而共产党员不能信仰宗教是党的一贯原则，允许党员信教将侵蚀涣散党的肌体。中国历史上有过形形色色的宗教，但并没有成为一个宗教国家，相反有着悠久的无神论传统。中国传统哲学强烈的人本主义倾向对老百姓的影响非常大，宗教始终也没有成为中国人意识形态的主流，而中国的宗教也有着强烈的现实品格。这正是我们的党能够从人民群众中自然的孕育、生长并得到广泛认同、支持的重要原因之一。应当在全党加强马克思主义宗教观和无神论教育。②

中国无神论学会于2012年2月在京举办研讨会，探讨“文化传教”以及“共产党员不能信教”问题。与会学者指出：宗教问题并不单纯是信仰问题，实际上现在已变成政治问题。历史显示，基督教传入中国不只是信仰问题，而是要控制中国人的头脑和脊梁。美国对中国传教的主流正是为了政治目的。文化传教是西方对中国的一种“巧”的策略。它试图首先占领高等院校和学术机构，通过某些文人来传播宗教及其意识形态。宗教的本质属性就是对鬼神和彼岸世界的信仰，信仰就应该归在信仰的位置上，成为个人的私事，而不应让它发挥它不应有的作用。朱维群的文章旗帜鲜明地回应党内某些人要求中国共产党向宗教开放的呼喊，坚定地维护党的马克思主义哲学基础和组织上的统一。事实上，让共产党员信教，正是美国文化传教策略的一个重要突破口。我们坚持共产党员不能信仰宗教，对于抵制境外宗教渗透具有重要的意义。③

中国无神论学会副理事长李申教授从哲学和历史的角度论述为什么共产党员不能信仰宗教。他指出，第一，神的存在是有神论者提出来的。如果有神论者不能证明神的存在，那就说明神不存在，这才合乎逻辑。第二，神祇观念发展的历史，就是一部证明神祇并不存在的历史，无论它被说成什么形态，都是不存在的。问题仅在于，现存的宗教，比如基督教，他们认为除了自己所信的神，其他神祇都是偶像崇拜，都不是神；而当别人要否定他们的神的时候，他们就无法容忍。一个共产党员，要为人类谋幸福，自然不能够去求助那并不存在的神，不能去信仰以神的存在为思想基础的宗教。所有被说成是神的意志的，其实都是人的意志。当人类能够认识到所有的神都不存在，不是神创造了世界和人类，而是人创造了神的时候，人类的意识就觉醒了。目前在我国鼓吹共产党员应该信仰宗教的，主要还不是宗教界人士，而是一些热衷于“参与宗教活动、与宗教界人士建立密切私人关系”，甚至“实际上成为宗教信徒”的共产党员。他们之中，有些还具有学者身份，甚至是党的高级领导干部。这种

① 加润国：《试析有关马克思主义宗教观的几种观点》(一)、(二)，《科学与无神论》2012年第5、6期。
② 朱维群：《共产党员不能信仰宗教》，《科学与无神论》2012年第1期。原载《求是》2011年第24期。
③ 求实：《坚持“共产党员不能信教”原则，警惕“文化传教”》，《科学与无神论》2012年第2期。

现象值得有关方面特别注意。①

河海大学邹玉香、刘爱莲通过调查显示，有神论在我国党政领导干部中的影响力有所增强。不少党政领导干部对封建迷信态度模糊，而对科学无神论的认知度降低。同时，有神论对党政领导干部的马克思主义信仰产生冲击，其价值观取向呈多元化特点。作者建议，面对当前党政领导干部的有神论信仰现状，要制定有效的应对机制。这种机制应针对党政领导干部的群体特征，以思想政治、科学理论教育为基础，以党政机关精神文明建设为条件，以激励和约束相结合的制度建设为保证。② 中共天津市委党校时绍祥、赵晓呼从马克思主义基本原理和中国共产党的历史出发，指出从无神论是马克思主义的理论前提，无神论是做一名共产党员的基本要求，无神论是保持共产党员思想纯洁的哲学基础。③

4. 马克思主义宗教观与宗教研究

浙江师范大学陈永胜教授认为，当前以马克思主义宗教观为指导的宗教心理学的研究非常薄弱。他从马克思主义宗教心理学学科建设的角度，梳理前苏联在该领域的历史贡献，即初步构建马克思主义宗教心理学的学科框架，重视对西方各种有神论心理学思想的批判，并将无神论教育作为马克思主义宗教心理学的核心。而中国共产党人在不同的历史时期，创造性地发展了马克思主义宗教心理观，其基本特点是：注重从政党建设审视无神论心理与教育；力求运用政策杠杆准确地体现宗教心理的双重功能。唯物辩证法、历史唯物论是马克思主义宗教心理学的方法论基础。在这一根本方法的指导下，具体研究方法应按照问题导向、方法创新的时代要求，充分体现宗教心理学学科的交叉特点。④

华中师范大学高扬帆研究马克思主义关于科学与宗教关系的唯物史观后认为，唯物史观正确指明科学与宗教的关系：科学与宗教的关系总是历史的具体的，它们的关系随着历史的进步不断变化，有时冲突，有时不相干，有时又相互依赖。就现状而言，它们会在相当长的时间内共存，但最终科学会永存，而宗教将随着科学进步丧失其存在的基础而消亡。目前，西方在科学与宗教关系问题上的主流观点，比如对立论、独立论、相互依赖论等都是静态的理论，只有唯物史观是动态理论，能够解释各个历史时期的科学与宗教的关系，具有前瞻性。⑤

5. 唯物论和科学无神论的宣传教育

针对用宗教道德拯救“社会道德危机”的呼声，习五一指出，应当深入分析宗教伦理理论体系的历史地位和作用。一方面它利用神圣的戒律规范人类的行为，超越人类社会早期的野蛮状态，推动了人类社会的文明，另一方面历史上的宗教迫害赤裸裸地践踏了人类社会的基本道德原则。随着人类社会的不断发展，道德伦理体系将走向更高的阶段，即人文主义道德规范。它能够建立道德准则、道德责任和整个人类社会的幸福安康。习五一强调指出，人

① 李申：《共产党员为什么不能信仰宗教》，《科学与无神论》2012 年第 6 期。

② 邹玉香、刘爱莲：《当前党政领导干部有神论信仰状况的调查与分析——以南京地区为例》，《武汉理工大学学报》（社会科学版）2012 年第 4 期。

③ 时绍祥、赵晓呼：《坚持无神论是保持党的思想纯洁的重要保证》，《中共福建省委党校学报》2012 年第 7 期。

④ 陈永胜：《马克思主义宗教心理学基本理论建设论纲》，《科学与无神论》2012 年第 1 期。

⑤ 高杨帆：《马克思主义关于科学与宗教的关系初探》，《科学与无神论》2012 年第 3 期。

文主义道德是人类社会发展的必然趋势，当前社会主义核心价值体系的建设，是人文主义道德发展的高级阶段。无神论对有神论的批判，是人类社会在认识世界和改造世界中的自我批判、自我提高，这是人类社会发展的必然趋势。①

广西钦州学院官秀成指出，马克思主义唯物史观是科学的世界观和方法论，是战胜各种宗教及封建迷信思想的强大思想武器。当前，大学生越来越多地关注或参与宗教活动，导致部分大学生出现政治信仰迷茫、理想信念模糊、价值取向扭曲、社会责任感缺乏等问题。作者认为，要加强大学生马克思主义唯物史观教育，如建立健全各种管理制度，坚决杜绝各种带有唯心主义及宗教封建迷信思想等反科学色彩的“垃圾文化”进入校园；帮助青年学生树立马克思主义的世界观、人生观和价值观；努力造就一支具有坚定马克思主义唯物论和无神论思想信念的教师队伍，营造一个文明、健康、向上的校园文化氛围。②

广州航海高等专科学校占毅指出，高校思政课作为我国大学生思想政治教育的主渠道，理应担负起大学生无神论教育的责任与使命，从而彰显科学无神论的教育功能，为党和国家培养更多的高素质人才。首先，需要师生深刻领会思政课的教育实质，强化大学生对于科学无神论教育的理性认识。其次，要严格思政课教师的准入资格，在政治条件上必须要求是党员。再次，要拓宽思政课的时空领域，构建宿舍、班级、学校和网络四位一体的无神论教育网络。最后，要重视思政课的实践教学和案例教学，增强大学生对于科学无神论教育的感性认识，使他们对马克思主义唯物论真信、真懂、真用。③

中国社会科学院马克思主义研究院黄艳红认为，当前我国大学校园中有神论发展迅猛，而大学教育中科学无神论教育十分匮乏，表现为宗教知识通识课不足，缺乏无神论的立场；思想政治理论课程相关内容太少，收效甚微；科学文化类课程基本无相关内容，无神论难以凸显；校园文化充斥大量有神论内容，难觅科学无神论的踪影。作者认为，要在大学加强科学无神论的教育，首先应发挥课堂教学的主导作用，包括开设专门的科学无神论课程，在已有的课程中增加相应的内容，开设专题讲座，等等。此外，还应当拓展多种途径，包括校园文化建设和思想政治工作体现和增强科学无神论思想。④

扬州大学何桂宏和中国人民大学夏醒提出，将认知心理学理论用于科学无神论教育中。认知心理学指出，人的心理发展实质上就是认知结构在“不平衡—平衡—新的不平衡”的无限循环中的主动建构过程，认知不协调是心理发展的内在动机。作者认为，在科学无神论教育过程中，准确把握影响科学无神论认知失调的因素，利用认知失调技巧，有效激发科学无神论教育中的学习动机，有利于提高科学无神论教育的实效性。⑤

（二）坚持教育与宗教相分离

坚持教育与宗教相分离，仍然是2012年科学无神论研究领域中最重要的主题之一。

---

① 习五一：《宗教道德能够拯救“社会道德危机”吗?》，《思想教育研究》2012年第9期。

② 官秀成：《论新形势下高校马克思主义唯物史观教育》，《南方论刊》2012年第6期。

③ 占毅：《彰显高校思政课的科学无神论教育功能》，《科学与无神论》2012年第3期。

④ 黄艳红：《试论当前大学中的科学无神论教育》，载习五一、黄艳红主编《马克思主义中国化研究报告》（No.4），社会科学文献出版社2012年版。

⑤ 何桂宏、夏醒：《认知失调理论在科学无神论教育中的应用》，《教育评论》2012年第2期。

1. 近代中国教育与宗教相分离的历史

习五一指出，在近代中国，教育与宗教相分离的命题主要是针对西方来华传教势力兴办的基督教教会学校。近代中国基督教教会学校世俗化的因素，主要来自社会变革运动的冲击。在这些波澜壮阔的社会运动曾出现三大高峰，即现代教育体制的确立与五四新文化运动，民族主义高涨中的非基督教运动，以及矛头直指基督教教会学校的收回教育权运动。在教育与宗教相分离的历史进程中，充满着外国教会势力与中国世俗社会势力的博弈。教会办学的宗旨是“为基督征服中国”，而从清政府到国民政府，不论是建立新式学堂还是探索现代教育思想，都反映着人类社会日益非宗教化的历史趋势。五四新文化运动更是高扬人权、批判神权。20 世纪 20 年代，基督教在华传教事业表现为两个倾向：一是集中力量在城市传播，二是重点发展高等教育。这种试图“建立上帝之国”的挑战性的传教态势刺激了中国知识界，引发了著名的非基督教运动，迅速波及全国。这场运动的目标之一就是现代教育必须与宗教相分离。中国化和世俗化逐步成为教会大学发展的趋势。在民族民主革命的大潮下，教会大学涌现出一批爱国领袖人物，其毕业生绝大多数成为各行各业的专门人才，而最后担任基督教牧师的只占 5%。基督教会对此亦悲哀地说，能使基督教本土化的“伟大的中国神学家一个也没培养出来”。①

中国国际友谊促进会社会问题研究中心赵志从教育与宗教相分离的视角，考察中西政教形态的异同。教育与宗教相分离是政教关系中的重要内容，因教会介入公共教育而带来的争议贯穿整个现当代政教关系史。中西方因历史文化和宗教传统不同，政教关系也大不相同。历史上的中国“大一统”的中央集权型体制，形塑了国人“修、齐、治、平”的家国情怀；“敬天法祖”的“家天下”宗法制度和政治伦理格局，配以“敬鬼神而远之”、“重今生轻来世”的现实功用型人本主义理念，使得儒释道信仰成为维护皇权的教化手段。虽有多神崇拜和泛神化信仰形态的长期浸润，但历次的“毁佛灭道”、“灭洋”、“非基”和“破除迷信”运动从根本上堵塞了宗教发展成为中华文化主体的历史路径。这既使中华民族难以熔铸出“一教独大”的宗教情怀，也使中国免于陷入西方式的宗教狂热。当代中国秉承史上的“政主教从”、“教用于政”的政府管理宗教模式。然而，日趋多元的文化生态以及政教关系问题正冲击着国人的理念，也考验着执政者的智慧。②

北京师范大学盛华从近代公立学校的教育宗旨入手，考察基督教在公立学校的传播状况。面对来势汹汹的基督教，清政府在公立学校的教育宗旨上坚持以汉文为根底，以儒学为圣教，节制洋教员权利，禁止校园传教。然而，“弱国无外交”，清政府出于维护教育主权而禁止校园传教，事实却是禁而不止。该政策最终的成效益于中国传统文化以及近代科学理性精神的影响。③

北京师范大学李志英和丁华华考察北洋政府统治时期校园传播基督教情况及政府的对策。北洋政府时期，基督教在校园获得比较广泛的传播，最重要的原因在于政府监管乏力。政府

① 习五一：《简论近代中国教育与宗教相分离的历程》（一）、（二），《科学与无神论》2012 年第 1、2 期。

② 赵志：《从中西政教形态之异同看我国的政教关系——兼论教育与宗教相分离》（一）、（二）、（三），《科学与无神论》2012 年第 4、5、6 期。

③ 盛华：《论清政府对基督教在公立学校传播的政策》，《科学与无神论》2012 年第 2 期。

固然通过各种教育法令对基督教在公立学校的传播加以限制，对私立学校也通过注册等方式予以监督和限制，但由于其态度不够明朗，实施力度也不够，整体效果并不明显，校园传教依然蔓延，基督教教会以及信徒人数都有大幅度的增长。北洋政府对待基督教校园传播的管理效果启示我们，在禁止校园传教的管理方面，政府的作用非常重要，一个高效、有力的政府以及有针对性的政策是实现教育与宗教相分离的重要保障。①

北京师范大学李志英和郑慧钦对1927—1937年间南京国民政府限制校园传教的政策进行探究。南京国民政府成立后，在社会各界的推动下，对基督教在学校的传播采取相当严厉的限制政策。对私立教会学校，政府通过注册立案的方式限制其设立，并力图渗入政府力量；同时还通过颁布专门法令等措施禁止私立学校的宗教教育和宗教宣传。对公立的大中小学，通过立法和颁布各种法令从思想教育、教科书审查、课程设置、师资审查等方面加强监督和限制，并通过具体案例加以指导。国民政府限制校园传教的政策是近代以来中国历届政府中最严厉的。其针对性强，执行严厉，在实际上取得较好的效果。究其原因，主要有以下几点：收回教育权运动的推动，国家主义教育思潮的影响；教育与宗教分离思想的影响；三民主义教育宗旨的影响。然而，由于国民政府在政治、经济上严重依赖英、美等基督教国家，因此它对于校园传教的限制并不可能真正彻底，只能是在一定程度上遏制自晚清以来基督教迅猛传播的势头。这一经验教训对我们今天贯彻执行教育与宗教相分离原则有借鉴意义。②

中国人民大学何虎生教授梳理对改革开放以来党和国家文献中有关宗教与教育相分离的论述。他指出：首先，坚持宗教与教育相分离，是党对宗教问题的基本观点和基本政策之一。因为坚持宗教与教育相分离，是党对宗教问题的一贯主张，是政教分离原则的应有之义，也是建设中国特色社会主义的重要一环。其次，坚持宗教与教育相分离，是贯彻党的宗教工作基本方针的必然要求。全面贯彻党的宗教信仰自由政策，依法管理宗教事务，坚持独立自主自办原则，积极引导宗教与社会主义社会相适应，都必然要求坚持宗教与教育相分离。再次，坚持宗教与教育相分离，对党员干部、教育界、宗教界、学术界有不同的要求。共产党员不得信仰宗教，不得参加宗教活动；对人民群众要加强马克思主义宗教观和无神论的宣传教育；对宗教界人士要加强爱国主义和社会主义教育；教育界必须坚持宗教不得干预教育的基本要求；要加强对宗教问题的科学研究，为坚持宗教与教育相分离提供理论支撑。③

2. 宗教在高校的渗透和大学生信教状况

在我国，大学生已经成为互联网的最大用户群之一。北京科技大学左鹏教授以大学生为对象，考察基督教在网上传播的情况。他发现，境外基督教组织和信徒利用互联网所能利用的全部方式，传播福音。其中最主要的是创建基督教门户网站、建立基督教社区论坛、开辟基督徒博客空间和利用基督徒社交网络。他们利用互联网打破时空界限、跨越文化障碍的传播特点，把基督教的教义和文化传播到大学校园里，对我国大学生进行政治和思想文化方面的渗透。④

① 李志英、丁华华：《北洋政府统治时期基督教的校园传播及政府对策》，《科学与无神论》2012年第3期。

② 李志英、郑慧钦：《南京国民政府限制校园传教政策研究（1927—1937）》，《科学与无神论》2012年第6期。

③ 何虎生：《新时期党和国家文献中有关宗教与教育相分离的论述研究》，《科学与无神论》2012年第1期。

④ 左鹏：《互联网上基督教传播的基本方式》，《科学与无神论》2012年第4期。

互联网一出现便被应用于宗教的传播。长沙理工大学张承安对大学生的网络宗教生活进行解析。大学生的网络宗教生活具有如下特点：交流方式多样化；多数在校大学生的网络宗教生活无规律性；接收的宗教信息非常广泛；突破传统的宗教生活方式；也容易被各类信息误导。他认为，网络的虚拟性、开放性等特性既是网络宗教与传统宗教的巨人差别，也增加了高校对大学生思想政治教育的难度。我们需要客观公正地对待大学生宗教信仰问题，从宗教产生的源头抓起，寻求战略意义上的应对之策。①

新疆师范大学李建生教授研究新疆高校内宗教渗透的现状、特点及其影响。他指出，在新疆，信教和参与宗教活动的人数呈上升趋势，校园里的宗教活动已经由对宗教的模糊认识，发展成为在宗教意识支配下的公开的宗教活动。除受宗教影响较大的学生从事宗教活动之外，来自边远贫困乡村的学生从事宗教活动的人数也在增加。学生的宗教活动往往与民族风俗习惯绞合在一起。造成这种状况的原因是多方面的：首先，国内外敌对势力利用宗教对学校的渗透和社会上非法宗教活动泛滥对学生的影响，这是高校宗教活动呈上升势头的社会原因；其次，家庭和学生所处的小环境是宗教影响学校教育的直接原因；再次，学校思想政治工作薄弱，对学生进行马克思主义宗教观和无神论的宣传教育也不够；最后，宗教本身作为一种复杂的社会现象具有极大的诱惑力，许多青年学生很难认清其本质。他认为，抵御宗教的渗透和影响是改革开放条件下新疆高校的一项长期任务，必须充分认识这一任务的长期性和艰巨性，把它作为一项思想建设的系统工程来抓，加强学校思想政治工作，并逐步完善高校抵御宗教渗透和影响的制度建设。②

喀什师范学院戚甫娟和邓小华考察我国伊斯兰教从教育与宗教交融，到教育与宗教逐渐分离的历史。作者指出，在目前这个价值多元化的时代，在新疆坚持教育与宗教相分离的原则、贯彻党的教育方针、抵御与防范宗教向学校渗透是非常必要的。我们要清醒客观地认识教育与宗教相分离的历史必然趋势，这不仅是生产力发展的历史必然，也是现代民族教育的基本要求，更是抵御与防范宗教向学校渗透的现实要求。③

福建师范大学廖志诚和谢小芬对福建地区的大学生信教情况进行调查。其结果显示，受调查的大学生信教比例偏高，佛教、基督教影响大，明确表示有宗教信仰的人数占到被调查总数的30.98％。其中，在信教学生中，信仰佛教约占73.71％，信仰基督教约占20.13％。当代大学生的宗教信仰呈现出信教行为隐蔽性高、信仰界限模糊等特点。作者分析其原因时认为，社会变革为宗教进入高校提供了有利条件，高校思想政治教育机制作用不明显，宗教本身具有一定的吸引力，而大学生对知识的渴求和对心灵慰藉的渴望较强。高校应采取切实措施满足大学生的合理精神需求，积极引导他们树立科学的世界观，建设完善的课程体系，强化课程教育的作用；多渠道普及宣传科学知识，用科学的精神武装大学生的头脑；密切关注大学生需要，增强大学生的归属感和认同感。④

河北科技师范学院赵宗宝等人调查显示，有些学生党员和团员的共产主义信仰不坚定，

---

① 张承安：《电子传播时代大学生网络宗教生活解析》，《科学与无神论》2012年第5期。

② 李建生：《宗教对新疆高校的渗透、影响及对策》，《科学与无神论》2012年第3期。

③ 戚甫娟、邓小华：《教育与宗教相分离——以伊斯兰教为例》，《科学与无神论》2012年第3期。

④ 廖志诚、谢小芬：《现状与反思：当代大学生宗教信仰问题研究》，《福建论坛·人文社会科学版》2012年第3期。

同时信仰宗教；大学生中存在非法宗教组织；境外宗教团体有组织地对高校进行宗教渗透；佛教、基督教、天主教在大学生中影响较大；学生中存在受同学、朋友影响而信仰宗教的情况；大学生信仰宗教重在精神和心理慰藉。调查者建议，加强调查研究，切实把握大学生信仰状况，除加强科学精神和无神论教育外，应引导信教学生依法活动，帮助“望教者”和“宗教文化追随者”正确认识宗教，培养大学生健康向上的品格。党组织应加强教育，绝不允许党员信教。①

黄艳红对北京地区大学生宗教信仰状况的调查研究进行梳理，将其研究内容概括为五个方面：第一，大学生信仰宗教的基本状况：具有宗教信仰的大学生人数比例呈上升趋势，信教大学生在家庭背景、性别、年纪和专业等方面存在差异；第二，大学生接触宗教的途径和信教的原因：大学生接触宗教的途径主要来自书籍、课堂和亲朋好友，多数信教大学生在大学期间才选择信教，信教原因具有多重性；第三，大学生的宗教观念和信仰活动特征：多数大学生对宗教持宽容态度，大学生信徒对基本教义、教理的理解程度高，参加宗教活动热情高，更倾向于团体活动；第四，信教后对大学生的影响：信教对大学生的价值观念和行为模式的改变非常大，他们在思想倾向上存在消极性；第五，对策建议：应多管齐下，包括在高校开设相关课程以及加强对非法传教活动的管理。作者指出，这些调查研究总体上缺乏科学无神论的观察视角，有些研究者缺乏客观中立的立场，也有些研究者缺乏对研究对象的深入了解。②

北京林业大学卢振雷和王磊明通过对该校大学生宗教信仰的问卷调查，分析大学生对宗教的认识情况。该调查显示，多数大学生对宗教持正面认识，对信教持尊重态度，对马克思主义哲学和宗教的关系认识模糊，认可宗教在文化建设中的作用。多数信教大学生认为宗教能够启迪心灵，带来精神寄托，信教令其心情舒畅、更乐于奉献爱心，心灵得以升华。对于大学生宗教信仰的现状，多数是从小开始信教，多数信教是受家人的影响，多数学生认为学校有必要开设有关宗教的选修课，加强对国家宗教政策的宣传力度。调查者建议，应当加强马克思主义理论教育，开设有关宗教知识的选修课；加强高校精神文明建设以及校园文化建设；培养大学生健康的心理素质，重视心理健康教育和疏导。③

华侨大学魏庆东针对宗教向高校的渗透，剖析大学生中对宗教信仰自由政策的误解。作者提出，目前宗教向高校渗透是多种政治社会文化因素交织作用的结果。我国已经进入改革发展的关键时期，社会的急剧转型导致一定程度的社会“失范”，容易引起大学生的信仰危机，从而为宗教传播提供空间。而且，宗教自身独特的道德、文化魅力也对大学生有吸引力。大学生本身处于人生发展的关键时期，需要与他人保持顺畅的人际交往，当他们在现实中碰到障碍时就可能会转向宗教。高校应该坚定马克思主义无神论的主导地位，在运用科学无神论对学生进行教育的时候，要掌握好反复性、协调性以及实效性三大原则。④

大连理工大学路大壮等人指出，当前多数大学生认同宗教为人类文化的组成部分，而西

① 赵宗宝、卢亚君、王兆云：《大学生宗教信仰现状及对策研究》，《中国青年研究》2012 年第 6 期。

② 黄艳红：《北京大学生宗教信仰调查研究综述》，《科学与无神论》2012 年第 6 期。

③ 卢振雷、王磊明：《大学生信教问题调研》，《科学与无神论》2012 年第 4 期。

④ 魏庆东：《高校教育与宗教相分离探讨》，《科学与无神论》2012 年第 5 期。

方敌对势力也是利用宗教的文化属性进行渗透。作者认为，从宗教的本质出发，对宗教进行分析，向大学生宣传马克思主义宗教观，宣传党的宗教工作方针、政策，能够使大学生正确地解释宗教现象和分析宗教文化，正确地认识宗教文化在世界文化中的位置，理性地看待宗教及其信徒，以促进校园和谐、社会和谐。[①]

通过对青少年“星座迷信”的考察，新疆师范大学文婧认为，星座迷信涉及12—28岁这个层面的青少年，他们迷信星座的原因各不相同。不同的年龄层具有不同的原因：小学生、中学生更容易受星座迷信思想吸引；大学生、成年人则希望通过星座预测获得心理慰藉。互联网和大众媒体对星座的宣传则助长了迷信的传播。家庭、学校在思想教育方面的缺失最终使得这种迷信思想乘虚而入。她认为，我们应当用科学来战胜迷信，星座事实上是套用天文学术语、打着心理学理论旗号的一种伪科学，本质还是迷信。它的泛滥，反映出当今教育存在的问题。学校、家庭应当形成一股合力，彻底清除这种迷信的影响。[②]

（三）宗教工作与宗教政策研究

1. 纪念中央关于宗教问题和宗教政策19号文件发表30周年

2012年3月31日是中共中央发表《关于我国社会主义时期宗教问题的基本观点和基本政策》，即19号文件30周年。中国无神论学会副理事长段启明回顾19号文件的起草情况、主要精神以及30年来贯彻该文件取得的成绩和经验，同时对宗教工作中的问题进行反思。他指出，第一，信教人数激增，有神论迷信思潮阵地扩大；第二，国外势力利用宗教极力进行渗透，企图“重返中国大陆”；第三，迷信活动沉渣泛起，妖言惑众，骗钱害人；第四，邪教践踏人权，摧毁生命，危害社会；第五，滥建庙宇、滥塑露天佛像，推动有神论迷信思潮泛滥；第六，有神论迷信思潮对在校学生的影响触目惊心；第七，某些文人学者在有神论迷信思潮泛滥中起了重要推动作用；第八，政府相关职能部门对宗教社会事务监管不到位；第九，某些共产党员在有神论迷信思潮泛滥中沦为俘虏或推波助澜。他认为，对于这些问题，政府相关职能部门以及社会各界都会有不同看法，正是这些不同看法直接影响到宗教实际工作，影响到社会主义物质文明、精神文明和政治文明建设。他建议，用适当方式、在一定范围内表明党和政府对这些问题的态度，这样才能在全党真正牢固树立起马克思主义宗教观，统一认识，才能在实际中把宗教工作做好。[③]

中央统战部李平晔在回顾19号文件时也指出，文件以马克思主义的立场、观点和方法分析我国的宗教情况，确定了对宗教的基本认识、宗教工作的目的、宗教工作的基本原则和基本任务等等。作者指出，文件明确提出“共产党员不得信仰宗教”，并把它作为一个政策性规定。然而，30年后，正像中央对腐败屡禁而不止一样，中央屡提党员不能信教，而党员信教的比例却有增无减。19号文件提到一些政策性问题，诸如独立自主、自办教会的问题，宗教与民族问题，反渗透与对外交往问题，青少年信仰选择问题，基督教家庭聚会问题，用马克思主义的观点对宗教进行研究的问题，党政部门对于宗教事务的管理问题；等等，这些当年

---

① 路大壮、冯振业、龙鹏举：《宗教现象在高校的存在及引导》，《现代教育管理》2012年第3期。

② 文婧：《浅析“星座迷信”对青少年的思想荼毒》，《科学与无神论》2012年第4期。

③ 段启明：《贯彻19号文件中的得与失——纪念中共中央“中发1982年19号文件”下发30周年》，《科学与无神论》2012年第4期。

只是初露端倪，并不突出的问题，今天都成为难点、热点、焦点。作者认为，今天的宗教工作还没有完全达到 30 年前 19 号文件提出的基本要求。①

2. 抵御宗教渗透问题

习五一指出，基督教新保守主义的全球扩张战略，成为美国霸权主义的工具。美国国会通过《1998 年国际宗教自由法案》，是以国家力量进行基督教全球战略扩张的工具。中国成为国际宗教右翼势力传播基督教福音的重点地区。境外宗教渗透成为威胁我国安全的最重要因素之一。其战略意图是改变中国意识形态和政治制度。作者指出，应当重视境外基督教右翼势力的“合法渗透”。境外右翼势力推动基督教在我国传播，实质上是一种文化殖民和意识形态渗透。西方宗教右翼势力特别善于利用合法渠道，深入我国文化教育和学术研究阵地，培植力量，宣传他们的世界观、价值观和政治观，与我国主流意识形态对立。为从思想文化上提供抵御境外宗教神学渗透的理论武器，应当大力加强科学无神论的学科建设。②

武汉大学黄超对美国对华宗教渗透新模式进行研究，分析其意识形态演变的轨迹。作者指出，美国对华宗教渗透的最新目标就是在中国国内形成奠基于“新宗教治外法权”基础上的“国中之国”，推动没有任何国际关系准则和伦理底线的“新人权运动”将是实现该目标的突出标志。其策略就是以美国《国际宗教自由法》为基础，实行“宗教政治化”。这种新模式中，新的传教载体主要是数量迅速增加的留美中国大陆知识分子群体。新的对华宗教渗透组织体系，如“对华援助协会”，具有明显的“非宗教化”和“政治化”特点。这种新模式的出现与美国对华宗教渗透的意识形态演变密切相关。这种演变经历从神权政治意识形态到地缘政治意识形态再到新冷战意识形态的过程。作者指出，要防范和抵御这种新的宗教渗透，需要坚持和完善中国特色社会主义的新型政教关系、坚持独立自主自办教会的原则以及建立宗教突发事件危机处理的长效机制。③

武汉大学段德智总结新中国成立初期反宗教渗透工作的主要经验和教训。他指出，抵制宗教渗透不仅是一个关乎我们能否有效地坚持独立自主办教原则的问题，而且也是一个关乎我们国家政治安全和意识形态安全的问题。新中国成立初期反宗教渗透的经验主要有：牢固树立国家主权意识和国家安全意识；走群众路线；在具体的革命实践中以及在与三自爱国运动的互动中开展、推进抵制宗教渗透的工作。而这个阶段反宗教渗透的教训主要有：这项工作有时开展得“过于急促和粗糙”，打击面过宽。无论是经验还是教训对于我们今天的抵制宗教渗透工作都具有借鉴意义。④

武汉工业学院白虹对宗教在苏联解体过程中的作用进行研究指出，首先是宗教法规的缺失导致“宗教热潮”的出现，这种“宗教热潮”伴随着苏联共产党领导地位的失落以及国家分裂的过程蔓延开来，并没有带来宗教生活的和谐繁荣，反而造成教派之间延绵不断的宗教

---

① 李平晔：《19 号文件再理解——纪念中共中央 1982 年 19 号文件印发 30 周年》，《中国民族报》2012 年 9 月 11 日。

② 习五一：《警惕国际宗教右翼势力的文化渗透》，载习五一、黄艳红主编《马克思主义中国化研究报告》(No. 4)，社会科学文献出版社 2012 年版。

③ 黄超：《美国对华宗教渗透新模式及其意识形态演变》，《中国党政干部论坛》2012 年第 2 期。

④ 段德智：《我国建国初期宗教渗透与反宗教渗透之争及反宗教渗透工作的主要经验教训》，《科学与无神论》2012 年第 3 期。

纷争；特定教派的宗教人士作为特定政治派别的支持者或活动者，使宗教问题不断泛化成为民族问题、政治问题，致使宗教力量成为一种危及苏维埃国家的因素。其次是宗教领袖介入国家政治生活，导致宗教问题政治化。通过改革宗教政策，放松对宗教的控制，不仅没有减缓矛盾，反而使得宗教领域内的矛盾进一步激化。最后是宗教矛盾被民族分离主义势力利用，成为导致联盟破裂的重要推手。①

3. 藏传佛教寺庙管理长效机制

中央社会主义学院朱晓明研究员在建立健全藏传佛教寺庙管理长效机制的实践中，思考依法管理宗教事务的规律。他指出，首先要实现认识上的突破，即从宗教的“两重性”到管理的“两重性”。藏传佛教寺庙既是宗教活动场所，又是基层社会单位；僧尼既是宗教教职人员，也是国家的公民。因为宗教具有宗教性和社会性，所以宗教事务管理也就具有宗教自身管理和社会管理的“两重性”。其次要处理好社会管理和民主管理的关系，以及寺庙爱国主义教育、法制宣传教育和佛学思想建设的关系。他认为，基本稳定—持续稳定—和谐稳定，是构建藏传佛教寺庙管理长效机制必将经过的“三个阶段”。第一阶段，是应急状态下的基本稳定。第二阶段，是以落实和完善社会管理为主导，推动和加强寺管会民主管理，标本兼治，重在治本，实现寺庙的持续稳定。第三阶段，社会管理和寺庙民主管理相结合、政治思想教育和佛学思想建设相结合，实现藏传佛教与社会主义社会内在适应的和谐稳定。这是一个更高的境界，也是我们努力的方向。②

（四）中西方无神论思想史研究

作为科学无神论研究的思想源流，中西方无神论思想是许多学者研究的命题。

1. 中国古代无神论思想研究

中国历史上延续着一种朴素的唯物论和无神论思想，学人对此多有探究。山西忻州市委党校赵光清以汉武时期的巫蛊之祸为切入点，考察历史上巫蛊之术、迷信思想的危害。③ 上海师范大学张宏敏研究元明之际杰出思想家刘基的无神论思想，从祸福论、元气说和灾异论入手，阐释其基本观点。刘基的思想是以自然元气为理论基础，天地灾异等现象的发生乃是阴阳二气矛盾运动失调的表征，体现出一种朴素的唯物主义精神。④

首都师范大学韩国茹研究东汉著名学者王充的反谶纬思想。谶纬源于先秦，兴盛于西汉，至东汉时期则成为官民共同信奉实践的思想。它囊括阴阳五行、天人感应、灾异祥瑞、命相数术、宇宙生成等多种思想形态，有四个相互联系的特征：即宇宙生成论、感应论、目的论和神圣化。王充批判谶纬思想，以自然主义的天道观批判感应的目的论；用万物自身的性质来说明万物之间的联系，批判谶纬中完全以天地万物之间的关系来说明万物之间的联系；以人为天地间普通之一物批判谶纬思想中的人副天数说；以偶然论和命定论的有机结合批判感应论和目的论。他以注重实知和效验的认识论来批判神圣化的圣知先知全知，给圣人祛魅。

① 白虹：《宗教在苏联解体过程中起了什么作用》，《中国党政干部论坛》2012 年第 10 期。

② 朱晓明：《对构建藏传佛教寺庙管理长效机制的理论思考》，《科学与无神论》2012 年第 4 期。

③ 赵光清：《汉武时期的巫蛊之祸》，《科学与无神论》2012 年第 1 期。

④ 张宏敏：《刘基的无神论思想》，《科学与无神论》2012 年第 2 期。

当然，王充朴素的唯物论思想仍有其时代的局限，他有意无意地保留了一些谶纬思想的残余。①

近几年，各种五花八门的解梦书充斥着市场。贠培基以陈明主编的《周公解梦》为例，对花样繁多的现代版周公解梦进行剖析。古往今来对梦和做梦的阐释，不外乎有神和无神两大类。有神论者如《周公解梦》和名目繁多的现代版周公解梦等等，认为梦是鬼神的预示，是"神喻"吉凶祸福；无神论者则认为，梦是人们的生理和心理现象或精神因素导致，以科学态度对梦和做梦进行阐释。五花八门的现代版周公解梦，均是在《周公解梦》鬼神预示吉凶的招牌下，以本土解梦迷信和舶来品洋解梦迷信相混杂，诱导人们拜倒在鬼神脚下去迷信自己的梦。这是非科学的，当今社会应当抵制这类出版物。②

许多学者坚定地声称以孔子为代表的儒家思想是无神论，广东省委党校肖霜通过文献资料的举证以及逻辑分析，对此提出质疑。作者认为，孔子是持一种"存而不论"的态度，如果简单将以孔子为代表的儒家思想归为无神论，不足以让人信服。综观《论语》，孔子虽没有强调鬼神的存在，但也没有明确否认过鬼神的存在。如"敬鬼神而远之"，"子不语怪、力、乱、神"。孔子只是在一定程度上消解了对鬼神的迷信，并不是彻底否认其存在。③

2. 西方无神论思想研究

西方的无神论思想是科学无神论研究的一个重要领域，目前我国该研究领域仍然以译介为主。张英珊翻译了英国导演乔纳森·米勒的《无神论简史》全文。该文简要梳理西方历史上无神论思想的渊源，从古希腊哲学中无神论思想的萌芽，到基督教思想占主导时无神论的战斗，一直到启蒙运动中法国出现无神论者。此后，无神论的思想便慢慢渗透到寻常百姓之中，特别在劳工大众中产生巨大影响。作者重点评介在人类历史上产生过巨大影响的无神论者，如法国作家保尔·霍尔巴赫、英国思想家托马斯·潘恩等。④

《剑桥无神论指南》一书由美国波士顿大学哲学教授、著名无神论者米歇尔·马丁（Michael Martin）编著。此书分析批判古典与当代的多种有神论证，具有较高的学术价值，是研究无神论的入门之作。有学者翻译该书第一部分中的第三篇文章，即无神论在当今时代的人数与类型。作者综合近十余年来大量相关研究报告，全面介绍当代无神论与有神论在整个世界的变动与分布状况。依靠充足实证材料的支撑，作者令人信服地分析无神论水平与社会健康度之间存在着密切关系，驳斥宗教信仰具有"天赋性"的观点。当前，国内学界对西方无神论发展缺乏客观了解，该文提供的大量数据，弥足珍贵。⑤

米歇尔·马丁在《无神论：一个哲学的证明》中指出，历史上无神论者一直被认为在道德品格方面有缺陷而经常遭受攻击，比如人们坚持认为他们不可能诚实可靠，等等。马丁通过严密的逻辑论证指出，无神论对道德品格具有不利影响的批评是站不住脚的。无神论者的问题，不是他们的道德品格比有神论者低劣，而是他们不能为其道德行为提供可信的基本原

① 韩国茹：《论王充的反谶纬思想》，《科学与无神论》2012年第4期。

② 贠培基：《以陈明主编的〈周公解梦〉为例剖析花样繁多的现代版周公解梦》，《科学与无神论》2012年第3期。

③ 肖霜：《对以孔子为代表的儒家无神论思想的质疑》，《科学与无神论》2012年第5期。

④ ［英］乔纳森·米勒：《无神论简史》，张英珊译，《科学与无神论》2011年第6期，2012年第1、2、3期。

⑤ ［美］菲尔·朱克曼：《无神论：当代的人数与类型》，杨俊峰译，《科学与无神论》2012年第4期。

理。因为人们普遍认为，“如果没有上帝的话，就不存在道德义务和道德禁令”。一个批评者在无神论伦理学中找到的任何问题，其实都应该被正确地放到数量巨大的、与神圣命令理论相关的问题中比较分析，而并非将它孤立在无神论的领域里。总而言之，马丁指出，无神论并不会导致道德的无政府状态。①

保罗·库尔茨是美国著名哲学家、现代世俗人文主义者、现代怀疑论者。他在《科学与宗教：它们能融合吗?》（*Science and Religion：Are They Compatible*?）一书的后记中论述科学与宗教的关系。他指出，首先，不论是无神论者还是反神论者都发现，经典有神论的确是证据不足。现存的真理有两种：一种是科学的真理；另一种是宗教的真理，它超越经验和推理。宗教认为它能够提供更高层次的精神真理，我们认为这是不可靠的。宗教与科学必须严格区分。其次，宗教应当与伦理道德分离。我们不否认宗教信徒经常赞成和支持道德行为，如慈善、仁爱、同情以及和平，他们是因信仰上帝的感召；然而，各种宗教对基本的道德戒律存在分歧，经常发动战争来反对其他的宗教或者世俗道德体系。因此，我们要开放道德价值和原则，用理性和实证的角度来检验。再次，宗教应当归属私人范畴，远离政权。同时，他也承认，宗教在可预见的未来会继续伴随我们，并且不会轻易消失。因为宗教带给人们憧憬和希望的功能仍然具有很重要的作用，其基本观点和信仰是人类创造性想象力的产物。事实上，在想象力和探索方面，科学已经将人类的视野推向外部空间。它为我们构造出超越任何古代神话设想的更令人惊奇的解释框架。因此，对于宇宙以及我们自身在宇宙中地位的理解，将是自然主义科学家们面临的特殊挑战。②

（五）膜拜团体研究

膜拜团体、破坏性膜拜团体或邪教问题，是当代科学无神论研究领域中的重要议题。中国科学技术协会科普研究所辛芃从上个世纪流行的“新时代运动”思潮的影响来考察法轮功。作为一股世界潮流，“新时代运动”借助中国改革开放的大背景，造就出像张宏堡、张香玉、沈昌、李洪志这样具有神功异能的“新时代大师”；也造就出人体科学和具有“灵性”思维的中国“新时代”弄潮儿柯云路。他们成为中国“新时代运动”的标帜。然而，这些思想无非都是利用虚构的灵魂独立实体以及所谓的“意念波”和“意念粒子”，构筑一种灵学唯心主义，其理论粗糙且鄙俗，“愚化”群众，造成了严重的不良社会影响。这场运动的实质，是要唯物主义还是要灵学唯心主义的问题。唯有“正胜邪则治而安”。在思想文化领域，我们应该高度重视国内外各种腐朽思潮的影响，防微杜渐，让思想文化沿着正确、健康的方向不断发展。③

美国大学校园中的膜拜团体问题是学者关注的重要议题。卡内基教学促进基金会主席格雷戈里·S. 布莱米林博士指出，“在许多校园，宗教团体是发展最快的组织”。有超凡感召力、自称得到神灵启示的宗教类的复兴团体增长特别快。他从心理和社会两个角度探讨，为什么大学生容易受到影响加入膜拜团体。由于大学时代是一个充满不确定性的过渡时期，学

① ［美］米歇尔·马丁（Michael Martin）：《无神论——一个哲学的证明》，陈文庆译，《科学与无神论》2012年第5、6期。

② ［美］保罗·库尔茨：《〈科学与宗教：它们能融合吗?〉后记》，任事平译，《科学与无神论》2012年第3期。

③ 辛芃：《“新时代运动”与“法轮功”成势》，《科学与无神论》2012年第1、2、3、5、6期。

生们面对膜拜团体的心理游说显得非常脆弱，这是他们逐渐从家庭迈向社会、从依赖走向独立的过程。他详细考察校园内膜拜团体的招募类型和方式以及加入膜拜团体引发的问题。这些问题大多数与心理情感有关，也给学生个人及其家庭带来了财产损害。对于棘手的膜拜团体问题，他建议，学院和大学有责任为学生提供良好的环境，促进思想自由，使之成为受过良好教育有高尚情操的人。在法院的指导下，学院和大学的管理当局应通过教育使学生和员工了解膜拜团体的修行方法，应当制定适合的政策对校园团体进行评估认可，应当对那些对有害的膜拜和邪教行为进行处理，并将相应的措施纳入学校管理的政策之中。①

三 思考与建议

随着近年来马克思主义理论建设工程的不断推进，科学无神论的学术研究重新出现在学术研究领域，不仅在宗教研究领域浮出水面，而且更多地出现在马克思主义研究的领域中。虽然科学无神论已经成为中国社科院马工程重点建设学科，但力量仍然十分薄弱。从学术研究领域来看，国内专业从事科学无神论研究的学者寥寥无几。尽管中国无神论学会努力发掘有志于献身科学无神论研究的青年学者，但数量依然十分有限。由于需要研究的理论和现实问题众多，而各种学术神学流派丛生，因此，目前少数从事科学无神论研究学者都忙于应对，努力在学术思想界发出自己的声音。而要想在意识形态领域里正本清源，必须展开系统的学术研究，队伍建设仍是关键的环节。

就当我们科学无神论学科面临的挑战而言，我们认为，抵御境外势力利用宗教对高校进行渗透和防范校园传教，这是当前一项重要而紧迫的战略任务。根据中央文件的精神，在大学校园里开展马克思主义无神论的教育，是抵御境外宗教势力渗透的基础性工作。同时，各级相关部门应采取积极有效的措施，贯彻《中华人民共和国教育法》的规定，坚持教育与宗教相分离的原则。

无神论的学科建设，需要长期的战略布局。中国社科院马研院的马克思主义无神论研究室作为专业的研究队伍，正在努力推进学科建设。我们将于2013年出版《科学与无神论研究丛书》第二种，即《当代大学校园宗教现象研究——对北京若干高等院校的考察》。该书是中国社科院重点国情调研项目的最终成果。这是一部以社会调查为基础并进行理论分析的专著。作为学科基础建设工程之一，我们计划组织撰写《无神论思想的源流》一书。此书将作为《科学与无神论研究丛书》第三种出版。我们要联合全国一切有志于这一事业的学者共同奋斗，在建设社会主义核心价值体系的事业中，逐步将科学无神论学科建设起来。

（供稿：习五一、黄艳红、韩琪）

① ［美］格雷戈里·S. 布莱米林：《大学生加入膜拜团体的原因以及校园如何应对膜拜问题》，耿耿编译，《科学与无神论》2012年第4期。

第四篇

热点聚焦

关于共同富裕问题的讨论

关于收入分配问题是近几年学界研究的热点问题。2012 年恰值纪念邓小平同志“南方谈话”20 周年，共同富裕问题成为收入分配研究中的重点问题。学者们主要研究了共富与先富的关系，如何深入理解共同富裕的本质、内涵，以及探求实现共同富裕的路径等问题。

共富还是先富已成为当前关系我国收入分配改革方向和政策调整的重要问题，两者相比，共同富裕的紧迫性和必然性日益凸显。刘国光认为要克服和扭转贫富差距扩大和两极分化的趋势，需要的政策转向，不是什么将“国富优先”转变为“民富优先”，而是明确宣布“让一部分人先富起来”的政策已经完成任务，今后要把这一政策转变为逐步实现“共同富裕”的政策，完成“先富”向“共富”的过渡。[①] 王伟光指出在坚持发展生产力的前提下，逐步实现共同富裕已经成为进一步发展中国特色社会主义的中心课题。[②] 周新城指出，克服收入差距过大、逐步消除两极分化的客观形势要求把逐步实现共同富裕提上日程。[③] 谷亚光等人认为经过三十多年的改革和发展，一部分地区和一部分人先富起来由构想变为现实，突出地提出和解决共同富裕问题的时机已经成熟，创造性地实践邓小平共同富裕思想是摆在全党和全国人民面前的重要任务。[④]

共同富裕的本质、内涵与实现路径成为研究的主要内容。侯惠勤指出，“共同富裕”不是传统意义上的“均富”、“共富”思想，而是消除两极分化、消灭剥削、真正实现人的解放的科学论断。它本质上是属于科学社会主义、属于共产党、属于工人阶级的。共同富裕的科学内涵是：社会主义发展过程“切蛋糕”和“做蛋糕”的有机统一；社会主义“终极性价值”和“过程性价值”的有机统一；“物质利益价值”和强大的精神价值的有机统一；是主导性价值和共同性价值的统一；价值追求和制度设计的有机统一。对于作为社会主义优越性的“共同富裕”，科学发展观是破解这一难题的指导，而共同富裕也是落实科学发展观的着力点。[⑤] 有学者指出，共同富裕思想的本质内涵，从理论层面来理解，是从历史发展规律得出的科学结论，是科学社会主义创始人关于社会主义社会的基本规定和发展目标；从实践层面来理解，是社会主义实践的具体道路，是增强社会主义国家的国民凝聚力和巩固社会主义制度的必然选择。提升社会主义共同富裕有两条重要路径：一是坚持“国民共进”，做强做优做大公有制经济；一是确立以民生建设为导向的发展模式，使政府的投入和政策向普惠型转变。[⑥] 程恩富等人认为应从社会主义“根本目标”的高度来把握共同富裕的内涵，共同富裕是社会主义区别于资本主义和其他社会形态最根本的特征，对中国特色社会主义道路具有发展导向和目标约束的作用，是目标与过程的统一。要实现共同富裕，必须下决心自觉实行转向实现共同

---

① 刘国光：《国富与民富、先富与共富的一些问题》，《党建研究》2012 年第 7 期。

② 王伟光：《解放和发展生产力最终实现共同富裕——纪念“南方谈话”发表二十周年》，《前线》2012 年第 6 期。

③ 周新城：《应该把逐步实现共同富裕提上日程》，《中共石家庄市委党校学报》2012 年第 10 期。

④ 谷亚光、谷亚华：《论共同富裕的内涵、道路及重点》，《中州学刊》2012 年第 5 期。

⑤ 侯惠勤：《论“共同富裕”》，《思想理论教育导刊》2012 年第 1 期。

⑥ 程恩富、刘伟：《社会主义共同富裕的理论解读与实践剖析》，《马克思主义研究》2012 年第 6 期。

富裕的战略调整，并且把引导和促进共同富裕列入全党工作议事日程，把共同富裕的重点转向农村。[①] 谷亚光等人指出社会主义制度是实现共同富裕的根本保证，坚持公有制或公有制为主体是实现共同富裕的经济基础，毫不动摇地坚持公有制主体地位是我国社会主义必须坚持的根本原则。解决共同富裕，必须始终不渝地以经济建设为中心，做大蛋糕是分好蛋糕的前提，解决共同富裕是一个逐步的过程。[②] 卫兴华强调指出正确理解和把握“共同富裕是中国特色社会主义的根本原则”这一问题，需要首先弄清为什么要搞社会主义，什么是社会主义和怎样建设社会主义。提出和强调这一问题，既是针对改革开放前极“左”盛行时期忽视快速发展生产力，漠视人民生活水平提高的贫穷社会主义，也是针对在党的理论和宣传史上，没有从社会本质上把握共同富裕是马克思主义科学社会主义的根本目的和根本原则。快速发展生产力，是共同富裕的物质手段，公有制为基础或为主体，是共同富裕的制度保证。[③]

（供稿：杨静）

关于提炼社会主义核心价值观的讨论

2006年，党的十六届六中全会明确提出了建设社会主义核心价值体系的任务，关于社会主义核心价值体系的研究成为近几年来的理论研究热点。本年度，学者们围绕着社会主义核心价值体系的内涵、社会主义核心价值观的提炼等问题进行了深入探讨。

如何提炼社会主义核心价值观是本年度讨论最热烈的问题之一。人们将这个问题进一步深化。侯惠勤指出：当前道德问题研究一要研究中国传统的道德资源哪些可以用、哪些不能用；二要研究共产主义道德的现实性问题。要研究人类文明的发展趋势及人类道德发展的走向。[④] 沈壮海指出：对社会主义核心价值观的凝练，应当深入到有机统一着的社会主义理论、运动、制度之中获得其理论与实践的依据，避免仅从某一方面或某些方面出发来确立社会主义核心价值观的凝练依据；应当理直气壮地确立、宣扬马克思主义赋义的有关价值追求，不为“关于自由、平等和民主的笼统词句”及其西方赋义所惑，从而将核心价值观确立在当今时代人类社会价值观的制高点上；应当充分认识社会主义价值追求的丰富性及社会主义核心价值观凝练的开放性，解开“核心性期待”与“全面性期待”的复杂纠缠；应当破除从文本到文本或根据预设的逻辑框架去排定核心价值观的机械思维方式，更加关注社会主义核心价值观在人民大众中生根、发芽、茁壮成长的实践逻辑。[⑤] 韩震从区分核心价值观与道德生活价值观角度提炼，认为核心价值观与道德生活价值观之间尽管有着密切的联系，但二者也有着显见的区别。核心价值观所反映的是制度层面的东西，而道德价值观所体现的是人们日常

---

① 谷亚光、谷亚华：《论共同富裕的内涵、道路及重点》，《中州学刊》2012年第5期。

② 王伟光：《解放和发展生产力最终实现共同富裕——纪念“南方谈话”发表二十周年》，《前线》2012年第6期。

③ 卫兴华：《共同富裕是中国特色社会主义的根本原则》，《经济问题》2012年第12期。

④ 侯惠勤：《 判断当前我国社会道德的总体状况要用马克思主义的历史观、世界观、方法论》，《红旗文稿》2012年第1期。

⑤ 沈壮海：《解开凝练社会主义核心价值观的思维之结》，《思想政治教育》2012年第1期。

生活规范层面的东西。社会主义核心价值观既是中国特色社会主义道路的本质体现，也是中国社会主义制度对中国人民的承诺、对人类未来前途命运的把握、对历史发展方向的定位。凝练社会主义核心价值观，必须遵循中国特色社会主义道路的基本要求和中国特色社会主义制度的基本要求，而不能将其与作为人民群众生活伦理规范的道德生活价值观混为一谈。[①]中国人民大学陈先达教授指出，“核心价值是社会制度的本质和处于统治地位群体利益的价值体现。在阶级社会，核心价值具有鲜明的阶级性和历史性。社会主义核心价值反映社会主义制度的本质和人民的根本利益。”[②]

关于社会主义核心价值观的内容提炼，戴木才认为，从构建中国特色社会主义核心价值观的四个维度看，我们可以把中国特色社会主义核心价值观简要表述为：自由、民主、幸福、仁爱。“自由（人的自由全面发展）”科学揭示了社会主义核心价值观的价值本质和理想追求，“民主”深刻体现了社会主义核心价值观的实践（真实）本性，“幸福”综合展现了社会主义核心价值观的真正目的（归宿），“仁爱”集中体现了社会主义核心价值观的中国特色。[③] 侯惠勤将社会主义核心价值观概括为以下五点：劳动优先，人民至上，共同富裕，公平正义，和谐发展。“劳动优先”是马克思主义基本精神“劳动的解放与复归”的体现，也是全部人类文明发展的起点和归宿。“人民至上”是由我们的国体、我们党的性质等根本制度决定的，同时也体现了高于资本主义的价值追求和人性关切。“共同富裕”是社会主义建设的根本目的，也是其高于资本主义文明的具体体现。“公平正义”不仅保留并改进了形式平等，而且又增添了资本主义所没有的以“消灭阶级”为特征的事实平等。“和谐发展”是社会主义的本质属性和价值特征。[④]

（供稿：张建云）

关于社会主义公平正义问题的研究

近年来，随着我国收入分配出现了进一步拉大的趋势，加上教育、医疗等公共资源分配不公问题引起社会广泛关注，社会主义公平正义问题成为一个理论热点问题。“社会主义”、“公平”、“正义”等主题词仍然是2012年学界讨论的热点问题，内容包括：

第一，社会主义公平正义观的主要内容和现实意义。收入分配和公共资源分配不公是当前我国面临的一个严峻的社会问题。从根本上解决这一问题，就需要明确社会主义公平正义的基本原则。中国人民大学罗国杰教授从社会主义价值导向和道德建设角度研究了公正原则，

① 韩震：《必须区分核心价值观与道德生活价值观——如何凝练社会主义核心价值观之管见》，《中国特色社会主义理论研究》2012年第3期。

② 陈先达：《论核心价值的社会制度本质》，《中国特色社会主义研究》2012年第5期。

③ 戴木才：《自由、民主、幸福、仁爱：中国特色社会主义核心价值观内涵初探——中国特色社会主义核心价值观探索之四》，《南昌航空大学学报》（社会科学版）2012年第1期。

④ 《社会主义核心价值观建设中的若干重大理论问题——访中国社会科学院马克思主义研究院党委书记、博士生导师侯惠勤教授》，《思想教育研究》2012年第5期。

认为公正原则既是社会主义社会的一个重要的价值导向和指导原则，也是道德建设的一个十分重要的原则，提出“注重效率与维护社会公平相协调”的原则是社会主义道德同一切剥削阶级特别是资产阶级道德的一个重要区别。① 孙国华等人指出，公平正义是化解当前我国社会矛盾的根本原则。社会矛盾实质上是最终受一定社会物质生活条件制约的社会关系、利益关系的矛盾，公平正义则是在这种物质生活条件下基本适合生产力发展要求的、达到一定平衡的从而能为大多数人认同为公平、正义的利益关系。实现社会主义初级阶段的公平正义是预防和化解现阶段我国的社会矛盾的根本原则，完善社会主义法制、厉行法治是实现社会公平正义、预防和化解社会矛盾的根本原则和基本条件。②

第二，马克思主义公平正义观的主要内容和现实意义。从20世纪60年代到80年代，西方学者对马克思主义正义观进行过长期而激烈的争论。但是在国内，这一问题在学术界并没有引起足够的重视。近年来，在研究和解决中国现实存在的诸多问题时，学者们把目光转向了马克思，并试图从马克思的正义思想中找出解决现实问题的基本思路。周晓光研究了马克思主义公平正义观，认为马克思、恩格斯的公平正义思想以“每一个个人的全面而自由的发展”为核心，带来了公平正义主题从抽象平等到每一个个人的全面而自由发展的革命性转换。社会主义社会作为共产主义理想实现过程中的阶段性社会形态，实现了对此前所有社会形态公平正义理念的历史超越。在社会历史实践进程中，社会主义制度本身的发展和公平正义理念自身的演进表现了相同的超越性特质。系统分析现阶段我国社会形态发展的制度设计理念和整体价值追求，发掘有益于制度设计科学化和公平正义理念完善化的积极因素，进而以马克思主义公平正义观的超越性特质为主线，以促进中国特色社会主义建设事业的全面健康发展为目标，在社会发展过程中自觉完成合规律性和合目的性的整合，对推动我国经济社会的可持续发展具有重要意义。③ 南京财经大学何干强教授用唯物史观的正义论分析了当代中国的公平正义问题，指出唯物史观的正义论渗透着唯物辩证法，正义价值观的核心内容是与一定生产方式从而与一定生产关系相适应的，由此基本观点必然得出：正义是历史的范畴；阶级社会的不同正义，反映不同阶级的立场和利益要求；代表各阶级利益的各种正义一旦形成，必然对产生它们的生产关系或经济基础发生方向不同的反作用等一系列重要观点。当前应当在唯物史观指导下弄清社会主义初级阶段的正义，维护好中国特色的社会主义基本经济制度。④ 李旸对西方学者关于马克思正义观的争论进行了分析和评价，指出马克思虽然强调正义观念所受的现实制约，但他并未拒斥正义诉求，更未否定正义批判的有效性。代表新经济因素的无产阶级发展自身的正义观与马克思所说的正义不能超出现实经济结构的观点并不矛盾。马克思在《哥达纲领批判》中就未来社会的正义及内涵作过简要说明：在共产主义社会的第一阶段将实行按劳分配，这种正义原则以劳动作为唯一的分配尺度，不承认任何阶级差别，因而较之资产阶级权利来说是一种进步；但它仍然默认劳动者的不同的个人天赋，默认

① 罗国杰：《关于社会主义公正原则的几个问题》，《道德与文明》2012年第5期。

② 孙国华等：《公平正义是化解社会矛盾的根本原》，《法学杂志》2012年第3期。

③ 周晓光：《马克思主义公平正义观研究》，《学术交流》2012年第10期。

④ 何干强：《唯物史观的正义论及其当代价值》，《马克思主义与现实》2012年第1期。

人的“天然特权”，这种弊端将在共产主义的高级阶段得到克服。①

（供稿：彭五堂）

聚焦十八大报告

中共十八大是在我国进入全面建成小康社会阶段召开的一次十分重要的大会。党的十八大报告勾画了在新的历史条件下全面建成小康社会、加快推进社会主义现代化、夺取中国特色社会主义新胜利的宏伟蓝图，是我们党团结带领全国各族人民沿着中国特色社会主义道路继续前进、为全面建成小康社会而奋斗的政治宣言和行动纲领，引起了思想界广泛而热烈的讨论。

我国思想界普遍注意到，十八大报告中出现了一系列的新思想、新论断和新部署，体现了党的重大理论创新和经验总结，涉及今后党和国家的工作全局。

学界普遍认为，把科学发展观确立为党的指导思想，既是中国特色社会主义进入新的发展阶段的必然要求，也是科学发展辉煌成就的实践推动，更是全党全国各族人民的共同心声，表明我们党又一次实现了指导思想的与时俱进。

中国社科院学部委员、马克思主义研究院院长程恩富教授认为，能否在实践创新、理论创新和制度创新这三个方面不断创新，是实现我国新时期发展战略目标的关键。推进理论、实践和制度创新，一个重要的前提就是树立道路自信、理论自信、制度自信。只有在全党确立道路自信、理论自信和制度自信，才能使中国特色社会主义现代化事业始终沿着正确的轨道前进。②

《光明日报》理论部综合学者观点指出，把中国特色社会主义建设的总体布局确定为经济建设、政治建设、文化建设、社会建设、生态文明建设“五位一体”，标志着我们党对经济社会可持续发展规律、自然资源永续利用规律和生态环保规律的认识进入了新境界，对中国特色社会主义建设规律从认识到实践都达到了新的水平。“道路”、“理论体系”、“制度”三者统一，是对中国特色社会主义内涵的新阐释。道路自信、理论自信、制度自信这“三个自信”源于对中国特色社会主义的坚定信念，体现了对我国国情的深刻把握、对民族命运的理性思考、对人民福祉的责任担当。“八个必须坚持”，全面体现了党的根本宗旨，有力地回应了对中国特色社会主义的种种质疑，显示了历史新阶段党领导社会主义建设事业的自觉和自信，是新时期全党全国各族人民共同信念的凝结和升华。③

学术界普遍认为，从“全面建设小康社会”到“全面建成小康社会”，是我国发展阶段的新飞跃，是中国共产党对中国人民的庄严承诺，也是对世界的昭告。

学者们普遍认为，十八大报告明确回答了当代中国的发展方向、发展目标，彰显出高度的道路自信、理论自信、制度自信，这部确定未来中国大政方针的纲领性文献，展示出中华

① 李旸：《马克思主义正义观的合法性问题辨析》，《中国特色社会主义研究》2012年第6期。

② 程恩富：《十八大报告新思想新亮点》，《人民论坛》2012年11月下。

③ 《光明日报》理论部整理：《十八大报告的新思想、新论断、新部署》，《光明日报》2012年11月11日。

民族伟大复兴的美好前景。[①]

（供稿：李建国）

热议中国话语体系

2012年6月2日，中共中央政治局常委、中央精神文明建设指导委员会主任李长春同志在马克思主义理论研究和建设工程工作会议上的重要讲话中指出："如何在学习借鉴人类文明成果的基础上，用中国的理论研究和话语体系解读中国实践、中国道路，不断概括出理论联系实际的、科学的、开放融通的新概念、新范畴、新表述，打造具有中国特色、中国风格、中国气派的哲学社会科学学术话语体系，是理论界和学术界面临的重大而紧迫的时代课题"[②]。学术界围绕中国话语体系这一主题深入阐释了构建中国话语体系的必然性、重要性和路径选择。

学者普遍认为，尽管我国综合国力迅速提升，但在世界话语体系中"西强我弱"的局面还没有根本改变，某些西方国家把社会主义中国的发展强大视为对其价值理念、制度模式的挑战，加强了对我国意识形态领域的渗透。尽管世界上随处可见中国制造的产品，但缺少被世界广泛接受的中国学术话语；尽管我们进行了鲜活的实践创造、积累了丰富的理论创造资源，但一些人仍然习惯于简单套用西方的范畴、理念和结论，用西方理论和学术话语来解释丰富独特的中国实践，削中国实践之足，适西方理论之履。与实践的发展和时代的深刻变化相比，与中国不断上升的国际地位和丰富的理论资源相比，我们的学术创新和话语体系创新还相对滞后。[③]

学者们认为，中国自改革开放以来，马克思主义意识形态的主导地位及其话语方式受到新的挑战，在西方资本主义意识形态处于当代强势话语的情势下，在话语权问题上一厢情愿地去意识形态化的做法是错误的，不坚持马克思主义在意识形态领域的主导地位，就不可能真正打造具有中国特色、中国风格、中国气派的话语体系。

中国社会科学院马克思主义研究院苑秀丽副研究员认为，马克思主义话语体系逐渐被弱化的现实应当引起人们的关注和警惕。话语体系的重新建构并不是没有立场的话语变更，要确保在这一过程中马克思主义不丧失话语权。传统马克思主义的话语决不可随意弃用，流行的甚至西方主导的话语决不可盲目套用。

中国社会科学院马克思主义研究院潘西华博士认为，国内外对"中国模式"的热议彰显了建构中国特色学术话语体系的紧迫性与重要性，西方国家对"中国模式"的曲解与误读，体现在意识形态领域资本主义与马克思主义争夺话语权的较量。我们在实践中构建"中国模式"的同时，也应该在理论上构建和完善我们的话语体系，这样才能取得和发展我们在"中

---

① 《光明日报》理论部整理：《十八大报告的新思想、新论断、新部署》，《光明日报》2012年11月11日。

② 李长春：《在马克思主义理论研究和建设工程工作会议上的讲话》，《人民日报》2012年6月3日。

③ 亦夫：《"贯彻六中全会精神，增强理论自觉自信"高层研讨会综述》，《红旗文稿》2012年第18期。

国模式”上的话语权。[①]

北京大学马克思主义学院院长郭建宁教授认为，打造中国话语体系，要具有国际视野，立足时代前沿，强化问题意识，突出中国视角，体现学术话语，实现国际视野、中国视角、学术视阈的统一。[②]

学者普遍认为，打造中国特色话语体系，要有高度的理论自觉和坚定的理论自信，概括出理论联系实际的新概念、新范畴、新表述，正确解释外来名词概念，实现西方学术话语的中国化，做到“中国立场，国际表达”，创建有利于建构中国学术话语体系的体制机制。[③]

学者们还针对话语权问题在政治、经济、文化、历史和教育领域的具体表现，分别从不同的角度阐述了对于中国话语体系建设的见解。其中多数学者提出，在哲学社会科学研究中应当用中国的话语来表达。

（供稿：李建国）

纪念“南方谈话”20周年

2012年是邓小平“南方谈话”发表20周年，学界围绕“南方谈话”的精神实质、理论创新和现实意义等展开热烈讨论。

中国社会科学院学部委员、马克思主义研究院李崇富教授认为，“南方谈话”的基本精神概括是“三个坚定不移”，即坚定不移地推进改革开放，坚定不移地坚持科学社会主义的基本原则，坚定不移地进行反对“左”和右的等错误倾向的斗争。

学者们认为，“南方谈话”强调坚持党的基本路线一百年不动摇，这是建设中国特色社会主义理论和实践的总纲。“南方谈话”是明确中国特色社会主义理论主题的点睛之笔，奠定了中国特色社会主义理论内容的基本框架，明确了建设有中国特色社会主义进一步发展的方向，包括邓小平理论、“三个代表”重要思想和科学发展观等重大战略思想在内的中国特色社会主义理论体系是对“南方谈话”的继承与创造性发展。

学者们认为，“南方谈话”把共同富裕作为社会主义的根本原则和本质，与科学社会主义学说是一脉相承的，是符合中国国情的。“让一部分人、一部分地区先富起来”的先富政策，是在特定历史条件下提出的，如果在当前条件下不加限制条件地继续推行先富政策，那就有可能使这个政策成为分配不均、两极分化的推波助澜者，不仅不能促进社会主义优越性，反倒成为社会主义优越性发挥的巨大障碍。

中国（海南）改革发展研究院院长迟福林认为，从历史贡献来看，“南方谈话”是中国第二次思想解放。第二次思想解放与第一次1978年的真理标准大讨论一样意义重大，为走中国

---

① 苑秀丽、余斌：《马克思主义与中国特色学术话语体系——“第五届全国马克思主义青年论坛”综述》，《马克思主义研究》2012年第12期。

② 郭建宁：《打造与中国道路相适应的话语体系》，《人民论坛·学术前沿》2012年9月下。

③ 《光明日报》理论部、《学术月刊》编辑部、中国人民大学书报资料中心：《2012年度中国十大学术热点》，《光明日报》2013年1月8日。

特色发展道路指明了方向。真理标准讨论解决了发展的思想路线问题，“南方谈话”则确立了发展的行动路线。①

中央社会主义学院政治学教研室主任王占阳教授指出，我们对“南方谈话”的认识不能仍然停留在1992年的水平上，因为那时人们关注的焦点是计划和市场问题，邓小平理论中更加深远的内容并没有引起人们的注意。邓小平的“吃一个，夹一个，看一个”的改革设想也已盘算得很远了。“吃一个”就是20世纪末的市场化改革，“夹一个”就是21世纪初开始着力推进分配制度改革和共同富裕，并进行相应的政治体制改革，“看一个”就是到建党百年之际形成比较好的制度。可我们对于“南方谈话”的理解普遍还是处在“吃一个”的水平上，看到“夹一个”的人不多，至于“看一个”就更少了！这就难免会在实践中产生种种偏差。②

中国人民大学国际关系学院教授任剑涛认为，“南方谈话”的核心精神是共产党要敢于应对社会主义市场经济兴起之后所有挑战，而不是回避挑战、往回走，甚至倒退到“文革”那一套做法，那不符合南方谈话的精神。改革开放的成功，不是证明既有社会主义制度的正确，而是证明社会主义改革落定在市场经济上的正确，这是“南方谈话”最伟大的地方。对于这一点也是不能争论的。③

中国社科院马克思主义研究院贺新元副研究员指出，“南方谈话”的历史价值在于它为中国特色社会主义道路指明了前进方向，其当代价值在于它是中国特色社会主义新发展的思想引擎，其警示价值在于我们不能使党的基本路线在不知不觉中动摇且变为事实。

（供稿：李建国）

关于马克思主义辩证法实质的争论

对于马克思主义辩证法实质的争论主要围绕着辩证法究竟是一种自然辩证法还是历史辩证法展开的，也是作为非马克思主义的西方马克思主义与马克思主义交锋的焦点之一。近年来，学界有关这方面的争论呈现一种逐渐激烈的复兴态势，许多新观点新材料的出现为这一问题的研究提供了更加广阔而深入的视角。

从传统马克思主义哲学的立场看，辩证法是辩证唯物主义研究领域的一部分，因此它的重点是自然辩证法，而非历史辩证法。其主要依据是恩格斯的论述：“辩证法不过是关于自然、人类社会和思维的运动和发展的普遍规律的科学。”④ 由于“辩证法被看做关于一切运动的最普遍的规律的科学”，⑤ 由于历史唯物主义被看做辩证唯物主义在社会历史领域的推广和应用，因而，最普遍的运动规律实质上就是自然界的运动规律，这一运动规律不仅在自然界，

---

① 周正平：《学者谈南巡讲话20年 称当前改革面临诸多问题——专访中国（海南）改革发展研究院院长迟福林》，《半月谈》（内部版）2012年第2期。

② 胡念飞、周虎城：《我们对南方谈话还存在认识误区》，《南方日报》2012年2月9日。

③ 梅志清、雷雨：《人大教授：倒退到“文革”不符合南方谈话精神》，《南方日报》2012年2月10日。

④ 《马克思恩格斯选集》第20卷，人民出版社1962年版，第154页。

⑤ 同上书，第611页。

而且在人类社会和思维运动中也是普遍适用的，或者说，在人类社会和思维过程中遵循的就是自然界的运动规律。

然而，对人类历史和人类思维中辩证法特殊性的忽略为西方马克思主义所不能容忍，且成为了他们立意立据的根本。复旦大学哲学院孙承叔教授在《是自然辩证法还是历史辩证法——西方马克思主义的辩证法观论析》一文中，较为系统地分析了西方马克思主义对辩证法实质的主要观点以及对传统马克思主义辩证法观的批评。“他们（即西方马克思主义者）共同的理论倾向是反对自然辩证法的提法，而主张用历史辩证法取而代之。自然界有客观规律，但自然界却没有辩证的发展过程，辩证的发展过程只属于人类，因为只有人类才有实践的需要，才有主观思维；为了确保实践的正确性，人们必须不断地辨别、证明自己思想和行为的正确性和可行性，由此才产生从主观到客观、再从客观到主观，从主体到客体、再从客体到主体，从认识到实践、再从实践到认识永恒的辩证发展过程。”①

匈牙利思想家卢卡奇在《历史与阶级意识》一书中，“以最基础的概念—历史为其理论的逻辑起点，主—客体统一论为契机，以总体性原则为核心，以唤醒无产阶级的阶级意识、主体拯救为归宿，重建了历史辩证法”。② 他认为马克思的辩证法不是自然辩证法，而是“旨在把社会作为总体来认识”的“历史实践的辩证法”。③ 美国著名马克思学家、纽约大学历史学教授诺曼·莱文也反对把马克思辩证法归结为自然辩证法，而强调马克思的辩证法是“作为社会分析的方法和作为人类行动的指南”的“历史辩证法”。④

对此，吉林大学农学部公共教学中心白刚教授在文中对这种争论作了一次较为清晰的梳理：恩格斯沿用了他所批判的杜林“自然辩证法”这一术语，而马克思在抽离了黑格尔辩证的载体“绝对精神”之后，并未用抽象的，与人类社会相分离的“自然界”取而代之，而是以人类实践活动为基础和核心的“社会历史”为代替。也就是说，与恩格斯不同，马克思没有沿用“自然辩证法”的概念，他主张的是“社会历史辩证法”。⑤ 所以，传统马克思主义哲学关于历史唯物主义是辩证唯物主义在社会历史领域的“推广”和“应用”，马克思主义辩证法应是“唯物辩证法”或“自然辩证法”的看法，实际上是对马克思的辩证法，以及马克思哲学的一种自然主义态度的经验化理解。马克思的辩证法是在实践基础上凸显人的认识和实践能动性的主客体统一的“历史辩证法”或“时间辩证法”，在马克思这里，没有自然辩证法，只有历史辩证法。⑥

（供稿：夏一璞）

① 孙承叔：《是自然辩证法还是历史辩证法——西方马克思主义的辩证法观论析》，《学习与探索》2012 年第 1 期。

② 王名哲：《匈牙利思想家卢卡奇的历史辩证法述评》，《才智》2012 年第 2 期。

③ ［匈牙利］卢卡奇：《历史与阶级意识》，杜章智等译，商务印书馆 1996 年版，第 77 页。

④ 诺曼·莱文：《辩证法的内部对话》，张翼星译，载《当代学者视野中的马克思主义哲学·西方学者卷·补卷》，北京师范大学出版社 2011 年版，第 416 页。

⑤ 俞吾金：《实践与自由》，武汉大学出版社 2010 年版，第 241 页。

⑥ 白刚：《当代马克思辩证法研究的三个问题》，《天津社会科学》2012 年第 4 期。

关于马克思和恩格斯思想关系的争论

马克思与恩格斯的思想关系比较是近年来的学术热点。不管是不是受作为非马克思主义的西方马克思主义和“马克思学”的影响，中国学术界在这一问题上也作了探讨。这种探讨伴随着MEGA2第二部分即《资本论》手稿的公开出版，再度升温。恩格斯到底是马克思主义哲学的创始人之一，还是马克思哲学的背叛者？究竟应该如何认识恩格斯在马克思主义哲学史上的理论贡献呢？2012年南京大学哲学系讲师孙乐强试图以新实证主义马克思主义的重要代表人物卢西奥·科莱蒂为切入点，运用思想史叙事与解读政治学相统一的方法，客观评价他在这一问题上的理论贡献和不足，以期为进一步推进对这一问题的研究提供有益的思考。孙乐强指出，在科莱蒂看来，辩证唯物主义只不过是黑格尔“物质辩证法”的翻版，二者在本质上是内在同构的，都是一种唯心主义哲学。而恩格斯就是这种同构的罪魁祸首，是辩证唯物主义的历史罪人。在科莱蒂眼中，恩格斯是马克思的背叛者，他将马克思与恩格斯完全对立起来，从而深陷西方资产阶级“马克思学”的窠臼之中。孙乐强在文中指出，科莱蒂完全扭曲了恩格斯自然辩证法的精神实质，夸大和歪曲了马克思、恩格斯之间的思想差异，同时也无视辩证唯物主义与黑格尔辩证法两者的本质差异。[①]

北京师范大学哲学与社会学学院教授鲁克俭认为，关于马克思与恩格斯是否存在对立面或差异问题在国内外有过诸多讨论，然而“马克思与恩格斯对唯物史观的理解是否存在差异”却是一个一直没有引起国内外学者关注的问题。在他看来，马克思与恩格斯对唯物史观的理解存在着差异：恩格斯限于“经济关系起决定作用”的观点，而马克思则进一步推进到“生产力与生产关系矛盾运动规律是推动历史发展的动力”的思想。这种差异反证了马克思才是创立唯物史观的第一提琴手。[②]

华东师范大学哲学系教授孙亮以西方学者乔·诺瓦克对“马克思—恩格斯”的关系研究为切入点，提出“马克思—恩格斯”的关系已经不能仅仅以“文本”对抗“文本”的方式来反驳，因为论争的双方都能够在经典中寻找到理论支撑。如何走出这种论争的困境，如何真正找出论争的目的，这些问题在乔·诺瓦克那里进行了客观的清理。在他看来，“对立论”思想逻辑的根本之处，是一致地对马克思主义哲学理解中“共同持有的辩证唯物主义原则”开火。然后他分别从本体论、认识论、辩证法以及历史观四个方面给予了佐证。他在整个清理的过程中，始终贯穿着科学与政治性原则，以此反击“对立论”。这一点，将给“马克思—恩格斯”关系一个客观的结论，即这种“对立论”并不是一种历史的真实存在，而是富有政治意图偏见的虚构。[③]

（供稿：夏一璞）

---

① 孙乐强：《科莱蒂视阈中的“恩格斯问题”》，《南京社会科学》2012年第7期。

② 鲁克俭：《马克思与恩格斯对唯物史观理解之差异》，《北京行政学院学报》2012年第2期。

③ 孙亮：《政治意图的虚构抑或是一种历史的真实——乔·诺瓦克对“马克恩—恩格斯”关系的清理》，《国外社会科学》2012年第1期。

关于毛泽东思想历史地位的争论

毛泽东思想在马克思主义发展史研究上的地位，尤其是马克思主义中国化进程中的历史贡献，始终是学界研究的热点。而近年来对于此类问题的争论集中体现在三个方面："一是关于毛泽东对新中国的贡献问题的研究；二是关于毛泽东思想与中国特色社会主义理论体系之关系问题的研究；三是关于毛泽东晚年错误问题的研究。"① 而这三大问题，在去年研究的结合点主要集中在马克思主义中国化的领域内，即毛泽东思想与马克思主义中国化的关系以及对其的重大影响与贡献。

2011 年年底在广州，中国中共文献研究会毛泽东思想生平研究分会和广州大学共同举办"毛泽东与马克思主义中国化学术研讨会"，围绕会议的主题进行了热烈的讨论，对毛泽东思想与马克思主义中国化的关系进行了理论交锋和思想碰撞，较为全面地展示了毛泽东思想和生平研究的现状。

中国社会科学院副院长、当代中国研究所所长李捷研究员提出，看待毛泽东思想与中国特色社会主义理论体系的关系，不可否认，"马克思主义中国化这个命题是毛主席提出来的"。② 在 1938 年中共六届六中全会上，毛泽东对马克思主义中国化作出了一个精确的论断："把马克思列宁主义的普遍真理和中国革命实践相结合，和中国革命实际相结合。到了社会主义时期就包括了和中国的建设相结合。"③ 在提出概念的同时，毛泽东还为马克思主义中国化贡献了一整套科学的方法论指导，即一切从实际出发，用发展的观点看待问题。李捷研究员认为，毛泽东对马克思主义中国化的第三个最重要的贡献就是在马克思主义中国化推进的过程中形成了一个科学的理论体系，这就是"毛泽东思想"。李捷研究员的这一论述直接和近年来学术界流行的以割裂毛泽东思想与中国特色社会主义理论体系，与马克思主义中国化之间关系来否定甚至污蔑毛泽东思想的观点针锋相对。在他看来，这类以夸大毛泽东晚年错误的思想流派，其实质已经脱离了学术研究，偏离入政治立场之争，带有明显的政治图谋。

中国文化软实力研究中心主任、中国产业安全研究中心常务副主任张国祚教授则从毛泽东对马克思主义中国化大众化的推进上，阐述了毛泽东作为马克思主义中国化的伟大典范。他认为，毛泽东善于用老百姓喜闻乐见的话来深入浅出地阐述马列经典，让老百姓真正理解马克思主义的精髓；善于抓住马克思主义中国化的关键，即理论联系实际，克服外来理论的水土不服，真正做到让马克思主义扎根中国；善于把马克思主义基本原理和中国传统文化的精髓结合起来；善于运用唯物史观推广马克思主义的通俗化、大众化。④ 张国祚的这一论断，从实践的角度，有力地证明了毛泽东对马克思主义中国化的重大奠基和推动作用，并且为马

① 王宜秋等：《当前国内毛泽东思想研究述评》，《社会科学管理与评论》2012 年第 4 期。

② 《毛泽东与马克思主义中国化问题再探讨——"毛泽东与马克思主义中国化学术研讨会"热点直击》，《现代哲学》2012 年第 1 期。

③ 参见《毛泽东与马克思主义中国化问题再探讨——"毛泽东与马克思主义中国化学术研讨会"热点直击》，《现代哲学》2012 年第 1 期。

④ 同上。

克思主义中国化开创了一个以实事求是，理论联系实际为基础的良好的发展局面。

（供稿：夏一璞）

国外马克思主义关于正义问题的研究

在国外马克思主义研究中，正义问题始终是一个热点话题。2012年，国内学界对国外马克思主义关于正义问题的探讨文章，主要围绕对马克思与正义关系的认识，弗雷泽、奥康纳、大卫·哈维等人的正义思想展开。

关于马克思与正义的关系。王玉鹏、冯颜利认为，围绕马克思与正义的关系，国外学者展开了激烈的思想论争，一大批学者诸如罗伯特·塔克尔、柯亨、罗默等参与了这场论战。学者们依据对马克思恩格斯文本的不同解读得出了不同的结论。有些研究者甚至认为马克思的正义标准是双重的，本身就存在着矛盾。这些争论有的在一定程度上变成了对马克思主义的歪曲和篡改，造成了极大的思想混乱。因此，必须通过对马克思、恩格斯原著的认真研读，才能澄清马克思与正义的关系，从而厘定马克思正义思想的本质内涵①。

关于南希·弗雷泽的正义思想。雷晓欢、贺羡、张笑扬、龙玲玲等认为，在当前全球化和新社会冲突涌现的背景下，对正义的诉求已经分裂为三种不可替代的维度：经济领域的再分配，文化领域的承认，政治领域的代表权。传统的建立在分配基础上的、以民族国家或地域为基础的规范正义理论已不能满足上述三个维度的正义诉求。面对后工业化时代的正义中断与困境，弗雷泽立足于反规范时代背景，提出要建立一种新的正义批判理论，并对非规范的正义的实质、主体和如何实现等问题展开论述。弗雷泽的正义理论对于处于转型期的中国破解社会正义问题具有重要的启示意义②。

关于大卫·哈维的环境正义思想。尹才祥认为，哈维基于“历史—地理唯物主义”方法，以“空间生产”为视角，分析社会、环境和正义的关系，指出侵害环境正义的根本原因是资本积累和新自由主义思想的广泛传播，阐明实现环境正义的路径在于生产方式的替代、社会正义的复苏和寻求新的革命主体③。

关于奥康纳的生态社会主义正义思想。刘颖、韩秋红认为，生态社会主义是生态学马克思主义思想家的共同理论旨趣，然而对于何为生态社会主义或生态社会主义的实质，不同的生态学马克思主义思想家有不同的回答。在奥康纳看来，生态社会主义之正义就在于生产正义，这是生态社会主义的根本特征。事实上，只有生产正义和分配正义的相互融合才能真正

---

① 王玉鹏、冯颜利：《马克思与正义：国外学者观点评析》，《中国人民大学学报》2012年第4期。

② 雷晓欢：《再分配 承认 代表权——南希·弗雷泽的三维正义思想》，《河北青年管理干部学院学报》2012年第4期；贺羡：《再分配、承认与代表权——南希·弗雷泽正义理论的三个维度》，《云南大学学报》（社会科学版）2012年第4期；张笑扬、龙玲玲：《中断与蜕变：后工业化时代正义观的困境与反思——以南茜·弗雷泽的正义理论为视角》，《中共四川省委党校学报》2012年第4期；肖爱平：《南希·弗雷泽的性别正义观研究》，《桂海论丛》2012年第4期。

③ 尹才祥：《论大卫·哈维的环境正义思想》，《学海》2012年第5期。

实现生态社会主义的理论目标①。

（供稿：周淼）

西方马克思主义继续深化研究卢卡奇的思想

2012 年学术界对于卢卡奇思想的深化研究是西方马克思主义研究领域中的一个热点。蒂莫西·贝维斯（Timothy Bewes）和蒂莫西·豪（Timothy Hall）编辑的论文集《卢卡奇：根本的实存不和谐》力图对卢卡奇的早期文学思想与晚期政治哲学思想进行一种连续的思考，比如论文《受限的不变性》（*Temporalized Invariance*）认为，从《心灵与形式》中不变的“形式”，到作为单一总体各环节间的关系的重复之“形式”，其间有一个微妙的变化，认为形式就是我们在对抗的重复中一再体验到的东西。这就意味着总体性并不单纯是各分离的部分或者环节的量的集合，也是内在彼此相关的重大环节之量的集合。因此，时间就被形式所形塑。该文认为，卢卡奇的形式概念既是文学的也是社会的，它意味着朝向行动和变革的、具体的可理解的历史概念②。蒂莫西·贝维斯在《如何逃离文学?》的文章中指出，如何逃离文学的问题也是如何逃离资本主义的问题。由米歇尔·汤普森编辑的论文集《重思卢卡奇》也分成三部分，分别探讨其哲学遗产、美学理论及其与批判理论的关系。

今年我国出版了《新马克思主义评论》第一辑“卢卡奇专辑”，该论文集对卢卡奇的物化理论进行了较为深入的探讨。安德鲁·阿拉托在《卢卡奇的物化理论》一文中指出，卢卡奇的物化理论是其关于社会的（尤其是资本主义社会）的辩证理论中不可或缺的一部分，同时作者也指出，需要对其物化理论进行重构，其中的一条重构路线就是“我们不仅要将德国古典哲学的讨论纳入到对概念的主客体辩证法的讨论中”，同时也要将“马克思主义思想传统的那些重要理论源头以及某些非特定流派的非马克思主义思想传统的那些重要理论源头纳入到对概念的主客体辩证法的讨论中”③。汉纳·F. 皮特金在《物化的再思考》一文中对于卢卡奇（以及伯格和卢格曼）的物化概念进行了翔实的考察，发现物化理论也许在某种程度上陷入了“迪斯默尔沼泽”，即虽然对于资本主义现实困境进行了激进的理论表述，但却对于改变现状的实践而言乏善可陈。针对于此，作者指出，我们的思考必须同时是理论的和政治实践的。物化理论使我们认识到我们真实的世界和真实的自我，其中也包括认识到我们自身的行动能力。所以他断言：“正如卢卡奇所说的，认识到目前的时刻是‘决断的时刻’、‘新生的时刻’，由此我们就共同的‘创造未来’，这不是转向黑格尔的唯心主义，而是恢复实践的政治的马克思。”④

对卢卡奇思想的考察总是与对马克思主义辩证法的研究联系在一起。当代英国著名的黑

① 刘颖、韩秋红：《奥康纳生态社会主义之正义观——生产正义亦或分配正义》，《当代世界与社会主义》2012 年第 6 期。

② http://marxandphilosophy.org.uk/reviewofbooks/reviews/2012/554.

③ 衣俊卿主编：《新马克思主义评论》，中央编译出版社 2012 年版，第 88 页。

④ 同上书，第 122 页。

格尔主义马克思主义者梅扎罗斯以《超越资本》而确立了其在马克思主义传统中重要思想家的地位，近年来出版了两卷本的《社会结构和意识形式》，第一卷为《方法的社会决定》，第二卷为《结构与历史的辩证法》。在第二卷中，梅扎罗斯基于马克思的著作，以一种朝向未来的辩证总体性方式，陈述了结构与代理、个人与社会、经济基础与上层建筑、自然与历史之间的关系。对卢卡奇思想的不断重述与再思考以及对于马克思主义辩证法的深入研究不只成为西方马克思主义研究中不竭的理论动力，同时也促使我们对于资本主义现代性的全面统治进行不间断的反思，为我们在行动上坚定不移地锚定社会主义建设方向提供了信心支持。

（供稿：张剑）

尼泊尔、日本与前苏东地区共产党的研究形成热点

苏东剧变以来，国外共产党的理论和斗争实践也发生了很大变化。围绕国外一些共产党的最新理论发展与实践情况进行个案介绍与评析，是本年度国外共产党研究持续关注的问题。

本年度受关注较多的共产党主要包括：一是尼泊尔联合共产党（毛主义）。多位学者对该国共产党，尤其是尼联共（毛）的历史、理论和实践进行评析，认为人民运动才是其生存和发展的基础，提出印度因素是尼共（毛）崛起的关键变量。当前，尼联共（毛）党内出现分歧和分裂，与其选择议会道路息息相关，尤其随着它同意将其领导的人民解放军并入尼泊尔国家军队，尼联共（毛）的实力不断遭到削减，伴随着这种发展趋势，尼联共（毛）面临生死存亡之境。

二是日本共产党。多位学者对苏东剧变以来日本共产党的理论政策进行研究，指出日共在实践中把原则的坚定性与策略的灵活性结合起来，在广大党员和支持者所能接受的范围之内放弃一些过时的原则，对其纲领路线进行了调整，获得了越来越多基层民众的支持。在全球金融和经济危机背景下，再次获得新的重大发展，引起国内外高度关注。但是，作为在野党的日本共产党也面临着一系列挑战，要想影响日本政治，还有漫长的路要走。

三是前苏东地区的一些共产党。有学者对中东欧各国共产党的发展现状进行分析，指出中东欧各国共产党存在的一些问题，比如组织小，人数少；共产党组织不团结，力量分散；共产党的处境仍然十分困难，斗争的道路极为艰难；等等。同时也认为，各国共产党正在努力摆脱边缘化地位和孤立状态，它们积极参与同国外左翼的合作与交流，并主张建立地区共产党组织和国际共产主义组织。

此外，还有一些成果对国内长期以来不曾或很少涉猎的共产党，比如关于伊拉克共产党、意大利两个共产党进行了研究。对意大利共产党人党第六次代表大会的研究认为，此次会议分析了深陷危机的意大利经济形势和充满不确定性因素的意大利政治局势，提出了应对危机的建议以及与意大利重建共产党进行政治联盟的必要性，并在此基础上提出了重新建立一支统一的意大利共产党的党建目标，同时也提出了在全欧洲建立统一共产主义组织的希望。通过对伊拉克共产党兴衰史的研究，相关学者得出结论认为，各国共产党只有恪守相互平等的原则，坚持独立自主的方针，探索符合本国国情的发展道路，国际共产主义运动才能兴旺发

达，长盛不衰。这些研究成果在很大程度上填补了学科研究空白。

（供稿：于海青、王静）

葛兰西及其相关思想引起学界高度关注

2012年4月27日，是意大利共产党的创始人和早期领袖安东尼奥·葛兰西逝世75周年。围绕葛兰西及其相关思想、葛兰西研究的现状与方法等，学界进行了深入研究。

本年度学界对葛兰西思想的研究视角和方法发生了转换。

虽说从宏观视角出发，侧重对其文化领导权思想及其意义加以论述，或者从市民社会理论、知识分子、政党建设、教育思想等具体层面进行比较研究，或者从意识形态的深层次对葛兰西的思想进行挖掘的文章仍占主流，且围绕能否将葛兰西视为“西方马克思主义的创始人”，围绕有关霸权概念的翻译、霸权逻辑与普遍性，围绕“有机的知识分子”概念翻译等问题不乏争论。但是，倡导回归国际共产主义运动来把握和理解葛兰西的理论遗产也初见端倪。例如，在2012年4月27日由中央编译局主办的“葛兰西与我们——纪念葛兰西逝世75周年”学术研讨会上，学者们结合当时意大利的实际和国际共运发展状况，对葛兰西的政论、早期政治思想予以全面阐发。

针对国内葛兰西研究的现状，有学者高屋建瓴地概括了现有葛兰西研究存在的问题及解决途径。他从遭苏联贬低的葛兰西理论遗产、国内学界存在的误入“西马”歧途的葛兰西研究入手，强调不应脱离意大利实际，而应回归国际共产主义运动来研究葛兰西的思想。研究葛兰西理论遗产的正确方法，即应将完整、准确的理论文本和全部革命实践相结合；将理论的独创性和时代的特殊性相结合；将哲学思想和政治学说相结合；将《狱中札记》和《狱中书简》及前期著作相结合；将葛兰西的理论和意大利的社会、历史、文化相结合；将葛兰西的理论论述和当代国际、国内的现实问题相结合①。

国外学者研究葛兰西思想的视角也有所转换，有的从人类学视角来重新审视葛兰西的领导权（霸权）思想；有的则侧重从具体的细节来研究领导权（霸权）的实现过程，例如今年在德国召开的葛兰西学术研讨会提出的几个议题，包括人的自愿屈从与同意，如何被组织起来服从于统治？在公民社会中会出现哪些生死斗争？国家与阶级是一种什么关系？在何种程度上，宗教不仅仅是麻醉人民的精神鸦片？在危机时代，强制与共识关系是如何变化的？从危机中成长起来的专制变化与解放有哪些条件？鉴于资本主义转变能力与革命战略失败，如何能够重新思考经济、日常生活与政治权力的根本变化？等等，均侧重于对葛兰西领导权（霸权）的构成要素与具体形成环节的考察。

（供稿：潘西华）

① 田时纲：《葛兰西研究的歧途与正道》，《中国社会科学报》2012年9月26日。

资本主义制度的未来走向与发展趋势研究成为焦点

随着资本主义危机的不断发展，资本主义制度的未来走向与发展趋势成为国内外各界研究的热点。在2012年冬季的达沃斯论坛中，“反思资本主义”成为核心话题。《金融时报》和《时代》周刊也在2012年年初围绕“危机中的资本主义”、“如何拯救资本主义”等主题发表了一系列评论文章。所有这些都表明，西方资本主义陷入了困境，不仅左翼学者在对资本主义进行批判，西方主流学者也在反思和忧虑资本主义的前途。

1. 西方主流学者：资本主义制度本身并不存在问题，但需对其具体制度和政策措施进行调整

尽管西方主流学者承认此次危机对资本主义国家产生了重要影响，但他们依然认为资本主义制度本身并未出现问题。在他们看来，是政府监管不力、缺乏创新、分配制度等具体问题导致了此次危机，只要对这些具体的体制和制度进行改革，就可以使资本主义重新走上繁荣之路。许多主流学者提出，无论自由市场资本主义存在什么样的缺陷，在被尝试用作其替代品的制度中，尚没有一种制度能成功满足所在国人民的需求。还有学者认为，尽管“大衰退”后的资本主义将改头换面，但无论变革的呼声多么响亮，资本主义都不会消失。

2. 西方左翼学者和部分主流学者：资本主义体系已经过时，需改变发展模式

对于资本主义的模式缺陷和制度弊端，西方左翼人士进行了深刻的批判，他们普遍认为，资本主义发展模式存在巨大缺陷，在这一模式和制度下，不平等现象极端严重并在不断加剧，亟待推行一种更有效的发展模式，从而取得强劲、持续和平衡地惠及多数人的经济增长。

危机的蔓延也迫使许多西方主流学者对资本主义进行反思，不少学者提出了资本主义需要改变发展模式，如世界经济论坛创始人克劳斯·施瓦布认为，现行资本主义体系已经过时。美国凯雷集团董事长大卫·鲁宾斯坦认为，我们现在还有三到四年的时间来改进我们的经济模式，否则我们的制度会终结。阿纳托尔·卡列茨基也提出代替现行模式的“资本主义4.0版本”。但他们所说的这种模式调整仍然建立在坚持资本主义制度的前提上。

3. 国内外马克思主义学者：危机再次验证了“两个必然”的科学性

国内外的马克思主义学者一致认为，此次金融危机和债务危机严重打击了资本主义制度，深刻表明了资本主义的各种调控措施无法从根本上解决资本主义的基本矛盾，资本主义制度最终必将被社会主义所取代。尽管当代资本主义在生产力和生产关系、经济基础和上层建筑等各方面都发生了一系列新变化，但这些新变化并没有触动资本主义统治的根基，并没有改变资本主义制度的性质，也没有改变马克思主义对资本主义社会所作分析的科学性。同时，学者们也指出，尽管金融危机使资本主义遭受重创，但它仍有一定的发展空间。欧美政治经济体制相对成熟，其制度安排还有相当的韧性，其自我修复的能力还很强。

（供稿：邢文增）

现有社会主义国家改革的比较与论争

尽管近年来西方发达资本主义国家的体系危机愈演愈烈，全球范围内的社会主义运动方兴未艾，但社会主义与资本主义在全球范围内的力量对比依然悬殊，社会主义制度的优越性尚未充分显现，社会主义制度的改革创新仍有较大的理论空间和实践诉求。2011—2012 年，中国、越南、古巴、朝鲜、老挝社会主义五国先后召开了具有历史风向标意义的党和国家会议，各国陆续实现了党和国家领导层的顺利交接，坚持社会主义道路不动摇、推进社会主义改革不懈怠成为社会主义五国谋求发展、维护稳定的共识。

对于现有五个社会主义国家的改革历程，学界进行了深入研究和比较。学界认为，告别苏联社会主义模式一元化时代的现有社会主义国家，普遍认同社会主义道路多样化的时代选择。同时，鉴于苏东“休克疗法”的历史惨剧，现有社会主义国家大都采纳了渐进改革的方式与路径，对进一步完善社会主义制度与体制的改革宗旨坚定不移，但各国迥异的历史、文化、国情、党情决定了在具体制度、体制、机制的改革深度、烈度与广度上存在明显差异乃至分歧。学界普遍认为以社会主义市场经济为改革目标的中越改革模式具有更多共同点，中越社会主义改革进程明显领先于其他社会主义国家；老挝模式紧跟越南，近年来渐入佳境；古巴经济模式更新坚持计划经济为主，合理利用市场因素，试图稳中求变，趋于谨慎；朝鲜改革初现端倪，但方向尚不明确。

就改革、发展、稳定而言，学界认为现有社会主义五国通过维护国家主权安全、加强执政党建设等举措，都经受住了国内外各种负面因素和改革阻力的考验，坚守住了各国现有的社会主义成果与格局，为进一步深化多方位、多层次的社会主义改革奠定了基础与共识。另外，学界对社会主义国家改革能否兼得、如何兼得公平与效率认识不一，社会主义制度框架内的民主化与市场化改革在释放社会主义机体活力的同时能否坚持社会主义的本质和谐，还有待深入的理论与实践探索。此外，“中国模式是否具有普适性”问题颇受学界关注。有观点认为，中国改革开放成就斐然，其经验值得总结与借鉴。另有观点认为，越南、古巴、朝鲜、老挝四国在国家规模、经济总量和国际影响力等方面与中国差距甚大，越南模式抑或对其他三国的示范效应更为显著。

总之，通过对中国改革开放、越南经济革新、古巴经济模式更新等社会主义国家的实践的研究，学界认为改革创新是社会主义国家从容应对全球化时代机遇与挑战的必由之路，各国唯有坚持把马克思主义的普遍原理同各国具体实践相结合，坚持走本国特色的社会主义改革创新之路，才能赢得社会主义事业的基业常青。

（撰稿人：贺钦）

纪念延安整风 70 周年

2012 年是延安整风 70 周年。学术界对延安整风运动的研究进一步深化，客观地分析了整风运动的历史功绩和不足之处，同时批驳了近些年来关于这个问题的一些错误看法，深入研究了这个重大事件的现实意义。

有学者概括了延安整风的五大历史功绩：空前地提高了党的马克思主义理论水平；基本弄清了党的历史问题的路线是非，初步地达到了思想的统一；加快了马克思主义中国化、时代化、大众化的步伐；促进了毛泽东思想成为全党指导思想；对于把中国共产党建设成为马克思主义政党起了决定性作用。

有学者指出延安整风运动有三个缺陷：路线斗争出现过过火批判；“抢救运动”出现过严重混淆两类矛盾的情形；因为历史和认识的局限，“历史决议”一定程度上存在过分突出个人的情况。

同时，有学者强调，要廓清对延安整风运动一些错误看法，澄清一些被颠倒的重大历史是非问题，指出：延安整风是伟大的马克思主义教育运动，而不是“打击异己”的权力斗争；延安整风对待犯错误的同志坚持“惩前毖后、治病救人”的正确方针，而不是“残酷斗争、无情打击”；延安整风不是“互相猜疑和防范”。

学术界从多个角度挖掘了其现实意义。中国人民大学教授李文海从马克思主义中国化的角度研究了延安整风的现实意义，华东师范大学教授齐卫平从党建科学化的角度研究了延安整风的意义。李文海认为，马克思主义中国化问题是延安整风留下的最重要的历史遗产，也是对今天最具有现实意义的问题。没有延安整风对马克思主义中国化所做的极其宝贵的开创性工作，也就不会有以后中国革命、建设和改革的伟大胜利，也就产生不了中国特色社会主义理论体系。延安整风在马克思主义中国化方面，确立了“三个统一”的原则：马克思主义基本原理同时代特征及中国实际的统一；理论和实践的统一；改造客观世界同改造主观世界的统一。①

关于延安整风的研究，要根据形势的变化，充分重视其现实意义，特别是对加强党的先进性和纯洁性建设的重大意义，旗帜鲜明地驳斥各种错误观点。

（供稿：龚云）

网络、微博的迅速发展及其对党的建设的机遇与挑战

2012年，网络、微博频频曝光腐败案件，使得网络党建、网络反腐备受关注。在学术界，“网络党建”概念最早提出于2001年。② 但直到2008年时，网络党建受学者关注程度一直不高，文章的数量较少。直到十七届四中全会明确要求“建立党委新闻发言人制度，办好党报党刊和党建网站”，研究网络党建的文章才明显增多。③ 关于网络党建与传统党建的关系，学术界一致认为网络党建具有开放性、平等性、交互性、超时空性和立体交叉性等特征，

① 李文海：《延安整风与马克思主义中国化——纪念延安整风运动70周年》，“中国社会科学网”2012年11月23日。

② 参见刘宁《网络党建：党建方式的现代化》，《党政干部论坛》2001年第11期；徐苏宁《网络党建：一个具有时代意义的党建工作新领域》，《南京社会科学》2001年增刊。

③ 王放：《关于网络党建的文献综述》，《党史文苑》2012年第10期。

改变了传统党建的工作方式。但有的学者认为网络党建以网络为载体，只是从“量”的方面和技术层面拓展和提高了传统党建的功能，网络党建是传统党建在信息传播、工作方式和工作领域的拓展和延伸。①

另一部分学者则认为，网络党建与传统党建不仅有技术支撑上的不同，而且还具有“质”的不同，是党建工作现代化在工作领域和工作手段、组织方式上的综合创新，具有助推公开功能、组织整合功能、减压维稳功能、多维互动功能、凝聚民智功能、反腐兴廉功能。② 信息化的发展不仅在技术层间，直接影响着党的建设的方式，对党建理念、党建内容、党的领导体制与执政方式产生了深层、长远的影响。信息化的发展要求党的建设从封闭状态走向开放，要求全面加强党的建设，提高党的社会回应能力、决策能力、整合能力，提高党的工作效率。另一方面，信息技术革命还通过生产方式的变革而影响生产关系，并进而影响政治与思想上层建筑，影响党的建设的理念与具体内容。

理论界一致认为，网络是一把双刃剑，既为党的建设提供了机遇，也为党的建设带来了挑战。上海市委党校党史党建教研部刘红凛教授指出，就党的先进性建设而言，信息化发展、经济结构与产业结构的调整，使传统工人阶级队伍在弱化，必然影响党的阶级基础、执政基础与群众基础；就执政能力建设而言，信息化发展对党的执政能力提出了一些新要求、新内容，需要大力加强党的社会整合能力、利益协调能力、应对网络媒体的能力、维护信息安全的能力，增强党的创新驱动能力与改革发展能力等等；就意识形态建设而言，由于思想文化的多元化，西方国家利用信息技术优势进行文化渗透、思想渗透、政治渗透，由于网络打破了传统媒体自上而下的单向传播方式，削弱了党的意识形态和思想基础的吸引力；就党内民主与组织而言，需要适应网络民主、参与式民主、直接民主的要求，尊重党员主体地位，保障党员权利，扩大党员的政治参与，克服党内业已存在的官僚化、等级制；就干部队伍建设与党风廉政建设而言，需要利用网络技术加强对权力的监督，增强选人用人的公信度。另外，信息化的发展不仅影响了党的领导理念、领导体制和领导方式，要求以分权化取代传统的集权化运行模式，并催生了网络问政，还影响了党领导的现代化事业以及民族复兴大业。③ 湖南师范大学公共管理学院王绍平从党的公信力的角度指出，一方面，网络的开放性、平等性、交互性、超时空性和立体交叉性等为党的公信力建设提供了丰富的资源，搭建了一个新的平台。另一方面，网络的匿名性、信息的虚假性等也给党的建设带来了严峻的挑战：网络舆论引导缺位削弱了民众理想信念；网络失实报道管理缺位诱发民众抵触情绪；非法网络公关管理缺位削弱了党的群众基础；境外网络攻击应对缺位引发民众怀疑党的执政合法性；网络报道失范情况应对缺位引发民众质疑党的“执政为民”理念。④

因此，学者们认为，在网络时代、信息社会，首先要加强党建网站、政务公开网站的建设，搭建党建交流的信息平台，扩大党的影响力、凝聚力；其次要加强网上思想阵地建设，

---

① 徐苏宁：《网络党建：一个具有时代意义的党建工作新领域》，《南京社会科学》2001 年增刊。

② 袁建伟：《论网络党建的基本功能》，《福州党校学报》2012 年第 2 期。

③ 刘红凛：《信息化发展对党的建设的多重影响》，《中共中央党校学报》2011 年第 6 期。

④ 王绍平：《论网络环境下党的公信力建设面临的机遇、挑战与对策》，《湖南师范大学社会科学学报》2012 年第 4 期。

凝聚民众的思想认同，要用马克思主义思想占领网络阵地，要用社会主义核心价值体系引领网民的价值认同；再次要加强网络制度建设，建立健全网络管理机制，规范民众的网络行为，依法打击非法的网络机构；要增强主流舆论的力量，占领网络舆论的制高点，积极疏导网络舆论，提高网络舆论的处理能力。12 月，顺应网络管理的要求，国家出台了《关于加强网络信息保护的决定》，对网络后台实行实名制管理。

（供稿：陈志刚、龚云、金民卿）

文化与思想政治教育的关系成为研究热点

党的十七届六中全会通过的《中共中央关于深化文化体制改革 推动社会主义文化大发展大繁荣若干重大问题的决定》（以下简称《决定》），把文化发展问题提到十分重要的战略高度，强调要培养高度的文化自觉和文化自信，提高全民族文明素质，增强国家文化软实力，弘扬中华文化，努力建设社会主义文化强国。通过学习十七届六中全会精神，文化与思想政治教育研究，成为 2012 年思想政治教育学界的一个热点。

有学者指出，文化归根到底是作用于人的，以文“化人”可谓是文化的本质所在。思想政治教育的直接对象或唯一对象是“人的思想”，思想政治教育的“育人”功能是其首要的、最基本的价值功能，其他功能都是通过这一基本功能而实现的，是通过人的思想改变而产生的结果。文化的“化人”与思想政治教育的“育人”是紧密联系在一起的，文化的社会教化功能与思想政治教育的育人功能本来就具有天然的相通之处。[①]

有学者指出，《决定》部署文化建设任务时，多处强调了思想政治教育工作的重要性，指出：“必须强化教育引导，增进社会共识”，“坚持用社会主义核心价值体系引领社会思潮，在全党全社会形成统一指导思想、共同理想信念、强大精神力量、基本道德规范”，“推动中国特色社会主义理论体系进教材、进课堂、进头脑，加强和改进学校思想政治教育”，“深入开展形势政策教育、国情教育、革命传统教育、改革开放教育、国防教育，组织学习中国近现代史特别是党领导人民进行革命、建设、改革的历史，坚定广大干部群众对中国特色社会主义的信心和信念”，“要广泛开展民族精神教育，大力弘扬爱国主义、集体主义、社会主义思想，增强民族自尊心、自信心、自豪感”，“加强爱国主义教育基地建设，用好红色旅游资源，使之成为弘扬培育民族精神和时代精神的重要课堂”，“全面加强学校德育体系建设，构建学校、家庭、社会紧密协作的教育网络，动员社会各方面共同做好青少年思想道德教育工作”，等等。这些直接与思想政治教育工作相关的论述告诉我们，文化建设包含思想政治教育，割裂或疏离两者关系的认识是不符合中央精神和要求的。[②]

有研究指出，思想政治教育的首要文化责任就是以社会主义核心价值体系引领多元化的文化，在全社会形成社会主义核心价值观占主导地位的和谐文化；培育社会成员的“文化自

---

① 李春华：《文化的“化人”与思政的“育人”》，《马克思主义研究》2012 年第 9 期。

② 齐卫平：《基于文化自觉和文化自信的思想政治教育反省》，《思想理论教育》（沪）2012 年第 1 期。

觉”和“文化自信”意识，使其形成建设先进文化的能力；彰显思想政治教育“激发人的自由自觉本性”的本源性价值，通过培养德才兼备的具有文化创造力的人才促进社会主义文化事业的大发展大繁荣。[①]

（供稿：朱燕、余斌、李春华）

当前我国道德的评价与道德建设问题研究

2012 年道德问题成为社会各领域，特别是舆论界和学术界关注和讨论的热点问题。《求是》杂志连续刊发了署名“秋石”的三篇文章，全面阐述了如何正确认识我国社会现阶段道德状况的问题，代表了当前对这一问题的主流观点。《红旗文稿》组织了《道德状况：怎么看？怎么办?》的“专家笔谈”；《人民日报》刊发了《用法治和道德构筑食品安全防线》等一系列文章；《光明日报》发表了《法律如何推动道德建设?》等一系列文章；此外，纪念《公民道德建设实施纲要》颁发 10 周年、纪念雷锋殉职 50 周年和毛泽东为纪念雷锋题词 49 周年开展的研讨会，也都主要涉及对道德的讨论。2012 年中宣部理论局编写的《理论热点面对面：辩证看务实办》，首次将“道德风气如何提升”列入其中。2012 年 6 月 12—28 日，《人民日报》连续刊文五论“我们时代需要怎样的价值”，提出要警惕“精致的利己主义”，摒弃“狭隘的极端主义”，告别“庸俗的消费主义”，走出“诡辩的相对主义”，远离“不加分析的怀疑主义”，将包括道德在内的社会价值观讨论进一步引向深入。

综观这些讨论和研究，主要集中在三个问题上：该如何评价当前我国社会的道德状况？当前我国道德领域出现问题的主要原因有哪些？怎样进一步加强道德建设？

秋石的文章指出，考察道德现象，首先要从“价值观立场、认识方法论和历史视野”三个角度进行分析。文章从唯物史观基本价值观立场出发认为，评价当前我国道德状况的根本标准，只能是生产力的标准，是经济基础的标准，是社会进步的标准，是人民群众根本利益的标准。文章认为，要坚持正确的认识方法论，对当前我国社会道德状况进行全面的把握，反映本质的道德现象。侯惠勤认为，判断当前我国社会道德的总体状况，要用马克思主义的历史观、世界观、方法论，不能仅靠事例，不能简单地用一个事例来炒作和立论。文章引用列宁的论述进一步强调马克思主义辩证法普遍联系的世界观和方法论，认为，普遍联系才是判断一切事物的基本依据。也就是说，以一件好事来肯定总体道德现状的结论不够充分，同样，以一件败德的事而作出否定总体道德现状的结论也不恰当。[②]

对于道德领域出现问题的原因分析，目前舆论界和学术界及社会各界的观点基本是一致的，概括起来有以下几个方面：社会转型、道德的滞后性，体制机制、法律制度、道德教育的不完善等。既然道德失范是多种复杂因素综合造成的，那么解决的途径也一定是多管齐下、综合治理，打“组合拳”。在多种途径中，法律制度和道德教育是两个重要环节，而从目前我

① 卢景昆、罗洪铁：《论思想政治教育的文化责任》，《思想教育研究》2012 年第 3 期。

② 侯惠勤：《判断当前我国社会道德的总体状况要用马克思主义的历史观、世界观、方法论》，《红旗文稿》2012 年第 1 期《道德状况：怎么看？怎么办?》专论。

国的实际情况来看，不少人强调要健全和完善法律制度并切实严格执行。

（供稿：朱燕、余斌、李春华）

“教育与宗教相分离”问题持续引发讨论

教育与宗教相分离是我国宪法与教育法明确规定的重要原则。近年来，宗教在各高校传教活动愈演愈烈，严重影响着青少年的健康成长。贯彻与落实教育与宗教相分离政策问题日益引起诸多学者的关注与讨论。

中国社科院习五一详细回顾了近代以来中国教育与宗教相分离的历程，认为促使近代中国基督教教会学校世俗化的因素主要来自于社会变革的冲击。新中国成立以后，政府将教会学校的教育权全部收归国有，建立了新型的现代教育制度，宗教完全退出国民教育体系。然而，随着“宗教热”的逐渐升温，宗教近年来在高等院校的传教活动逐渐由秘密转向公开，特别是“基督教汉语神学运动”更是公然进入大学讲堂和国家研究机构。坚持“教育与宗教相分离”是国家三令五申的重要法规，在大学讲坛上利用公共教育资源传播宗教属于违法行为。抵御境外势力利用宗教对高校进行渗透和防范校园传教是一项重要而紧迫的战略任务。① 中国人民大学何虎生梳理了十一届三中全会以来党和国家文献中有关教育与宗教相分离的论述，认为坚持宗教与教育相分离是中国共产党对宗教问题的基本观点和基本政策之一，也是全面贯彻党的宗教信仰自由政策、依法管理宗教事务、坚持独立自主自办原则及积极引导宗教与社会主义社会相适应的必然要求。同时，这项政策对党员干部、教育界、宗教界和学术界的要求是不同的，在实践中坚持教育与宗教相分离需要各界干部群众的共同努力。②

北京师范大学盛华考察了清政府对基督教在公立学校传播的政策，认为清政府对教育主权的维护、中国传统文化的渗透、科学理性精神的影响一定程度上遏制了当时基督教在公立学校的传播。③ 北京师范大学李志英对北洋政府时期及1927年至1937年南京国民政府时期基督教的校园传播与政府对策问题分别作了专项研究，认为北洋政府对私立学校主要通过注册等手段限制基督教的传播，对公立学校则通过各种法令予以管理，由于缺乏明确的态度，因而效果很差。④ 南京国民政府通过颁布外人传教团体的管理办法、三民主义的党义教育与教科书审查制度及限制基督教校园传教的法定性文件等，严格禁止学校的宗教教育与宣传，一定程度上遏制了自晚清以来基督教迅速传播的势头，为我们今天贯彻和执行教育与宗教相分离原则提供了有借鉴意义的经验教训。⑤

喀什师范学院戚甫娟和邓小华以伊斯兰教为例考察了教育与宗教相分离问题，认为伊斯兰教从最初的教育与宗教交融，历经时代变迁，社会发展，逐渐实现了教育与宗教的分离。

---

① 习五一：《简论近代中国教育与宗教相分离的历程》，《科学与无神论》2012年第1、2期。

② 何虎生：《新时期党和国家文献中有关宗教与教育相分离的论述研究》，《科学与无神论》2012年第1期。

③ 盛华：《论清政府对基督教在公立学校传播的政策》，《科学与无神论》2012年第2期。

④ 李志英、丁志华：《北洋政府统治时期基督教的校园传播及政府对策》，《科学与无神论》2012年第3期。

⑤ 李志英、郑慧新：《南京国民政府限制校园传教政策研究（1927—1937）》，《科学与无神论》2012年第6期。

在当代多元文化背景下，坚持教育与宗教相分离原则，抵御和防范宗教向学校渗透，对于新疆而言十分必要。[①] 中国国际友谊促进会赵志则从中西政教形态异同的角度认为，当今世界教育与宗教的分离远未彻底。我国明确坚持教育与宗教相分离原则，既是历史传统的自然延续，也是执政党的理念与社会主义社会的性质决定的。在贯彻教育与宗教相分离政策过程中，应避免机械化理解，极端化执行的误区，合理区分宗教文化与宗教信仰的区间，引导社会大众重视中华传统文化的价值，重塑文化主体性。[②]

（供稿：杨俊峰）

大学生信教现象继续引起关注

随着近年来“宗教热”的持续升温，大学生信教人数呈逐年攀升之势。在本年度，这一现象继续引起学者们的广泛关注。

厦门大学聂鑫在本校的调查发现，信仰基督教的约占总信教人数的 48.58%，相当一部分大学生将西方文化等同现代文化，对西方文化的膜拜和好奇驱使其进入教堂。不少大学生宗教信仰者或准宗教信仰者不再出入于传统宗教场所参加有规律的礼仪活动，而形成一种松散、随意或灵活的“聚会”。她提出，积极应对大学生宗教信仰问题应遵循研究宗教与普及宗教学知识并重、符合政策法律与层次性教育并行及活跃校园生活与建设精神家园并举的原则。[③] 贵州师范大学和蔚对本校的调查发现，宗教正在通过各种途径渗透高校，大学生信教人数比例逐年小幅上升，2012 年占到 19.4%。与此同时，大学生的宗教知识普遍缺乏，有 55.6%的大学生认为入党后可以信教。针对这种情况，高校应加强思想政治理论课程建设，积极开展马克思主义宗教观教育，抵制非法宗教活动和境外敌对势力的宗教渗透。[④]

宿州学院田慧丽、汪明对安徽省普通高校大学生进行了调查，发现有宗教信仰的大学生高年级的比例高于低年级，女生的比例高于男生，他们对基督教最感兴趣，喜欢在网上参加宗教活动。高校思想政治教育工作者应通过正面引导教育，有针对性地帮助学生培养健康的心理意识，寻求正确的心理纾解方法。[⑤] 河北科技师范学院赵宗宝、卢亚君等在河北省某高校的调研发现，部分大学生信仰不清晰，承认有宗教信仰的占 8.99%，其中有部分是党员或团员。大学生中存在非法宗教组织，某些境外宗教团体有组织地对高校进行宗教渗透。高校应加强相关调查研究，健全成长关怀机制，将学生团结在党、团组织的周围，有针对性地做工作，决不允许党员信教。[⑥]

当前网络传播是大学生接触宗教的重要途径。北京科技大学左鹏、厉彦龙考察了基于互

---

① 戚甫娟、邓小华：《教育与宗教相分离——以伊斯兰教为例》，《科学与无神论》2012 年第 3 期。

② 赵志：《从中西政教形态之异同看我国的政教关系》，《科学与无神论》2012 年第 4、5 期。

③ 聂鑫：《全球化视野下宗教对大学生的影响之思考》，《东北电力大学学报》2012 年第 2 期。

④ 和蔚：《用马克思主义宗教观引导大学生正确的精神追求》，《贵州师范大学学报》2012 年第 5 期。

⑤ 田慧丽、汪明：《安徽省普通高校大学生宗教信仰现状调查与分析》，《天中学刊》2012 年第 5 期。

⑥ 赵宗宝、卢亚君、王兆云：《大学生宗教信仰现状与对策研究》，《中国青年研究》2012 年第 6 期。

联网的基督教传播的情况，发现境内外的教会组织、网络宣教士、网上基督徒、“神棍”和“网络水军”是网络基督教传播的主体，门户网站、社区论坛、博客空间、社交网络是网络基督教传播的基本形式，教义和文化、重大新闻资讯及评述、现实生活的感悟和指南、线下活动的信息和通告是网络基督教传播的主要内容。针对这种情况，他认为，一方面个人单纯地在网上参加宗教活动、了解宗教文化属于公民宗教信仰自由、文化教育权利的范畴，不应任意剥夺；另一方面，对网络宗教传播产生的涉及国家利益和社会公共利益的各种关系、活动必须加强监管。[①] 长沙理工大学张承安从逻辑、历史与实践三个角度对大学生的网络宗教生活进行了解析。他认为，网络宗教具有传播的快捷性与全球性、虚拟性、开放性、平等性、互动性等特点，而大学生的网络宗教生活则具有交流方式多样化、参与无规律性、接受信息广泛性、便捷性及易受误导性。在实践层面，他建议从大学生宗教信仰教育的态度方法选择、法律政策依据、队伍机制建设等方面探索相关应对措施，引导大学生宗教信仰与社会主义社会相适应。[②]

（供稿：杨俊峰）

① 左鹏、厉彦龙：《基于互联网的基督教传播：以大学生为对象》，《中国青年研究》2012年第1期。

② 张承安：《电子传播时代大学生网络宗教生活解析》，《科学与无神论》2012年第5期。

第五篇

论文荟萃

马克思主义基本原理研究代表性论文

从世界观、方法论相统一角度研究马克思主义基本原理整体性

张雷声，《马克思主义研究》2012 年第 4 期

世界观、方法论是马克思主义基本原理的核心内容和根本特征，是贯穿马克思主义基本原理始终的“灵魂”。世界观、方法论虽有差别但在根本上是统一的。世界观、方法论的统一主要表现在两个方面：一是世界观本身就是方法论。二是世界观转化为方法论。世界观、方法论的统一显现了马克思主义基本原理的理论整体、逻辑整体、历史整体和方法整体。

世界观、方法论的统一展现马克思主义基本原理的理论整体。马克思主义基本原理是围绕无产阶级争取自身解放并最终解放全人类的思想路线和揭示人类社会发展客观规律的逻辑主线的高度统一而形成的一个逻辑严密、结构合理的理论整体。世界观、方法论作为贯穿马克思主义基本原理始终的“灵魂”，相统一的两个方面的表现与这一理论整体是高度契合的。世界观、方法论是马克思主义基本原理的核心内容，世界观、方法论相统一的两个方面的表现以其相互联系反映了马克思主义基本原理三个层次的相互联系性，从而构成了马克思主义基本原理的理论整体。

世界观、方法论的统一表现马克思主义基本原理的逻辑整体。在马克思主义基本原理中，世界观、方法论的统一除了通过理论整体的三个层次体现出来，还可以通过客观世界的发展、人的发展、人类社会的发展之间的逻辑关系，唯物史观、剩余价值学说、共产主义理论之间的逻辑关系体现出来。这两大逻辑关系表现了马克思主义基本原理的逻辑整体。

世界观、方法论的统一体现马克思主义基本原理的历史整体。世界观、方法论的统一体现马克思主义基本原理的历史整体：一方面表现在世界观、方法论的发展过程反映马克思主义基本原理的形成过程上；另一方面也表现在马克思主义基本原理的发展过程包含着马克思主义基本原理中国化并形成中国化的马克思主义基本原理的过程上。

世界观、方法论的统一凸显马克思主义基本原理的方法整体。以世界观、方法论相统一为基础的唯物史观，具体化为矛盾分析法、抽象分析法、抽象上升到具体的分析方法、逻辑与历史相统一的方法等，运用于社会经济现象的分析和研究中而形成的马克思主义基本原理，显现了方法的整体性。马克思主义基本原理的方法整体呈现出以下三个主要特征：(1) 认识世界与改造世界的统一；(2) 理论与实践的统一；(3) 理论原理、理论运用与理论发展的统一。

（供稿：崔云）

从无产阶级和人类解放理解马克思主义基本原理的整体性和系统性

吴育林，《思想理论教育导刊》2012 年第 6 期

马克思主义基本原理的学科性与整体性。马克思主义基本原理具有统一的整体性、系统性，这既是马克思主义理论的重要特征，也为学界所普遍认同。强调马克思主义基本原理学科的整体性，是为了贯彻以三个主要组成部分包含的马克思主义基本原理都在论述的共同的

核心问题，即无产阶级和广大人民群众以及人类解放。正是这一解放问题指向的逻辑演绎，使马克思主义基本原理理论的各个组成部分相互衔接、相互贯通为一个统一的整体。

马克思主义哲学与无产阶级和人类解放。马克思主义哲学是科学的世界观和方法论，由辩证唯物主义和历史唯物主义两个部分构成，两者同时又具有逻辑上的统一性。马克思主义哲学不仅创立了新的科学的世界观和方法论，而且阐明了无产阶级和人类解放的可能性和必然性的理论问题。马克思主义的辩证唯物主义从一般宇宙观的高度阐明了无产阶级和人类解放的可能性。资本主义只是人类历史发展过程中的一个阶段，迟早将被一种新社会制度所取代。而在马克思主义看来，取代资本主义的新制度就是社会主义和共产主义。社会主义和共产主义是人类解放的可能性制度保证。在历史唯物主义看来，人类社会的发展过程是合规律性与合目的性的辩证统一。历史唯物主义承认历史的主体是人，历史不过是追求着解放自己目的的人的实践活动而已。所以，无产阶级只有解放全人类，才能最后解放自己，就成为马克思主义哲学的必然结论。

马克思主义政治经济学与无产阶级和人类解放。马克思主义政治经济学是马克思主义唯物史观对资本主义经济现象背后的内在本质的一种科学解读。资本主义社会化的大机器工业生产为无产阶级和人类解放创造了现实的物质经济条件；资本主义私人占有制与社会化大生产的矛盾以及所内蕴的阶级矛盾与阶级斗争为人类解放积淀了现实的社会关系基础；资本主义的生产关系和生活方式锻造了人类解放的现实社会力量。

马克思主义的科学社会主义与无产阶级和人类解放。马克思主义的科学社会主义是对人类解放的未来社会制度的科学理论。马克思主义的社会主义阐明了无产阶级的历史使命和历史作用，科学地说明了生产社会化与生产资料资本家私人占有制的矛盾必然导致社会主义取代资本主义，无产阶级与资产阶级的对立和斗争必然导致无产阶级统治取代资产阶级统治，无产阶级是资本主义的掘墓人和社会主义、共产主义的建设者。这既解决了人类解放的路径问题，也解决了人类解放的制度建设问题。

（供稿：崔云）

马克思主义基本原理的学科对象与整体架构

孙熙国，《马克思主义研究》2012年第2期

马克思主义基本原理学科建设的最大问题和基本经验。改革开放30多年来，马克思主义基本原理学科建设的最大问题是，从事这一方面教学和研究工作的人没有与自己的课程相对应的学科。如何才能把马克思主义作为一个整体来研究，如何确立马克思主义基本原理的地位，如何使马克思主义原理的研究和教学与专业院系的分门别类的研究和教学区别开来？这是长期困扰马克思主义原理教学和研究的一个重大问题。这一问题解决了，马克思主义基本原理作为一门学科才能真正确立起来。这应该是30多年来高校马克思主义原理课程建设的一条基本经验。

马克思主义基本原理的学科对象。研究对象是这一学科存在的基本依据。一个学科的存在，是以自己独特研究对象的存在为前提的。没有自己独有的研究对象，这一学科就没有存在的理由。作者认为，应当明确地把马克思主义基本原理的这一学科界定为：关于无产阶级

和人类解放的科学，简称人民群众解放的科学。这一学科的研究对象就是“无产阶级和人类解放”，简称人民群众的解放。立足于无产阶级和人类的解放来展开和理解马克思主义的全部内容，是我们开展马克思主义整体研究的关键。无产阶级和人类（人民群众）的自由、发展和解放是马克思主义基本原理的学科对象和主题。

马克思主义基本原理的一以贯之之道与整体架构。实现人民群众的自由、发展和解放，是马克思主义基本原理的一以贯之之道，围绕如何实现“三个解放”做“三个主人”，构成了马克思主义基本原理的整体架构和理论体系。具体地说，对这一理论体系可作如下设想：(1) 把人从自然界的束缚下解放出来，实现人与自然的和谐发展。(2) 把人从社会关系的束缚下解放出来，实现人与社会的和谐发展。(3) 把人从资本主义社会关系的束缚下解放出来，实现人与社会的和谐发展。(4) 把人从自己思想的束缚下解放出来，实现人与自身的和谐发展。

贯穿全部马克思主义基本原理的一以贯之之道是人民群众的自由、发展和解放。这个“一以贯之”之道的具体展开就是实现“三个解放”，做“三个主人”。在这一过程中，我们可以看到，科学的实践范畴是马克思主义基本原理的重要概念。马克思一生的两大发现唯物史观和剩余价值学说都是以实践为出发点的。共产主义的目标就是实现自由自觉的实践，实现“劳动向自主活动的转化”[①]。因此，没有科学的实践观就没有马克思主义理论。马克思主义基本原理是一门以无产阶级和人类的自由、发展和解放为实践主题，以科学的实践观为理论线索的学科。

（供稿：崔云）

论马克思主义的整体性

韩庆祥、邱耕田、王虎学，《哲学研究》2012 年第 8 期

从整体上来理解马克思主义，进而恢复马克思主义的整体性形象，是马克思主义理论工作者的一项重大课题。

整体性是马克思主义之所以成其为马克思主义的本质性根据，因而是其最根本的属性。首先，整体性内在要求并包含着科学性、阶级性、实践性。这种整体性体现为科学性与阶级性的统一、理论性与实践性的统一。其次，马克思主义诞生的标志是社会主义由空想上升为科学，而这又取决于唯物史观和剩余价值学说两大发现。最后，当列宁把马克思主义哲学、马克思主义政治经济学和科学社会主义作为马克思主义的三个组成部分的时候，实际上就蕴含着一个前提，即马克思主义是一个整体，这一整体性的学说有三个直接的理论来源。

整体性贯穿于马克思主义经典文本的始终，马克思、恩格斯总是在整体框架中来思考问题的，具体呈现为以下几个方面：“形成”的整体性，从马克思主义的形成来看，德国古典哲学、英国古典政治经济学和法国空想社会主义是马克思主义形成的三个基本来源。“主题”的整体性，马克思主义的形成始终是围绕一个主题进行的，这就是“破解资本占有劳动的秘密与实现无产阶级解放和人的自由全面发展”。“方法”的整体性，马克思主义经典作家分析问题所追求的基本方法，一是科学性和价值性的统一，二是经济问题哲学分析，经济问题政治

① 《马克思恩格斯选集》第 1 卷，人民出版社 1995 年版，第 130 页。

解决。"理论"的整体性，马克思主义是一个完备而严整的理论体系，这一理论的整体性既集中体现在其核心理论的内在逻辑的整体性上，也体现在立场、观点和方法的统一上。"发展"的整体，马克思主义形成以后，其理论处在不断完善、发展的过程中，其前后的发展过程是朝着整体性的目标前进的。"形态"的整体性，马克思主义在其形成和发展中呈现为不同的形态，即强调马克思主义政治性的"政治形态"、突出马克思主义学术性的"学术形态"和注重马克思主义大众化的"大众形态"；这三种形态之间也具有内在的完整性。"功能"的整体性，马克思主义不仅是一种解释世界的理论，而且也是一种改造世界的理论。"叙述"的整体性，马克思主义的形成、主题、方法、理论、发展、形态、功能都要通过叙述表达出来，而在这种叙述中也体现了整体性。

当前，我们要完整理解并科学对待马克思主义，不仅要把马克思主义的整体性揭示出来，更为重要的是要有高度的理论自觉，即把"整体性"作为一种框架，来重新解读经典马克思主义，重新认识马克思主义发展史，重新把握当代中国马克思主义。(1) 运用"整体性"框架重新解读经典马克思主义。(2) 运用"整体性"框架重新认识马克思主义发展史。(3) 运用"整体性"框架重新把握当代中国马克思主义。

(供稿：崔云)

社会主义：一个总体性认识

胡乐明，《马克思主义研究》2012年第6期

尽管马克思没有系统而具体地论述其总体性思想，但是马克思主义理论的创立和发展与总体、全体、整体等范畴的改造和深化密不可分，总体性原则的确是马克思考察人类社会及其发展历史、构建科学社会主义理论的基本方法。

唯物史观认为，人类社会与万事万物一样，都有一个由低级向高级不断发展的历史进程。资本主义基本矛盾即生产的社会化同生产资料私人占有之间的矛盾的存在和激化，决定了资本主义必然灭亡和社会主义必然胜利，当资本主义生产关系无法容纳生产力发展的时候，它就会被更高形式的社会主义生产关系所替代。因此，社会主义替代资本主义是世界历史发展的客观趋势，是一个自然的历史过程。尽管资产阶级通过对生产关系从而对全部社会关系不断进行革命，可以获得一定的生存发展空间，但是资本主义内在矛盾的深化和危机终究会发展到在资本主义框架内无法调和的地步，从而导致一种新的社会形态取而代之。

任何一种社会形态都是过去全部历史发展的必然结果，也是新旧社会形态之间的"中间体系"。作为一种过渡的社会形态，社会主义是一个自我发展、自我完善的历史性总体，是一个协调发展、全面进步的结构性总体，是一个和谐发展、全球扩展的世界性总体。社会主义的不断发展，必然导致人类历史步入共产主义世界历史时代。

社会主义是一个自我发展、自我完善的历史性总体。社会主义也必然经历一个由低级到高级、由不成熟到比较成熟、由不完善到比较完善的发展过程。但是，与以往其他社会形态不同，社会主义替代资本主义不是一种新的剥削制度替代一种旧的剥削制度，而是为了主动地实现无产阶级和全人类的解放。

社会主义是一个协调发展、全面进步的结构性总体。实现社会主义替代资本主义的历史

过程，必须终结资本主义的经济统治、政治统治和精神统治，因而必须进行全面而彻底的总体性革命。

社会主义是一个和谐发展、全球扩展的世界性总体。社会主义替代资本主义的历史过程，是资本主义在全球范围由扩展走向消亡的过程，也是社会主义在全球范围由萌芽走向扩展的过程，是历史由资本主义世界历史时代转向社会主义世界历史时代的过程。社会主义的全面胜利是一个漫长而曲折的历史过程。社会主义的和谐发展与全球扩展绝不意味着社会主义与资本主义之间可以和谐相处。在资本主义世界历史时代，现实的社会主义国家必须积极主动地与世界市场联系起来，从而较快地充分占有资本主义所创造的一切优秀成果，由此它们也面临着被世界资本主义体系所“淹没”的挑战。如果社会主义国家不能正确认识和把握国际范围内社会主义与资本主义、无产阶级与资产阶级之间长期存在的两种社会形态、两条道路、两大力量的较量和斗争的演变趋势，盲目地融入资本主义世界体系，放松甚至放弃人类社会“社会主义化”的努力，必然使世界社会主义事业遭受重大挫折甚至出现“大幅度的跃退”。

（供稿：彭五堂）

关于社会主义公正原则的几个问题

罗国杰，《道德与文明》2012 年第 5 期

公正作为一种观念化的表现，主要指社会成员的权益或利益符合公认的既定的标准。一般来说，它包括权利公平、机会公平、规则公平和分配公平四个方面，其中，机会公平也称为起点公平，规则公平也称为过程、程序公平，分配公平也称为结果公平。权利公平是公平的内在要求，它体现的是全体社会成员在参与各项社会活动方面享有平等的资格。机会公平是公平的前提和基础，要求社会提供的生存、发展、享受的机会对于每一个社会成员都是均等的。规则公平是实现公平的必要条件和保障，要求公民参与经济、政治和社会等各项活动的过程应该公开透明，不允许某些人通过对过程的控制而牟取不正当利益。分配公平是整个社会公平的根本内涵、实质所在和最高层次。分配公平，一方面指每个劳动者都能获得与其劳动和贡献相当的利益；另一方面指在分配的结果上要兼顾全体公民的利益，防止过于悬殊的贫富差距，以利于共同富裕的逐步实现。

公正是体现人与人之间平等关系的价值准则，它是历史的、具体的、相对的。一般来说，公正可分为经济的、政治的、法律的和道德的几个方面，永恒不变的公正是根本不存在的。“只要与生产方式相适应，就是正义的；只要与生产方式相矛盾，就是非正义的。”因此，衡量社会公平的标准必须看是否有利于社会生产力发展和社会进步。

“注重效率与维护社会公平相协调”的原则是社会主义道德同一切剥削阶级特别是资产阶级道德的一个重要区别，我们是社会主义国家，在建设社会主义现代化的过程中，既要大力发展生产力，注重经济效率，又要从最大多数人的根本利益出发，为了实现共同富裕的目的，坚决而有效地维护社会公平。实现社会公平正义是中国共产党人的一贯主张，是发展中国特色社会主义的重大任务。要按照民主法治、公平正义、诚信友爱、充满活力、安定有序、人与自然和谐相处的总要求和共同建设、共同享有的原则，着力解决人民最关心、最直接、最现实的利益问题，努力形成全体人民各尽其能、各得其所而又和谐相处的局面，为发展提供

良好的社会环境。

在社会主义市场经济条件下，公平与效率的关系呈现出历史的、具体的、相对的变化。经济发展到一定的程度，特别是建立了社会主义市场经济体制以后，效率和效益意识逐步深入人心，效率问题得到了解决，应该更多地强调公平理念。在经济、社会、道德等不同领域，采取相应的制度措施，正确处理二者之间的矛盾，有利于广大人民群众最大利益的实现，有利于经济的发展和社会的和谐，有利于国家政权的巩固。从伦理道德的视角来看待和分析二者的关系，“效率与公平的统一”更应该被理解为“公平优先、兼顾效率”。在道德体系建设中，要充分体现社会主义的优越性，就应当强调“公平”的重要。把广大人民群众的根本利益和集体主义的思想融入到处理效率与公平关系问题的过程中，要充分认识到，任何只顾效率而损害公平的思想和行为都是错误的。在我们的社会主义社会中，只有做到“效率与公平统一”，注重社会的“公平”，才能够在全社会形成团结互助、平等友爱、共同前进的人际关系，才能保证社会主义市场经济的健康发展。

（供稿：彭五堂）

评萨缪尔森对劳动价值论的批判

丁堡骏，《中国社会科学》2012年第2期

在一个相当长的时期内，我国绝大多数马克思主义经济学者是不认同萨缪尔森对马克思劳动价值论批判的，但近年来的情况却发生了很大变化。即使在对萨缪尔森进行反批判的马克思主义经济学者中，也不乏对马克思劳动价值论及萨缪尔森之批判的误解，他们之间的理论争鸣与真正深入探讨、推动学术发展的目的尚有较大的距离。

马克思主义经济学对当代资本主义周期性经济危机作出了科学预见和深刻的理论解释。作为马克思主义经济学者，有责任，也有义务对萨缪尔森批判马克思劳动价值论的错误进行分析和回应。这将有助于我们科学地分析和借鉴西方资产阶级经济学家的理论进而繁荣和发展马克思主义经济学。

萨缪尔森发表于1957年、1970年和1971年的三篇论文的总体思想倾向是否定马克思的劳动价值论，其思维逻辑割裂价值体系和生产价格体系之间的内在联系，选择接受生产价格体系而放弃价值体系。这三篇文章对马克思劳动价值论的具体理论表述和批判也各有特点。

萨缪尔森等将再生产平衡条件作为转型分析之约束条件，已将研究导入重大误区，即萨缪尔森在处理与再生产平衡条件有关问题上是混乱的。萨缪尔森在明显意识到马克思转型分析不含有再生产平衡关系的情况下，仍未幸免陷入这个误区，这与他思想方法的形而上学有关。

萨缪尔森的价值公式和生产价格公式不能表示马克思劳动价值理论的相应范畴，也就是萨缪尔森对马克思劳动价值论价值方程和价格方程的表述有误。他的这些“里昂惕夫和斯拉法时代”的数学公式，既没有科学地表示马克思的价值范畴，也没有科学地表示马克思的生产价格范畴。马克思转型分析的本质是剩余价值的分配，这是萨缪尔森所不可能理解的。因此，萨缪尔森对马克思劳动价值论特别是对转形问题的议论，与马克思的原意毫不相干。

萨缪尔森以实物量关系体系表示马克思劳动价值论的价值方程和价格方程，犯有代数学

上的错误。萨缪尔森的实物量关系分析，不过是斯拉法实物量关系分析的理论翻版。他企图不要还原方程，就使马克思的劳动价值分析与斯拉法的实物量关系分析相连接。从他的空想来看，可以说，萨缪尔森是一个极端的斯拉法主义者。萨缪尔森在劳动价值论分析中所犯各种错误的总根源，在于他不懂得劳动二重性学说，因而不能够在各种方程式中统一所计算的当量。这个缺陷也是萨缪尔森和英国剑桥学派著名经济学家斯拉法的共同错误。

西方学者包括一部分坚持马克思主义的经济学家，也包括像萨缪尔森这样诸多的反马克思主义的资产阶级经济学家，在转型问题上之所以误入歧途，根本原因还在于他们没有真正掌握马克思的“从抽象上升到具体”的辩证方法，没有把要素投入按生产价格计算的转化模型，看作是马克思所开创的要素投入按价值计算的简单转化模型的具体化。后人需要沿着这一思路来完善马克思的转型理论。

（供稿：杨静）

论马克思主义经济学的本质与理论框架

张宇，《学习与探索》2012 年第 3 期

把马克思主义政治经济学等同于制度经济学的观点；认为“马克思主义政治经济学研究的是经济关系的本质，西方经济学研究的是经济现象，因此，马克思主义政治经济学科学但不实用，西方经济学庸俗但比较有用”的观点；认为“马克思主义经济学是批判的经济学、革命的经济学，是一种意识形态，而西方经济学则是一种‘纯粹经济学’或‘实证经济学’”的观点等，这些关于马克思主义经济学的流行观点都存在着片面性，不能准确反映马克思主义经济学的本质特征，这些片面性归结到一点，就是脱离马克思主义理论的基本特征和总体结构来抽象地谈论马克思主义经济学的本质，这样就难免会本末倒置，找不到正确的答案。

从马克思主义的整体结构出发把握马克思主义经济学的本质。马克思主义是一个包括哲学、政治经济学和科学社会主义理论等三个主要部分组成的严密的科学体系，理解马克思主义经济学，不能脱离开马克思主义理论的完整体系，马克思主义经济学的基本特征就是由这一体系所赋予的。马克思主义政治经济学不同于西方经济学的根本特征在于：一是以辩证唯物主义和历史唯物主义为基础的世界观方法论；二是为无产阶级和广大人民群众利益服务的政治立场；三是以生产力与生产关系相互作用为核心的经济分析体系；四是建立社会主义和共产主义的社会理想。概括起来讲，可以对马克思主义经济学下这样一个定义，所谓的马克思主义经济学，就是以唯物史观为基础、以无产阶级和人类解放为目的的经济学理论体系，其研究对象是一定的生产力和上层建筑条件下的生产关系的本质及其发展规律。

马克思主义经济学的理论框架。从对马克思主义经济学本质的上述认识出发，可以把马克思主义经济学的理论框架或主要内容概括为以下方面：（1）关于社会经济发展的一般原理，包括原始社会、封建社会和未来共产主义社会在内的人类社会经济运动一般规律的理论；（2）关于资本主义经济的基本原理，是关于资本主义经济运动规律的理论，包括劳动价值理论、剩余价值理论等等；（3）关于社会主义经济的理论，马克思主义经济学是以共产主义和社会主义为价值追求和社会理想的；（4）关于世界经济的理论，马克思主义是关于人类社会或世界

历史发展规律的理论，全球化问题是马克思主义理论的一个中心议题；(5) 关于前资本主义经济形态的理论，前资本主义政治经济学最早源于马克思和恩格斯的《德意志意识形态》，在随后的时间里，马克思和恩格斯持续关注这一研究领域，并提出许多重要的看法；(6) 关于经济发展的具体理论，它是马克思研究经济生活中某些局部现象运动规律时提出的具体理论，如关于货币流通规律的理论等。

马克思主义经济学的逻辑主线。一定生产力基础上的生产关系因此成为马克思主义经济学的研究对象，而生产力与生产关系的相互作用则构成了马克思主义经济学的逻辑主线，贯穿于马克思主义经济学的全部理论体系。

(供稿：张建云)

再论中国政治经济学的创新问题——兼论“研究政治经济学”与“政治经济学研究”的关系

邱海平，《江苏行政学院学报》2012年第2期

所谓“研究政治经济学”，即指对各种政治经济学理论包括马克思理论的研究。从一定意义上来说它属于经济思想史或学说史研究性质，而不属于“政治经济学研究”。而“政治经济学研究”更多地是指用马克思主义的方法和理论，直接研究各种重大现实经济社会问题和相关的理论问题。显然，二者是有区别的，前者的对象主要是各种政治经济学理论，后者的对象则主要是各种现实经济问题。在政治经济学被日益边缘化的客观背景下，强调“研究政治经济学”与“政治经济学研究”的相对区别，是具有重大现实意义的。通过这样一个区分，我们可以更好地总结我国政治经济学学科建设与发展的经验与教训，进一步明确今后努力的方向。应该承认，长期以来，由于没有将上述两个方面有意识地、明确地区别开来，有意无意地将“研究政治经济学”混同于甚至等同于“政治经济学研究”，在“研究政治经济学”上投入的精力和力量较多，而在“政治经济学研究”方面投入的力量相对不足，从而使政治经济学的研究和发展落后于实践和形势发展的需要，进而影响了政治经济学对于社会的实际影响力。中国“政治经济学研究”相对不足的一个重要表现，就是对于各种“应用经济”问题研究不足。

造成上述认识上的偏差和研究上缺陷的原因很多。重要的根源之一，是人们对马克思经济学的研究方法与体系存在着一些错误的理解。例如，认为《资本论》的“研究方法”是“抽象法”或“从抽象上升到具体”的方法。严格来说，这是一种误解。另外，人们对于“从抽象上升到具体”的方法也存在不正确的认识。实际上，“从抽象到具体”并不是《资本论》或马克思经济学的“研究方法”，而只是《资本论》的叙述方法。正是由于人们把“抽象法”这样一个一般的科学研究原则和“从抽象上升到具体”的叙述方法理解成了马克思经济学的“研究方法”，从而未能自觉地运用唯物辩证法和历史唯物主义这一根本的研究方法。不能不说，这是产生政治经济学中的教条主义和本本主义的根源之一。受上述研究方法认识上的影响或与此相关，人们对于马克思经济学体系的理解也存在着一定的误区。不是把《资本论》三卷或四卷理解为马克思庞大理论体系的一部分，而是理解为马克思经济学的全部体系和内容。正是由于人们对于马克思经济学理论体系存在着片面的认识，从而极大地影响了人们对

政治经济学研究范围的认识。

实现马克思经济学的创造性转化或转换不能仅仅局限于对资本主义的批判，而是应该更多地运用马克思经济学的方法和理论，一方面致力于对许多马克思经济学原来不曾解释的问题的研究，另一方面致力于中国特色社会主义的经济建设研究。

（供稿：张建云）

马克思主义中国化研究代表性论文

解放和发展生产力最终实现共同富裕——纪念“南方谈话”发表二十周年

王伟光，载《前线》2012年第6期

以邓小平同志为代表的中国共产党人领导的改革开放、开创的中国特色社会主义事业进展到今天，在坚持发展生产力的前提下，逐步实现共同富裕已经成为进一步发展中国特色社会主义的中心课题。走共同富裕之路，是发展中国特色社会主义的战略选择。“南方谈话”把共同富裕提高到社会主义本质的高度，提高到是否坚持社会主义的高度，提高到是否坚持走中国特色社会主义道路的高度。

第一，共同富裕是社会主义的本质要求，是社会主义与资本主义的不同特点，是社会主义制度不能动摇的根本原则。社会主义与资本主义发展生产力的目的不同。表面上似乎都是致富，但资本主义的历史告诉我们，它们的富是两极分化的富，贫者愈贫、富者愈富，穷国与富国、穷人与富人两极分化；社会主义不排斥富裕，但要的是共同富裕，社会主义解放和发展生产力是为了共同富裕。

第二，社会主义制度是实现共同富裕的根本保证，坚持公有制或公有制为主体是实现共同富裕的经济基础，毫不动摇地坚持主体地位的公有制是我国社会主义必须坚持的根本原则。制度是根本性问题，坚持公有制为主体的基本经济制度，是解决分配不公、防止两极分化的根本性举措。

第三，如果导致两极分化，出现新的剥削阶级，就可能出乱子，改革就算失败了，就不是社会主义，就会走到资本主义邪路上去。在邓小平同志看来，如果防止和避免不了两极分化，必然导致社会矛盾尖锐化，势必出乱子，冲击现代化和改革开放所必要的稳定局面，甚至从根本上动摇政权的基础、执政党的地位，改变国家的社会主义性质。

第四，富裕起来后财富怎样分配、怎样防止两极分化、实现共同富裕，是大问题，是利用各种手段、各种方案、各种方法必须加以解决的中心课题。解决好这个问题有助于我国应对来自西方国家的和平演变，巩固和发展党的领导和社会主义制度。因此，我们要利用各种手段、各种方案、各种方法解决好分配问题，坚定不移地走共同富裕之路。这也是推进中国特色社会主义发展的重大战略选项。

第五，解决共同富裕，必须始终不渝地以经济建设为中心，做大蛋糕是分好蛋糕的前提，解决共同富裕是一个逐步的过程。发展是硬道理，解放和发展生产力、坚持以经济建设为中心，是满足人民需要、实现共同富裕的物质前提。

第六，坚持马克思主义主流意识形态的指导地位，坚持核心价值观的主导地位，坚持共产主义远大理想和中国特色社会主义共同理想的理想信念主心骨地位，是坚持社会主义共同富裕的思想基础。解决共同富裕问题，除了从经济建设入手，还必须加强思想理论战线、意识形态工作的战斗力。

（供稿：王永浩）

认真学习马克思主义，为社会主义文化大发展大繁荣作贡献——在纪念毛泽东同志《在延安文艺座谈会上的讲话》70周年会议上的讲话

李慎明，载《文学评论》2012年第4期

今年是毛泽东同志《在延安文艺座谈会上的讲话》发表70周年，也是党的十七届六中全会在2011年通过的《中共中央关于深化文化体制改革，推动社会主义文化大发展大繁荣若干重大问题的决定》实施的重要一年。毛泽东同志在《讲话》中明确指出，马克思列宁主义是一切革命者都应该学习的科学，文艺工作者不能是例外。以邓小平、江泽民同志为核心的党中央和以胡锦涛同志为总书记的党中央也多次强调文艺工作者要认真学习马克思主义。在全党全国深入学习贯彻党的十七届六中全会决定、推动社会主义文化大发展大繁荣之时，我们认真领会70年前毛泽东同志关于文艺工作者要认真学习马克思主义的相关论述，具有强烈的现实意义。

认真学习马克思主义，是坚持我国文艺的社会主义性质和方向的需要。马克思主义作为无产阶级的科学世界观，是我们党制定路线、方针、政策的理论基础，当然也是建设有中国特色社会主义宏伟大业有机组成部分的社会主义文艺工作的路线、方针、政策的理论基础。我国文艺的社会主义性质深深扎根在我国社会主义的实践之中，是在马克思主义指导文艺实践的过程中得到形成和巩固的。坚持文艺社会主义性质和方向的过程，同时也是广大文艺工作者认真学习马克思主义，廓清文艺工作中重大思想理论是非的过程。

认真学习马克思主义，是深入群众、认识生活，抓住事物本质的需要。人民生活中存在着的自然形态的、粗糙的然而也是最生动、最丰富、最基本的文学艺术原料的矿藏，是一切文艺尤其是社会主义文艺取之不尽、用之不竭的唯一的源泉。通过对马克思主义的学习，真正认识了马克思主义和马克思主义文艺思想的这一基本原则，才能进一步提高深入生活、深入群众的自觉性。离开了马克思主义的指导，忘记、忽略或是割断与人民大众的血肉联系，艺术生命之花就必然枯萎。

认真学习马克思主义，是改造世界观的需要。文艺工作者只有在学习马克思主义和学习社会的过程中逐步确立了无产阶级的世界观、人生观和价值观，才能够谈得上真正自觉地贯彻党的“二为”方针。

认真学习马克思主义，不断坚定对马克思主义的信仰，进一步提高历史责任感。我们看待事物和评价功过是非，不仅要放到一定的空间全面综合地去看，还应放到一定的时段甚至是历史的长河中去看，全面、辩证和历史地看待事物，这才是我们要坚持的马克思主义一元论和历史唯物主义的真谛。弄清了这一道理，就有助于帮助一些同志克服“马克思主义过时了”的不正确的认识。坚定了对马克思主义的信仰，才能进一步增强学习马克思主义的自觉

性，才能进一步增强自己的历史责任感。

（供稿：王永浩）

科学发展观：一个新的指导思想

石仲泉，《前线》2012年第12期

党的十八大的一个伟大成就，是明确宣布科学发展观为指导党和国家全部工作的强大思想武器，同马克思列宁主义、毛泽东思想、邓小平理论、“三个代表”重要思想一道，是中国共产党必须长期坚持的根本指导思想。这是对科学发展观的理论地位和历史作用的一个新的认定，也是对这个中国化马克思主义理论最新成果的重要提升。

科学发展观对中国特色社会主义理论乃至马克思主义的科学社会主义理论作了很大的丰富和发展，是最近10年来最大的理论创新。第一，科学发展观对中国共产党关于社会主义的发展理论有重大发展。第二，科学发展观对马克思主义关于人自身的发展理论有重大发展。第三，科学发展观对长期存在的以社会为本的发展观有重大发展。第四，科学发展观对马克思主义执政党建设理论有重大发展。

党的十八大将科学发展观作为新的指导思想，还由于它具有独特的实践优特性。从实践层面看，科学发展观至少有这样四大特点：一是科学内涵更具明确性。二是思想要素更具实在性。三是宣传解读更具普及性。四是贯彻执行更具操作性。

科学发展观提升为党的指导思想，还有历史的客观需要。从中国化的马克思主义理论一个又一个地提升为党的指导思想的历史看，这个需要是十分明显的。党的七大正式确立毛泽东思想为党的指导思想。党的十五大对邓小平建设有中国特色的社会主义理论作了进一步提升，不仅正式使用邓小平理论这个更加鲜明简洁的科学概念，而且高度评价邓小平理论是马克思主义在中国发展的新阶段。这样，邓小平理论成为党的行动指南反映了全党全国人民的共同心愿。“三个代表”重要思想作为一个由治党及至治国的理论回应了历史的需要。党的十六大也将其确立为新的指导思想。在新世纪新阶段，面对经济全球化的新机遇新挑战，一方面需要科学判断国际形势和世界发展趋势，认真汲取世界各国发展的经验教训，进一步把中国的发展放到世界的大局中来思考；另一方面也需要深刻总结长期以来我国经济社会发展的实践经验以及我国进入新世纪以来经济社会发展出现的阶段性特征。这样，顺应时代潮流和国情需要便提出了科学发展观。10年的实践证明，科学发展观推进了中国特色社会主义事业又好又快地进步发展。党的十七大在概括中国特色社会主义理论体系时，包括了邓小平理论、“三个代表”重要思想和作为战略思想的科学发展观。科学发展观由于是马克思主义关于发展的世界观和方法论的集中体现，赋予马克思主义关于发展的理论以新的时代内涵和实践要求，对新形势下实现什么样的发展、怎样发展等重大问题作出了新的科学回答，把对中国特色社会主义规律的认识提高到新的水平，开辟了当代中国马克思主义发展新境界。党的十八大将科学发展观提升为指导思想乃势所必至。这是党的指导思想发展的历史逻辑所使然。

（供稿：王永浩）

要高度重视邓小平关于两个“三个有利于”理论

程恩富、刘志昌,《毛泽东邓小平理论研究》2012年第5期

通过对邓小平理论的系统深入研究,可以看出,邓小平有两个“三个有利于”的重要思想,过去未被发掘和广泛重视。从我国改革开放发展的实践历程出发,分析两个“三个有利于”的形成过程和提出背景,能够进一步了解其具体内涵和相互关系,并挖掘其重要的理论和现实意义。

1978年实行改革开放政策后,针对改革中的种种疑惑和争论,邓小平多次以讲话的形式谈了自己的看法,分别提出了改革开放目的的“三个有利于”和改革开放成效标准的“三个有利于”。1987年6月12日,邓小平指出,“我们的改革要达到一个什么目的呢?总的目的是要有利于巩固社会主义制度,有利于巩固党的领导,有利于在党的领导和社会主义制度下发展生产力。”这是邓小平首次明确提出我国改革开放目的的“三个有利于”标准。1992年,邓小平在武昌、深圳、珠海、上海等地的谈话中指出:“改革开放迈不开步子,不敢闯,说来说去就是怕资本主义的东西多了,走了资本主义道路。要害是姓‘资’还是姓‘社’的问题。判断的标准,应该主要看是否有利于发展社会主义社会的生产力,是否有利于增强社会主义国家的综合国力,是否有利于提高人民的生活水平。”这是小平同志首次明确提出判断我国改革开放成效标准的“三个有利于”。1992年七届全国人大第五次会议上的《政府工作报告》进一步明确提出:“判断改革开放得失成败的标准,主要是看是否有利于发展社会主义社会的生产力,是否有利于增强社会主义国家的综合国力,是否有利于提高人民的生活水平。”可见,社会上一直广泛误传的邓小平理论,即以为判断姓“资”姓“社”的标准就是判断改革开放得失成败和检验各项工作的标准,并不符合邓小平理论的原意和中央文件权威的阐释,与马克思主义关于生产力和生产关系的科学原理也是相悖的。

从提出的时间来看,“改革目的三个有利于”早于“改革成效三个有利于”。两者的关系和基本内涵在于:①强调的侧重点不同。前者强调在党的领导和社会主义制度下发展生产力。从文字表述上看,更加强调巩固社会主义制度,巩固党的领导。而后者从文字表述上更加强调发展社会主义的生产力。②提出的具体背景不同。前者是在社会上主张资产阶级自由化的思潮兴盛背景下提出,而后者是在人们对于改革中出现的新鲜事物思想观念不一致下提出的。改革目的“三个有利于”主要是针对右的思想,改革成效的“三个有利于”主要是针对“左”的思想,因而它们强调的重点是不同的。③两者内涵具有一致性,都强调坚持社会主义,都强调发展生产力这一社会主义的根本任务。

从两个“三个有利于”提出的基本逻辑来看,一以贯之的主要思想是坚持社会主义,通过发展生产力来巩固社会主义。与资本主义国家的改革目的不同,我国经济改革的目的既是要促进生产力和生活水平的提高,又是要巩固社会主义各项制度。党在社会主义初级阶段的基本路线,概括起来就是“以经济建设为中心,坚持四项基本原则,坚持改革开放”。要真正贯彻好“三个有利于”,客观上就要把改革开放同四项基本原则统一起来。两个“三个有利于”包含着以人为本、全面、协调、可持续的发展观的基本精神。科学发展观,是对党的三代中央领导集体关于发展的重要思想的继承和发展。全面理解和贯彻“三个有利于”,要求我们认真领会、创造性地落实科学发展观。总之,应当把两个“三个有利于”统一起来,共同

加强社会主义社会的生产力、综合国力、生活水平、制度体系和党的领导，把中国特色社会主义推向新阶段。

（供稿：王永浩）

两种异质文化的独特融合——中国化马克思主义的缘起、发展与实践

金民卿，《人民论坛·学术前沿》2012 第 14 期

马克思主义和中国传统文化是两种异质性的文化，它们产生于不同时代背景之中和社会基础之上，具有不同的文化内容和文化性质，发挥着不同的社会功能，都有存在的价值和立足的空间，不能相互取代，但能够在相互借鉴的过程中相互融合，并通过融合实现双重再生、转化和升级。从人类共同性的文化传承、文明发展、文化价值的角度来看，马克思主义同中国文化之间存在着诸多的文化契合点。例如，在价值取向和理想模式上，在形而上的至善追求同形而下的务实追求相结合上，在对人的生命本身和民众力量高度重视上，马克思主义同中国文化之间存在着文化上的共通性，使得二者能够通过特定的历史条件和理论主体达到某种程度的融合。

马克思主义来到中国同中国文化发生碰撞之后，出现了几种思想和实践上的趋势。一是曲解整合。试图用中国传统文化概念来解读马克思主义，把马克思主义整合到中国传统文化体系当中。二是拒绝排斥。认为马克思主义不适合中国国情，不能同中国文化传统相融合，拒绝接受乃至于激烈攻击马克思主义。三是硬性移植。不考虑中国的现实实际、具体特点和文化传统，教条主义地把马克思主义的理论原封不动地塞进中国实践当中，对于那些坚持把马克思主义同中国历史文化和现实实际相结合的人，则给予抵制、批判乃至于残酷打击。可见，马克思主义和中国传统文化这两种异质性的文化体系，融合起来并不是一件容易的事情。

中国早期的马克思主义者们，在接受马克思主义的过程中，都有一个思想上的自我清算经历。这种自我清算的结果，不是将马克思主义直接移植到自己的思想和中国文化当中，也不是将先前的各种思想完全排除，而是实现了一次思想上的融合重构。经过这种融合重构，思想结构从先前的多种思想并存冲突的混沌状态，进入到了以马克思主义为主导思想的多种思想重新配置组合的有序状态。马克思主义作为主导性思想居于根本指导思想地位，成为认识和改造世界的世界观和方法论，决定着思想结构的发展方向和对不同思想文化的鉴别取舍，使其他的思想在新的思想结构中获得了新的定位。中国传统文化思想作为一种思想沉淀被整合到以马克思主义为导向的思想结构当中，在马克思主义的观照下获得新的解释，并为建构中国化马克思主义提供思想资源。资产阶级民主主义转换成为新的社会主义民主建设的理论，改良主义思想转变成为改造中国与世界的一种行动策略，实验主义的问题意识成为马克思主义的实事求是思维的重要方面，空想社会主义中的空想因素撤掉之后，留下的批判精神和理想建构转化为无产阶级革命思想的有机组成部分。正是通过这种思想上的自我清算和融合重构，一批早期的中国马克思主义理论创新主体得以产生。

中国化马克思主义是以马克思主义为主导、以中国文化为基础、反映中国具体实际、体现时代特征的新型的文化形态。它既不是原生态的马克思主义，也不是原生态的中国文化，而是扎根于中国文化土壤的中国化了的再生形态的马克思主义，同时又是以马克思主义为根

本指导的现代化了的中国文化。正是这种特殊的新型文化即中国化马克思主义，指导了中国革命、建设和改革的实践历程，使之在指导思想、发展道路、制度形态和发展经验等方面，都同中国传统社会、西方资本主义、其他社会主义国家有所不同，显示出鲜明的特殊性。

（供稿：贾可卿）

国际金融危机与马克思主义时代化

秦宣，《马克思主义与现实》2012 年第 4 期

从国内外学者的观点中，我们至少可以得出以下三点结论：一是当前的金融危机是一场马克思式的危机，马克思主义对资本主义的批判和对资本主义周期性经济危机的分析依然是正确的；二是当前的金融危机是一场资本主义制度所固有的危机，只要资本主义制度不改变，资本主义就无法克服金融危机；三是马克思主义对寻找走出此次金融危机的出路，仍然是管用的。马克思主义者必须对此次金融危机给出一个说法，一种解释。此次危机的特点是什么？根本原因是什么？对不同类型、不同发展程度、不同性质的国家影响有何不同？走出危机的出路何在？谁应该为这次危机承担责任？在未来的发展过程中如何避免此类危机？中国学者应该参与其中加强对此类问题的研究。马克思主义的时代化不能回避这些问题。

金融危机再次暴露了资本主义的本质，唤起了人们对资本主义的反思，也宣布了福山的“历史终结论”的“终结”。但现在断言社会主义在与资本主义的竞争中取得了胜利为时过早。在当今世界，“资强社弱”的局面暂时还无法改变。此次金融危机与以往资本主义危机一样，并不可能迅速导致资本主义的灭亡，资本主义还会在新的调整基础上进一步发展；此次金融危机已经证明新自由主义是失败的，但在新的替代思维没出现之前，新自由主义将继续发挥作用。此次危机绝不是资本主义的最后一次危机，资本主义在没有被新的社会制度代替之前，类似的危机将来还必然会周期性地产生；此次危机使人们看到社会主义复兴的希望，但社会主义的复兴并不可能如我们所愿迅速到来。社会主义社会要取代资本主义社会，凭借的是更为先进的生产力和生产方式，而目前社会主义国家的生产力显然还落后于西方发达资本主义国家，要超越资本主义还需要相当长时间。

过去，资本主义危机之时，就是社会主义复兴之机。但今天全球化已经将资本主义和社会主义捆绑在一起，这次国际金融危机不仅打击了资本主义，也同样重创了社会主义；这次危机不仅打击了世界各国的右翼，也同样打击了左翼。我们甚至看到全球整体向右转的现象，许多过去执政的左翼政党丧失了执政地位。即使是左翼政党重新上台执政，其执政理念等也发生了相应的变化。而且，西方学者和国外共产党、工人党今天热谈的社会主义与我们坚持的马克思主义的科学社会主义也有许多不同。西方一些学者很少关注意识形态和社会发展道路，简单地把“国家干预”和“国有化”视为社会主义，而把“自由市场”与“私有化”看作是资本主义。如果我们把美国政府一部分化私为公的行为称为“社会主义”，同样的逻辑是，我们发展非公有制经济，就是在走向资本主义。如果我们把“宏观调控”称为社会主义，同样的逻辑是，我们选择市场经济就是走向了资本主义。因此，当前我们仍然需要思考什么是社会主义、如何建设社会主义这一首要的基本理论问题。

中国特色社会主义事业的进一步发展，面临大量开创性的、前人没有提出或前人没有涉

足的课题，比如，如何应对此次全球性的金融危机，维护中国的金融安全或经济安全？如何应对国内经济社会发展面临的挑战，实现经济社会又好又快发展？如何消除贫富分化，逐步实现共同富裕？如何正确处理人口、资源、环境的关系，促进社会的可持续发展？如何推进中国特色社会主义民主政治建设？等等。马克思主义要与时俱进，就必须对这些问题作出探索和解答。

（供稿：贾可卿）

马克思主义时代化研究的反思与展望

闫海潮，《党政论坛》2012 年第 8 期

对马克思主义时代化内容的研究已经成为马克思主义诸学科研究的热点议题，取得了丰硕的理论成果，但也需要反思这一研究中的若干问题。

第一，横向研究多，纵向研究少。学者较多倾向于探讨当前时代性与马克思主义时代化问题，而鲜有涉及以往历史时期推进马克思主义时代化问题。事实上，研究马克思主义时代化的历史进程、历史经验及其规律，对当前推进马克思主义时代化具有重要的借鉴意义。具体而言，应重视以下关节点：（1）马克思、恩格斯本人如何结合当时资本主义时代的变化丰富、完善、调整和发展自己的理论；（2）第二国际的马克思主义理论家如何推进马克思主义时代化；（3）西方马克思主义者如何结合资本主义世界的变化推进马克思主义时代化。

第二，宏观理论研究多，具体问题研究少。目前，学术界对马克思主义时代化内容的研究侧重于发掘马克思主义思想的时代价值，如人类解放理论、世界历史理论、社会批判理论、异化理论等等，这是十分必要的。但是我们的研究不能仅限于此，应该用马克思主义思想来解读随着时代发展新出现的现实问题。例如共同富裕问题、社会福利问题、社会正义问题、生态环境问题、驾驭资本问题。在这方面，西方马克思主义者的研究值得中国学者借鉴。

第三，中国向度研究多，世界向度研究少。学者大多仅关注当前中国的马克思主义时代化问题研究，而对其他国家如何推进马克思主义时代化研究还未涉及。马克思主义时代化当然包含中国向度，但它绝不仅局限于中国向度，不然，马克思主义时代化岂不是与马克思主义中国化成为等同的概念。马克思主义中国化研究要侧重于“中国”二字，马克思主义时代化研究要侧重于“时代”二字，不可将二者混同。

第四，单一学科研究多，综合学科研究少。国内学术界对马克思主义时代化内容的研究主要集中于马克思主义学科，学者大多在哲学系、马克思主义学院等单位，而社会学、政治学、经济学、法学、文学以及历史学等学科较少。马克思主义时代化问题是一个综合性问题，单一学科的研究很难将其研究全面推进。只有多学科综合研究马克思主义才能更好地推进马克思主义时代化，取得符合时代潮流的研究成果。

如何才能深化这一领域的研究？我们认为，可以从原则、论域、范式三个方面进行。第一，研究的基本原则要坚持。（1）回到马克思与发展马克思的统一；（2）理论逻辑与现实逻辑的统一；（3）中国向度与世界向度的统一；第二，研究的论域要拓展。目前，马克思主义时代化研究的议题大多局限于时代化的必要性、可能性、时代化的历史进程、历史经验和历史规律等重大问题。这些研究往往给人一种空泛的、大而化之的感觉。立足于时代发展的共

识性问题，马克思主义时代化研究议题的选择要重点关注以下十大具体问题：发展性问题、全球化问题、资本问题、全球经济社会治理问题、全球生态问题、公平正义问题、贫富差距问题、现代性问题、当代人类异化与解放问题、安全问题。第三，研究范式要强化微观范式。社会现实的变化要求我们的研究应从宏观理论范式向微观理论范式的转变。当然，这种转换并不是要抛弃宏观理论范式。如果采用微观解读和微观叙事来补充和完善宏观理论范式，马克思主义时代化研究就能够切中和穿透当今时代的社会历史现实，取得包含着丰富多样性和差异性，包含着丰富的创造性空间的社会历史规律性的认识。

（供稿：贾可卿）

马克思主义大众化路径——基于“使用与满足”理论的视角

郑兴刚，《理论与现代化》2012 年第 1 期

所谓“马克思主义大众化”，就是通过马克思主义的宣传和普及工作，使马克思主义从抽象走向具体、从深奥走向通俗、从书斋走向田野、从庙堂走向江湖、从精英走向大众、从“官学”走向“民学”。其目的在于，使马克思主义为大众所认知、认同，并将其内化为自己精神生活的有机组成部分，真诚信仰并自觉践行。马克思主义大众化的过程，本质上是一个马克思主义的传播过程。必须自觉吸收、借鉴和运用传播学理论，遵循传播规律，注重传播技巧，优化传播效果。

“使用与满足”理论肯定了受众在传播过程中的能动作用，认为受众接触媒介是基于个人心理和社会需求的主动选择而非完全的被动接受；受众通过对媒介的积极使用，从而制约着媒介传播的效果。马克思主义大众化的传播本质决定了“使用与满足”理论在马克思主义大众化中的适用性。这一理论要求我们在推进马克思主义大众化的过程中，必须遵循传播学规律，注重研究受众的个人心理和社会需求，充分考虑受众的经济、文化、年龄、性别、宗教信仰、职业、性格、兴趣等状况，根据受众的需要设计和使用科学的传播方式，因人、因地、因时、因事制宜，生动活泼，灵活多样，不拘一格。

在信息领域，“传播”的主体内涵是表征信息“双向流动”的“交流”、“沟通”和“互动”，而不是以“单向流动”为特征的“传输”、“传递”、“扩散”或“广播”。要顺利、有效推进马克思主义大众化，就必须高度注重传受双方的互动与交流，而要实现这一转变，就必须对传统的宣传教育模式进行深刻批判和反思。传统的马克思主义宣传教育高度注重马克思主义理论的灌输，但却在相当大程度上存在着将理论灌输教条化、神圣化、凝固化的倾向。这种传播方式将受众视为完全被动接受的角色和被教育、被提高的对象，满足于枯燥乏味、高高在上、自言自语式的训导，不但难以激起受众的亲近感和认同感，还会拉大传受双方的距离，增加彼此之间的隔膜感和疏离感，使受众产生畏惧、厌倦甚至抵制的情绪。这种教条化的灌输模式与变动不居、日益多元化的社会现实愈益抵牾，亟须加以改变。

马克思主义大众化是真理性和价值性的统一、合规律性与合目的性的统一。在马克思主义大众化的过程中，既要充分展现马克思主义合规律性的真理性魅力，更要展现代表人民根本利益的价值合理性的魅力。马克思主义大众化不仅是一个理论问题，更是一个实践问题；不仅是一个传播技巧问题，更是一个对待人民的立场、态度问题。推进马克思主义大众化必

须高度关注人民的利益关切。应把解决思想问题与解决民生问题相结合，在满足群众需求的过程中实现理论的化育功能和价值。唯有如此，才能真正在群众心理上产生共鸣，马克思主义才真正具有现实说服力。否则，马克思主义和大众就是两张皮，纵有国家强制力做后盾，也很难实现真正的融合和无缝对接。

马克思主义大众化是马克思主义和大众双向互动的过程。马克思主义必须首先进入大众，大众才能进入马克思主义；理论只有首先掌握群众，群众才能掌握理论；只有掌握了"批判的武器"，才能实现"武器的批判"的功能；只有实现了马克思主义和大众的无缝对接和高度融合，马克思主义才能为大众所真正理解、接受、信仰并自觉践履，收到"化"的最佳效果。

（供稿：贾可卿）

论江泽民同志的学习观和学习型政党建设的思想

陈哲，《毛泽东思想研究》2012 年第 6 期

作为党的第三代领导集体核心的江泽民同志，根据邓小平关于"这个党该抓了，不抓不行了"的意见，采取了一系列重要措施来加强党的建设。其中以学习促进党建，以党建带动学习，把坚持学习加强学习改善学习贯穿于党建全过程，构成了江泽民同志党建思想的重要内容和鲜明特色。在新世纪新阶段，完整准确地掌握江泽民同志的学习观和加强学习型政党建设的思想，对于当前马克思主义学习型政党的建设和学习型社会的形成，具有重要的理论和现实意义。

第一，全面加强和改进学习是我党永葆生机与活力的一个重要保证；学习问题事关国家的兴衰和党的事业的成败。首先，必须站在关乎党的生死存亡的高度看待全党学习的重要性。其次，必须站在关乎社会主义中国兴衰的高度看待全党学习的重要性。再次，必须站在社会主义现代化事业成败的高度看待全党学习的重要性。

第二，领导干部加强学习，提高素质是保证我国改革开放和现代化建设事业顺利发展的重要前提；学习与否也关系到广大干部自身的发展和进步。建设学习型政党，领导干部负有不可推卸的关键性作用。他们既是建设学习型政党的组织者、推动者、"第一指挥者"，同时也应成为先行者、实践者、"第一学习者"。

第三，马克思主义理论的学习必须摆在学习的首位；广大党员干部要学习人类社会创造的一切知识来丰富和提高自己。江泽民同志认为，马克思主义理论的学习必须摆在学习的首位。他指出，在当今中国，最根本的是用马克思主义中国化的理论成果即建设有中国特色社会主义理论武装全党，教育干部。这就好比有了"主心骨"。有了它，我们就能"任凭风浪起，稳坐钓鱼船"，真正抓住机遇，开拓我们事业的新局面。

第四，理论联系实际，既是一个学风问题，也是一个关系党的兴衰和事业成败的政治问题；不断推进理论创新关系到党和国家事业的继往开来和兴旺发达。江泽民同志也把坚持理论联系实际当做一个重大的政治问题来看待、来推动。他提出了衡量我们真正坚持马克思主义的判断标准，即主要看是否能够运用它来解决我国面临的实际问题，是否能够推进党的事业发展。如果解决的问题越多，那么说明运用得越好。

第五，学习不是一朝一夕的事情，不能毕其功于一役；要把全党的学习风气大力推广到

全体人民尤其是青少年中去。江泽民同志一方面要求全党向全社会进行终身教育和终身学习思想的宣传，即学校教育不是人生教育的全部，人才的成长要靠终身的学习和实践；另一方面，他要求党的各级干部、全党同志都要加强学习，树立终身学习的观念，养成勤读书、勤思考的习惯，并且通过自身的实际行动，努力把尚学之风推广到全社会尤其是全体青少年一代中去。他认为这是一件关系到我们党的事业兴旺发达、后继有人的大事，全党尤其是党的高级干部更要带头做这件事情。

（供稿：王永浩）

马克思主义发展史研究代表性论文

理论的诞生——以 1844 年笔记为例

［德］尤根·罗扬，《马克思主义与现实》2012 年第 2 期

马克思 1883 年去世时，除了留下许多未完成的手稿和草稿外，还留下了大量的笔记。它们中的一些是普通的笔记（Notizbücher），马克思在其中草草记下了各式各样的内容，例如地址、书名、他所萌生的想法以及数学计算等。大多数笔记是摘录笔记（Exzerpthefte），也就是说，马克思在其中写下了对书籍所作的摘录。这些笔记的大部分——约 200 本——被保留了下来。[①] 它们将在 MEGA2 第四部分中出版。

我将在本文中努力表明，全面出版马克思的笔记并不是如某些评论家所认为的那样纯粹是“遗物崇拜”。[②] 马克思的摘录以及其他的笔记不仅有助于我们更好地理解他的著作，而且也必须被视为他的著作不可分割的组成部分。在本文的第二部分也是主体部分中，我将通过考察马克思的 1844 年笔记——他的历史唯物主义理论正是诞生于这一时期——来证明这一点。

如今，对马克思感兴趣的严谨学者绝不会仅仅局限于研究马克思本人所发表的著作。毋

---

① 自 20 世纪 30 年代以来，笔记的主要部分就被位于阿姆斯特丹的国际社会史研究所（IISH）拥有；另一小部分为前苏联共产党的党中央档案馆拥有，如今则为莫斯科的俄罗斯国家社会政治史档案馆（RGASPI）拥有。

② 第一个认识到马克思笔记重要性的学者是达维德·梁赞诺夫。不过，在他于 20 世纪 20 年代启动的 MEGA1 中，这些笔记仅仅被列出了名单。只有一些笔记被全文发表。随着 MEGA1 工作的深入开展，编者们意识到，仅仅出版笔记的名单是徒劳无益的。保尔·韦勒（Paul Weller）建议在专门的第四部分中收录马克思的所有笔记。但是那时 MEGA1 已然消亡。斯大林去世后，当莫斯科和东柏林的学者开始讨论有关新版 MEGA 的计划时，他们接受了韦勒的建议。然而，党的当权者并不喜欢这一想法。在他们最终同意之后，MEGA2 第四部分第 1 卷在 1976 年出版。与此同时，对马克思的笔记怀有兴趣的学者数量不断增长。事实上，一些笔记已经被单独发表了，例如 L. Krader, ed. The Ethnological Notebooks of Karl Marx, Studies of Morgan, Phear, Maine, Lubbock, 2d ed., Assen: Van Gorcum, [1972] 1974; H.-P. Harstick, ed., Karl Marx über Formen vorkapitalistischer Produktion. Vergleichende Studien zur Geschichte des Grundeigentums 1879—1880, Frankfurt: Campus, 1977; H.-P. Müller, ed., Karl Marx: Die technologisch-historischen Exzerpte, Frankfurt: Ullstein, 1981; R. Winkelmann, ed., Karl Marx: Exzerpte über Arbeit-steilung, Maschinerie und Industrie, Frankfurt: Ullstein, 1982; K. Marks / Marx, Przyczynki do historiipolskiej. (Re kopisy z lat 1863—1864) / Beiträge zur Geschichte der polnischen Frage (Manuskripte aus den Jahren 1863—1864), 2d. ed., Warsaw: Ksiazka I Wiedza, [1971] 1986; H.-P. Müller, ed., Karl Marx über Maschinerie, Kapital und industrielle Revolution. Exzerpte und Manuskriptentwürfe 1851—1861, Opladen: Westdeutscher Verlag, 1992。

宁说，我们倾向于把马克思的工作看作是持续终生的、未完成的研究过程，而正是马克思的全部著作——包括他的笔记——记录了那一过程。

马克思的摘录笔记表现出他广阔的研究范围，其中包括大量不同的领域，如法学、哲学、历史、政治经济学、技术、农业、化学、地质学、物理学、数学和民族学。它们包含着他所使用的资料的许多信息，即他读了哪些书，他是如何恰恰选择这些书的，他对什么内容尤为感兴趣。它们也表明，他的阅读是如何影响他的思想发展进程的。有时，马克思逐字逐句地抄写相关的段落。他也常常用自己的话来概述冗长的段落，并把他的母语——德语，同英语、法语、俄语的表达混合起来，这取决于他读什么语言的书籍。毫无疑问，他的这种概述段落的方式通常会留下他的思想踪迹。

有时，他则更加明确地中断摘录，代之以自己的评论。此外，他的笔记还包含着提纲、计划以及初稿，这些都可以表明他打算如何运用相关资料，他的计划将走向何方。基于这一原因，他的笔记也可以为从未实现的计划提供信息。①

马克思在阅读过程中所作的笔记同他的其他著作之间的密切联系能够被写于 1844 年的手稿和笔记最好地证明，它们分别发表于 MEGA2 第 I/2 卷和第 IV/2 卷中。严格地说，马克思的 1844 年手稿就源于他在那一时期所作的摘录。②

总而言之，马克思的 1844 年手稿不能被视为与那一时期的笔记相分离的独立的统一体。它们的各个不同部分并没有形成严格意义上的、源于先前研究“工作”的思想，而是反映了他的思想发展的不同阶段。这一发展过程为持续的阅读所推动，在当时进展迅速。马克思在做摘录的同时也写下了他的想法。他在笔记和手稿中交替地这样做。只有这些笔记的全体——它们被看作是由摘录、评论、概述、思考以及进一步的摘录所构成的序列——才能充分说明马克思的思想是如何发展的。

（供稿：夏一璞）

马克思晚年东方社会发展道路新思想的实质——“人类学笔记”和《历史学笔记》再研究

姚顺良，《江海学刊》2012 年第 3 期

对马克思晚年写作“人类学笔记”和《历史学笔记》的原因，存在着一种流行的看法，认为这是马克思研究方向的重大转变。在晚年马克思那里，不仅不存在所谓理论立场的根本转变，其研究方向在根本上也是一致的。

马克思向人类学或历史学研究的拓展，特别是对农村公社和世界历史进行再研究的真实原因，可以归纳为以下三个方面：首先，马克思在“人类学笔记”中对农村公社问题进行再研究，是出于写作《资本论》续卷，完善对资本主义生产方式理论批判的需要；其次是指导

① 这一点尤其适用于马克思晚年的笔记。只有从这些笔记和一些书信出发，我们才能知道他的思想在那一时期是以何种方式发展的。

② 遗憾的是，在 1981—1982 年出版的 MEGA2 第 I/2 卷和第 IV/2 卷，倾向于模糊而不是阐明这种联系。参见 J. Rojahn，“Die Marxschen Manuskripteaus dem Jahre 1844 in der neuen Marx-Engels-Gesamtausgabe（MEGA)”，in Archiv für Sozialgeschichte 25，1985，pp. 647—663。

欧洲工人阶级的现实斗争，论证“土地国有化”的需要；最后，更为直接也是具有决定意义的是回应俄国革命者的内部争论，探索东方社会发展道路的需要。

马克思晚年通过对农村公社和世界历史的再研究，获得了一系列新的思想和观点。如何理解马克思的这些新的思想，国内外学界的观点大体可以归结为以下两种：一种是带有传统色彩的观点，认为这些新思想涉及的仅仅是关于个别国家发展道路问题上的具体结论的改变；另一种则是带有“创新”色彩的观点，认为这些新思想涉及马克思历史理论的根本改变。它表明马克思晚年将唯物史观的社会形态演进理论仅仅看做一种纯粹的“西方社会理论”，完全不适用于东方。

上述两种观点都是错误的。实际上，马克思对“一般历史哲学理论”的批判既不是将唯物史观的社会形态演进理论当做纯粹的“西方社会理论”加以抛弃，从所谓“单线论”转向“多线论”；也不是仅仅一般地确认社会形态演进的统一性和多样性，局限于指认一个民族在发展过程中基于某些历史条件可以跨越某个特定的社会发展阶段。这里涉及的是对作为唯物史观基本内容之一的“世界历史”理论的深化和发展问题。马克思晚年对“世界历史”理论的这一重大突破，主要表现在以下三个方面：一是世界历史的形态发生了根本的变化；二是东方社会在世界历史形成过程中的作用发生了根本的变化，不再是纯粹被动的，而是成为推动世界历史形成的主动力量；三是实现世界历史的阶级力量发生了根本的转变，不再是资产阶级，而是无产阶级和东方农民民族的联盟。

只有理解了马克思晚年新思想的实质在于对“世界历史”理论的突破，才能准确理解马克思晚年在俄国农村公社问题上的观点演变，并合理解释马克思与恩格斯在俄国跨越“卡夫丁峡谷”问题上的观点差异。首先，马克思在俄国农村公社命运问题上的观点演变，正是源于其 19 世纪 70 年代末至 80 年代初在人类学和历史学方面的研究；其次，明确了马克思晚年新思想的实质，才能合理地解释马克思、恩格斯在跨越“卡夫丁峡谷”问题上的观点差异。从后来东方国家社会发展的实践来看，马克思和恩格斯的观点与其说是对立的，不如说是互为补充的。完整地准确地把握他们的思想，不仅对于理解唯物史观的“世界历史”理论，而且对于指导我国社会主义初级阶段的实践，都有着十分重大的意义。

（供稿：任洁）

作者马克思与编者恩格斯：关于《资本论》第 3 卷的不同观点

［德］雷金娜 · 罗特，《马克思主义与现实》2012 年第 5 期

在本文中，作者返回到马克思以及他毕生的思想发展历程。这样一项研究的绝佳起点就是收录了马克思的所有草稿、手稿、笔记和书信的马克思著作完整版——《马克思恩格斯全集》历史考证版（简称 MEGA2），而不仅仅是这些资料的选集。从这些文献出发，我们可以考察马克思阐发其思想的那一过程，尤其是关于他的思想发展历程中主题、方法或者关注点的变化。

在 MEGA2 中得到独特反映的马克思工作的另外一个重要方面就是他与弗里德里希 · 恩格斯的密切合作。这一合作始于 19 世纪 40 年代，不但贯穿了马克思的一生，而且还延续到他去世之后。

在本文中，作者强调了第二个方面，它是马克思和恩格斯共同进行的工作。我们需要考虑两种主流阐释：一种是更为人们所普遍持有的观点，它把马克思和恩格斯看作是单一的统一体，另一种流派则强调二者之间的差异。① 但是，正如特瑞尔·卡弗近期指出的，这两种方法“仅仅是历史的产物”。作者愿意接受卡弗的提议，通过考察马克思、恩格斯共同工作的一个具体案例——《资本论》第3卷来重新评估马克思和恩格斯之间的“大量的、各种各样的对话”②。众所周知，这部著作是由恩格斯在马克思的手稿基础上编辑而成的。重新考察恩格斯对《资本论》第3卷所做的贡献，并不意味着“真正的”马克思被恩格斯所完善或者歪曲，因为在作者看来，从来就不存在“正确的”马克思或“错误的”恩格斯。毋宁说，作者提出一种方法，它关注于恩格斯对马克思的手稿所作的阐释。作者认为，这样一种阐释值得予以严肃思考。

当我们以马克思的文本为基础来研究他的思想时，我们总是不得不考虑到，这些著作或小册子的绝大部分并不是由马克思本人出版的。在19世纪80年代，他才开始进行第3版以及英文版的工作，但这不得不由恩格斯最终完成。

如果对恩格斯的编辑本和马克思的手稿进行一番比较，那么我们既可以发现一致的观点，又可以发现显著的差异。我们先从差异开始：恩格斯对影响利润率的各个因素进行了系统讨论。他关注两个主要因素，进而相应地讨论了潜在的结果。首先，他探讨了作为不变因素的剩余价值率，然后探讨了可变资本与预付总资本之间的关系。这种系统化的影响也可以在这一章的最后一段中看到。尽管马克思给出了几个多少带有普遍性质的说明③，却是由恩格斯对这些依赖关系作出了清晰的概括。④

事实上，恩格斯非常清楚，任何没有“用马克思自己的话”来表述“马克思”⑤ 的文本都是一种解释，一种评论，它将不可避免地引发争论，从而要求回到马克思的“真正”文本。早在1885年，他就向读者说明了他的两个目标：用马克思自己的话来展现马克思，呈献一部可以看得懂的著作。然而，恩格斯太有雄心了。他并不仅仅想“在文体上”改动“马克思自己也会改动的地方”。他也设法“完全根据作者的精神”来解决文本中的所有歧义。⑥

对马克思第3册手稿以及恩格斯在《资本论》第3卷中对这些手稿的编辑的研究不仅回答了一些问题，而且也提出了一些新问题。确实，恩格斯把自己视为提供恰当解释的合法人，他的信念得到了社会民主党领导人的支持。我们应该提出的问题并不在于他是否成功地展现

---

① S. H. Rigby, Engels and the Formation of Marxism: History, Dialectics and Revolution, Manchester: Manchester University Press, 1992, p. 3ff.；也可参见 T. Carver, “‘Marx-Engels’ or ‘Engels vs. Marx’?”, in MEGA-Studien 1996 (2), pp. 79 — 85; T. Carver, “The Engels-Marx-Question: Interpretation, Identity/ities, Partnership, Politics”, in M. B. Steger and T. Carvereds., Engels after Marx, Manchester: Manchester University Press, 1999, pp. 17—36。

② T. Carver, “‘Marx-Engels’ or ‘Engels vs. Marx’?”, in MEGA-Studien, 1996 (2), p. 81.

③ 例如，IISH, Marx-Engels-Collection, A 77。

④ 《马克思恩格斯全集》第2版第46卷，第81—82页。

⑤ 同上。

⑥ C. -E. Vollgraf and J. Jungnicke, l “‘Marx in Marx’ Worten’? ZuEngels' Edition des Hauptmanuskripts zum dritten Buch des Kapital”, in MEGA-Studien 1994 (2), pp. 3—55; J. Jungnickel and C. -E. Vollgra, “Engels' Redaktionsunterlagen zu Marx' Manuskript von 1864—1865, das 1894 als Buch III des ‘Kapitals’ erschien”, in Beiträge zur Marx-Engels-Forschung. N. F. (1995), pp. 27—48.

了马克思思想的恰当图景，或者他是否正确地理解了马克思。这个问题并不涉及恩格斯是否歪曲了马克思。事实上，在准备出版马克思手稿的过程中，恩格斯并没有任意妄为，因为有大量的证据可以支持他的决定。毋宁说，我们的任务是去探询这些决定是否是唯一可能的决定，是否并不存在理解马克思的其他方式。因此，我们有必要分析恩格斯留给我们的阐释。这种分析的基础只能由展现马克思恩格斯的真正文本的MEGA2来提供。此外，我们必须认真考察恩格斯的资料来源以及他本人的经济学观点和意识的发展过程。他如何详细阐发他本人的经济学思想？他对马克思的研究究竟了解多少？如果我们对这些问题有了一定程度的了解，那么我们就能够再次询问，马克思与恩格斯的一致之处在哪里，差异之处在哪里？就马克思而言，我们发现，某些难题的答案一直在与他躲闪周旋，他不断努力地寻找一种语言来充分地表达他的思想。相应地，手稿的编辑出版并不有助于终止诸如卡尔·马克思想什么或者想说什么的争论；毋宁说，它只是更新了这一争论。

（供稿：夏一璞）

恩格斯捍卫和发展历史唯物主义的重要贡献——恩格斯晚年五篇历史唯物主义书信研读

田心铭，《思想理论教育导刊》2012年第1期

19世纪90年代，历史唯物主义面临着来自两方面的挑战：

一方面是来自资产阶级学者的挑战。其代表人物保尔·巴尔特（1858—1922）是德国资产阶级社会学家，莱比锡大学的教授。

另一方面的挑战来自德国社会民主党内小资产阶级半无政府主义的反对派“青年派”。其核心是一些年轻的大学生、著作家和编辑，他们以党内理论家和领导者自居，自吹自擂，夸夸其谈。恩格斯称他们的行为是“德国党内发生了大学生骚动”。

马克思和恩格斯创立唯物主义历史观时，面对着占据统治地位的唯心史观，为了反驳论敌，“不得不强调被他们否认的主要原则”，即强调经济的决定作用，把重点放在从基本经济事实中引出各种意识形态的观念及相关的行动，而对于上层建筑各种因素的反作用和它们之间的相互作用，则不是始终都有时间、地点和机会来给予应有的重视和阐述。

在1894年1月致瓦·博尔吉乌斯的信中，恩格斯把“社会历史的决定性基础”概括地称为“经济关系”，并阐述了其中包括的内容。他指出：“我们视之为社会历史的决定性基础的经济关系，是指一定社会的人们生产生活资料和彼此交换产品（在有分工的条件下）的方式。”

针对着巴尔特的攻击和“青年派”对唯物史观的曲解，恩格斯着重阐述了上层建筑各种因素的相对独立性和反作用。

恩格斯在通信中深刻地论述了人们自己创造历史与社会客观规律的关系、历史发展中必然与偶然的关系。

恩格斯曾在给保尔·恩斯特的信中严肃地批评了他的错误：“如果不把唯物主义方法当做研究历史的指南，而把它当做现成的公式，按照它来剪裁各种历史事实，那它就会转变为自己的对立物。”直到逝世前不久，恩格斯还在1895年3月写的一封信中强调：“马克思

的整个世界观不是教义，而是方法。它提供的不是现成的教条，而是进一步研究的出发点和供这种研究使用的方法。”马克思主义是“指南”而不是“公式”、“套语”，是“方法”而不是“教条”，这是恩格斯提出的正确对待马克思主义的思想原则，这一极其宝贵的思想是恩格斯晚年对马克思主义和世界社会主义运动的重要贡献。这些思想后来为包括中国共产党人在内的一代又一代马克思主义者所继承、坚持和发展，成为我们必须遵循的准绳。

（供稿：孟庆友）

资本主义研究在马克思社会形态理论中的地位

杨学功、席大民，《哲学研究》2012年4期

马克思第一次使用“社会形态”（Gesellschaftsformation）是在《路易·波拿巴的雾月十八日》中。值得注意的是，这里的“社会形态”一语，指称的是“现代资产阶级社会”（die modern bürgerliche Gesellschaft）这一“新的社会形态”。而他所列举的实例则是西欧资产阶级社会较早建立的英国和法国。正是英法等西欧资产阶级的革命及资产阶级社会的生成，才造就了“新的社会形态”，即资产阶级社会或资本主义社会形态。因为有了新旧社会形态的比较，才会有一般社会形态的概念。

据日本学者大野节夫考证，马克思是在1851年夏天阅读地质学讲义时，接受了formation一词的“地层”含义；几个月后将它类比到对社会的研究，在《路易·波拿巴的雾月十八日》中首先使用“社会形态”（Gesellschaftsformation）一词，其用意在于标志历史的发展阶段。（参见大野节夫，第292—294页）马克思巧妙地把gesellschaft（社会）与formation（地层）结合起来，用来标志社会发展的阶段性。这个词根的改变与地质学地层含义关系的考证，也可以从马克思本人的文本中得到佐证。

在写于1859年的《〈政治经济学批判〉序言》和写于1867年的《〈资本论〉第一版序言》中，马克思都明确使用了“经济的社会形态”（derkonomischen Gesellschaftsformation）概念：

大体说来，亚细亚的、古代的、封建的和现代资产阶级的生产方式可以看作是经济的社会形态演进的几个时代。资产阶级的生产关系是社会生产过程的最后一个对抗形式，这里所说的对抗，不是指个人的对抗，而是指从个人的社会生活条件中生长出来的对抗；但是，在资产阶级社会的胎胞里发展的生产力，同时又创造着解决这种对抗的物质条件。因此，人类社会的史前时期就以这种社会形态而告终。（《马克思恩格斯选集》第2卷，第33页）

列宁在有生之年没有看到《德意志意识形态》公开出版，但他对两个“序言”的积极评价，则强调马克思通过对西欧资本主义的研究，为历史唯物主义提供了科学支持。

列宁的这一论述对于我们理解马克思的历史理论具有深刻的启示意义（可惜人们并未充分注意到这一点）。它说明，马克思的社会形态理论不是从某种先验的臆造的一般历史哲学理论出发的，而是从现实资本主义社会出发的。简言之，马克思研究人类历史发展规律的方法是从个别到一般，而非从一般到个别。马克思的方法是从对“一种”社会的分析出发，进而

达到对“一切”社会的理解。这“一种”社会就是现代资本主义社会。

（供稿：孟庆友）

对马克思和恩格斯新历史观的解读——以历史考证版为基础

魏小萍，《清华大学学报》（哲学社会科学版）2012 年第 3 期

在揭示了这一现象之后，马克思和恩格斯指出：“这些哲学家没有一个想到要将德国哲学与其现实、他们的批判与其自身的物质环境联系起来思考问题。”于是，与其不同，马克思和恩格斯不再仅仅从观念上、从哲学中寻找批判现实的出路，例如将现实世界的问题归咎于绝对观念、普遍的东西的统治，或者是宗教的颠倒等，而是从现实本身、从现实的物质环境中思考社会问题的根源。同样是批判，路径不同，由对观念的批判转向对现实的批判，这只是马克思和恩格斯与青年黑格尔派区别开来的第一步，这一步已经展现了新历史观的端倪。

意识在这里是一个非常宽泛的概念，在《德意志意识形态》篇的陈述中，意识包含不同的理论产物和形式，如宗教、哲学、道德等等。“社会意识”这一为教科书所采纳的表述方式是列宁在 1894 年写的《什么是“人民之友”以及他们如何攻击社会民主主义者》一文中对唯物史观基本原则以社会存在决定社会意识方式进行的概括时的用语。然而，社会意识概念与人们的意识概念是存在着一定区别的，前者可以是脱离个体主体的意识形态等观念因素的统称，后者是个体主体的意识，含观念因素和非观念性因素，例如个体的自我意识等。当列宁用“社会意识”取代“人们的意识”概念时，从表述上来说是更加规范了、明确了，但是在一定程度上，这一“意识”概念的内涵已经发生了变化。

在 1859 年的《〈政治经济学批判〉序言》中，马克思进一步对所有这些基本要素相互之间的关系从结构上进行了梳理：“人们在自己生活的社会生产中发生一定的、必然的、不以他们的意志为转移的关系，即同他们的物质生产力的一定发展阶段相适合的生产关系。这些生产关系的总和构成社会的经济结构，即有法律的和政治的上层建筑竖立其上并有一定的社会意识形式与之相适应的现实基础。物质生活的生产方式制约着整个社会生活、政治生活和精神生活的过程。不是人们的意识决定人们的存在，相反，是人们的社会存在决定人们的意识。”

马克思的早期思想和政治经济学批判研究都涉及这些问题，但是马克思后来的政治经济学批判性研究主要是沿着对剩余价值的论证和对资本主义经济关系的认识这一思路发展的。无论从历史条件还是个人精力来说，马克思在有生之年不可能对于这一新历史观的方方面面都进行事无巨细的分析和认识。

（供稿：孟庆友）

唯物史观与历史唯物主义的生成和特点

张奎良，《马克思主义与现实》2012 年第 2 期

唯物史观是唯物主义历史观的简称，在马克思主义哲学发展史上，唯物主义历史观最早出现在 1846 年的《德意志意识形态》中。不过马克思、恩格斯当时并未直接使用唯物主义历史观这个术语，他们只是说“这种历史观与唯心主义历史观不同”，当然就可以把这种历史观

理解为唯物主义了。在《德意志意识形态》中，马克思、恩格斯几次提到“这种历史观”，并把它的主要内容简练概括为：“这种历史观就在于：从直接生活的物质生产出发阐述现实的生产过程，把同这种生产方式相联系的、它所产生的交往形式即各个不同阶段上的市民社会理解为整个历史的基础，从市民社会作为国家的活动描述市民社会，同时从市民社会出发阐明意识的所有各种不同理论的产物和形式，如宗教、哲学、道德等等，而且追溯它们产生的过程。”马克思、恩格斯在叙述了唯物主义历史观从经济基础到上层建筑的主要内容以后，还觉得应该对这些内容进一步加以提炼和升华，反映他们哲学革命变革的成果，同时与黑格尔从范畴出发来构造历史的唯心史观划清界限。为此，他们特意强调，这种历史观“不是在每个时代中寻找某种范畴，而是始终站在现实历史的基础上，不是从观念出发来解释实践，而是从物质实践出发来解释观念的形成”。

然而到了1890年8月5日，恩格斯在致康・施米特的信中，却突然地提到了历史唯物主义概念，指责“许许多多年轻的德国人”，“他们只是用历史唯物主义的套语来把自己的相当贫乏的历史知识尽速构成体系，于是就自以为非常了不起了”。

历史唯物主义从它一产生就和唯物史观纠结在一起。恩格斯在致康・施米特的信中刚刚分析了历史唯物主义一词出现的前因后果，时间还没过一个半月，他在1890年9月21日致约・布洛赫的信中又回头拾起唯物史观概念，说：“根据唯物史观，历史过程中的决定性因素归根到底是现实生活的生产和再生产。无论马克思或我都从来没有肯定过比这更多的东西。”

又过了两年，恩格斯又有机会回到历史唯物主义，他在1892年写的《社会主义从空想到科学的发展》英文版导言中，针对英国公众对唯物主义一词的反感，特意声明：“本书所捍卫的是我们称之为‘历史唯物主义’的东西”，这句话意味深长，把历史唯物主义加上引号隐喻两层意思，一是说这种历史唯物主义正是你们英国公众反感的词汇，二是说这种历史唯物主义就是过去被一些青年当作不研究历史的套语。

（供稿：孟庆友）

科学发展观的历史地位和指导意义

刘云山，《人民日报》2012年11月22日

党的十八大站在历史和时代的高度，着眼中国特色社会主义事业长远发展，顺应全党全国人民的共同意愿，把科学发展观同马克思列宁主义、毛泽东思想、邓小平理论、“三个代表”重要思想一道，确立为党必须长期坚持的指导思想并写入党章，实现了党的指导思想的又一次与时俱进。

科学发展观是以马克思列宁主义、毛泽东思想、邓小平理论、“三个代表”重要思想为指导，立足社会主义初级阶段基本国情，总结我国发展实践，借鉴国外发展经验，适应新的发展要求提出来的，既坚持了马克思主义基本原理，又根据新的实践和时代发展推进了马克思主义中国化。科学发展观和邓小平理论、“三个代表”重要思想，是中国特色社会主义理论体系三个紧密联系的有机组成部分，是既一脉相承又与时俱进的统一的科学体系。说一脉相承，是因为它们面对着共同的时代课题，面临着共同的历史任务，都贯穿了中国特色社会主义这个主题，都坚持辩证唯物主义和历史唯物主义的世界观方法论，都坚持党的最高纲领和最低

纲领的统一，都坚持代表最广大人民根本利益，在理论主题、思想基础、政治理想、根本立场上一以贯之。说与时俱进，是因为科学发展观用一系列具有鲜明时代特点的新思想、新观点、新论断，对坚持和发展中国特色社会主义作出了历史性的贡献，是对邓小平理论、“三个代表”重要思想的创造性发展，是中国特色社会主义理论体系的重要创新成果，赋予当代中国马克思主义勃勃生机。

科学发展观紧紧围绕实现什么样的发展、怎样发展的问题，作出一系列新的理论概括，提出坚持以人为本，实现全面、协调、可持续发展；提出构建社会主义和谐社会，加快推进生态文明建设，全面落实中国特色社会主义事业总体布局；提出建设社会主义核心价值体系，建设社会主义文化强国；提出建设社会主义新农村，建设创新型国家；提出坚持走和平发展道路，推动建设和谐世界；提出坚持统筹兼顾，正确认识和妥善处理中国特色社会主义事业中的重大关系；提出加强党的执政能力建设、先进性和纯洁性建设等重大战略思想。这些重大战略思想继承和发展了马克思主义关于发展的基本观点，集中体现了我们党在发展中国特色社会主义一系列重大问题上取得的新成果，使我们对共产党执政规律、社会主义建设规律、人类社会发展规律的认识达到新高度，把中国特色社会主义理论体系推进到新境界。

科学发展观在从实践到理论、再从理论到实践的卓有成效的创造中，形成了涵盖改革发展稳定、内政外交国防、治党治国治军各方面的系统科学理论。科学发展观不仅是指导经济建设的理论，而且是指导各方面建设的理论；不仅是指导发展的理论，而且是指导党和国家全部工作的理论；不仅是指导实践推动工作的有力武器，而且是帮助人们认识和把握社会发展规律的世界观方法论。

（供稿：罗文东）

科学理解科学发展观中的人民主体思想

罗文东，《人民日报》2012年10月8日

作为指导发展的科学思想，科学发展观将马克思主义关于人民群众是历史创造者的基本原理与新世纪新阶段我国改革开放和现代化建设的具体实际相结合，阐明了以人为本、全面协调可持续发展的重大战略思想，赋予人民主体思想以新的时代内容和民族形式，开拓了社会主义现代化建设的新思路和中国特色社会主义理论的新境界。

人民主体思想的重要地位和作用。马克思主义经典作家在辩证唯物主义、历史唯物主义的基础上，揭示了人民主体性的科学内涵和实现途径，创立了人民主体思想，为无产阶级革命和社会主义建设提供了锐利的理论武器。列宁在领导俄国十月革命和社会主义建设的过程中强调，生气勃勃的、具有创造性的社会主义是由人民群众自己创立的。中国共产党在领导革命和建设的历程中，始终把人民解放作为孜孜以求的奋斗目标，坚持党的群众观点和群众路线，不断丰富发展马克思主义关于人民主体思想。自党的十一届三中全会以来，我们党恢复和发扬密切联系群众的优良传统和作风，实行改革开放，调动了人民群众的积极性，推动了社会主义制度的自我完善和发展。历史反复证明，能否坚持人民主体思想，直接关系共产党的生死存亡和党所领导的革命、建设和改革事业的兴衰成败。

科学发展观对人民主体思想的创造性运用和发展。人民主体思想作为对人民群众在一定

社会关系和国家生活中的地位、作用、权利的自觉认识，揭示了人民群众与共产党之间、与社会主义国家之间内在的、必然的联系，解答了社会主义事业的出发点和落脚点、力量源泉和主要动力、根本原则和基本方法等重大问题，集中体现了马克思主义的世界观、方法论。科学发展观的核心是以人为本，人民主体思想则是以人为本的理论基础和精神实质，集中体现了马克思主义关于人民群众是历史创造者的基本原理，集中体现了我们党全心全意为人民服务的根本宗旨和我国经济社会发展的根本目的，是对人民主体思想的创造性运用和发展。

牢固树立人民主体思想是贯彻落实科学发展观的本质要求。科学发展观中的人民主体思想，是在新世纪新阶段改革开放和现代化建设的伟大实践中形成的当代中国共产党人的立场、观点和方法，它贯穿于马克思主义中国化时代化大众化的最新成果中，贯彻于全面建设小康社会的历史进程中。我们要以更加坚定的决心、更加有力的举措、更加完善的制度贯彻落实科学发展观，就必须深刻把握以人为本的科学内涵和精神实质，增强践行人民主体思想的自觉性和坚定性。

（供稿：易艳华）

国外马克思主义研究代表性论文

国外政党现代化的观察与思考

于海青，《山东社会科学》2011 年第 1 期

（1）国外政党现代化的背景因素及其主要做法。①背景因素。推动政党现代化发展的客观因素主要有以下五个方面：一是经济全球化；二是政治民主化；三是文化多元化；四是社会信息化；五是新科技革命浪潮。②主要做法。国外政党现代化的历史发展，其实践的基本内容或主要做法主要表现在以下几个方面：淡化党的意识形态特性，尽可能地模糊党的意识形态特性，奉行意识形态“中间化”；调整党的纲领路线，而从长期发展趋势看，这种调整几乎无一例外地都是“在向中间转”；为寻求最大限度的社会支持，不断进行理论政策调整，致力于扩大党的社会基础；革新党的组织形态，具体实践一般涉及党员队伍和组织运行机制两个层面；积极更新党的传统工作方式，通过联系会议、俱乐部、论坛等形式密切党组织同各种社会团体的关系，并充分利用新科技革命中形成的互联网等现代通信技术，进行党的思想政策宣传以及党内信息传递和沟通。

（2）国外政党现代化的主要经验及出现的新情况和新问题。①国外政党现代化主要经验。一是通过建立规范的政治参与制度形成以政党为核心的利益共同体；二是通过政党立法把政党行为限定在法律规范内；三是通过建立扁平化的网络管理模式促使政党由控制型权力结构向参与型权力结构转变。②国外政党现代化出现的新情况新问题：一是党的思想特性日趋模糊，其重要后果之一是造成了政党自身独特政治标识的丧失，从而导致了党的思想体系缺乏应有的独立性和完整性。二是政党组织基础日趋不牢，无论右翼还是左翼政党都未能遏制党员人数的不断减少，以及党员老龄化和消极化。三是政党凝聚能力日趋下降，甚至出现党内

分裂。四是政党自身治理日趋乏力，没有根本解决政党本身存在的“老陈病”。五是政党社会功能日趋弱化，组织选举和执掌政权逐渐上升为其主要功能。

(3) 结论。第一，政党因经济社会发展的现代化需求而产生，必然随经济社会的现代化发展而实现自身发展的现代化，但政党现代化的价值指向和实现途径并不一样。第二，观念是政党的灵魂，“主义”是政党的根本。第三，政党的本质从整体上规定着政党现代化的基本内容和价值取向。第四，政党是民主发展的工具，以发展党内民主为核心内容的政党民主能力建设是政党现代化发展的基本前提。第五，政党权力是政党政治的驱动力量，是政党价值实现的必要条件。第六，政党发展的现代化水平，实际上反映的是政党对执政资源开发利用的合理性、科学性和有效性。第七，塑造政党的法治特征，是现代政党政治发展的内在要求，是把握政党现代化发展水平的重要标尺。

(供稿：陈爱茹)

巴西政党党内规章制度建设与启示——以巴西劳工党与共产党为例

靳呈伟、刘玉，《理论月刊》2012年第2期

巴西劳工党与巴西共产党是巴西政党发展过程中出现的两个特例。与其他政党相比，劳工党与共产党均非常重视自身建设，政党制度化水平较高，因而在思想理论、组织结构、社会基础等方面有着其他政党所无法比拟的优势。党内规章制度建设是两党自身建设的重要内容，是两党制度化水平较高的主要表现，是两党比较优势的重要原因。对巴西劳工党与共产党党内规章制度建设的情况进行介绍、比较与分析，进而发现其中体现的共性问题，形成相应启示，是本文的主要目的。

根据其层次高低，巴西劳工党与巴西共产党的党内规章制度可大致分为两种类型，即最高层次的党章及补充性的规定。党的章程之于政党恰似宪法之于国家，是最根本的党规党法，为政党确立了基本的活动准则与行为规范，对政党的发展有着无可替代的作用。巴西劳工党与巴西共产党均重视自身的党章建设。补充性的党规是以党章为基础与依据制定的，是党章在某一领域或层次的延伸。两党补充性党规的主要形式是决议及相关文件。决议通常是两党针对某一专门问题、新出现的问题和情况而制定的。作为党的最高权力机构，全国代表大会拥有作出决议的权力，而由全国代表大会形成的决议具有党规的性质。

巴西劳工党与巴西共产党均比较重视自身党内民主建设，注重维护、保障党员的权利。两党党员权利的维护有相关党内规章制度加以确保。鉴于自身“具有广泛基础的、开放的和民主的政党”的定位，劳工党认为，在进行党的建设的过程中，要遵循民主、开放的原则。巴西共产党也注意通过党的根本大法党章来对党内民主建设问题作出规定，确保党员的民主权利。

作为政党内部各行为主体的行为规范，党内规章制度在规范政党行为、协调党内关系、确保党内生活规范有序等方面发挥着重要作用。同时，党内规章制度是在国家法律法规的框架背景下制定与实施的，其制定与实施要以国家法律法规为基础与依据，不能违背法律法规的精神与有关规定。

启示如下：第一，政党的发展状况、政党功能或价值实现的程度在很大程度上取决于政党党内规章制度建设的情况。第二，党内规章制度建设应该立足于协调党内关系，促进党内关系和谐。第三，党内规章制度建设应该体现党内民主的价值取向，切实保障党员民主权利。第四，党内规章制度建设应该与政党其他方面的建设尤其是党内制度建设、党内文化建设相互配合，统筹兼顾，形成合力。政党建设是一个系统工程，政党的各方面建设不是彼此孤立、互不相关的。第五，注意协调党内规章制度建设与国家法律法规的关系。

（供稿：陈爱茹）

当代国外共产党对社会主义民主的探索

王森，《当代世界与社会主义》2012 年第 3 期

第二次世界大战后苏东社会主义国家普遍在坚持无产阶级专政和一党制的政治建设过程中忽视了社会主义民主建设，这不仅导致了西方资产阶级对社会主义"缺失民主"的攻击，而且使得群众对"无产阶级专政"与"社会主义民主"之间的关系产生了质疑。事实上，在马克思主义经典作家那里，"无产阶级专政"、"一党制"与"社会主义民主"之间并无矛盾，而且是相互统一的关系。冷战结束后，国外共产党人对"社会主义民主"问题进行了积极的反思，并结合新的历史条件提出了许多新主张和新思路。如何正确地理解和把握"社会主义民主"，是当前应该认真思考的问题。

冷战时期，苏东社会主义国家长期忽视民主，"缺失民主"的实践导致其最终覆灭，这留给各国共产党人一条宝贵的教训：社会主义应该比资本主义具有更加广泛、更加充分的民主，这是社会主义优越性的具体体现之一，更是各国共产党人努力奋斗的目标。

冷战结束后，世界各国共产党在反思苏东社会主义经验教训的基础上，进一步对"社会主义民主"的目标、性质、作用、实现途径等诸多方面进行了深入探索。国外共产党提出了许多新的思路和新的主张：在社会主义实现途径上，鉴于目前革命形势尚不成熟等具体条件，大多数国家的共产党提出了通过"议会民主斗争"而和平民主地过渡到社会主义的构想；在民主政治体制建设上，迫于艰难的生存环境以及避免人民群众受苏东影响而对"专政"、"一党制"产生的反感情绪，一些非执政的共产党如法共、西共等先后在党纲中放弃了"党的领导"和"无产阶级专政"的提法，代之以"工人阶级领导权"和"社会主义民主"的主张；在党内民主建设方面，鉴于苏共使民主集中制名誉扫地的缘故，一些党如意大利重建共产党、西班牙共产党等放弃了"民主集中制"的原则，以保障党员在党内享有充分的民主自由。通过这些主张我们可以看出，各国共产党人正在努力走出苏东社会主义"缺失民主"的阴影，也正在根据各国不同的国情探索适合本国社会主义民主建设的独立发展之路，这一点是值得肯定的。

必须清楚一点：科学社会主义所主张的"民主"既是目的，又是手段：作为社会主义社会的上层建筑，社会主义民主归根到底是为社会主义经济制度和生产力的发展服务，因此它是一种手段；而从社会主义民主在社会主义建设和国家政治生活中的地位来看，它又是工人阶级、劳动人民为之奋斗的政治目标，是建设社会主义的一项根本任务。

对于西方世界鼓吹的"民主"模式以及它们推行的"民主"观念，我们党和人民都要保持高度的警惕性和清醒的头脑，在坚决划清界限的基础上进一步结合本国实际来丰富和发展

民主，这才是我们对社会主义民主的正确理解与把握！

(供稿：陈爱茹)

世界共产党的当前态势及发展趋势

林怀艺，《社会主义研究》2012年第4期

苏东剧变前，世界上有180多个共产党，苏东剧变后，共产党减少了50多个，党员数量减少了2000多万人。目前，世界上近百个国家仍有120多个共产党，党员总数为700多万人(不含社会主义国家执政党)。从分布看，亚洲近30个，非洲不到10个，欧洲50多个，大洋洲3个，美洲30多个；从实力看，人数过万的共产党有30个左右，执政或参政的共产党有20多个；从具体情况看，社会主义国家、发展中国家、转型国家及发达国家的共产党面临的问题各不相同。社会主义国家的共产党作为领导核心和执政力量，都在努力探索本国如何坚持、巩固和发展社会主义；发展中国家共产党的情况复杂，力量分散，影响有限；转型国家共产党的力量下滑，起伏不定，生存空间受到限制。

从共产主义者同盟出现以来，共产党一直被各种反共力量视为“幽灵”。但是，胸怀实现无产阶级和全人类解放的共产党，它的事业是正义的，而“正义的事业是任何敌人也攻不破的”。世界共产党的发展趋势：①自马克思、恩格斯在《共产党宣言》中作出“资产阶级的灭亡和无产阶级的胜利是同样不可避免的”这一论断之后，坚信资本主义必然灭亡、社会主义共产主义必然胜利，就成了共产党在意识形态上与形形色色的社会主义流派的根本区别。世界共产党将继续在“两个必然”与“两个决不会”的辩证统一中开辟自己的生存和发展道路。②世界共产党将继续坚持和发展马克思主义理论，从各个方面把这门科学推向前进。共产党人应是国际主义者，但其实践首先发生在一国范围内。③世界共产党将继续推进党自身改革，提高党应对社会生态环境变化的能力。④世界共产党将继续保持多样化的格局，并在独立自主的基础上加强彼此之间的沟通协调。⑤社会主义国家执政党的成就和经验将继续为世界非执政的共产党提供精神动力和智力支持。社会主义国家执政党现有党员8600多万人，占世界共产党员总数的90%以上，是世界共产主义运动的中流砥柱。⑥世界共产党为社会进步所作的贡献将继续对人类文明产生深远影响。尽管苏东剧变后世界共产党从整体上看处境艰难，并且绝大多数共产党仍尚未取得执政地位，但世界共产党对人类社会的发展、进步所作出的贡献不会泯灭，更不会被一笔勾销。尽管一些新的社会主义因素在短时间内还不可能造成资本主义的自动崩溃，但它们所显示出的社会历史发展的趋势却是确定不移的。当然，如果世界上有更多的共产党能够掌握政权，以更加积极主动的姿态推进社会进步和人类解放事业的航程，那必将能够更好地造福世界人民。

(供稿：王静)

拉美社会党与社会党国际的关系

蒋锐，《当代世界社会主义问题》2012年第1期

从历史上看，拉美社会党与社会党国际的关系经历了一个由疏远、松散、不断密切到逐渐融合的发展过程。

在社会党国际成立之初，它基本上是一个欧洲社会党人的俱乐部，主要由西欧各国的社会党组成，其领导人也都是清一色的西欧社会党领袖，其民主社会主义主张在拉美影响微弱。当时社会党国际所关注的，也主要是与欧洲重建和复兴相关的问题，以及与东西方冷战相联系的意识形态问题。在社会党国际存在的前十年里，它对拉美地区的关注非常有限，在拉美的影响也很微弱，可以说，这时的社会党国际与拉美社会党还没有建立起实质性的联系。这种状况直到1962年社会党国际理事会奥斯陆会议之后才有所改变。

20世纪60年代以后，随着第三世界民族解放与独立运动的兴起，社会党国际才开始把关注的目光投向亚非拉新兴国家以及殖民主义问题，它与拉美社会党的关系开始发生积极变化。自1962年奥斯陆会议以后，随着国际形势的发展变化，社会党国际不断调整对拉美的政策，反对美国和其他帝国主义势力对拉美的渗透与干涉，支持拉美的民众主义、民主主义和民主社会主义政治力量，反对独裁主义和军事专制，逐步赢得了拉美进步政党和人民的好感。到社会党国际十三大之前，双方的关系已经步入良性发展轨道。

直到1976年十三大以后，社会党国际及其民主社会主义主张才真正开始在广大的第三世界产生广泛影响，拉美地区的民主社会主义力量发展迅猛，受到社会党国际和西欧社会党人的格外关注和大力扶持，成为民主社会主义的“第二支柱”。1976年到1992年这16年，通常被称为社会党国际的“勃兰特时代”。这个时期，是社会党国际在维利·勃兰特领导下彻底走出“欧洲中心主义”，全面扩大在第三世界影响的时期。特别是在拉美地区，社会党国际及其民主社会主义思想更是大大扩展了它的影响，使拉美社会党成了社会党国际的“第二支柱”。

冷战后，随着拉美地区共产主义力量的迅速衰落和其他左翼力量的分化，民主社会主义力量成为拉美左翼的主力军和社会党国际稳定的“后院”。最近几年，拉美社会党与社会党国际的关系基本可以概括为：稳中有变，变中有升。尽管中东欧和非洲的社会党及其社会民主主义运动也有了长足发展，但整个来看，拉美社会党作为社会党国际“第二支柱”的地位仍未改变。到目前为止，社会党国际的成员总数已达161个，包括正式成员党100个，咨询成员党16个，观察员党32个，兄弟组织三个，联系组织10个。其中，拉美和加勒比地区的成员达到37个，包括正式成员党25个，咨询成员党3个，观察员党8个，联系组织1个。

（供稿：沈阳）

当代英美社会主义研究的两个趋向

段忠桥，《科学社会主义》2012年第3期

20世纪80年代以后，英美马克思主义者形成了两个不同的研究趋向。一种趋向强调对社会主义的道德辩护，以分析的马克思主义者G. A. 科亨和约翰·罗默为代表；另一种趋向强调应坚持社会主义必然性的信念，以辩证法的马克思主义者伯特尔·奥尔曼和市场社会主义者詹姆斯·劳勒为代表。

（1）强调对社会主义的道德辩护。科亨认为，社会主义比资本主义更值得追求是基于规范原则方面的原因，即前者比后者更平等，而不是因为历史唯物主义表明前者的到来是不可避免的。科亨认为，经典的马克思主义者确信经济平等必将实现，主要是因为他们假定存在

有组织的工人阶级不断发展壮大这样一种历史趋势。科亨认为，正是这种情况“产生出一种以前并不明显的与为社会主义做辩护的政治需要相关的对规范价值和原则进行哲学研究的学术需要”。罗默则是从批判资本主义剥削的需要出发论证了这种转向的必要性。罗默认为，在一个多世纪以来的时间里，马克思的大部分思想提供了资本主义制度不道德的论证。罗默指出，马克思对资本主义的谴责在很大程度上是围绕资本家对工人的剥削展开的。马克思研究剥削问题的一个主要目的是要表明资本主义私有制的不公正，因此，人们就应将注意力集中在资本初始所有权的道德合理性上。

(2) 坚持社会主义必然性的信念。奥尔曼指出，根据马克思的相关论述，共产主义不是存在于资本主义之外，相反，它就“隐藏”在资本主义之中。奥尔曼认为，共产主义能够得以实现的大部分根据，实际上就存在于发达资本主义国家人们的周围，而且能够被每一个人所看到。奥尔曼强调，马克思辩证法是我们今天能够在资本主义社会中看到社会主义未来的最好方法。詹姆斯·劳勒在倡导市场社会主义的同时，强调辩证法对于理解未来共产主义的重要性。他认为不应把资本主义和共产主义绝对对立起来，而应辩证地看待它们之间的相互关系。劳勒认为，从本质上讲，在当前英美社会主义者有关市场社会主义的争论中存在两种主要的研究共产主义的方法。劳勒强调，马克思主义者必须反对把共产主义视为一种在将来才能实现的理想的虚无主义的研究方法，他们应把注意力集中在现实存在的积极的共产主义的因素上，帮助它们成长和壮大，而这正是马克思的辩证法所要求的。

(供稿：沈阳)

后马克思主义与当代社会科学的发展

陈炳辉，《马克思主义与现实》2012年第1期

(1) 后马克思主义是后现代的马克思主义。后马克思主义是国外马克思主义的新发展、新热点。它是20世纪七八十年代前后在西方兴起的一股新马克思主义的思潮，是原有的“西方马克思主义”衰落后在西方发达国家出现的新马克思热，是当代西方左翼思想的新亮点。后马克思主义是后现代的马克思主义，是在后现代社会的土壤里滋长起来的新马克思主义理论。是与后现代主义紧密关联的各种新马克思主义的理论。后马克思主义的成员众多，各自的理论立场、思想观点差异甚大，但却具有后现代的马克思主义的共同的思想特征。后马克思主义是扎根在后现代主义的理论的基础上的；后马克思主义者大多是后现代主义的重要理论家，是在后现代主义的土壤中成长起来的，力图借助后现代主义的理论来改造马克思主义的理论。后马克思主义认为，马克思主义的基本理论、观点和方法已经过时，已经不能适应后现代的状况，因此力图通过解构马克思主义的传统理论，来革新马克思主义，激活马克思主义的传统。

(2) 后马克思主义对现代社会科学的解构。基于解构主义的立场，后马克思主义首先就把矛头指向理性主义，解构了理性主义。在后马克思主义看来理性主义并不是那么可靠的。从一定意义上说，后马克思主义是否定社会科学知识的理论。马克思主义是现代社会科学的一个重要代表。后马克思主义对现代社会科学的解构的一个重要方面就是对马克思主义的批判和解构，像拉克劳、墨菲那样，甚至把后马克思主义称为解构的马克思主义，他们主张通过对传统马克思主义的解构来激活马克思主义的传统。后马克思主义之所以强调对马克思主义的解构，很重要的原因在于他们认为马克思主义的基本理论、观点和方法已经过时，虽然后马克思主义承认并肯定马克思主义的批判精神及追求社会正义、人类解放的价值没有过时，但是他们中的大部分人认为马克思主义的基本理论、观点和方法已经过时。后马克思主义主张对马克思主义的解构，就是对单一的同质的传统马克思主义的基本理论的解构。

（3）后马克思主义对当代社会科学的推进。具有后现代背景的后马克思主义，对现代社会科学更多的是批判、否定和解构。他们并没有刻意去建构一种不同于现代社会科学的新的社会科学体系。但是，这并非是要否认后马克思主义对当代社会科学发展所做出的贡献。一方面，后马克思主义对现代社会科学的理性主义、本质主义、普遍主义、总体主义、中心主义、科学主义的批判和解构，实际上改变了传统社会科学的观念、基础和方法，从而为当代社会科学的发展提供了一种新的思考、新的方向、新的基础、新的方法。另一方面，后马克思主义在对当代社会的批判性分析中，也提出了一些新的理论、新的观点，这些新的理论和观点实际上是当代社会科学的发展，是对当代社会科学的推进。

（供稿：沈阳）

生态马克思主义政治经济学——从自由资本主义到垄断阶段的发展

约翰·贝拉米·福斯特，《马克思主义研究》2012 年第 5 期

我们正面临一场全球性的生态危机，这场迫在眉睫的灾难的根源在于资本主义经济制度。然而，资本主义内在地影响环境的危险性并没有得到人们的充分重视，甚至有的学者提出了构建“自然资本主义”或“气候资本主义”的观点，按照这种说法，资本主义制度就从环境的敌人变成了环境的救世主。我们认为，要全面地理解全球生态破坏的严重程度，只能从马克思主义批判资本主义的角度来入手。

马克思政治经济学批判的出发点，是建立在区分使用价值和交换价值的基础之上的。在《资本论》的开篇，马克思解释道，每一件商品都包含使用价值和交换价值，而后者越来越对前者起支配作用。使用价值与人们对物品的一般需求相联系，与人和自然关系相联系，即与人的最基本的生活需求相联系。而交换价值起因于人们对于利润的追逐。这样就产生了资本主义生产和一般生产的区别，一般生产就是自然条件下的普通生产。资本主义生产通常被描述为遵循简单的商品生产过程 C-M-C，在这个过程中货币只是充当生产过程和交易过程的媒介，公式起点和终点都是具有使用价值的某种商品。与此形成鲜明对照的是，马克思认为资本主义生产和交换过程采取了 M-C-M′的形式。在这个过程中因为使用劳动和原料而使货币增值了，商品可以换回更多的货币，即 M′或 M＋Δm。在这里，问题的关键在于，这个生产交换过程永远没有终止，因为金钱或抽象价值是资本主义生产追逐的目标。M′接下来会被重新投资，产生了 M-C-M″，以后的时期还会产生 M″-C-M‴等等。价值规律不断地对每个资本家和整个资产阶级说：“继续生产，继续生产”。随着生产过程的扩大，整个再生产循环中的消费环节必须相应扩大。马克思认为，由于资本主义生产关系的本质，资本主义拒绝接受任何限制其发展的绝对边界，而只是把它看作将要克服的障碍，这些命题内在于马克思主义的政治经济学中，构成了后来被史奈伯格称为“踏车式生产”的模式的基础。

马克思最突出的生态学贡献在于他的“新陈代谢断裂理论”。他认为：随着工业的发展，城市的发展，通过把食物和纤维运输到千百公里以外的那些人口不断聚集的新兴工业城市，资本掠夺了土地的营养。这样化学元素通过人们的消费以生活垃圾的形式留在城市造成了环境污染。资本主义的这种过度消耗，使在人与土壤之间由生命的自然法则所规定的代谢过程中，出现了一种不可修复的断裂。他提出：在农业的工业化过程中，资本主义生产的本质是在发展生产的同时，破坏原来的所有财富，包括土地和劳动力等。

马克思将劳动和生产过程定义为人与自然之间的新陈代谢关系。因此，马克思主义关于社会主义或共产主义的最主要的定义在于：它是一个联合起来的生产者以理性的方式管理人与自然之间的新陈代谢，同时消耗最少能量的社会。马克思提出的观点把最激进的可持续发展理念变成了可能。

（供稿：张剑）

迎接动荡的时代

斯拉沃热 · 齐泽克，《国外理论动态》2012 年第 3 期

事物越多变、越飘忽不定越好。资本主义剩余价值生产的逻辑开始占据相关领域，即政治生态学领域和反对同一性、反对走平庸道路的道德领域。在我看来，在资本主义的活力和抵制资本主义的力量之间出现了汇合点。

如今并不缺少反对资本主义的呼声。我们听到太多对恐怖的资本主义的批评，表面看来，无情的是对这些恶劣行径的攻击还缺乏民主自由的框架。这里（或明或暗）的目标是使资本主义民主化，即用媒体压力、国会调查、更严格的法律、公正的警方调查等方式扩展对经济的民主式控制。然而，（资产阶级）国家法律的民主制度构架从未受到质疑，它仍然是神圣不可侵犯的，甚至“道德上的反资本主义”最为激进的形式（如阿雷格里论坛、西雅图运动等）也无法触动它。如今，在这一点上，马克思的主要见识仍然比以往任何时候显得更有理有据。马克思认为，我们不应把对自由问题的质疑置于政治范畴内。真正的自由存在于与政治无关的社会关系网即从市场到家庭的关系网中。如果我们需要真正意义上的进步，那么我们并不需要对政治进行改革，而需要对与政党无关的社会生产关系进行变革，即进行革命性的阶级斗争，而不是进行狭义上的民主选举或在其他政治手段方面进行改革。彻底的变革应该在合法权益范围之外进行。民主程序当然起到积极的作用，但在民主程序内，无论我们对资本主义的批判多么彻底，彻底的变革还是要靠解决民主机制问题。民主机制是资产阶级政府机制的一部分，它确保资本主义再生产功能不受干扰，这一点不能忘记。从这一层意思来讲，巴迪乌的论断完全正确，他认为如今根本的敌人并非资本主义、帝国、剥削或者其他类似的东西，而是民主：对民主的幻想、把民主机制当成每一次变革的最终框架，反而阻碍了资本主义生产关系的彻底变革。

要明确地区分两种不可能性——社会对抗的不可能性与主要意识形态领域重点关注的不可能性——之间的关系非常重要。如今，处于支配地位的意识形态试图让我们接受“激进变革”的不可能性、“废除资本主义”的不可能性以及“废除不受议会控制的民主”的不可能性，这都是为了表明对抗是不可能的，因为它是与资本主义社会相抵触的。这就是为什么出

现了对意识形态的不可能性的另一种解释，即并非“一切皆有可能”。然而“不可能的事情的确发生了”。拉康式的“不可能之真实”并非是指一种被认为是现实中理所应当的预定限制，而是指行为域和改变同类事物的干预域：行为不只是指进入可能领域内的干预行动，行为可以使什么是可能的同类事物发生改变，反之又会为可能性创造条件。这也就是为什么共产主义同样关注真实性：共产主义者意味着要干预全球资本主义真实的、基本的对抗。然而，只拥有忠实的共产主义理想是远远不够的，我们必须置身于历史现实的对抗中，将这种理想转变为现实。

（供稿：张剑）

运用分析方法研究国外马克思主义

俞吾金，《马克思主义与现实》2012 年第 6 期

第一，从自然属性到社会属性。在《卡尔·马克思的历史理论：一个辩护》（1978）中，柯亨区分了事物（包括人）具有的两种不同的属性：一是“质料属性”（material properties），即事物所由构成的质料或事物的自然属性。二是“社会属性”（social properties），即事物在社会关系中显现出来的特征。然而，人们在探讨各种事物时，却经常把这两种不同的属性混淆起来。如果人们想追随马克思，对资本主义社会做出透彻的批判，他们就必须把这两种不同的属性严格地区别开来。柯亨反复重申，在考察事物时区分质料属性和社会属性并不是自己的首创，而是马克思的专利。事实上，马克思并没有使用“质料属性”这一极易引起误解的概念，而是使用了含义相同的另一个概念，即“自然属性”（natural properties），并把它与“社会属性”（social properties）严格地区分开来。

第二，从问题意识到语法结构。人们在研究国外马克思主义者的文本时，总是先行地受到自己大脑中的“问题意识”（consciousness for problems）的引导。乍看起来，问题意识是原初性的，因为人们总是先提出问题，然后再去探寻答案的。实际上，至少在哲学思维中，人们通常是先有了答案，即先确立了“信念系统”（the system of belief），再回过头去设计问题的。也就是说，与问题意识比较，信念系统处于更原初的地位上。一个人拥有什么样的信念系统，就会拥有相应的问题意识，因为问题意识不是构成性的，而是被构成的东西。在这里，构成性的东西是信念系统。你拥有什么样的信念系统，就会拥有这个信念系统允许你看到的相应的问题意识。换言之，除非你改变了原有的信念系统，否则你根本就看不到原有的信念系统之外的任何问题。感性的目光自始至终受制于心灵的目光。维特根斯坦所说的信念系统是由科学知识、宗教意识、道德规则、政治观念、传统思想、艺术爱好、生活习俗等各种要素构成的，而在相互交往中，不同个体的某些信念会被强化，另一些信念则会发生弱化，等等。尽管信念系统具有构成性，但这种构成性主要是在意识的层面上发挥作用的，而在更深的、无意识的层面上发挥初始性构成作用的乃是“语法结构”（grammatical structure）。

第三，从知性思维到含义界定。从哲学史上看，分析方法是从属于“知性思维”（thinking of understanding）的，而知性思维的基本特征是“含义界定”（determination of implication），即对概念的含义进行明确的界定，扩而广之，则是追求知识的确定性。在国外马克思主义研究中，匮乏的正是知性思维，尤其是对概念含义的明确界定，而泛滥成灾的则是对飘

荡无根的辩证法的空谈。

（供稿：张剑）

海外中国特色社会主义研究的几个不同视角

范春燕、冯颜利，《国外社会科学》2012年第1期

近年来海外中国特色社会主义研究的“主体”及其“视角”大致可以分为以下四类：一是海外主流中国学的“现代化”视角——主要是从现代化理论出发对中国特色社会主义道路的“特殊性”进行比较研究；二是西方左翼学者的“替代性”视角——主要是从世界资本主义“替代性”的角度出发对中国的市场社会主义进行分析和评价；三是海外一些政要学者的“发展中国家”视角——主要是从中国经验对于发展中国家尤其是南方国家的示范效用出发对“中国模式”进行解读；四是海外共产党的“社会主义改革”视角——主要是从“现实存在的社会主义”如何通过改革继续存在且发展壮大的角度出发对中国特色社会主义的理论和实践进行关注和追踪。

海外学者的这些观点在一定程度上反映了他们对西方一些经典理论和新自由主义的反思，但同时也应该看到他们的反思是极为有限的，最终仍然无法抛开西方理论的基本架构和主流意识形态。无论是“第三领域”或是“社会主义的法团主义”，都是试图在国家—市民社会之间找到一个中介，以达到迂回地培育一种类市民社会组织的目的。他们对中国特例的“宽容”是建立在中国特例的“暂时性”和未来“回归”的期许之上的。他们的一些说出或未说出的共识就是：中国道路的特殊性无损于其资本主义的前途；中国的改革开放虽然不以民主化为前提，但最终还是要导向民主化；民主在中国只是被“延迟”了；所谓中国“特色”就是“经济改革先于民主化”。可见，海外主流中国学在研究中国特色社会主义时，并没有考虑到社会主义维度，而是从革命性的断裂、现代性的续写和普世价值的实现上来看待中国的改革开放，这就使得他们的研究尽管资料翔实、设计精致，却不能得出一些具有说服力的结论。

西方左翼学者的一些观点和看法富有启发性，尤其是他们从世界资本主义“替代性”探索的角度来看待中国特色社会主义的实践，既避免了用理论来剪裁中国现实的教条主义，又切合了中国改革所具有的超越“现实存在的资本主义”的内在特质。但是，由于西方左翼学者中只有少数长期关注中国问题，大多数人是近年来才开始把眼光投向中国，因此对中国的一些具体情况了解得并不够，难免会开出一些不适当的“药方”。这需要我们进行认真的研究和辨别。

（供稿：张剑）

国际共产主义运动研究代表性论文

当前国际共运史研究的现状与发展

黄蕊，《当代世界与社会主义》2012年第5期

近年来，随着国际共产主义运动在世界范围内遭受重大挫折，国际共运史学科发展也进

入平台期，一些专业重大问题缺乏研究，或是研究不够深入。针对国际共运史研究领域出现的问题，北京市国际共运史学会召开以“国际共运史研究：概念、方法、范畴与问题”为主题的学术研讨会，主要围绕以下几个方面展开：

国际共运史的概念问题。国际共产主义运动的概念，历来是争论的焦点，其中一个重要的问题是国际共运史研究的对象问题。此外还应搞清楚国际共运史同科学社会主义的关系、同马克思主义发展史的关系、同国际工人运动史的关系、同世界社会主义发展史的关系问题。

国际共运史的研究方法。主要包括以下四个方面：一是将马克思主义研究整合为统一的综合研究学科，逐步建成国际共运史的理论体系、学科体系和教材体系；二是应重视对世界历史的重新学习和重新理解，用历史的研究方法去客观审视国际共运史的发展历程及其在世界历史中的重要地位；三是国际共运史研究应该端正学术立场，积极运用马克思主义分析方法和加强马克思主义的话语体系；四是在国际共运史研究领域中，应该大力加强对社会主义史上其他重要思想的研究。

国际共运史的研究范畴。学者们比较赞成将共运史划归为世界历史的一部分，主张将其纳入历史学的范畴并作为专门史进行研究，并从研究传统和研究发展方面探究了这样归类的原因。强调国际共运史首先是历史而不是理论，必须搞清楚国际共运史的具体发展过程，以及经典著作写作的历史背景。

国际共运史研究的基本问题。当前的国际共运史研究应该着重解决三对关系，即：社会主义与资本主义的关系；共产党与社会民主党的关系；马克思主义与各国民族文化的关系。此外，西方社会民主主义的研究与对苏东剧变经验教训及它们对国际共运史研究所具有的重要意义也是研究的重大课题。

在未来的社会主义—共产主义运动史的研究方面，还有一些非常重要的问题有待深入研究。例如，国际共产主义运动与世界社会主义的兴衰与经验、重新认识国际共运史的一些重大历史事件、国际共产主义运动与资本主义制度、科技革命以及资本主义全球化之间的关系、共产主义—社会主义研究要同对国外各种社会主义思潮和流派的研究相结合，在比较中找出区别与联系、对现实社会主义的历史过程予以真正独立的研究，不断深入制度问题的本质。只有有效解决上述问题，我国的国际共运史专业才能抓住新的历史机遇有所作为。

（供稿：潘西华）

20年后俄罗斯各派人士论苏联八一九事件

刘淑春，《俄罗斯中亚东欧研究》2012年第2期

八一九事件20周年之际，俄罗斯官方以沉默表明对八一九事件及苏联解体的低调态度，而主流媒体则以各种方式评述这一事件。各界人士对这一事件的性质大致有三种评价：政变，上层权力之争，挽救苏联之举。主流媒体仍以“政变”冠之这一事件。然而，事件当事人始终不同意“政变”判决。论据有二：一是成立国家紧急状态委员会得到了作为当时党和国家领导人戈尔巴乔夫的认可，委员会成员没有搞阴谋。二是委员会成立的真实目的是阻止新联盟条约的签订、避免苏联的解体。阿·卢基扬诺夫对委员会的行动作了这样的表述：这是一群国家领导人试图挽救联盟的一次绝望的，但组织得不力的尝试，这些人相信他们会得到总统的支持，相信总统会推迟签署那份意味着从法律上确定摧毁苏维埃国家的联盟条约草案。还有人认为这是上层人物的权力之争，当时把希望寄托在叶利钦身上的人被欺骗了。

关于国家紧急状态委员会行动失败的原因，基本上认为，委员会组织不力，意志软弱，不果断，其行动被民主派所利用。如久加诺夫认为，当时社会舆论不利于委员会；苏共内的健康力量缺乏应变的思想准备和鲜明立场；委员会的行动缺乏深思熟虑的战略和战术，脱离人民群众；委员会成员对戈尔巴乔夫抱有幻想，被叶利钦的“民主派”所利用。委员会行动的失败使苏联解体的进程变得不可逆转。戈尔巴乔夫仍谴责“叛乱者”打乱了他原定1991年8月20日签订新联盟条约的部署，后悔自己没有在“政变”之前“改良”苏共和苏联。

我们从当事人的回忆，尤其是戈尔巴乔夫最近的“表白”和“悔恨”中，更清楚地看明白戈尔巴乔夫在苏共垮台、苏联解体中的作用。原来，一步步改变苏共的性质，必要时抛开苏共，重建一个社会民主党，这是戈尔巴乔夫当年在“改革”时期越来越清晰的目标；他原本不希望苏联解体，只是想借国家紧急状态委员会之手打掉他的对手叶利钦，以便继续当他的总统。但他要改变苏联的社会主义性质，建立一个松散的、类似于邦联制的所谓“民主国家”。他的计划被委员会的莽撞行动打乱了。事发后，他以解散苏共中央回报叶利钦，并试图以此保住总统职位。然而，没有后顾之忧的叶利钦等人把他抛在一边，签订了意味着苏联解体的“别列韦日协定”。而国家紧急状态委员会成员本是支持戈尔巴乔夫“改革”的，只是希望“改革”能在保持苏共领导和苏联社会主义制度的前提下进行。当他们看到国家已经走到崩溃的边缘，便奋起进行“最后一搏”。然而，他们直到采取行动时还没有搞清戈尔巴乔夫的真实意图，所以行动起来畏首畏尾，最终落得个悲剧结局。

（供稿：柳达）

国际金融危机与世界社会主义

王学东，《科学社会主义》（双月刊）2012年第3期

作为马克思主义者，分析和应对当前这场国际金融危机，必须运用马克思主义的立场、观点和方法，既要看到资本主义的本质没有变，基本矛盾没有变，同时也要看到，在新的历史条件下，资本主义的本质和基本矛盾的表现形式已经发生了很大变化，危机的表现形式也发生了很大变化。此次危机首先发生在虚拟经济领域，表现为金融危机，而且已发展为资本主义国家的主权信用危机，国家不再是解决问题的有效手段，而是自身也成为问题的一部分。

国际金融危机表明，当代资本主义已陷入体制性的困境。面对严重的金融危机和深刻的体制困境，资本主义国家不得不进行一些相应的调整和改革。不过，对于资本主义所处的困境及其将进行的调整和改革，我们的评价应当恰如其分。首先，资本主义当前所面临的困境，不是一次总体性的、全面的危机，而是一次主要限于金融领域和虚拟经济的局部危机，绝不会动摇资本主义制度的根基，甚至难以动摇新自由主义在资本主义经济中的主导地位。其次，我们要充分估计资本主义的应变能力和调适能力。最后，资本主义国家为应对危机所进行的一切调整和改革，都是在资本主义体制范围内进行的，都是资本主义制度的自我创新和自我完善。

分析研究资本主义，其着眼点和落脚点是为了更好地研究社会主义、研究世界社会主义

运动。自 20 世纪末苏东剧变后，世界社会主义运动陷入低潮。但是，在整体的低潮中仍有不少亮点。

作为世界社会主义的研究者，应当把欧美和其他一些国家的左翼政党、西方马克思主义、社会民主主义、生态社会主义，以及左翼工会、妇女和青年组织、新社会运动、各种群众性的反抗运动如“占领华尔街”等等，都纳入我们的研究范围。

研究世界社会主义，还有一个重要问题值得重视，这就是社会主义与资本主义的关系问题。我们要用与时俱进的精神重新审视社会主义与资本主义的关系。社会主义代替资本主义是资本主义基本矛盾运动的必然结果。但是，社会主义代替资本主义的具体道路和方式值得我们反思和研究。首先，内因是变化的根据，社会主义不可能靠社会主义国家输出革命来实现。其次，现在发达资本主义国家内部根本不存在无产阶级武装夺取政权，通过暴力革命手段强行改变生产关系和社会关系的条件和可能。最后，对于资本主义，人们迄今还没有找到一个新的、符合发达国家条件的整体性替代方案。因此，现存发达资本主义国家将来实现社会主义的方式，只能是和平的、渐进的，通过资本主义的自我扬弃以及新社会因素（即社会主义因素）的积累和扩展，由局部到整体，逐步实现社会主义对资本主义的制度替代。

（供稿：邢文增）

20 世纪 70 年代以来发达资本主义国家工人阶级的数量增长与构成变动

孙寿涛，《马克思主义研究》2012 年第 6 期

苏联学者梅里尼科夫 1974 年提出：“无产阶级是没有生产资料，从而靠出卖自己的劳动力为生，受资本主义剥削，并在生产、流通、办公室劳动中以及服务领域内执行纯执行者职能的雇佣劳动者。”这个定义可以作为我们探讨现代资本主义社会工人阶级状况的出发点。

第二次世界大战结束以来，发达国家经历了一段较长的和平发展时期，社会生产力有了巨大的发展。伴随着信息革命的兴起，社会阶级结构发生了显著的变化。从工人阶级状况来看，首先表现为数量上的历史性增长。工人阶级在经济活动人口中所占比重明显增大，已成为各发达国家社会人口中的大多数。

资本主义社会的“无产阶级化”过程，是一个数量增长和结构变化相统一的过程。随着现代资本主义的发展，特别是由于信息革命的影响和作用，日趋复杂的社会劳动分工和企业内部分工带来的雇佣劳动种类不断扩大，工人阶级内部结构呈现出多种类和多层次的复杂化趋势：（1）部门结构的“服务化”——服务业工人占主体。目前 2/3 的就业人口已经从事服务业的经济活动。（2）职业结构变化——白领工人占主体。随着资本主义的发展，这些白领雇员在劳动条件、技能水平和工资待遇等方面都越来越无产阶级化，越来越接近传统的蓝领工人。（3）社会结构变化——女工和移民日益重要。

在马克思主义看来，工人阶级负有变革资本主义社会的重大历史使命。然而，面对第二次世界大战以来西方社会结构的变化和工人阶级内部构成的演变，一些人对马克思主义的这个命题提出了诸多质疑：一是工人阶级消亡论，二是工人阶级不革命论。这些质疑在左派学者中遭到严厉的批驳。许多学者指出，工人阶级并未消失，只是内部构成发生了变化；工人阶级仍是当代发达国家社会进步的主要推动力量，关键社会问题的解决仍需要工人的深度参与。我们应该认识到，工人阶级仍是当代资本主义社会发展的基本社会力量，也是实现社会主义的希望所在。

工人阶级在历史上呈现出一定的高潮和低潮的交替。在30余年的退让后，工人阶级的力量已再次有所显现。自20世纪90年代中期以来，面对资本的强势进攻和对工人造成的伤害，发达国家的劳工运动开始有所复兴，世界范围的广大人民群众也对美国宣扬的新自由主义和顽固推行的新帝国主义展开了反思。

历史和现实都表明，工人阶级仍是当代发达国家社会进步的推动力量。但工人阶级要完成伟大的历史使命，需要吸取历史的经验和教训，克服自身的不团结和不统一，寻求与其他各种社会力量的广泛联合，加强经济斗争与政治斗争。

（供稿：邢文增）

现代化与中越模式

布兰德利·沃麦克，《当代世界与社会主义》2012年第1期

20世纪初期，甚至中国和越南的知识精英也在一定程度上将现代性等同于西方化。但共产党领导的农村革命为重建国家发展了一条独特的道路，即使领导层接受了现代性的变形使命，但它的精神和方法已经根植于大多数以阶级为基础的动员中，其最终目标是共产主义，而不是资本主义。虽然改革时代的政策呈现出去集体化和去控制的特征，但是党的领导仍是关键，改革的成功进一步巩固了现有的秩序。在一定程度上中国和越南体现了有秩序的政治机制和独特的发展道路，我们可以称之为中越模式。

中越两国都是政党国家，它们的政权建立在共产党对农村广泛动员的基础之上。随着改革的不断成功，中越两国的领导者都面临一个更为严峻的挑战，即调整其政党国家结构以适应可持续治理的任务。中越两国都有行政机构，这些机构主要关注政策的执行而不是政策的形成。政党和国家在结构方面分得很清楚，但在具体运作中却常常混在一起，政治和行政之间的边界是模糊的。在不同地区实行民主治理的改革取得了重大进步，包括地方选举、政府更加透明和协商民主。

中越两国对社会主义的探索，尤其是后来改革开放的成功，提出了一个有关现代化本质的问题。有着广泛的基础、以治理为导向的政党已经远离了马克思当初所提出的阶级斗争的革命设想。但是，中国和越南的共产党适应其不断变化的实践环境形成了目前的结构，制定了当前的政策。它们当前面临的挑战也适用这一模式。所以，“中越模式”更好地契合了它们发展的历史记录和轨迹。当前中越经历与现代化理论的关系是相互矛盾的。一方面，现代社会的趋同证明现代政治面临着共同的问题。另一方面，中越政党国家已经非常成功地适应了经济发展的任务，它们的政治社会结构对于当前其社会秩序的现代化是至关重要的。

在全球化背景下现代性有三个相关的特征，一是社会的复杂性，二是日益增加的生产能力，三是日益增多的公共权威。能够使现代化的三个因素发挥恰当功能的政治钥匙在于大众的反应。但是复杂性、生产力和权力之间的相互关系不是要解决的问题，而是一个对管理的持续的挑战。中越两国的持续现代化所面临的挑战不可能导致完全的成功或失败。社会的日益复杂产生了多元的利益，其中一些会引起麻烦，但也会增加人们对稳定的共同需要。西方之外的现代化很可能是发展的普遍方向，而不是单一的、聚合的道路，即使治理所面临的问题逐渐相同也是如此。

（供稿：贺钦）

新世纪世界社会主义的新发展

胡振良，《决策与信息》2012年第11期

社会主义是现代文明发展和矛盾的产物，社会主义在其发展的过程中改造了资本主义，开辟了东方现代发展之路，开创了文明发展的新阶段。它不仅深深地影响了20世纪世界历史的进程，而且仍然是新世纪人类生活的共同价值和发展的基础。

世界社会主义在新的背景下正加速经历着新的“蜕变”。社会主义的观念在更新、社会主义的政策在变化、社会主义的组织在调整、社会主义的流派在嬗变，社会主义运动的确在经历着历史的选择，但是真正销声匿迹的只是那些失去其必然性的观念、理论、政策、模式和组织，代表真正人类未来的社会主义价值、理论、运动在生活中继续弘扬，在低潮中继续孕育，在挫折中不断奋起。在看待世界社会主义发展态势问题上，不应停滞在传统的思维定势上，我们要进一步解放思想。今天看社会主义建设的“状态”，也不能光看“公有制”的比重，还要在“结构”的基础上看实现人民群众共享的“功能”、看人的发展的“结果”。如果我们不仅看社会主义力量的规模、人数、选票、国家的人口、实力，还看其他社会主义新因素和新方面的变动发展，比如社会主义因素在旧世界的增长，社会主义本质在现实中的实现，社会主义价值的“认同”程度，以及社会主义在理论、实践、制度方面的创新与发展等，那将会大大丰富我们观察世界社会主义的视野，深化我们对世界社会主义发展的认识。

社会主义经历了从空想到科学，从理论到现实，从一国实践到多国实践的历史性飞跃，而现在又经历着从传统到现代的发展。传统社会主义有重要的历史价值，它改造了西方的资本主义，开辟了东方的现代化道路，促进了社会的进步和现代文明的发展，但传统的社会主义也有其历史和时代的局限。要使社会主义从传统走向现代，就必须首先使其建立在“现代”的基础之上。所谓社会主义从传统到现代的发展，就是社会主义必须反映当今时代的特点，回应时代的要求，对变化了的实际的适应及其在此基础上理论、实践的创新和与时俱进。

我们注意到当今世界社会主义发展的一些突出的基本特点。一是世界社会主义发展体现出其内在的“必然性”、“复杂性”和“长期性”。二是世界社会主义发展体现出多元化、多样性特点。三是世界社会主义的发展体现出广泛的“包容性”特点。四是世界社会主义发展体现出一种强烈的创新性特点。此外，世界社会主义还有许多方面特点，比如全球化与民族性特点，比如民主化与人民性并重，比如市场经济与生态文明等。

（供稿：贺钦）

剧烈变化时代的世界社会主义：机遇与挑战

姜辉，《国外社会科学》2012年第5期

当前，世界处于大变革大调整大转型时期，资本主义和社会主义都经历着巨大的变化。可以说，在持续性的量变中出现了局部的质变，而且质变具有根本性且影响深刻，有着深远

的现实意义和历史意义。

世界社会主义运动、共产党及其他进步力量面临以下 6 个方面的机遇和有利条件：(1) 随着资本主义危机的发展，西方新自由主义力量占主导和右翼政党强势占据政治舞台的局面已开始扭转，这对于包括西方共产党在内的左翼政党、世界社会主义运动来说，无疑是生存和发展环境的有利转变；(2) 资本主义危机的爆发和加剧，使得世界上社会主义及进步力量获得重新树立和整饬社会主义理论的好契机；(3) 经过苏东剧变后 20 多年的抗争、调整和磨砺，包括共产党组织在内的许多世界社会主义力量有所恢复，并开展了许多反对资本主义的斗争及活动；(4) 面对右翼力量的联合进攻，共产党及左翼力量也加强彼此之间的联系和合作，形成了世界社会主义发展的一定规模优势；(5) 苏联解体东欧剧变 20 多年了，在今天不断形成并凸显出反映历史真相、趋于客观理性、揭示深层规律的经验教训的总结，为 21 世纪世界社会主义的新发展和走向振兴提供了宝贵的历史借鉴；(6) 中国特色社会主义在 21 世纪初期取得的巨大成就，是世界社会主义运动总体低潮中的局部高潮，是 21 世纪世界社会主义振兴的希望。

世界社会主义力量也面临着许多问题和挑战：(1) 从世界资本主义与社会主义力量对比的总态势看，“资强社弱”的态势还没有根本改变，资本主义在总体上处于攻势越来越强烈的时期，国外社会主义政党及力量则相对处于分散和弱小状态；(2) 从国外共产党等社会主义力量的政治影响力看，特别是在发生危机的西方国家，共产党等社会主义政党组织在各国政治舞台上仍然处于受排斥甚至边缘化的地位，其观点、主张、政策很难影响本国政府决策；(3) 从西方社会主义政党和力量对社会运动的领导力和影响力看，它们利用资本主义危机的能力不足、经验不够，难以提出有效地克服危机战略策略，难以有效引导不满危机和反对资本统治的群众运动；(4) 从世界社会主义运动的主体即工人阶级来看，尽管一个规模庞大的全球工人阶级客观上逐渐形成和发展，但全球工人阶级处于“自在”状态，尚未明显形成全球性的工人阶级意识。

总之，资本主义危机造成了有利于世界社会主义发展的新形势、新条件、新机遇，但危机不会自然而然地带来世界社会主义的新发展和振兴。社会主义政党及进步人士制定出符合时代发展、符合本国本地区实际、能够切实代表和维护工人阶级及广大人民群众利益的纲领和战略策略，团结动员全世界工人阶级及广大人民群众共同行动起来反对国际垄断资本的统治，自觉开展争取工人阶级自身的解放和人类解放的事业，世界社会主义的振兴才有希望和前途。

(供稿：贺钦)

理解资本主义与社会主义的几个基本问题

林德山，《国外社会科学》2012 年第 5 期

从社会主义基本概念入手，梳理有关社会主义以及资本主义认识中的一些基本问题，以期客观地评价两者间的一些关系问题。

(1) 社会主义是一个多层次的概念

首先，社会主义是一种思想学说。其次，社会主义是一种运动。最后，社会主义是一种

制度。从历史以及从逻辑意义上讲，社会主义作为一种意识形态和作为一种运动形式的兴衰并不取决于制度形态的社会主义的兴衰，而取决于资本主义本身的发展状态。资本主义的危机和动荡无疑会促进社会主义思想和运动的活跃，但未必导致制度形态的转换，后者的条件同样取决于资本主义本身的机制，即自我的调节机制。

(2) 科学社会主义的本来意义

马克思和恩格斯是从对人类已有的历史和他们所处时代的资本主义现实关系中提出科学社会主义的命题的。两个“必然”是从一种历史的逻辑的意义上提出的，而不是对某一个具体时段的资本主义命运的判定。对于当代的马克思主义者来说，不能以一种历史宿命论的方式来看待资本主义和社会主义的具体道路，而应该从分析当代资本主义的现实、已有的现实社会主义历史和现实以及世界各地正在进行中的社会主义探索实践中阐发科学社会主义的意义。只有在实践中得到认可的社会主义，才是“科学的”。

(3) 客观评价当代资本主义的发展和现状

第一，19 世纪末 20 世纪初资本主义的发展印证了马克思主义经典作家的以下判定：其一，资本主义的竞争和积累机制促进了资本主义生产的进一步发展。其二，社会两极分化加速和两大阶级成型。其三，社会矛盾激化和阶级冲突加剧。与此同时，一些新的要素也在此期间出现。

第二，金融危机并未改变当代资本主义的生产和社会基础。新自由主义的兴起以及金融危机都是整个资本主义体系漏损的结果。但这并不意味着战后资本主义的经济和社会基础发生了根本性的变化。从生产的积累、国家的社会和政治控制能力以及社会阶级关系等方面来看，当代资本主义的基础并未改变。

(4) 中国特色社会主义理论需要加强对制度层面的研究

现有的有关中国特色社会主义的理论更多是停留于理论层面，现在更重要的是如何进一步把这些理论转化为制度层面。经济层面上，承认社会主义市场经济只是一个开始，还需要进一步深化为如何表示社会主义的市场经济特征。政治层面上，社会主义的政治体制不应只是体现在形式上，更应该体现在人民的充分参与权利，体现在保证人们的经济和社会权利上。文化层面上，社会主义核心价值观是一个中心问题。

总之，资本主义与社会主义都是具有多重意义的，两者既是相对的也是关联的。马克思主义者应该着力于从现有的社会物质关系中理解和评价它们的发展进程。

（供稿：邢文增）

论社会主义与资本主义两制并存的自发性与博弈的自觉性

陈海燕，《社会主义研究》2012 年第 2 期

由于人类历史发展的跳跃性，社会主义首先诞生于经济文化较落后国家的现实，则孕育了一个“两制并存的自发性”与“两制博弈的自觉性”辩证统一的矛盾。深入研究这一矛盾的发展变化，全面认识“两制关系”发展变化的特点，制定有效处理“两制关系”的战略和策略，对推动社会主义事业健康发展至关重要。

(1) 中途夭折：“两制并存”的自发性

“两制并存”的自发性源自于两个方面：一方面源自于社会主义由理论变为现实的基础，

即多数社会主义国家没有经过资本主义的充分发展，是资本主义“中途夭折”的结果；另一方面源自于苏联东欧国家在跨越资本主义“卡夫丁峡谷”后盲目向社会主义过渡，尔后进行的改革又严重脱离实际，致使社会主义事业“中途夭折”。这两方面的情况都超出了历史发展的常规，并且又都是在自发状态下发生的。

（2）和而不同：两制博弈的自觉性

“两制博弈”的自觉性主要源自于两方面的推动：一方面是全球化进程的加剧，客观上把世界各国纳入了一个整体；另一方面是冷战时期两制关系“零和并存”的遗产、特别是苏联东欧剧变的教训，促使现实社会主义国家深刻地认识到：不改革开放、不与资本主义国家发展交往就没有出路，而改革开放不坚持社会主义道路就会自我毁灭，“和而不同”就成为中国特色社会主义有效处理与资本主义关系的发展路径。“和而不同”，就是不仅要在共同利益上加强合作，求同存异，还要在分歧领域化解分歧；而谋求化解分歧，并不等于放弃自己的原则和信念。

（3）从“零和并存”到“双赢共处”：“两制博弈”的历史启示

纵观社会主义与资本主义“两制博弈”由“零和并存”的自发性向“双赢共处”的自觉性的转变过程，这其中既有“两制”本质对立的客观因素，也有“零和”思维的主观原因；既蕴含着“两制并存”的自发性，也孕育了“两制博弈”的自觉性。是主观见之于客观、自发转向自觉、历史走向现实、特殊趋向必然的自然进程，具有复杂性和反复性。对此，我们需要认真研究，科学把握。

其一，客观分析社会主义产生发展的历史，厘清“两制博弈”的“零和并存”与“双赢共处”的历史原因与时代背景，在摒弃“零和”思维的同时，防止陷入国际合作的温柔陷阱。

其二，科学把握社会主义与资本主义的发展趋势，有效把握处理“两制关系”的主动权，大力发展壮大社会主义的综合实力。

其三，充分认识“双赢共处”的时代特点，努力营造有利于社会主义事业发展的优良环境。

总之，在“两制关系”的交往中，任何“双赢共处”的机会都不可能从天而降，它需要关系双方共同去创造、去争取。

（供稿：邢文增）

中国近现代史基本问题研究代表性论文

保持党的纯洁性，建设坚强有力的马克思主义执政党

王伟，《求是》2012年第7期

保持党的纯洁性是保持和发展党的先进性的重要基础和必然要求，是我们党在深刻总结历史经验、准确把握共产党建设规律和执政规律基础上提出的一项根本性、长期性任务。保持党的纯洁性是马克思主义政党加强自身建设、永葆政治本色的本质要求和优良传统。马克思主义政党的一个重要特征就在于其始终高度重视自身的纯洁性。保持党的纯洁性是我们党

领导人民适应新形势、应对新挑战、完成新任务的必然要求和重要保证。总的看，当前党的队伍是纯洁、团结、有战斗力的。同时，也必须看到，在新的历史条件下，党的各级组织和广大党员、干部面临的执政考验、改革开放考验、市场经济考验、外部环境考验是长期的、复杂的、严峻的。我们一定要从党和人民事业发展的高度，从应对新形势下党面临的风险和挑战出发，充分认识保持党的纯洁性的极端重要性和紧迫性，切实抓好保持党的纯洁性的各项工作。

须把握新形势下保持党的纯洁性建设的重点环节。思想建设始终是党的建设的根本，党的纯洁性首先要靠指导思想的坚定纯洁来体现和保障。要始终坚持和不断巩固马克思主义的指导地位。保持党的各级组织纯洁，是保持党的纯洁性的重要基础。要抓好领导班子建设这个核心，把各级领导班子建设成为坚定贯彻党的理论和路线方针政策、善于领导科学发展、自觉弘扬优良作风的坚强领导集体。要抓好基层组织建设这个基础，使基层党组织始终成为党的路线方针政策的坚定执行者、科学发展的有力推动者、群众利益的切实维护者、社会和谐的有效促进者。要保持党员、干部队伍纯洁。党的力量和作用，主要不在于党员的数量，而在于党员的素质。要严把党员、干部入口关，强化日常教育管理，认真落实党内监督各项制度，疏通党员、干部队伍出口，及时发现解决党员、干部队伍中存在的思想不纯、作风不纯等问题。

充分发挥党的纪律检查机关的纪律保障作用。加强对中央重大决策部署贯彻执行情况的监督检查；抓好以保持党同人民群众血肉联系为重点的作风建设；抓好以完善惩治和预防腐败体系为重点的反腐倡廉建设。党的纪律检查机关作为专门的党内监督机关，在保持党的纯洁性、维护党的集中统一方面担负着重大责任。各级纪检机关要全面履行党章赋予的职责，严格执行党的纪律，为保持党的纯洁性发挥职能作用。

（供稿：陈志刚、龚云、戴立兴）

当前党的基层群众工作的几个问题研究

辛向阳，《探索》2012 年第 4 期

在改革不断向纵深发展的今天，许多利益关系和社会矛盾汇集在基层，基层群众工作体现出鲜明的新特点：利益主体多元化；利益诉求多样化；利益解决复杂化。基层群众工作的新要求集中体现在以下六个主要“点”上：端正党的作风是做好基层群众工作的关键点；解决群众实际问题是做好基层群众工作的基点；维护社会和谐稳定是做好基层群众工作的重点；完善各项制度建设是做好基层群众工作的节点；注重社会心理疏导是做好基层群众工作的支点；防止社会矛盾激化是做好基层群众工作的靶点。

进入新世纪新阶段，群众工作出现许多新情况、新问题，在更高水平上推动群众工作面临新的考验。一是组织与任务不适应，即基层组织作用的发挥与工作重心下移的要求不相适应。二是力度与诉求不适应，即群众工作的统筹力度与群众利益诉求的多元化、复杂化不相适应。三是手段与要求不适应，即群众工作方式手段的相对单一与提高群众工作科学化水平的要求不相适应。虽然近年来很多地方在创新群众工作方式方法上进行了许多尝试，也形成了一些有益的经验，开展群众工作的主要方式仍以行政手段和思想工作为好，尽可能地少用处罚性的经济手段和法律手段来协调关系、化解矛盾。

群众工作体制的构建，应该围绕实现广大人民群众的安居乐业、稳定和谐来设计和安排。要破除“权力迷信”思想，树立平等意识；要走出“金钱万能”误区，注重多元并举；要破解“空间有限”束缚，大胆创新。基层群众工作体制是否科学，必须要以“人民群众高兴不高兴、满意不满意、答应不答应”作为最终的判断标准。切实把握矛盾分析的方法，注重工作方法。在基层群众工作中，我们要找到容易引发社会矛盾爆发的“节点”，关注群众呼声，要先把问题搞透彻，想清楚，然后再制定解决问题的具体方法。

（供稿：陈志刚、龚云、戴立兴）

三问：中国共产党没有自己的特殊利益

段若鹏，《学习论坛》2012年第6期

一问：为什么中国共产党没有自己的特殊利益？无产阶级只有解放全人类才能真正解放自己。它不可能有自己的特殊利益，而它的政党——共产党也就更不可能有自己的特殊利益。中国共产党是中国工人阶级的先锋队，同时是中国人民和中华民族的先锋队；代表中国先进生产力的发展要求，代表中国先进文化的前进方向，代表中国最广大人民的根本利益。中国共产党的代表性远远超出其他一切政党的代表性。

二问：为什么中国共产党没有自己的特殊利益？在日常生活中，人们看到、听到、接触到的是具体的党员，感受到的是党员可以有个人利益。于是，把党员的个人利益当做整个党的利益。另外，中国共产党执政后党员个人利益的情况发生了变化。加入执政的中国共产党的党员只要不损害“中国最广大人民的根本利益”，在通常情况下有个人利益。我们党的党员个人利益的变化，使一些人对我们党产生了误解。

三问：为什么在十一届三中全会后人们开始关注中国共产党有没有自己的特殊利益？第一，分配不公，尤其是贪污腐败严重损害了我们党的形象，致使人们将个别党员所攫取的私利视为我们党的特殊利益。第二，新中国成立前的28年间，中国共产党为人民当家作主而奋斗的目标为人们所认可，人们自然不会对我们党没有自己的特殊利益的问题产生疑问。第三，新中国成立后的29年是一个特殊时期，遏制分配不公和贪污腐败，人们不会关注中国共产党有没有自己的特殊利益。第四，十一届三中全会后，分配不公和贪污腐败现象的滋生，人们关注中国共产党有没有自己的特殊利益就是再自然、再正常不过的事情了。

结语：坚持、践行中国共产党没有自己的特殊利益。第一，坚持中国共产党没有自己的特殊利益。第二，坚持中国共产党的利益不等同于其党员的利益。第三，坚持反对分配不公和贪污腐败也是硬道理。

（供稿：陈志刚、龚云、戴立兴）

中国共产党保持发展先进性的政治奥秘和内在机制

奚洁人，《中国浦东干部学院学报》2012年第2期

党的思想路线是保持发展先进性的思想动力机制。中国共产党在长期的革命、建设和改革的历史征程中创造、形成和不断地丰富发展了自己的思想路线，这条生命线包含了四个方面的正确思想态度：以科学态度对待马克思主义；以科学态度对待客观实际与新的实践；以科学态度对待时代发展；以科学态度对待自己的错误。

党的群众路线是保持发展先进性的社会机制。其一，群众路线是党的先进性的社会历史尺度。党的先进性的根本特征是与人民共命运，即与人民群众始终保持不可分离的血肉联系。其二，群众路线集中体现了党的先进性的政治价值和本质。其三，群众路线是党的先进性的力量和智慧的源泉。其四，群众路线是党的先进的、科学的领导方法。其五，群众路线是党的先进性的重要社会心理动力。党只有在不断开拓事业发展的同时，不断地创造条件以满足人民群众日益增长的物质文化需求，才能最终实现党的宗旨，并始终得到人民群众的支持和拥护，才能永远立于不败之地，这就构成了保持和发展党的先进性的社会动力机制。

党的组织路线和人才战略是保持和发展党的先进性的组织机制和人才凝聚机制。一个政党的先进性，从组织路线和人才机制角度看，就是要看它是否能吸引和凝聚社会各方面的优秀分子，把各种优秀人才集聚在党的旗帜下和党组织的周围，能否把党内外的各种优秀人才凝聚到发展党的事业的队伍中来，能否最大限度地团结一切可团结的力量为完成党的使命和任务服务。坚持党的组织路线和人才战略，建设党的先进性的组织机制和人才凝聚机制，首先，必须坚持正确的价值方针，“五湖四海”精神是我们党的组织路线和人才战略的基本价值原则。其次，“任人唯贤”，既是干部路线的价值原则，要坚持干部选拔、培养、任用、考核的“德才兼备，以德为先”标准和导向，也是人才战略的正确价值导向。最后，健全完善保持和发展党的先进性的组织机制和人才凝聚机制，必须高度重视年轻干部和青年英才的培养。

党的自我管理和改造是保持和发展先进性的自我约束和修复机制。首先，“党要管党、从严治党”，是马克思主义政党的基本哲学观点。其次，“党要管党、从严治党”，是由党的性质、党在国家和社会生活中所处的地位、党肩负的历史使命决定的，是我们党从长期执政党建设实践中得到的重要认识结论，是加强党先进性建设的基本历史经验，也是加强和改进新形势下党的建设必须长期坚持的重要指导原则。再次，在新的历史条件下，我们党更要坚持“党要管党、从严治党”，必须认真解决好“不断提高党的领导水平和执政水平，提高拒腐防变和抵御风险的能力”两大历史性课题，战胜“四大考验”，化解“四种危险”。最后，“党要管党、从严治党”根本在于加强制度建设。

（供稿：陈志刚、龚云、戴立兴）

大力推进党代会常任制和党代表任期制

李景治，《江西师范大学学报》（哲学社会科学版）2012 年第 3 期

要实行党代会常任制必须解决实行常任制后的党代会具体“做什么”和“怎样做”两个关键性的问题。第一，需要进一步明确党代会实行常任制后的工作重点。其中最重要的就是实现“党要管党”。其一，研究执政党建设面临的形势、任务和问题，提出解决问题的办法。集中研究党的思想建设、组织建设、作风建设和反腐倡廉建设。其二，研究干部队伍建设问题，加强对党员干部的教育、管理工作。“党管干部”，也是各级党代会的重要责任。其三，进一步加强党代会的监督功能。一方面是对权力部门的监督和制约；另一方面是对领导干部的监督。其四，就重大思想理论问题进行研讨。党代会既可以进行充分的民主讨论，也可以按照民主集中制的原则形成比较一致的意见，为相关政策的出台奠定扎实的基础。其五，相对集中地检讨工作中的问题和困难，提出相应的解决办法。第二，合理规定实行常任制后各级党代会召开的次数。乡、镇、县和城市街道、区的党代会可以每年召开一次。全国和省、市、自治区的党代会可考虑在任期内召开两次或三次。实行常任制后，该届党代会可试行召开第二次大会。这次党代会可以专门研究执政党自身建设问题，可在一定程度上，解决“党不管党”的问题。

为了保证党代表任期制取得实效，应明确和规范各级党代表的主要职责：其一，参与党内重大决策，能够为各级党委的决策建言献策，乃至提出具体的提案。其二，参加重要干部推荐和民主评议。其三，充分反映党员的意见和建议。要进一步推进党务公开，健全党内情况通报制度，及时公布党内信息，畅通党内信息上下互通渠道。要建立健全党委新闻发言人制度、党内事务听证咨询制度，办好党报、党刊和党建网站。其四，监督党委和党员干部的工作。其监督的结果，都应该通过固定的、便捷的渠道向有关部门反映。其五，参与反腐败斗争。党代表与人民群众保持着密切的联系，又参与党的重大决策，特别是选举、评议干部工作，所以他们在预防和惩治腐败方面具有独特的优势。为了推进党代表任期制，保障党代表履行以上职责，需要进一步建立健全相关的制度和具体操作程序。其中最重要的有两点：其一，建立健全党代表列席党委有关会议的制度。党代表列席党委有关会议可以遵循两个原则：一是自愿，二是需要。其二，建立党代表联络室。由其专门负责安排党代表的各项活动，收集党代表的意见、建议和提案，组织党代表定期或不定期地进行视察、调研，并同党代表保持密切的联系。

（供稿：陈志刚、龚云、戴立兴）

十八大创新党的建设的六个关注点

齐卫平，《江西社会科学》2012年第11期

胡锦涛在党的十八大报告第十二部分里集中论述了党的建设，内容丰富，思想深刻，对新的历史条件下进一步引领党的建设新的伟大工程具有重大意义。认真研究党的十八大关于党的建设的论述，有以下六个创新的观点值得关注。

第一，以全面提高党的建设科学化水平为统领。报告的第十二部分标题就是“全面提高党的建设科学化水平”。在原先的命题中加上“全面”两个字，表现了认识的提升。首先，它意味着提高党的建设科学化水平，不仅要体现在科学理论、科学制度、科学方法的总要求上，而且要贯彻到党的建设各个领域，落实到党建工作的方方面面，使党的建设实践的科学性与党的建设伟大工程的系统性相统一。其次，它也意味着“科学化”不仅要成为党的建设理念上的要求，而且要成为党的各项工作实践上的遵循原则。十八大报告阐述加强党的建设的八项任务，都体现了提高党的建设科学化水平的精神，使党开展一切工作的基点与党的建设科学化要求相统一。

第二，将纯洁性建设纳入党的建设主线。先进性与纯洁性是既有联系又有区别的两个概念。就两者的联系看，先进性必然要求党的纯洁，先进性也表现在纯洁性上。而纯洁性是先进性的保证，党的思想、组织、作风不纯洁，就无法实现党的先进性。就两者的区别看，先

进性这个概念指的是党的本质规定，是党所处地位的宏观定性，即是说在社会各种政治力量中它居于先进的地位。而纯洁性这个概念指的则是党的肌体状态，是党所呈面貌的微观定量，即是说在政党自身构成要素中它应具有的体征。党的十八大在原先的先进性建设后面再加上纯洁性建设，显然有含义在其中。当代中国，党的先进性是不可否认的事实，但各种思想、组织、作风上暴露的问题说明，党的纯净度不够甚至不纯洁的表现也是客观存在的事实。因此，努力使党的先进性与党的纯洁性相统一，使政党先进本质的体现与纯洁面貌的呈现相一致，正是提出纯洁性问题的道理所在，也是将纯洁性建设与先进性建设一道纳入党的建设主线的意义所在。

第三，突出反腐倡廉在“五位一体”党建布局中的重要性。党的十八大关于“五位一体”党建布局中对制度建设和反腐倡廉建设两者顺序上的变化，它更加显示出政治廉洁、执政廉洁的重要性。

第四，提出保持党的先进性和纯洁性的新要求。十八大报告所提出的“四个增强”是保持党的先进性和纯洁性的总要求。“四个自我”的强调，是保持党的先进性和纯洁性的具体要求。

第五，形成“三型”马克思主义执政党建设目标的新概括。这“三型”建设的提法，可以视为将十六大以来党的建设实践创新成果补充到党的建设目标的体现。将学习型党组织纳入党的建设目标，一方面是党对20世纪90年代后国际社会掀起“学习革命”浪潮的积极回应，另一方面也是党克服能力不足和精神懈怠危险的必然要求。坚持创新是马克思主义与时俱进理论品质的内在要求。提出“服务型政党”的概念，突出了党全心全意为人民服务的宗旨，使坚持党的群众路线与服务人民的政党功能相联系，其深刻性在于党历来提倡的密切联系人民群众思想进一步从作风认识提升到功能认识的高度。

第六，关于党的执政活动最高标准的新阐述。党的十八大作出“执政活动最高标准”的阐述，是构建执政理论的新贡献。胡锦涛在报告中指出：“坚持以人为本、执政为民，始终保持党同人民群众的血肉联系。为人民服务是党的根本宗旨，以人为本、执政为民是检验党一切执政活动的最高标准。”这就将党的最高宗旨与党执政活动的最高标准紧密相连，揭示了执政为什么、为谁执政、怎样执政等共产党人执政的根本价值诉求。在以往的阐述中，立党为公、执政为民，是概括党的宗旨的基本提法。十八大报告中用“以人为本、执政为民”阐述党一切执政活动的最高标准，既将党的宗旨融入其中，又突出了人作为执政活动服务主体的思想，是对共产党执政本质的深刻揭示。

（供稿：陈志刚、龚云、戴立兴）

邓小平南方谈话的思想价值与当代思考

金民卿，《马克思主义研究》2012年第2期

1992年年初，在国际社会主义运动发生重大曲折、中国特色社会主义发展面临关键选择的重要时刻，邓小平发表了振聋发聩的南方重要谈话。南方谈话，系统总结了改革开放以来的经验教训，科学回答了实践发展中面临的一系列重大问题，为中国特色社会主义的进一步发展开拓了巨大的发展空间，形成了中国特色社会主义发展史上一个承上启下的关键环节，

一座具有标志性意义的里程碑。

南方谈话，成功回答了社会主义本质问题，形成了科学社会主义理论发展史上的一次重大飞跃；系统论述了建设有中国特色社会主义的一系列重大理论问题，标志着邓小平理论的体系化、系统化；提出了一系列重大的理论问题，为马克思主义中国化第二次历史性飞跃提供了理论生长点和理论创新空间，形成了马克思主义中国化思想史上的重要篇章。

南方谈话发表20多年来，中国特色社会主义理论体系和中国特色社会主义实践取得了重大的新进展，我国经济社会发展正在进入到一个新的阶段。立足于中国特色社会主义的当代发展，重温南方谈话，一些重大的理论和实践问题值得我们深入思考。

首先，市场经济条件下如何坚持和发展社会主义？20多年过去了，我们不仅成功建立起了社会主义市场经济体制，而且推动了我国的经济基础，特别是我们的所有制结构、分配结构、利益结构，以及由此而延伸到社会各个领域都发生了巨大变化。那么，在经济基础变动的情况下，我们的上层建筑领域特别是社会制度方面，发生了什么样的变动？我们的市场经济毕竟是从资本主义引进来的，在引进市场经济体制时，有没有同时把资本主义的某些制度性因素也引进来？当前，我国市场经济运行过程中，哪些因素是非社会主义性质的，是与社会主义制度冲突的？在市场经济日益发展和完善的情况下，我们必须认真研究，市场经济的规则究竟应该在什么范围内推广？我们的社会生活中是否存在着过度市场化的问题？

其次，如何理解先富与共富的辩证关系，切实把共同富裕作为社会主义的本质要求？南方谈话说得很清楚，走社会主义道路，就是要逐步实现共同富裕，社会主义制度就应该而且能够避免两极分化。20多年过去了，我国的贫富差距问题不仅没有很好解决，相反正是从20世纪末即邓小平预想解决的那个时间开始越拉越大，分配不公日益严重，这不能不引起人们的思考。

再次，如何看待民生问题的重要地位？改革开放一开始，邓小平就始终强调提高人民群众的生活水平，把改善民生放在一个很高的位置。在三个有利于标准中，他又把民生作为一个根本标准和目标提出来。20多年过去了，在这三个标准中，我们的生产力水平有了很大提高，综合国力得到了极大增强。在这种情况下，民生问题应该很突出地提出来。在继“发展是硬道理”、“稳定是硬任务”之后，也许应该明确地提出“民生是硬目标”的论断。民生问题至少应该从三个高度上来看待：一是从人的自由全面发展高度，二是从改革开放的根本目标的高度，三是从中国特色社会主义的本质内涵的高度。当前，民生建设的主要问题一是公共产品和公共服务供应严重不足，二是有限的公共产品和公共服务分配严重不均衡。这两个问题的解决都不是靠民众个人所能够完成的，解决这些问题的主体不是民众而是政府。因此，政府一定要归位，要有所为有所不为，真正成为民生建设的主体，而市场则只是参与者并要服从政府的安排。

（供稿：陈志刚、龚云、戴立兴）

20世纪30年代知识界社会主义思潮略论

郑大华，《人民日报》2012年12月20日

社会主义是中国近现代的主要社会思潮之一。“五四”以后，在以报刊编辑、大学教授为

中坚的中国知识界曾兴起过两次社会主义思潮：一次是在20世纪30年代初；一次是在抗战胜利后。20世纪30年代初社会主义思潮之所以会在以报刊编辑、大学教授为中坚的中国知识界中兴起，主要有三个方面的原因：一是资本主义经济危机的影响；二是苏联“一五计划”的影响；三是九一八事变后民族危机的全面加剧，激发了人们的爱国热情。

受西方资本主义世界爆发的经济危机和苏联取得的经济成就和所形成的巨大反差的影响，20世纪30年代的中国知识界在选择社会主义道路时得出了以下三点结论：第一，是否实行计划经济是西方资本主义发生经济危机和苏联“一五计划”取得经济成就的重要原因。第二，计划经济是社会主义的本质属性。当时有不少人把计划经济看作是社会主义的本质属性，而视市场经济为资本主义的固有特征。基于这种认识，他们得出如下结论：计划经济实施的条件是公有制，资本主义的统制经济与社会主义的计划经济虽然存在某些类似，但实际上是根本不同的，即使资本主义实行了计划经济，其效果也是消极的，只能加速资本主义的灭亡。第三，要救国就必须实行社会主义的计划经济。苏联“一五计划”的成功凸显了社会主义计划经济的强大优势，一时间计划经济风靡全球。中国知识界中的一些人对苏联的社会主义计划经济表现出极大的热情，认为中国要摆脱贫穷落后的包袱，实现民族复兴，绝不能步资本主义后尘，只有追随苏联的社会主义计划经济道路。20世纪30年代初的社会主义思潮对近代中国历史的发展，尤其是对中国人的社会主义观念产生过重要影响，计划经济是社会主义的本质属性这一长期支配人们观念的认识就产生于这一时期。

（供稿：陈志刚、龚云、戴立兴）

方志敏在中共党史上的四大贡献

刘国云，《北京日报》2012年12月17日

方志敏是土地革命战争时期赣东北和闽浙赣革命根据地的创始人，他在党史上有四大重要贡献：

第一，他是党内比较早认识到“农民问题”并积极组织开展农民运动的革命家。方志敏在1924年11月就开始从事农民运动和农民武装斗争，1927年还在多篇文稿中从理论上论述了中国农民运动在中国革命中的重要性。方志敏同毛泽东、彭湃一起，都是党内最早认识农民问题重要性的革命家，方志敏同毛泽东、彭湃一起被公认为“农民大王”。

第二，他是“大革命”失败后党内最早举起共产党的旗帜、武装起义的旗帜、土地革命旗帜的领导人之一。以毛泽东为主要代表的中国共产党人创造了“农村包围城市，武装夺取政权”的道路，方志敏是自觉地参与创造中国革命道路的重要成员之一。方志敏领导的赣东北根据地，为毛泽东“农村包围城市，武装夺取政权”中国革命道路理论的提出和形成提供一个鲜活的例证。

第三，他创造了开辟根据地的新形式。方志敏和毛泽东、彭湃等基本上是同时分别创建了我党历史上最早的一批苏维埃政权。1927年11月，在彭湃的领导下，广东陆丰、海丰先后建立了苏维埃政府；1928年5月20日，毛泽东在井冈山创立了湘赣边界工农兵苏维埃政府，袁文才任主席；1928年5月上旬，方志敏主持召开弋阳县第一次工农兵代表大会，创建了苏维埃政府，自任主席。5月中旬，横峰成立苏维埃政府，邵式平任主席。可

见，方志敏领导的弋阳、横峰县苏维埃政权，是全国最早一批成立的苏维埃政权。1928 年 1 月初，方志敏创造性地通过上名字画押的形式组织"农民革命团"，组织起了党领导下的集军事、政权于一体的农民武装，赣东北根据地是白手起家，完全依靠当地的工农武装搞起来的。

第四，最早实行通过发展经济的办法来增加财政收入，最早实行对外贸易，最早发行红色股票。在敌人封锁的环境下，一般情况下各革命根据地财政开支通常是通过"打土豪"的办法来运转。方志敏创建的闽浙赣苏区比较早地运用了发展国民经济的办法来增加苏区财政收入。因为他们认识到"打土豪"的办法不是长久的办法，"打土豪"是越打越少的，后劲不足，必须发展自己的经济才能支撑整个根据地的存在与发展，这个创新思路的意义重大。1934 年 1 月，毛泽东在江西瑞金召开的第二次全国工农兵代表大会上报告的一部分《我们的经济政策》一文中，充分肯定了闽浙赣苏区的经济工作。

（供稿：陈志刚、龚云、戴立兴）

思想政治教育研究代表性论文

在社会主义核心价值观的概括上如何取得共识?

侯惠勤，《红旗文稿》2012 年第 8 期

社会主义核心价值观的提炼不仅为中国特色社会主义"铸魂"，使共产主义道德（例如"雷锋精神"）和社会主义本质（例如"共同富裕"）在我国发展的现阶段有了落脚点，而且从根本上区别了社会主义现代化与资本主义现代化，使中国特色社会主义和共产主义长远目标有机联系在一起，可以说是关系到千秋大业的战略之举。正因为如此，在这一重大问题上不容易达成共识。

概括地说，以下三点是分歧的焦点：一是从价值内容上看，如何能够体现出社会主义特性和人类性的有机统一；二是从价值主体上看，如何能够体现出规范国家和规范公民的内在一致；三是从价值基础上看，如何能够体现出现实性和理想性的历史统一。

在核心价值观的概括上缺乏共识，表明在一些基本理论上存在不一致。从认识论根源看，上述倾向是把真理性归结为价值性、以价值真理否定客观真理而必然发生的误判；从意识形态的反渗透看，从核心价值观上突破，以期根本推倒马克思主义、颠覆社会主义主流意识形态，是当前西方对我进行"西化"、"分化"战略的新动向。

在核心价值观的概括上缺乏共识，表明在核心价值观的社会功能和作用方式上存在分歧。核心价值观归根到底来源于对于国家制度和国家精神的认同。这里有两点需要注意：一是主次、先后的关系问题。国家精神决定着公民精神，有什么样的国家，就有什么样的公民；国家精神的形成先于公民精神，只有通过国家精神的成功内化，才使得市民社会的市民上升为"公民"。二是自觉和被动的关系问题。国家只有代表和有机整合了个人的利益，使公民认同国家利益和个人利益的内在统一，才可能使国家意志转化为个人意志，使国家精神转化为个人的精神追求；反过来，公民对于国家的认同也有两种方式：基于利益和目的内在一致的自

觉认同，或慑于政治经济思想巨大压力下的被动服从。

在核心价值观的概括上缺乏共识，表明在核心价值观的形成途径和培育方式上存在分歧。

以马克思主义为指导、以社会主义根本价值属性为基调，在充分继承我国优秀文化传统、不断吸收各国道德文化资源的基础上提炼整合，应当成为我们概括社会主义核心价值观的首要原则。社会主义核心价值观的概括必须体现我国社会主义制度的根本性质，首先是工人阶级领导的、以工农联盟为基础的人民民主专政的国家性质。以国家认同为追求、以建构和彰显国家“制度精神”为基调，在规范国家权力运作和制度建设的同时，规范公民的社会行为，不断促成社会良好精神氛围和道德风尚的形成，应当成为社会主义核心价值观概括的又一原则。

（供稿：朱亦一）

试论坚持思想政治教育学科建设的主导性与前沿性

郑永廷，《教学与研究》2012 年第 2 期

思想政治教育学科建设主导性，是指学科建设的指导理论、主要目标、建设重点的主导地位和服务思想政治教育实践发挥主导作用的特性。思想政治教育学科建设的前沿性，是指思想政治教育及其学科建设迫切需要解决的重要理论与实际问题。

在实践与理论研究中，要注意两者的关系，即思想政治教育学科建设的主导性要指导、规定思想政治教育学科建设前沿问题；思想政治教育学科建设的前沿性要蕴含、体现思想政治教育学科建设主导性。这包含三个方面的内容：(1) 坚持思想政治教育学科建设的主导性，要求我们要明确思想政治教育学科建设主导性内涵。首先，在思想政治教育及其学科定位问题上，只有坚持马克思列宁主义、毛泽东思想和中国特色社会主义理论体系的指导，坚持对实践活动、社会活动发挥先导作用，才能保证其根本性质与根本方向，这是思想政治教育学科建设主导性的根本；其次，要以马克思主义关于人的全面发展理论为指导，为培育有理想、有道德、有文化、有纪律的社会主义公民服务，为培养德、智、体、美全面发展的社会主义建设者和接班人服务；期间，要坚持社会主义意识形态的主导、坚持思想政治教育理论发展与创新的主导。具体而言，坚持思想政治教育学科建设主导性就是要始终坚持主旋律教育，引申而言就是坚持“主旋律教育”。所谓主旋律教育，就是在各种教育中居于主导地位、具有主导作用的教育，包括爱国主义教育、集体主义教育与社会主义教育，这三项教育，都是以国家为对象和内容的教育。与此同时，我们还要坚持思想政治教育学科建设主导性就是要始终遵循学科规范，以及正确认识和处理思想政治教育学科建设主导性与学科发展多样性的关系。(2) 坚持思想政治教育学科建设的前沿性，着力研究思想政治教育下列发展问题：①在对外开放、经济全球化、社会信息化条件下如何发展主旋律教育，②在激烈竞争、经济科技强劲发展条件下如何发展价值观教育，③在文化多元化、社会发展多样化条件下如何发展理想信念教育。(3) 正确把握思想政治教育学科建设主导性与前沿性的关系，明确坚持主导性的难度在于：①不断面临各种错误思潮与西方价值观的影响和冲击。②思想政治教育由于受智育和主知主义教育倾向的影响，有些教育者与受教育者在思想政治教育过程中，存在过分注重理论、知识的传播、记忆、应试而忽视思考，过分注重理论的阐述而忽视内化和运用的

倾向，致使思想政治教育出现形式化、工具化倾向。

（供稿：朱亦一）

在思想政治教育研究中推动行动研究与学术研究结合

佘双好，《思想政治教育研究》2011年第5期

由于思想政治教育学科涉及人的思想品德的形成和教育，而人的思想品德形成发展是一个复杂的动态过程，仅仅把思想政治教育作为一种客观现象进行学术研究是不够的。从思想政治教育学科发展历史和现状看，从思想政治教育理论的发展来看，从思想政治教育实践工作者的理论困境来看，从思想政治教育实务工作来看，都迫切需要学术研究与行动研究的结合。

思想政治教育行动取向研究指的是在思想政治教育情境中，教育者围绕思想政治教育工作所开展的旨在推动现实思想政治教育活动而进行的研究。从研究情境来看，思想政治教育行动取向研究是在自然的思想政治教育情境中开展思想政治教育研究。从研究的目的来看，思想政治教育行动研究的目的是改变思想政治教育实务工作，旨在推进日常思想政治教育实务工作。理论研究的目的是改变社会。这是一种思想政治教育的新的研究取向和新的研究方法论。从研究过程来看，在思想政治教育行动取向的研究中包含着“理论”与“实际”的结合，思想政治教育理论工作者与思想政治教育实务工作者结合的内涵。

行动研究与学术研究的区别在于：从研究目的来看，行动研究的研究目的是改进当下的思想政治教育具体实务工作。而学术研究的主要目的是形成、发展、扩展知识。从研究者的身份来看，行动研究主张在一定活动场域中所有的行动者（包括传统的“研究者”）及他们之间的互动都是研究对象的组成部分，与此同时，他们（包括传统的“被研究者”）也都可以成为研究者。这种研究是在所有行动者在互动过程中进行的，是在他们共同的实践活动中进行的，也就是说，“行动研究是局内人以共同的实践活动为载体的自我反省式研究”。从研究与行动关系上看，行动研究强调“行动”与“研究”的结合，把具体的实务工作作为研究对象，用研究来推动实际工作的开展。

学术研究与行动研究是科学研究过程中不可或缺的两个方面和两种视角，它们相互联系相互补充，只有把学术研究与行动研究结合起来，才能更完整体现科学研究的全过程。理论工作者针对具体实务工作开展研究有助于加深理论工作者对思想政治教育实务工作的理解，而实务工作者开展学术研究，有助于提升实务工作的理论性和实务工作品质。理论工作者在从事学术研究的同时，关注具体实务工作，开展一些行动研究；而实务工作在从事行动研究的同时，关注学术研究；只有这样，才能做到理论与实际的结合，弥合思想政治教育理论与实际相互脱离的现象。

要从以下三个方面促进思想政治教育学术研究与行动研究的结合：第一，树立马克思主义的科学研究方法论观点。第二，倡导科学研究、实务工作与研究者的价值融合。第三，搭建研究平台，建立研究网络。

（供稿：朱亦一）

提高思想政治理论课教学实效性需要处理好的六种关系

艾四林，《北京教育：德育版》2012年第7/8期

“05方案”实施6年来，无论教材建设、队伍建设、教学管理、学科建设，还是课堂教学效果，高校思想政治理论课教学状况都有了较大的改善。但从课堂教学的实际效果来看，还有较大的改善和提高的空间。该文认为，要持续地提高思想政治理论课教学实效性这一重中之重的问题，需要着重处理好以下6种关系。

（1）要处理好共性与个性的关系。针对在达到共性要求前提下，如何体现出教学的个性的问题，指出，必须体现学校的历史文化特点，必须同学生的特点和教师的特点结合起来。

（2）要处理好教与学的关系。针对思想政治教育中教与学的矛盾，我们应由“满堂灌”的课堂教学模式，转向以教师为主导，以学生为主体，讲授与提问、讨论相结合，教师与学生双向交流的研究型教学模式。

（3）要处理好教材体系与教学体系的关系。为避免目前思想政治理论课教学中存在的照本宣科、另起炉灶倾向，作者认为，应在吃透教材的基本精神、基本内容后，实现从教材体系向教学体系的转化，即实现从教材的系统性转化为教学的专题性、从教材的普遍性转化为教学的针对性、从教材的稳定性转化为教学的探索性、从教材的严谨性转化为教学的通俗性。

（4）要处理好知信与行的关系。要增强教学实效性，就需要通过各种方式激发学生自主自愿地对所学知识从认识理解到情感认同，然后升华为理想信念，最后转化为行动指南。

（5）要处理好课堂教学与实践教学的关系。在实际的教学活动中，清华大学“马克思主义基本原理概论”课组的做法是：第一阶段，让学生深入社会大课堂开展课前社会调研。教师在开课前布置学生利用寒假在家乡进行社会调查并撰写调查报告。开学第一周，学生提交调研报告。第二阶段，教师在学生课前调研的基础上，聚焦热点、难点问题，并围绕理论的重点和难点，通过课堂教学引导学生对这些问题进行理论思考。第三阶段，让学生再回到社会大课堂。课程结束时，正值暑假来临，学生与学校暑期主题实践相结合，回到社会大课堂，通过实践，去验证自己的思考。

（6）要处理好教学内容与方法的关系。一些课堂教学之所以不受学生欢迎，不是因为教学方法不恰当，而是因为教师将理论内容讲得不深不透，要将理讲透彻，作为教师至少要做到两个转变，即实现从主要讲清“是什么”转变为主要讲清“为什么”，从主要讲清一个个知识点转变为主要讲清各个知识点之间的内在联系和逻辑。

（供稿：朱亦一）

文化的“化人”与思政的“育人”

李春华，《马克思主义研究》2012年第9期

文化的“化人”，就是将人类社会的物质文明、精神文明成果，通过显性与隐性的方式，作用于人的身体、生理、心理和精神的各个层面，渗透在人类生活的一切领域。文化“化人”主要是通过文化环境的影响和各种文化活动实现的。思想政治教育的“育人”功能是其首要的、最基本的价值功能，其他功能都是通过这一基本功能而实现的，是通过人的思想改变而产生的结果，思想政治教育的直接对象或唯一对象是“人的思想”，思想政治教育的其他价值的实现和功能的发挥，都必须通过对人的教育才能达到。

如何将文化建设与思想政治教育结合起来，在文化建设中发挥思想政治教育的作用，在思想政治教育中进一步增强文化内涵，是应该深入思考的课题。就文化的社会教化功能与思想政治教育的育人功能两者的关系来看，要注意三点：(1) 文化“化人”中的思想政治教育功能即文化对人的熏陶、渗透、浸润，也在潜移默化地进行着思想政治教育；(2) 思想政治教育“育人”中的“化人”功能，即思想政治教育也在以科学的理论武装人，以丰富的传统文化资源、以多样化的文化载体，自觉地有意识地“化人”；(3) 文化“化人”与思想政治教育“育人”也是有区别的，即文化的“化人”与思想政治教育的“育人”虽然在本质上是一致的，但在外延、内涵及对人的影响方向和方式上，也有着很大的区别。文化包括广泛的领域，而思想政治教育的范围则相对狭窄，表现在对人发生作用的方式上，文化的“化人”是不自觉的、潜移默化的，其对人们的思想和行为的影响，往往带有自发性和不确定性。思想政治教育则是自觉地有意识地以特定思想意识对人的教育，有组织、有计划地以培养、提高人的思想政治素质为目的的活动，它明确地体现并指示着人的发展和社会发展的方向性和价值取向。文化的“化人”是隐性的渗透、浸润、熏陶、影响；而思想政治教育是显性的灌输、系统的教育、明确的引导。将思想政治教育等同于文化，必然弱化其育人功能，遮蔽政治性(意识形态性)；而将文化等于思想政治教育，必然失去艺术作品的特性，变得索然无味。更重要的是，二者在影响人的发展方向上是有区别的。文化在影响人的发展方向上，既有正面影响，也有负面影响。文化可以把人“化”得高雅，也可以把人“化”得低俗；可以使人崇高，也可以使人渺小。正因并未如此，我们才特别强调以先进文化“化人”。而思想政治教育影响人的方向是既定的，它必须是有利于统治者的方向。思想政治教育的过程实质上是选择特定的文化、有目的的“化人”过程。那些不利于统治阶级的思想文化是不能作为思想政治教育内容的。

(供稿：朱亦一)

思想政治教育研究如何借用范式——范式的本义与本质及方法论阈限之考查

钱广荣，《思想政治教育研究》2012 年第 1 期

范式作为自然科学研究一种方法论的理论和认知原则，是否适应于社会科学特别是思想政治教育科学的研究？在库恩那里，范式转换就是科学革命，我国社会科学研究尤其是思想政治教育研究领域是否亟待实行这样的“科学革命”，以至于在遮蔽和搁置马克思主义基本原理的情势下实行这样的“科学革命”，是需要持极为慎重的态度的。

范式作为描述自然科学研究发展史的方法论，推崇的是“科学共同体的成员所共同拥有的研究传统、理论框架、研究方式、话语体系”之诸要素“结构”状态的真实存在及其重要性。范式本义关注的不是其“结构”要素的固定模式和一致性，不是强调唯有经由“科学革命”实现“范式转换”才能赢得“常规科学”的常态发展。这是范式的本义及其真谛所在。在正确理解和把握范式本质的前提下，如果说范式“转换”是必要的，那么慎言范式“转换”就显得更为重要了。我们在理解和把握社会科学研究尤其诸如思想政治教育之类学科的研究范式的问题上，不应当在一般意义上抽象地借用托马斯 · 库恩提出的范式和范式转换的问题。

思想政治教育研究“借用”范式，有助于梳理和总结其有史以来的规律和轨迹之“自然历史过程”，进而把握其方法论规则，这不仅是可能的，也是必要的。厘清思想政治教育研究借用范式的基本理路，第一，首先要看到“借用”的范式本是自然科学研究的方法论，不可照搬照用，必须经过创新。思想政治教育研究“借用”范式，唯有“借”得范式的“传神”之处，才可能实现方法创新，不然，实际上就成了方法套用或方法移植，毁伤思想政治教育研究范式应有的逻辑结构。其次要区分研究范式与“文明样式”的学理边界。第二，坚持在唯物史观的指导下理解和把握思想政治教育研究范式的逻辑结构。历史地看，思想政治教育研究范式之结构要素中的“科学共同体”、“研究传统”、“理论框架”、“研究方式”、“话语体系”等都是具体的，都具有鲜明的国情特质，不仅是历史范畴，也是民族范畴。学科属性要求思想政治教育研究“借用”范式，不可将范式抽象化、一般化，而必须放在当代中国社会转型和发展的具体的历史条件下，尊重中国国情、世情和党情。如此来理解和把握思想政治教育研究“借用”范式，就不会遮蔽其与库恩“自然科学研究范式”之间存在的“明显差异”，不至于使思想政治教育研究“共同体的成员”尤其是青年成员，在理解和把握思想政治教育研究范式的问题上陷落“未曾预料”的迷途和窘境。

（供稿：朱亦一）

思想政治教育学科规范建设有关问题的思考

李辽宁，《思想理论教育导刊》2012 年第 8 期

目前，思想政治教育研究学科已拥有了较广阔的学科发展平台，形成了系统的本科、硕士、博士和博士后流动站的人才培养体系，学科地位已经从争取学科地位阶段向提高学科建设质量的阶段转变。当前，思想政治教育学科建设的问题，主要是学科发展速度与学科建设质量之间的矛盾。

在思想政治教育学中，关于学科建设的研究有不少，主要集中在以下论域：一是从历史的视角回顾思想政治教育学科的发展历程，从中提出未来发展应关注的重点。二是关于思想政治教育学科建设的问题研究，主要集中在学科定位不明确、学科边界模糊，与其他学科交叉重叠现象严重；有关马克思主义整体性和综合性研究不足；比较研究相对薄弱；学科和专业的“空壳”、“空巢”现象；偏重于经验型和思辨性问题，实证性客观分析研究不足；专业及人才培养不足等。三是思想政治教育学科建设的对策研究，包括从整体上把握学科建设、提升思想政治教育的学术研究水平；有学者提出思想政治教育学的发展应在深化理论研究上下工夫，注重完善和深化本学科基础理论；还有学者提出了学科基本理论再系统化的学科建设思路。但是，以上关于学科建设的研究，都没有论及思想政治教育学科规范的问题。

当下思想政治教育学科规范建设问题机遇与风险共在，其有利条件有：第一，思想政治教育学科发展的阶段性成就为学科规范建设提供了重要的平台基础。第二，马克思主义理论学科研究会和思想政治教育学科研究会的建立，为思想政治教育学科规范建设提供了较好的组织基础。第三，学术界关于学术规范的研究成果可以为思想政治教育学科规范建设提供重要的理论资源。其不利条件则在于：第一，基础理论研究方面的分歧和不足，为构建思想政治教育学科规范增加了困难。第二，高校思想政治教育学科建设水平参差不齐，为学科建设

规范的有效实施增添了难度和变数。第三，社会宏观学术环境的规范化缺失，为思想政治教育学科规范建设增加了难度。

要加强思想政治教育学科规范建设，有如下四条基本路径可供选择：第一，加强理论研究，为学科规范建设提供必要的理论支撑。第二，加强学科规范和制度建设，为学科规范化发展提供制度支撑。第三，构建学科规范的指标评价体系，加强对学科平台的动态管理和评估。第四，把握学科未来发展趋势，提高学科规范建设的前瞻性。

（供稿：朱亦一）

论思想政治教育的本质——坚守“灌输论”的缘由

刘书林，《思想理论教育导刊》2012年第10期

历史和现实中的思想政治教育的本质都是一定的社会意识形态的教化和灌输。其他的社会科学学科也从某一个方面涉及“灌输”性质的工作，但是思想政治教育是在正面直接体现和揭示这一本质的学科。这一概括是符合实际的，经得起历史考验的。

“灌输”既是思想政治教育学的一个主要的范畴，又准确揭示了思想政治教育的本质。坚持思想政治教育的本质是灌输，对于思想政治教育学科的发展具有重要的理论意义和现实意义。

第一，坚持思想政治教育的本质是一定的社会意识形态的教化和灌输，有利于奠定思想政治教育学体系发展的基础，使得思想政治教育学的其他概念和内容有了遵循的主线，联系为一个完整的体系。不确定这一点，或者把这一本质做出其他角度的解释，其他的相关的概念和内容就会处于分崩离析的状态，不能形成一个完整的体系。无论把灌输作为理论依据之一，还是从特点上来看待思想政治教育的本质，都不能把本学科的主要矛盾、基本过程、基本规律、教育的主体和对象、环境和方法联系为一个主体。只有从灌输论这条主线出发才能顺理成章地完成这个任务，使得思想政治教育学成为一个具有逻辑力量的体系。

第二，坚持思想政治教育的本质是一定的社会意识形态的教化和灌输，有利于提高思想政治教育工作者的理论自觉和高度的责任感。一定社会占统治地位的思想实际上都是统治阶级的思想。任何既定的社会都存在对民众进行意识形态的教化和灌输的实践。从某种意义上说，社会主义国家最大的政治优势就是思想政治教育，最重要的文化软实力也是来自思想政治教育。

第三，坚持思想政治教育的本质是一定的社会意识形态的教化和灌输，有利于明确坚持思想政治教育的方向性和党性原则，旗帜鲜明、理直气壮地开展思想政治工作。今天的教化和灌输，就是要把以马克思主义为灵魂的社会主义意识形态通过大众化、中国化、时代化的途径灌输到人民群众中去，启发和提升他们的觉悟，调动他们的主观能动性，为完成全面建设小康社会的目标，为社会主义制度的巩固、完善和发展服务。

第四，坚持思想政治教育的本质是一定的社会意识形态的教化和灌输，有利于促进思想政治教育方法的改进和更新，增加针对性和实效性。运用“灌输论”支撑思想政治教育的本质，不但规定了教育者的方向和使命，同时也规定了思想政治教育方法更新的任务。在今天，进行社会主义意识形态的教化和灌输，是社会发展进步的总的时代使命。

（供稿：朱亦一）

论思想政治教育社会价值的生成机制

杨威，《思想理论教育》2012 年第 2 期（上）

由于思想政治教育全方位地渗透到社会的经济活动、政治活动和文化活动中，对社会主体的思想和行为发挥定向影响，促进有利于社会发展的社会关系的形成和发展，从而使自身的社会价值得到充分彰显。思想政治教育的社会价值，是在思想政治教育对社会发展需求的满足中生成的。当前，学界对思想政治教育社会价值的外在表现形式探讨得较多，但关于思想政治教育社会价值产生和形成的内在机制却关注不够。作者认为，思想政治教育社会价值的生成，只有在社会发展需求与思想政治教育对这种需求的满足关系中才能得到揭示。鉴于此，作者就思想政治教育与经济价值、政治价值、文化价值实现之间的作用方式和价值生成关系，对思想政治教育社会价值生成的内在机制作了初步的探讨。

在思想政治教育经济价值的生成机制的探讨中，作者认为，生产力标准是衡量一切社会活动是否具有价值的终极标准。思想政治教育作为一种社会实践活动，也必然要最终放在生产力标准的尺度上进行检视。只有满足和实现了社会对生产力和经济发展的根本需求，思想政治教育才真正获得了自身存在的意义和价值。具体而言：（1）思想政治教育通过作用于劳动者的素质能够激活经济价值的实现。（2）思想政治教育通过作用于生产关系能够推动经济价值的实现，即思想政治教育能够通过形成群体协作力来加强生产关系中主体力量的发挥、维系和巩固促进生产力发展的生产关系，在新旧社会形态转型时期，思想政治教育还能够积极推动生产关系的历史性变革，从而促进生产力的发展。（3）思想政治教育通过作用于上层建筑能够保障经济价值的实现，即思想政治教育可以通过作用于政治上层建筑、道德和其他社会意识形式和社会心理来实现经济价值。

通过对思想政治教育政治价值的生成机制的研究，作者认为，思想政治教育通过作用于人们的政治思想能够促进政治价值的实现，思想政治教育通过作用于政治行为能够推动政治价值的实现，思想政治教育通过作用于政治关系能够保证政治价值的实现。

在思想政治教育文化价值的生成机制的探讨中，作者认为，思想政治教育通过作用于核心价值观能够直接推动文化价值的实现，思想政治教育通过作用于精神生产能够间接促进文化价值的实现，思想政治教育通过作用于人的文化心理能够激发文化价值的实现。

（供稿：朱亦一）

思想政治教育的本质在于思想掌握群众

骆郁廷，《马克思主义研究》2012 年第 9 期

什么是思想政治教育的本质？思想政治教育主要是做人的工作，做人的精神世界的工作，做的是用一定阶级或集团的思想来教育、武装、提高、动员群众以影响和推动社会实践，实现一定阶级或集团政治目的和经济利益的工作。因此，思想政治教育的本质就是思想掌握群众。

(1) 思想掌握群众揭示了思想政治教育的深刻本质。思想掌握群众，就是一定的阶级或集团，运用反映本阶级或集团根本的政治目的和经济利益的理论化、系统化的思想意识，自觉地影响和掌握群众的思想，指导和推动群众的社会实践，以实现本阶级和集团根本的政治目的和经济利益的过程，这也就是一定的思想为群众所掌握、一定阶级或集团的思想对象化、群众化、实践化的过程。“思想”总是体现为反映本阶级或集团根本的政治目的和经济利益的一定的理论体系和思想体系，总是体现为一定阶级或集团的理论化、系统化的思想意识。“群众”则是生活在现实社会中的广大社会成员，“掌握”则是有意识、有计划、有组织地施加思想影响的自觉的思想政治教育过程。思想掌握群众是思想政治教育的本质，这一概括不但反映了思想政治教育的深刻内涵、反映了思想政治教育的根本属性、反映了思想政治教育同其他实践活动的本质区别，还在于体现了思想政治教育同其他一切社会实践活动的本质区别。

(2) 思想掌握群众凸显了思想政治教育的本质内容。思想政治教育，说到底，就是思想掌握群众的活动。无论哪一个阶级的思想政治教育，都是运用一定阶级的思想来教育、影响、掌握和引导群众的活动。思想掌握群众，既是运用一定阶级的思想掌握本阶级群众的活动，也是运用一定阶级的思想影响和掌握其他阶级群众的活动，其实质都是力图让一定阶级的思想上升成为占主导地位或统治地位的思想，进而影响和支配全社会的实践活动，并在这一过程中，实现一定阶级的根本的政治目的和经济利益。

(3) 思想掌握群众之所以是思想政治教育的本质，还在于它集中而深刻地体现了思想政治教育的本质特征。思想政治教育具有鲜明的政治性、广泛的群众性、生动的实践性和自觉的超越性，这些都是由思想政治教育的本质所决定的重要特征。

(供稿：朱亦一)

科学无神论研究代表性论文

关于少数民族地区党员干部信教问题的思考——读陈奎元著《西藏的脚步》札记

习五一，《马克思主义中国化研究报告》第 2 辑，社会科学文献出版社 2011 年 11 月版

近期，国家级研究机构某课题组建议，采取“‘开放与宽容’的政策处理党员信教问题”。该政策建议的重要现实依据之一是，“党员信教现象”“在全民信教的少数民族中甚至比较普遍，而信教停止的命令又难见成效”。针对这种论据，本文选取 20 世纪 90 年代的“全民信教的少数民族地区”——西藏自治地区为典型案例，并以时任西藏区党委书记陈奎元同志的自选文集《西藏的脚步》为重要历史文献来考察这个议题。

西藏可谓典型的“全民信教”的少数民族地区。1992 年 6 月，刚到西藏不久的陈奎元同志就旗帜鲜明指出：“共产党员要尊重群众的信仰自由，但是党员自己必须是无神论者，不应朝神拜佛，坚持党的信仰才有资格当党员，求神拜佛就不配当党员。”此后，在驻守雪域高原的艰难岁月里，陈奎元同志多次重申：“共产党员不得信仰宗教”，“共产党员必须坚持无神论”。

除藏传佛教这一长达数百年政教合一的历史传统外，流亡境外的十四世达赖喇嘛在西方列强的支持下，打着民族和宗教的旗号从事藏独分裂活动，不断兴风作浪，企图颠覆西藏的社会主义制度。面对这样严峻的时局，陈奎元同志明确地指出：在西藏反分裂斗争中，关键在于各级党组织是否坚强。要大力加强党的建设，增强党的凝聚力和战斗力，这是取得反分裂斗争胜利的根本保证。面对西藏“政教合一”历史传统形成的比较浓厚的宗教气氛，面对有些党员频繁地参加宗教活动的现状，面对有些党员“今生靠共产党，来生还要靠达赖喇嘛”的思想，陈奎元同志高屋建瓴地指出，解决这些问题，需要马克思主义无神论的思想武器，“需要中央的权威声音”，“在党内进行振聋发聩的教育”。

无神论是人类社会文明和思想智慧的结晶。按照马克思主义的观点，无神论的教育和宣传固然是必要的，不可削弱的，但是，要消除宗教有神论的社会现象，根本的途径是消除这类现象存在的现实社会条件。因此，马克思主义无神论与“简单打倒宗教”的文化主义相反，共产党人要团结各阶层民众，包括无神论者和有神论者，齐心合力地为铲除宗教的社会根源，创造理想的共产主义社会而努力奋斗。在这个相当长的历史阶段中，根据不同的国度和社会发展程度，共产党人要制定相应的纲领和策略，将科学无神论的教育和宣传，纳入整个共产主义事业中。

从西藏加强和纯洁党组织的实践来看，学者们所说的“信教停止的命令又难见成效”结论，是值得质疑的。宗教是人类社会处在不发达时期形成并延续下来的产物。它经过千百年的历史，与群众的文化生活、意识形态、传统信仰结合在一起，宗教的存在将是长期的历史现象。我们允许宗教信仰自由，目的是照顾群众的信仰。允许群众信仰宗教，决不意味着共产党员也可以信仰宗教。共产党人代表先进的力量，必须坚持科学无神论的世界观。共产党人要善于做群众的工作，经过长期耐心细致的思想工作，逐步减少宗教对群众的束缚，为群众谋得更多的利益，引领人民群众走向幸福的康庄大道。

（供稿：杨俊峰）

科学无神论的学科建设和道路——在中国无神论学会2011年学术年会上的发言

文丁，《科学与无神论》2012年第1期

中国无神论学会成立至今已有30余年，《科学与无神论》也走过了12年。要问现在状况如何？我个人认为还不错，但路其漫漫兮大约很长。说不错，是因为中央一直没有取消对无神论的支持，中国社会科学院设置了专业的研究室和研究中心，实现了从无到有的飞跃。说路很长，是因为路上的阻力和障碍多得出奇，硬得出奇。

鬼神论中国自古有之，但反对之声历代不绝，尤其是到了近现代，几乎没有了在光天化日下活动的余地。但自特异功能问世，却在城乡官民文化人中间时时闪现着神迹鬼影。此后的宗教热，又呈现新的姿态。其一要用正教抵御邪教，其二要用土教抵御洋教，更绝的是要用鬼神论去挽救世道人心，制止道德滑坡，建设和谐社会。这种大环境促使价值观和人才观出现畸形。一批接受国外神学培育的文化人占据了“宗教研究”、“宗教文化”的国家资源和话语平台，他们认为宣传无神论是“文革”遗绪、极“左”思潮，是反对宗教信仰自由政策和国家宪法，制造民族矛盾，破坏社会稳定。中央一直要求强化对无神论的宣传和研究工作，并列入长远战略规划，但遗憾的是很多文件大约都因为“保密”锁到柜子里去了，反正我是没有读到过。现在有不少学者专家靠神发财，为了外国人的那点钱，把国人都目为智障；而有的国人，也确实利令智昏，为这批洋奴开拓市场。这不是个别的，在被权力机构奉为专家之中大有人在。在这样条件下，科学无神论能够生存下来，而且能够举行这么大规模的年会，有几十万字的论文，实在是件了不起的事。

我们拥有真理，敢于坚持真理，而真理是不可以被驳倒的。科学无神论敢于肯定，鬼神及其彼岸世界是没有的。世上没有一个人是靠鬼神赐予生活的，指望天上掉馅饼只是痴心妄想，所以我们把希望寄托在科教兴国和依靠劳动创造上。在全国人民致力于科教兴国，建设小康社会之际，鬼神论却一波波不停息地向我们袭来，这除了外部原因之外，我想可能与改革开放以来的形势有关。就我们现在讨论的范围讲，在干部和文化人中至少有两种思潮值得注意：一种叫革命忏悔派，追悔他所走过的道路，连他教导别人的唯物论和无神论全扔到了一边，热衷于神秘主义。另一派是对今天的执政路线失去信心，但他们还特别看重执政，所以就求救或求助于宗教，把宗教当作维护社会和谐的根本良策。所有这些神秘主义和宗教倡导者，没有一位认真谈过科学教育，为人民服务，为人民负责，倒是攻击科学，向学校引进宗教表现特殊积极。它们代表的是一种什么社会利益？须要观察分析。

我们应该加大力度，与建设和捍卫社会主义核心价值观结合起来，联合全国一切有志于这一事业的学者共同奋斗，争取在较短的时期，写出一些有针对性、有一定分量的论著来，至少能清理一下混乱的思想认识。

（供稿：杨俊峰）

新时期党和国家文献中有关宗教与教育相分离的论述研究

何虎生，《科学与无神论》2012 年第 1 期

坚持宗教与教育相分离，是十一届三中全会以来中国共产党宗教工作的重要组成部分，也是中国特色社会主义宗教理论的一个重要内容。

中国长期处于封建社会和半封建半殖民地社会，宗教与教育有着紧密的关系，在全员信仰宗教的少数民族中更是如此。宗教虽然对于各民族文化的形成和发展曾起过积极的作用，但是在近代科学发展的大背景下，宗教对教育的阻碍作用越来越突出。新中国成立后，中国共产党实行了宗教与教育相分离的原则。这一点在改革开放新时期得到坚持和进一步发展，已经成为党对宗教问题的基本观点和基本政策之一。首先，坚持宗教与教育相分离，是党对宗教问题的一贯主张。其次，坚持宗教与教育相分离，是政教分离原则的应有之义。再次，坚持宗教与教育相分离，是建设中国特色社会主义的重要一环。

全面贯彻党的宗教信仰自由政策、依法管理宗教事务、坚持独立自主自办原则、积极引导宗教与社会主义社会相适应，是党的宗教工作基本方针的主要内容。联系这个基本方针来认识宗教与教育相分离，不难发现它是贯彻党的各项宗教政策的必然要求。第一，全面贯彻党的宗教信仰自由政策，必然要求坚持宗教与教育相分离。第二，依法管理宗教事务，必然要求坚持宗教与教育相分离。第三，坚持独立自主自办原则，必然要求坚持宗教与教育相分离。第四，积极引导宗教与社会主义社会相适应，必然要求坚持宗教与教育相分离。

坚持宗教与教育相分离，涉及党政管理者、教育工作者、宗教界人士等各个方面。具体

到原则执行中的要求，也各有不同。就历史经验和现实要求来看，党和国家文献中反复强调的以下五点，需要高度重视和切实落实。第一，共产党员不得信仰宗教，不得参加宗教活动。第二，对人民群众加强马克思主义宗教观和无神论的宣传教育。第三，对宗教界人士加强爱国主义和社会主义教育。第四，教育界必须坚持宗教不得干预教育的基本要求。第五，加强宗教问题的科学研究。

坚持教育与宗教相分离，任何组织和个人不得利用宗教进行妨碍国家教育制度的活动，是中国共产党对宗教问题的基本观点和基本政策之一，也是全面贯彻党的宗教信仰自由政策、依法管理宗教事务、坚持独立自主自办原则、积极引导宗教与社会主义社会相适应的必然要求。当然，在实践中坚持教育与宗教相分离，也非易事，需要党员干部、教育界、宗教界、学术界的共同努力。

（供稿：杨俊峰）

基于互联网的基督教传播：以大学生为对象

左鹏、厉彦龙，《中国青年研究》2012 年第 1 期

互联网正在改变整个世界，也使宗教获取了新的天地。各大宗教组织和个人纷纷利用互联网打破时空界限、跨越文化障碍的传播特性，在方寸屏幕上构筑起神圣的信仰殿堂。这既方便了非信徒了解宗教，扩大宗教的社会影响，又方便了无暇去宗教活动场所的信徒在网上参加宗教活动，通过虚拟空间完成宗教功课、结交教内外朋友。我们以大学生为研究对象，详细考察了基于互联网的基督教新教（以下简称“基督教”）在他们中间传播的情况。

与现实社会宗教传播的主体相比，基于互联网的基督教传播的主体更加多元化。概括起来，主要有以下四种：教会、网络宣教士、网上基督徒、“神棍”与“网络水军”。在网络宣教士中，有一个特别值得关注的群体，即所谓的“基督徒公共知识分子”。身为基督徒，他们深谙互联网的重要性，经常从信仰主义的立场出发在网上发言，对信徒和非信徒施加影响。还有一些“基督徒公共知识分子”，用他们在文化、学术领域的研究成果，间接地表达福音的内涵，同样收到了巨大的效果。随着现代信息技术的发展，通过互联网向大学生进行的基督教传播几乎使用了互联网所能使用的所有平台，包括门户网站、虚拟社区论坛、博客空间与社交网络。与现实社会基督教传播的内容相比，互联网上基督教传播的内容更加丰富。概括起来，主要有以下 4 方面：①基督教的教义和文化；②重大新闻资讯及评述；③现实生活的感悟和指南；④线下活动的信息和通告。

自互联网诞生起，宗教便敏锐地抓住了这一新兴媒体。由于网络宗教传播处于宗教和互联网的交汇点，它在形态上继承了互联网的共享性、虚拟性及交互性等多重特征。正是因为这样，各种宗教信息在网上广泛传播，宗教网络化轨迹日益明显，对依法管理宗教事务提出了挑战。有学者提出，依法管理网络宗教事务应该“立法为先，监管为重，疏堵结合，形成合力”。这种说法很有意义，但工作中一定要注意：一是个人单纯地在网上参加宗教活动、了解宗教文化，应当属于公民宗教信仰自由、文化教育权利的范畴，不能因其实现形式的改变就任意剥夺。至于宗教搭上互联网以后传播的范围更广、速度更陕，也不必过于防范。只要切实解决了广大受众的实际问题，把理想信念教育真正融入丰富多彩的社会生活中，宗教扩张的势头未必就能从线上发展到线下。二是对网络宗教传播产生的涉及国家利益和社会公共利益的各种关系、活动，一刻也不能放松监管。对境外不良网站的拦截、对境内宗教网站的审批、对敏感词语的过滤、对虚拟空间服务商和IDC服务商的控制等，既是维护互联网安全的需要，也是贯彻宗教信仰自由政策、抵御境外宗教渗透的需要。

（供稿：杨俊峰）

美国对华宗教渗透新模式及其意识形态演变

黄超，《中国党政干部论坛》2012年第2期

冷战结束以后，新崛起的神权政治意识形态与旧的地缘政治思想结合，在美国国内形成"新冷战意识形态"。美国对华宗教渗透出现与"新冷战意识形态"相适应的新模式，这种模式的根本诉求正是以《国际宗教自由法》为标志的"新宗教治外法权"。

在中国国内形成奠基于"新宗教治外法权"基础上的"国中之国"是美国对华宗教渗透的最新目标，推动没有任何国际关系准则和伦理底线的"新人权运动"将是实现该目标的突出标志。基督徒维权运动或"维权政治"是中国"宗教政治化"策略的主要实现途径。从根本上讲，在美国"新人权战略"主导下的"宗教政治化"，就是要使宗教成为所在国"代表反政府运动的一个重要部分"和"主导力量"。20世纪90年代以后，来自中国内地的传教士将福音传回中国内地成为主流趋势，而数量迅速增加的来自中国大陆的知识分子群体被期望并已经成为这一趋势的新的传教载体。在国际上，以美国政府、国会和相关宗教机构为主导者，以"对华援助协会"为组织核心，形成针对"中国宗教问题"的压力集团。在中国国内，"对华援助协会"一方面觊觎中国家庭教会的领导权，尝试建立"整合城乡"的全国性宗教领导机构，完成在其掌控下的"教会国度化"；另一方面，企图以家庭教会为依托，超越宗教领域，"巧妙编辑中国社会的各种自由元素"，形成包括"互联网、政法系、家庭教会、媒体等力量"的维权政治组织体系。

冷战结束以后，美国宗教右翼势力以"政治崛起"的方式迎来了一个"美好时代"，一些学者将这种现象描述为宗教势力复辟的美国式"神权政治"。美国出现了建立在"新神权政治"意识形态与旧地缘政治目标基础上的新冷战思维，这种意识形态的演变不仅改变了美国国内政治气候，而且在国际政治、军事和外交上产生深刻影响。树欲静而风不止，"新冷战"意识形态使"世界面临从未有过的各种力量和事件如此危险的汇合"，但是，"几乎没有人意识到，驱动华盛顿政策的那种疯狂已经变得多么危险"。

所谓宗教渗透，其实质是一种"政治渗透"。我们在看待境外宗教渗透问题上，既不能犯"左"的错误，也不能犯右的错误，而应该"让宗教还它个宗教的本来面目"。第一，我们必须排除一切干扰，坚持和完善与中国特色社会主义相匹配的新型政教关系。第二，坚持独立自主自办教会的原则。第三，建立长效的宗教突发事件危机处理机制。在社会主义中国，"依法管理宗教事务、积极引导宗教与社会主义社会相适应、促进宗教关系的和谐、发挥宗教界人士和信教群众在促进经济社会发展中的积极作用"，不仅是我国政教和谐、政治稳定的根本解决之道，而且是克服被"文明冲突"魔咒困扰的国际宗教、政治危

机的“他山之石”。

（供稿：杨俊峰）

简论近代中国教育与宗教相分离的历程

习五一，《科学与无神论》2012 年第 1、2 期

在近代中国，教育与宗教相分离的命题主要是针对西方来华传教势力兴办的基督教大学。近代中国基督教大学世俗化的因素，更多地来自社会变革运动的冲击。在“五四”新文化运动以后，基督教教会大学的办学宗旨受到日益严峻的挑战。国民政府教育部制定的现代教育法规，国立大学的竞争，特别是非基督教运动和收回教育权运动，推动了中国基督教大学的世俗化进程。在这些波澜壮阔的社会运动中，有三大高峰，即现代教育体制的确立与五四新文化运动；民族主义高涨中的非基督教运动；矛头直指基督教教会学校的收回教育权运动。

20 世纪初，清政府为维持其摇摇欲坠的统治，开始推行新政，其中包括教育制度的改革。清政府公布教育章程规定，在新式教育学堂中除教授儒家伦理外禁止传播外国宗教。科举考试被废除后，各种新式学堂如雨后春笋纷纷建立，而教会学校则依仗不平等条约的特权，无视中国政府的主权，自成一体。辛亥革命后，蔡元培提出“以美育代宗教”，反映了人类社会日益非宗教化的历史趋势。新文化运动兴起后，科学与民主成为批判宗教的思想武器，而到少年中国学会发起对宗教问题的讨论时，对基督教的批判成为主要议题，并引起了广泛的社会影响。

20 世纪 20 年代，中国社会的现代民族主义思潮空前高涨，对基督教会发起的挑战空前激烈。基督教在华传教事业的宗旨是“建立上帝之国”，此时代基督教在中国传教事业的挑战态势，刺激了中国知识界，最终导致了 1922 年春世界基督教学生同盟第 11 届大会在北京举办前后非基督教运动的正式爆发。1922 年 2 月，上海一批青年学生发起成立“非基督教学生同盟”，号召抵制在清华校园召开世界基督教学生同盟大会。运动迅速从上海传播到北京，并波及广东、湖南、福建、山西、浙江等地，形成全国性的思想运动。这场非宗教运动以科学为号召，以知识界人士为领袖，以青年学生为主力，坚持启蒙主义的方向，对宗教发动了猛烈的冲击，而现代教育必须与宗教分离成为重要的议题。在蔡元培、胡适等先进教育家的倡导下，主张教育脱离宗教的影响逐渐成为教育界有识之事的共同认识。

1924 年，国共两党实现合作，中国的反帝运动出现高潮，非基督教运动再次兴起，众矢之的是教会学校，“收回教育权”成为运动的主要目标。这一阶段的非基督教运动具有强烈的政治色彩，最重要的因素是国民党、共产党等政党的参与指导。在“五卅运动”掀起的民族主义的浪潮中，非基督教运动再次复兴，加速了收回教育权运动的进程。在第三阶段的非基督教运动中，真正居于指导地位的是政党。国共两党合作，掀起反帝运动高潮。经历非基督教运动和收回教育权运动，外国传教士控制教会大学的局面逐步被打破，中国化和世俗化成为教会大学发展的趋势。

（供稿：杨俊峰）

无神论教育的道德旨归和人道主义价值

张新鹰,《科学与无神论》2012年第2期

有人认为，宗教信仰可以挽救当今道德沦落、诚信缺失的“良心危机”，而“无神论者”的道德自律能力值得怀疑。其实，在哲学、道德都是神学婢女的情况下，宗教道德是私人道德和社会道德的主要表现形式，无神论者因此自然被归入不道德的行列。但这种情况即使在基督宗教曾经一统天下的西方世界也已经走入了历史，宗教道德与世俗道德相互分离、大同小异、并驾齐驱，早已是社会的正常现象。

宗教道德，是宗教通过规范信仰者个人和集体行为而可以对社会发生积极作用的一项功能所在，对这种积极作用没有理由加以否定，而且应该善于引导宗教信仰者按照宗教道德的规范做一个优秀的公民。但是，我们在现实中不难发现，一些信教者具有明显的“道德优越感”，更值得关注的是当前一些不信教者也认为信教者“道德高尚”。说宗教道德高于世俗社会道德，说不信仰宗教就会缺乏道德自律，这是我们不能同意的，尤其要防止以虚构的道德级差来论证信徒与非信徒的不同，有意无意制造宗教群体与社会的对立。确实，无神论不需要像康德那样把人有道德感当作上帝存在的证明，也不承认宗教道德是“神意”的表达，但在科学、教育大大普及的今天，不是任何一个声言“不信神”的人都可以被称作合格的“无神论者”。做一个坚定的无神论者，与做一个坚定的有神论者一样，都离不开坚强信念的支撑，这些信念同样会给人提供强劲的道德意志和实践力量。

无神论宣传教育的必要性与发挥宗教积极作用的必要性相比，前者费神费力，一时见不到明显成效，后者往往能找到现成抓手，便于造出动静，符合“政绩”需求，也容易满足主事者个人的心理预期。然而，中国共产党不能像历史上的统治者那样调动宗教对下层民众的麻醉作用去维持自己的执政地位。马克思主义指导下的中国共产党自诞生以来，就是在做开启民智、凝聚民心、引导人民认识自己的利益所在并为之自觉奋斗这一件事，我们决不能回到走到历史上国内外剥削阶级政权利用有神论传统制造“愚民政策”的老路上去。况且，用行政力量发展宗教、扩大宗教阵营及其社会影响的后果存在着巨大的不确定性，对执政的共产党而言更是如此。无神论对有神论的理性批评如果也能够成为社会常态的一部分，使公共话语氛围中长久而适度地保有一种对有神论的异议声音，对于引导信教群众提高科学文化素质和信仰水平、减少宗教信仰向狂热升温的思想土壤，其实是大有好处的，对降低社会管理成本也是有利的。

作为共产党，推崇无神论、宣传无神论，决不是心血来潮，一时兴起，或者是面对有神论思潮的扩张被迫采取的应对之策、临时之举，而是在不断改造客观世界同时彻底改造主观世界的社会主义、共产主义建设过程中，先进分子与广大人民群众共同实现自我提升、自我解放所进行的必然选择。

（供稿：杨俊峰）

所谓“鸦片基石论”的错误及其由来

加润国,《科学与无神论》2012年第2、3期

将列宁在《论工人政党对宗教的态度》一文中的某些话语加以割裂和拼凑，抽离出“宗

教是人民的鸦片——马克思的这一句名言是马克思主义在宗教问题上的全部世界观的基石"和"我们应当同宗教作斗争"这两句话，据以把列宁的宗教观概括为"鸦片（基石）论"和"(同宗教作)斗争论"，是一种颇为流行的对马克思列宁主义宗教观的歪曲概括，它已成为一些人攻击、否定和修正马克思主义宗教观的借口。

对于"宗教是人民的鸦片"这句话，我们应该结合时代背景、上下文和马克思主义宗教观的思想体系来准确地理解。它是马克思从"宗教批判"转入"政治批判"的思想背景下，说明宗教对人民作用的论断，是"宗教社会作用"的重要内容。列宁结合当时的实际对马克思的这句名言作了具体理解和运用，对当时控制在各国资产阶级手中的宗教的社会作用进行了批判。他指出，党要求国家把宗教视为私人的事情，保障公民信教或不信教的自由，但党不能把宗教视为私人的事情，党组织的成员必须坚持和宣传无神论。列宁分别从理论和实践两方面阐述了党坚持和宣传无神论的依据、方式和原则，以及"宣布宗教为私人的事情"这一原则在西欧遭到机会主义歪曲的原因和在俄国革命中反对这种歪曲的必要性。我们中国共产党一直高度重视马列主义宗教观的学习和运用，逐步形成了宗教具有长期性、群众性、民族性、国际性、复杂性的基本观点，既保障群众的宗教信仰自由权利又重视开展无神论宣传，并始终坚持马克思与列宁关于宗教具有精神麻醉作用的基本观点。

马克思主义宗教观是马克思主义在宗教问题上的立场、观点、方法的集中体现，是共产党人正确认识和处理宗教问题的指导思想，是随着实践不断丰富发展的一脉相承又与时俱进的科学体系。马克思主义宗教观的基本原理包括关于宗教的本质、根源、社会作用及其产生、发展、消亡的规律和工人政党对待宗教的基本态度和政策等基本内容。所谓以马克思主义宗教观为指导，就是要运用这些基本原理来观察、分析和处理现实的宗教问题。但"鸦片基石论"论者却把马克思和列宁的某些话从整篇著作中抽离出来，变成脱离时代背景、具体语境和思想体系的抽象教条，严重割裂和歪曲了马克思主义宗教观，背离了中央对马克思主义宗教观的正确理解和运用。他们以此为依据和借口，把党的宗教工作说得一团糟，宣称马克思主义宗教观已不适应时代需要，必须引进西方资产阶级宗教学的时髦理论来"与时俱进"。这种论调导致很多人对马克思主义宗教观产生了严重误解与反感，造成了极为恶劣的社会影响，必须予以纠正与澄清。

（供稿：杨俊峰）

贯彻19号文件中的得与失

段启明，《科学与无神论》2012年第3期

1982年3月31日，中共中央下发了《关于我国社会主义时期宗教问题的基本观点和基本政策》（中发1982年19号文件）。30多年之后的今天，重温文件精神，回顾和反思贯彻文件精神的情况，依然能够感受到它在理论上的基础性，思想指导上的前瞻性。

19号文件是中国共产党对新中国成立以来宗教工作一次全面系统的总结，是把马克思主义关于宗教问题的基本理论同中国具体实践相结合的典范。文件从十二个方面对新中国成立以来宗教工作正反两个方面的历史经验进行了总结，论述了中国共产党关于社会主义时期宗教问题的基本观点和基本政策。文件的主要精神可以概括为：阐明了中国共产党关于宗教问

题的基本观点；阐明了社会主义时期宗教工作的基本任务；阐明了对待和处理宗教问题的基本政策；阐明了对待和处理宗教问题的一系列具体政策；阐明了党的领导对做好宗教工作的重要作用。

在19号文件的指导下，彻底纠正了“文革”中“左”的错误，党对宗教的工作的基本方针政策得到全面贯彻执行，公民享有充分的宗教信仰自由权利。30年来宗教工作的主流是好的，处理宗教问题是成功的，宗教工作取得了巨大成就，积累了丰富经验。同时，由于我们把关注点和力量用在了纠正“文革”所造成的“左”的倾向方面，而对“要防止右的倾向”却关注不够，或被严重忽视了，没有能够全面地贯彻19号文件精神，导致了有神论迷信思潮泛滥的后果。这主要表现在：信教人数激增，有神论迷信思潮阵地扩大；国外势力利用宗教极力进行渗透，企图“重返中国大陆”；迷信活动沉渣泛起，妖言惑众，骗钱害人；邪教践踏人权，摧残生命，危害社会；滥建庙宇、滥塑露天佛像，推动了有神论迷信思潮泛滥；有神论迷信思潮对在校学生的影响触目惊心；某些文人学者在有神论迷信思潮泛滥中起了重要推动作用；政府相关职能部门对宗教社会事务监管不到位；某些共产党员特别是官员在有神论迷信思潮泛滥中沦为俘虏或推波助澜。

在纪念19号文件下发30周年之际，我们认为，很有必要对30年来贯彻19号文件的情况和经验教训，进行一次全面的实事求是的总结，并把总结的过程变为19号文件再学习再教育的过程，理论联系实际，“受一次唯物论的思想方法的教育”。既要充分肯定宗教工作的成绩和经验，又要高度重视工作中的失误和教训。对涉及宗教理论方针政策上的是非问题，涉及中国化的马克思主义宗教观，应当旗帜鲜明，绝不息事宁人，绝不姑息迁就，建议用适当方式、在一定范围内表明党和政府对这些问题的看法和态度。这样才能统一人们对宗教问题的认识，统一人们对中国化的马克思主义宗教观的认识，进而才能在全党真正牢固树立起马克思主义宗教观，才能实事求是地对待和处理宗教实际问题，把宗教工作做得更好。

（供稿：杨俊峰）

第六篇

著作选介

马克思主义基本原理

马克思主义整体性研究

逄锦聚编著，经济科学出版社 2012 年版

《马克思主义整体性研究》在总结共产主义运动中因否定或片面理解和运用马克思主义而造成危害的教训的基础上，从我国建设中国特色社会主义实践和时代发展的要求出发，比较系统地从马克思主义的创立过程和宗旨、马克思主义各个组成部分的内在联系、马克思主义的革命性与科学性统一、马克思主义的创新性和实践性、马克思主义在中国的继承和发展等多角度对马克思主义整体性进行了研究，同时有分析地借鉴了国外学者对马克思主义研究取得的有益成果，澄清了理论界在一定时期内存在的，强调对马克思主义三个组成部分的研究，而忽视整体性研究的模糊认识，提出了适应实践和时代发展的新要求，必须从整体上理解、把握、继承和发展马克思主义的主张。全书主要从马克思主义创立过程、马克思主义基本原理、马克思主义组成部分、社会主义实践及马克思主义的继承和创新、国外马克思主义等角度来研究马克思主义整体性。《马克思主义整体性研究》在从整体上理解和把握马克思主义的必要性和重大意义、把握马克思主义整体性的角度和方法、马克思主义三个组成部分理论和马克思主义整体性的关系、对西方发达国家和世界其他国家中马克思主义的发展状况的评析，以及以整体性理解和把握马克思主义的思想和方法对中国特色社会主义理论体系进行全面的阐述等方面都有一定的创新。

（供稿：崔云）

马克思主义整体性研究

房广顺等著，中国社会科学出版社 2012 年版

《马克思主义整体性研究》是一部系统全面研究和探讨马克思主义整体性科学内涵和实践运用的学术专著。《马克思主义整体性研究》以经典作家的原著和当代实践为研究的出发点，以马克思主义在发展进程中不断涌现的新成果为线索，立足于正确把握马克思主义的科学内涵，运用马克思主义的科学原理，对马克思主义进行整体性研究、整体性理解和整体性运用。主要内容包括：马克思主义整体性问题缘起、马克思主义本质的整体性、马克思主义研究方法的整体性、马克思主义理论内容和结构的整体性、马克思主义实践的整体性、马克思主义理论发展的整体性、中国化马克思主义的整体性、马克思主义理论学科建设的整体性等，从马克思主义的本质、方法、内容、结构等方面研究和回答了什么是马克思主义整体性，进而从马克思主义的理论发展、实践发展、学科发展等领域研究和回答如何坚持、运用和发展马克思主义的问题。

（供稿：崔云）

马克思主义与当代中国社会发展

袁银传，社会科学文献出版社 2012 年版

该书结合中国化马克思主义的发展进程，将理论研究与实证研究相结合，从历史、理论、

现实三者统一的角度，研究改革开放30多年来中国经济、政治、文化、科技、人的发展历程及其现实状况，分析了当代中国社会发展取得的历史成绩及在发展过程中存在的主要问题，提出了解决当代中国社会发展问题的基本思路和具体路径。从内容上看，该书大体上可以分为两大部分：第一部分是理论分析（导论）。作者对马克思主义社会结构理论进行了系统梳理。从马克思主义的整体视阈出发，研究了社会的基本结构和社会发展的一般过程。作者把社会看做是一个有机开放的系统，社会内部是由相互联系的各种结构组成的，社会的主要结构包括经济结构、政治结构和文化结构等，社会发展过程是一个自然历史过程。第二部分是实证分析（第一章到第五章），它是全书的主体。在这部分中，作者运用马克思主义的结构研究方法具体分析了当代中国经济发展、政治发展、科技发展、文化发展以及人的发展。总结了当代中国在上述五个方面取得的成就和存在的问题，提出了进一步推进中国社会全面发展的具体路径和对策。该书的特色在于，它运用马克思主义的整体方法，从社会结构角度对中国社会发展过程进行了全方位的分析研究。

（供稿：彭五堂）

马克思主义经济学的五大理论假设

程恩富、方兴起、郑志国主编，人民出版社2012年版

该书认为，由于以往人们强调马克思主义经济学的真理性和现实性，因而一律偏好使用“普遍原理”或“基本原理”之类的词汇，不愿或不敢退一步，把某些经济思想和理论视为或同时也定义为一种“理论假设”，似乎假设都是脱离实际的或无意义的空想和幻想，贬低了马克思主义经济学原理的重要性。显然，这不仅不符合马克思的原意，而且导致了一种历史性的误解，即认为理论假设只存在于西方经济学中，而马克思主义经济学，特别是马克思的经济理论，只有原理之说，没有理论假设之说。毋庸置疑，离开相关的一些理论假设，马克思的经济理论是难以成立的。出于同现代西方主流经济学交流或论争的需要，现在应当改变某些用语习惯，适度采用“理论假设”一词及其逻辑叙述方法。基于这一考虑，该书以理论假设的形式探讨了马克思主义经典作家在一定历史环境中提出的经济学原理和当前的一些重大经济理论问题，具体包括以下五大假设：新的活劳动创造价值假设、利己和利他经济人假设、资源与需要双约束假说、公平与效率互促同向变动假设、公有制高绩效假设。该书不仅符合马克思主义的研究方法，而且赋予了马克思主义经济学鲜明的实践特色、民族特色和时代特色，从而推进了学科体系、学术观点和科研方法的创新。

（供稿：彭五堂）

马克思主义中国化

中国特色社会主义理论体系研究

王伟光主编，人民出版社2012年版

该书由时任中国社会科学院常务副院长、学部委员王伟光主编，中央党校诸多知名专家学者

集体编写。被中宣部确定为迎接中国共产党的“十八大”的八种重点图书，并被新闻出版总署列为迎接“十八大”主题出版重点出版物。

全书从中国特色社会主义思想路线论、发展阶段论、根本任务论、改革创新论、对外开放论、发展战略论、市场经济论、民主政治论、先进文化论、和谐社会论、生态文明论、国防军队论、祖国统一论、和平发展论、主体力量论、领导核心论这16个方面，在历史与逻辑、理论与实践相结合的基础上，对中国特色社会主义理论体系的基本构架、主要内涵和理论特质等作了深入系统的研究和探讨。全书一致认为，中国特色社会主义理论体系是马克思主义中国化的最新成果，是在多重背景下产生，并应在新的实践中坚持和发展的理论体系，是中国共产党最可宝贵的政治和精神财富，是全国各族人民团结奋斗的共同思想基础。内容包括邓小平理论，“三个代表”重要思想以及科学发展观等重大战略思想，精髓是解放思想，实事求是，主题是发展，核心是以人为本，立足点是社会主义初级阶段的基本国情，关键是加强党的执政能力建设，永葆党的先进性。书中既有作者统一的认识，也有学者个人的见解。

（供稿：郑萍）

什么是中国特色社会主义

赵智奎，湖南人民出版社2012年版

该书分析了中国特色社会主义内涵，阐述了中国特色社会主义旗帜、道路、理论体系和制度。分别从政治、经济、文化、社会、外交等方面阐释了中国特色社会主义，概括了中国特色社会主义十大特征：①是以马克思主义为指导和中国共产党领导的社会主义；②是初级阶段的社会主义；③是以公有制为主体、多种所有制经济共同发展的社会主义；④是社会主义制度与市场经济体制相结合的社会主义；⑤是人民民主制度化、法律化的社会主义；⑥是有高度精神文明的社会主义；⑦是对外开放的社会主义；⑧是“一国两制”的社会主义；⑨是维护世界和平、反对霸权主义的社会主义；⑩是和谐的、共同富裕的社会主义。对这些特征，除了必要的理论阐释，主要是以作者的调研经历和一些实证材料来说明，力求有比较充分的说服力。对于理论上的阐述，也力求通俗易懂、文字生动活泼。该著的简略本已经翻译成英文著作*What is Socialism with Chinese Characteristics*?，于2012年12月在湖南人民出版社出版。

（供稿：郑萍）

马克思主义中国化研究报告No.3：南方谈话与中国特色社会主义新发展

赵智奎、贺新元主编，社会科学文献出版社2012年版

该书是“马克思主义中国化研究报告系列丛书”的第3册，是在2012年年初由中国社会科学院马克思主义研究院马克思主义中国化研究部举办的“第二届马克思主义中国化学术论坛”提交论文的基础上充实和提炼出版的论文集。全书收入该研究部各位学者及中国社会科学院原副院长汝信、中央文献研究室龙平平、北京大学郭建宁、中国人民大学秦宣、天津社会科学院张景荣等知名专家的论文等共32篇，主题是为纪念邓小平南方谈话发表20周年。

全书结合当时的背景和当下的现实，对南方谈话的思想内涵、理论创新、重大意义等进行了研究探讨，充分彰显了南方谈话的历史感和强烈的时代感。除马克思主义研究院金明卿《邓小平南方谈话的重要价值和当代思考》、李崇富《学习邓小平南方谈话，坚持“三个坚定不移”》、赵智奎《走社会主义道路，就是要逐步实现共同富裕》、辛向阳《南方谈话与中国特色社会主义制度的确立》、王宜秋《社会主义必须大胆吸收和借鉴人类社会创造的一切文明成果》、陈志刚《社会主义市场经济必须坚持人本维度》、习五一《简论“科学技术是第一生产力”与“科学无神论”》之外，学者们还从社会主义本质论、社会正义、风险思想、农业现代化建设、文化教育、国家安全和领土主权、国外学者的视角等角度，对邓小平的理论思想进行了广泛研究、具体探讨、深入阐述。

（供稿：郑萍）

马克思主义中国化研究的历史进程

倪愫襄主编，人民出版社 2012 年版

该书追溯了马克思主义中国化的理论研究的进程，是一部关于马克思主义中国化研究之研究的简史。全书分为十章。从“五四运动”时期马克思主义的传播与研究开始，梳理了中国共产党创立时期、第一次国内革命战争时期、第二次国内革命战争时期、抗日战争时期、第三次国内革命战争时期的马克思主义中国化的研究历程，继而对中华人民共和国成立初期、社会主义建设探索时期、改革开放时期乃至十四大以来的马克思主义中国化的研究的历史和现状进行了阐述。全书通过总结和归纳各个时期马克思主义中国化研究的主要成果（主要代表人物、主要代表作）、主要内容、主要特点的方法来展开研究，为今天的马克思主义中国化研究之研究提供了比较翔实的资料和清晰的线索。此间，作者从理论史的视角，论述了中国共产党三代领导人对马克思主义中国化发展的理论贡献，并秉持客观公正的研究态度，不回避马克思主义中国化研究中各个历史阶段出现的分歧和争论，对各个时期马克思主义中国化研究的问题以及探讨这些问题的经验教训进行了再探讨。

（供稿：郑萍）

马克思主义发展史

马克思的事业——从布鲁塞尔到北京

韩毓海，中国人民大学出版社 2012 年版

该书分为“批判旧世界”和“创造新世界”上下两篇。上篇包括马克思与卢梭、马克思与康德、马克思与美国三个章节，下篇包括马克思与恩格斯、马克思与列宁、马克思与毛泽东三个章节。

该书以恢弘的视野、深刻的理论、活泼的文风、通俗的笔触勾画了马克思主义发展的历史脉络，重申了马克思主义在人类思想史上的重要地位，彰显了马克思主义在解决理论困惑和回应时代问题方面的强大力量，论证了中国特色社会主义理论与马克思主义和毛泽东思想和之间的坚持、发展和继承、创新的关系。该书从马克思主义的立场、观点和视野出发，分

析了现代资本主义世界体系、国际关系体系、世界市场体系的最新发展趋势和特征，以及当代社会主义所面临的困局、难题和应对之策，从而论证了中国特色社会主义道路具有光明的未来。该书运用经济、政治、社会、文化、自然多重力量矛盾互动的唯物辩证视野观察人类现代发展史，论证了科学发展观的深刻内涵和深远意义。

在深度解读马克思主义经典文献的基础上，该书对什么是资本主义及当前资本主义经济危机的实质、什么是社会主义及如何建设社会主义、什么是科学发展观及其重大战略意义等广受关注的重大理论和现实问题给出了深入浅出的解释，展现了作者对马克思主义经典文献富有创造性的解读。该书以其宏大的视野、独特的风格和通俗的笔触，打破了各种风格马克思主义之间的壁垒，实现了马克思在不同学科之间的穿越，实现了马克思与列宁、毛泽东、卢梭、康德、弗洛伊德等思想大师的相遇和对话，满足了学术研究、理论宣传与通俗传播的多重需要。

该书对推进马克思主义中国化、时代化、大众化有着重要意义，有助于树立道路自信、理论自信、制度自信。该书将促使读者更加自觉地学习马克思主义，掌握马克思主义，从而坚定对马克思主义的信念和信仰，运用马克思主义这一理论武器来认识和改造世界，以更好地推动中国的改革开放和社会主义现代化建设事业。

（供稿：任洁）

传承与创新——马克思主义中国化新进展研究

吴东华主编，人民出版社 2012 年版

该书是湖北省社会科学基金项目“马克思主义中国化新进展研究”的最终研究成果。该书包括导言“当代中国前进的旗帜”和五个章节内容。该书的第一章“马克思主义中国化的历史轨迹与理论结晶”，主要对马克思主义中国化的多维内涵进行了解读，指出马克思主义中国化是国情与时代发展的必然要求，将马克思主义中国化的历程概括为一个结合、两次历史飞跃、三个历史时期和四大理论成果理论与实际相结合的结果，并对马克思主义中国化历史进程中的经验和获得的思想启示进行了总结；第二章“马克思主义中国化新进展的理论基础与现实依据”，主要对科学发展观这一马克思主义中国化最新成果提出的理论基础和现实依据进行阐述，指出科学发展观是依据辩证唯物主义和历史唯物主义的世界观、方法论，立足中国发展的现实国情、总结历史经验和指导中国现实的基础上形成和发展起来的；第三章“马克思主义中国化新进展的重大成果”，从“发展”理念的拓展与创新、“四位一体”的全面小康理念、党建理论和外交战略四个方面阐述了科学发展观对中国特色社会主义理论体系的丰富和发展；第四章“马克思主义中国化新进展的体系与逻辑”，从战略任务、经济目标、思想基础、外部环境和根本保证五个维度阐述了科学发展观的思想体系和内在逻辑；第五章“不断创新、发展的理论体系”概括指出，党的十六大以来的理论创新进程，就是在坚持马克思主义基本原理的基础上，始终坚持解放思想、实事求是辩证统一的思想路线，坚持改革开放的伟大实践，不断把马克思主义基本原理同中国具体实际相结合中进行理论创新的过程。

该书从历史与逻辑、理论与实践相结合的角度，考察了马克思主义中国化的历史发展及重大成果，对党的十六大以来马克思主义中国化的新进展进行了系统全面的总结和研究，从经济社会发展的指导方针、战略目标、政治保证、外部条件等四个方面，对党的理论的新发展进行了理论体系的构建，探讨了各重大理论之间的内在联系，视角新颖、论证深刻，具有一定的理论、学术价值。

（供稿：任洁）

中国特色社会主义理论发展史

闫志民主编，人民出版社2012年版

该书对中国特色社会主义理论体系的发展脉络进行了全面的梳理，论述了其重大命题和基本观点提出的时代背景和发展过程，分析了在其发展过程中出现的重大社会思潮和热点问题。党的十一届三中全会以来，我们党把马克思主义基本原理同当代中国实际和时代特征相结合，总结国内外社会主义建设经验教训，从我国社会主义初级阶段基本国情出发，创立了中国特色社会主义理论体系。中国特色社会主义理论体系是为改革开放30多年实践所充分证明了的推进社会主义现代化的科学理论，是全党全国各族人民团结奋斗的共同思想基础。近年来，中国特色社会主义理论体系成为哲学社会科学研究的重大课题。从目前出版的理论著作来看，大多是从“论”的角度展开研究，从“史”的角度展开研究的成果相对较少。该书在全面分析中国特色社会主义理论体系产生和发展的历史与现实条件的基础上，从中国特色社会主义理论体系的开创与奠基阶段、跨世纪发展阶段、21世纪新阶段，勾画了这一科学理论体系发展的历史脉络，展示了中国特色社会主义理论体系的科学性、创新性、指导性。

该书还对中国特色社会主义理论体系中若干重大问题进行了深入剖析。该书围绕中国特色社会主义理论体系的主题，把历史回顾、文本分析、现状透视、资料引证和理论探求有机结合起来，系统阐述了中国特色社会主义理论体系的科学内涵、主要特征、理论渊源、发展过程、历史地位、基本经验等一系列重大问题，提出了一些富有新意的思想和观点。该书主题鲜明、逻辑严密、资料翔实，体现了中国特色社会主义历史与逻辑相一致、理论与实践相统一。

（供稿：罗文东）

中国特色社会主义史论研究前沿问题卷

严书瀚主编，中共中央党校出版社2012年版

该书是中央党校赵曜和严书翰主持的国家社科基金重大研究项目的结项成果之一，并列入“十二五”时期国家重点图书出版规划项目。中国特色社会主义的内涵十分丰富，是旗帜、道路、理论和制度的统一，可以从史与论这两个方面加以概括。中国社会主义现代化60年和中国社会主义改革30多年，可以说是当代中国发展史上最为重要的历史时期。该书从史论结合上叙述了这段历史，使人们认识到新中国前后两个30年是有机衔接、相辅相成的。书中26个前沿问题中有9个属于中国特色社会主义历史研究，有17个属于中国特色社会主义理论研究。这些问题都是当前和今后一个时期需要深入研究的中国特色社会主义重要问题。

该书全面深入地阐述了中国特色社会主义道路，对中国特色自主创新道路、中国特色新型工业化道路、中国特色农业现代化道路、中国特色城镇化道路、中国特色社会主义政治发

展道路、中国特色反腐倡廉道路等都作了历史的考察和理论的分析。在此基础上，作者还对科学社会主义基本原则与中国特色社会主义的内在关系、对构建社会主义和谐社会、全面建设小康社会和社会主义核心价值体系建设等问题进行了深入的阐释，得出的结论既具有历史的厚重，又具有理论的深度。

该书还分领域对中国特色社会主义前沿问题进行了全面深入的论述。经济领域有我国国有企业改革、非公有制经济发展，政治领域有中国特色社会主义政治发展道路，文化领域有我国文化体制改革和发展，社会领域有我国现阶段的阶级和阶层，等等。对这些热点和难点问题，都提出了自己鲜明的观点和见解。例如，对中国模式的研讨是当前理论界的热点和重点问题，作者认为对中国模式认识的不同，源于对社会主义模式的认识和对苏联模式的评价的差异。该书考察了社会主义模式的含义的嬗变过程，辩证地分析了苏联模式的利弊，进而对中国模式作了科学定位和高度的评价。

（供稿：罗文东）

科学发展观与十六大以来的理论创新

张宁主编，中央文献出版社 2012 年版

该书是中共中央文献研究室第五编研部研究梳理党的十六大以来科学发展观的形成发展以及其他理论创新的成果。该书以解读党和国家重要文献为基础，以理论创新的发展脉络为着眼点，揭示科学发展观等理论创新成果的实践基础、时代特征、精神实质和科学内涵，以及内在联系和相互贯通，阐发其丰富内容和理论贡献。

该书全面准确地阐述了科学发展观的客观依据、科学内涵、思想理论来源和形成发展过程，概括了贯彻落实科学发展观的根本要求，包括大力弘扬求真务实的优良作风、树立正确的政绩观、掌握科学的思想方法、深化改革形成有利于实现科学发展的体制机制，建设善于领导科学发展的坚强领导集体等。作者提出：科学发展观等重大理论创新成果都经历了在实践中不断形成发展的过程，研究工作只有抓住其发展脉络，才能在历史与逻辑的统一中深刻理解其实践背景和思想内涵。这种分析和论述有利于人们深刻领会科学发展观的精神实质和指导意义。

该书还全面概括了党的十六大以来以胡锦涛同志为总书记的党中央以科学发展观统领经济社会发展全局，推进中国特色社会主义经济建设、政治建设、文化建设、社会建设、生态文明建设与和平统一、外交工作以及党的建设所取得的重大理论和实践成果，包括加快转变经济发展方式、完善社会主义市场经济体制、建设创新型国家、大力发展社会主义民主政治、建设社会主义核心价值体系、建设社会主义新农村、构建社会主义和谐社会、加强生态文明建设、推动建设和谐世界、加强党的执政能力建设和先进性建设等重大战略思想。作者指出：科学发展观等重大理论创新成果涉及全面建设小康社会的各方面实践，只有自觉把这一时期我们党在各领域进行的新探索、形成的新思路作为一个内在联系的统一体，才能全面领会其总体思路；只有把握其与邓小平理论与“三个代表”重要思想既一脉相承又与时俱进的关系，才能准确认识其精神实质和理论贡献。这种分析和论述有利于人们全面深入地掌握马克思主义中国化时代化大众化的最新成果，提高贯彻落实科学发展观，在新的历史起点上坚持和发

展中国特色社会主义的自觉性和坚定性。

(供稿：罗文东)

国外马克思主义

新欧洲左翼——21世纪的社会主义?

［英］凯特·哈德森(Kate Hudson)，Macmillan，2012

《新欧洲左翼——21世纪的社会主义?》一书分析和阐释了21世纪最初十年东西欧左翼政党的发展、各党的差异及相似性，并对其作为一种整合的欧洲政治力量及其在全球化背景下的角色进行评估。该书认为，经过苏东剧变后20年的发展，从共产党和其他左翼力量中衍生的一股政治潮流(作者称为“新欧洲左翼”)正在占据社会民主主义左侧的政治空间。这些左翼政党一致反对《马斯特里赫特条约》，捍卫福利国家，从而在一些关键国家的议会选举中获得了可观支持率，有的党甚至进入了国家和地区政府。20世纪90年代后期，它们逐渐发展成为反资本主义、反全球化运动的组成部分。进入21世纪后，左翼政党在“9·11”后的反战运动中扮演着重要角色。在当前全球经济危机下，它们提出的替代的社会经济前景使其重新获得了吸引民众支持的潜力。该书作者凯特·哈德森是英国伦敦南岸大学的客座研究员，曾经在2000—2010年担任过该校社会与政策研究系主任，同时也是英国著名的左翼活动家，前英共党员(后加入英国“尊重”党，2012年10月退出该党)。哈德森教授长期致力于欧洲左翼政党研究，2000年就曾出版过专著《1989年后的欧洲共产主义：通向新欧洲左翼?》。该书是这一研究主题的延伸。

(供稿：于海青)

争论与选择——列宁、斯大林与党内反对派

陈爱茹著，中共中央党校出版社2012年版

该书对俄国苏维埃道路的选择和苏联20世纪20年代社会主义国家发展道路的选择进行了梳理和研究。

关于俄国苏维埃道路的选择，该书认为是俄国在其特定的历史发展条件下，资产阶级临时政府无力领导国家走出战争、危机和衰退，而布尔什维克党顺应历史的潮流，提出了“和平、土地和面包”的口号，因此，获得了民众的支持，取得了政权。由此可见，苏维埃选择是历史的选择。

很多学术著作都把苏联共产党在20年代的历史概括为“党内斗争”，认为是党内高层最激烈的争夺领导权阶段。该书通过大量的学术资料和档案文献揭示了苏联20年代党内进行争论主要是因为在选择国家发展道路上不能达成共识，各抒己见，导致苏联共产党不得不进行一场又一场的争论，以便选择更符合时代特点的发展道路。

该书对苏联20年代围绕“新经济政策”、“工会的地位和作用”、“列宁主义”政治道路、“党内民主化”、“一国建成社会主义”、“工业化”、“农业集体化”等问题进行的争论进行了梳

理，指出，苏联最终选择斯大林社会主义建设模式，是通过争论选择的，在当时环境下能够让苏联得以生存下去的发展模式，具有历史合理性。正是斯大林社会主义建设模式为苏联取得卫国战争的胜利和成为与美国比肩的超级大国奠定了基础。

（供稿：王静）

“改革新思维”与苏联演变

李瑞琴著，社会科学文献出版社 2012 年版

该书为 2007 年国家社科基金一般项目（07BKS031）的最终成果，中国社会科学院创新工程学术出版资助项目，被列入世界社会主义研究丛书系列。该书以苏联社会主义历史为背景，从苏联社会主义理论发展演变的视角，揭示了世界上第一个社会主义国家从列宁主义到“人道的民主的社会主义”的演变过程；以剖析该理论实质为着眼点，系统探讨了其与苏联演变的本质关系。该著作力求完整、准确地运用唯物史观阐释苏联演变的根源：（1）“根据唯物史观，历史过程中的决定性因素归根到底是现实生活的生产和再生产”，“人道的民主的社会主义”作为指导苏联改革的理论，是政治上层建筑的重要组成部分，是历史过程中的决定性因素的重要成分。（2）深刻理解“我们称之为意识形态观点的那种东西……又对经济基础发生反作用，并且能在某种限度内改变经济基础”的物质力量；深刻理解“一切重要历史事件的终极原因和伟大动力是社会的经济发展，是生产方式和交换方式的改变，是由此产生的社会之划分为不同的阶级，是这些阶级彼此之间的斗争”，揭示“人道的民主的社会主义”颠覆社会主义的巨大作用。（3）深刻理解国家权力对经济发展的三种反作用的基本观点。揭示戈尔巴乔夫利用国家权力推行其改革路线对苏联造成巨大的破坏性作用和严重的灾难性后果，充分说明“人道的民主的社会主义”与苏联演变的本质关系。

（供稿：周淼）

劳工的力量：1870 年以来的工人运动与全球化

［美］贝弗里·J. 西尔弗著，社会科学文献出版社 2012 年版

第二次世界大战后，多种原因造成工人运动尤其是发达国家工人运动的相对低落，有人因此断言人类正“告别工人阶级”，甚至有人叫嚣“历史终结”了，资本主义才是人类的最终归宿。

《劳工的力量》根据“世界劳工小组数据库”提供的从 1870 年到 1996 年、涵盖 168 个国家和地区的劳工抗争（罢工、示威、占领工厂、粮食暴动等）的超过 91947 件新闻报道信息的数据库资料，讲述了 1870 年以来及全球化背景下世界工人阶级（以及工人斗争展开的领域）随着资本主义周期性地彻底改革自身，而被周期性地创造和重塑的世界劳工史。该书认为，资本无论采取何种规避手段都不可能消灭工人阶级和工人运动。这一结论有力地驳斥了工人阶级及其运动已经陷入终结性危机的观点，为马克思主义阶级理论的发展提供了可资借鉴的论据和观点。

（1）资本转移到哪里，劳工和资本的冲突就会跟到哪里。然而，该书反对“竞次”理论的悲观论调。这种理论认为，资本的全球化引发了世界范围内工人之间的激烈竞争，从而导

致了工人力量的削弱和福利状况的持续恶化。然而，资本的转移并没有导致简单的“竞次”现象，相反，其结果是在每一个新的资本生产地点创造出新的工人阶级和兴起强大的劳工运动。

(2) 资本面临强大的工人运动时会做出四种普遍反应。一是空间调整：将生产地转移到具有更为廉价和驯服劳动力的地点；二是技术调整：改变生产组织和引进节约劳动力的技术，比如使用机器人；三是产品调整：资本进入新的具有更高增加值的生产领域；四是金融调整：资本完全从贸易与生产领域转移出来，进入金融和投机领域。

(3) 第二次世界大战后发达国家保持多年社会稳定的秘密在于，新的主导产业总是首先在富裕国家产生，而新产业所创造的财富收益绝大部分由它们最初出现的地区所获得。这一规律的结果就是重复制造全球收入与财富的不平等。而且20世纪中期的工业大生产领域几乎没有国际竞争，因此高利润十分普遍，这允许资本家把西方几亿工人纳入到社会福利保障中来，同时仍然维持该体系的利润水平。

(4) 资本主义生产的扩张趋向不断加强劳工的力量，迫使资本不得不对工人阶级做出妥协，但资本主义利润率不断下降的趋势，一方面会使资本在四种普遍反应中做出选择，另一方面使资本不可避免地破坏与工人达成的社会契约，从而造成消费不足的危机和合法性危机。

(5) 最近几十年世界正经历另一个广泛的金融调整时期，从历史上看，金融调整时期就是现存全球秩序陷入深刻危机而新的全球秩序的轮廓开始浮现的时期，也是人类遭受巨大苦难的时期，工人的斗争是应对这一苦难的关键力量。

该书不仅分章节详细研究了劳工运动与资本转移、产品周期和世界政治之间的关系，还从宏大的世界历史视角出发，研究了当代劳工运动发展的动力机制。指出，劳工运动在20世纪晚期所遭遇的危机只是暂时的，随着“正在形成中”的新工人阶级地位的巩固，这种危机将有可能被克服。作者最后指出，资本主义造成的不仅是贫富分化，还有生态危机；工人阶级必须斗争，不仅仅是为了反对工人自身的被剥削而斗争，而且也是为了建立一个能使对利润的追求服从于民众生计的新的国际体制而斗争。

(供稿：宋丽丹)

怎样认识“西方马克思主义”

徐崇温著，重庆出版社2012年版

全书共分为基本情况、讨论和争鸣、具体分析三篇。以马列主义为主线全面梳理了“西方马克思主义”形成和发展的历程及其代表人物的思想；深刻剖析了“西方马克思主义”的本质与作用；明确指出了马克思主义与中国具体实际相结合的认识论基础与重要意义，有助于廓清思想认识上的迷障，推动我国的国外马克思主义研究迈上更高水平。第一部分，论述了什么是“西方马克思主义”、“西方马克思主义”研究在我国的开展、“西方马克思主义”理论研究的当前意义、应该怎样看待“西方马克思主义”、坚持列宁的哲学党性原则等问题，对西方马克思主义的定义域进行了廓清，同时也鲜明地表达了作者的研究立场。第二部分，作者对“‘西方马克思主义’就是马克思主义论”进行了翔实的评析（评“西方马克思主义”就是马克思主义论，再评“西方马克思主义”就是马克思主义论，三评“西方马克思主义”就是马克思主义论)，再次阐明自己的主张。第三部分包括：对卢卡奇实践观的评析，提出不要把唯心实践观说成实践唯物主义；对葛兰西实践哲学的评析，提出要划清实践唯物主义与实践哲学的原则界限，以及把马克思主义和弗洛伊德主义结合起来的赖希、怎样评价萨特和他的思想、把“存在主义的马克思主义”和生态运动、后工业社会理论结合起来的高兹、对马尔库塞的总体异化理论的评析、评“当代走向社会主义的道路要由科学到乌托邦”论、评哈贝马斯的“重建历史唯物主义”，还有对阿尔都塞的多元决定论、反经验主义认识论、“理论反人道主义”的评析，以及普兰查斯的“结构主义的马克思主义”阶级论和国家论的论述。

(供稿：张剑)

马克思主义视阈下的时代问题研究

谭扬芳著，中国社会科学出版社 2012 年版

该书的主题是坚持与发展马克思主义时代观。以马克思主义世界观、方法论为指导，从世界历史高度，力图阐明当今时代的本质，尤其是世纪之交世界历史发展的新趋势、新问题、新特点。“资本主义危机论—自由主义衰落论—社会主义信仰论”，构成了本书的基本内容。全书也因此谋篇布局，分成三篇十一章。第一篇“资本主义危机论”，分析了当代资本主义国家遭受的普遍危机，重点分析了金融危机、信用危机和气候危机。第二篇“自由主义衰落论”进一步分析了当代资本主义普遍危机证明自由主义已经衰落，原因在于它无法解决当代资本主义的制度危机。本篇包括四章，对新自由主义及其历史观、自由观以及社会主义观进行了批判。第三篇“社会主义信仰论”，集中阐明在当代资本主义危机、自由主义衰落的世界历史背景下，只有社会主义才能为人类和平发展、可持续发展，开辟一条新道路，中国特色社会主义道路正是这样一条康庄大道。

(供稿：张剑)

国际共产主义运动

国际共产主义运动史

《国际共产主义运动史》编写组，人民出版社、高等教育出版社 2012 年版

作为马克思主义理论研究和建设工程的重点教材，该书坚持以史为据，史论结合，运用马克思主义立场、观点、方法，系统回顾了国际共产主义运动 160 多年的发展历程，深刻总结了国际共产主义运动中的经验教训，客观评价了世界各主要国家共产党（工人党）的发展历程和功过得失，并在分析世界社会主义最新发展动态的基础上，展望了国际共产主义运动的发展前景。

该书在内容和结构上有所创新。如将国际共运史的研究对象概括为“三个历史进程及其规律”，即无产阶级和广大劳动人民反对资本主义、开展无产阶级革命和夺取政权的历史进程及其基本规律；社会主义国家进行社会主义建设和改革的历史进程及其基本规律；各国无产阶级政党和国际组织建立、发展的历史进程及其基本规律。将国际共产主义运动划分为四个

阶段，即兴起与拓展阶段（1847 年—20 世纪初），从理论到制度并由一国到多国发展阶段（1917 年—20 世纪 40 年代末 50 年代初），社会主义建设的探索和两大阵营的对峙阶段（20 世纪 50 年代初至苏东剧变），社会主义事业经受低潮的考验、继续探索、发展和振兴阶段（苏联解体至今）。这些概括将国际共运史的研究对象与发展线索统一起来，突出国际共产主义运动史国际性和综合性的学科特点，有助于深化国际共产主义运动史学科的研究和发展。

（供稿：潘西华）

世界社会主义跟踪研究报告（2011—2012）——且听低谷新潮声

李慎明主编，社会科学文献出版社 2012 年版

该书是中国社会科学院世界社会主义研究中心连续出版的《世界社会主义黄皮书》丛书系列的第八本成书，主要围绕 2011—2012 年度世界社会主义研究的新进展这一主题，选取了世界社会主义研究中心在该年度具有权威性、前沿性和代表性的研究成果，详细介绍了世界社会主义发展的新动向和国内外世界社会主义研究的新成果。

全书由总论、四大专题以及附录等六大部分 55 篇文章构成。在总论部分，该书主编、中国社会科学院副院长李慎明研究员深刻解读了当前的国际形势，指出应充分认识，精心运筹，以尽可能延长我战略机遇期。第二部分马克思主义基本理论与中国特色社会主义研究，既有理论探讨，又有结合当前热点理论问题的辨析。第三部分世界社会主义和左翼运动新发展，介绍了亚洲、欧洲、拉美地区的共产党发展动态与实践。第四部分苏共亡党、苏联解体的多视角剖析，从经济、政治、意识形态以及最高领导层个人因素等多层面，对苏联解体的原因和教训进行了分析。第五部分新帝国主义的“颜色革命”和霸权主义，主要分析了互联网时代美国霸权的新特点，以及我国的政治安全和文化安全面临的新挑战。

（供稿：周淼）

劳工的力量：1870 年以来的工人运动与全球化

［美］贝弗里·J. 西尔弗著，张璐译，社会科学文献出版社 2012 年版

该书依据世界劳工研究小组数据库，对国际劳工运动进行了长历史时段和全球范围的研究，对 21 世纪国际劳工运动可能出现的新形式做了探究。

该书认为，19 世纪晚期以来地方的劳工运动与国际范围内的政治、经济、社会进程是相关的。1870 年以来，为控制劳工运动，资本作出了四种调整策略：一是将生产地转移到更为廉价和驯服劳动力的地点（空间调整）；二是改变生产组织和引进节约劳动力的技术（技术/组织调整）；三是资本进入新的具有更高增加值的生产领域（产品调整）；四是资本完全从贸易/生产领域转移出来，进入金融和投机领域（金融调整）。在前三种调整中，资本转移到哪里，劳工与资本之间的冲突很快就会跟到哪里。第四种调整导致了阶级不平等的急剧增长和财富再分配从劳工向资本的大规模转移。这种调整自 1870 年以来出现过两次，一次是 19 世纪末到 1929 年危机期间，另一次是自 20 世纪 80 年代至今。此时，金融调整的极度膨胀及其特征的转变使世界劳工运动陷入衰退，但这种衰退将是短期的（或至少是暂时性的）。事实上，西雅图以及其后的反全球化示威等已表明劳工运动在不断上升，同时，对世界政治和社

会一经济体制制度进行根本的、有利于劳工的变革的各种建议，也正在得到强有力的推行。在 21 世纪，工人运动的发展轨迹仍将继续与（变动着的）战争和世界政治之间的动态机制交织在一起。

（供稿：邢文增）

亲历苏联解体二十年后的回忆与反思

李慎明主编，张树华等译，社会科学文献出版社 2012 年版

苏联解体、苏共亡党是 20 世纪世界历史上的重大事件，对地缘政治和世界格局的变化产生了深远影响。20 多年来，国内外对这一重大历史事件的分析和研究从未间断。近两年来，俄罗斯学术界和多家媒体推出了大量回忆性、反思性的文章和档案材料、研究分析资料，该书通过选取其中有代表性的材料译成中文并编选成册，以最新的资料揭秘苏联解体真相。

全书由 29 篇苏联解体亲历者对苏联问题的回忆和反思文章构成，既有政治人物的回忆和访谈，也有档案材料的挖掘、历史细节的揭秘，还有专家学者的深度研究与分析，极具权威性、可信性和时效性；在编译过程中，本书对原材料基本未作删减，不仅保留了受访者的不同解读（甚至保留了相互矛盾的成分），也保留了原有的"编者按"和"注释"，具有重要的史料价值；为便于读者阅读和理解，编译者还补充了大量的注释，并用黑体标注重要文字或段落，可读性强。

该书还收录了由该书编者撰写的两篇特稿，附录部分还提供了俄罗斯最新出版的与苏共亡党和苏联解体相关的书目索引作为新的资料信息和线索。该书的出版有助于还原历史真相，为深入思考和研究苏联解体、苏共亡党的原因和教训提供了更多的素材和佐证。

（供稿：潘西华）

虚拟与掠夺：资本主义最高和最后阶段论

程宝光著，江苏人民出版社 2012 年版

该书以马克思主义的生产力理论、虚拟经济理论和货币理论为武器，对当代资本主义的最新变化进行了理论概括。

作者认为，资本主义已经发展到了它的最高和最后的阶段，即虚拟垄断资本主义阶段，其基本特征是：货币资本与产业资本相对立，并发展为独立的虚拟金融资本经济；资本主义全球一体化；虚拟资本垄断取代产业资本垄断；瓜分世界市场、保持技术垄断的跨国公司之间的战略联盟已经形成，最大的资本主义列强已经把世界市场分割完毕。在这四个特征中，虚拟金融资本垄断是其本质特征。在这一阶段，资产阶级已经完成了它的全部历史使命，资本主义生产方式的历史局限性已经发展到极限，资本主义基本矛盾也已发生了变化，自动化、智能化生产力与资本主义私人占有之间的矛盾成为资本主义社会的主要矛盾。资本主义基本矛盾的新变化不仅加剧了发达国家内部的阶级矛盾，促使无产阶级觉醒，为世界社会主义运动提供了更为广阔的舞台，同时，还改变了资本主义经济危机的性质和作用。2008 年的全球经济危机就是资本主义基本矛盾发生新变化的结果，它是一场以第三代生产力为主动力的、以炸毁资本主义外壳为指向的新型的经济危机，它真正敲响了资本主义的丧钟，呼唤着全球社会主义运动的兴起。

（供稿：邢文增）

中国近现代史基本问题

中华人民共和国史稿（1949—1984）

当代中国研究所编，当代中国出版社2012年版

《中华人民共和国史稿》共五卷，记述了中华人民共和国自1949年10月成立到1984年10月党的十二届三中全会召开这35年的历史。该书坚持以马克思列宁主义、毛泽东思想、邓小平理论、“三个代表”重要思想为指导，深入贯彻落实科学发展观，以中央《关于若干历史问题的决议》、《关于建国以来党的若干历史问题的决议》和中央有关重要文献为依据，还历史以本来面目，展示了党紧紧依靠人民完成社会主义革命、开展社会主义建设、进行改革开放和现代化建设、开创中国特色社会主义道路的历史进程。为使读者全面了解中华人民共和国的由来，该书还设立序卷，概述了中国共产党自1921年成立以来领导中国人民进行新民主主义革命，建立社会主义新中国的奋斗历史。该书突出一个主题，即中国人民和代表人民意愿的国家政权在中国共产党领导下进行社会主义革命、建设和改革的伟大实践；遵循一条主线，即坚持马克思主义基本原理同中国具体实践相结合，探索并形成符合中国国情的中国特色社会主义发展道路；把握一个主流，即中华人民共和国史，就是中国共产党领导中国人民，在成功进行新民主主义革命和社会主义革命的基础上，开展大规模社会主义建设、进行改革开放和社会主义现代化建设并取得伟大胜利的历史。该书编写历时20年，凝聚了几代国史工作者的心血和智慧，是研究新中国历史的重要成果，也是党史研究的重要成果。

（供稿：陈志刚、龚云）

马克思主义在中国初期传播史（1918—1922）

田子渝等，学习出版社2012年版

该书是2011年度《国家哲学社会科学成果文库》入选成果。该书对马克思主义在中国初期传播的具体史实进行了全面客观的分析，再现了马克思主义在中国初期传播的历史进程。

该书在吸收学术界对马克思主义在中国初期传播的历史研究基础上，全面展现了马克思主义初期传播史，既从纵向梳理了马克思主义在中国初期传播的历史线索，又从横向探讨了马克思主义在中国初期传播涉及的党派、群体、机构、媒介、渠道、思潮、传播内容和国际因素；该书注重史料的搜集与整理，对于马克思主义在中国初期传播所形成、积累的历史文献进行了广泛搜集，挖掘了过去学术界关注、利用不够的史料；该书依据新史料，提出了不少新观点；该书既充分肯定了李大钊、陈独秀、李达、毛泽东、杨匏安等人的作用，同时也对李汉俊、施存统、张申府等人的历史功绩给予了实事求是的肯定；对于戴季陶、周佛海、胡汉民等人，也肯定了他们在初期传播中的作用；对一些被历史尘埃淹没的人物，如袁振英、

李季等，也再现了他们在初期传播中的历史活动。该书具有重要学术价值与史料价值，不仅深化了对马克思主义在中国初期传播史的研究，也为进一步研究马克思主义在中国的传播史及马克思主义中国化基本理论提供了历史借鉴。

（供稿：陈志刚、龚云）

中国道路（1840—2011）

李红岩、龚云、宋启发，黄山书社 2012 年 1 月中文版、8 月英文版

该书是国务院新闻办 2011 年重大外宣课题、2012 年重点推介项目，是一本向外国读者讲述中国道路的重要著作。该书站在外国读者的视角，讲述了中国人民自鸦片战争以来为救国图强所做的探索及所走过的道路，回答了中国的和平发展会给世界带来什么影响之类的问题，以争取世界的理解和支持，培育良好国际环境，为我国总的和平发展战略服务。该书围绕“中国道路”这个主题，以中国人民 1840 年以来所经历的救亡图存、复兴发展的艰苦探索的历程为主线，分上篇、中篇、下篇三个部分，大脉络地讲述了中国人民自鸦片战争以来，在完成新民主主义革命、完成社会主义革命、开辟中国特色社会主义道路三件大事中的艰苦探索、成功经验和失误教训；描绘了中国人民在图存救亡、振兴中华和改革开放三个不同发展时期所经历的坎坷道路；向读者展示了中国人民根据自己的国情建设国家、中国由衰弱到富强的探索实践和发展成就以及为人类文明所作出的贡献；回答了中国发展富强会给世界带来什么影响这个国际舆论所关注的问题。通过宏观历史地叙述，令人信服地得出了“中国特色社会主义道路是中国历史的选择和中国人民的选择”和“中国始终坚持走的是一条和平发展的道路”的历史结论。该书被相关党史专家称为中国道路的国际表达，具有主题鲜明、主线清晰、图文并茂、客观真实、可读性强等特点。在全世界将眼光投向中国的时候，中国人用自己的语言讲述中国崛起的故事，该书是一次成功的尝试，也是向党的十八大献礼的重要外宣著作。

（供稿：陈志刚、龚云）

新形势下加强党的纯洁性建设

张希贤主编，中共中央党校出版社 2012 年版

本书是一部比较系统地阐述党的纯洁性建设的学术著作。该书共分八章，约 20 万字。该书强调，系统地进行“纯洁性”建设是中国共产党建设的一个规律。从 2009 年开始，中国改革开放进入了一个新的 30 年。依据时代的发展要求和党的自身建设规律，在新的 30 年之初，我党需要开展一次新的系统的党的“纯洁性工程”建设。世情国情党情的新变化使党的纯洁性建设成为时代性课题。该书明确归纳了党的纯洁性建设的基本含义，指出“党的纯洁性建设，就是中国共产党始终追求马克思主义政党本色的建设”。该书分析了党的纯洁性建设主要包括四个方面的基本内容：思想纯洁性建设、组织纯洁性建设、作风纯洁性建设、清正廉洁建设，并在此基础上提出了加强党的纯洁性建设的基本要求。该书强调，加强党的纯洁性建设，理论的彻底与纯洁是前提，坚持党性与党的宗旨纯洁是基础；追求思想上纯洁和组织上纯洁是基本工作；干部清正廉洁，政治清明、政通人和，是客观尺度；社会清明、党风纯洁、

风清气正，党群关系透明、干群关系干净是社会要求。

（供稿：陈志刚、龚云）

中国共产党如何治理国家

谢春涛主编，新世界出版社2012年版

本书是中宣部、国家新闻出版总署迎接党的十八大重点图书，该书入选2012年国家出版基金和“十二五”期间国家重点图书规划项目，是2011年畅销红书《历史的轨迹：中国共产党为什么能?》姊妹篇。该书深入浅出地解析了中国共产党成功执政的12个秘密，即如何实现党对国家的领导，如何体现一切权力属于人民，如何处理中央和地方的关系，如何同其他党派合作和协商，如何解决民主和宗教问题，如何完成国家统一，如何实行基层群众自治，如何建设社会主义法治国家，如何选拔和管理干部，如何使经济快速稳定增长，如何发展和繁荣文化事业，如何进行社会建设和管理，阐述了中国共产党执政60多年来形成的基本制度和基本方略。对于每一项制度或方略，本书都对其形成和演变的历史合理性或必然性进行条分缕析，指出其运行或实施过程中表现出的积极作用，并客观地探讨了其存在的不足和中国共产党改进的努力，阐明了其未来走向。本书文字简洁，通俗易懂，为我们理解中国道路提供了一幅很有价值的素描画，是增进国内外学者对中国共产党执政行为的理解和认同的有益作品。

（供稿：陈志刚、龚云）

思想政治教育

新媒体与高校思想政治教育

王学俭、刘强编著，人民出版社2012年版

该书系教育部人文社会科学规划项目基金“基于新媒体技术的马克思主义传播研究（课题批准号：10JYA710066)”的研究成果之一，其力图在信息化时代中科学认识高校思想政治教育作为现实中的一种传播现象的发展。作者运用诸多学科的理论与方法，以对新媒体的基本理论及新媒体对思想政治教育产生的影响的分析为出发点，以对思想政治教育中的各种新传媒载体以及新媒体对高校学生教育与培养提出的重点问题的分析为要，即通过分析新媒体对高校思想政治教育在教育的手段、内容、环境和主体的挑战，经由新媒体与高校思想政治教育的传媒载体的环节，深入比较了传统媒介与手机媒体、微博客媒体等对受众的社会化的影响、对受众自律性的要求等项目。最后，该书还就新媒体环境中高校思想政治教育的传播问题及其因应之道提出了自己的看法，就新媒体与思想政治教育的论题认为，两者绝不是简单相加，而是思想政治教育在新媒体环境中涵盖内容和形式、结构和功能、传播与接受等诸多方面的有机整合与优化。

（供稿：朱亦一）

思想政治教育话语范式转换研究

洪波著，浙江大学出版社 2012 年版

该书系教育部人文社会科学研究青年基金项目“思想政治教育话语范式转换研究”（项目批准号：10YJC710023）的研究成果。作者以现代西方哲学的“语言学转向”为起点，将“话语”作为思想政治教育的必然问题、永恒话题为契入点，经由教育的秘密——语言的中介，导引出了思想政治教育的“意义危机”即“人”的缺席问题，彰显了思想政治教育话语所面临的困境，从而开启了将“话语”作为思想政治教育研究的新视角。作者认定思想政治教育话语是思想政治教育工作者在思想政治教育实践中，遵循一定的话语规范、规则和规律，并通过一定的方式表达出来的指向一定思想政治教育目的的言语符号系统。作者在对思想政治教育话语的诸构成要素即思想政治教育话语间性、语境、预设、交往、内容、形式分析之后，借用哲学解释学展开了思想政治教育话语的理论思维的分析和场域的分析，并就人学视阈下思想政治教育话语的特质问题做了相关论述，认定“现实的个人”是思想政治教育话语的逻辑起点。在经由“话语差异”过渡到的“话语融合”环节中，作者较为详细地展开了思想政治教育话语范式转换的理性基础、基本内容以及转换的理路和机制等内容，试图从话语的视角破解思想政治教育实效性低下的症结，构建马克思主义中国化语境下的思想政治教育话语新范式的思路和方法。

（供稿：朱亦一）

思想政治教育创新动力论

廖志诚著，社会科学文献出版社 2012 年版

在思想政治教育创新动力是指作用于思想政治教育本身，引起、激发和推动思想政治教育创新的各种力量的合力的概念驱动下，该书以马克思主义理论为指导，运用思想政治教育学、心理学等学科理论，通过分析当下国内社会转型时期的思想政治教育发展的新状况——在价值观领域、思想观念和思维方式领域，以及思想活动方面的新变化之后，指出虽然创新是思想政治教育的生命线，但其却存在创新动力不足的状况，在分析了思想政治教育创新动力不足的成因——思想政治教育外部环境的剧变和内部因素失调之后，作者深入探讨了思想政治教育创新动力系统的结构问题，从宏观、中观和微观层面分析了思想政治教育创新动力系统的基本结构，具体阐述了思想政治教育创新动力系统的基本特征和主要功能，在梳理了古往今来中外思想家思想政治教育创新动力观的发展脉络的基础上，还从理论上探讨思想政治教育的动力创新体系，并指认了思想政治教育创新动力的不同类型和不同层次，经由思想政治教育创新动力的培育和激发以及合成机制的分析，作者提出了一系列构想来试图解决社会转型时期思想政治教育创新动力不足的问题。

（供稿：朱亦一）

现代思想政治教育课程论

宇文利著，北京大学出版社 2012 年版

鉴于思想政治教育的复杂内涵，专业设置口径并不统一，从业者和学生队伍庞大的诸多

繁杂的现实，到底该如何开设课程，这些课程又该如何在实践中创新和发展，以避免因人设课、因岗设课及随意设置或取消某些课程的乱象，该书作者根据大量的材料基础，在掌握了比较扎实的理论基础和广泛的学术视野的前提下，以思想政治教育课程理论的实践与理论为对象，针对目前我国各地各校思想政治教育专业开设的课程有诸如因人设课、因岗设课或随意设置某些课程的乱象，以如何提高该学科的质量与水平为归旨展开研究。在提出思想政治教育课程论即关于思想政治教育课程的科学理论和专门研究，是把思想政治教育课程作为直接研究对象、分析思想政治教育课程的指导思想、设置理念、内容要素、结构体系、系统运行、实施过程和效果评价等内容以及其中的原理、原则、方法和规律的一个科目后，特别之处思想政治教育课程论的指导思想是马克思主义，通过在书中对思想政治教育课程的历史梳理、对课程内容选择和机构体系的判断、对课程功能与价值的反思、对课程化要素和资源开发的探析以及对课程编制和管理问题的探索，初步地构建了思想政治教育课程的理论体系，开辟了供学界思考和讨论的空间，提出了一些值得关注的创新性的观点，其论据和论证过程也都较为可信。

（供稿：朱亦一）

思想政治教育学科理论体系演变研究

罗洪铁、周琪、王斌等著，中国社会科学出版社 2012 年版

该书系重庆市人文社会科学重点研究基地项目“思想政治教育学学科理论体系演变研究”的成果，是作者及青年教师群体在长期从事思想政治教育学原理教学与科研的基础上，组织博士生撰写而成。全书试图通过对思想政治教育学学科理论体系演变的研究，梳理出思想政治教育学形成与发展的理论脉络，总结学界在该学科建设上的理论进展及发展过程中的问题，以期进一步推进思想政治教育学的研究。

在对思想政治教育学理论体系的形成与发展阶段的划分问题上，著者以代表性专著为标准（间或配以重要的讲话和论文），将其列为三个阶段，即思想政治教育学学科理论体系的萌芽阶段（1978—1985 年）、形成阶段（1986—1990 年）和发展阶段（1991 年至今）。以此为基础并通过对思想政治教育的主客体理论、价值理论、目标和内容理论、过程理论、环境理论、机制理论、原则和方法理论、评估理论和载体研究的形成与发展等环节的历史性考察，配以代表性著作的提示，全书内容较为翔实、全面，为读者展现了一幅思想政治教育学学科理论发展体系的较完备的历史画面。

（供稿人：朱亦一）

科学无神论

马克思主义宗教理论研究

吕大吉、高师宁著，中国社会科学出版社 2011 年版

该书是“中国社会科学院文库 · 哲学宗教研究系列”之一，是作者对马克思主义宗教理论的总体研究成果。其研究范围涉及整个马克思主义发展史，从马克思主义宗教理论的思想史背景，到马克思、恩格斯历史唯物主义宗教观的形成与发展，乃至列宁的宗教观和处理宗教问题的理论与实践。作者指出，马克思主义宗教理论“在世界宗教思想史上是一种最为彻底的无神论”。历史唯物主义的认识论和方法论要求我们对马克思主义宗教理论的研究，必须一方面要准确把握其在某个历史阶段上为当时社会历史条件所决定的具体规定性，另一方面又要全面系统地把握它在历史演变中的变化与发展，并把它的历史具体性和整体发展观联系起来。因此，本书的研究对象不是抽象的“马克思主义”，而是马克思主义发展史上的诸位具有经典地位的思想家、政治家、革命家关于宗教的理论和政策，有助于我们理解马克思主义宗教理论发展的脉络。全书贯彻历史唯物主义的批判精神，还原了马克思主义的宗教学说在历史情境中的发展史，是一部卓有理论价值与实践意义的学术著作。

（供稿：习五一、杨俊峰）

科学无神论与宗教研究

习五一著，中国社会科学出版社 2012 年版

本书作为“科学与无神论研究丛书”第一本出版，是近年来科学无神论与宗教研究领域中的一部力作。全书分为“科学无神论”、“宗教研究”、“邪教与膜拜团体研究”三编与附录“任继愈先生与科学无神论事业”。这部文集的内容包括科学无神论、自然科学与无神论、西方新无神论思潮、北京的传统宗教文化、近代中国与宗教、西藏问题与宗教、当代中国的民间信仰、当代世界宗教、邪教问题、膜拜团体等专题。作者指出，近年来，随着“宗教热”的兴起，一些人士极力推崇某种宗教文化，并积极推动这种“文化神学”成为国家研究机构和高等院校的学术方向，这种思潮已经开始影响政策制定和舆论导向。在社会主义核心价值体系中，科学无神论的唯物主义世界观和积极人生观占有重要地位。党中央一再指出：要巩固马克思主义的指导地位，要增强社会主义意思形态的吸引力与凝聚力，科学无神论的作用不容忽视。一个时期以来，有种舆论力图把科学无神论从马克思主义宗教观和社会主义意识形态中剔除出去，这是危险的，既不符合人类的历史发展趋势和当代社会的世俗化潮流，也与中国的人本主义传统相悖。无神论是人类社会文明和思考的结晶。科学无神论是社会主义核心价值体系的哲学基础，是一种幸福的生活方式，也是构建和谐社会的重要途径。

（供稿：习五一、杨俊峰）

世界之战：科学与灵性如何决定未来

［英］伦纳德·蒙洛迪诺、［美］迪帕克·乔普拉著，梁海英译，中信出版社 2012 年版

该书是一部辩论文集，被誉当今国际学术领域中关于“科学与灵性学关系中最重要、最有意义的著作之一”。由美国加州理工学院的物理学家伦纳德·蒙洛迪诺和西北大学助理教授迪帕克·乔普拉展开辩论。主辩论方物理学家伦纳德·蒙洛迪诺因与霍金合著《时间简史》和《大设计》而闻名于世。本书主线是科学世界观和“灵性学”世界观之间的冲突：即科学认为世界是实实在在的，是人类智力可探索的；而“灵性学”则认为宇宙是一种智慧设计，处处充满能量。全书从宇宙（物质世界）、生命与人类大脑、神三个领域，分 18 个主题展开

论辩与思想交锋。辩论双方围绕每个主题，各自撰写文章分别阐述自己的观点，轮流进行批驳。物理学家蒙洛迪诺以历史和现实中的事实雄辩地展示科学精神的力量。科学“有一套完整的方法体系，有开放的观点，有拥抱真理的渴望”，科学也许无法解决所有问题，但科学会坚持不懈地去寻找解决途径。而辩论的另一方“灵学家”迪帕克，尽管一再强调灵性和宇宙的目的性，然而也不得不承认，自己反对传统意义上的神，认为“新灵性学”抛弃传统宗教的教义，因为宗教的排他性具有可怕的破坏性，许多人已经放弃有组织的宗教。这部辩论集将科学和“灵性”领域最前沿的成果与交锋展示给大众，对于了解西方无神论思潮的观点与现状具有重要的参考价值。

（供稿：习五一、杨俊峰）

第七篇

课题概览

2012年度国家哲学社会科学基金课题简介（部分）

中国特色社会主义理论体系的逻辑建构研究（重点项目）

武汉大学马克思主义学院　左亚文

研究意义：从一个实践的“时代逻辑”切入，深入到历史表象的深处，探讨理论逻辑生成和发展的历史本体论基础及其内生机制，从而揭开时代逻辑和理论逻辑相互建构的逻辑规律；并据此剖析理论逻辑的内在结构及其逻辑展开。从理论上讲，这一课题将把中国特色社会主义理论体系的一般研究带入到一个必然要寻根究底的历史本体论的逻辑高度上，从而大大深化对这一问题的研究。任何伟大的理论都是时代的产物，只有从“时代逻辑”和“时代问题”上揭示中国特色社会主义理论体系的逻辑生成，才能真正阐明其科学的本质。从实践上讲，这一课题将引导人们真正认清中国特色社会主义理论体系的逻辑内涵、逻辑结构、逻辑精神及其逻辑演进的规律，从而自觉地坚持和发展这一理论体系。

研究内容：

（1）“时代逻辑”的本体诠释。所谓“时代逻辑”，就是存在于一定历史时代对其发展起支配作用的特殊规律。对时代的探讨不能仅仅停留在普遍规律上，还应该如马克思所说的，深入到所要研究的特殊对象中去，“把握特殊对象的特殊逻辑”。

（2）当今中国的时代逻辑。时代逻辑存在于时代问题之中，并通过它为自己开辟道路。“什么是社会主义、怎样建设社会主义”是存在于当今中国一切大小问题中的最高度而又最深层的根本性问题。正是这一时代的根本问题在推动着中国改革的实践逻辑和理论逻辑向前演进。

（3）时代逻辑和理论逻辑双向建构的逻辑机制分析。理论逻辑向时代逻辑的转化，必须以思想解放为中介，以改革为动力，实践为基础，才能得以完成。

（4）中国特色社会主义理论体系的逻辑生成和发展。主要探讨其逻辑生成的起点、动力、主题及其发展的逻辑规律，

（5）中国特色社会主义理论体系的逻辑结构。主要探讨其理论观点之间的内在逻辑关系及其与历史逻辑的一致。

创新之处：

（1）对历史本体论作新的阐释。我们仍然需要坚持唯物史观的基本思想，但需要对其进行深化和发展。这就是不能止于对历史普遍规律的探讨，必须将其与特定历史阶段的特殊规律的探讨结合起来，从而深化和拓展历史本体论的内涵。

（2）揭示改革的“时代逻辑”。从哲学本体论的观点看，邓小平提出的“什么是社会主义、怎样能建设社会主义”这一基本问题，实质上也是我们这个时代的基本问题，“时代逻辑”就存在于这一基本问题之中，并通过它实现出来。

（3）对“时代逻辑”与“理论逻辑”的双向建构和转化的内在机制作具体而深入的探讨，从中抽出规律性东西。

(4) 对中国特色社会主义理论体系逻辑演进的动力源泉、主题和主线、创新规律展开系统探析，力图从中提炼出一些新的观点和见解。

科学发展与社会和谐双重视阈中的中国特色社会主义文化强国建设研究（重点项目）

中国社会科学院马克思主义研究院　冯颜利

中国共产党十七届六中全会立足中国特色社会主义事业发展全局，提出坚定不移走中国特色社会主义文化发展道路，努力建设社会主义文化强国的宏伟战略。然而，如何理解社会主义文化强国建设，如何践行文化强国建设，成为推进“文化强国”建设战略的关键所在，更是当前我国理论界和现实中面临的重大项目，迫切需要我们开展理论研究。

研究意义：以科学发展与社会和谐为双重视阈来探讨中国特色社会主义文化强国建设，既具有重大的理论意义和实践意义，又具有一定的应用价值。

文化强国建设首先是一个重大的理论问题，该课题从学理上阐述何为中国特色社会主义文化强国，文化强国建设何以可能，寻找文化强国的理论支撑，破解理论难题。首先，有助于厘清科学发展、社会和谐与文化强国建设之间内在的逻辑关系。其次，有助于把握文化建设的发展规律，增强文化强国建设的理论自觉。最后，丰富和发展中国特色社会主义理论体系。

文化强国建设不仅是一个理论问题，而且也是重大的现实问题。该课题研究以现实问题为切入点，关照现实，进一步凸显了中国特色社会主义文化强国建设的现实意义。首先，有助于探索科学有效的文化强国建设的现实路径。其次，有助于推进科学发展，促进社会和谐，提升国家的文化实力。再次，有助于反对西方的文化霸权主义，增强中华文化的话语权。

研究内容：主要由十部分内容组成，即中国特色社会主义文化强国建设的重大意义；中国特色社会主义文化强国建设的科学内涵；科学发展与社会和谐双重视阈中的文化产业与文化事业建设；综合国力的提升与国家文化形象研究；文化走出去战略与战术研究；中国特色社会主义文化强国建设与我国意识形态安全、文化安全；国外文化发展的经验教训；中国特色社会主义文化强国建设取得的主要成绩与进一步发展的有利条件；中国特色社会主义文化强国建设面临的挑战、存在的问题与原因；不断推进中国特色社会主义文化强国建设的对策建议。

创新之处和特色：一是将中国特色社会主义文化强国建设放在中国特色社会主义事业的发展过程中研究；二是以全球视阈来研究中国特色社会主义文化强国建设；三是提出的对策建议富有针对性、科学性和可行性。

马克思主义发展史视阈中的马克思主义经典著作研究（重点项目）

中国社会科学院马克思主义研究院　桁林

研究意义：要想真正理解马克思主义的全部精髓，最好是读经典原著本身。恩格斯鼓励人们直接读《资本论》，“对于那些希望真正理解它的人来说，最重要的却正好是原著本身”。邓小平同志提出读书“要精要管用”，这个“精”主要就是指经典著作。他还举例指出，“讲初期的发展时期的资本主义，总是马克思和恩格斯，总是《资本论》；讲帝国主义，总还是列宁的《帝国主义是资本主义的最高阶段》；讲社会主义，列宁和斯大林都有，毛泽东同志也有重要的发展。当然，对于帝国主义的论述，毛泽东同志有发展，例如关于帝国主义是纸老虎的论断。但是，《资本论》和《帝国主义是资本主义的最高阶段》已经把关于资本主义和帝国主义的基本的理论问题解决了。”

研究内容：主要围绕经典作家关于辩证唯物主义、历史唯物主义、所有制问题、劳动价值理论和剩余价值理论、分配理论、社会主义和共产主义社会、资本主义的历史进程、阶级和阶级斗争、无产阶级专政、马克思主义政党建设、政治文明、意识形态和先进文化、经济文化落后国家的社会发展道路、经济社会协调发展、人的全面发展问题、时代主题问题、全球化问题、农业和农民问题、宗教问题、民族问题、战争与和平问题、人民军队建设问题等基本观点，分别进行追根溯源的全面梳理和认真研究。

研究特色：

（1）揭示马克思主义发展史和马克思主义经典著作的关系，在马克思主义发展史视阈中考察经典著作。在马克思主义发展史视阈中研究马克思主义经典著作，就是要历史地、全面地、发展地看待经典著作，才能常读常新：既尊重历史，又不断挖掘其丰富的历史内涵，从而不断充实和完善马克思主义的理论体系。立足于当代中国社会主义现代化建设的实践，研究马克思主义经典作家的基本观点，回答哪些是必须长期坚持的马克思主义基本原理，哪些是需要结合新的实际加以丰富和发展的理论判断，哪些是必须破除的对马克思主义的教条式的理解，哪些是必须澄清的附加在马克思主义名下的错误观点。

（2）经典著作研究要有整体性。研究经典著作更强调马克思主义发展史视阈，就是要将单个事物放在总和世界中加以综合考察。用发展的眼光看待经典著作，同时意味着对待经典著作要有整体性，就像列宁所要求和倡导的那样，旨在于把握“马克思主义的全部精神”和“整个体系”（列宁：《致伊·费·阿尔曼德》，《列宁全集》中文第二版，第 47 卷，第 464 页）。如果割裂马克思主义内在联系，最终必然会肢解马克思主义。

创新之处：在马克思主义发展史视阈中研究马克思主义经典著作，目的是要恢复被遮蔽了的历史。近年来“回归经典”、“回归马克思”，甚至包括“回归列宁”在内的呼声很高，旨在于将那些强加在马克思主义身上的教条主义剥离出去。与此同时，社会主义实践日趋成熟。中国特色社会主义事业取得非凡成绩，这个时候重新研究马克思主义发展史，自然会有更高的起点和更高的追求，也面临更大的挑战。纵观马克思主义发展史，它从来都不是直线式、单线条的英雄谱、光荣榜，而是充满了形形色色斗争和党内思想路线斗争。经典著作就是这种斗争的产物，也是这种斗争的思想结晶。要展现这种交锋就要还原这段历史，读懂经典著作首先要读懂这段历史，急功近利从来都不是史学研究的优良品质。

社会主义价值与社会主义核心价值体系的内在关联研究（重点项目）

兰州大学马克思主义学院　王学俭

研究意义：社会主义是思想体系、运动、制度与价值观的统一体，是一项“世界历史性事业”，关系到人类社会的前途命运和世界人民的自由幸福。“社会主义”概念自 1827 年出现以来，就成为研究热点。对“什么是社会主义”、“什么是社会主义价值”的研究，国内外学术界众说纷纭，莫衷一是。社会主义价值研究是 30 多年的中国特色社会主义改革开放实践提出的时代性课题，也是 60 多年中国社会主义艰难探索、曲折发展、不断创新的历程反映出的关键性课题，更是几百年来世界社会主义思潮、理论和实践积累的历史性课题。该课题以“社会主义价值与社会主义核心价值体系的内在关联”为研究主题，有利于澄清社会主义价值的本源，消除社会主义价值的误解，奠定社会主义核心价值体系的根基；有益于总结世界社会主义运动价值建设经验，探寻中国特色社会主义核心价值观和核心价值体系的建构路向；有助于厘清社会主义价值、核心价值观与社会主义核心价值体系的内在关联，探寻全球化时代社会主义价值彰显新理念、新方式和新路径。

对社会主义及其价值的发展演变的历史把握和科学认识，是我们正确认识和建构社会主义核心价值体系和核心价值观这一重大时代课题的基本前提。社会主义价值观是社会主义的生命之魂，决定着社会主义的目标任务、发展模式和制度体制。研究社会主义价值的内在逻辑、科学内涵、功能作用及其传播认同，对坚持和发展中国特色社会主义有重大理论意义和实践价值。社会主义价值观是真理性与价值性的高度统一，它科学地揭示社会主义的价值规定性和价值理想，符合马克思主义世界观方法论，深深扎根于世界社会主义运动、中国社会主义革命建设改革的伟大实践和广大人民群众最广泛的价值认同和价值诉求，集中体现中国风格和中国气派。

研究内容：社会主义价值的生成论、演进论、系统论、核心论、功能论、环境论、传播论、特色论、关联论和展望论。既对社会主义价值生成予以历史考察，又对中国特色社会主义价值问题进行现实分析；既对社会主义的价值演进进行纵向梳理，又对社会主义价值观与资本主义价值观、中国传统价值体系进行横向比较；既对社会主义价值结构要素予以静态考量，又对中国特色社会主义核心价值体系的建设状况进行动态调查；既对社会主义价值从原初生成到未来复兴进行全面论证，又对社会主义核心价值的生成逻辑、演进规律、结构功能、传播认同予以重点剖析。

创新之处：力求运用世界的学术眼光、立足中国的社会现实、引用中国的学术资源、借鉴国外的前沿理论，抓住重点，突破难点，在以下六个方面的研究有所创新：一是社会主义价值的生成逻辑；二是社会主义价值的演进规律；三是社会主义价值的时代内涵；四是社会主义价值的传播机制；五是社会主义价值的彰显路径；六是社会主义价值与社会主义核心价值体系的内在关联。

马克思主义哲学创新路径与发展趋势研究（重点项目）

中央党校哲学部　庞元正

研究意义：对马克思主义哲学创新路径及发展趋势进行深入研究，对于总结马克思主义哲学创新研究的经验，弥补国内外马克思主义哲学创新研究中存在的不足，揭示马克思主义哲学创新的动力，深化对马克思主义哲学创新规律性的认识，总结马克思主义哲学创新的成果，推进马克思主义哲学的创新和发展，实现马克思主义哲学的与时俱进，进而对于推进马克思主义的中国化时代化大众化，充分发挥马克思主义哲学认识世界改造世界的功能，都具有重要的理论意义和实践价值。

研究内容：马克思主义哲学要充分适应当今时代发展的需要，必须重视自身的理论创新，从九个方面分析论述马克思主义哲学创新所应遵循的基本路径和发展趋势：

(1) 把握当今时代的时代精神。任何真正的哲学都是自己时代精神的精华。今天我们所处的时代，与马克思所处的时代相比，已经发生了剧烈和深刻的变化。在当今时代，改革和创新则成为了时代精神的集中体现，只有科学阐发和深刻反映改革和创新的时代精神，哲学才能成为反映“自己时代精神精华”的“真正的哲学”。

(2) 用当代实践激活文本研究。文本研究是推进马克思主义哲学创新的基础工作，是更为准确地把握马克思主义哲学基本精神，坚持和发展马克思主义哲学的理论前提。但绝不能要求马克思为解决他去世之后上百年、几百年所产生的问题提供现成答案。必须根据当代实践继承和发展马克思哲学，做到返本开新，推陈出新，这就需要用当代实践激活文本研究，推进马克思主义哲学的创新。

(3) 吸取前人有益的思想资源。马克思主义哲学是开放的科学体系，只有对中国哲学和外国哲学、中国社会科学和国外社会科学的成果进行广泛研究和吸收借鉴，才能在掌握充足的思想资源和人类文明优秀成果的基础上推进马克思主义哲学创新。

(4) 深刻把握技术创新的时代维度。技术创新曾对马克思主义哲学的创新发挥了重大作用。人类进入 21 世纪，信息、生物、新能源、新材料等前沿技术领域，正在呈现着群体突破的态势，信息技术创新成为推动生产力进步的决定性因素，极大地改变了人类的生产方式和生活方式，数字化生存逐渐成为当代人类的生存方式。这是继 18 世纪以来的工业技术革命之后又一次伟大的技术革命，它宣告了信息时代的到来。只有研究当代人类技术创新的最新成果，深刻认识信息技术革命对人类社会变革产生的巨大作用和影响，我们才有可能在信息时代的条件下实现马克思主义哲学的与时俱进。

(5) 高度重视制度创新的理论提炼。自马克思时代以来，不论是资本主义制度还是社会主义制度，都在经历了重大的制度创新之后发生了深刻变化。资本主义先后经过了自由资本主义、垄断资本主义、福利资本主义、金融资本主义等发展阶段；社会主义也经历了列宁模式、斯大林模式、毛泽东模式、中国特色社会主义模式等不同发展阶段。只有加强对当今世界制度创新的研究，才能深入了解当代资本主义和社会主义经济基础和上层建筑的变化，因而才能与时俱进地推进马克思主义哲学的创新。

(6) 充分吸收知识创新的最新成果。吸收和概括当代知识创新的思维成果，是马克思主义哲学创新的重要途径。马克思主义哲学赖以产生的自然科学基础和社会科学基础均已发生巨大变化。相对论、量子力学、分子生物学和系统科学等现代科学知识创新成果极大地改变了自然科学的世界图景，现代哲学、经济学、政治学、社会学、历史学的知识创新成果极大丰富和深化了对人类社会的认识。显然，只有充分吸收和提炼现代自然科学和社会科学知识创新的思维成果和最新素材，马克思主义的世界观方法论才能具有坚实的科学基础，从而才能具有更强大的理论解释能力和理论涵盖力。

(7) 积极应对反马克思主义的挑战。在当代意识形态领域，对马克思主义哲学采取恶意曲解、全盘否定态度的资产阶级学者不乏其人，我们决不能因为这些观点是出自西方某些思想大家或者出自时髦新颖的学术流派，而回避和掩盖其攻击否定马克思主义哲学的本质。当代意识形态的斗争表明，正是在对这些曲解、否定和攻击马克思主义哲学的观点的论证中，催生着马克思主义哲学创新的动力和机遇，推进着马克思主义哲学的创新。

(8) 着眼破解时代难题的深层思考。人口危机、能源危机、气候变化、生态危机、非传统安全威胁、贫富分化，不仅是影响和决定着当今世界发展的全球性问题，而且也是影响和决定着当代中国发展的老大难问题。破解这些当代难题需要人类的最高智慧，需要哲学的深层思考。“问题是时代的格言，是表现时代自己内心状态的最实际的呼声”，马克思主义哲学必须关注和为探索解决这些时代课题作出思想贡献，从而也才能够极大地推进马克思主义哲学创新。

(9) 立足中国的实践创新和理论创新。当代中国的马克思主义哲学，必须具有中国特色、中国气派、中国风格。而要做到这一点，就必须注重中国共产党人，特别是当代中国共产党人特有的实践创新和理论创新。中国共产党人和中国人民在长期的革命、建设和改革的创新实践中，结合中国实际对马克思主义哲学作出了许多重要发展，形成了中国共产党人的科学世界观方法论。毛泽东思想、邓小平理论、“三个代表”重要思想和科学发展观在哲学方面的新贡献，本身就是运用马克思主义哲学基本原理解决当代中国和当代世界问题得出的科学结论，因而研究和整合这些理论成果必将成为推进马克思主义哲学创新极为重要的途径。

创新之处：揭示和阐明马克思主义哲学具有的创新本性；概括和阐明当今时代的时代精神与马克思时代的时代精神的异同；提出和阐述马克思主义哲学创新的九大基本路径；对马克思主义哲学创新的主要趋势按照九大路径进行梳理和总结；总结哲学创新的规律，阐明创新实践对于推进马克思主义哲学创新的重要作用。

历史唯物主义阐释中决定论与能动论的张力及解决方式探讨（重点项目）

南开大学哲学院　王南湜

研究意义：自第二国际以来，在对于历史唯物主义的阐释中便存在着决定论与能动论之间的张力。不同于以往只是解释世界的哲学，历史唯物主义既是解释世界的理论，又是要在改变世界的实践中践行的理论。作为解释世界的理论，它一般地被理解为一种决定论体系，而作为指向改变世界的理论，又必须预设世界的非决定论性、可改变性或人的能动性。因而这一决定论与非决定论或能动论之间张力的问题，便是一种主张改变世界的哲学所特有的涉及理论与实践之间的异质性关联的问题。在马克思主义创始人的著作中，无疑既有对于历史必然性的描述，亦有对于人的能动作用的主张，问题是如何理解和处理二者之间的关系。

研究内容：马克思的批评者，如波普、雷蒙·阿隆、古尔德纳、霍耐特，以及拉克劳、莫菲等人，认为在马克思的思想中存在着两种逻辑，甚至认为有两种马克思主义。而大多数马克思主义者则致力于维护马克思思想的统一性。但如何论证这种统一性，则方案又各不相同，从考茨基到阿尔都塞都给出了自己的解决方案。甚至后马克思主义者也提出了一种另类的解决方案。大致而言，考茨基、普列汉诺夫、布哈林、斯大林以及苏联哲学教科书体系，以一种决定论、进化论的方式取消了人的能动作用，从而也就取消了矛盾；卢卡奇、萨特等试图通过一种黑格尔式的历史辩证法去克服决定论与能动论之间的对立；阿尔都塞借助结构主义方法用矛盾的多元决定来缓解决定论与能动论之间的对立；后马克思主义者拉克劳、莫菲等则通过对葛兰西霸权理论和阿尔都塞矛盾的多元决定论的极端发挥，走向了对历史必然性的否定和对于偶然性的推崇。对此问题的思考也贯穿着马克思主义在中国的传播和发展过程。在这当中，尤其值得注意的是列宁、毛泽东、葛兰西等兼具实践家与理论家双重身份的人对此问题的实际处理方式。

研究特色：就国内外学界的研究状况而言，其最主要的不足之处，在于未能将此涉及理论与实践异质性关联的问题放在历史唯物主义理论的践行中去考察，即未能通过对从第二国际到后马克思主义在理论与实践的关联中如何解决这一问题的得失的分析，特别是未能通过对列宁、毛泽东、葛兰西等兼具实践家身份的理论家对此问题的独特处理方式的分析，去探讨解决之道，因而就未能真正切中这一问题。有鉴于此，本项研究将首先通过分析从第二国际理论家到后马克思主义，以及从李大钊、瞿秋白、李达到当今国内哲学界，在处理这一问题上的理论得失，从中找出问题的症结之所在。进而，将通过对列宁、毛泽东、葛兰西等人在革命实践中实际上如何处理这一关系问题的考察，探讨其所践行的实践哲学的前提性结构，并将之理论化，以作为解决这一问题的基本构架。在此基础上，将汲取柄谷行人关于马克思《资本论》分析中"事前"与"事后"双重性视角的阐释，以及借鉴阿伦特的"旁观者"与"行动者"双重视角的理论，通过将实践与理论的关系理解为"事前"的"行动者"视角与"事后"的"旁观者"视角之间的关系，探讨性地构建一种新的理解理论与实践关系的理论框架，以之去合理地说明历史唯物主义中决定论与能动论之关系。

中国社会主义道路的探索与毛泽东思想的发展研究（重点项目）

当代中国研究所　田居俭

研究意义：一是有助于深入学习宣传和贯彻落实中共十八大精神。以唯物史观为指导，用新中国鲜活、生动的历史，特别是中共十一届三中全会以前29年的历史事实，对这一概括的深刻内涵进行全面、辨证的诠释，对于深刻认识改革开放的由来和发展，坚定走中国特色社会主义道路和坚持中国特色社会主义理论体系以及中国特色社会主义制度，具有重要的现实意义。二是有助于正确认识中共十一届三中全会前29年的历史。依据党的十八大报告对这前29年的历史结论进行解读，对于正确认识中共十一届三中全会前29年的历史，抵制形形色色的历史虚无主义，纠正国内外某些人对这段历史的歪曲和否定，具有重要的指导意义。三是有助于加强中华人民共和国史学科建设。以中共十八大报告关于新中国前29年历史的新论断、新观点和新评价，在以往研究的广度和深度上系统地研究新中国与社会主义基本制度的建立、第一代中央领导集体探索社会主义建设规律的历史贡献，对于加强中华人民共和国史学科建设，具有重要的学术价值。

研究内容：主要内容包括综论、分论、合论三部分。综论主要是党的第一代中央领导集体对社会主义的认识；分论为毛泽东思想指导下的中国社会主义实践；合论是辩证认识中国毛泽东思想的历史地位。总的来说，该课题认为，以毛泽东为核心的党的第一代中央领导集体率先倡导走自己的路，开启了探索中国特色社会主义革命和建设道路的历史。社会主义改造时期，毛泽东提出了一系列关于改造农业、手工业、资本主义工商业的思想，对社会主义改造的顺利完成提供了重要的理论指导。全面建设社会主义时期，针对苏共二十大否定斯大林的问题，他又提出独立探索具有本国特色社会主义道路的思想，并在《论十大关系》、《关于正确处理人民内部矛盾》等著作中作了许多有益的探索，这些思想至今对我国社会主义建设事业仍有重要的指导意义。中共十一届三中全会后，党的历届中央领导集体进行的关于中国特色社会主义建设道路的探索，都是在以毛泽东为核心的党的第一代中央领导集体已有经验基础上进行的，是对毛泽东思想的继承和发展。中国特色社会主义道路和中国特色社会主义理论体系以及中国特色社会主义制度，是毛泽东思想在新时期的新发展。

研究特色：一是从中国社会主义改造和建设道路的探索对毛泽东思想新发展的角度认识、把握、研究以毛泽东为核心的党的第一代中央领导集体，带领全党全国各族人民，取得新民主主义革命的胜利，建立新中国，进而确立社会主义基本制度，进行社会主义建设规律的艰辛探索等历史进程和历史经验。二是坚持历史与逻辑的统一。以中共十八大报告重要论断为指导，运用历史事实来论证这些论断的科学和正确。这种研究方法和思路，能体现国史学科的特点和优势，具有理论亲和力和说服力。

《资本论》研究的研究（重点项目）

南京大学商学院　葛扬

研究意义：(1) 拓展《资本论》的研究思路。该课题以《资本论》研究的文献计量分析为基础，把新中国成立以来60多年作为时间跨度，对中国学者在新中国经济建设和改革开放过程中关于《资本论》研究的文献进行客观研究，把握《资本论》研究的历史脉络和总体特征。(2) 展示《资本论》的当代价值。中国学者关于《资本论》的研究，体现出《资本论》在新中国经济建设特别是改革开放过程中的核心作用，也体现出中国学者对《资本论》创造性研究，是《资本论》在当代中国重要价值的展示。(3) 推进马克思主义经济学学科建设。经过60多年的发展，马克思主义经济学已经成为中国的主流学科。通过该课题研究，对60多年来中国《资本论》的研究有一个宏观整体认识，从而推进马克思主义经济学的学科建设。

研究内容：(1)《资本论》研究的论文文献计量分析。通过收集和系统整理新中国成立以来的相关期刊论文、学位论文、会议论文，采用文献计量方法，分析《资本论》研究作者群和核心作者、研究机构和地区分布、发文核心期刊、研究学科视角、研究主题、基金支持情况、研究方法及研究规范性等。全面把握中国《资本论》研究的论文文献的总体概貌。(2)《资本论》研究的著作文献计量分析。通过收集和系统整理新中国成立以来特别是改革开放以来的相关研究著作，采用文献计量方法，分析《资本论》研究作者群、研究机构和地区分布、出版单位、研究学科视角、研究主题、研究方法及研究规范性等。(3)《资本论》研究文献的历史脉络与总体特征研究。在上述对《资本论》研究文献分类分析的基础上，充分把握中国《资本论》研究的历史脉络，概括、总结我国《资本论》研究在研究主题、学科分布、研究力量、研究规范性等主要方面的总体特征，着重分析这些特征的形成原因，特别是将它们与新中国经济建设和改革开放进程结合起来进行分析。(4)《资本论》研究中的重大理论问题的研究。《资本论》中蕴含着对中国经济发展推动和人们对当今世界经济的认识具有基础性的、决定性的重大理论问题。对于一些重大理论问题的研究文献进行专题分析和研究，从而全面把握中国《资本论》的研究质量。

研究特色：(1) 研究视角新。突破过去关于《资本论》研究文献的研究常常时间跨度短的特点，以新中国成立以来60多年较长时间跨度，分析中国《资本论》研究的发展脉络。(2) 研究内容新。突破过去关于《资本论》研究文献的研究常常采取单独研究的特点，在分别对研究论文和研究著作两个方面进行定量分析的基础上，对《资本论》研究文献进行总体研究，并对《资本论》研究中的重大理论问题作进一步进行专题研究。(3) 研究方法新。突破过去关于《资本论》研究文献的研究常常采取定性评述的特点，运用文献计量分析方法，全面、客观考察我国《资本论》的研究。

现代政治经济学重大前沿问题的理论与实证研究（重点项目）

上海财经大学经济学院　马艳

研究意义：

(1) 对现代政治经济学的坚守与创新及国际化、现代化和中国化的发展具有重要的理论价值。现代政治经济学重大前沿问题是关乎马克思主义经济学基础理论是否存在，整个理论体系是否成立，在现代社会是否仍具解释力的根本性问题。对于这些问题的研究将会直接促进马克思主义经济学在全球的传播与发展。而追寻历史与现实的逻辑，使用科学的研究方法，在马克思主义经济学框架下对这些重大前沿问题的理论创新将直接推进政治经济学研究的现代化进程。同时结合中国历史与现实对这些问题所进行的研究也将极大地推进中国马克思主义经济学的发展。

(2) 对探讨全球经济发展、当代资本主义经济活动和指导社会主义经济实践具有重要现实意义。现代政治经济学重大理论问题也是国际经济社会共同面临的难题，是西方经济学与马克思主义经济学都要解决的现实问题；因此，对这些问题的研究将有利于解决现时期全球经济活动所遇到的诸如“索洛悖论”、“公平与效率”、“不平等交换”和“利润率下降与经济危机”等一些重大难题。而运用在马克思主义经济学框架下的关于这些问题的创新性理论来指导当代资本主义和社会主义经济实践则更有理论优势，也会更加符合现实经济活动的需要。

研究内容：

(1) 重大前沿问题的创新性理论研究：引入资源环境“负价值”构建广义价值理论模型以破解“斯蒂德曼诘难”；基于劳动主客观条件百年变化数据建立价值量变动模型解释“世纪之谜”；根据价值到国际生产价格转化路径设计跨期转型模型解析“百年之争”；依据利润率近百年变化曲线构建利润率长期变化模型回应“置盐谬误”；建立综合技术与制度多变量的不平等交换博弈模型剖析全球“不平等交换”问题；设计双变量长波周期模型并从技术与制度双视角探讨“长波”问题；引入机会因素构建财产与收入分配公平度量模型质疑“公平效率两难”；构建包容金融、网络、房地产的“虚拟价值”基本模型分析“索洛悖论”。

(2) 重大前沿问题创新理论的实证检验及其应用：检验资源环境领域“负价值”的存在性并应用于资源环境治理；在生产性领域里检验价值量与劳动生产率的变动关系并提出科技创新导向建议；考察产业变迁以证实价值跨期转型理论并应用于产业结构调整战略；用现代计量方法检验利润率长期变动理论并应用于全球反危机政策；用技术和制度双变量综合数据

检验不平等交换博弈理论并应用于国际经济领域；用我国数据检验引入机会因素的平等理论并应用于度量我国社会公平；用技术和制度双变量综合数据检验长波问题并应用于危机周期预测领域；在金融、环境、网络、环境领域里分别检验虚拟价值理论并提出相应对策建议。

创新之处：

(1) 提出基于历史和现实的双视角，将理论逻辑与历史逻辑统一起来，将定量与定性、静态与动态分析结合起来，将单变量与多变量综合起来，在马克思主义经济学框架下解析这些重大前沿问题的观点不仅是对这些“世纪难题”梳理研究后的认识，也是解决这些“世纪难题”的新思路，这一研究思路将会推进现代政治经济学重大前沿问题的创新与发展。

(2) 构建的“包含‘负价值’的价值模型”、“引入‘机会’的公平模型”、“虚拟价值基本模型”以及对“转型”、利润率、长波、“不平等交换”等问题引入多变量、跨期、动态分析所创新的理论，不仅对于解析“世纪难题”具有重要理论价值，而且也将是现代政治经济学前沿性创新理论。

(3) 使用现代数理分析工具以构建的创新性理论模型，并用现代计量工具对其的实证检验，进而将这些研究成果应用于当代资本主义和社会主义经济活动的分析；这不仅在研究方法上具有一定的创新性，而且还具有较强的实践性和可操作性。

中国特色社会主义政治发展道路的理论、路径和机制研究（重点项目）

武汉大学政治与公共管理学院　虞崇胜

研究意义：(1) 通过研究，将从理论和实践的结合上阐明中国特色社会主义政治发展道路的必要性和可能性，进而用科学的理论范式充实中国特色社会主义理论体系；(2) 通过研究，将进一步明确中国政治发展道路的特点和规律，用鲜活的中国政治发展经验丰富政治发展的一般理论和方法；(3) 通过研究，将进一步明确中国特色社会主义政治发展的现实路径，为正在进行中的中国政治发展提供直接指导；(4) 通过研究，将总结中国特色社会主义政治发展道路的学术价值，进而为政治发展的学术殿堂增添新的内容。

研究内容：中国特色社会主义政治发展道路内涵十分丰富，具体体现在中国政治发展的时代背景、现实条件、指导思想、基本原则、发展方向、发展目标、基本内涵、路径选择、运行机制、战略策略和方式方法之中。该课题将重点研究其中三个基本层面，即中国特色社会主义政治发展道路的理论预设、路径选择和运行机制，同时兼顾其他层面，力求能够准确反映中国特色社会主义政治发展道路的全貌。具体章节结构：(1) 中国特色社会主义政治发展道路的时代场域：冷战结束后国际政治背景；中国政治发展进入新的转型阶段 。(2) 中国特色社会主义政治发展道路的理论预设。所谓理论预设，主要回答的是“是什么”和“为什么”的问题，包括指导思想、基本原则、基本指向、基本内涵等方面。(3) 中国特色社会主义政治发展道路的路径选择。通常情况下，政治发展道路有各种不同的路径选择。结合中国实际，大体有三种发展进路：逻辑进路；现实进路；具体进路。(4) 中国特色社会主义政治发展道路的运行机制。政治发展是一个动态的过程，如果把政治发展看成一辆正在奔驰的列车，要保证这辆列车能够正常运行，至少需要两套运行机制：中国政治发展的动力机制；中国政治发展的平衡机制。

研究特色和创新之处：该课题研究将凸现三大特色：一是关于中国特色社会主义政治发展道路的理论预设，它将回答什么是中国特色社会主义政治发展道路的问题；二是关于中国特色社会主义政治发展道路的路径选择，它将回答中国特色社会主义政治发展选择什么样的路径问题；三是关于中国特色社会主义政治发展道路的运行机制，它回答如何推进中国特色社会主义政治发展的问题。

该课题的最大创新之处在于试图回答为什么要坚持中国特色社会主义政治发展道路和怎样坚持中国特色社会主义政治发展道路的问题。具体创新之点有三：一是用中国政治发展的实践经验丰富和发展政治发展的一般理论；二是为中国特色社会主义政治发展提供基础的理论依据和可行的发展路径；三是通过揭示中国特色社会主义政治发展道路的特点和规律，为进一步把握中国特色社会主义道路的科学内核提供参考。

马克思主义经典著作重要术语中国化的渊流与考证——以《共产党宣言》为线索

广西师范大学政治与行政学院　靳书君

马克思主义经典著作汉译几乎等于术语再造，这种语言张力不仅没有阻碍经典著作进入中国，反而成为马克思主义中国化的源头活水，中国人不是另造新概念，而是在术语翻译过程中赋予新含义使之中国化。该课题以《宣言》为线索，在正本清源的基础上说文解字，考证中国人通过术语转换使“经典”走进“现代”的来龙去脉。

研究意义：第一，该课题将为中国特色社会主义提供话语支撑。我们是在与经典著作对话中思考中国特色社会主义，关于中国特色社会主义的争论和疑惑，都跟一些术语的翻译和运用有关，厘清重要术语，能够使我们言而有据、思之入理。第二，课题研究将为宣传思想工作提供方法论指导。话语是思想文化之砖，加强思想工作不是做宏大的理论灌输，而是通过中国化马克思主义的日常术语于生活细微处潜移默化。

研究内容：围绕中国化马克思主义术语“哪里来”、“怎么来”、“哪里去”三个问题渐次展开，包括：

第一，马克思主义经典著作重要术语的发生学分类。以《宣言》中央编译局 2009 年译本为依据，撷取 25 个重要术语，从发生学意义上分成三类：（1）日语借词；（2）汉语配词；（3）汉字组词。

第二，《共产党宣言》的文本学考证。（1）收集 1899—1930 年间 18 份摘译文，以图像形式成册；（2）考证新中国成立前 6 个译本、新中国成立后 6 个译本，涉及 94 个版本；（3）参阅台湾唐诺译本、管中琪译本和香港左涛校译本；（4）参照 1848 年德文原版、1882 年俄文版、1888 年英文版和 1906 年日文刊行版等 4 个权威母本。

第三，重要术语的考据学研究。（1）以 18 份译文和 12 个译本为线索，对照日、英、俄、德母本，考证 25 个术语译词的流变；（2）援引与《宣言》有术语渊流关系的其他经典著作权威译本：郭沫若译《德意志意识形态》；许德珩译《哲学的贫困》；柯柏年译《哥达纲领批判》；（3）结合历史考证，注疏术语在翻译史中的各个译词；（4）逐一阐释 25 个术语的当代通行译词；（5）围绕中心性范畴厘清 25 个术语的结构关系。

第四，考察中国化马克思主义术语对当代中国社会生活的影响。(1) 思维方式的改变；(2) 中国哲学社会科学的形成；(3) 社会思想层面的运用；(4) 大众生活方式层面的影响。

创新之处：第一，提出了马克思主义中国化进程中思想和术语体用互动的新视角。过去往往把思想内容和民族形式（核心是民族话语）当作两个层面分别对待，难免“马体中用”之虞，该课题打破体用对立，深入到思想的细胞，把马克思主义经典著作中国化的研究深入到术语转换的微观层面，考证思想内容通过术语形式完成的创新。第二，廓清了马克思主义经典著作中国化的术语转换机制。通过文本考证和历史考证归纳术语意义生产和再生产的环节和机理，这将解答以往研究的一个悬疑。

马克思恩格斯生态思想的诠释与重构研究

山东师范大学政治与国际关系学院　崔永杰

研究意义：当今人类正面临一场全球性的生态危机，要想从中走出则必须有正确的理论指导，而能够担起这样一种理论角色的唯有马克思主义。因此，深入开展“马克思恩格斯生态思想的诠释与重构研究”至关重要：首先，它有助于克服环境理论家等对马克思恩格斯生态思想的否定，以及针对新近出现的众多国别化的马克思主义思潮“再探讨”中真正的马克思恩格斯被繁复的话语所遮蔽，其原本形象变得日益模糊的现象，从而还原马克思主义的本来面目；其次，深入开展马克思恩格斯生态思想的诠释与重构研究，将有助于正视和弥补传统社会主义理论在生态问题上的薄弱环节，进而丰富和发展马克思主义的生态文明观；再次，系统梳理和深入剖析生态学马克思主义对生态思想的阐释与重构，客观地分析其理论“得失”，批判地吸取、借鉴其合理因素，对于当前我国建设和谐、可持续发展的社会主义社会具有重要的现实意义。

研究内容：鉴于生态学马克思主义日益成为当代西方马克思主义重要新兴流派和活跃的生长点，且其始终把重构马克思恩格斯的生态思想作为自己的理论旨趣，该课题将在总体考察的基础上，重点研究生态学马克思主义对马克思恩格斯生态思想的诠释与重构。主要研究内容分为六个部分：第一，历史地考察生态学马克思主义的产生及其诠释与重建马克思恩格斯生态思想的社会背景和理论渊源；第二，具体分析生态学马克思主义者针对环境主义理论家等对马克思恩格斯“自然”概念的诟病所作的回应，以及其对马克思恩格斯“自然”概念、人与自然关系理论生态内涵的正面阐发；第三，系统剖析生态学马克思主义为历史唯物主义所作的辩护，以及其对历史唯物主义的批判精神及方法与生态保护之内在关联的独到见解；第四，着力探讨生态学马克思主义从历史唯物主义基本观点出发对当代社会生态危机深层原因的揭示；第五，深入挖掘生态学马克思主义关于解决生态危机的根本出路在于建设生态社会主义的理论对马克思恩格斯生态思想的传承与发展；第六，本研究将集中对生态学马克思主义关于马克思恩格斯生态思想的诠释与重构加以理论上的分析批判，对其“得失”做出准确判断与客观评价。

研究特色：其一，针对以往“生态学马克思主义”研究主要集中于资本主义生态危机的原因分析等个别问题，本研究旨在从“阐释与重建马克思恩格斯生态思想”这一新的视角出发，对其整个理论作全面系统的探讨；其二，本研究致力于将不同时期及地区生态学马克思主义者对马克思、恩格斯生态思想的阐释纳入到“绿色运动”蓬勃兴起、时代的进步要求马克思主义不断创新、发展的视野下加以审视，对其思想发展、演进的内在逻辑规律予以揭示；其三，本研究立足于马克思主义基本原理，并审慎地依据“建设性后现代主义”的观点对生态学马克思主义的理论缺陷作恰当的评说，对社会主义国家出现严重环境问题、生态危机现象的原因等做出新的探讨。

列宁对党内民主的探索及其当代启示研究

中共湖北省委党校　叶剑锋

研究意义：党内民主是党的生命，它已成为推进我国社会主义民主的理想途径，其战略地位越来越高。列宁的党内民主理论确立了党内民主的基本范畴与范式，是我党发展党内民主亟待学习和借鉴的宝贵历史经验。本研究对解决我党党内民主实践中出现的具体问题，建设和谐社会，提高党的建设科学化水平，具有重大的理论和现实意义。

研究内容：

（1）列宁时期党内民主在继承、借鉴、批判、回应和调整中产生和发展

列宁在继承马克思、恩格斯党内民主思想的基础上，借鉴卢森堡等人的民主思想，批判吸收俄国民粹主义革命派的组织思想，在回应同时代“战友”们的质疑和俄国国情和党情中形成党内民主思想。十月革命后，列宁根据历史条件变化及党的思想组织成熟程度适时调整党内民主的侧重点。

（2）列宁时期党内民主历史演进的阶段性内容、特征及规律

列宁时期党内民主经历了多个阶段，他相应提出“集中制”、“民主集中制”、“极端集中制”和“工人民主制”等概念，在思想内容上呈现出阶段性的发展态势。我们应“回到列宁的时代”，准确而不孤立地把握其具体论断与政策的背景、真实含义及内在联系，揭示其历史演进的阶段性内容、侧重点、特征及规律。

（3）列宁时期党内民主的内容体系

一是党内民主的含义和实质。党内民主的含义和实质在于全体党员是党的主人，是决定党内一切事务的主体，党的权力的产生直接表现为一种契约权力。

二是党内民主的功能。党内民主具有防止党内寡头和专制产生的自我更新功能，激发党的活力的激励功能，整合党的意志的团结整合功能，减少决策偏差失误的提高决策质量功能。

三是党内民主的实践原则。发展党内民主必须在民主集中制总原则指导下，遵循党内平等原则、党内普遍选举原则、党内自由讨论原则、党内集体领导原则。

四是党内民主的实现形式。党内民主的实现要以党内制度规范为保障：党的代表大会是党的最高权力机关、党内实行广泛的定期选举制度、党的会议定期召开制度、党内权力的分解监督和集体领导制度。党内民主要通过党内政治生活的民主化来实现。

五是发展党内民主应处理好的五个关系。必须处理好民主与集中的关系，处理好党内民主与人民民主的关系，处理好党内民主与纪律的关系，处理好党内民主与稳定的关系，处理好党内民主与无产阶级专政的关系。

（4）列宁时期党内民主的基本经验、历史限度及当代启示

列宁时期党内民主为我们留下了宝贵的历史经验，也留下了论证不够充分、制度化和法

治化程度不高、改革设想不够缜密、程序性规定不够具体、强调集中有余而民主不足等不足。我们应结合其历史演进的规律、历史限度及基本经验，健全和完善我党党内民主制度的现实框架。

创新之处：对列宁时期党内民主进行全方位总结梳理，系统构建列宁党内民主理论的内容体系；从多学科角度出发，以民主在党内如何从理想变为现实为切入点，准确把握列宁时期党内民主的真实面貌和精神实质；正确区分“本质的列宁”与“具体环境中的列宁”，将列宁的真正主张与他因应环境的短期策略相区分；列宁时期党内民主没有形成稳定持续的行为模式和实现方式，其历史限度及影响是另一种意义的经验。

毛泽东与中国特色社会主义制度建立研究

东北林业大学马克思主义学院　张纯

研究意义：从学术价值上看，全面系统地研究毛泽东与中国特色社会主义制度的建立，有助于深化对中国特色社会主义建立过程的认识，从而深刻理解中国特色社会主义制度的内涵，进一步总结中国共产党人推进马克思主义中国化历史进程的经验；从现实意义上看，认真梳理和总结中国特色社会主义制度建立的实践和经验，能为我们今天发展和完善中国特色社会主义制度提供有益的历史智慧和启迪。

研究内容：

(1) 中国社会主义制度建立的理论渊源。以毛泽东为核心的中国共产党人坚持与发展了马克思主义理论，同时借鉴苏联社会主义制度模式、西方资产阶级政治文明的成果以及汲取了中国传统文化的养分。

(2) 中国社会主义制度形成的实践基础。以毛泽东为代表的共产党人建立社会主义制度是一个实践上不断探索与积累的过程，包括土地革命时期、抗日战争时期及解放战争时期中国共产党在根据地建立制度体系的探索。

(3) 建立社会主义制度的构想。新中国成立前夕，毛泽东在一些重要会议及著作中提出对新中国制度建设的构想。具体体现在关于建立中国社会主义根本政治制度、关于建立中国社会主义的基本制度及关于建立中国社会主义的具体制度。

(4) 中国社会主义制度的基本建立。伴随新中国成立及新中国成立后，中国特色社会主义制度体系逐步建立。中国人民政治协商会议会议的召开和《共同纲领》的通过与中国特色社会主义制度的建立；有中国特色的社会主义改造和社会主义改造的基本完成与中国特色社会主义制度的建立；第一届全国人民代表大会的召开和《中华人民共和国宪法》的通过与中国特色社会主义制度的建立；在社会主义建设的过程中社会主义具体制度的建立。

(5) 中国社会主义制度的巩固与发展。社会主义制度基本建立后，毛泽东对社会主义制度的巩固与发展有着深刻的认识和积极的探索。如对社会主义制度不巩固、不完善的认识；经济上通过发展生产力、调整生产关系巩固社会主义制度；政治上防止资本主义复辟、防止和平演变和培养社会主义接班人。

(6) 总结中国社会主义制度建立的经验与启示。

研究特色：首先，该课题从整体性和系统性的视角对毛泽东建立中国社会主义制度进行专门研究。既包括对历史进程的总体把握，也包括对根本制度、基本制度、具体制度所组成的制度体系等中观层面的研究，同时包括对具体事件和个案的剖析，从而实现宏观、中观和微观的有机结合。其次，以中国特色社会主义制度体系为框架结构研究毛泽东对中国社会主义制度的建立。最后，以辩证法为方法论原则，坚持理论与实践结合，重视历史研究的方法，实现历史与逻辑的有机统一。

马克思主义理论整体性基本内涵研究

云南师范大学哲学与政法学院　童贤成

自2004年党中央正式启动和实施马克思主义理论研究和建设工程，真正揭开马克思主义理论研究的序幕以来，我国理论界在马克思主义理论整体性研究方面，做了大量工作，提出了许多有价值的见解和意见，形成了一批有价值的理论成果，为深入研究马克思主义理论整体性开辟了种种思路；但对“马克思主义理论整体性基本内涵是什么”问题，至今尚未达成比较完整的共识。因此，该课题拟对此做些尝试，力争有所突破、有所创新。

该课题研究意义重大：一是可以起到三个方面的指导作用（显示理论指导性），即对马克思主义理论、中国化马克思主义理论及马克思主义各个组成部分辩证统一关系的研究和把握具有指导作用。二是有助于三大问题的解决（突出现实针对性），即有助于推进马克思主义研究和学科建设；有助于教学、科研、宣传，用科学理论武装广大干部群众，澄清各种对马克思主义的模糊认识；有助于推动马克思主义民族化、大众化和时代化的历史进程。三是可以深化对三个规律的认识（重视历史规律性），即深化对“马克思主义立足实践、与时俱进发展”规律的认识，深化对“马克思主义必须在斗争中才能发展”规律的认识，深化对“统治阶级的思想在每一时代都是占统治地位的思想”规律的认识。

研究的结构和主要内容：一是要阐明整体性概念是从总体性范畴而来的，强调整体在各个部分中起全面的决定性意义的统治地位，是马克思、恩格斯进行科学理论创造的重要基础和根本方法，并说明这一基础和方法在马克思、恩格斯的著作中得到充分的运用和体现。二是要阐明马克思主义理论整体性是个体（个人）整体、结构（社会结构）整体、历史整体的有机统一，也是时间、空间和结构的三位一体。三是要阐明马克思主义理论整体性包含着以下三个层面和一个本质，即：马克思主义理论是一个以完整的共产主义世界观为鲜明特色的结构整体；作为马克思主义理论核心内容的基本原理是一个有层次体系的历史整体；马克思列宁主义、毛泽东思想和中国特色社会主义理论体系是一个一脉相承与时俱进的，既反映客观规律的普遍性又反映民族形式及具体道路多样性相统一的世界整体；马克思主义理论在本质上是一个建立在实践基础上的既合乎规律性又合乎目的性的科学性与革命性相统一的具体整体。四是要对当前理论界中存在的曲解、肢解马克思主义理论整体性的一些倾向进行分析，强调学习、研究马克思主义贵在坚持马克思主义理论整体性的重要现实意义。

创新之处：一是视角新：该课题聚焦“基本内涵”这个视角，来深入研究马克思主义理论整体性。二是思路新：从纵向看，该课题从总体性范畴开始，阐明整体性的含义、马克思主义理论整体性的含义，进而提出并论述马克思主义理论的结构整体、历史整体、世界整体及其本质，从而揭示马克思主义理论整体性基本内涵。这个思路是要阐明：整体性是什么→

马克思主义理论整体性是什么→马克思主义理论整体性包含的内容是什么→研究、坚持马克思主义理论整体性基本内涵的意义是什么。从横向看，该课题从两个层次、三个层面和一个本质来研究、揭示马克思主义理论整体性基本内涵。“两个层次”即马克思、恩格斯、列宁等原创经典作家关于马克思主义理论整体性（观）、总体性（观）的运用和论述及马克思主义理论本身的整体性；“三个层面”即马克思主义理论的结构整体、历史整体和世界整体；“一个本质”即马克思主义理论是建立在实践基础上的既合乎规律性又合乎目的性的科学性与革命性的统一。总之，马克思主义理论是一个实践的理论、科学的理论、解放的理论、发展的理论，四者是有机联系、互相贯通的整体。三是方法新：综合运用系统论方法、理论联系实际方法、历史分析方法和文献研究方法，以实现历史与逻辑的统一、理论与实际的统一。课题成果将成为系统研究马克思主义理论整体性的新论著。

马克思恩格斯民主思想与当代中国政治发展研究

中央党校马克思主义理论教研部　王中汝

马克思主义是中国特色社会主义最根本的指导思想。中国的政治发展，离不开马克思主义的指导。马克思恩格斯的民主思想，是马克思主义理论体系的重要组成部分。充分挖掘马克思、恩格斯的民主思想，有利于巩固中国当代政治发展的科学基础与价值取向，为解决中国政治发展中的难题提供方法论支撑。

研究内容：

（1）全面梳理马克思、恩格斯关于民主的重要著述，深入挖掘他们的民主思想及其精神实质、现实价值，为当代中国政治发展提供理论资源。马克思、恩格斯主张的民主，具有政治与经济双重逻辑，两者辩证统一、不可偏废。

（2）以马克思、恩格斯民主思想为指导，研究“五四”以来中国政治发展的历史进程及经验教训。新中国确立了符合中国国情的基本政治制度，但受苏联模式经济、政治体制的制约，基本政治制度被架空，政治发展遭遇挫折。

（3）研究当代中国政治发展的本质要求与基本制度安排。人民当家作主，是当代中国政治发展的本质要求。以公有制为主体、多种经济成分共同发展的所有制结构和社会主义市场经济体制，以宪法为核心的根本和基本政治制度，为当代中国政治发展奠定了经济基础和制度框架，必须坚持。

（4）研究依法治国对当代中国政治发展的革命性意义。依法治国，是中国政治运行方式的革命性变革。依法治国，首要之务是执政党要尊重以宪法为核心的法律体系，同时还要求处理好政府与市场、政府与社会的关系，促进公民社会发育。

（5）研究权力监督与制约对当代中国政治发展的重要价值。共产党一党执政，监督、制约对政治体系健康运转至为重要。在政治体系与政治过程的各个层面上，建立结构合理、配置科学、程序严密、制约有效的权力运行机制，是中国政治发展的重要任务。

（6）研究当代中国政治发展的领导力量问题。中国共产党的正确领导，是中国政治顺利发展的根本保障。领导“正确”的制度体制要求，体现在党与社会的关系上，是民主执政、依法执政、科学执政；体现在党内，是充分尊重党员的主体地位，不断地发展党内民主。

（7）研究中国政治发展道路的拓展问题。当代中国政治发展，要在马克思主义民主理论指导下，坚持四个“有机统一”，即党的领导、人民当家作主与依法治国的有机统一，政治民主与经济民主的有机统一，形式民主与实质民主的有机统一，以我为主与借鉴人类政治文明成果的有机统一，走符合中国国情与人类文明大道的、充分体现出人民当家作主内在要求的政治文明之路。

研究方法：从马克思、恩格斯民主思想着手，突出历史唯物主义、政治经济学等方法的综合运用，突出理论、历史与现实三个维度的整体把握，突破了常见的就政治言说政治的单一政治学研究方法，是关于当代中国政治发展研究的创新性尝试。

马克思主义阶级斗争理论的当代解析研究

宁波大学马克思主义学院　郭宝宏

研究意义：全球化中的阶级斗争问题，是当代马克思主义面临的重大疑难问题。全球化是否能够自然地消除阶级斗争，或者是否意味着阶级斗争的全球化？民族国家内部的阶级斗争与全球范围阶级斗争存在怎样的关系？马克思主义关于“阶级斗争必然要导致无产阶级专政”的论断在全球化下是否有效，如何实现？对于这些问题，目前国内外学术界并未给出科学的回答。为此，该课题的意义在于：（1）丰富马克思主义的阶级斗争理论，提高其在全球化下的客观真理性。（2）为正确认识全球化条件下国际政治和经济形势背后的全球阶级斗争规律提供理论依据。（3）为全球化条件下世界无产阶级开展反对资产阶级的斗争提供有益的理论参考。

研究内容：（1）马克思主义阶级斗争理论及其在全球化条件下受到的冲击。（2）全球化中的阶级和跨国阶级。主要讨论全球化中阶级概念的内涵，全球化中发达国家的阶级关系的变化，发展中国家阶级关系的变化，以及跨国阶级关系的变化。（3）全球化中民族国家内部的阶级斗争。主要讨论全球化中发达国家内部的阶级斗争，发展中国家内部的阶级斗争，社会主义国家的阶级斗争。（4）全球化中的全球阶级斗争。主要讨论全球化中全球阶级斗争的根源和性质，全球阶级斗争的主要领域，全球阶级斗争对民族国家内部阶级斗争的影响。（5）全球阶级斗争的影响力量。主要探讨全球阶级斗争中国家机器、政府间国际组织、国际非政府组织、国际党派组织等的影响作用。（6）全球化中阶级斗争的走势及无产阶级专政的实现途径。主要讨论全球化中“全世界无产者联合起来”的理论问题，全球阶级斗争的基本目标、根本任务，以及世界各国实现无产阶级专政的一般途径。

创新之处：从马克思主义经典作家有关阶级斗争的基本理论出发，立足于当代全球化的现实，在分析概括近年来国内外各种阶级斗争理论的得失的基础上，运用马克思主义原理探讨全球化中一系列阶级斗争问题，力求使马克思主义阶级斗争理论在全球化进程中得到坚持、丰富和发扬。为此，该课题在选题、结构、分篇和各章内容上均有创新。但较集中体现在：（1）对全球化条件下阶级内涵和阶级关系的解读。（2）对各国内部阶级斗争与全球阶级斗争之间关系的探讨。（3）对全球阶级斗争的领域、形式和影响因素的阐述。（4）对全球化条件下无产阶级专政实现路径的探讨等方面。

马克思分配正义理论及其当代价值研究

南京信息工程大学马克思主义学院　李志江

研究意义：分配正义既是当代政治哲学的核心，也是当代中国经济社会发展过程中面临的重大现实问题。该课题旨在以马克思的文本为依据，对马克思分配正义理论进行的专门和全面研究，廓清马克思分配正义理论的基本观点和逻辑，理解其政治哲学的丰富内涵和特质。这一方面有助于我们回应西方分配正义理论的挑战，澄清它们对马克思的误解和错解，彰显马克思理论的当代性。另一方面，也有助于我们理解当前民生建设，特别是社会保障制度建设的政治正义和经济正义基础，为我们正在进行的收入分配制度改革提供思想支援。

研究内容：一是考察马克思分配正义理论产生以后，在实践中和学术研究中，人们是如何理解它、解释它的，提出了什么问题，经历了什么样的嬗变。二是马克思分配正义理论的方法论；三是马克思对资产阶级分配正义论的批判；四是马克思分配正义理论的主要内容；五是马克思主义分配正义理论的当代价值，以及我国社会转型期构建公正的分配制度应该把握的特殊问题和国情。

研究特色或创新之处：第一，透视分配正义在马克思所致力的社会革命和重构中的作用，并指出了“生产正义”在马克思分配理论中的逻辑枢纽作用；第二，具体探讨分配正义在社会主义的两种作用：保障作用和激励作用；第三，在考察以往的分配正义原则之缺陷的基础上，将社会主义按劳分配的分配正义原则实际解释为按贡献分配，并且指出按照马克思的本意，社会主义作为向共产主义的过渡，其分配原则同样应该体现这种过渡性质，这意味着每个人生存和发展的必需品应该优先得到满足；第四，阐述“自我所有”不是马克思资本主义剥削理论与自由主义共有的人本学基础，柯亨的理解是错误的；第五，阐明我国现阶段正在进行的社会保障制度、义务教育、就业培训等民生建设的理论基础就存在于马克思关于社会主义分配正义原则的论述中，这些都是社会主义分配正义原则的体现和要求。

世界共产主义政党和组织发展状况定量研究

河北师范大学社科处　王军

研究意义：在世界共产主义政党和组织165年的历史发展中，世界各地先后出现过影响力各不相同、历史长短不一的共产主义政党和组织达到1000余个。经过165年的兴衰沉浮，至今仍然有100多个活跃于世界舞台。对这一政党家族进行全方位整体性研究，其意义如下：①全景式展示165年间世界社会主义运动、共产主义运动由低潮走向复苏和壮大的过程；反思世界各国共产主义政党和组织发展的曲折艰辛历程，总结其经验教训，为建设有中国特色社会主义以及加强执政党自身建设提供借鉴；②利用历史上曾经出现的1000余个共产主义政党和组织的数据，为世界社会主义运动、国际共产主义运动相关研究与教学提供数据上的支持，能够在一定程度上填补世界共产主义政党和组织研究数据的空白；③世界各国共产主义政党和组织的兴衰成败，符合政党发展的一般规律，但又有自身的其独特性和异质性。对这一政党家族进行研究，能够为世界政党和政党理论研究提供素材，也能够填补国内外学术界在此领域研究的不足。

研究内容：该课题拟通过定量与定性分析相结合、历史与现实研究相结合的研究方式，追寻并记述1847—2012年间世界共产主义政党和组织的发展历史，总结它们探索与建设社会主义道路的历程及其意识形态变化情况，以共产主义政党和组织数据库来全景式展示其发展状况和所面临的现实困境。具体内容包括以下五个方面：一是以数据库形式反映1847年以来世界各个共产主义政党和组织的存续时间、发展与消亡、政治制度环境、人文生态环境等基本情况；二是世界共产主义政党和组织的意识形态状况；三是世界共产主义政党和组织发展道路的选择与探索情况；四是当今世界仍然活跃的共产主义政党和组织的党员人数、执政参政、参加选举情况与政治影响等；五是世界共产主义政党和组织所依托的国际组织的发展状况。

研究特色或创新之处：以政治科学研究方法为指导，跨学科（政治学、社会学、人口学、统计学、马克思主义理论等）建立世界共产主义政党和组织的政治生态数据库（SPSS），对世界共产主义政党和组织的发展状况进行量化分析，全方位展示作为世界社会主义运动、国际共产主义运动基本依靠力量的共产主义政党和组织的现实状况。

中华文化传统伦理与社会主义核心价值体系建设研究

北京航空航天大学　姚晓玲

研究意义：自2006年中共中央首次明确提出建设社会主义核心价值体系的命题和任务以来，国内学界对社会主义核心价值体系及核心价值观进行了多维研究，取得了一系列成果，但概观学界相关研究成果，在社会主义核心价值体系的文化传承方面，尤其是对中华文化传统伦理与社会主义核心价值体系建设之间的文化传承与创造性转换方面的问题缺乏充分关注和深度研究。学界在这一方面的研究现状可以概括为“专题研究比较深入，总体研究相对欠缺”。

该课题旨在批判地继承学界有关研究成果的基础上，坚持历史唯物主义的方法论原则，以中华文化传统伦理与社会主义核心价值体系之间的文化传承与创造性转化为重点，为在理论和实践层面进一步深入推进社会主义核心价值体系及核心价值观研究提供一种可能的思路。

研究内容：

（1）在本体论层面上将中华传统文化伦理和社会主义核心价值体系作为一个多层次、实践性的文化整体进行研究。中华文化传统伦理不仅包括具体的伦理规范和价值取向，而且包含更深层次的价值思维方式和更具实践性的操作程序和行为模式。该课题在概念上将文化伦理和核心价值体系区分为知性原则、情感要求、信仰准则、人格结构、行为模式和社会化机制等六个方面内容，在实践上将其区分为人与自我、人与他人、人与自然、人与群体、群体与社会整体、政治观、国家观和世界观等八个层面的共生互构关系，由此深入考察中国传统文化伦理的价值功能，从而为中国传统文化伦理向社会主义核心价值体系的现代转型奠定坚实的理论基础。

（2）在认识论层面深入研究中华文化传统伦理与社会主义核心价值体系之间的内在联系。以此厘清概念结构、区分价值层次、规范价值评价、发现逻辑关联，探寻中国特色社会主义共同理想的民族心理基础与价值取向，深入研究中华文化传统伦理与中国化马克思主义在世界观、方法论和价值论层面的内在联系。

（3）在历史观层面深入研究中华文化传统伦理与社会主义核心价值体系之间实现创造性转换的认同范式和构建模式。研究中华文化传统伦理与社会主义核心价值体系建设的内在关联，不仅应当参考西方前现代文明和价值体系在现代化转型中的历史经验和教训，借鉴中国传统文化伦理对于东亚价值观及其现代化进程的重要意义，还要高度重视以毛泽东、邓小平等为代表的中国共产党人在领导中国革命和建设过程中，以中国化马克思主义为指导，在价值的普遍性与特殊性之间保持必要的张力，在新型经济社会秩序和国家模式的基础上，成功地对中华文化传统伦理进行创造性转换，发展出一套成功的核心价值体系认同范式和构建模式。因此，该课题将对中国共产党自成立以来构建社会核心价值体系的思想路线、实践机制、具体方法和成功经验给予具有原则高度和理论深度的总结提升，以期对当前社会主义核心价值体系建设有所助益。

研究特色或创新之处：（1）视角创新。以历史的总体的研究视角，将中华文化传统伦理与社会主义核心价值体系视为具有内在张力的动态结构。（2）方法创新。在哲学价值论最新研究的基础上，广泛吸收社会学、政治学、心理学和历史学等社会科学研究方法，多维交叉、系统整合，保证理论研究的深度与广度。（3）内容创新。从本体论、认识论和历史观三个层面系统深入研究中国传统文化伦理与社会主义核心价值体系之间的内在关联。这种研究能有力推进中华文化传统伦理的实践机制研究，对于实现中国化马克思主义对中华文化传统伦理之间的创造性转化具有重要的理论价值。

邓小平共同富裕思想的科学内涵及其实现路径研究

对外经济贸易大学思政教研部　刘宏元

研究意义：2012 年是邓小平南方谈话 20 周年，为此理论界发表了大量纪念南方谈话的文章和专著。这些文章和专著不仅记述了南方谈话的历史背景和过程，而且高度评价了南方谈话对中国特色社会主义实践的理论创新意义。无疑，南方谈话开创了中国改革开放的新局面。20 年来，中国取得了举世瞩目的伟大成就，但值得注意的是，中国也出现了社会分配不公、贫富差距扩大等严重问题。为此社会中出现了一些对邓小平理论的质疑声。如何看待和解决中国出现的这些社会问题以及这些问题与邓小平理论有无直接的因果关系？为了回答这个尖锐问题，必须从理论上阐述清楚邓小平的共同富裕思想，并在新的历史条件下丰富和发展其共同富裕思想，探索实现共同富裕的有效路径。这就是该课题研究的现实意义。

研究内容：该课题以邓小平自己的论述为主要研究依据，即以《邓小平文选》为主要研究对象，同时参照《邓小平年谱》和相关研究成果。该课题研究的主要内容和得出的初步观点：（1）实现共同富裕是邓小平理论的最核心内容和价值观基础。从邓小平理论的形成过程和理论体系看，实现共同富裕既是邓小平理论的出发点，也是邓小平理论的落脚点。从改革开放之初，到 1992 年南方谈话，从“两步走”思路的形成到社会主义本质论的提出，实现共同富裕思想始终贯穿邓小平改革开放政策的始终，也是邓小平终身奋斗的目标。（2）实现共同富裕是一个循序渐进的历史过程，是过程论和目的论的有机统一。在邓小平看来，社会主义建设实践中的惨痛教训已经充分证明，仅仅有共同富裕的美好愿望是远远不够的，必须经过“两步走”战略，即第一步让一部分地区和一部分人先富起来，第二步让先富起来的分地区和人带领大家共同致富，才能实现共同富裕。(3) 科学发展观与邓小平共同富裕思想在理论上是一脉相承的。坚持科学发展观，统筹好“五个”关系，既是解决中国目前发展中出现的贫富两极分化问题的方法，也是邓小平共同富裕思想发展的内在要求。(4) 实现共同富裕是一项长期的艰巨的社会系统工程。为此必须采取税收、财政、法律等综合手段，改革社会分配机制，坚持按劳分配原则；同时从教育、医疗、住房、就业等民生领域入手，逐步建立覆盖全社会的社会保障体制，不断缩小贫富两极分化现象，从而最终实现共同富裕的中国特色社会主义。

研究特色：该课题意在通过理论梳理，科学分析邓小平共同富裕思想与其社会主义发展动力论、社会主义初级阶段论、社会主义市场经济论和社会主义本质论等理论的逻辑关系，准确把握共同富裕思想的科学内涵及其在邓小平理论体系中的核心地位，系统论证科学发展观与邓小平共同富裕思想的理论继承关系。同时在研究中坚持理论与实践相统一、历史与逻辑相统一的方法，科学评价邓小平理论的历史地位，批驳国内外各种对邓小平理论的错误认识和歪曲，并在新的历史条件下探索实现共同富裕的政策和路径，从而丰富和发展邓小平的共同富裕思想，推进马克思主义中国化的理论创新。

2012年度中国社会科学院重点课题简介（部分）

中国特色社会主义制度体系建设

中国社会科学院马克思主义研究院　程恩富

研究思路：紧扣中国社会主义初级阶段的基本国情，紧紧围绕改革开放以来我们党对什么是马克思主义、怎样对待马克思主义，什么是社会主义、怎样建设社会主义，建设一个什么样的党、怎样建设党，实现什么样的发展、怎样发展等重大问题的与时俱进的回答，以及对新时期中国人民成功实践经验的总结、提炼和升华，系统深入揭示中国特色社会主义制度建设的主题主线、精神实质和宝贵经验等，并根据当今世界大发展大变革大调整的新趋势，揭示和研判中国特色社会主义制度体系建设的新路径。

研究问题：(1) 追踪与回顾中国特色社会主义制度体系建设的历史沿革，阐述中国特色社会主义制度体系建设的理论和实践基础，总结中国特色社会主义制度体系建设的主要成就与主要经验。(2) 揭示中国特色社会主义制度体系的科学内涵与政治的、经济的、文化的、社会的基本特征，澄清关于中国特色社会主义制度体系及其建设的一些错误观点和认识。(3) 阐述加强和推进中国特色社会主义制度体系建设重要性、紧迫性、主题主线、精神实质、原则要求，揭示中国特色社会主义制度体系建设的新的路径，以及破解中国特色社会主义制度体系建设新征程的重大挑战与主要问题等。

研究突破：(1) 努力在系统、全面和深刻揭示中国特色社会主义制度的基本内涵、理论依据、实践基础及其体现的鲜明中国特色上取得一些突破性的认识。(2) 努力在深刻总结中国特色社会主义制度体系建设已经取得的重大成就和系统、科学阐明中国特色社会主义制度体系建设中积累的宝贵经验上取得一些突破性的认识。(3) 在回应和澄清关于中国特色社会主义制度建设的一些重大问题上存在的错误认识的同时，努力为新时期继续推进中国特色社会主义制度建设提供若干马克思主义方法论意义上的重要启示。

研究方法：在对我们党的有关文献和国内外学术理论界关于中国特色社会主义制度建设研究的相关文献进行系统梳理的基础上，该课题研究将坚持运用唯物辩证法、纵向与横向比较法、逻辑演绎法、典型解剖法和经验总结法等主要研究方法。

金融危机以来国外马克思主义研究的新进展与启示

中国社会科学院马克思主义研究院　冯颜利

研究思路：首先探讨金融危机以来国外马克思主义研究对资本主义的剖析与替代方案的思考，接着分析国外马克思主义研究中对中国特色社会主义与未来社会主义的研究，最后解析国外马克思主义研究中对马克思主义基础理论的进一步探索。我们力求做到摆事实，明形势——挖根源，析道理——寻对策，谋出路。各章节也基本按这一思路行文。

研究的总体结构和各章节主要内容：第一章“国外对金融危机与经济危机的总体诊断与应对”，探讨国外关于金融危机和经济危机研究的代表性派别及其观点和对策。第二章“国外对资本主义经济制度和政策的反思与启示”，是从经济运行层面，探讨国外对资本主义经济制度和政策，特别是“新自由主义”政策与金融危机和经济危机的内在关联的研究。第三章“国外对资本主义民主和文化制度的反思与启示”，探讨的是国外对金融危机和经济危机的反思和批判、由经济层面拓展到民主政治和文化观念层面的代表性派别及其观点。第四章“国外对超越资本主义方式、方法和途径的研究”，探讨的是国外学者由对资本主义的反思和批判发展到对资本主义的失望和否定，进而深入到对超越资本主义的必要性、可能性及其路径的探讨。第五章“国外对中国特色社会主义与未来社会主义的研究”，探讨的是国外马克思主义研究者从“这边风景独好”的中国特色社会主义事业和“中国模式”的成功中寻找金融危机和经济危机的出路与人类未来的美好前景。第六章“国外学者对中外马克思主义基础理论问题的研究”，探讨国外马克思主义基础理论研究的新成果，主要是解析国外学者对马克思主义辩证法、不平等和公正等问题的研究状况和理论成果。第七章探讨金融危机以来国外马克思主义研究的主要特征与现实意义。

创新与特色之处：一是资料新，该研究选取的资料主要是2008年以来五年内的国外马克思主义研究；二是资料的系统性，该研究不仅梳理了2008年以来国外马克思主义的哲学研究、经济学研究与政治学研究，而且特别重点梳理了危机以来国外共产党的理论与实践；三是力图与国外学者对话，该研究不只是归纳整理国外马克思主义研究，而是把理论研究与中国现实相结合，发出马克思主义研究的中国声音。

研究成果将为中国的国外马克思主义研究提供一个新的思想与研究平台，有利于整合各类研究资料，推进国外马克思主义研究沿着健康方向发展，发挥中国学者的主体性，保持必要的警觉，不被别人的思想所牵制，博采众长，为我所用，以达到为马克思主义理论的创新、为国家大政方针的制定、为中国特色社会主义事业提供智力支持之宗旨。同时在这一过程中注重与国外学者进行对话，争取学术话语权，提升中国社会科学研究在世界学术舞台上的地位，以便国外各界更了解中国，为我国经济社会文化等的全面发展赢得更好的外部环境。

马克思主义中国化的逻辑进程分析

中国社会科学院马克思主义研究院　金民卿

研究意义：着力克服单纯的现象描述、历史梳理和经验综合的研究范式，从哲学和逻辑学的深层次上分析马克思主义中国化的本质内涵及概念界定、构成要素及矛盾关系、逻辑进程及理论维度、发展机制及成果形态，在马克思主义中国化研究方面提出新的研究视角，拓展新的研究领域，增加研究的理论深度，有助于深化对该问题的研究，能够为马克思主义中国化学科建设提供更有力的深度理论支撑。有比较高的学术价值和理论意义。

研究内容：（1）从构成要素及矛盾关系上，提出并论证马克思主义中国化的本质内涵和基本概念。（2）从内在的理论张力、实践依据及现实条件等方面，分析马克思主义中国化的发生基础。（3）基于历史实践和现实发展，分析马克思主义中国化的主客体及其互动关系。（4）从历时态的纵向展开角度，分析马克思主义中国化发展的逻辑进程和三个主要环节，即吸收与内化、结合与转化、突破与创新。（5）从共时态横向展开的角度，分析马克思主义中国化的主要内容和四个理论维度，即民族化、实践化、当代化、大众化维度。（6）以历史进程和逻辑展开分析为基础，比较全面地分析和归纳马克思主义中国化的发展机制，主要包括了实践推动、思想交锋、集体智慧、思想共识等机制。（7）以成果分析和文献整理为基础，概括归纳马克思主义中国化的成果存在形态。

创新之处：（1）马克思主义中国化的本质内涵和基本概念。马克思主义中国化就是中国化马克思主义创新主体把马克思主义同中国实际和时代特征相结合的过程中所进行的理论和实践创新过程，具体包括马克思主义在中国的具体化和中国经验的马克思主义化两个方面的互动。（2）马克思主义中国化的发生基础。马克思主义内在地包含着理论性与实践性、真理性与发展性、世界性与民族性、历史性与当代性等内在张力，它们构成了马克思主义中国化的理论依据，即理论上的可能性；特定阶段上中国社会的性质、革命和建设的任务及面临的理论和实践问题，以及由此所产生的理论需求，构成了马克思主义中国化的实践依据，即实践上的可能性；马克思主义理论的传播和认同，马克思主义政党、理论家的产生，革命和建设实践的展开，构成了多方面的现实基础，使马克思主义中国化由可能性转化为现实性。（3）马克思主义中国化的主客体及其互动关系是马克思主义中国化的核心矛盾。马克思主义中国化的主体就是真正掌握马克思主义理论、中国具体实际和时代特征、中国文化传统和社会大众需求的中国马克思主义者，包括组织主体、群体主体和个体主体等；其理论客体就是进入到这个运动当中的马克思主义理论和中国具体实际；理论主体和客体始终处于互动过程当中并具有历史的开放性，从而马克思主义中国化也就是一个开放性的过程。（4）从历时态的纵向展开上来说，马克思主义中国化包含着前后相继的四个逻辑环节：植入、融合、再生、发展，这四个逻辑环节的结果就是马克思主义的“中国化”和中国创新成果的“马克思主义化”。其中，译介和植入是马克思主义中国化的理论前提；吸收与内化是马克思主义中国化的理论起点；融合与再生是马克思主义中国化的关键环节；突破与创新是马克思主义中国化的理论走向。（5）从共时态的横向展开上来说，马克思主义中国化包含着四个理论维度：世界性理论同民族性特点相结合的民族化过程；经典性理论同时代特征相结合的时代化过程；普遍性真理同具体性实践相结合的实践化过程；严密性理论同群众性实践相结合的大众化过程。

中国特色社会主义国际影响力研究

中国社会科学院马克思主义研究院　李建国

中国特色社会主义开创于中国，从属于社会主义，但它所蕴含的科学发展、和谐世界、和平共处等重要理念，不仅对当代中国有指导意义，而且对解决当今世界发展困境也能提供重要借鉴。中国特色社会主义作为当代中国的国粹，既体现了中国的独特性，对实现中华民族伟大复兴的中国梦产生重要影响；更体现了人类社会的普遍性，必然会对世界文明的发展产生重要影响。

研究意义：深入开展中国特色社会主义国际影响力研究，对于深化中国特色社会主义国际影响力的理论研究，拓宽中国特色社会主义国际影响力的研究领域，具有重要的理论意义。对于世界正确了解中国，提升中国国际话语权和中华文化国际影响力，扎实推进社会主义文化强国建设，具有重要的实践意义。

研究内容：围绕中国特色社会主义国际影响力这个主题，从以下五个方面展开研究。(1) 中国特色社会主义国际影响力的内涵。这部分重点在于揭示中国特色社会主义国际影响力的主要影响因素。(2) 提升中国特色社会主义国际影响力的意义。主要从提升理论软实力、扩大国际话语权和维护人类文明多样性这三个角度进行分析。(3) 提升中国特色社会主义国际影响力的基础。重点从历史基础、政治基础、价值基础、时代基础和实践基础这五个方面进行论述。(4) 提升中国特色社会主义国际影响力的困境所在。拟从外部舆论环境、社会核心价值观和文化产业发展这三个维度作深入分析。(5) 提升中国特色社会主义国际影响力的路径。拟从开展国际文化交流、提炼中国核心价值观、大力发展文化产业、提高国际传播能力和培育造就国际人才这五个方面进行探索。

创新之处：(1) 对中国特色社会主义国际影响力作深入的理论研究。学术界现有的相关研究缺乏较强的针对性，专门针对该课题作深入而系统研究的比较少。(2) 对中国特色社会主义国际影响力进行综合性研究。学术界现有研究成果大多缺乏综合性。该课题拟从中国特色社会主义国际影响力的内涵，提升中国特色社会主义国际影响力的意义、基础、困境和途径这五个方面作综合性研究。(3) 拓展中国特色社会主义国际影响力研究的领域。从现有研究文献来看，学者们多是从宏观角度进行论述，而对课题研究的具体情况进行探索不多，因而在具体实践中的操作性不强，所以研究领域需要进一步扩展。该课题研究充分联系实际情况，对提升中国特色社会主义国际影响力过程中的具体情况进行探索，一定程度上增强了在具体实践中的可操作性。

“现实的人”及其在辩证法运动中的位置——唯物辩证法新探

中国社会科学院马克思主义研究院　陈慧平

研究意义：马克思主义辩证法不仅是方法论和认识论的，而且更是本体论的。唯物辩证法是马克思哲学的理论内核。舍弃唯物辩证法这一理论内核，单纯地强调“实践”、“人学”、“批判”等，实质上是回到前马克思主义，回到马克思所批评的费尔巴哈等人的哲学，空有人文愿望对现实不会产生实际作用。理论界对唯物辩证法的疏离与对马克思主义哲学的虚无化相应，打着马克思主义的旗号消解马克思主义有各种各样的表现，共同之处是把马克思主义哲学这一完整的理论武器拆成了武器的零部件。马克思主义哲学的唯一可取之处似乎只是批判现实，但如果本体论意义的唯物辩证法得不到深化，马克思主义哲学的批判功能势必会成为无本之木、无源之水。马克思曾批判鲍威尔等人的批判哲学：“难道批判的批判以为，只要它从历史运动中排除掉人对自然界的理论关系和实践关系，排除掉自然科学和工业，它就能达到即使是才开始的对历史现实的认识吗？难道批判的批判以为，它不去认识某一历史时期的工业和生活本身的直接的生产方式，它就能真正地认识这个历史时期吗？”

唯物辩证法从根本上关乎事物的运动、变化和发展，而事物的能量转化、物质重组和信息交换都在时间与空间的结构中进行，不同的时空观赋予人们不同的世界观，也赋予人在宇宙运行中不同的位置。目前人们所熟悉的是牛顿的时空观，牛顿的时空观是一个承载着稳定价值观念的空间，时间即使流动也流不出这个空间的盒子。无论如何，当代新物理学、天文学研究给我们一个既浩瀚又精细的宇宙图景，这一图景把牛顿的时空观抛在了后面。马克思主义哲学虽然不是最终的绝对真理，但它为我们提供了一个接近真理的重要概念：“现实的人”。“现实的人”这一概念是马克思主义世界观和价值观的理论基石，也是马克思的经典文本中始终隐含着的一条流动的线索，并以其深刻的意蕴，伴随着马克思两次世界观的转变，即从黑格尔主义向费尔巴哈主义、从费尔巴哈主义向马克思主义的转变。

研究思路：该课题以“现实的人”这一概念为出发点，立足于自然科学的新成果，探讨了人的时间性存在的真实意蕴、“现实的人”在辩证法运动中的“在场”，并反思了西方经典马克思主义及其人学问题、当代国外马克思主义的辩证法研究，并以“现实的人”为依托，探讨了中国话语的创新问题。

研究目录：序，人在辩证法运动中的位置：一个有待探讨的问题；第一章，一个基础性话题：人的时间性存在；第二章，“现实的人”在辩证法运动中的“在场”；第三章，经典西方马克思主义的辩证法思想及其人学问题；第四章，当代西方马克思主义的辩证法思想及其对人的反思；第五章，“现实的人”与中国话语的辩证创新。

印度共产党（毛主义）的理论与实践研究

中国社会科学院马克思主义研究院　王静

研究背景与目的：1990 年以后，世界共产主义运动整体陷入低潮，但逐渐蓬勃兴起的南亚毛主义运动成为世界共产主义运动的亮点。继尼泊尔共产党（毛主义）之后，兴起于 20 世纪 80 年代中期的印度共产党（毛主义）焕发出更大的潜力和影响力，代表了南亚革命的未来希望。

印度共产党（毛主义）运动是继 20 世纪 40 年代印度“特仑甘纳”武装革命、50 年代“喀拉拉道路”和 70 年代“纳萨尔巴里”起义之后，印度共产主义运动史上的第四个高峰。2004 年以来印度“毛主义”运动获得空前发展，如今印共（毛）在印度 28 个邦中的 22 个乃至整个南亚地区建起一条“红色走廊”，在多个地区建立了平行政权，直接影响印度3亿人口。印共（毛）计划下一步将游击战转为运动战，解放区转为根据地，人民游击解放军转变为人民解放军，并计划在2025年通过武装斗争夺取政权，建立新民主主义国家，进而实现社会主义。

早在80多年前，无产阶级革命导师列宁就曾对人口众多，受压迫深重的印度人民争取自身解放的斗争寄予厚望。毛主席在1949年指出“印度人民是亚洲历史悠久人口众多的伟大民族之一，它的过去的命运和将来的道路和中国有许多类似之点。”然而，1920年建党，并拥有第三世界国家最强大和历史最为悠久工人阶级力量的印度至今没能取得共产主义运动的胜利，究其原因是复杂而深刻的。

该课题研究目的就是总结历史上印度共产主义运动的经验教训，系统分析和研究80年代以来印共（毛主义）理论和实践，面临的挑战和发展前景，以及其在世界共产主义运动中的地位等一系列重要问题。

研究综述：国外关于印度共产主义运动史研究始于40年代，在印度历经三波共产主义运动高潮后，六七十年代出现理论研究的高潮。1972年“纳萨尔巴里”起义失败，70年代印度共产主义运动归于沉寂，但也正是这个时期，国外出版了一系列评述印度共产主义运动的历史、理论和实践的专著，例如，《印度特伦甘纳人民的斗争及其教训》（1972年）、《印度的共产主义运动》（1970年）等。1990年后，印度毛主义运动蓬勃兴起，成为国外共产主义研究新亮点。但由于印共（毛）《党纲》所规定的革命策略是，在整个新民主主义革命阶段党组织及其斗争都将处于地下秘密状态，因此外界获取其资料信息并了解其全貌有一定困难。该时期的国外研究大多停留在国外学者和共产党人在报纸杂志发表的文章，有分量的系统性研究尚为匮乏。此外，我们还可以从尼泊尔共产党（毛主义）与印度共产党（毛主义）已对外公布了的通信中了解到其观点。

从国内看，七八十年代翻译出版了国外一批研究印度共产主义的著作。自2000年以来，国内印度共产主义运动的研究重点集中在对“印度共产党”和“印共（马）”的研究［印度共产党和印共（马）长期从事议会斗争，在西孟加拉邦和喀拉拉邦执政几十年（2010年由于处理外国垄断集团和邦内民众利益不当而落选）］。对印共（毛）理论和实践的研究非常缺乏。

迄今为止，国内没有一本系统研究印度共产党（毛主义）的著作，这与印度毛主义运动对印度乃至南亚政治产生的巨大冲击及其在南亚毛主义运动中所扮演的重要角色以及国际共产主义运动史上的地位是不相称的。该课题旨在将印共（毛）的产生、发展和未来趋势分析纳入整个印度共产主义历史阶段背景下进行深入研究，以期为国内印度共产主义研究做一些开创性的工作。

研究思路：将印度毛主义运动纳入印度共产主义运动历史进行纵向考察，同时横向分析对比印共毛主义与南亚毛主义运动的联系及其与南亚其他各国毛主义运动的异同；从研究资料看，该课题研究通过大量占有第一手资料，尝试填补国内研究空白；从实际应用价值看，一方面有助于深入研究印度共产主义运动的理论和实践，服务于世界社会主义运动的发展与振兴事业；另一方面也可以为国内的南亚共产主义运动研究提供参考和借鉴。

马克思主义宗教观基本理论研究

中国社会科学院世界宗教研究所　曾传辉

研究意义：马克思主义宗教理论学科的前途和命运与党和国家的大政方针密不可分。在新的历史条件下高举马克思主义大旗，巩固马克思主义对宗教学研究的指导地位，是宗教学界坚持和发展马克思主义的重要体现，具有重要的学术、理论和现实意义。

最近七八年来涌现的相关学术成果集中在马克思、恩格斯原典中的宗教观和中国化的马克思主义宗教观两个方面，基本厘清了马克思、恩格斯宗教观形成和发展的历史脉络。基础研究的缺点是对于苏联经典作家（列宁主义）宗教观的研究明显不足，应用研究的学术水平有待提高。目前还没有一本既坚定地立足于马克思主义基本立场和观点，又反映客观现实的发展需要的、关于马克思主义宗教观基础理论概论性著作问世。据了解，国家宗教事务局组织人员正在编写《马克思主义宗教观干部读本》；中央社会主义学院投入可观人力物力，由院党组书记亲自挂帅，也在编写一本类似的著作。这两个部门的成果理所当然地会以服务于宗教政策和宗教事务为目的，体现其应用特色。

中国社会科学院作为我国哲学社会科学的最高殿堂，应当组织力量编写一部具有与其地位相称的马克思主义宗教理论专著，突出其理论和学术特色，为推动这项事业的发展做出义不容辞的贡献。

研究内容：(1) 反映新的时代特征。自冷战结束以来，资本主义世界和社会主义世界都发生了深刻的变化。西方世界的统治者已经摆脱了对宗教急功近利的利用方式，社会主义国家的宗教经过民主改革以后，也不再是剥削阶级利用的控制工具，为社会稳定和道德重建发生着重要的作用。这些都需要从理论上进行反思和总结。(2) 总结最新的研究成果。近年来，我国学术界和党政有关部门对马克思主义宗教观的一些基本问题已经有了更加深入全面的理解，在一些方面出现了创新，个别地方有所突破，如我党首次明确肯定了宗教的积极意义，在宗教的外延方面，也有逐渐突破过去只承认“五大宗教”的局限。这些进展都要在理论上给予概括和总结。(3) 尽最大可能凝聚共识。近十来年，马克思主义宗教观的研究已经就诸多理论问题进行了大量的探讨，但在一些重要问题上已初步取得共识，另一些观点要取得共识还遥遥无期，对这些情况都应当加以梳理和总结，求同存异，在一部学术著作中给予集中的反映，有所取舍，有所发挥。

研究方法：坚持马克思主义基本理论和党性原则，博采众长，理论联系实际，发挥理论思辨特长，用十分简洁明快的语言准确地表达深刻的思想内涵。

国外马克思主义哲学研究中的空间转向

中国社会科学院哲学研究所　强乃社

研究意义：马克思主义哲学研究中的空间问题长期以来没有受到重视。我们重视对历史各个不同阶段和形态的划分中的时间因素，而对空间因素考虑比较少。对空间转向问题的深入研究有利于推进马克思主义哲学尤其是历史唯物主义研究。从理论意义看，对空间和社会的关系进行深入研究，对人文社会科学研究非常重要。目前在国内外研究中，人文社会科学中的空间转向问题受到很多人的重视，这几乎成为一种共识、范式和话语。从哲学的高度对这个问题的探索，对社会哲学、社会科学哲学的研究具有重要的意义。当然，对于马克思主义哲学的创新也具有重要的意义。从现实意义看，空间转向研究给我们很多启发。中国社会现有发展阶段城市化迅速发展，应对中国社会的城市化所出现的问题、城市社会基本把握问题等具有积极的重要意义。进而对当代城市社会的顶层设计问题的一些基本理念进行考量，也为一些微观问题比如房地产膨胀、交通拥堵、环境问题恶化等进行空间角度的分析，提供一定的宏观视野。

研究内容：空间转向是指在当代社会中，由于城市化的发展，空间问题逐渐突出。空间视野对人文社会科学的研究产生了重要影响，成为马克思主义哲学研究中的重要问题：第一，梳理国外马克思主义哲学中空间转向的形成、发展、主要问题、理论和社会背景。尤其对当前国外马克思主义哲学研究中空间转向所针对的争取空间正义、城市权等问题，从哲学尤其是历史唯物主义的高度加以把握。第二，对有关重要问题的探索。这包括城市社会、历史唯物主义的空间维度、历史—地理唯物主义研究、空间与后现代条件下的唯物主义研究、空间和当代资本主义批判、空间研究的社会本体论问题等。这些问题对我们国内马克思主义哲学的创新研究具有积极的意义。第三，对空间转向所存在问题的研究。如何正确看待马克思对城市、空间和地理问题的探索，还需要结合原著研究进行判断分析。第四，空间转向的现实思考。空间转向有自身的历史、理论、社会背景，尤其与西方城市社会发展的理论和现实问题有关，中国目前还处于城市化初期，有些问题是共同的，需要我们从马克思主义哲学角度来对现实进行洞察，并提出一些对策的思考。

创新之处：历史唯物主义有空间维度；空间在理解当代社会中，尤其在理解城市社会中具有重要的意义；马克思主义哲学中的空间作为社会本体论问题是一个重要问题。这些观点应该具有一定的新意。

2012年度教育部人文社会科学研究课题简介（部分）

《1857—1858年经济学手稿》的政治哲学研究

东南大学马克思主义学院　袁久红

研究价值：《1857—1858年经济学手稿》（以下简称《手稿》）虽然是一部经济学文本，但其中包含着马克思丰富的政治哲学思想。在此文本中，马克思从“社会个人”出发，将政治哲学批判寓于政治经济学分析之中，深刻地揭露了资本主义社会自由与平等的本质，批判了资本主义制度作为一种剥削制度的不正义性。因而，对于《手稿》的政治哲学研究具有重要的理论意义与实践价值。

（1）该课题的研究将在一定程度上深化对《手稿》的研究。

（2）该课题的研究对于构建当代马克思主义政治哲学有着重要的意义。

(3)《手稿》中对于资本、货币的批判，实质上体现了一种资本力量扩张支配国家权力、支配意识形态的政治关系，对于我们今天如何用社会主义力量驾驭和导控资本，使其为社会主义服务，有着重要的现实意义。同时，《手稿》的政治哲学规划对于社会主义和谐社会的构建以及社会主义核心价值体系建设也有着重要的指导意义。

研究内容：

（1）《手稿》的政治哲学方法论研究

马克思在《手稿》“导言”中明确提出了“从抽象上升到具体”的科学研究的基本方法，这个方法将历史性首次纳入到政治哲学的分析范式当中，有力反击了各种主张资本主义制度永恒性和资本主义政治价值至上性的西方政治哲学。在此基础上，马克思还提出了“社会的个人”的方法，即“社会的个人”主义，它颠覆了传统政治哲学的抽象的人性观，批判了近代以来一直处于西方政治哲学统治地位的形而上学的个人概念，从而使我们摆脱了现代政治哲学中的个体与社会的二律背反，即被设想为自由自主的个体如何达到共同体的现代性困厄。

（2）《手稿》的权力批判理论和资本—劳动对抗理论研究

《手稿》对权力的批判是通过对资本—劳动的对抗逻辑的分析完成的，突出表现为马克思的宏观权力理论，它包括三方面内容：第一，关于资本权力是如何产生、形成，并如何实现对劳动的控制的。第二，资本权力与政治权力、文化权力的关系。第三，借助于生产劳动存在于人的关系之中力量的资本权力运行。

（3）关于《手稿》的剥削、自我所有权与正义的研究

在《手稿》中，剥削问题不只是个经济问题，也是个政治哲学问题，它涉及对劳动的自我所有权的理解、自由与平等、社会正义等诸多领域问题。当代分析的马克思主义代表人物柯亨、罗默、埃尔斯特均对此问题进行了研究，而我们正是要在考察分析他们的研究思路的基础上，从《手稿》的文本出发，还原马克思思想的真实“原像”，以回应自由主义的挑战。

（4）《手稿》的自由观和平等观研究

《手稿》深入到资本与劳动的交换价值关系的经济学剖析中揭露资本主义自由、平等观的虚伪。资本主义的自由实际上只是资本的自由和竞争的自由，而绝不是个人的自由。相应的，以工资形式为主要表现的平等分配也是虚伪的假象，劳动力成为商品的一个直接后果就是资本家无偿地得到了可以保存其资本的活劳动的质，而无产阶级根本没有平等的权利保存自己的劳动。

（5）关于《手稿》的理想社会形态和人类解放学说的研究

共产主义的理想社会形态和人类解放是《手稿》的政治哲学理想，它是通过对资本的内在矛盾及由此引发的危机的分析和对自由与幸福的表述完成的。根据马克思在《手稿》中对历史发展的三大社会形态的划分，可以看出，共产主义社会是对资本主义社会的扬弃，这时的个人完全摆脱必要劳动的束缚，时间不再是衡量劳动力价值的尺度，进行的活动不再是致力于克服障碍和阻遏的过程，而是实现自我发展的活动，是主体对象化和本质物化的活动。

创新之处：（1）从方法论角度出发，准确把握“从抽象到具体”方法和“社会的个人”方法的政治哲学向度，并将其视为马克思主义区别于自由主义的关键。（2）以权力批判为纽带，通过对资本—劳动的对抗逻辑的分析来引出其全部政治哲学理论。（3）在回应自由主义对马克思主义当代挑战的语境中深刻阐发马克思主义的政治价值观。

越南民主化改革及其与中国之比较

清华大学马克思主义学院　陈明凡

研究意义：(1) 研究越南民主化改革可以使我们从中得到某些有益的启示和借鉴，以便更好地推进我国民主政治建设，少走弯路，从而选择并坚持正确的改革目标和模式。(2) 通过研究越南民主化改革的政策、措施、成效、问题以及在实践中形成的理论成果，有助于我们进一步认识社会主义建设和改革的规律。(3) 该课题的研究成果有助于决策部门准确把握越南的政治走向，从而为我国制定对越外交的方针、政策，为中越两国交流社会主义改革的经验和做法提供参考。

研究内容：(1) 从理论、历史和现实三个层面来说明民主化在越南政治革新中的重要地位。(2) 对越共社会主义民主理论成果进行全面评介。(3) 论述建设社会主义民主政治是越南政治革新的基本内容、任务和目标。(4) 对越南民主化改革的成就与不足、经验与教训进行全面评估。(5) 对中越两国民主化改革的基本原则、基本方向的相同性和具体制度、具体政策的差异性进行全面比较。(6) 从越南民主化改革得出的启示。现实社会主义国家在民主化进程中遇到的最大障碍是封建专制主义历史传统的影响，面临的最大危险是向资本主义“和平演变”，而改革成败之关键在于共产党的执政方向和执政能力。

结合我国现实，通过中越两国民主化改革比较，着重要研究以下课题：在改革攻坚阶段，如何正确认识和处理民主和民生的关系，既要解决好关系群众物质利益的民生问题，又要解决好关系群众政治权利的民主问题，不断推进政治体制改革的深入发展？如何深入持久地开展反腐败斗争，切实取得成效，取信于民？如何进一步推进我国的选举制度改革，如何自下而上逐级推进从间接选举向直接选举的过渡，力争到本世纪中期将邓小平提出的实行普选的时间表变为现实？等等。

创新之处：(1) 在国内已有的研究成果中，该课题将首次对越南民主化的背景和进程进行全面分析；对越南以民主化为取向的政治革新的主要绩效和存在的问题进行评估；对越南民主建设的基本经验进行总结。(2) 该课题的特色在于对中越两国社会主义民主建设和改革的理论、实践、经验、教训和面临的问题进行全面比较研究。(3) 该课题提出如下立论：如何防止国家由社会公仆变为社会主人和如何才能跳出政权兴亡周期率这两个一脉相承的重大历史课题，应是社会主义政治体制改革的主题，而民主是解题的关键。

十六大以来党的群众工作新进展及前瞻性研究

山东理工大学马克思主义学院　王青

研究意义：群众工作是我们党最大的政治优势，是党的各项工作的生命线，是我们取得革命、建设和改革成功的不二法宝。从理论意义上看，该课题通过对十六大以来群众工作新进展的整体性考察和前瞻性研究，厘清新世纪新阶段群众工作理论与实践的发展脉络，概括其科学的方法、内容、特点、规律及实践成效、新鲜经验，力求形成一个史论结合的理论体系，这既是对该时段群众工作理论与实践的全景式总览，也是对群众工作理论、规律和经验的系统观照和全面总结。从现实意义上看，该课题通过对十六大以来群众工作新进展的整体考察和前瞻研究，以求达到立足当代、面向未来、总结经验、探寻规律的目的，不仅有助于加强和改进新形势下群众工作，而且可为当前社会管理和党的建设提供有益的借鉴和启示。

研究内容：以加强和改进新形势下群众工作、切实增强群众工作本领为出发点和落脚点，着重探讨十六大以来群众工作理论创新与实践探索的丰硕成果，以期对当前群众工作、社会管理以及党的建设有所裨益。主要内容拟包括：

（1）群众工作基本理论概述。主要探讨并厘清群众工作的内涵和外延、地位和功能等相关理论问题，从而确立整个研究的理论参照体系。

（2）十六大以来群众工作新进展的基本依据与发展历程。从历史与现实的维度综合分析十六大以来群众工作新进展的基本依据，对其历史进程进行分期，并概括其演进特点。

（3）十六大以来群众工作理论创新的丰富内涵与鲜明特色。深入研究以胡锦涛为总书记的党中央的群众工作思想，阐释其逻辑框架，剖析其基本特征，探讨其理论贡献与时代价值。

（4）十六大以来群众工作实践探索的显著成效与独特经验。全面概括十六大以来群众工作的实践成效，总结归纳其鲜活经验，揭示和获得规律性的认识。

（5）群众工作的发展趋势与前景展望。深入思考群众工作存在的问题及其根源，探讨做好新形势下群众工作的具有可操作性的对策选择和方法措施，并对群众工作未来发展进行前瞻性分析，理性地判定群众工作的发展趋势和基本走向。

创新之处：（1）回归历史的考察角度。该课题侧重于对十六大以来党的群众工作理论与实践的历史回顾，通过疏通群众工作的发展历程和汇总群众工作的基本观点，努力体现群众工作的崭新的时代风貌，弥补学术界关于该时段群众工作历史研究这一薄弱环节。（2）史论结合的论述方法。该课题在论述方法上力求体现一种寓论于史、史论交融的理论风格，使述与评有机结合，用史实展现理论的力量，用理论把历史引向深入。（3）以史鉴今的理论观点。第一，对十六大以来党的群众工作的发展脉络进行系统考察，力图构建一个较为系统的群众工作的理论框架和经验体系。第二，该课题在对新世纪新阶段群众工作的宏观性总览和深层次挖掘中所产生的许多主要观点具有一定独创性和创新性。

中国共产党引领先进文化能力体系研究

山东师范大学政治与国际关系学院　徐稳

研究意义：

（1）理论价值：①研究中国共产党引领先进文化能力体系，探索中国共产党引领先进文化能力存在的不足和问题，既有利于提高中国共产党执政能力，也有利于形成系统的执政能力理论。②研究中国共产党引领先进文化能力体系，探索中国共产党引领先进文化能力的规律，对于构建当代中国先进文化理论体系、建构当代中国的马克思主义文化学理论，形成系统中国特色社会主义文化理论，意义深远。③研究中国共产党引领先进文化能力体系，探索中国共产党引领先进文化能力既有利于增强民族认同、保障文化安全，也促进中国共产党意识形态和文化安全理论的形成。

（2）应用价值：①研究中国共产党引领先进文化能力体系是中国和平崛起的必然要求。现实表明，在全球化的格局下，和平与发展成为时代主题，文化在国际竞争中的作用越来越突出。中国要实现和平崛起，必须具有文化上的影响力和感召力。这就要求中国共产党提升引领先进文化的能力。②研究中国共产党引领先进文化能力体系是落实科学发展观的必然要求。科学发展观提出，要不断满足人们多方面的需求，特别是精神需求，就必须大力发展先进文化，加强社会主义先进文化建设，才能增强人们的精神力量，丰富人们的精神世界。③研究中国共产党引领先进文化能力体系是保障文化主权、文化安全和意识形态安全的迫切需求。文化安全和意识形态安全是国家安全的重要组成部分。只有提升中国共产党引领先进文化的能力，才能避免本国文化受到异质文化的渗透、控制、同化和侵犯，才能保护本国的优秀文化传统、意识形态和价值观念的安全。

研究内容：第一部分，首先阐明中国共产党引领先进文化能力的内涵及构成；第二部分，从全球化背景论证中国共产党引领先进文化能力形成的必要性；第三部分，从群体和个体角度考察中国共产党引领先进文化能力形成过程；第四部分，从现实角度论证中国共产党引领先进文化能力形成的现实条件；第五部分，中国共产党引领先进文化能力方面存在的主要问题；第六部分，提高中国共产党引领先进文化能力的基本路径；第七部分，提升“中国共产党引领先进文化能力”的战略地位和意义。

创新之处：

第一，在内涵与构成方面，有学者把“中国共产党建设先进文化能力”解剖为选择能力、继承能力、创新能力、传播能力和防御能力，但是并没有提及“文化领导权建设能力”是这一系统的因素，该课题强调“文化领导权建设能力”是中国共产党引领先进文化能力的重要内容之一。

第二，在战略地位方面，该课题提出引领先进文化能力是增强文化软实力的战略支柱，是文化软实力中最本质的最核心的能力，是文化软实力发展的动力源泉；是社会主义文化强国的“引擎”：引领文化强国的社会主义方向，是社会主义文化强国的动力源泉，为文化强国提供政治经济前提。

第三，在“文化领导权”的内涵方面，该课题提出从两个方面来理解：一从范围来看，对内表现为文化领导权，对外则表现为文化主权；二从表现形式来看，它表现为显性的和潜性的。显性是指执政党对文化发展的一种刚性的决策权、发展权；潜性的是指执政党是否获得文化、心理上的认同。

马克思主义中国化的逻辑范式研究

广州大学　孟凤英

研究意义：研究马克思主义中国化的逻辑范式，对于在实践中不断推进马克思主义中国化和形成中国化的马克思主义具有重要的意义。第一，理论意义。该课题通过探索马克思主义中国化的逻辑要素、系统结构和演进机制等，形成对马克思主义中国化的规律性认识，丰富和发展中国化马克思主义。第二，现实意义。毛泽东思想和中国特色社会主义理论体系作为马克思主义中国化的理论成果，二者一脉相承指导并推进中国特色社会主义事业不断前进。第三，未来意义。马克思主义是开放的和发展的理论体系，马克思主义与中国实际结合，不断创新一脉相承的理论成果，体现了历史与逻辑的统一，成为发展中国特色社会主义的指导思想。

研究内容：

第一，马克思主义中国化的逻辑主题。解决中国的革命、社会主义建设和改革的实践问题，以求得民族独立、人民解放和国家富强、人民富裕，最终实现中华民族的伟大复兴，是马克思主义中国化的逻辑主题。第二，马克思主义中国化的逻辑主线。马克思主义中国化的历史进程，围绕着革命、建设和改革的阶段性主题，形成了一条主线，即进行什么样的革命、怎样进行革命，建设什么样的社会主义、怎样建设社会主义，建设什么样的党、怎样建设党，实现什么样的发展、怎样实现发展等。第三，马克思主义中国化的逻辑前提。马克思主义指导实践的诉求与中国革命、建设和改革对马克思主义的实践诉求在中国的交集，成为马克思主义中国化的逻辑前提。第四，马克思主义中国化的逻辑基点。在中国革命、建设、改革历程中，以解决中国的实际问题为中心，把马克思主义基本原理与中国实际有机结合，是马克思主义中国化的逻辑基点。第五，马克思主义中国化的逻辑主体。驱动马克思主义中国化历史性飞跃的各种主体力量（党的领袖群体、中国共产党领导集体和人民群众）之间有着内在逻辑统一性。第六，马克思主义中国化的逻辑形态结构。毛泽东思想和中国特色社会主义理论体系作为马克思主义中国化的两个逻辑形态，是既具有自身内在结构又有逻辑关联的科学理论。

创新之处：第一，马克思主义中国化的逻辑前提。马克思主义中国化的理论前提，马克思主义中国化的认识前提，马克思主义中国化的现实前提，马克思主义中国化的文化前提，四者相互作用、构成合力，促进马克思主义中国化。第二，马克思主义中国化逻辑主线和逻辑形态的内在关联。研究不同的实践主题与逻辑主线的对应关系，分析马克思主义中国化不同理论形态的依据，揭示马克思主义中国化的实践性、开放性和发展性。第三，马克思主义中国化的生成机制，即理论动力、实践动力、主体动力诸要素构成马克思主义中国化的生成动力系统，具有内在关联和功能划分。第四，马克思主义中国化的主体力量。研究马克思主义中国化过程中个体主体形态的内在品质、历史地位及其与领导集体和人民群众的关系，揭示其共生互动和辩证统一的关系。

马克思人类解放理论的整体性结构及其实现方式

华南师范大学政治与行政学院　刘同舫

研究意义：我们要重建马克思主义的整体性，首要的是要研究马克思主义的主题——人类解放的整体性。从整体上研究马克思主义，就是要整体上准确把握人类解放这一马克思主义理论体现的主题与根本问题。（1）理论意义：从思想史之视阈重读经典文本，专门梳理马克思人类解放思想，以结构化、规范化之手法厘清马克思人类解放理论的整体结构，有助于站在历史的高度把握人类解放的思想史意义，也是创建中国现实性马克思主义人类解放理论的需要。（2）实践意义：研究马克思人类解放理论的整体结构，全面阐述马克思人类解放理论的实现方式，可以帮助我们在“世界历史”语境中，总结和反思中国社会发展的历史经验与教训，并深度透视相关现实问题，以进一步明确中国特色社会主义的历史定位和未来发展方向，发挥其在中国实践中的指导作用。

研究思路：对马克思人类解放理论的整体性结构进行历史的、逻辑的、现实的思考。首先阐述马克思人类解放学说的深度背景与历史前提。其次论证马克思人类解放理论的内在逻辑，将市民社会与政治国家的纠结关系作为逻辑起点；将政治解放、经济解放、劳动解放、文化解放等多维度解放与人类解放的张力视为逻辑主线；将自由全面发展的境界视为逻辑归宿。进而重点论证马克思人类解放理论的整体性结构：作为根本方法的历史唯物主义、作为根本路径的多维度解放、作为根本目的的共产主义社会三者之间的关联所构成的有机统一体。最后，以马克思人类解放理论为指针，剖析西方学者的理论阐释与回应；总结和反思中国特色社会主义的发展道路，倡导在实践中实现马克思人类解放理论的理想性与现实性的统一。

研究内容：

(1) 马克思构建人类解放理论的思想源泉。马克思人类解放理论是在吸收了西方丰厚思想营养的基础上绽放出来的，其直接思想资源包括空想社会主义者关于未来社会的理想、黑格尔的辩证法和世界历史观、费尔巴哈的人本学和人类学思想等，这些思想为马克思人类解放学说提供了丰厚的理论资源，并构成其深度理论背景。马克思的家庭教育、人生经历与志向，以及所处时代的社会矛盾是马克思人类解放理论形成的现实根基。

(2) 马克思构建人类解放理论的内在逻辑。市民社会与政治国家的纠结关系及其开解构成了马克思深刻、复杂的人类解放理论的逻辑基础与逻辑起点；政治解放、经济解放、劳动解放与文化解放等多维度解放与人类解放的张力构成了马克思人类解放理论的逻辑主线；人的自由而全面发展的境界构成了马克思人类解放理论的逻辑归宿。

(3) 马克思人类解放理论的整体性结构。整体性是马克思人类解放理论的形式和内容的固有属性，整体性问题是研究马克思人类解放理论的一个基本问题。人类解放理论具有整体性的科学结构，包括作为根本方法的历史唯物主义、作为根本路径的多维度解放以及作为根本目的的共产主义社会。历史唯物主义是马克思主义哲学的核心，其对自然与社会的考察体现了历史与逻辑的相统一；多维度的解放涵盖了政治解放、经济解放、劳动解放和文化解放，最终指向人类解放，体现了多样性与统一性的辩证法；共产主义社会作为最终理想，是现实的具体的社会主义社会之延伸，体现了应然与实然的相互作用。此三个方面的因素在马克思人类解放理论的整体性结构中虽然意义不同，但却紧密关联并合成一个有机整体。

(4) 马克思人类解放理论的理论延伸。马克思人类解放理论的整体性结构是保证人类解放最终实现的理论武器，但在现代资本主义社会，纷繁复杂社会环境和层出不穷的各种主义促使一些学者重新审视这一整体性结构，如有些西方学者基于各自理论背景和时代现实发挥、运用马克思的理论和方法对现代社会，尤其是对资本主义社会进行了批判性研究，不仅重构了马克思人类解放理论的理论结构，而且由此形成了名目繁多、论域宽阔、各具特色的现代马克思主义学说，提出了不同的通达人类解放的历史途径，其理论立场与观点可视为马克思人类解放思想的现实追问与理论延伸。

(5) 马克思人类解放理论的实现方式。马克思人类解放理论是理想性与现实性的辩证统一。马克思人类解放理论的实现，首先要坚持历史唯物主义的哲学观研究社会现实，解决现实问题，促进社会的发展；其次要通过实现多维度的解放来促进人性的解放，实现人的全面而自由的发展；最后要通过构建现实性的社会主义社会，阶段性地提升社会现实的状况，最终迈向理想性的共产主义社会。因此，当代中国以科学发展观为指导构建和谐社会，开创中国特色社会主义道路，这正是进行理论与实践双重探索的具有世界历史意义的伟大举措。

苏联思想政治教育的得失及其启示——从马克思主义哲学教育层面考察

淮南师范学院马克思主义学院　孙自胜

研究意义：从马克思主义为指导思想和以中国共产党为领导事业核心两方面来看，都必须要求我们搞好马克思主义（哲学）理论教育。课题认为，中国马克思主义哲学教育直接来源于苏联，通过对苏联马克思主义哲学教育的考察，既可以推动我们的基础理论研究，有利于在实践中总结经验和教训，也可以加深我们对思想政治教育普遍规律和共同本质的认识，促进我国思想政治教育的进一步发展和繁荣。

研究内容：

（1）苏联马克思主义哲学教育的基本特征

苏联马克思主义哲学教育目的是培养为社会主义服务的共产主义新人。课题认为，作为苏联思想政治教育基本组成部分的马克思主义哲学教育具有一般性特征，但出于苏联实践需要，马克思主义哲学教育又有自身的特色。主要表现为：它是以苏共中央为统帅的国家化教育，具有高度集中的特点；以哲学理论教育促进社会主义建设，具有现实性特点；以马克思主义世界观和共产主义目标为主导，具有鲜明的意识形态特点；以行政干预为驱动力，具有政治化的特点。

（2）苏联马克思主义哲学教育的得失

课题认为，苏联马克思主义哲学教育为我们留下了丰富的经验。苏联通过普及马克思主义理论，统一了干部群众的思想；通过对马克思主义理论的系统研究和传播，推进了马克思主义的发展；结合社会实践，指导了国家政权的巩固和社会主义建设；形成的马克思主义哲学教育模式，为包括中国在内的广大社会主义国家，开展马克思主义（哲学）教育提供了参考。

但由于国内外不利环境的影响，苏联马克思主义理论教育产生了诸多弊端。具体表现在：从与实践相结合到与实践相分离；从鲜明的党性到党性缺乏；从不断发展的理论到封闭的理论；从内容丰富到内容单一、空洞、教条，甚至庸俗化；从马克思主义正统到公开化、人道社会主义的出现，直至被人道的、民主的社会主义所代替，最终走向指导思想的多元化。

（3）苏联马克思主义哲学教育对我国思想政治教育的启示

苏联马克思主义哲学教育留下的经验和教训，为我国思想政治教育提供了诸多启示。课题认为，在思想政治教育中，要正确处理好坚持和发展马克思主义的关系，不断推进马克思主义中国化；要正确处理好理论领域统一性和多样性的关系，持续开展马克思主义时代化建设；要协调好马克思主义与传统文化、西方文化的关系，广泛开展马克思主义的大众化；要正确对待各种社会思潮，妥善处理与国内外非马克思主义的关系，保持马克思主义的指导地位。

研究特色：课题立足于苏联马克思主义哲学教育得失的思考，反观我国思想政治教育存在的问题，以应对经济全球化进程中，文化多元化和意识形态领域斗争复杂化的挑战，进一步推进马克思主义中国化、时代化、大众化建设。

社会主义核心价值观与社会主义核心价值体系的关系研究——以社会主义集体主义为视域

南京财经大学马克思主义学院　耿步建

研究意义：社会主义核心价值体系是党的十六届六中全会首次明确提出的一个科学命题，是马克思主义中国化理论发展的一项重要成果。但社会主义核心价值体系并没有给人们以简洁明了的社会主义核心价值观的指引，在人们的思想观念中，社会主义核心价值观到底是什么依然高度抽象、模糊。因此，如何正确理解社会主义核心价值体系，如何以“真实的社会主义集体主义”为视阈、在正确把握社会主义核心价值观与社会主义核心价值体系的关系基础上、科学界定社会主义核心价值观的基本内容，对于统一人们的思想认识和正确处理个人与他人、个人与社会、个人与国家的关系，从而为中国特色社会主义现代化的建设事业保驾护航，具有十分重要的理论和现实意义。

研究内容：该课题研究涉及三个核心概念，即“社会主义核心价值观”、“社会主义核心价值体系”、“社会主义集体主义”。围绕这三个核心概念，该课题研究旨在解决好以下几个方面的问题：第一，社会主义核心价值观与社会主义核心价值体系的辩证关系；第二，社会主义核心价值观的基本内容；第三，社会主义核心价值体系的基本内容；第四，社会主义核心价值观与资本主义核心价值观的关系；第五，社会主义核心价值体系与资本主义核心价值体系的关系。在这些内容中，重点是要突破社会主义的核心价值观到底是什么，难点是要突破如何科学地学习、理解和在实际工作中贯彻落实社会主义核心价值体系。当然，最为基础的研究内容是如何正确理解社会主义核心价值观与社会主义核心价值体系的辩证关系。

研究特色：该课题研究不是简单停留于我国传统的社会主义思想文化的研究语境，把我国现阶段的社会主义核心价值观及社会主义核心价值体系，与我国古代的价值观及西方近现代价值观绝对地对立起来进行研究，而是最大限度地根据“古为今用、洋为中用、以我为主、为我所用”的原则，科学总结我国传统的社会主义核心价值观（即社会主义集体主义）的经验教训，合理继承我国传统的价值观方面的精髓，辩证借鉴西方在价值观方面的合理内容，从而把纯理论的、超越现实的学术研究变成能够指导现实的中国特色社会主义现代化建设事业的实践性研究，从而一方面为使中国现阶段的改革开放沿着社会主义方向前进提供价值指导，另一方面为中国特色社会主义现代化建设提供精神保障。

科学发展观对马克思主义发展理论的新贡献研究

山西师范大学政法学院　赵笑蕾

研究意义：(1) 有助于对马克思主义发展理论的发展与创新。科学发展观是马克思主义社会发展理论在中国的继承和发展，研究其对马克思主义社会发展理论的新贡献，有利于马克思主义的发展与创新；(2) 有助于中国特色社会主义理论体系的进一步完善。对科学发展观进行进一步梳理，有利于中国特色社会主义在新世纪新阶段焕发出更加强大的生命力和感召力。(3) 有助于正确理解、掌握和实践科学发展观。这样可以避免误读马克思主义，具体地理解科学发展观丰富而深刻的内涵。(4) 有利于深入研究中国的发展与未来走向。科学发展观是近年来中国最响亮、出现频率最高的一个概念，要了解中国的发展与未来走向，就要研究科学发展观在理论和实践上对马克思社会发展理论的新贡献。(5) 有利于解决我国现阶段经济社会发展中出现的一些突出矛盾和问题。

研究内容：(1) 对马克思主义社会发展理论做历史考察。(2) 对科学发展观提出及不断深化的背景做深入的研究和阐发，主要从时代依据、理论依据和实践依据三个方面探索科学发展观形成并不断完善的客观条件。(3) 对科学发展观对马克思主义社会发展理论做出的新贡献做出讨论与阐发。

研究特色：(1) 概括出自2003年至今科学发展观理论的逐步深化和拓展过程。(2) 找到科学发展观的一系列基本观点之间的逻辑联系。(3) 从科学发展观对马克思主义三个基本组成部分说明科学发展观是对马克思主义社会发展理论的继承和创新。(4) 为把科学发展观内化为人们的思维方式和行为方式，价值观念和人生态度提供理论支撑。(5) 为把科学发展观外化为国家体制与机制，外化为各项方针和政策提供理论支持。使人们在实践中坚持贯彻落实科学发展观。

现代思想政治教育学科建设视野下的范畴及其体系理论创新研究

武汉理工大学马克思主义学院　徐志远

研究意义：现代思想政治教育学科建设视野下的范畴及其体系理论创新研究，既具有重要的理论意义，又具有重要的实践意义。从理论意义上看，该课题研究有利于加强现代思想政治教育学科建设，进一步完善现代思想政治教育学科理论体系：一是有助于促进现代思想政治教育学的科学化进程；二是有助于揭示思想政治教育的规律；三是有助于构建现代思想政治教育学科理论体系。从实践意义上看，有利于提高和增强思想政治教育的科学性和有效性，一是对思想政治教育实践具有规范作用，二是对思想政治教育实践具有导向作用。

研究内容：以马克思主义哲学辩证唯物主义和历史唯物主义为指导，以探讨现代思想政治教育学范畴的含义、类型及内在关系为突破口，以揭示和厘定现代思想政治教育学范畴和一般范畴的科学内涵为首要理论问题，围绕现代思想政治教育学范畴的逻辑特征、逻辑功能，现代思想政治教育学一般范畴的建构原则、内在联系等所展开的四个方面，通过对现代思想政治教育学若干一般范畴联系地、动态地进行考察，试图初步建构现代思想政治教育学范畴及其体系的新框架，探讨推进现代思想政治教育学科建设的新路径，为现代思想政治教育学科的发展提供辩证思维的逻辑形式，为新世纪思想政治教育学的范畴研究贡献理论力量。

创新之处：一是研究角度新。立足于现代思想政治教育学科建设的视野，以现代思想政治教育学科建设的现状分析为切入点，深入探讨推进现代思想政治教育学范畴及其体系的理论创新，必须实现学科化、科学化、现代化和民族化。因此，无论从研究领域还是研究视角来看，都具有开拓性的意义。二是理论建构新。探讨推进现代思想政治教育学科建设的新路径，建构现代思想政治教育学范畴及其体系的新框架。三是研究方法新。将辩证的矛盾分析方法，逻辑与历史相一致的方法，从抽象上升到具体的方法，分析和综合的方法等四项辩证思维方法，有机、全面地运用于范畴研究之中，从而开辟了范畴研究的新范式。

列宁主义及其当代价值研究

南京审计学院思想政治理论教学部　顾玉兰

研究意义：(1) 有利于加强以马克思主义为指导的社会主义意识形态建设，巩固和提升我国主流意识形态的话语权。列宁主义和马克思主义结合在一起，构成我们党的指导思想的理论基础。正像没有马克思主义就没有列宁主义一样，没有列宁主义也就没有丰富和发展着的马克思主义。因此该课题的研究具有重要的意识形态意义；(2) 有利于正确理解中国特色社会主义理论体系，坚持不移走中国特色社会主义道路。列宁主义的思想精髓是马克思主义基本原理和俄国具体实际的有机结合。列宁主义的重要意义在于开辟了马克思主义民族化之路，为后来的马克思主义者发展马克思主义指明了方向。列宁主义所坚持的马克思主义的立场、观点和方法以及以马克思主义为指导所阐述的关于社会主义革命、改革和建设的内容，构成了毛泽东思想和中国特色社会主义理论体系的重要思想基础。

研究内容：(1) 梳理和评析否定列宁主义及其当代价值的错误观点；(2) 揭示与阐述列宁主义的理论来源、时代内涵和精神实质；(3) 诠释与论证列宁主义与毛泽东思想、中国特色社会主义理论体系的内在一致性；(4) 阐释和说明列宁主义对于人类认识现代文明基本走向的意义。重点是：阐明列宁主义开辟马克思主义民族化之路的世界意义，并从马克思主义民族化时代化大众化角度揭示列宁主义与毛泽东思想、中国特色社会主义理论体系之间的根本一致性；评析否定列宁主义思潮的民主观、国家观、革命观和资本主义观，论证列宁主义关于当代资本主义发展趋势基本观点的科学性。

创新之处：(1) 针对错误思潮，把列宁主义作为特定对象，进行系统和综合性研究，克服单学科和单方面思想研究的局限性，从而获得对列宁主义的全面认识；(2) 把列宁主义作为马克思主义发展史上的一个重要阶段，以马克思主义民族化为切入点，从马克思主义民族化时代化大众化角度揭示列宁主义与毛泽东思想、中国特色社会主义理论体系之间的根本一致性，凸显列宁主义的世界意义；(3) 将列宁主义纳入人类文明视角，研究列宁主义关于现代文明基本走向的思想观点，进一步揭示列宁主义的现时代价值。

垄断金融资本时代马克思主义的当代性研究——以后危机时代的资本主义社会为视角

中山大学社会科学教育学院　胡莹

研究意义：有助于进一步认清当代资本主义经济的发展态势与本质特点，丰富对资本主义新发展的研究；有助于丰富马克思关于资本主义历史命运的理论，对“两个必然”和“两个决不会”论断的真理性做出时代诠释，更好地为世界社会主义运动的发展提供理论支撑；对我国的社会主义建设也具有一定的借鉴意义。

研究内容：垄断金融资本是资本主义阶段性发展的一个标志性产物，停滞性增长和金融化及两者之间的恶性循环是这一新阶段的主要特征。正是这些变化，向人们展示出资本主义社会的发展在马克思、恩格斯所处时代没有展现出来从而也没有被他们认识到的规律。资本主义发展的一个重要方面是资本主义经济体系的地域扩张。新自由主义金融化时代与第三世界的债务危机联系紧密，它试图在不发达经济体系中制造出一种新的“金融结构”，从而形成新的金融依赖。但是马克思从未提出过这样的问题：在没有更多非资本主义领地可以进驻的情况下，一个充分全球化的资本主义体系是否是可行的？原因在于马克思预期在达到这一空间极限之前资本主义已经被另一种体系取代了。因此他也并未试图回答充分全球化的资本主义体系能否存活的问题，更不用说回答国际扩张能否使其繁荣的问题。

面对垄断资本金融化的新发展，人们提出了这样的问题：资本主义变化了吗？正是从时代条件出发，由马克思、恩格斯创立的原初马克思主义奠定了考察资本主义社会发展的理论基础。但是也正是从时代条件出发的要求，决定了马克思、恩格斯、列宁以及某一特定时代的马克思主义者对资本主义社会发展规律的把握都难免具有一定的历史局限性。在后危机时代，我们可以把当前的理论难题归结为：当代资本主义社会并没有完全如马克思、恩格斯所设想的那样发展。资本主义在面临多次危机的情况下还能长久地生存和发展下来，对此有必要进行深入研究。该课题运用马克思主义的立场、观点和方法，对垄断金融资本时代当代资本主义社会的新变化做出了分析，力争在新的时代条件下实现对马克思主义金融资本理论、经济危机理论、资本积累理论和世界历史理论等基本原理的创造性运用与发展，深入挖掘马克思主义理论的当代价值，推动马克思主义理论的时代化，弘扬马克思主义理论与时俱进的活的灵魂。

研究特色：资本主义“向何处去”是马克思主义理论关注的核心问题。在新的历史条件下，马克思主义学者们纷纷对金融资本主义的特征进行了分析，并在此基础上回答垄断金融资本时代资本主义“向何处去”的问题。尤其是2007年新一轮经济危机来袭，这一问题成为学界研究的热点之一。理论的当代性，既体现在理论的当代价值上，也体现在理论的时代化要求上。该课题研究以对当代资本主义发展阶段的界定——从垄断产业资本到垄断金融资本——为起点，在深入挖掘马克思主义金融资本理论、资本积累理论、经济危机理论和世界历史理论的当代价值的同时，分析了垄断金融资本时代马克思主义诸多具体原理时代化的具体方向。在此基础上，该课题对新一轮国际金融危机之后的当代资本主义的发展进行了反思，并从价值旨趣和研究范式等整体性视角考察了马克思主义理论的当代境遇。

马克思社会形态理论的逻辑进路及其当代启示研究

南京师范大学　洪光东

研究意义：社会形态理论是马克思主义关于人类社会历史发展的学说，它是唯物主义历史观的核心内容之一。在理论上，一方面，该课题的开展将深入发掘社会形态理论从萌芽到最终成熟的整个发展进程以及其内在的逻辑联系，探究马克思是如何在时代进步与实践发展这迫切的双重要求面前，通过不断地批判与反思而最终创立科学的社会历史理论。这一点，将大大加深人们对其真理性和科学性的理解，从而排除各种责难，澄清各种误解；另一方面，对马克思社会形态理论逻辑进路的阐述，即对其整个形成脉络的思维再现将使这一理论更加直观地显现在人们面前，而这无疑会在一定程度上有助于人们对它科学内涵的理解与把握。

在实践中，该课题的应用价值主要体现在：对社会形态理论逻辑进路的阐释，特别是对那些与当代中国社会发展有着某种直接或非直接的映照与关切的观点的研究，将不仅能为我国现实社会主义发展道路提供合法性论证，从而促使人们进一步坚定对中国特色社会主义信念，从而排除各种“怀疑论”、“渺茫论”的干扰；同时，这一研究也会在一定意义上通过对现实社会主义的反思而为中国特色社会主义的进一步发展提供理论指导与方法论启示。

研究内容：

(1) 结合时代发展的特征与社会历史条件的发展成熟，在概述人类社会历史观演变的几种形态的基础上，探讨马克思社会形态理论的丰富思想源泉，特别是法国启蒙学者与历史学派、德国古典哲学中黑格尔与费尔巴哈以及批判的空想社会主义的思想，以及它们对于马克思的巨大影响。

(2) 以辩证唯物主义和历史唯物主义为指导，认真研读马克思早期著作，特别是从他进入《莱茵报》至《神圣家族》发表期间的代表性著作，探寻青年马克思在思想与现实的激烈碰撞中突破唯心主义的樊篱，并最终走向科学的社会历史理论这一历史过程及其内在逻辑。

(3) 仔细考察整个《资本论》时期（即 19 世纪 50 年代初至 70 年代中期）马克思相关历史唯物主义的论述，包括《资本论》的诸多手稿，并将重点分析亚细亚所有制与欧洲的马尔克制度，由此探求马克思在这近三十年的时间里是如何通过自己的不断扬弃而最终使社会形态理论臻于成熟。

(4) 认真研读马克思晚年时期（即 19 世纪 70 年代中后期至其去世）的著作，重点研读晚年的人类学笔记、历史学笔记以及他与俄国革命家的通信等，理解马克思是如何在其晚年的实证人类学研究中不断完善自己创立的社会形态理论，使其得以升华。

(5) 以马克思社会形态理论的逻辑进路为基点，结合 20 世纪不断发展变化的时代特点，既阐述中国走上社会主义道路的历史必然性，又通过科学定位现实社会主义的历史方位，从而为中国特色社会主义道路提供合法性支持，并在此基础上揭示其对于现实社会主义建设所具有的方法论意义及启示。

研究特色：第一，在粗线条描述马克思所生活时代特点的基础上，以时代发展所提供的历史条件以及提出的迫切要求为主线，深入探讨马克思创立社会形态理论的理论基础和思想源泉。第二，依据马克思整个思想发展的脉络，将马克思的整个理论探索过程划分为相对的四个阶段，既强调研究理论的形成脉络，又注重理论的逻辑展开，并将二者有机统一起来，系统梳理这一理论的整个逻辑进路。第三，以时代发展为依托，探讨马克思社会形态理论的中国化，特别是其对于中国特色社会主义的映照、关切与启示。

第八篇

教育教学

苏州大学马克思主义学院

一　研究生教育

本院马克思主义理论学科注重提高研究生培养质量，在明确培养目标的基础上，巩固了专业基础、凝练了学科方向、确立了育人优势。1996 年、2003 年分别获批设立课程教学论（政治教育）、马克思主义基本原理、思想政治教育硕士点；2006 年获批马克思主义基本原理、思想政治教育博士点；2009 年获批思想政治教育专业学位点；2012 年获批马克思主义学科博士后流动站。目前主要研究领域有：马克思主义社会发展理论研究、中国特色社会主义理论与苏南发展实践研究、马克思主义中国化、时代化、大众化研究、社会主义核心价值体系与人的全面发展研究等。

近五年来，马克思主义理论学科招收博士研究生 75 名，授予博士学位 34 人（含当代中国政治、马克思主义哲学）；招收硕士研究生 141 名，授予硕士学位 92 名。在毕业的硕士、博士研究生中，已有一批晋升为高校副教授、教授。

二　思想政治理论课建设

学校切实加强思想政治理论课建设，形成了马克思主义理论教学体系。马克思主义学院为全校本科生讲授“马克思主义基本原理概论”、“毛泽东思想和中国特色社会主义理论体系概论”、“中国近现代史纲要”、“思想道德修养与法律基础”、“形势与政策”等思想政治理论课，为全校硕士生、博士生开设“中国特色社会主义理论与实践研究”、“马克思主义与社会科学方法论”、“自然辩证法”、“中国马克思主义与当代”等课程。

近五年来，马克思主义学科建设与思想政治理论课教学有机结合，实现研究与教学的良性互动，不断推出研究成果，为解决教学中的重点、难点问题服务。学院还特别注重深化思想政治理论课教学改革，坚持以理念创新带动教学内容、教学方法创新，突出教学实践性环节，增强了思想政治理论课的实效性。2007 年我院主持的《高校思想政治理论课教学改革实效性研究》获江苏省高校优秀教学成果二等奖，参与的《马克思主义哲学原理》获国家精品课程称号，《中国近现代史纲要》、《马克思主义基本原理》两门课程获校精品课程。2011 年苏州大学思想政治理论课在江苏省教育厅组织的专项评估中被授予优秀建设单位。2011 年、2012 年思想政治理论课社会实践课程化教学基地建设、社会实践课程改革创新研究获校优秀教学成果一等奖，两项教学成果获省第十届教育科研成果二等奖、三等奖。2012 年 6 月，获省高校思想政治理论课社会实践课程化改革试点单位。2012 年 11 月，青年教师顾宏松在“长三角”高校思想政治理论课《思想道德修养与法律基础》教学比赛中获唯一的一等奖。

三 教学基本经验

该院注重加强思想政治理论课教学改革创新，努力提高教学质量。采取“走出去、请进来”的方法，不断提升教师队伍的整体素质。一方面，积极组织教师参加教育部、省教育厅、中央党校等组织的高校思想政治理论课骨干教师培训班，五年来有 50 多人次接受了专题培训。组织教师赴井冈山、延安、深圳以及港澳台等地参观考察，增强对革命老区、改革开放前沿地区和港澳台地区的感性认识，不断增强教学的针对性和说服力。另一方面，聘请了中国社科院马克思主义研究院院长程恩富教授、学部委员靳辉明教授、复旦大学马克思主义研究院常务副院长顾钰民教授等著名专家为学校兼职和特聘教授，进行授课指导，帮助提高马克思主义理论学科与思想政治理论课建设水平。2009—2012 年连续四年承办由中宣部、教育部主办的全国高校思想政治理论课骨干教师暑期苏州参观考察活动，受到了教育部有关领导的充分肯定。

思想政治理论课教师在教学过程中自觉将学术前沿问题与自身研究成果有机地融入教学之中，以学术性、科学性增强教学的说服力、吸引力。一批教师承担了中组部、省委宣传部、市委组织部、宣传部的研究课题，为推进学习实践科学发展观、马克思主义学习型政党和“创先争优”活动提供理论支撑和决策依据。马克思主义理论课教师担任马克思主义研究会、思想政治教育研究会等学生社团的指导教师，引导和组织学生学习《共产党宣言》、《资本论》等马克思主义经典著作，解答学生提出的疑难问题，加深了学生对马克思主义基本原理和中国特色社会主义理论体系的科学理解。

四 学院基本情况

为切实加强马克思主义理论学科建设，学校制定了《苏州大学马克思主义理论学科建设发展规划》，在人、财、物等方面支持马克思主义理论学科的建设与发展。2006 年整合全校马克思主义研究力量，成立了苏州大学马克思主义研究院，作为全校性科研机构。2011 年成立马克思主义学院，组建了马克思主义社会发展理论研究所、马克思主义中国化研究所、思想政治教育研究所、中国近现代史基本问题研究所及相应的思想政治理论课课程中心。

目前，马克思主义理论学科共有教师 62 名，其中教授有 18 名，副教授有 36 名，有博士生导师 15 名，硕士生导师 23 名，已经建立起一支年龄结构合理、学历层次较高、教学经验丰富、科研能力突出、以专职为主、专兼结合的马克思主义理论教学、科研队伍。五年来，有 4 名教师被评为省高校思想政治教育先进个人，2 名教师被评为省“333 工程”培养对象，一名教师获国务院政府特殊津贴，7 名教师获校优秀教学奖，12 位教师被评为校优秀思想政治理论课教师。

此外，马克思主义理论学科还主持了国家社科基金重点项目两项，主持并完成国家社科基金项目五项，正在主持国家社科基金项目四项、省社科基金项目八项、省人文社科项目26项。在《马克思主义研究》、《哲学研究》等期刊发表论文450多篇，出版学术著作46部。获得省部级优秀社科成果奖七项，获得市厅级社科优秀成果奖15项。

五　海内外学术交流

该院鼓励教师积极参与全国高校马克思主义学科建设活动，每年都派员参加全国高校马克思主义理论学科博导论坛和全国高校马克思主义理论学科研究会学科论坛，还积极参加部分高校举办的有关马克思主义学科建设、教学改革、人才培养研讨会。

我院教师还积极参加国际各类学术会议。例如，方世南教授2001年4月，出席了世界社会主义学者大会，向大会提交了学术论文。2002年10月出席了“21世纪世界社会主义”国际学术研讨会，并作了大会发言。2008年10月参加了在美国举行的“马克思主义与生态文明理论研讨会”，就马克思的生态文明思想进行了大会发言。2012年4月参加了在美国召开的第六届“生态文明国际论坛”，提交的论文《生态权益：马克思恩格斯生态文明思想的一个重大亮点》受到了与会专家的肯定。此外，朱炳元教授2010年4月参加了在日本东京召开的“《资本论》与后金融危机时代”中日国际学术研讨会。在会上作了《马克思虚拟资本理论与金融危机》的主题发言，受到了与会专家学者的热烈反响。许冠亭、田芝健、姜建成、朱蓉蓉等教授到英国、美国、加拿大、韩国及台湾地区的高校进行高访学习、学术交流。

2009年4月，苏州大学举办了全国“马克思主义基本原理与当代价值”研讨会。来自中央文献研究室、北京大学、中国人民大学等单位的近80位专家和学者出席了研讨会。中共中央文献研究室副主任李捷、教育部社科司副司长徐维凡、中共江苏省教育工委副书记、江苏省教育厅副厅长胡金波等莅临会议。会议围绕怎样正确认识马克思主义、如何深入研究马克思主义基本原理以及科学探索马克思主义基本原理的当代价值等问题进行了深入的讨论。此次会议对苏州大学提升马克思主义理论学科建设与思想政治理论课教育教学质量起到了重要的推动作用。

2010年10月，由教育部高校思想政治理论课教学指导委员会“思想道德修养与法律基础”分委会主办、苏州大学承办的全国高校“思想道德修养与法律基础”课教学研讨会，来自全国130多个高校的150名专家学者参加了会议。教育部社科司徐维凡副司长、教育部社科司陈茅处长、教育部全国高校思想政治理论课教学指导委员会“思想道德修养与法律基础”分委会主任、中央财经大学党委书记胡树祥教授等12位“基础课”“教指委”成员，《思想道德修养与法律基础》教材编写组首席专家唐凯麟教授等领导和专家出席了会议。会议以专题报告、大会交流、小组讨论、现场考察等方式围绕“思想道德修养与法律基础”课教学中的重点难点问题进行了深入研讨。苏州大学“思想道德修养与法律基础”课程建设的思路与做法在大会上作了交流，受到与会教指委专家及同行的好评。

六　博士生导师简介

方世南，男，1954年6月生，教授、马克思主义基本原理博士点博士生导师，享受国务院政府特殊津贴，中国人学学会常务理事，中国马克思主义哲学史学会理事。苏州大学首批“东吴学者”，江苏省首批“333工程”培养人选，苏州市首批优秀哲学社会科学家。出版《社会现代化与人的现代化》、《先进文化与小康社会》、《时代与文明》等10多部专著。在国家级和省级以上学术刊物上发表论文160余篇。主持国家科研基金项目4项，其中重点项目3项。中组部重大委托项目4项，教育部“211”工程重大研究项目1项。论文《论小康社会的先进文化建设》入选“全国‘三个代表’重要思想理论研讨会”。10多次获得国家和省市科研成果奖。2005年被评为“感动苏州大学十大优秀人物”，2010年获“江苏省优秀共产党员”称号。

朱炳元，男，1950年12月生，教授，马克思主义基本原理博士点博士生导师，现任苏州大学马克思主义研究院院长、中国社会科学院世界社会主义研究中心常务理事，全国《资本论》研究会、中国历史唯物主义学会、中国经济规律研究会、世界政治经济学学会理事。主要研究方向：马克思主义经济学理论、中国特色社会主义经济理论。主持完成国家社会科学基金项目《马克思劳动价值论及其现代形态》、江苏省社会科学基金重点项目《全球化与中国国家利益》、苏州大学重大招标课题《〈资本论〉与当代社会发展研究》等课题。现正主持国家社会科学基金重点项目《马克思虚拟资本理论与金融危机研究》，并且在国家社会科学基金重大项目《中国特色社会主义理论体系若干重大问题研究》、《用社会主义核心价值体系引领多样化社会思潮》中担任子课题负责人。近几年，独立出版专著三部，在《马克思主义研究》、《政治学研究》等著名杂志发表文章50多篇。多项科研成果获评省、市哲学社科奖。

夏东民，男，1956 年 10 月生，教授，哲学博士，马克思主义基本原理博士点博士生导师。主要研究方向：马克思主义中国化、发展哲学。出版《中国特色社会主义科学发展论》、《现代化原点结构：冲突与转型》等专著 10 余部，在《哲学研究》、《马克思主义研究》等学术杂志上发表学术论文 50 余篇，主持国家和省部级哲学社会科学基金项目四项，曾获得江苏省优秀图书精品奖、甘肃省优秀图书一等奖，多次获得江苏省哲学社会科学优秀成果奖和教育部人文社会科学优秀成果奖。2012 年获江苏省哲学社会科学优秀成果一等奖。2010 年被中国社会科学院世界社会主义运动研究中心聘为特邀研究员。

吴声功，1952 年 2 月生，教授、苏州大学马克思主义基本原理博士点博士生导师，中国博士后科学基金评审专家等。主要研究方向：政治经济学、马克思主义原理与马克思主义中国化。在省级以上杂志、出版社发表个人专著、论文 400 多万字，涉及政治、经济、哲学等研究领域。其代表作有：《经典的马克思主义与发展的马克思主义若干问题》、《当前中国经济周期呈现的新拐点与经济发展方式的转变》、《当代科技发展与社会主义的命运》、《科学发展观在苏南的实践》、《和谐社会视域中弱势群体经济权益保护》等。主持并完成国家社科基金、省教育厅人文社科项目三项，主持的校教改项目获苏州大学优秀教学成果一等奖、江苏省高等教育优秀教学成果二等奖。

田芝健，男，1963 年 7 月生，法学博士，教授，苏州大学马克思主义基本原理博士点博士生导师。主要社会兼职有：苏州专家咨询团成员、江苏省统一战线理论研究会理事、江苏省社会教育专家指导委员会成员、江苏省社会主义核心价值体系研究中心特聘研究员等。主要研究方向：马克思主义政党建设与执政理论、马克思主义中国化与当代中国政治、中国特色社会主义理论与苏南实践。独著和主编出版《共产党依法执政论纲》等著作 7 部，参著 6 部。在《马克思主义研究》、《毛泽东邓小平理论研究》等发表论文 40 多篇。主持国家、省社科基金一般课题、省厅重点课题各 1 项，参与国家重大、重点和省市重点课题多项。获校级以上教学奖 4 次，获市厅级优秀社科成果奖 5 项，并入选为江苏省“青蓝工程”中青年学术带头人培养对象。

姜建成，男，1957年7月生，哲学博士，教授，苏州大学思想政治教育博士点博士生导师，苏州大学马克思主义学院院长兼政治与公共管理学院副院长，江苏省高校思想政治理论课教学指导委员会副主任。主要研究方向：马克思主义理论、思想政治教育。出版个人学术专著《科学发展观：现代性与哲学视域》、《高校思想政治理论课实效性研究》、《科学发展观与苏南发展模式问题研究》等五部，参著10多部；在《马克思主义研究》、《哲学研究》等刊物上发表论文50多篇。主持并完成国家、省社科基金项目、省高校人文社科项目八项。获省、市级哲学社会科学优秀成果奖六项，主持的教学改革项目4次获得江苏省高校优秀教学成果奖。

闵春发，男，1950年12月生，教授、苏州大学思想政治教育博士点博士生导师。江苏省哲学社会科学界联合会副主席、江苏省高校思想政治教育研究会副会长、江苏省决策咨询研究基地(江苏农业信息化研究基地）首席专家。主要研究方向：邓小平理论与思想政治教育、高等教育管理。先后主持或参与国家社科基金重大项目等国家级、省部级科研项目10余项。主持完成的国家社会科学基金重大项目“高校加强马克思主义意识形态工作和大学生思想教育工作研究”成果获江苏省哲学社会科学优秀成果一等奖。先后主编或参编《高等教育大众化与高校思想政治工作》、《高校德育队伍建设的战略思考》等10部学术著作，在《求是》、《马克思主义研究》等期刊发表学术论文30余篇，获部省级以上科研成果奖10余项。

陆树程，1956年1月生，哲学博士，教授，思想政治教育博士点博士生导师。现为苏州大学马克思主义研究院副院长，中国社会科学院世界社会主义研究中心特邀研究员、世界政治经济学学会理事、中国自然辩证法研究会医学哲学专业委员会理事。主要研究方向：马克思主义、思想政治教育、伦理学、医学。在《哲学研究》、《马克思主义研究》等杂志发表相关论文65篇。目前主持2012年度教育部人文社会科学重点研究基地重大项目《中国特色城镇化生态伦理研究》，主持国家社科基金项目《关于构建社会主义和谐社会的几个重大理论问题研究》。主持的教改项目获省高校优秀教学成果二等奖。

郭彩琴，1963年12月生，哲学博士，教授，苏州大学思想政治教育博士点博士生导师，苏州大学（苏州市）社会公共文明研究所特聘教授。主要从事社会学、教育学与思想政治教育学等学科的教学与研究工作。在《马克思主义研究》、《江海学刊》等刊物发表论文50多篇，出版专著、主编著作多部，先后主持和参与国家级、省级、市级科研项目10多项。获教育部全国师范院校基础教育改革实验研究项目优秀成果奖，并被聘为教育部社会科学研究项目评审专家、江苏省正高级教师专业资格评审委员会委员。

重庆工商大学马克思主义学院

一　学院简介

1. 历史沿革

重庆工商大学马克思主义学院是一个年轻的学院。2002年，原渝州大学和原重庆商学院合并组建重庆工商大学，成立了“两课部、政治与社会发展学院”。2006年，更名为“思想政治理论课教研部、政治与社会发展学院”。2009年，思想政治理论课教研部独立设置并成立思想政治理论学院。2012年，思想政治理论学院更名为马克思主义学院。

2. 基本情况

学院现有专任教师38人、兼职教师86人。专任教师中有教授6人、副教授18人，其中博士11人、硕士26人。有“马克思主义理论”重庆市“十二五”市级重点学科一个，“思想品德修养与法律基础”市级精品课程一门，“马克思主义基本原理概论”、“形势与政策”、“科学社会主义的理论与实践”校级重点建设课程三门。具有“思想政治教育”学科副教授（副研究员）任职资格评议权。拥有马克思主义理论一级学科硕士授权点一个，招收“马克思主义基本原理”、“马克思主义中国化研究”、“思想政治教育”等三个二级学科硕士生，从2007年开始共招收135位硕士生。学院为全校本科生讲授“马克思主义基本原理概论”、“毛泽东思想和中国特色社会主义理论体系概论”、“中国近现代史纲要”、“思想道德修养与法律基础”、“形势与政策”、“当代世界经济与政治”等思想政治理论课，为全校硕士生开设“中国特色社会主义理论与实践研究”、“马克思主义理论与社会科学方法论”、“自然辩证法概论”等思想政治理论课。学院探索创新的“家长学生两地书”入选“全国高校思想政治教育创新100例”。

3. 机构设置

学院设中共总支书记、院长、副院长各一名。设置综合办、教务办两个行政机构，马克思主义理论教研部、思想品德与法律基础教研部、形势与政策教研部三个教学机构，马克思主义理论研究所、大学生发展研究所两个科研平台。

4. 学院办学指导思想

以思想政治理论课教学为中心，以马克思主义学科建设为龙头，切实加强师资队伍建设、教风学风建设和党风廉政建设，实施依法治院、教授治学、民主管理，充分调动教职工的积极性和创造性，努力把学院建设成为高水平的马克思主义学院。

二　学科建设

“马克思主义理论”校级重点学科在第十一次学科授权审核中获批为硕士学位一级学科授

权点。

1. 学科团队基本情况

团队成员 40 人中有教授 17 人、副教授 16 人、讲师七人，高级职称占 82.5%，45 岁以下正高人员比例为 23.5%；博士 14 人，占 35.0%，硕士以上学位成员占 85%；硕士生导师 16 人，享受国务院政府特殊津贴专家 1 人，市级学术技术带头人 1 人，市级学术技术带头人后备人选 1 人；7 人入选重庆市社会科学专家库，1 人为首届重庆市社会科学学术委员会委员；重庆市高校思想政治理论课教学指导委员会专家 3 人，校学科带头人 1 人，校学术带头人 5 人。此外，还聘请了全国著名专家程恩富、张耀灿等为客座教授。

2. 研究特色鲜明，科研成果丰硕

本学科研究特色，一是在运用马克思主义理论研究地方经济社会发展的重大现实问题上取得突破，二是在思想政治理论教育实效性研究、方法途径探索和创新人才培养上取得突破。经多年积淀形成了思想政治教育理论与实践创新研究、马克思主义基本原理及其教育研究、马克思主义中国化理论与实践研究、马克思主义经济理论与实践研究等四个研究方向。“十一五”期间完成省部级及以上科研项目 42 项，目前在研省部级及以上科研项目 37 项，科研经费 261.77 万元。获全国“高校德育创新发展研究成果”三等奖等省部级科研成果奖 11 项，在《马克思主义与现实》、《哲学动态》、《人民日报》理论版、《思想理论教育导刊》等 CSSCI 及以上刊物发表论文 100 余篇，出版学术专著 16 部、译著 1 部。

3. 教学研究能力强，教学质量高

已招收五届硕士生 135 人，毕业两届硕士生 60 人，学位授予率和就业率为 100%，优质就业率为 95%。获重庆市优秀教学成果一等奖的“学校家庭社会结合，心理伦理经济渗透的理想信念教育新模式”以及“家长学生两地书”系列活动等特色教改成果，得到市委宣传部、教育工委的肯定，并在全市高校推广。

三　思想政治教育人才培养的探索

该校从 2007 年开始招收思想政治教育硕士研究生，开启了思想政治教育专门人才培养的征程。

1. 思想政治教育人才培养的思路和目标

通过几年实践的总结、凝练，我们把国家对思想政治教育硕士研究生的培养目标哲理化、数字化，提出了“一二三四”的简明表达，并以此作为学院思想政治教育人才培养的思路和思想政治教育硕士研究生的奋斗目标。

坚定一个方向——中国特色社会主义方向；坚持二自理念——走自己的路、说自己的话；培养三种精神——求是精神、创新精神、奉献精神；提高四大能力——写作讲演能力、调研分析能力、组织管理能力、竞争合作能力。

2. 思想政治教育人才培养的基本做法

(1) 开展理想信念和革命传统教育，坚定中国特色社会主义方向。提高课堂讲授质量，加强日常思想政治教育，在理论与实践的结合上解决理想、信念问题。组织研究生参观白公馆、渣滓洞、邓小平故居、遵义会议旧址等地，缅怀革命先烈，继承和弘扬革命传统。

(2) 开展研究性教学，在基础理论学习中强化能力培养。各门课程根据课程特点开展研究性教学，教师讲授重点难点、前沿理论问题和有关学术问题，引导学生读书，启发学生思考。

(3) 加强学术科研指导，提高学术论文和学位论文的质量。坚持每月一次学术讲座，其中包括理论性讲座和写作学术论文、学位论文的指导性讲座。开展学术论坛和学术沙龙活动，给研究生学习提供锻炼的舞台。学院设置学生创新研究项目，鼓励学生申报学校创新研究项目。导师加强对学术论文和学位论文写作的指导，学院按照“严在前面”的原则加强各个环节的管理。

(4) 强化实践环节，提高综合素质和能力。学院规定了研究生必须参加助管、助研、助教、挂职锻炼等实践环节，对于提高思想政治教育人才的综合素质和能力发挥了很大的作用。

3. 思想政治教育人才培养取得的主要成效

通过开展以上四个方面的培养和锻炼，思想政治教育专业的研究生的综合素质和能力不断提高，得到学校和社会的好评。已毕业的2007届、2008届、2009届三届毕业生中，全体为中共党员，获得学院、学校和重庆市各类奖励32人次。学位论文“双盲评审”一次性通过率99.2%，毕业率、学位率100%，一次性就业率100%，优质就业率90%左右。获校优秀学位论文7篇，考上博士研究生一人，提前完成学业毕业四人。发表学术论文267篇，人均4.45篇，最多的发表10篇，其中在《人民日报》理论版和《思想理论教育导刊》等重要期刊发表学生论文三篇。2009级研究生的学术论文参加第十二届“挑战杯”全国大学生课外学术科技作品竞赛获得重庆赛区特等奖、全国三等奖。

四　具有特色的“形势与政策”课程建设与改革

“形势与政策”课具有其特殊性，其基本特点是量大、面广、课时少、时效性强，其难点是如何真正排入课表按时行课。因此长期存在着“形势与政策”“是一门课”而又“不像一门课”的说法。

该校在党委和行政的领导下，认真贯彻中宣部、教育部关于开设“形势与政策”课的要求，根据学校的实际，加强课程建设与改革，建立起“规范管理、专家写稿、集体备课、责任主讲”的运行模式，走出了一条具有自身特色的改革创新之路，取得了突出的成效。该院“形势与政策”课建设与改革的成果，获得了学校的教学优秀成果二等奖，获得教育部高校社会科学发展中心“高校德育创新发展研究成果”二等奖。

该校的做法是：“形势与政策”课每学期16学时，其中10学时排入课表课堂讲授，六学时由辅导员、班主任开展日常形势与政策教育。

1. 规范管理：在学院建立了形势与政策教研部，有3名专职教师，聘任了86名兼职教师。由教研部统一制定教学计划，按照学校教务处的教学管理规范进行管理，课堂讲授部分与其他课程一样排入课表并列入评教范围，期末考试考查，发放课时酬金。

2. 专家写稿：每学期讲五个专题，每个专题二课时。由教研部邀请学校、学院领导和有关专家学者撰写讲稿，每讲12000字左右，由撰写者制作PPT课件，教研部对讲稿、课件进行完善和优化。

3. 集体备课：每个专题在讲授的前一周，教研部组织全校“形势与政策”课教师分两次集体备课，由讲稿撰写者或教研部主任主讲，大家讨论，明确教学的重点、难点和注意事项。

4. 责任主讲：确定责任主讲教师，由学生网上选课组成教学班次，各个专题由责任教师主讲，新进教师和思想政治教育硕士生担任助教。期末考试考查由教研部统一出题，责任教师组织考试考查、评卷、试卷分析和网上登录成绩。

该院的实践证明，“规范管理、专家写稿、集体备课、责任主讲”的运行模式改变了过去“形势与政策”课教学的随意性，提高了学生的重视程度，从制度和程序上保证了教育教学质量。该院“形势与政策”的课程建设与改革的做法，在2011年教育部召开的西南片区思想政治理论课教师座谈会上进行交流时，受到广泛好评。

五　思想政治理论课实践教学的改革与探索

几年来，我们动员和组织思想政治理论课教师对思想政治理论课实践教学进行改革和探索，走出了一条具有我校特色的思想政治理论课实践教学的新路子，取得了可喜的效果。

1. 统一认识，界定该校思想政治理论课实践教学的内涵。思想政治理论课的实践教学，是思想政治理论课教学的组成部分，是与课堂教学相联系、相对应的教学活动。其内在含义是：

（1）实践教学是纳入培养方案和课程教学计划，确定了课时和学分，并有明确考核要求的教学活动。（2）实践教学是在授课教师指导下进行的教学活动。（3）实践教学活动是围绕课堂教学中学生不易理解和掌握的理论观点、重要结论等难点、疑点而进行的认识社会、了解国情的活动，其目的是在社会实践中分析和解决问题，巩固和深化课堂教学的成果。

2. 制定方案，规范思想政治理论课实践教学的做法和程序。我们制定了《重庆工商大学思想政治理论课实践教学实施方案》，对思想政治理论课实践教学的具体做法和程序作出规定，确定教学的组织方式以“分散实践考察”和“集中实践考察”两种方式为基本方式。

3. 开展思想政治理论课实践教学取得初步成效。

（1）绝大多数学生参加的“分散实践考察”的教学活动，都按方案规定的做法和程序进行，写出了调研、考察报告，评定了成绩，组织了总结交流，取得了较好的效果。（2）教师带队开展的“集中实践考察”活动，取得显著成效，加深了学生对教材知识点的理解，将理论与现实结合得更加紧密。

六　该校成功举办“2012年全国思想政治教育学术研讨会”

2012年11月24—26日，由中国社会科学院马克思主义研究院与重庆工商大学联合主办，《马克思主义研究》杂志、《科学与无神论》杂志、《重庆工商大学学报》协办，重庆工商大学马克思主义学院承办的“2012年全国思想政治教育学术研讨会”在该校成功举行。中共重庆市委宣传部副部长杨清明，中共重庆市委教育工委书记、重庆市教委副主任赵为粮，中央国家机关“党的十八大精神中央宣讲团”成员、中国社科院国家文化安全与意识形态建设研究中心主任侯惠勤，思想政治教育专家、华中师范大学博士生导师张耀灿，清华大学高校德育研究中心副主任、博士生导师吴潜涛，中共重庆工商大学党委书记李春茹，重庆市思想政治教育重点学科带头人周希贤，以及来自全国马克思主义理论与思想政治教育界的专家学者和《重庆日报》、重庆电视台、《光明日报》等新闻媒体记者共百余位代表出席开幕式。中共重庆工商大学党委副书记朱伯兰教授主持开幕式。研讨会上，侯惠勤教授、吴潜涛教授作了主题演讲，张耀灿教授、余斌研究员等6位专家学者作了大会交流发言，百余名参会代表围绕大会议题分组进行了热烈的研讨。

大会围绕深刻领会中共十八大精神、加强爱国主义教育、当前思想政治教育的重大理论问题、思想政治教育的人才培养与队伍建设问题、提升思想政治教育教学效果问题、思想政治教育教学改革探索等方面进行了广泛研讨，取得了丰硕成果，编辑出版了《思想政治教育研究论丛》(第二辑)。

七 硕士生导师简介

周希贤，男，1947年生，二级教授，重庆工商大学马克思主义学院硕士生导师，享受国务院特殊津贴专家，国家科学技术奖评审委员，国家社科基金项目通讯评审专家，重庆市学术技术带头人，重庆市社会科学学术委员会委员，“十二五”重庆市重点学科“马克思主义理论”学科带头人，重庆工商大学人文社会科学部主任委员，“马克思主义理论”一级学科硕士点学科带头人，马克思主义理论研究所所长。2002年4月至2009年8月期间，任中共重庆工商大学党委书记，兼任重庆市行政学会副会长。

周希贤教授致力于马克思主义理论与思想政治教育的研究、教学29年，先后主持省部级以上科研项目15项，公开发表学术论文40多篇，出版个人专著一部，主编专著七部。科研成果获省部级政府奖六项，其中一等奖两项、二等奖一项、三等奖三项。

李春茹，女，1958年生，教授，重庆工商大学马克思主义学院硕士生导师，马克思主义基本原理学科带头人。2009年至今任中共重庆工商大学党委书记，兼任重庆市社科联常委、副主席，重庆市哲学学会会长，重庆市妇女理论研究会副会长、重庆市高校学生管理研究会副会长等职务，为重庆市“社会科学专家库”成员。主要从事哲学理论方面的研究，近年来公开发表论文 30 余篇，公开出版专著、教材等 20 余部。主持及参加省部级课题四项，科研成果多次获得省部级奖励。

朱伯兰，女，1953 年生，教授，重庆工商大学马克思主义学院硕士生导师，马克思主义中国化研究学科带头人。校学术带头人，重庆市社会科学专家库成员，中国妇女研究会妇女教育专业委员会副秘书长，重庆市党建研究会常务理事，重庆市妇女理论研究会副会长，重庆市高校纪检监察学会副会长，重庆工商大学廉政研究中心主任。2002 年至今，任中共重庆工商大学党委副书记。

主要从事马克思主义理论和思想政治教育教学和研究。先后主持教育部、重庆市社会科学规划重点项目等科研课题 23 项，参与科研课题多项，主编、参编、专著 11 部。在《人民日报》、《中国教育报》理论版、《马克思主义与现实》等刊物上发表论文 70 余篇。主持多项研究形成的报告为中共中央纪律检查委员会、重庆市纪律检查委员会等采用，撰写的妇女教育调研报告被收录在妇女教育蓝皮书中。科研成果获省部级优秀教学成果二等奖两项、社会科学优秀科研成果三等奖两项，获省、市优秀德育科研成果奖多项。

余常德，男，1953 年生，教授，重庆工商大学马克思主义学院院长，硕士生导师。兼任重庆市大学生思想品德教研会副会长、重庆市高等教育学会理事、重庆市高校统战理论研究会常务理事、重庆市邓小平理论研究中心常务理事、重庆市中共党史研究会常务理事、中共重庆市委讲师团宣讲员。担任重庆市侨联常委、重庆工商大学侨联主席。

主要从事高校思想政治教育与管理、宣传思想工作的理论与实践和思想政治理论课教学与管理等研究。主持和主研省部级科研项目 10 余项，发表学术论文 50 余篇，主编和参编《新编高等学校思想政治教育学》、《中国特色社会主义理论与实践研究》等著作、教材、科普读物等 20 多部，出版学术专著《高校德育系统工程学》一部。科研成果先后获省市一、二、三等奖 10 余项。

宁波大学马克思主义学院

一　学院简况

宁波大学马克思主义学院成立于2011年4月8日，是在原思想政治理论课教学部（不定行政级别）和法学院马克思主义学系的基础上组建而成的。学院作为直属学校领导的教学科研二级机构，既是学校的思想政治理论课教学部门和马克思主义理论研究机构，又是马克思主义理论学科点的依托单位。学院目前承担着全校本科生、硕士生、博士生三个层次的思想政治理论课教育教学工作。

学院现设有思想政治理论教学部（内设马克思主义基本原理、毛泽东思想和中国特色社会主义理论体系概论、中国近现代史纲要、思想道德修养与法律基础、形势政策与世界政治经济五个教研室）、研究生教学部、思想政治教育系等两部一系。

学院现任院长为陈正良教授、郑礼平任学院中共总支书记。

学院拥有一支年龄、学历结构合理、力量较强的师资队伍。现有教职员工38人，其中教学研究人员34人。有教授6人、副教授20人、讲师5人、助教3人，硕士生导师12人，其中拥有博士学位者8人。教师队伍中拥有6位省市级人才，其中包括浙江省“151人才”第二层次培养人员一人、第三层次培养人员一人、浙江省首批“五个一批”人才一人、宁波市“六个一批”人才三人、宁波市社会科学带头人二人；省中青年学科带头人一人、“宁波市名师”一人、波市“4321”第二层次人才一人。

二　学科、学位点建设

多年来，宁波大学马克思主义理论学科建设已有较厚实的积淀。作为本院前身的原宁波师范学院思想政治教育本科专业始建于1988年，先后培养了上千名毕业生。马克思主义与思想政治教育学科1999年被宁波市批准为重点扶持学科（2002年升为重点建设学科），思想政治教育学科2007年被批准为市重点学科A类，马克思主义理论学科2007年被列为校重点建设学科，2012年被列为宁波市新一轮重点建设学科。目前，马克思主义理论一级学科团队下拥有马克思主义基本原理、思想政治教育、马克思主义中国化研究、国外马克思主义研究四个方向的团队。

经过20多年的建设积累，本学科取得了丰硕成果，学科总体上在国内处于较先进的地位，为进一步发展奠定了坚实的基础。目前，本学科已形成四个有特色的研究方向：1. 马克思主义与中国传统文化：在重点研究马克思主义基本原理的基础上，注重运用马克思主义基本原理阐发中国传统文化和浙江、宁波地域文化，分析、研究社会现实（特别是浙江、宁波）

问题；2. 思想政治教育：将思想政治教育基础理论研究与改革开放条件下的一些重要的时代性课题作为研究重点，注重对学校思政教育理论与实践结合的研究，注重对精神国力（软实力）建设理论与地方精神文明和软实力建设实践结合的研究；3. 马克思主义中国化研究：在系统总结和梳理历史资料的基础上，深入研究中共几代领导集体推进马克思主义中国化的历史进程及其理论创新，并对马克思主义中国化的理论成果在实践上所起的指导作用进行实证研究；4. 国外马克思主义研究：在有关国外马克思主义思潮、国外社会主义实践、各国共产党党建理论与实践等方面，已有一定的研究积累。

本学科各方向在注重对基本理论研究的同时，都特别重视理论与实践结合的研究。学科在基础理论和应用研究上已积累了一批厚实的成果，一些成果在国内有较大影响。自 2004 年以来，本学科共获得课题 160 多项，其中国家社科基金 9 项、省部级课题近 30 项。发表论文 300 余篇、著作 20 多部，获得 30 多项部、省、市级科研成果奖。

2003 年，本学科马克思主义理论与思想政治教育硕士点获批，2005 年，该学位点分设为马克思主义基本原理、思想政治教育两个二级硕士点；2006 年，增设马克思主义中国化二级硕士点；2011 年 9 月，马克思主义理论一级硕士学位授予点获批，学位点设有马克思主义基本原理、思想政治教育、马克思主义中国化、国外马克思主义研究四个方向。

本学科点迄今为止已招收九届研究生，共 117 人，毕业研究生授予硕士学位 72 人（其中包括在职研究生 5 人），退学 2 人，现在校 45 人。研究生数量随着学位点发展在稳定地增长，研究生培养总体质量稳步提升，一批研究生在读期间在核心刊物上发表论文。毕业研究生大多从事机关公务员、高校政治辅导员、中学或成人学校教师、企业行政管理人员等职业，多与专业有关，用人单位总体评价较高。

三 教学工作

1. 规范课程设置

学院全面落实“05 方案”关于思想政治理论课学分和课时要求，确保规定的学分和相应的课时数量。学校于 2005 年 11 月颁发了《宁波大学关于加强和改进思想政治理论课的意见》，学校教务部门也据此对教学计划进行了全面的调整，以保证教育部规定设置课程的全面落实，确保规定的学分和相应的课时数量。研究生思想政治理论课也按照中宣部、教育部确定的新方案在 2011 年秋季开始落实实施。

2. 加强教学管理

学校、学院的相关教学管理制度健全，建立有备课、听课制度以及教学内容和教学质量监控制度，学校每学期实行课堂教学质量学评教制度。

3. 积极进行课程教学改革

在思想政治理论课课程教学中坚持传统教学方法和现代教学手段的兼顾与结合，在教学中强调坚持充分发挥教学双方的积极性，特别是强调注意发挥学生学习的主动性，减少纯粹灌输式教学方法，更多运用启发式、双向交流式、探究式的课堂教学方式。所有课堂都实行多媒体教学，同时思想政治理论课教师通过申报各类教研项目等实现教与研的良性互动。一批教师获得校级课堂教学成果奖，一门课程被列为省精品课程建设项目，三门课程被列为校级教改课程。思想政治理论课的考试、考核做到平时与期末考试相结合，考试方式做到多样化，建立起健全、科学的考试考核评价体系。

4. 加强实践教学

学院将思想政治理论课的实践教学纳入教学计划，与其他课程一样，落实学分、教学内容、指导教师和专项经费，使大学生思想政治理论课的社会实践活动能够真正对学生起到了解国情、开阔视野、增强理论联系实际能力的作用。建立有“宁波帮博物馆”、“镇海口海防馆历史纪念馆”等校外实践教学基地，实践教学覆盖了大多数学生。

四 下一阶段学院建设的主要目标

秉承“实事求是，经世致用”的校训和“兼容并包、自强不息、务实创新、与时偕行”的“宁大”精神，马克思主义学院将深入贯彻落实科学发展观，在学校党委和行政的领导和支持下，不断提高思想政治理论课的教育教学水平，切实加大师资队伍建设，积极推进马克思主义理论学科建设，为将宁波大学建设成为高水平大学而努力奋斗。

学院的主要建设目标是：学院要成为浙江省重要的马克思主义理论教育、研究基地和高素质理论教育人才培养的基地，马克思主义理论一级学科在省内具有领先地位，在全国处于先进地位。努力实现：1. 学科方向进一步凝练，使现有的研究方向特色更为鲜明，在一些研究点上获得创新性成果，在国内有一定影响力。2. 建设和形成一支科研实力强、教学水平高、梯队结构更合理的学科团队，夯实学科人才队伍基础。3. 不断提升学科研究创新综合素质能力，在争取获得高层次研究项目、优秀科研成果奖和教学成果奖上有稳步增长和提高。4. 学科专业建设和人才培养得到稳步发展，研究生教育质量稳步提高，形成学科建设、专业建设与教学工作的良性互动。5. 进一步提高为地方经济建设和社会发展的服务能力，并进一步改善学院的办学条件。

五 学院教授介绍

陈正良，男，1965年生，现任宁波大学马克思主义学院院长、教授、硕士生导师，马克思主义学科负责人兼思想政治教育学科方向负责人，校聘一级教学科研岗位。兼任浙江省高校马克思主义理论教育研究会副理事长、浙江省马克思主义学会常务理事，宁波市高校马克思主义理论教育研究会常务副会长。

主要研究领域为思想政治教育、中国特色社会主义理论、软实力发展、国际政治现实问题等。近年来主持国家社科基金项目两项，全国教育规划课题、浙江省重点社科基金项目、教育部一般人文课题各一项，主持市厅级课题六项，参与其他国家、省、市课题多项。出版《冲突与整合——德育环境的系统构建》（中国社会科学出版社 2005 年版）、《中国软实力发展战略研究》（人民出版社 2008 年版）等著作五部，在国内各类刊物上发表论文 70 多篇。获得过浙江省哲学社科优秀成果二等奖、教育部人文社科优秀成果三等奖等 10 多项部、省、市级奖等。为浙江省首批宣传文化系统“五个一批”优秀人才，浙江省 151 人才第二层次培养人员、宁波市首批宣传文化系统“六个一批”优秀人才、宁波市社会科学学科带头人、全国党建研究会特邀研究员、浙江省中国特色社会主义理论研究会特约研究员。

肖东波，男，1955 年生，教授，现任宁波大学马克思主义学院硕士生导师，马克思主义中国化方向负责人；兼任中国毛泽东思想邓小平理论研究会常务理事、副秘书长，浙江省中共党史学会常务理事，宁波市党史研究会副会长。长期从事中共党史、马克思主义中国化的教学与研究。主持和参研国家、省部级科研项目八项。出版《中国共产党理论史纲（1921—1949)》、《中国共产党理论建设的历史经验》、《中国共产党理论建设史 1949—1956》、《新中国成立初期执政党建设研究》、《新中国成立初期的马克思主义大众化》等学术专著；在《党的文献》、《毛泽东思想研究》、《社会主义研究》、《马克思主义与现实》等刊物上发表论文 50 余篇。获浙江省社会科学优秀成果奖、浙江省社联社会科学优秀成果奖、浙江省高校优秀科研成果奖及宁波市社会优秀成果奖多项。

郭宝宏，男，1952 年生，现任马克思主义学院研究员、硕士生导师，马克思主义基本原理学科方向负责人。先后承担国家社科基金课题两项，浙江省、宁波市各类科研课题多项。出版《世界市场与资本主义》（中国经济出版社 2001 年出版）、《经济全球化与发展中国家的发展》（经济管理出版社 2003 年出版）、《跨国垄断资本主义简论》（经济科学出版社 2004 年出版）、《论人的需要》（经济科学出版社 2008 年出版）、《马克思主义国家理论的当代魅力》（人民出版社 2012 年出版）等五部专著。先后在《马克思主义研究》、《世界经济研究》、《生产力研究》、《学术论坛》、《理论前沿》、《社会主义研究》等刊物上发表学术论文数十篇。其论文著作曾多次获奖。自 1996 年以来，先后为本科生、研究生讲授马克思主义基本原理、毛泽东思想与中国特色社会主义理论概论、马克思主义经典著作选读、当代资本主义专题研究等课程。

罗维，女，教授，1972年生，马克思主义中国化方向硕士生导师。主要从事政治学、马克思主义中国化研究。主持和参与完成省部级、国家级课题六项，发表论文20多篇，其中部分学术论文获浙江省青年社会科学优秀成果奖二等奖，宁波市哲学社会科学优秀成果二等奖，宁波市青年社会科学优秀成果一等奖、优秀奖。此外，还曾获浙江省第五届青年教师教学技能优秀奖、宁波市首届高校育人奖、宁波大学教坛新秀等荣誉。

何静，女，1965年生，教授，硕士生导师。主要从事马克思主义基本原理、马克思主义哲学和中国哲学的教学与科研工作。兼任浙江省儒学学会常务理事、浙江省哲学学会理事和浙江省马克思主义基本原理概论教学研究会理事。主持科研项目九项，包括国家社科基金项目、教育部社科规划基金项目、浙江省哲社规划项目、浙江省社科联项目、宁波市哲社规划项目和宁波市社科重点项目等。先后在《哲学研究》、《孔子研究》、《江汉论坛》、《东岳论丛》、《齐鲁学刊》和《浙江社会科学》等刊物发表论文40篇，其中20多篇为核心期刊论文，3篇被《中国人民大学复印报刊资料》全文转载。获浙江省高校科研成果二等奖、三等奖及宁波大学科研成果一等奖等。是宁波市宣传文化系统“六个一批”理论人才。曾获宁波大学“阳光”教授奖。

于成文，男，1965年生，法学博士，副教授，马克思主义学院研究生教学部主任，硕士生导师，主要从事思想政治教育、马克思主义中国化和社会发展理论的研究。近年来，作为课题组成员完成了中央实施马克思主义理论研究和建设工程《科学社会主义概论》教材之子课题“1978年以来我国理论界关于社会主义理论研究的进展”的科研任务，主持完成了浙江社科规划课题《论社会主义价值观的层次性》以及校级重点科研项目《社会发展的不平衡性与和谐社会的构建》，在《人民日报内部参阅》、《科学社会主义》、《当代经济研究》、《红旗文稿》等刊物独立发表论文30多篇，多篇文章被“人大复印资料”全文转载。目前正在主持国家社科基金项目《共同富裕的“质”、“量”、“度”研究》，以及教育部人文社会科学研究规划基金项目、浙江省哲学社会科学规划项目、宁波市社会科学研究基地课题各一项。

广西师范学院马克思主义学院

一　学院概况

广西师范学院马克思主义学院的前身是本院政治教育系。政治教育系成立于 1978 年，1979 年招收第一届政治教育专业本科生。1987 年马列主义教研室从政治教育系分离，成立直属于学校党委领导的马列主义教研室，1991 年马列主义教研室、德育教研室与艺术教研室合并成立社会科学部。2009 年更名为思想政治理论课教学科研部，2011 年更名为马克思主义学院。

马克思主义学院拥有马克思主义理论一级学科硕士学位授权点和思想政治教育本科专业，其中思想政治教育专业是教育部、财政部“高等学校特色专业建设点”和广西优质专业，思想政治教育专业教学团队是广西高校优秀教学团队。同时还拥有广西马克思主义理论研究和建设工程研究基地、广西高校重点人文社会科学研究基地、广西高校思想政治理论课教师培训基地等 2 个省级研究基地和 1 个厅级研究基地。

马克思主义学院下设一个系和七个教研室，即思想政治教育系，以及“马克思主义基本原理”、“思想道德修养与法律基础”、“毛泽东思想与中国特色社会主义理论体系概论”、“中国近现代史纲要”、“研究生思想政治课教学”、“形势与政策”、“大学生就业指导”等七个教研室，主要承担思想政治教育本科专业教学，以及全校本科生和研究生思想政治理论课教学，同时承担“马克思主义基本原理”、“中国化马克思主义研究”、“思想政治教育专业”等专业硕士研究生的培养任务。

马克思主义学院现有教师 35 人，其中专任教师 29 人；教授 12 人，副教授 15 人，讲师 8 人；其中已获博士学位 11 人，在读博士 3 人，1 人入选“广西高校首届思想政治理论课教学名师”和“广西高等学校优秀人才资助计划”。教师整体队伍呈现高学历、年轻化。马克思主义学院现任院长为曾令辉教授、博士。

二　研究生教育

广西师范学院马克思主义学院历来十分注重马克思主义理论人才培养和学科建设。学院充分发挥广西马克思主义理论研究和建设工程研究、广西高校重点人文社会科学研究基地等三个省厅级研究基地的凝聚、指导和引领作用，加强马克思主义理论学科建设，积极发展学位与研究生教育，实现了学位点学科与研究生教育的跨越式发展。2005 年，获得了马克思主义基本原理和思想政治教育两个二级学科硕士研究生授予权。2011 年获得了马克思主义理论一级学科硕士学位授予权，同时被确立为广西“十二五”博士学位授权建设点，2012 年思想政治教育专业获得教育硕士专业学位授权。

目前，广西师范学院马克思主义学院研究生招生的层次有马克思主义基本原理、马克思主义中国化、思想政治教育等三个专业全日制硕士研究生、全日制教育硕士学科教学（思政）专业学位研究生和高校教师在职硕士研究生。在研究生培养中，坚持以人才培养质量为中心，在培养理念、课程体系、评价体系等方面推进改革，推行了专家报告、研究生创新论坛与创新科研立项、社会实践考察、学位论文检测盲审等新举措，主要培养研究生的创新能力和研究水平。硕士毕业生就业率名列广西高校同类专业的前列，一批毕业硕士生被中山大学等国内知名高校录取为博士研究生，研究生培养质量稳步攀升，社会声誉不断提升。

三　思想政治教育本科专业教学

思想政治教育专业是广西师范学院传统优势专业，经过 30 多年建设和发展，思想政治教育专业已经积累了丰富的办学经验，形成了比较成熟的人才培养模式和明显的学科专业特色和优势，在广西起到了示范和辐射作用，在广西乃至西南地区具有较高的办学质量和品牌声望。2006 年被确定为广西高校第一批优质专业，2008 年获批为省级优秀教学团队，2010 年被评为教育部、财政部高等学校特色专业建设点，拥有“思想政治教育学原理”等自治区级精品课程和一名自治区级教学名师，获得各级各类教学、教改成果奖励 20 多项。思想政治教育专业是广西高校办学质量和声望最好的教师教育专业之一，先后为广西乃至全国输送近 2500 多名优秀本专科毕业生，为地方教育事业乃至经济社会发展作出了贡献。

近年来，思想政治教育本科专业教学按照现代教师教育的新特点，积极开展人才培养模式和教育教学模式的改革和创新。通过设立“教育创新实验班”和“陶行知实验班”，积极探索思想政治教育专业研究性实践型人才培养模式，力求将思想政治教育专业本科学生培养成为“现代教育技术能手”、“心理健康帮手”、“教育科研强手”的人才培养目标。充分利用学校丰富的教师教育办学资源，拓展校外资源，通过选修双学位辅修专业以及顶岗实习支教等方式，坚持以课堂教学为主、课外教学与校外教学为辅的教学方式，构建起思想政治教育专业课堂理论教学、研究性教学、实践教学和网络教学于一体的立体化教学模式，促进了大学生培养的全面发展。2012 年“民族地区高师院校思想政治教育专业研究性实践型人才培养模式构建与实践”获得了省级优秀教学成果二等奖。

四　公共思想政治理论课教学

广西师范学院马克思主义学院承担全校本科生、研究生思想政治理论课教学任务。“05 方案”实施以来，马克思主义学院秉承“德才并育、知行合一”的校训，坚持人才培养与教育教学质量第一，常抓内涵与质量建设，以提高思想政治理论课教学实效性为目标，根据时代发展要求和课程内在发展特点，不断深化思想政治理论课程教学改革。经过近几年的探索和实践，形成了以教师为主导，以学生为主体，集成思想教学资源，融课堂教学、研究性教学、实践性教学、网络化教学为一体的全方位、多层次的立体化教学模式，教学改革成效突出。2007 年学院被评为广西高校思想政治理论课教学优秀单位，荣获“2009—2011 年广西高校思想政治理论课教学先进集体”称号。此外，学院还获得自治区级教学成果二等奖两项、三等奖一项，校级教学成果奖一等奖两项，三等奖一项，全国多媒体课件大赛三等奖四项，广西高校教学软件大赛一等奖一项，二等奖、三等奖各两项等。学院现有自治区级精品课程两门，广西高校思想政治理论课精品课程两门，校级优秀教学团队一个。学生对思想政治理论课教学实效性和满意度不断提升，该课程也日益成为大学生终身受益和喜爱的课程。经过不懈探索和实践，广西师范学院思想政治理论课形成了鲜明的教育教学特色。

五　教学基本经验

（一）探索形成了富有特色的高校思想政治理论课“立体化”教学新模式。紧紧围绕“培养什么样的人、怎样培养人”的主题，探讨形成以人为本，以教师为主导，以学生为主体，汇集思想政治理论教育教学的校内外优质资源的课堂理论教学、研究性教学、实验实践教学、网络教学等相互协同、相互融合、功能互补的“立体化”教学模式。在“立体化”教学模式的教学实践中，课堂上积极推广参与式、互动式、案例式、辩论式等教学方法和手段，课外大力推行实践教学和网络教学，并开展以专题研究、课题研究和案例研究等多种方式融为一体的研究性教学，积极探索思想政治理论课实践教学的理论、内容、方法和手段以及评价机制。此外，还建成了“百色起义纪念馆”等一批有地方历史特点、红色文化特色的实践教学基地，形成了教师组织学生集体实践与学生自主实践相结合的实践教学模式，提高了思想政治理论课教育教学的实效性，增强了思想政治理论课教育教学贴近社会实际、贴近生活、贴近学生思想实际的特色。“立体化”教学模式对培养大学生良好的思想政治理论素质、研究能力、实践能力、创新能力以及网络虚拟实践能力和现代信息素养起到了传统课堂教学所无法替代的作用。该教学模式受到教育部评估专家的肯定和同行们的好评，也得到学生们的普遍赞同，2009 年还获得了广西壮族自治区优秀教学成果二等奖和广西壮族自治区高校思想政治工作创新成果奖，先后有 30 多所区内外高校前来学习和交流，《光明日报》、《广西日报》、广西电视台等新闻媒体也进行了专题报道。

（二）积极推进思想政治理论课网络教学科研平台建设，以网络教学新模式带动精品课程建设。积极探索思想政治理论课进网络，构建思想政治理论课网络教育科研平台，以网络教学深化思想政治理论课精品课程和精品视频课建设，在精品课程建设和精品视频课程建设取得了新突破。2007 年“毛泽东思想和中国特色社会主义理论体系概论”、“思想道德修养与法律基础”两门课程先后获得了自治区级精品课程。2011 年、2012 年“中国近现代史纲要”、“马克思主义基本原理概论”两门课程分别被评为广西高校思想政治理论课精品课程，实现了思想政治理论课四门主干课程省厅级精品课程的全覆盖，“思想道德修养与法律基础”课程还参加了 2010 年国家级精品课程的评选。“毛泽东思想、邓小平理论与‘三个代表’重要思想概论”、“思想道德修养与法律基础”等网络课程获全国第七届多媒体课件比赛三等奖，“中国近现代史纲要”网络课程获得第七届“广西高校教师教学软件比赛”三等奖，“大学生与人生价值创造”获得了广西高校精品视频课程立项建设。

（三）依托广西高校思想政治理论课教师培训基地，强化思想政治理论课教师业务培训，推进思想政治理论课教学改革研究。学院近年致力于教学科研平台建设，充分利用现有的“广西马克思主义理论研究和建设工程广西师范学院研究基地”、“广西高校重点人文社会科学研究基地广西师范学院马克思主义哲学研究中心”、“广西高校思想政治理论课教师培训基地”等三个省厅级研究基地，强化思想政治理论课教师培训力度，加强对教师的业务指导，着力提高教师教学能力。自2008年以来，通过设在广西师范学院马克思主义学院的广西高校思想政治理论课教师培训基地，每年了承办广西高校思想政治理论课骨干教师研修班、广西高校思想政治理论课负责人研修班。在对广西高校思想政治理论课教学骨干进行培训研修的同时，学院全体任课教师参加了自治区级年度业务培训，为思想政治理论课教学改革提供了重要的学理支撑和坚强的智力保障。

六　科学研究与社会服务

广西师范学院马克思主义学院结合当前和今后一段时间内国家层面和广西地方经济社会发展的目标要求与战略思路，以服务地方经济社会发展为宗旨，从全局上科学合理规划学院科学研究与社会服务工作，创新机制，健全机构，完善制度，坚持以教学研究为基础，大力推进学科基础研究。依托广西马克思主义理论和建设工程研究基地等平台，充分发挥学科带头人的引领作用，组织教师积极开展科学研究和社会服务工作，不断实现科研和社会服务工作上水平、上台阶。

近年来，马克思主义学院教师坚持在网络思想政治教育、民族传统文化教育、青少年德育等方向凝练学科专业特色，致力于科学研究与社会服务，取得了较为丰硕的研究成果，在国内同类领域形成了一定的学术影响力。近五年来，学科研究团队先后在《中国特色社会主义研究》、《大学教学》、《思想教育研究》等学术刊物发表了《高校思想政治理论课“立体化”教学新模式探析》、《西部高校思想政治理论课教学研究》、《高校思想政治理论课实验教学探讨》等学术论文350篇；在国家核心期刊发表论文150篇，被中国人民大学复印报刊资料全文转载论文25篇；出版《虚拟社会与人的发展研究》、《网络思想政治教育概论》等学术著作10部；共承担国家级、省部级科研项目和横向项目60项，其中国家社会科学基金项目9项，教育部项目3项，省级课题25项，厅级课题38项；获省部级科研奖励15项，其中《虚拟社会与人的发展研究》、《网络社会视阈下人的虚实和谐发展》等7项成果获广西社会科学优秀成果奖，《高校网络思想政治教育教学模式与实践运用》等3项成果获自治区高校宣传思想政治工作优秀创新成果奖。学科团队先后承担广西第一个未成年人思想道德教育“学校、家庭、网络、社区”立体化实验区建设、广西高校大学生思想政治状况滚动调查等省部级社会服务项目，诸多成果被广西壮族自治区党委政府有关部门采用，为地方社会经济发展做出了积极的贡献。

近几年，先后成功地承办了“全国爱国主义教育与爱国主义基地建设学术研讨会”、“改革开放30年与思想政治教育发展学术研讨会”、“新中国成立60周年与大学生爱国主义教育研讨会”、“新中国60年与高校党建工作学术论坛”、“西南马克思主义经济学论坛2012年学术研讨会”、“全面建成小康社会目标下经济社会发展与人的全面发展”等全国性和区域性学术会议，同时开设并举办了102期“马克思主义讲坛”，先后邀请了近50位马克思主义教育专家参加“马克思主义讲坛”，搭建了马克思主义理论学科建设的平台，沟通了学者之间的友谊，建立了学术间的联系，频繁的学术交流对广西师范学院马克思主义理论学科建设、科学研究与教育教学改革起到了显著的推动作用。

四川大学马克思主义学院

一　学院基本情况

四川大学马克思主义学院（政治学院）成立于2001年，系由原四川大学马列部、思政部和原华西医科大学人文社会科学部合并组建而成。学院现下设马克思主义基本原理教研室、马克思主义中国化教研室、思想道德修养与法律基础教研室、中国近现代史纲要教研室、研究生思想政治理论课教研室等6个教学单位，并设有四川大学农村发展研究中心、四川大学应用心理与心理健康教育研究所、四川大学国际关系研究所等研究机构。四川省高校思想政治理论课教师培训中心、四川省大学生心理健康教育师资培训基地等研究机构。2012年，挂靠学院还成立了四川大学中国学中心、四川大学预防腐败研究中心。

学院主要承担四川大学文、理、工、医各学科的博士、硕士研究生和本科生的思想政治理论课的教学任务。学院有“马克思主义中国化研究”1个二级学科博士点、“马克思主义理论”和“政治学”2个一级学科硕士点。其中马克思主义理论一级学科硕士点包括5个二级学科，分别是：马克思主义基本原理、马克思主义发展史、马克思主义中国化研究、国外马克思主义研究、思想政治教育。政治学一级学科硕士点包括7个二级学科硕士点，分别是：政治学理论、中外政治制度、国际关系、国际政治、外交学、中共党史、科学社会主义与国际共产主义运动。2011年，学院抓住新一期“985”建设契机，进入“985”平台方向有2个，分别是“中国特色社会主义道路研究”进入马克思主义经济学平台，“和谐社会构建的制度和政策”进入法学平台。

学院拥有一支水平高、结构合理的师资队伍，共有教职工88人，其中教授13人，副教授38人，并聘请有一批海内外著名专家、学者担任名誉教授、客座教授。现任教师中有国务院政府津贴获得者1人，教育部新世纪优秀人才3人，全国大学生心理咨询专业委员会副主任1人，四川省学术和学科带头人3人，“四川省有突出贡献的优秀专家”1人，四川省教学名师1人，四川省学术和学科带头人后备人选3人，四川大学教学名师3人。

学院资料室现藏有专业图书5万余册，订有学术期刊170余种、报刊10余种；现已建成的“四川大学‘523实验室工程’建设项目——四川大学思想政治理论教育中心”已成为全国文科综合实验示范中心的子平台，为全校的思想政治教育和本学院学生的专业学习提供现代化的支撑条件。

二　2012 年学院各项事业取得新进展

1. 教育教学水平不断提高。2012 年，学院围绕四川大学“323＋X”创新人才培养体系改革，不断深化思想政治理论课教学改革，积极探索并初步形成了“123＋X”思想政治理论课教改体系，教育部和四川省教育厅门户网站分别对此进行了全面介绍。抓住教育部课程网站共建机遇，2011 年，四川大学成为教育部首批思想政治理论课程网站共建团队之一；2012 年 2 月，第一期资源上报后，该校顺利进入第二批共建团队；第二期资源上报后，该校排名上升至全国高校第十一位。同时，集中全院力量在互联网上建成了“四川大学思想政治理论课在线”网站并正式上线。通过一系列教学改革，涌现出了一系列成果：2012 年 1 月，阎钢教授的中国大学视频公开课《现代公共生活与社会公德修养》正式上线，这是该校入选的第二门中国大学视频公开课；高中伟教授入选 2012 年全国高校思想政治理论课教学能手（排名第四）；“四川大学思想政治理论课‘123＋X’教学改革模式的建构与实践”获得 2012 年度四川大学教学成果一等奖，武汉大学、上海大学、西北民族大学、湖北民族学院、咸阳师范学院等兄弟院校先后到我校专门考察“123＋X”教学改革模式。

2. 人才培养和师资队伍建设取得新进步。2012 年，该院共招收硕士研究生 52 人，博士研究生 7 人。最后一届 62 名国际政治专业本科学生顺利毕业，就业率为 87％；硕士研究生毕业生 59 名，就业率达到 93％。师资队伍建设方面，高中伟教授入选教育部“新世纪人才”，使该院新世纪人才总数增至 3 名；新增教授 1 名，新增副教授 4 名。师资队伍学历整体水平有了进一步提高，5 名青年教师被录取为博士研究生；拟聘 6 位优秀博士进入我院工作(其中引进人才 1 名、优秀青年人才 1 名、项目制 4 名)，将进一步优化师资队伍学历结构和年龄结构。教师海外培训取得突破性进展，首批 23 名青年教师于 8 月赴新加坡国立大学开展了为期一周的海外培训。

3. 科学研究取得重要进展。2012 年，学院科学研究取得重要进展，发表 CSSCI 来源期刊论文 46 篇，其中 A 级刊物 1 篇，B 级刊物 10 篇。新获各类校级以上纵向课题立项 30 项、经费 104.5 万元，其中：国家社科基金青年项目、西部项目各 1 项，教育部青年项目 3 项，四川省哲学社会科学青年项目 2 项，教育部基地四川大学美国研究中心项目 4 项，被四川省哲学社会科学规划办采纳 3 项。在四川省第十五次哲学社会科学评奖中，我院取得历史最好成绩，获一等奖 1 项、二等奖 1 项、三等奖 4 项、优秀奖 1 项。

4. 办学环境和社会服务明显改善。学校在新校区为我院提供了文科楼群二区 3—6 楼、2000 余平方米的办公用房，目前主要教学、办公家具和配套设施配置已全部到位，各项搬迁筹备工作就绪，本学期末将完成全部搬迁工作。挂靠该院的四川省高校思想政治理论课教师培训中心组织了 4 期培训，同时，精心组织接待了 3 期中宣部、教育部思想政治理论课教师培训班，受到国家教育行政学院带队领导和培训班老师们的高度肯定。四川大学预防腐败研究中心和四川大学中国学中心正式获得批准成立，这也将大大提高该院的协同创新能力。

三　四川大学“123＋X”思想政治理论课教学改革模式

在多年教学改革实践的基础上，我校探索形成了思想政治理论课“123＋X”教学改革模式：围绕1个中心：坚持育人为本、德育为先，以社会主义核心价值体系引领四川大学高素质人才培养为中心。推动2大类改革：课堂教学改革和实践教学改革。抓好3个互动：由教师讲授转变为师生互动，由教学与科研分离转变为教学科研互动，由教师单打独斗转变为团队互动。实施“X”项具体改革：目前，学院正在实施主题教育、案例教学、实践教学和多媒体教学等有机统一的教学模式改革，教材内容改革，开设思想政治教育大讲堂，非标准化命题考试改革，教学质量监测体系改革等多项具体改革。

在这个模式中，重点解决好3个教学核心问题：一是思想政治理论课的方向性问题：坚持“育人为本、德育为先”的原则，始终以社会主义核心价值体系引领学校人才培养、引领思想政治理论课教育教学改革；二是思想政治理论课的针对性问题：坚持课堂内外结合、第一、二课堂结合、校园内外结合，实施了课堂教学和实践教学两大类改革方案；三是思想政治理论课的实效性问题：坚持师生互动、教学科研互动、团队互动的三个互动，并推动实施了多项具体改革，取得了显著成效。

该教学改革模式得到教育部、四川省教育厅的充分肯定，分别在其门户网站上进行了全文刊载，四川省教育厅简报也专门进行了报道。《四川大学“123＋X”思想政治理论课教学改革模式的构建与实践》获得四川大学教学成果一等奖。

四　主题教育活动深入开展

2012年，学校成功举行了“四川大学第二届青年马克思主义者论坛·西部高校学子看党的十八大报告会”。12月13日下午，报告会在江安校区举行，中共四川大学党委书记出席报告会并发表讲话。来自四川大学、电子科技大学、西南交通大学、西安交通大学、新疆大学、重庆大学、西北大学、云南大学、兰州大学等9所西部高校12名学生代表围绕“西部学子看十八大”主题，密切联系自身学习、生活、工作实际，先后作了主题报告，畅谈了他们对学习贯彻党的十八大精神的点点感悟与收获。这是西部高校首次共同开展此类主题教学活动。

圆满举行了四川大学2012年“自觉 自信 自强——我是川大学子”大型主题演讲比赛。5月22日晚，由学校教务处、宣传部、学工部、团委和马克思主义学院联合举办的四川大学2012年“自觉 自信 自强——我是川大学子”大型主题演讲比赛决赛在学校江安校区举行。校长谢和平院士出席决赛并发表了题为“做自信的川大人”的演讲。此次主题演讲比赛覆盖了本学期“毛泽东思想和中国特色社会主义理论体系概论”课程，有80个教学班，共1万多名学生。

顺利举办了“校园里的雷锋”报告会。6月6日晚，四川大学2012年“校园里的雷锋”报告会在江安校区举行。中共校党委书记杨泉明教授出席报告会并讲话。此次报告会演讲比赛覆盖了本学期“四川大学马克思主义学院中国近现代史纲要”课程，有66个教学班，10000多名学生参与。

成功举行了“追梦川大人”大型主题演讲比赛。11月28日晚，演讲比赛决赛在江安校区举行。本次比赛以思想道德修养与法律基础课程为依托，通过班级选拔、年级预赛决出20位选手进入决赛。

继续举办思想政治教育大讲堂。2012年，思想政治教育大讲堂举行了10期。通过两年的实践，初步形成了自身特色：专家遴选广泛，学科交叉汇融；紧扣社会热点，解读时政要闻；专家讲授精彩，现场互动踊跃；课堂追踪讨论，学生撰写心得。我校思想政治教育大讲堂的影响越来越大，国内外著名学者作客大讲堂，使其逐渐发展成为省内有影响力的思想政治教育的重要平台。

五　博士生导师简介

王国敏，女，1953年生，教授、博士生导师，四川大学政治学院首任院长，现为四川大学政治学院教授委员会主任。四川省学术和学科带头人、四川省有突出贡献的优秀专家、四川省教学名师、四川大学教学名师、国家社科基金通讯评委、教育部课题通讯评委、四川省社科联理事、四川省和成都市宣讲团专家、四川省教育厅“思想政治教育理论课”专家组成员、四川省马克思主义中国化学会会长、成都市科技评估中心专家、马克思主义中国化博士点负责人、马克思主义理论一级学科硕士点带头人。主持国家级（国家社科基金重点项目两项、一般项目三项）、省部级科研课题、国际合作项目、地方项目共20项，获四川省哲学社会科学优秀成果二等奖两项、三等奖三项。四川省人民政府优秀教学成果二等奖两项，2008年被评为2005—2007年度四川省大学生思想政治教育先进工作者。出版学术专著10部，在《马克思主义研究》、《经济学家》等全国权威和核心刊物发表论文120篇，其中有25篇论文被中国人民大学复印报刊资料全文转载。两项科研成果被中宣部全国规划办编辑的《成果要报》采纳。

蒋永穆，男，1968年生，经济学博士、教授、博士生导师，四川大学马克思主义学院（政治学院）院长。国家社科基金重大招标项目首席专家、教育部新世纪优秀人才、全国宝钢优秀教师奖获得者、四川省学术技术带头人、四川省首届十大杰出青年经济人物、成都市有突出贡

献专家、四川省工业经济研究学术专家委员会委员、四川省高等学校教师职务专家评审委员会委员、中华外国经济学说研究会常务理事、中国经济规律研究会理事、中国《资本论》研究会理事。主持各类科研项目40余项，其中国家社科基金项目三项，提交各类研究报告30余份。在《教学与研究》、《经济学动态》、《学术月刊》、《经济学家》等期刊上公开发表学术论文100余篇，其中CSSCI论文50余篇，主编或参编学术著作20部。获四川省哲学社会科学优秀科研成果一等奖两次，二等奖两次，三等奖三次，四川省优秀教学成果二等奖一次。二项科研成果入选全国哲学社会科学规划办公室主办的《成果要报》、三项研究报告受到中央领导和国家有关部门负责同志批示和重视。

黄金辉，男，1964年生，经济学博士（博士后）、教授、博士生导师，政治学一级学科硕士点负责人。中国政治学研究会理事、中国社科院世界社会主义研究中心常务理事、四川省政治学研究会副会长、四川省马克思主义中国化研究会副会长。科研及获奖：已主持完成4项省部级及以上课题，其中国家社科基金项目一项。同时还主持或参与了三项成都市横向课题的研究。自2000年以来，先后发表学术论文60余篇，其中40余篇发表在《教学与研究》、《经济学家》、《当代亚太》等核心期刊或CSSCI来源期刊上，其中9篇先后被中国人民大学书报复印资料与《新华文摘》全文或摘要转载。主编学术专著一部（国家社科基金结题成果）、参编专著四部、主编教材一部、参与撰写大型研究报告三个。在所发表的学术成果中，有五项先后获四川省人民政府哲学社会科学优秀成果奖，其中二等奖两项，三等奖三项。

曹萍，女，1967年生，经济学博士、教授、博士生导师，四川大学党委宣传部部长。教育部“新世纪优秀人才支持计划”基金获得者、四川省学术技术带头人后备人选。主要研究方向：马克思主义中国化研究、区域经济等。近十年先后主持各类科研项目近30项，其中国家社科基金项目1项、国家社科基金重大招标项目子课题3项、教育部重大课题攻关项目和重大委托项目子课题各1项、省部级（含教育部）规划项目9项，提交各类研究报告10余份；公开发表学术论文47篇，其中CSSCI期刊论文20余篇，多篇被人大复印资料全文转载；出版学术专著1部，主编及参编著作6部；获四川省哲学社会科学优秀成果二等奖2项，四川省人民政府优秀教学成果三等奖1项，四川省教育厅人文社会科学科研成果三等奖1项，四川大学优秀教学成果一等奖1项，多次荣获四川省高等学校优秀党务工作者、四川大学模范思政教师等称号。

高中伟，男，1970年生，历史学博士，教授、博士生导师，中共马克思主义学院（政治学院）党委书记。四川省中共党史研究会副会长、四川省高校德育青年工作者协会常务副会长兼秘书长、四川省高校中国近现代史纲要课程教学研究会副会长、四川省毛泽东思想研究会理事。2012年入选教育部新世纪优秀人才支持计划。负责国家社会科学基金1项，国家社科基金重大委托项目子课题、教育部哲学社会科学重大委托项目子课题和四川省哲学社会科学重大委托项目子课题各1项，横向课题2项；主研教育部重大教学攻关项目和四川大学校级重点课题等项目多个。发表学术论文20余篇，其中CSSCI检索期刊论文10多篇。先后获得四川省优秀教学成果三等奖、四川省两课教师讲课比赛三等奖、四川大学优秀教师奖、四川大学优秀教学成果一等奖和二等奖、四川大学青年骨干教师奖等10余次。

第九篇

会议综述

新形势下马克思主义理论学科建设高层论坛会议综述

韩　炯

2011年12月24日，由上海市社会科学界联合会主办，上海财经大学马克思主义理论教学科研部和思想理论教育杂志社承办的“文化自觉·思想自觉·政治自觉——新形势下马克思主义理论学科建设高层论坛”在上海举行，现将会议综述如下。

（一）思想政治理论教育教学中的文化自觉。

上海市社会科学界联合会书记沈国明教授认为，思想政治理论教育教学要贯彻文化自觉，必须清晰地把握思想政治理论教育教学面对的现实问题。上海财经大学人文学院院长张雄教授认为，文化大发展大繁荣和思想政治理论教育创新之间有着不可忽视的内在联系。同时，文化大发展理应以先进文化的牵引和诸多文化的积聚，来传递人类生存的世界观、价值观和审美观的最新时尚与理念，并且以历史直觉的鲜活形式将感性的生活与理性的思考融为一体，为我们提供具有时代性、进步性和大众性的精神食粮。

（二）文化大发展大繁荣与马克思主义理论发展的新机遇。

南开大学原副校长逄锦聚教授认为，文化大发展大繁荣战略决策的深度推进，在体制和机制上为马克思主义理论发展提供了新的机遇。中共中央党校马克思主义理论研究部副主任、博士生导师韩庆祥教授认为，当前，中国人所处的历史方位正在发生变迁：一是从生存需求正在走向发展需求；二是从注重物质世界到注重精神文明世界。这表明人民群众精神文化的需求更加突出、人的精神世界问题在实践发展中更加凸显。因此，以人为本意味着要转向对包括人的精神世界在内的人的全面自由发展的关注。《社会科学报》原主编许明研究员认为，当前中国马克思主义理论所遭遇到的各种社会思潮的围剿和诸多现实问题的困惑，既对马克思主义理论研究提出挑战，也带来前所未有的新的发展机遇。如自由主义思潮、民族主义思潮、民主社会主义思潮、传统的左派思潮、儒家社会主义思潮，以及贫富差距加大、主流意识形态的信仰危机和信任危机、腐败等现实问题，需要马克思主义理论研究提出有说服力的解释。只有这样，主流文化、主流意识形态、主流马克思主义理论才具有生命力。上海财经大学马拥军教授认为，社会主义市场经济的发展，资本在经济社会发展中的作用日益凸显，如何辩证地对待和把握资本的价值和意义，客观上要求我们在科学发展观及其贯彻落实的理解上要有文化自觉。

（三）新形势下马克思主义理论学科建设的规律研究。

复旦大学顾钰民教授认为，马克思主义理论学科建设要以马克思主义理论的整体性研究为基点。不能人为地把它肢解为是经济的、哲学的、历史的等的碎片。上海交通大学陈锡喜教授指出，马克思主义理论学科建设一是要发挥马克思主义理论所具有的批判性优势。二是要发挥马克思主义所具有的理论思维和价值导向优势。复旦大学国外马克思主义研究中心俞吾金教授指出，要始终坚持把马克思主义普遍真理和中国的国情结合起来。我们不是用现有的一种思维推及到生活之中，而是要通过对生活的研究和总结，得出新的与生活相一致的统一理论来指导生活。上海财经大学范宝舟副教授认为，马克思主义理论无疑具有意识形态的性质和思想政治教育的功能。同时，又具有其自身内在的理论逻辑和学术品格。学术性和意识形态性彼此交融，体现了马克思主义理论的科学关怀与价值关怀的辩证结合以及合规律性和合目的性的高度统一。《思想理论教育》常务副主编曹宁华认为，马克思主义理论学科建设要注重学科制度和学科规范建设。复旦大学国外马克思主义研究中心陈学明教授强调，马克思主义理论学科建设不能只是为学术而学术，更要有坚定的马克思主义信仰。上海财经大学韩炯博士认为，马克思主义理论学科人才队伍要具有马克思主义理论的专门素养和专业能力，自觉以马克思主义理论为指导从事相关领域的教学、科研和社会实践工作。

（四）中国视阈中的国外马克思主义理论研究。

中国人民大学马克思主义学院梁树发教授认为，国外马克思主义研究要与中国的马克思主义研究紧密结合起来，为中国的马克思主义研究服务。陈学明教授认为，要把西方马克思主义的研究成果落实到为马克思主义中国化提供资源上来。研究西方马克思主义最终目的是要自觉地把它拿来为研究马克思主义中国化服务。俞吾金教授认为，中国马克思主义理论研究要充分借鉴国外马克思主义研究的优秀成果。如果我们对国外马克思主义，特别是西方马克思主义的成果不进行研究，就等于是关起门来研究马克思主义。只有认真研究和消化国外马克思主义，特别是西方马克思主义的东西，我们才能站在一个比较前沿的立场上和他们对话。上海财经大学徐大建教授认为，对待外来文化，必须要有充分的文化自信，外来文化进入中国都有一个中国化的过程。文化自信就是强调对待外来文化要有一个宽容的心态，尤其是西方文化中优秀的东西，更要以积极的态度来吸纳它、接受它。外来文化在中国的传播和发展都有一个中国化的过程，简单地照抄照搬外国文化是不可能的。毛泽东思想把马克思主义普遍原理与中国实际相结合，本身就包含有与中国传统文化相结合的内容。

（五）马克思主义理论学科建设与思想政治理论课教育教学互渗规律研究。

华东师范大学社科部宋进教授认为，要把马克思主义理论学科建设的目标与思想政治理论课教育教学的目标统一起来，实现马克思主义理论学科的创新。上海交通大学马克思主义学院副院长胡涵锦教授认为，高校思想政治理论课既不是纯粹的政治课，也不是纯粹的理论课，而是两者的结合。这要求所有思想政治理论课教师都必须承担起马克思主义理论学科建设的责任，为思想政治理论课教学提供学术支撑。上海财经大学汪堂峰博士认为，马克思主义理论学科建设与思想政治理论课教育教学之间的关系是融为一体的互渗关系。思想政治理论教育教学实践是马克思主义理论学科建设的出发点和落脚点，马克思主义理论学科建设是思想政治理论教育教学实践平台和支撑。

（原载《马克思主义与现实》2012年第5期）

全国高校马克思主义理论学科研究会第十次学科论坛综述

姜　森

2012年1月4—6日，由全国高校马克思主义理论学科研究会、《思想理论教育导刊》编辑部、黑龙江大学马克思主义学院联合举办的“全国高校马克思主义理论学科研究会第十次学科论坛”在哈尔滨市召开。本次论坛以“思想政治教育学科属性和学科规范”为主题，教育部社科司教学处有关负责同志，以及来自北京大学、中国人民大学、清华大学、北京师范大学、复旦大学、南开大学、武汉大学、吉林大学、山东大学、东北师范大学等全国部分高等院校和科研机构的80余名专家学者，围绕着会议主题进行了深入研讨。现将会议的主要内容综述如下：

一　关于思想政治教育学科的基本认识

学者们对于思想政治教育学科属性、学科定位、研究对象、研究内容、研究方法以及思想政治教育学科内外关系等基本理论进行了深入交流。在学科属性和特点方面，武汉大学佘双好教授认为马克思主义理论一级学科的建立，为思想政治教育学科发展提出了明确的学科定位。思想政治教育学科发展现状依然处于传统人文科学研究为主导的研究范式，应进一步明确思想政治教育研究对象，借鉴马克思主义科学研究方法，建立马克思主义思想政治教育学。南开大学武东生教授从思想政治教育的概念分析出发，认为马克思主义思想政治教育是中国共产党思想史上的一种现象，它具有鲜明的意识形态性和科学性的特征。它作为马克思主义理论一级学科下属的一个二级学科，要保持意识形态性和科学性两者的高度统一，不能将其看成是综合型应用性的科学，从而丧失了自己学科的独特性和理论性。新时期，思想政治教育学科必须不断创新，将马克思主义中国化最新成果与马克思主义基本原理有机结合。北京交通大学路日亮教授认为思想政治教育具有鲜明的阶级性，同时也具有一般学科的特点以及作为一种实践教学体系，遵循一般教学规律这样的特征。复旦大学顾钰民教授指出，我们在工作和研究过程中，任何时候都不能回避或者否定思想政治教育学科的意识形态性；同时在具体教育实践过程中，必须考虑教育对象的特征、情况，以及教育内容等特殊性方面的问题。

在学科研究对象方面，北京大学的祖嘉合教授认为，思想政治教育学的研究对象不应该是规律，而应该是思想观念。她认为：社会科学的研究对象应该是某种社会内容，通过某种现象揭示某种规律。因此，规律和本质不应该构成某一学科的研究对象，规律是研究的结果，而非研究的开始；是研究的任务和目标、主要问题和主要内容，而非研究对象。中国矿业大学（徐州）池中军教授从意识形态、历史、问题意识等多个角度提出思想政治教育的研究对象应该具有不同的理论视角。中国人民大学的宋友文提出思想政治教育应该抓价值观教育，即在价值理论与现实利益的关系，社会建设与社会心态建设之间找到结合点。湖北大学杨业华教授认为，在思想政治教育研究中，环境问题很重要，我们既要加强对外部自然环境、动态环境的研究，更要强化对于内部环境，诸如教育情景、人际关系等问题的研究，特别是对于网络环境和现实环境的研究。大多数与会学者认为本学科的研究应该关注具体的现实问题。

在学科研究方法方面，与会学者大多认为作为一门独立的学科，思想政治教育学科必须加强自身方法论的研究。广西师范大学林春逸教授认为，应该采用多学科与跨学科的方式来研究思想政治教育学。黑龙江大学王春英副教授认为在思想政治教育学的研究中可以采用比较研究的方法，她通过自己多年来从事中国与俄罗斯两国思想政治教育比较的研究，论证了比较研究在思想政治教育中的合法性。复旦大学邱柏生教授认为应该借鉴问卷设计、社会调查、数据挖掘等方法来加强我们的专业训练。与会学者们普遍认为鉴于本学科与其内外学科处于相互交叉、交融，彼此互补的关系，可以广泛借鉴其他学科的知识，为本学科的发展提供理论支撑。

二　关于思想政治教育学科与思想政治教育专业的关系

关于本学科与专业的关系问题，争论颇多。复旦大学邱柏生教授认为，学科与专业两者既有区别又有联系。除了含义不同之外，思想政治教育学科作为哲学社会科学门下发展出来的学科，追求的是知识内容的不断创新，目标是自身知识体系的完善和发展。而思想政治教育专业主要是借助相关的知识体系来培养人才，包括研究性和实用型人才，目标是培养相关专业的人才。思想政治教育专业既可以借助思想政治教育学科的知识，同时也可以借助其他学科的知识来为其培养人才服务。黑龙江大学孙慧玲教授认为，学科与专业既是对应的又是不对应的。马克思主义学科建设不能泛化，也不能狭窄化。湖北大学杨业华教授提出学科与专业不能混为一谈，学科建设既要有理论基础又必须借鉴其他学科的知识，学科建设不能低水平重复建设，我们的研究应该上水平。扬州大学刘诚教授提出思想政治教育专业必须以马克思主义为指导，目前我国的许多现实问题没有解决好，这和思想政治专业没有搞好有很大关系。中国人民大学张雷声教授则认为从实践操作层面来看思想政治教育本科是专业，硕士和博士是学科这样一种关系，引起与会学者浓厚的讨论兴趣。

三　关于思想政治教育学科自身建设问题

在学科建设方面，与会学者针对学科建设、培养目标、专业研究方向等问题交流了观点。北京师范大学王树荫教授倡导建立思想政治教育史学科。他认为思想政治教育史不能局限于中国共产党的思想政治教育史，而应该研究整个人类社会思想政治教育发生、发展的条件、环境、结构、组织形式等内容。它应该是古今中外思想政治教育的整体内容。该学科建立将有助于思想政治教育这个大学科的发展，为其提供有力支撑。这个观点引起参会学者们广泛讨论。部分学者认为思想政治教育史就是中国共产党的思想政治教育史，是具有中国特色的教育内容，它与国外公民教育、古代教化是不同的，它不能，也不应该包括古今中外所有的教育内容。还有部分学者认为思想政治教育史的设立是很有必要的，它涉及该学科发生、发展及其未来走向等方面的内容，将古今中外所有的思想政治教育内容作为自己的研究内容，对于本学科的发展大有裨益。

对当前学科发展面临的困境，与会学者普遍认为目前思想政治教育学科面临着来自学科外部、内部等多方面的压力。河海大学戴锐教授总结了学科发展所面临的种种困境：学术成果发表困难；本学科在马克思主义理论学科下属二级学科中面临被边缘化的危机；学科研究内容日益狭隘；学科自身尚缺乏独立的话语体系等等。也有部分学者认为，本学科面临的困境是我们自己学科建设不足造成的。为此，我们应该进一步提升学术研究成果的质量，构建本学科独立的学科话语体系。北京师范大学张润枝教授认为，可以从思想政治教育的培养目标入手，培养更多、更优秀的社会人才来促进学科发展。她认为本学科培养目标是理论与实践相统一的人才，即理论研究人才、教育人才、实务工作者（高校辅导员、党务宣传者等等），人才培养的关键是：统一课程标准，进行专属的方法论研究，加强专业学术的规范训练，明确本学科性质，增加教育实践课程。当然鉴于人才发展方向的不同，培养方案也应该有所区别。复旦大学邱柏生教授认为，鉴于目前思想政治教育专业的学生分为本科、硕士、博士三个层次，各类学生培养应该有所区别。本科培养主要是课堂教学，要求抓好品牌课建设，硕士生培养主要加强专业训练，它包括研读经典和强化方法论方面的训练两方面。博士生培养应该关注两方面，一方面重新考量专业培养目标，变自我服务为社会服务，不断满足社会对于思政专业人才的需求。另一方面加强问题意识，博士论文要敢于，更要善于挖掘重大理论和现实问题，从思想政治教育的角度对这些热点、焦点问题提出自己的思考。扬州大学刘诚教授介绍了本校思想政治教育专业学生的培养情况，她认为学生培养应该注意几点：一是设置核心课程；二是强化通识教育，建构公共教育课程体系；三是设置多门类、多学科的选修课；四是构建实践能力训练板块，包括师范生的训练、强化学生理论研究能力的培训等。

四 关于思想政治教育的有效性问题

对于如何提高思想政治教育教学的有效性，与会学者纷纷给出自己的建议。西南大学罗洪铁教授认为在思想政治教育过程中，必须处理好思想政治教育主体与客体之间的关系。他指出，思想政治教育主体是指思想政治教育活动的组织者、决策者与实施者。思想政治教育客体，是指思想政治教育的接受者，即思想政治教育的对象。主体与客体之间既是对立的，又是统一的。东北师范大学王立仁教授指出，思想政治教育的主体不是教育活动的组织者——教师，而应该是思想政治教育的内容，教师只是教学活动中的介体。原因在于，教师的教育活动背后体现出来的是国家和社会的需要。为此，我们需要建立一套客观的、标准的评价体系，通过对教育内容、教育者素质、教育环境、教育客体等多种因素的综合考量，来提升思想政治教育的有效性。黑龙江大学隽鸿飞教授认为，思想政治理论课教学的主要目的是帮助大学生树立马克思主义的信仰。这种信仰的树立不是建立在对马克思主义一些基本观点和具体结论的理解上，而是建立在对于马克思主义基本精神和基本原则的继承上，我们如何获得马克思主义基本精神，可以借鉴其他人文学科获得的方式。当然在课程设置上应该向其他学科学习，为自己的有效性增加砝码。福建师范大学的陈永森教授特别强调思想政治教育中应该强化公民教育。在他看来，这种公民教育应该是超越西方的公民教育，体现具备现代中国意识的国家公民教育。黑龙江大学孙慧玲教授提出通过建构社会主义社会的现代文化模式来提高思想政治教育的有效性。复旦大学张小燕认为，可以通过扩大通识教育的力度，来拓宽学生的知识面，塑造学生的健康人格。清华大学帅松林教授则结合自己的课堂经验，提出“树立以美感人，以情动人，以理服人的教学新风来加强思想政治理论课的有效性”的观点。以美感人是指树立教师的人格魅力，课件设计的视觉美感；以情动人，就是要把情感教育与课堂教学结合起来，感动自己的同时，感动学生，获得良好的课堂反馈；以理服人是用深入浅出的道理把教学内容的政治立场、科学态度、批判素养、道德标准贯彻到整个教学过程中，以浅显的道理说服学生，引发学生思考，从而树立起中国特色社会主义共同理想和共产主义的信念。

（原载《思想理论教育导刊》2012年第2期，总第158期）

马克思主义理论教学与研究前沿问题学术研讨会综述

李文苓

2012年1月6日，由中国人民大学《教学与研究》编辑部、中国人民大学马克思主义研究院主办的“马克思主义理论教学与研究前沿问题”学术研讨会在北京举行。北京师范大学党委副书记王炳林教授、中共中央党校科学社会主义教研部主任王怀超教授、中共中央党校哲学部主任韩庆祥教授、北京大学马克思主义学院院长郭建宁教授、清华大学马克思主义学院常务副院长艾四林教授、中共中央马列著作编译局马克思主义研究部主任季正矩教授、中国社会科学院马克思主义研究院辛向阳教授、中国人民大学马克思主义学院梁树发教授、张云飞教授等出席了此次研讨会。研讨会由《教学与研究》主编齐鹏飞教授主持，中国人民大学马克思主义学院院长、马克思主义研究院副院长秦宣教授作了会议总结发言。

此次研讨会围绕三个主题展开：一是回顾和总结2011年马克思主义理论研究以及学科建设的基本情况；二是前瞻2012年马克思主义理论研究以及相关学科在学科建设、专业教学和学术研究中的焦点、热点、难点问题；三是就2012年《教学与研究》重大选题和专题性研究提出具体建议。

研讨会上，与会专家就中国特色社会主义理论体系、马克思主义中国化大众化时代化、社会主义核心价值体系、社会主义核心价值观内容、社会主义文化大发展大繁荣、马克思主义方法论、马克思主义整体性、中国重要战略机遇期等重大理论问题以及社会公正、贫富差距、社会道德等现实问题进行了广泛、深入的探讨。与会专家认为，中共中央《关于进一步加强和改进高等学校思想政治理论课的意见》等文件的出台和实施，以及马克思主义理论一级学科的设立，标志着高校马克思主义理论教育进入到了一个新的发展阶段，马克思主义理论教育得到了前所未有的高度重视和切实加强。但随着我国社会经济成分、组织形式、物质利益、就业方式日益多样化，人们的生活方式、价值观念出现了新的变化，社会转型期凸显的新矛盾，使马克思主义理论教育教学面临许多新情况、新问题、新挑战，如何运用马克思主义的立场、观点和方法进行有说服力的释疑解惑，需要我们认真思考，也是从事马克思主义理论教育教学工作者的神圣使命。

针对当前马克思主义理论教育教学的现状，与会专家指出，当前理论界在很多重大问题上的争论，其根源在于对基本问题把握不透，讲得不清。因此，应从根本上对这些问题予以澄清和阐释。如马克思主义是不是科学？到底是主义还是学说？100多年过去了，马克思主义理论中到底哪些是基本原理或科学原理？哪些是个别结论？哪些被实践证明是对的？哪些被实践证明是过时的或空想的？什么是社会主义？什么是科学社会主义？什么是真正的马克思主义？马克思主义或科学社会主义的核心观点是什么？而与现实紧密相连的也是教学中的疑难问题，如所有制问题、分配问题、社会发展规律问题、宗教问题、国家理论问题、危机理论问题、帝国主义理论问题、战争根源问题、时代问题、政党问题、阶级斗争问题、无产阶级专政问题、理想信念问题等等，也应给予有说服力、信服力的正面解答。

自马克思主义理论一级学科设立以来，在中共中央的高度重视和高校理论工作者及思想政治理论课教师的共同努力下，马克思主义理论一级学科建设取得长足进展。目前，全国高校已设立马克思主义理论一级学科博士点37个、硕士点206个。马克思主义理论一级学科，已经成为开展马克思主义理论研究、加强高校思想政治理论课程建设的重要平台和支撑。与会专家指出，在马克思主义理论一级学科迅猛发展的同时，必须清醒地认识到其在学科建设和教学科研中存在的一系列问题，如各高校一级学科建设的整体水平参差不齐，存在“重申请，轻建设”的倾向，有的学科点以马克思主义理论一级学科为发展平台，却主要从事其他学科的教学科研，忽视或削弱了马克思主义理论一级学科的自身建设。因此，就马克思主义理论一级学科来说，它的学科范式、基本特征、研究对象、理论体系、研究方法、内部关系等，以及6个二级学科的各自发展如何深化，都值得深入思考和研究，以便今后更好地为马克思主义理论研究和教学提供有力的学科支撑。

专家们一致认为，《教学与研究》作为为高校马克思主义理论教学与研究服务的综合性学术理论刊物，近60年来秉承一以贯之的办刊宗旨，为马克思主义理论教育教学作出了重要的贡献。希望在原有良好发展的基础上，更加贴近教学，贴近课程，贴近学生，贴近高校思想政治理论课教师；关注现实问题，追踪热点问题，解答教学中的疑难问题；加强跨学科、综合性、专题性研究，继续在马克思主义理论研究领域起到思想发轫、学术引领的作用。

（原载《教学与研究》2012年第4期）

推进中国特色社会主义伟大事业的重要文献

——“纪念邓小平南方谈话发表20周年学术座谈会”综述

郑有贵

1992年1月18日至2月21日，邓小平视察南方并发表重要谈话（简称南方谈话）。2012年2月21日，“纪念邓小平南方谈话发表20周年学术座谈会”在北京召开。座谈会由中国社会科学院马克思主义研究学部、当代中国研究所、中国社会科学杂志社、中国社会科学网和中华人民共和国国史学会联合主办，由当代中国研究所经济史研究室承办。会议由当代中国研究所副所长武力主持。中国社会科学院副院长兼当代中国研究所所长、国史学会常务副会长朱佳木出席会议并致词。中纪委驻中国科学院纪检组原组长王庭大、北京大学原副校长梁柱、中国社科院马克思主义研究学部主任程恩富、中国特色社会主义理论体系研究中心主任尹韵公、中国社会科学网总编辑周溯源、中国社会科学杂志社副总编辑余新华、当代中国研究所理论研究室主任宋月红和经济史研究室主任郑有贵等，分别作了主题发言。北京市政协委员陈伟华、当代中国研究所经济史研究室原主任陈东林等作了即席发言。与会者就邓小平南方谈话的历史地位、精神实质、现实意义、与中国特色社会主义道路和理论的关系等方面，进行了热烈而有益的探讨。

一　历史丰碑

与会者一致认为，南方谈话在探索中国特色社会主义道路上具有里程碑的意义。

朱佳木认为，南方谈话全面总结了改革开放以来的经验教训，完整阐述了中共十一届三中全会以来的路线、方针、政策，深刻回答了长期困扰和束缚人们思想的许多重大认识问题，系统提出了对整个社会主义现代化建设具有现实和长远指导意义的重要思想，为推动我国改革开放和社会主义现代化建设进入新阶段作出了重大贡献。事实说明，它是在中国经历国内国际政治风云的严峻考验的重大历史关头，坚持党在社会主义初级阶段基本路线、创新中国特色社会主义理论的又一个宣言书，是中华人民共和国史特别是改革开放史中一份十分重要的马克思主义的历史性文献。

周溯源认为，南方谈话解除了人们的思想困惑，在苏东剧变的历史关头及时指正了航向，保证中国沿着中国特色社会主义道路继续前进。邓小平还针对当时存在的“左”的干扰，思想僵化，迈不开改革开放步子的问题，科学地阐述了“什么是社会主义，怎样建设社会主义”，“如何认识姓‘资’姓‘社’”，“社会主义本质”，“市场和计划”的作用，“先富、后富、共同富裕”，“三个有利于标准”，“发展是硬道理”等问题，对一系列人们困惑的问题提出了新的科学论断，竖起了继续解放思想的灯塔，拨亮了人们的心灯，解除了人们的困惑，开辟了深化改革开放的强国之路。

梁柱认为，南方谈话深刻总结了改革开放以来的经验，涉及我国社会主义现代化建设和改革开放以及党的建设一系列全局性的问题，在一定意义上说，它更集中反映了邓小平对全党、全国人民的政治交代。

朱佳木认为，南方谈话在一系列问题上大大丰富和发展了邓小平理论，可以说是邓小平理论的代表作和集大成之作。其中关于许多问题的辩证关系的阐述，直到今天仍然对我们具有很强的启示作用和指导意义。例如，关于不要怕资本主义的东西多了与必须坚持社会主义道路的关系，关于多搞一些“三资”企业与做强做大国有大中型企业的关系，关于社会主义也有市场与资本主义也有计划的关系，关于一部分人先富裕起来与共同富裕的关系，关于聚精会神抓经济建设与坚持两手抓的关系，关于不搞争论与反对资产阶级自由化的关系，关于社会主义道路的长期性、曲折性和社会主义代替资本主义历史总趋势的关系等。对这些关系的辩证分析，从始至终贯穿着解放思想、实事求是的精神，体现着马克思主义的立场、观点和方法，为我们清醒地认识当前面临的各种复杂问题，继续沿着中国特色社会主义道路奋勇前进，提供了强大的思想武器。

二 实践检验

与会者认为，20年来的实践对南方谈话具有前瞻性和真理性，也使我们的认识更为深化。

朱佳木认为，南方谈话的前瞻性和真理性，已为20年来中国经济的持续高速增长、综合国力的不断增强以及国际形势的深刻变化和资本主义世界经济的一再危机所充分验证。

尹韵公认为，邓小平英明地预见到，将来总有一天共同富裕会成为中心课题；如果出现两极分化，贫富差距过大，中国就会出现许多大的矛盾，“就可能出乱子”。在邓小平眼中，发展起来以后引起的两极分化问题，要比解决发展问题还困难。仔细观察和思考中国当前出现的诸多负面问题，就会发现：它往往是与两极分化紧紧联系在一起的。面对今天的国情，重温20年前的重要谈话，我们不能不赞叹邓小平的富有远见。虽然当时大家都意识到南方谈话的重要性，意识到邓小平关于社会主义本质认识的重要性，然而，对共同富裕的认识，却远远没有今天这样深刻。

周溯源认为，南方谈话过去了20年，中国的发展又出现新的问题，例如一些社会成员的人生观、价值观扭曲，拜金主义、享乐主义、极端个人主义盛行，道德、诚信缺失，分配不公、两极分化问题较为突出等，邓小平都有所预见。这次谈话对于中国人民坚定马克思主义理想信念、坚持走社会主义道路，更加感到极其重要，意义深远。

王庭大认为，邓小平在南方谈话中说："科学技术是第一生产力"，"靠科学才有希望"，"搞科技越高越好、越新越好"。掷地有声的结论、铿锵有力的话语震撼了中国，成为国人共识。这也是被历史和现实所证明了的真理。

三　正本清源

与会者针对有些人对邓小平南方谈话存在断章取义甚至歪曲的问题，提出要正确理解其精神实质。

朱佳木指出，坚持"一个中心、两个基本点"的基本路线一百年不动摇，是南方谈话的核心思想。谈话既强调要抓住时机、加快发展，又要求讲求效益、稳步协调地发展；既强调改革开放胆子要大一些，又阐释改革开放必须坚持四项基本原则的道理，可以说是对党在社会主义初级阶段基本路线认识上的进一步深化，是"一个中心、两个基本点"在新形势下的展开。

宋月红认为，南方谈话通篇以坚持党在社会主义初级阶段基本路线为中国特色社会主义历史发展的主线，鲜明地强调要把坚持四项基本原则作为保证改革开放政治方向的主题，并赋予四项基本原则新的时代内涵。

程恩富认为，通过对邓小平理论的系统深入研究，发现邓小平有两个"三个有利于"的重要思想，过去未被发掘和广泛重视。其一，1987 年 6 月 12 日，邓小平首次提出："总的目的是要有利于巩固社会主义制度，有利于巩固党的领导，有利于在党的领导和社会主义制度下发展生产力。"这是中国社会主义改革开放目的的"三个有利于"（可简称为"改革目的三个有利于"）。其二，1992 年邓小平在南方谈话中提出："改革开放迈不开步子，不敢闯，说来说去就是怕资本主义的东西多了，走了资本主义道路。要害是姓'资'还是姓'社'的问题。判断的标准，应该主要看是否有利于发展社会主义社会的生产力，是否有利于增强社会主义国家的综合国力，是否有利于提高人民的生活水平。"这是判断社会主义改革开放成效标准的"三个有利于"（可简称为"改革成效三个有利于"）。这说明，那些认为邓小平理论只重视"改革成效"，而不重视"改革目的"的观点，从来就不符合邓小平理论的原意和中央文件所作的权威性阐释，与马克思主义关于生产力和生产关系的科学原理也是有悖的。

郑有贵认为，对邓小平南方谈话关于计划和市场问题的研究，仅停留于计划和市场都不是社会主义的本质特征和都是经济手段的论断，没有从社会主义本质要求的层面进行探讨，甚至新自由主义信奉者着意断章取义，断定公有制与市场经济不相容，进而主张实施市场经济改革就要实行私有化和政府不干预经济的政策。邓小平南方谈话关于计划和市场都是经济手段的论断，是基于坚持党的基本路线不动摇和社会主义本质论而作出的。在推进社会主义市场经济改革上，要把握好三个关系：在手段与目标的关系以上，市场手段的运用必须服务和服从于社会主义本质的内在要求；在运用市场手段与坚持基本经济制度的关系以上，市场手段的运用不能否定以公有制为主体、多种所有制经济共同发展的基本经济制度；在市场与政府的关系以上，市场手段的运用不能排斥政府在发展经济中发挥作用。

陈东林认为，南方谈话的理论意义是长期的。至于其后一个时期里发生经济过热、炒地皮、腐败等问题，是由于建设社会主义市场经济体制在思想、制度、法律等方面需要长期的准备，而一些地区在执行中对此采取了急功近利的实用主义短期行为态度所致。

四 坚定不移

与会者认为，20 年的实践使人们更加深化了对邓小平南方谈话关于坚持党的基本路线不动摇的认识。

余新华认为，这条基本路线是我们党深刻总结社会主义建设经验教训得出的结论，历史证明是完全正确的，反映了党和人民的意志，符合社会主义发展规律，指明了中国特色社会主义的发展道路。坚持党的基本路线关键是要坚持“一个中心、两个基本点”。“一个中心、两个基本点”是相互贯通、相互依存、不可分割的统一整体，必须全面坚持、一以贯之，任何时候都不能动摇。

宋月红认为，坚持四项基本原则既是邓小平理论，又是整个中国特色社会主义理论体系的重要思想政治基础和主要精神内涵。

梁柱认为，在邓小平看来，要保证改革开放和现代化建设的正确方向，关键在于要始终坚持四项基本原则。四个坚持是“成套设备”，是关系到我们国家的指导思想、领导力量、社会制度和国体，是不可分割的、不可动摇的整体；如果动摇了其中任何一项，就动摇了我们国家的立国之本。我们既要始终不渝地在思想理论上坚持四项基本原则，又要善于结合新的情况更好地坚持四项基本原则。

尹韵公认为，增强共同富裕，避免两极分化，已是当下中国的中心课题之一，也是我们务求破解的重大任务之一。如果这个重大问题解决了，许多由此而伴随的严峻局面自然而然也就会风险降低、矛盾减弱了。否则，大的麻烦、大的挑战将会给我们带来意想不到的伤害，甚至如邓小平所说，造成“内战”。

周溯源认为，当前要着力解决分配不公、两极分化的问题，实现社会公平，走共同富裕的道路。因为出现了分配不公贫富悬殊，社会上“仇富”、“仇官”现象较为普遍，影响安定团结和可持续发展。必须清醒地看到，人民群众是通情达理的，社会存在的“仇富”、“仇官”现象，并不是真正的“仇领导”、“仇富人”。群众心中自有一杆秤，“仇富”不仇袁隆平，“仇官”不仇孔繁森，实际上是“仇”分配不公，“仇”贪官污吏。如果腐败不除，两极分化问题不解决，就会销蚀党的执政基础，最终丧失政权。

五 续写新篇

朱佳木认为，20 年来，以江泽民同志为核心的党的第三代中央领导集体和以胡锦涛同志为总书记的党中央，与时俱进，不断创新，在以邓小平为核心的党的第二代中央领导集体探索和回答什么是社会主义、怎样建设社会主义等重大理论和实际问题的基础上，又探索和回答了建设什么样的党、怎样建设党，实现什么样的发展、怎样发展等重大问题，相继提出“三个代表”重要思想和科学发展观，进一步丰富了党的基本理论、基本路线、基本纲领、基本经验。特别是党的十七大以来，党中央对南方谈话的精神在继承的同时又有了许多新的发展。例如，提出“坚持发展是硬道理的本质要求是坚持科学发展”；“把文化繁荣发展作为坚持发展是硬道理的重要内容”；“更加注重以人为本，更加注重全面协调可持续发展，更加注重统筹兼顾”；“坚持稳中求进，保持经济平稳较快发展”，“把扩大内需的重点更多放在保障和改善民生上来”；等等。

余新华认为，坚持党的基本路线不动摇，必须不断推进实践基础上的理论创新。不断推进实践基础上的理论创新，为更加自觉坚持党的基本路线不动摇提供理论支持，这是当代中国共产党人神圣而光荣的责任。我们必须准确把握世界发展大势，准确把握社会主义初级阶段基本国情，深入研究中国发展的阶段性特征，及时总结中国共产党领导人民进行改革开放和社会主义现代化建设所创造的新鲜经验，在理论创新中不断赋予党的基本路线以新的时代内涵，永葆党的基本路线的旺盛生命力。

朱佳木指出，我们今天纪念南方谈话发表20周年，就应当在继续深刻领会和认真贯彻南方谈话精神的同时，深刻领会和认真贯彻党中央从新的实际出发而提出的一系列新方针、制定的一系列新政策、作出的一系列新决策，不断把中国特色社会主义的伟大事业推向前进。

（原载《马克思主义研究》2012年第3期）

洞悉世界格局与变局　认识中国机遇与挑战

——《2011—2012世界社会主义黄皮书》发布暨“世界格局与金融霸权”研讨会综述

任丽梅　栾文莲

2012年3月2日，由中国社会科学院世界社会主义研究中心和社会科学文献出版社举办的《2011—2012世界社会主义黄皮书——且听低谷新潮声之八》发布暨“世界格局与金融霸权”研讨会在北京举行。中国社会科学院副院长、世界社会主义研究中心主任李慎明，原中组部部长张全景，原中顾委秘书长李力安，原中共中央政策研究室副主任郑科扬，国家社科规划办公室主任佘志远等出席了会议。新华社世界问题研究中心研究员李长久、中国社会科学院马克思主义研究院院长程恩富、中国社会科学院信息情报研究院党委书记姜辉、中联部当代世界中心研究员赵明昊等作了专题发言。

一　回顾与展望——《2011—2012世界社会主义黄皮书》发布

社会科学文献出版社社长谢寿光就《2011—2012世界社会主义黄皮书》发布首先讲话，他说：世界社会主义黄皮书至今已连续出版了7本，作为一本理论性年度报告，它们同中心已出版的49种研究系列专著一样，是国内外社会主义问题研究的重要成果。

世界社会主义研究中心副主任吴恩远作中心2011年工作总结时说，2011年对于中心的事业发展来说是个丰收年，做成了三件大事喜事：第一个是中心成为马克思主义理论研究创新工程首批试点单位，这对世界社会主义研究事业来说是很大的鼓励和支持。世界社会主义研究丛书编审委员会的成立，使我们能够出版更多更好的世界社会主义研究成果，译介世界社会主义研究成果的英译本、俄译本。他鼓励学者们勤奋著述，珍惜世界社会主义研究的大好机遇。第二个是《光明日报》发表长篇报道《高擎真理的火把》，表彰中心坚定理想信念，执著追求真理的精神，引起社会的强烈反响。这使中心全体成员备受鼓舞，总结经验，展望未来，更加坚定了我们坚持马克思主义研究的信念，推动马克思主义真理更广泛地传播。第三个是电视片《居安思危》之三制作完成，受到中组部、中纪委的高度重视。2011年是苏联解体20年，也是中国共产党建党90年，认真研究苏联亡党亡国这一重大历史事件，对保持中国共产党的先进性、推进中国特色社会主义事业建设有重要意义。今年将要继续进行《居安思危》之四、之五的制作和完成，出版世界社会主义小丛书系列图书。

二　前沿与前瞻——世界格局、新自由主义与金融霸权等问题的研讨

1. 世界格局与社会结构——以阶级和阶层划分的观点分析全球社会结构

程恩富作了“关于阶级和阶层的新论”的发言。他认为阶级是生产关系范畴的概念，而阶层则是阶级内部的划分。在阶级和阶层的划分上，马克思主义与西方经济理论有本质不同。西方理论主张按职业划分，掩盖了所有制关系以及由此决定的阶级关系。

他对西方所谓橄榄形社会结构并不认同。他认为，历史发展使得人们的工资收入（即劳动报酬）水平提高了，但是，两极分化却扩大了十倍、百倍。用劳动报酬占比这个统计指标衡量，劳动报酬高不等于劳动报酬占比高，反之亦然。与劳动报酬相比，劳动报酬占比更能反映劳动者在收入分配中的经济社会地位。西方将劳动报酬提高之后的人群归入橄榄形社会结构中的中产阶层并没有任何的科学意义，其目的就是掩盖剥削的本质，缓和阶级矛盾。直接影响百姓收入的首要因素是所有制。劳动报酬占比下降的首要因素是所有制结构的变动。现存的国有和集体企业大量被股份私有化，必然会导致劳动报酬占比的下降。企业的利润是由劳动创造的，资本只是提供创造的客体条件。劳动报酬占比下降则意味着劳动贬值、资本升值、剥削加剧。在此认识基础之上，他还介绍了当前国外一些共产党，如俄罗斯共产党、德国共产党、越南共产党、古巴共产党对阶级划分问题的理论观点。

姜辉在题为“全球资本主义的阶级分化及主要特征”的发言中认为，第一，当前发生的资本主义危机再次凸显了阶级划分的重要性。阶级问题在不同历史时期具有不同的关系态势和表现形式。当前，社会变化和发展的客观事实再次凸显出阶级问题的重要性。第二，在国际垄断资本主义主导的经济全球化时代，整个世界正在日益形成全球性的资本家阶级和全球性的工人阶级。现在越来越清楚地看到，跨国资本家阶级集团正在兴起，并在资本家阶级集团中越来越占据主导和控制地位。全球工人阶级的形成是被动的不自觉的过程，工人阶级的主体意识不强，各国之间互相排斥，缺少有力的工会组织。总体来看，在以国际金融垄断资本主义为主导的全球化时代，阶级和阶级冲突与斗争不但没有消失，而且在更大范围内以更加尖锐、更加明晰的形式表现和扩展。

与会学者普遍认为，如果离开阶级话语和阶级分析，就无法正确认识当代资本主义社会及当今世界格局；如果不从全球视角研究当代资本主义的阶级问题，就无法正确分析全球资本主义的社会关系和阶级关系。

2. 新自由主义与金融霸权——对金融垄断资本主义及其发展趋势的再认识

李长久在“对资本主义的再认识”的发言中认为，20 世纪 80 年代初国家垄断资本主义发展为国际垄断资本主义，标志就是英国撒切尔夫人执政、美国里根政权上台以后，大力推行自由化、私有化的执政理念，以及与此相应的内外经济政策，导致全球金融衍生品恶性膨胀。日益增长的不平等在资本主义世界到处在发生。极少数金融霸权占有全球财富的绝大部分，20 世纪前占有全球财富的 10%，到 2009 年就达到 40%。

2008 年以来的国际金融危机非但没有被遏制住，反而越来越加剧，当前的欧债危机如果

处理不当就会引起欧盟的失败（欧洲主权货币欧元的失败就意味着欧盟的失败）。美国经济形势也遭遇困难，国债超过15亿美元，类似当年日本的情况，将面临失去的十年。

金融垄断资本主义大国利用国际储备货币的地位获取利润。美元、日元、欧元、英镑在世界经济金融领域流通中占有重要地位，通过这个手段攫取世界财富。其中在布雷顿森林体系停止后，美元与黄金脱钩，使其无所顾忌地发行美元。美国自由发行货币，充当世界货币的地位，使其在全球化中得到最大的利益。并且，美国为维护美元的世界货币和国际储备货币的地位，无情地打击了日元、英镑，现在和将来不会放过欧元，也不会放过人民币。因此，中国应制定长远发展战略，妥善处理内外经济利益关系。

赵明昊在题为“当前西方对资本主义的反思”的发言中着重谈了“达沃斯论坛”上西方主要资本主义国家对资本主义的反思和他对资本主义反思的看法。会议以“大转型”为主题，反映了多年来资本主义经济、政治制度在当前遭遇困境，不得不加以转变。相关的反思包括：一是资本主义合理性的危机，资本主义民主、自由主义思想摇摇欲坠。二是资本主义自我改良论的危机，自我改良只是缓和矛盾，但并没有真正消除矛盾。三是资本主义更有活力论的危机，危机的产生以及走出危机的时间周期变长反证了活力论。四是依然认为资本主义无可替代。面对当前国际舆论对“中国模式”的肯定，他们用无可替代来反击“中国模式”。

对这样的资本主义反思的意义，有学者认为不要陷入这种资本主义话语模式。“冷战”后，资本主义从国家垄断发展为国际金融垄断资本主义，“全球化”的进程对它是一把双刃剑，带来了较长周期的发展，也出现了问题，日本、美国、欧洲主要发达国家的经济结构失调，民主失控，缺少明确的改革路径。从短期看，资本主义难以走出危机困境；从长期看，资本主义也无法突破霸权，而且不排除发动战争的危险。因为资本主义对自身的反思，是反思现状，而不是对资本主义基本制度的反思。

清华大学朱安东教授在题为“新自由主义泛滥的后果”的发言中说，新自由主义泛滥的后果一个是私有化。首先是西方主要国家，英国、美国20世纪80年代后推行私有化改革政策；其次是原苏联东欧国家深受这种思想影响，在进行经济改革中推行私有化，动摇了原有的社会主义国家的经济基础，国民生产力下降到原来的1/5；再就是发展中国家也受其私有化的影响，出卖了国家财产，影响了国家的政治与经济根基。新自由主义泛滥的另一个后果是贫困化。全球金融资本集团与私有化的进程相互呼应，推行金融资本全球化、自由化，促进了全球经济金融的一体化，其后果就是许多国家经济陷入衰退，而食利资本的力量越来越大。工人实际工资下降，工人阶级力量受到严重打击，全球范围的贫困化进一步扩大与蔓延。

3. 世界经济体系与政治反思——对国际变局的敏锐洞悉

《环球时报》编委王文在“2012年，全球巨变的序幕”的发言中从三个方面描述了2012年继之2011年后将发生的巨变。(1) 个人意识觉醒是否再次全球爆发。如果把席卷地球数十国的抗议人数粗略相加，估计有数千万甚至上亿人之巨。这样的抗议“共振”在世界历史上都是罕见的。全球范围内的政治觉醒对传统的治理秩序形成了巨大的冲击。(2) 欧美危机会否继续恶化。2012年第二大关注点是欧美危机的走向。2011年，如果说个人意识的觉醒在各国国内表现为社会抗议，在国际范围内则已演化成了西方民主神话的破灭。几乎整个世界都在反思，为什么民主制度不能预见与防止金融危机？如何才能解开选举政治中承诺社会福利，却必然导致债务累积越来越高的问题，等等。(3) 2012 年，国际结构重组会产生多大不确定性？由于"冷战"结束以来的国际结构在 2011 年发生了突变，2012 年将是"结构重组年"。西至西亚北非，东达亚太，整个全球政治架构正酝酿着"冷战"结束以来的最大调整。2012 年，全球巨变和不确定性的大序幕缓缓拉开，随之出现的挑战与机遇也将渐渐呈现。

北京航空航天大学张文木教授借用"西方的太阳就要落下了"这句歌词，意寓资本主义走向衰亡。他从世界体系理论与马克思主义视角切入观察，认为资本主义较早时期形成的中心—外围的"供养模式"已难以为继。苏联解体为资本中心国家提供了新的外围市场，美国资本在世界范围所向披靡，以至于放弃了实物生产，出现所谓"新经济"，认为只要搞金融、靠"新技术"和"新概念"纵横天下就可以了。资本外围地区不断被榨取的后果，使那里的劳动者收入和消费能力持续下降，社会贫富分化加剧，矛盾突出，因而 2001 年就发生了"9・11"事件和所谓的"恐怖主义"。目前在西方国家发生的种种"占领"运动，是资本主义国家内部劳动和资本矛盾激化的结果。这说明资本主义已使自己陷入很大的困境：先是对本国劳动者的剥削，结果导致国内革命；资本向外部扩张，以缓和国内矛盾，又激化了资本中心与资本外围的矛盾。这个模式如果搞不下去，资本增值的压力又返回国内，引起国内劳动与资本的反抗。因此，马克思之后的世界资本主义并没有贡献出可持续的发展方式，在列宁之后更是失去了自我改造的能力。近百年来，它只是在维持既有的存在方式：不断经历着同一种危机，面临着同一种矛盾，用同一种高代价的危机加战争的方式解决矛盾。其间，只有技术更新和危机的重复，而没有存在方式的更新，其结果是它对世界的创新速度远赶不上其破坏的规模。

三　总结与共识——世界格局大变革大调整对中国特色社会主义建设的机遇和挑战

李慎明总结说，在国际金融危机深入发展的今天，只有把握世界格局变化与调整的内在原因，才能准确判断和正确处理国际问题，坚持和发展中国特色社会主义宏伟事业。运用马克思主义唯物史观所坚持的阶级分析的方法在当前有重要意义。

李慎明指出，世界正处在大变革、大调整之中。目前中国在国际上有两大战略机遇，亟须牢牢抓住：一是国际金融危机没有完结，还在继续深化。发达资本主义国家的学者也认为资本主义制度出现了重大问题，亟须改造。这说明资本主义发展道路是走不通的。二是苏东剧变的影响仍在继续，除哈萨克斯坦之外的原苏联各加盟共和国的经济社会仍未恢复到苏联解体前的水平。这说明民主社会主义这条路也是走不通的。我们应充分利用好这两大机遇，进一步坚定走中国特色社会主义道路的决心和信心。

李慎明指出，相对于苏东剧变后的低潮而言，世界左翼和社会主义思潮开始有所复兴。值得人们关注的亮点是，马克思主义的学说在全球重新得到重视。各国共产党把马克思主义与本国的具体实践相结合，积极开展对国际金融危机的研究和应对。对这种已经开始复兴的左翼和社会主义思潮我们一定要高度关注，运用多种方式进行积极合作。这种合作是中国特色社会主义能够坚持和发展的极其有利的国际机遇。深入进行国际战略研究，充分认识、紧紧抓住、精心运筹上述历史机遇，尽可能延长我国发展的战略机遇期，避免两大战略机遇转变为两大战略挑战，中国就能披荆斩棘，将现代化事业胜利推向前进。

郑科扬说，尽管世界舆论对中国的变化有各种各样的看法，但关注中国、研究中国、思考中国为什么没有步苏联后尘的人多了起来，要破解中国发展之谜的人多了起来，已经不是一般性的媒体、记者的报道，而是想寻找到一条中国发展之路。这是一个很重要的变化。外国人研究中国，不承认我们讲的旗帜问题、道路问题、制度问题。但是，我们自己在研究这个变化的时候，对比而言，就要从旗帜、道路、基本的经济制度和政治制度层面来思考。其结果应当是，把那些需要坚持的，无论发生什么情况都应当坚持下去；需要警惕的，始终保持高度的政治警惕性；需要解决的，认真地、踏踏实实地去解决。要吸收人家的先进经验，但是路要我们自己去走，这是毋庸置疑的。只要中国共产党紧紧抓住执政能力建设和先进性建设这条主线，全面加强自身建设不停步，坚持和发展中国特色社会主义道路和中国特色社会主义理论体系，按照“十二五”规划纲要的蓝图拼搏奋进，把精力集中到解决面临的突出问题上，我们就一定会战胜任何艰难险阻，迈向更加美好的明天。

（原载《马克思主义研究》2012年第5期）

占领制度"高地",对抗全球资本主义

——2012年"纽约左翼论坛"综述

许宝友

2012年3月16—18日，一年一度的"国际左翼论坛"在位于美国纽约曼哈顿下城的佩斯大学举行。本届论坛依然由左翼论坛组织、纽约城市大学社会学系和研究生中心共同主办，佩斯大学承办，并得到"布莱希特论坛"、纽约城市大学文化技术与劳动研究中心、美国国家律师协会、罗莎·卢森堡基金会、激进政治经济学联盟、《批判社会学》、《理性》、《每月评论》、《新政治科学》、《新政治》、《激进教师》、《反思马克思主义》、《科学与社会》、《社会文本》、《社会主义与民主》、《灵魂》等近20家社会组织和期刊的鼎力协助。在中亚北非地区动荡、资本主义金融危机影响显著、以占领华尔街运动为代表的群众运动此起彼伏的社会历史背景下，2012年左翼论坛确定的主题是"占领制度：对抗全球资本主义"。围绕这一主题，论坛设立了400多个专题讨论会场，1400多人作了专题发言，来自全球的4500人参加了此次盛会。无论是分会场数量、专题发言人数，还是参会人员规模，2012年"纽约左翼论坛"都创了历史新高。

一　论坛概况

为期三天的2012年"纽约左翼论坛"包括会议交流和展览活动两部分内容。会议交流分为开幕式前的小组自由讨论、开幕式、分会场专题讨论、专场演讲等特别活动和闭幕式五个环节。每个环节都紧扣"占领制度"的论坛主题。3月16日下午在佩斯大学院内露天举行了名为"占领智囊团"的各种小组自由聚会和开放式讨论活动。当晚六点半在学校礼堂举行了隆重的开幕式。左翼论坛理事会成员、纽约城市大学文化技术与劳动研究中心主任、社会学教授斯坦利·阿罗诺维茨主持开幕式，佩斯大学政治系主任、政治学教授克里斯托弗·马隆代表承办方致欢迎词，会议特别邀请的尼日利亚环境权利行动和地球之友总干事、国际地球之友主席尼莫·巴塞（Nnimmo Bassey）以及美国全国护士联合组织总干事罗丝安·德莫罗（Rose Ann De Moro）、积极参与世界各地占领运动的青年律师和学者玛丽娜·思特琳（Marina Sitrin）、20世纪60年代的学生运动领袖威廉·斯特里克兰、纽约城市大学皇后学院和研究生中心经济学、政治学、社会学荣誉教授威廉·塔布先后作主旨演讲。3月17日晚七点半专门安排拍摄过多部揭露美国制度阴暗面的纪录片、被称为“美国左翼著名代言人”的电影导演、制片人和活动家迈克尔·穆尔在学校礼堂发表演讲，由美国麻省大学阿姆赫斯特分校经济学荣誉教授理查德·沃尔夫作介绍。3 月 18 日晚五点半在学校礼堂举行论坛闭幕式，由左翼论坛理事会成员、纽约城市大学研究生中心政治学和社会学教授弗朗西丝·福克斯·皮文（Frances Fox Piven）主持，占领华尔街运动的积极参与者、帮助创办多家占领运动报刊的阿伦·古普塔，墨西哥普埃布拉自治大学社会学教授约翰·霍洛韦，《纽约时报》等多家报纸驻外记者、文化评论家克里斯·赫奇斯，哈佛大学法学院劳工与劳动生活项目、哈佛大学工会项目负责人伊莱恩·伯纳德分别发表演讲。由于学校礼堂只能容纳 700 余人，所以开幕式、闭幕式以及迈克尔·穆尔的演讲采取凭票入场、先到先得的办法，其他人通过视频观看。论坛的专题讨论环节集中在 3 月 17 日和 18 日两天，分会场、分时段进行。两天共分为七个时段，每个时段都约有 60 场的专题讨论会同时举行。专题发言者中超过 1/3 是大学教授等教育工作者，以致有保守派分子因此惊呼，“美国教育受到了威胁”，“美国未来堪忧”。此外，3 月 17 日下午专门安排了有知名街头文化艺术家和活动家参加的关于“街头文化、政治与抗议”的讨论活动以及占领华尔街诗歌朗诵活动。3 月 18 日午餐时间专门安排了获得“奥比奖”的美国著名剧作家、演员华莱士·肖恩的演讲：“我为什么把自己称为社会主义者”。

除会议交流外，论坛组织者还利用佩斯大学的学生活动场所、多功能厅、阅览室等地举办展览活动。参加展览活动的有美国民主社会主义者组织、纽约绿党、国际社会主义组织、美国全国护士联合组织、美国社会党、《资本主义、自然、社会主义》、《异议》、《国际社会主义评论》、《纽约书评》、帕尔格雷夫—麦克米伦出版公司、柏拉图出版社等 70 多个组织、杂志、出版商和艺术家。展览活动的内容同样突出了论坛的主题，既有批判和揭露资本主义、研究和探讨马克思主义与社会主义、介绍和分析占领运动等群众运动的图书报刊促销，也有反映抗议活动理念和激进思想主张的各种艺术作品、生活用品展卖，还有形形色色的左翼社会组织和团体的自我宣传和成员招募，等等。部分参展者同时又是一些专题讨论会的组织者和演讲者。展览活动从 3 月 16 日到 3 月 18 日持续举办，为包括书刊出版者和运动组织者在内的与会人员提供了重要的社交空间和交换意见、建立联系的主要平台。由于占领运动受到关注等缘故，激进书刊的销售数量直线上升。

二　论坛特点

本次左翼论坛有两个主要特点：一是继承历史传统，凝聚左翼力量。左翼论坛的起源最早可以追溯至 1965 年首次在纽约举办的“社会主义学者会议”（Socialist Scholars Conference）。当时左翼学术界发起这一会议的主要目的是提供一个论坛，让不同学科的左翼学者有机会聚在一起，发表各自的理论和历史主张，交流思想，促进研究。每年受到邀请在这个会议上发表演讲和评论的学者，都是公认的某个领域的专家。会议的学术气氛很浓，但听众并不限于学术界。1981 年波格丹·登尼奇（Bogdan Denitch）、斯坦利·阿罗诺维茨等人创建并领导了新一代的“社会主义学者会议”，秉承同样的宗旨，每年举办一次。但随着与会人数、演讲人数和专题讨论会数量的增多，会议在很大程度上失去了原有的学术性，越来越成为便于各种左翼积极分子参与的论坛。2004 年“社会主义学者会议”之后，会议的组织者之间发生分歧和摩擦，以至于 2005 年会议停办。自 2006 年起，一年一度的左翼论坛取代了“社会主义学者会议”。由于参加会议的劳动者、社会活动家、政治上表现积极的公民越来越多，加之会议规模庞大，左翼论坛的学术性进一步弱化。尽管左翼力量长期处于分散、分裂状态，但从 20 世纪 60 年代开始，在纽约举行的社会主义学者会议以及后来的左翼论坛一直都是北美左翼乃至世界左翼规模最大的年度聚会，是凝聚左翼力量的平台。2012 年左翼论坛继承和发扬了这一传统，吸引和聚集了来自美国和世界各地的左翼知识分子、左翼运动的组织者和积极分子，共同分享观点、策略、经验与梦想。论坛为坚持公民自由原则的人，环境保护主义者，无政府主义者，社会主义者，共产主义者，工会主义者，为争取黑人和拉丁美洲人自由而斗争者，女权主义者，反战积极分子，失业的学生以及为反对失业、丧失抵押品赎回权、住房短缺和学校状况恶化而斗争的人们提供了聚会、交流的场所，同时也展示和证明了各种左翼力量的存在和发展。

二是支持占领运动，回应现实关切。贴近左翼运动发展的实际、积极回应面对的现实问题，也是左翼论坛以及之前的“社会主义学者会议”的传统之一。这一点集中体现在 2012 年左翼论坛对占领运动的关注和支持上。2011 年 9 月 17 日，抗议不公平的金融秩序和贫富悬殊等经济、社会问题的“占领华尔街运动”首先在美国纽约爆发，之后影响全美，波及世界。2012 年左翼论坛会议的主题“占领制度：对抗全球资本主义”，就是站在全球和历史的高度对“占领华尔街运动”作出的直接回应。左翼论坛不仅在理论上回应了占领运动，而且以实际行动予以支持。3 月 17 日左翼论坛召开之际正值占领华尔街运动满六个月，左翼论坛的参加者还与“占领华尔街运动”积极分子一起举行了纪念“占领华尔街运动”半周年的游行示威活动。左翼论坛的主要演讲人、著名制片人和活动家迈克尔·穆尔在当晚的演讲中强调了占领运动对于左翼论坛的重要性，号召左翼论坛的参加者“向祖科蒂公园进发”，并带头参加了游行示威活动。示威者聚集在祖科蒂公园，一直坚持到午夜之后。纽约警察宣布公园关闭，强行驱散试图坚守阵地的示威者，造成 73 人被捕，至少 1 人严重受伤。

另外，本次论坛的组织工作也给人留下深刻印象。干练、高效的专业团队（大多是兼职）与数百名自愿者密切配合，保证了数千人的会议有条不紊地圆满完成。

三　论坛议题

历年的左翼论坛都有自己鲜明的主题。2012 年左翼论坛的主题是“占领制度：对抗全球资本主义”。论坛设立 400 多个专题讨论分会场实际上意味着有 400 多个议题，包括选举、就业、贫困、网络、占领运动、经济危机、社会变迁、工人运动、政党建设、左翼复兴、地区政治、国际关系、气候变化、生态主义、女权主义、马克思主义、资本主义、社会主义、无政府主义、殖民主义、新自由主义等理论和实践问题，从“马克思主义的未来”、“教育与资本主义”等宏观问题，到“占领运动如何利用媒体”等微观问题，议题十分广泛。从学科上说，讨论的话题涉及哲学、伦理、经济、政治、法律、军事、社会、历史、文化、教育、文学、艺术等多个学科领域。

在为数众多的议题中，占领运动备受关注。讨论的话题涉及占领运动的方方面面：既有对占领华尔街等各国占领运动具体情况的介绍，也有对占领运动的源起、发展历程、战略策略、意义和影响、面临的挑战、未来方向及前景的讨论与分析；既有从全球视角解读各地的占领运动，也有从地区视角观察全球占领运动。在关于“建立红绿革命战略联盟”的专题讨论中，占领波士顿活动积极分子约瑟夫·拉姆齐发表了题为“把理论带到街头”的讲演，讨论了如何“用革命的方式进行改良斗争”，特别强调反对政府计划中的服务削减计划和波士顿公共交通费上涨。他认为占领运动有淹没在只关注具体要求的危险，主张把关注公共交通问题的具体斗争与关注财富如何在社会中分配的问题联系起来。左翼论坛认为，“占领华尔街运动”传递的信息很明确：生活在世界上最富有的国家中的极少数人攫取了这个国家的大部分财富并用来腐蚀政治，而其余的绝大部分人口则为失去工作、住房不保、债台高筑、日益贫困所困扰。迈克尔·穆尔在左翼论坛的演讲中也说：“直到最近，我们的绝大多数美国同胞还都相信靠艰苦奋斗发家致富的理论，相信在美国的任何人都能够成功实现自己的目标。现在他们知道，无论如何这种理论是毫无根据的。他们知道这场游戏是受到操纵的。”左翼论坛对占领运动的意义给予充分肯定，认为世界在变化，人民在觉醒，埃及、希腊、拉美国家、美国和其他国家出现的群众运动为左翼的发展提供了新的机遇。

与占领运动相联系，左翼论坛把对新自由主义的批判与反对资本主义联系起来，鼓励对现有秩序提出激进的替代方案，包括选择社会主义。由《科学与社会》发起的一场专题讨论，呼吁要从社会层面上占领华尔街、占领白宫、设计美国的社会主义。来自美国劳德代尔堡的激进派漫画家、作家斯特凡妮·麦克米伦把环境危机与资本主义无休无止的扩张需求联系起来，认为“资本主义与生活本身处于根本矛盾之中”，与自然保持“可持续的健康关系”的新经济只能是与资本主义决裂的经济，主张把社会主义传统与绿色传统结合起来。会议对资本主义及其危机以及资本主义制度的替代选择问题进行了深入讨论，讨论的话题之多、程度之热烈仅次于占领运动。

会议还讨论了美国左翼对待美国大选的态度问题。《社会主义与民主》杂志的编辑维克多·沃利斯在“2012 年选举：两害相权取其轻还是左翼的选择”专题讨论会上指出，左翼应当考虑选择进步的候选人，而不应总是在共和党与民主党之间“两害相权取其轻”。

会议对中国问题的关注主要集中在复杂环境下中国和平崛起面临的挑战、单边主义国际秩序中中国的多边主义政策以及中美关系等议题上。

（原载《当代世界与社会主义》（双月刊）2012 年第 2 期）

正确理解马克思主义宗教观，积极应对当代宗教问题

——“马克思主义与当代宗教问题研究”学术研讨会综述

黄　铭

2012 年 3 月 24—25 日，由浙江大学思想政治理论教学科研部宗教与和谐社会建设研究所主办的“马克思主义与当代宗教问题研究”学术研讨会在杭州召开。与会专家 40 余人，分别来自中国社科院、国家宗教事务局、中共中央党校、北京大学、清华大学、中国人民大学、中国政法大学、北京外国语大学等单位。

中国社科院世界宗教研究所所长卓新平代表中国宗教学会发表致辞，强调研究马克思主义宗教观的重要性，指出不仅要对马恩列等经典作家的宗教观有全面深入的认识，还要关注宗教现实问题的研究，以推进和谐社会的建设。研讨会分五场学术报告，学者们围绕着会议主题就（1）马克思主义宗教观、（2）宗教与社会现实、（3）在校大学生宗教认知教育这三方面展开发言和讨论。

一　深入、全面和中国化地理解马克思主义宗教观

（一）马克思主义宗教观的本质及其发展

究竟什么是马克思主义的宗教观？围绕这一问题，学者们深入探究了马克思主义宗教观的本质，揭示了其理论发展。中共中央党校哲学部龚学增教授指出：“有关马克思主义宗教观的具体论述因时代和社会的不同而有变化，但基本原理不变，其实质是历史唯物主义的宗教观。”国家宗教事务局宗教研究中心加润国研究员指出“宗教批判论”是对马克思主义宗教观的错误理解、“鸦片基石论”是对列宁宗教观的歪曲概括、“引导适应论”是对中国共产党的宗教理论政策的片面概括，他希望从马恩列经典著作中全面准确地理解马克思主义宗教观。浙江工商大学陈荣富教授从马克思主义理论的根本宗旨出发，指出马克思和恩格斯并非专门研究宗教思想，而是就哲学、政治和经济等问题论述了宗教观点。尤为重要的是，要用发展的眼光考察马克思主义宗教观的不同内涵。不能简单地按马克思早期著作中有关宗教的论述

作为马克思主义宗教观的理论基础。中共中央党校哲学部侯才教授建议“从两个方面研究马克思主义宗教观”：一方面，研究康德、黑格尔和费尔巴哈的宗教观，这是马克思主义宗教观的理论前提；另一方面，从哲学与宗教的关系研究，因为两者都涉及理性与上帝。浙江大学基督教与跨文化研究中心陈村富教授结合教育部哲学社会科学研究重大项目“宗教与社会主义和谐社会建设”的研究，强调从跨学科的视角丰富和发展马克思主义的宗教观对解决当代宗教问题的意义，在考察当代中国的宗教与社会时，必须将唯物史观基本观点和方法与当代宗教诸学科的若干成果相结合。

（二）从肯定性去理解马克思主义宗教观

以往对马克思主义宗教观的理解强调更多的是对宗教的否定性观点。对此，河南省社科院社会学研究所牛苏林研究员认为应将马克思主义宗教观从“幻想论”、“鸦片论”转为“掌握论”。他指出马克思在《〈政治经济学批判〉导言》中把宗教作为人类掌握世界的四种方式（理论的、艺术的、宗教的、实践—精神的）之一，这在马克思主义思想史上第一次对宗教作出了肯定性的理解，为揭示宗教的本质及其社会功能提供了一个全新的视野，从总体上突出了宗教的社会实践意义和宗教的人文价值。判断宗教掌握世界的性质与作用的客观标准，是看宗教的掌握过程及其结果是否符合社会的稳定与进步、文化的发展与繁荣和人性的完善与提高。《自然辩证法研究》杂志社副主编刘孝廷教授尤为强调“马克思肯定性宗教观的当代文化价值”。他认为以往受苏俄马克思主义宗教观的思想限制，我们过于强调否定性的宗教观，其消极影响明显，如今需要突出马克思的肯定性宗教观。这一观点引起了大家的热烈议论，陈村富指出马克思对宗教持肯定性观点在人类学、历史学笔记和《资本论》准备材料中比较明显，恩格斯在早期基督教的论文中也涉及宗教在历史上的正面功能。李德顺认为，马克思主义与宗教在斯大林模式的马克思主义哲学教科书中总是相互对立，所以应从马克思而非列宁出发去理解马克思主义的宗教观。邱高兴补充说，要从肯定宗教的前提来检查宗教存在的问题。

（三）促进马克思主义宗教观的中国化

中国社科院世界宗教研究所曾传辉副研究员解读1982年“19号文件”，认为这是马克思主义宗教观在中国条件下、在后冷战时代中的发展。他指出文件对于宗教本质的认识引用毛泽东宗教观将宗教视为借助超自然力量的崇拜来解决现实社会问题，以实现理想、寻求救赎、达到至善，而非采用马恩经典中“颠倒的”、“幻想的”等带有批判色彩的字眼，更不像列宁那样将“鸦片隐喻”当成马克思主义宗教观的基石。文件关于中国宗教的“五性论”从当今世界的宗教问题、民族问题和国际关系日趋紧密的形势中看到：宗教的民族性和国际性更为突出。浙江大学基督教与跨文化研究中心主任王晓朝教授在“中国当代宗教要为繁荣中华文化出大力——学习十七届六中全会公报的几点体会”的发言中，根据全会公报“全面贯彻中国共产党的宗教工作基本方针，发挥宗教界人士和信教群众在促进文化繁荣发展中的积极作用”的提法，指出本着建设和谐社会、和谐宗教与和谐世界的目的，在理论上应淡化“有神论”与“无神论”的对立，警惕一些人打着“战斗无神论”的幌子恢复“文革时期”的做法，特别批评了一些学者对毛泽东那条“研究宗教，批判神学”指示的误读。龚学增指出，列宁主义宗教观是俄国特色的马克思主义宗教观，中国理论界应着力将马克思主义宗教观中国化，其实这一过程已经历了新民主主义革命时期、新中国成立至“文革”结束时期的曲折发展阶段，以及改革开放以来恢复、深化和形成中国马克思主义宗教观的阶段。当今中国特色社会主义宗教理论正是马克思主义宗教观中国化的最新成果。

二 宗教与国家政治、文化信仰、社会团体

（一）宗教与国家政治

当代宗教问题表现在政治、文化和社会各个方面。一些学者首先关注到宗教与国家政治的问题。中共中央党校哲学部靳凤林教授以萨拜因的《政治学说史》为例，分析了西欧中世纪政治伦理史的逻辑进路、思想主题和历史价值，认为在中世纪形成的基督教政治伦理，不仅与古希腊政治伦理具有异质性差别，而且为西方近现代政治伦理的发展奠定了理论基础。复旦大学哲学学院院长孙向晨教授探讨了“基督教与现代政治的多重结构”。他回顾了西方历史中宗教与政治的关系，指出现代宗教脱离政治后，不是回归内心世界，而是在社会公共空间中发挥作用，并援用霍布斯的观点指出一个社会若缺乏信念支撑，其政治就会混乱，而宗教具有粘合、整治的作用。复旦大学哲学学院邓安庆教授则从历史到现状考察了“全球化视野下国家与宗教和解的前景”，以黑格尔的方式探讨了国家、社会、宗教三者之间的关系。联系到中国实际，中国人民大学的张践教授从政教关系上指出“积极引导论”带来政教和谐的局面，但对“积极引导”的主体、内涵和方法作了补充与发挥，认为引导主体除了政党与政权机构，还应当包括学术界和宗教界，引导内涵则有理论观念、思想文化、法律法规和行政管理诸方面，方法在于把传统宗教改造成社会主义宗教。

（二）宗教与文化信仰

宗教历来是文化的重要组成部分，在当前文化建设热潮的背景下，宗教与文化的问题尤为引人注目。中国政法大学李德顺教授在“论中国人的信仰”的发言中，区分了宗教与信仰，指出信仰处于人的精神的最高层面，人作为历史文化存在，需要有精神追求，需要有信仰支撑。宗教作为一种信仰，自有其教义、教规等社会组织化的方式。将宗教信仰上升为一般信仰，以此作为公共平台能够落实公民信仰的权利与责任。针对“中国人没有信仰”之说，他认为，中国人的“天人合一”本身就是一种人本主义信仰。深入理解其特点，是解开中华文化之谜的一把钥匙；充分挖掘其资源，是中国当代先进文化建设的一项重要任务。吉林大学哲学基础理论研究中心孙利天教授同意李德顺信仰超越宗教的观点，在“普遍的理性精神和绝对宗教”论题中，指出哲学理论中的宗教与宗教本身不同，因为前者忽略了宗教的情感内容，又从后者批判了中国人的信仰过于实用、功利和世俗。对上述发言，大家展开了热烈讨论。王晓朝提出如何构建信仰公共平台或“共有精神家园”。李德顺认为，每个公民基于民主和法制均有自己信仰的权利和责任。卓新平问，“天”与“神”的信仰如何区分？李德顺回答，有神论信仰是信仰的一种，而信仰可以有多种并分为不同的层面，如政治信仰、文化信仰、精神信仰等。

（三）宗教与社会团体

当今宗教问题更加明显地表现在社会学层面，因而宗教与社会的问题引发了不少讨论。

中国计量学院邱高兴教授的“社会控制视角下的宗教功能刍议”，以罗斯对宗教信仰在社会控制中起作用的论述为理论背景和前提，指出应该超出信仰对人们内心的规范和影响的范围，将宗教功能扩展至道德、组织、文化三个方面，从社会控制的角度强调宗教在这三个方面的功能，认为出于建设和谐社会的目的，强调宗教在这三个方面所产生的正面功能是有积极意义的。浙江大学基督教与跨文化研究中心特约研究员安伦在“构建信仰共同体是马克思主义中国化的积极进路”中提出更为积极的主张。他认为，面对当今中国社会的信仰危机，中华文化（以儒道佛为主体的多元宗教性文化）和马克思主义都面临重新整合发展的迫切需要；马克思主义中国化的积极进路在于造就二者融洽并双赢的关系而构建以马克思主义为主导的信仰共同体，这能为中国带来多重社会效益：如提升民族认同和凝聚力，有效化解现代社会的信仰混乱与缺失、价值虚位、道德沦丧、意识形态矛盾等问题，有利于融入国际社会、团结海外华人、提高国际形象和地位等。

在现代化的发展中，宗教更多地与传统相结合。湖北大学政法与公共学院杨荣副教授在调查报告“鄂西乡村天主教信徒研究”中，选择了湖北乡村天主教社区作为研究对象，了解宗教团体的发展现状，信徒生活状况及信仰特点。问卷设计涉及宗教心理因素，对虔诚信徒的宗教信仰做了多重向度的测量。从问卷答案及资料统计来看，湖北乡村天主教信仰所产生的作用超过了其他任何意识形态，在社会变革和文化变迁的大潮中，宗教仍是乡村中最能发挥效能的精神力量。信徒依靠信仰团体的关怀和同情，谨记自己的社会责任和义务，按照传统方式生活并遵纪守法，这与变化着的世俗社会并无矛盾。对此，陈村富指出，参照宗教社会学的研究，应弱化对宗教的行政管理而强化其社会管理；他以温州家庭教会为例，建议对民众的宗教活动从以往的“行政管理”转向“社会管理”，不宜将一般宗教问题政治化处理，而是当作社会活动并纳入社会管理的范畴。

三　在校大学生宗教认知教育

（一）马克思主义宗教观教育

本次会议主题的重要落点在于加强大学生的宗教认知教育，这反映于马克思主义宗教观的教育中。清华大学马克思主义学院王良滨副教授在“关于高校对大学生进行马克思主义宗教观教育的理论思考”的发言中，根据对北京大学、中国人民大学、清华大学等在校学生信教情况调查，指出当前大学生中有宗教热现象。通过加强马克思主义宗教观教育赢得中国青年一代是很重要的，具体要解决教育的内容、方法、师资和实施等问题。北京外国语大学社会科学部张妮妮教授则从培养大学生的跨文化交流能力提出马克思主义宗教观教育的意义。她指出，随着大学生国际交流的日益增多，如何引导他们看待异文化中的宗教现象，以及促进他们在信仰环境中的人际交往显得尤为重要。在反思不足的情况下，我们的学生或者难以近距离深入体会异文化的精要，或者很快抛弃自己的无神论立场，迅速成为宗教信徒。因此，很有必要深入而全面地进行马克思主义宗教观教育，提高大学生的宗教认知水平，增强他们的跨文化交际能力。浙江大学思想政治理论教学科研部张新樟副教授在马克思主义基本原理课上对学生的宗教信仰背景做了调查，认为大多数学生信徒是在对人生和社会问题有所思考的情况下才决定信仰归宿的，他们的感受具有一定的典型性，可以反映社会情绪和时代问题；因此，研究马克思主义基本原理课程中有关如何讲解宗教问题、如何超越有神无神之争、如何为修养和使命感找到根基，以及如何制定宗教政策等都是非常紧迫和重要的工作。此外，他指出可以通过建立常设的论坛以深入了解学生的宗教信仰背景。浙江工商大学王来法教授强调，教师的科学研究是加强马克思主义宗教观教育的关键，这离不开学术机构的支撑。

（二）宗教文化知识的教育

除了马克思主义宗教观之外，普及宗教文化知识也是加强大学生宗教认知教育的必要途径。中国政法大学人文学院院长俞学明教授的“当代中国高校宗教信仰现象与宗教学教育”发言谈到：中国大学生宗教信仰问题已经成为当代中国高校思想教育的一个难点，要引导学生正确对待宗教信仰，在真实把握学生宗教信仰状况的基础上，通过宗教学教育、学生工作、校园文化建设等方式，促进理性宗教观和法治宗教观的贯彻落实。其中，宗教学教育要提倡“五个鼓励”：1. 鼓励学生全面了解宗教，并观察、体贴、研究多种宗教；2. 鼓励学生区分法律对宗教信仰和宗教组织活动的保护和限制；3. 鼓励学生全面了解宗教的作用和可能的影响；4. 鼓励学生全面了解选择信仰的原因；5. 鼓励学生拓展自身的知识和能力领域。宗教学教育通过课堂对学生进行宗教认知教育，这要解决“教什么”、“怎么教”和“谁来教”的问题。宗教学课程列入“两课”抑或“通识”体系有待商榷。在校大学生现有的宗教认知主要来自两个途径：辅导员和各个课堂上对宗教感兴趣的教师，但多数情况下辅导员与教师的偏见会阻碍学生对宗教知识的认知。宗教认知教育的重点在于：理性精神是宗教信仰的基础，克服“盲信”的思想行为，并引导学生从具体的历史语境中较为真切地了解宗教文化现象。

对于大学生的宗教信仰现象，北京大学宗教系孙尚扬教授更是做出了实证性的研究。他以北京市大学生（一向对社会现实十分敏感）为调研对象，调查他们对基督教的态度，以此形成的研究报告“国学热、意义的匮乏与大学生对宗教的兴趣取向：一项基于北京市的调查与分析”揭示了一些信息：1. 大学生中确实存在意义匮乏或短缺的问题。绝大多数被调查者勤于思考人生意义问题，但超过一半的被调查者对于自己的生活意义和社会定位等重大问题缺乏明确的答案；2. 尽管各种宗教的信徒占总数不到 20%，但超过 78%的学生表示他们对某种宗教感兴趣；其中，非宗教徒中对儒释道等传统宗教感兴趣的人（占总数的 49.6%）远远超过对基督教感兴趣的人（17.6%），可见“国学热”对儒释道等传统宗教文化在大学生中的弘扬正发挥着潜移默化的作用；3. 大学生思考人生意义问题的频率越高，越有可能将信任的目光投向儒释道耶等宗教，这种相关性表明，宗教解决意义问题的核心功能正在北京市大学生中得到彰显。作为补充，中共中央党校哲学部朱清华博士的《试论耶稣超越生死之思想》一文中指出了宗教生死观对于中国当代大学生探究人生意义所具有的价值。面对学业和就业压力，大学生的精神问题不单纯是思想认识上的问题，而是人生意义困惑的问题。因此要加强对大学生的生命教育，充分挖掘宗教在这方面的精神资源。

最后，卓新平从两方面总结了这次研讨会：在理论探索上，各位专家学者从各自的学科背景对马克思主义宗教观、宗教与信仰、有神论与无神论等议题提出了独到的理解，并展开热烈而深刻的探讨，呈现出一个学术共同体应有的面貌。从中，大家把握了理论的整体性与局部性、论述的体系性与个别性的辩证关系，进一步深化了对马克思主义宗教观的理解。在社会实践上，学者们已摆脱了“坐而论道”的姿态，本着良知、敏感的精神勇于承担学术的社会责任，通过积极“议政”以促进社会文化的发展。再有，学术探讨中产生的问题同时激发了理论上的突破和创新精神，这对于建立中国化的马克思主义宗教理论和促进中国式的宗教学发展具有重要意义。

（原载《世界宗教研究》2012年第3期）

全国高校马克思主义理论学科研究会第十一次学科论坛综述

陈以定

为深入探讨当代马克思主义的重大问题，进一步推进马克思主义理论学科的研究与建设，由全国高校马克思主义理论学科研究会、《思想理论教育导刊》主办，安徽大学马克思主义研究院、安徽大学马克思主义发展史重点学科承办的“全国高校马克思主义理论学科研究会第十一次学科论坛”于2012年4月6—8日在安徽合肥召开。本次研讨会以“马克思主义发展史学科研究与建设”为主题，来自中国人民大学、北京大学、复旦大学、清华大学、武汉大学、中山大学、吉林大学、南开大学、北京师范大学、西安交通大学、安徽大学、合肥工业大学等高校和科研院所的近80位专家学者，围绕马克思主义发展史研究中的前沿理论问题、中国化马克思主义在马克思主义发展史上的地位、马克思主义发展史学科建设等进行了广泛的交流和讨论。安徽省教育厅、安徽大学、全国高校马克思主义理论学科研究会的负责人出席了论坛并致辞。现将论坛研讨的主要内容综述如下。

一　马克思主义发展史研究中的前沿理论问题

关于马克思主义发展史研究中的前沿理论问题，论坛主要围绕以下两个方面进行深入研讨。

（一）马克思主义发展史研究方法论

有关马克思主义发展史研究方法论问题，中国人民大学梁树发教授在主题发言中，就当前研究状况，指出需要从四个方面进一步推进，一是从纵向、横向两个方面，强化马克思主义理论来源问题的研究。二是把主流与支流结合起来全方位理解马克思主义发展史，拓宽马克思主义发展史研究的视野。三是把总体方法与实证方法统一起来，把马克思主义发展史研究发展为科学。四是在方法论的普遍主义与特殊主义统一中认识中国化马克思主义在马克思主义发展史中的地位。随后与会学者就马克思主义发展史研究方法论问题进行了热烈讨论。

在讨论马克思主义发展史研究方法论时，整体性研究方法备受与会者关注。学者们从多个方面对此进行分析和讨论，形成了诸多观点。一是需要按照整体性方法研究马克思的两大理论发现。在马克思如何创立唯物史观与剩余价值理论问题上，中国人民大学张雷声教授指出，唯物史观与剩余价值理论在马克思《资本论》的创作中是交织交融、交互建构与交互发展的。首先，唯物史观的最初探索与马克思《资本论》的创作当中关于劳动价值论的最初态度是相关的，即马克思早期不赞成劳动价值论与马克思没有创立唯物史观是相互关联的。其次，唯物史观的形成与马克思《资本论》的创作当中从否定劳动价值论到赞成劳动价值论是一致的。最后，唯物史观的完善与马克思《资本论》的创作当中关于剩余价值理论的形成是一致的。所以，剩余价值理论的形成是以唯物史观的创立为前提的，唯物史观不仅是创作剩余价值理论的方法论，而且它为剩余价值理论的系统化、全面化提供了实践基础、理论导向和逻辑架构。同时剩余价值理论的形成也促进马克思对唯物史观的科学理解和进一步完善。二是需要按照整体性研究方法认真对待马克思主义理论的“相关方”。安庆师范学院朱士群教授指出，马克思主义是在斗争中不断成长、发展、创新和壮大的，所以研究马克思主义，需要认真对待对马克思主义的批评，研究那些研究马克思主义的研究者。了解马克思主义的竞争对手、批评者、论争对象，这可以帮助我们诊断自己的不足和弱点，可以帮助我们适应时代的变迁和社会的需要，磨砺我们的问题意识，进而提高我们马克思主义理论的解题能力和创新的针对性，有利于我们与时俱进，坚持和发展马克思主义，深化对马克思主义发展史的研究。三是需要按照整体性方法研究马克思主义经典著作。西安交通大学王宏波教授从关键范畴与重要命题、理论内容的贯穿性与贯通性、逻辑展开的层次性与依存性、内容上的相互渗透性四个方面讨论了恩格斯《反杜林论》三篇章节结构的整体性，认为在《反杜林论》中，恩格斯的哲学思想、政治经济学思想和科学社会主义思想相互渗透、相互印证构成了浑然一体的理论体系。

（二）马克思主义主要研究范畴与马克思主义发展史

1. 马克思主义理论主题与马克思主义发展史。北京大学孙熙国教授指出，马克思主义是关于无产阶级与全人类的解放的学说，所以无产阶级的解放问题是马克思主义研究的主要对象，而对于什么是无产阶级需要我们予以本真和全面的理解。在马克思、恩格斯的著作中，所谓无产阶级意指所有通过劳动获得收入的人，即劳动者。因此，衡量无产阶级的标准不在于财富的多寡，而在于财富的来源，所有通过劳动获得收入的人都属于无产阶级，无产阶级的解放问题，其实就是劳动群众的解放问题，就是劳动群众如何从自然、社会、思想中解放出来的问题。所以，在马克思早期思想中，劳动群众、物质利益很早就进入马克思的视野。

2. 马克思早期思想与马克思主义发展史。马克思是马克思主义的主要创立者，研究马克思主义发展史首先必须深入研究马克思的思想，而在马克思思想研究中，马克思早期思想一直是学术界比较关注的一个问题。武汉大学左亚文教授认为，长期以来，马克思早期思想的研究存在着一种刻板化和模式化的倾向，即把马克思思想形成期简单地划为单维演进和不断超越的几个阶段，而忽略了其思想发展的曲折性和多维性。因此，有学者指出，在马克思早期思想的立体多维的演进过程中，始终贯穿着一条探索社会发展本质规律的逻辑主线。沿着这条逻辑主线，马克思早期思想呈现出“现有和应有—现实与理性—物质原则和理性原则—市民社会和国家—社会生活和社会意识—社会实践和社会生活—社会基本矛盾和社会发展”的逻辑演进历程。

3. 唯物史观与马克思主义发展史。安徽大学吴家华教授提出，虽然《德意志意识形态》标志着唯物史观的创立，但唯物史观本身也有一个应用、验证、发展、完善的过程。在这一过程中，唯物史观不仅有思想观点的变化，也有整体形态的变化，按照马克思主义发展史研究的历史性、整体性要求，我们可以对唯物史观的历史形态作“哲学形态”与“科学形态”、“理论形态”与“实践形态”、“基本形态”与“完整形态”、“最初形态”与“成熟形态”、“经典形态”与“当代形态”以及“原生形态”、“次生形态”与“再生形态”的划分和总结。

4. 资本与马克思主义发展史研究。河海大学余达淮教授认为，如何正确认识和对待资本的思想是马克思主义发展史的一个重要内容，并伴随着马克思主义发展史的始终。从根本上说，马克思主义发展史与资本逻辑运动处于内在关联与外在超越的“双向互动”过程中。第一，资本逻辑运动与马克思主义产生具有历史必然性联系；第二，马克思主义发展史表征着资本关系统治的全部现实；第三，资本逻辑批判推动着马克思主义中国化的进程；第四，资本的消亡与实现人的自由而全面发展是马克思主义中国化的目标指向。

二　中国化马克思主义在马克思主义发展史上的地位

开展中国化马克思主义研究，这必然涉及马克思主义中国化研究和中国化马克思主义与其他各国别、各形态马克思主义之间的关系研究。与会学者就这些问题进行了热烈的讨论。

武汉大学梅荣政教授在题为“马克思主义中国化研究的若干思考”的主题发言中，就如何研究马克思主义中国化史的问题提出了七点看法，第一，马克思主义中国化史的研究虽然不等同于中共党史的研究，但中国共产党的诞生、成长、成熟和发展历程就是不断推进马克思主义中国化的过程，胡乔木关于中共党史研究六个方面的意见，同样适用于马克思主义中国化史的研究，所以马克思主义中国化史的研究不能离开党史的研究，并且直接以党史作为研究基础。第二，马克思主义中国化史既是一门理论科学，也是一门历史科学，研究马克思主义中国化史要充分体现它的本质属性和特点。第三，马克思主义中国化史研究要始终坚持历史与现实、理论与实践的统一。第四，马克思主义中国化史研究要从整体上、相互联系上和精神实质上全面准确把握马克思主义中国化整体发展的历史。第五，要重视对马克思主义基本原理、经典著作等进行综合性研究。第六，要坚持正确认识、对待和处理马克思主义与多样化社会思潮的关系。第七，要坚持用马克思主义中国化最新理论成果，科学回答关系马克思主义在当代命运的一些重大理论和实践问题。最后，他强调高校从事马克思主义中国化史教学与研究的工作者，要站在党的立场上，要有满腔的热情、科学的态度、严谨的学风来研究和叙述马克思主义中国化史，在思想多样化的今天强调这一点尤为重要。

关于马克思主义中国化研究问题，云南师范大学陈路教授认为马克思主义中国化不仅是一个不断深入发展的历史过程，也是一个完整理论体系的构建过程，要把马克思主义基本原理与中国国情结合起来，深化对马克思主义中国化的路径、方向、原则等问题的研究，揭示马克思主义中国化的自身发展规律，即马克思主义中国化是怎么“化”出来的，实质就是“马克思主义中国化”如何成为“中国化马克思主义”的。

在中国化马克思主义研究问题上，复旦大学顾钰民教授认为，当代马克思主义的发展首先呈现出国别化特征，即当代的马克思主义是具体化、国别化，而不再是人物化，马克思主义的发展必须以各国的发展为载体，而没有统一的模式。但在国别化的马克思主义中，中国化马克思主义是马克思主义发展的新阶段。中国化马克思主义是在中国实践基础上形成并总结出来的理论，是马克思主义实质性发展的标志，是马克思主义从低潮到复苏的标志。所以，中国化马克思主义在当代国别化马克思主义中居于主流地位，对世界影响最大。因此研究中国化马克思主义不仅要对它的产生条件、理论成果等进行全面研究，而且还要深入研究它与马克思主义整体的关系。

首都师范大学陈新夏教授进一步认为，要准确把握中国化马克思主义在马克思主义发展史中的地位，必须深入分析中国化马克思主义与其他马克思主义的关系，即分析中国化马克思主义与西方马克思主义的关系、中国化马克思主义与越南马克思主义的关系、中国化马克思主义与朝鲜“主体思想”的关系等，同时把中国化马克思主义的民族性与世界性结合起来，在中国化马克思主义回答和解决中国问题的同时，提升和解决普遍性问题。

三　马克思主义发展史学科建设

马克思主义发展史是中国马克思主义理论一级学科下的二级学科。明确马克思主义发展史这门学科的学科地位，对于马克思主义理论学科发展非常重要。针对会议就马克思主义发展史“大学科”与“小学科”问题的讨论，清华大学赵甲明教授认为马克思主义理论的本质属性是关于无产阶级与全人类解放和如何实现无产阶级与全人类解放的学说。从马克思主义理论内涵与实践内涵、理论问题域与思想域等角度来看，马克思主义发展史学科既是研究马克思主义形成和发展的历史，也是不断彰显马克思主义理论本质属性的历史。马克思主义发展史学科包括马克思主义的理论史、实践史、问题史、工人运动史、社会主义运动史、改革开放史等研究内容，在马克思主义理论一级学科下的二级学科中处于基础性地位，并渗透于“马克思主义基本原理”、“马克思主义中国化研究”、“中国近现代史基本问题研究”、“国外马克思主义研究”和“思想政治教育”等其他五个二级学科之中，是马克思主义理论一级学科下的“大学科”。最后把马克思主义发展史的学科地位定位为马克思主义理论一级学科下的“大学科”，得到与会学者的广泛共识。

在马克思主义发展史学科重点研究问题上，中国人民大学张新教授认为，当前马克思主义发展史学科需要在以下七个方面进行重点研究。第一，在马克思主义通史研究方面，要特别注意对马克思主义发展过程和马克思主义经典作家思想的发展过程进行整体性和综合性研究。第二，在马克思主义阶段史研究方面，需要在对马克思主义经典作家思想获得最新研究成果的基础上，对马克思恩格斯思想史、列宁思想史、斯大林思想史、毛泽东思想史、邓小平理论史和“三个代表”重要思想发展史、马克思主义形成史等方面进行研究。第三，在马克思主义专题史研究方面，除对马克思主义三个主要组成部分思想史进行研究以外，还要注重对其他组成部分思想史、马克思主义一些重大思想观点或范畴史、马克思主义经典著作创作史等方面的专题研究。第四，在马克思主义国别史研究方面，除了对中国马克思主义发展史研究以外，还要特别加强在马克思主义发展史上有十分重要地位和影响的那些国家马克思主义发展史的研究。第五，在马克思主义传播史研究方面，一方面需要对那些曾对马克思主义产生过重大影响的国家或地区传播史的研究，尤其是马克思主义在中国的传播史研究，另一方面，还需要加强对马克思主义传播的条件、途径和方法及其基本规律等方面的研究。第六，在马克思主义文献学研究方面，一方面需要加强对马克思主义文献学内涵和研究规范的研究，另一方面需要在马克思主义文献的考证研究基础上，开展马克思主义文献诠释学研究。第七，需要进一步加强对马克思主义发展史中其他重大问题，诸如马克思主义发展的基本经验和基本规律问题、马克思主义不同流派的马克思主义观问题等方面的研究。

吉林大学韩喜平教授从学科划分、马克思主义国别史、理论史、文献史等角度讨论了马克思主义发展史学科的学科边界与主要研究问题，并从马克思主义理论形成、思想纷争、革命运动、中国特色、全球影响等方面讨论了马克思主义发展史的教材编写问题。

与会学者最后一致认为，经过多年的积淀，特别是最近几年的建设与发展，中国的马克思主义发展史学科已经初具规模，学科建设的基础性教材建设与著作研究也取得初步的成果。关于本次论坛对马克思主义发展史学科建设的意义，中山大学钟明华教授最后总结指出，这次论坛开得很成功，在马克思主义发展史学科建设问题上至少达成了三点共识：一是在马克思主义发展史的学科学术地位问题上，马克思主义发展史是马克思主义理论一级学科下的基础性二级学科；二是在马克思主义发展史学科的研究问题上，有了新的认识、形成新的理念和新的视角，并找到了新的发展空间；三是在马克思主义发展史学科的建设问题上，需要按照规范化、科学化方式推动马克思主义发展史学科建设。因此，此次论坛的研讨成果必将进一步推进马克思主义发展史研究与马克思主义发展史学科建设。

（原载《思想理论教育导刊》2012 年第 9 期，总第 165 期）

“马克思主义经典著作导读丛书”出版座谈会综述

王贵贤　张　静

日前，由清华大学马克思主义学院和中国民主法制出版社联合举办的“马克思主义经典著作导读丛书”出版座谈会在北京召开。原中共中央组织部部长张全景、原中共中央党校副校长、原《求是》杂志社总编辑邢贲思、原中国人民大学校长李文海、中国社科院副院长李捷、中共中央宣传部理论局副局长张磊、中共中央组织部组织一局巡视员李其森、原全国社科规划办主任张国祚、中共中央编译局秘书长杨金海、教育部社科司副司长徐维凡、中共中央党校马理部副主任韩庆祥、中共北京市委党校常务副校长王民忠、中共北京市社科联党组书记史秋秋、全国马克思主义理论学科召集人、北京大学教授陈占安、教育部社科司教学处处长陈矛、中共北京市委宣传部理论处处长贺亚兰以及《求是》杂志编辑部副主任杨绍华、《马克思主义与现实》政治主编冯雷、《教学与研究》杂志主编齐鹏飞、《思想理论教育导刊》常务副主编刘书林、《高校理论战线》杂志编辑部主任杨海英等40多位领导、专家和嘉宾应邀出席。中共清华大学党委书记胡和平发表致辞。中共清华大学党委副书记邓卫和中国出版集团副总裁刘伯根也分别致辞。座谈会由“马克思主义经典著作导读丛书”总主编、清华大学马克思主义学院常务副院长、教育部高校研究生思想政治理论课分指导委员会副主任委员、清华大学高校德育研究中心主任艾四林教授主持。与会专家就“丛书”的特点、意义、价值展开了热烈讨论。

与会专家认为，“丛书”特点鲜明。第一，准确定位了读什么。马克思主义的著作卷帙浩繁，要让读者在较短的时间内整体上把握马克思主义，必须阅读最具代表性的著作。“丛书”选取的文献，有助于正确把握马克思主义的世界观和方法论，也有助于准确了解马克思主义的发展历程。第二，准确定位了如何读。“丛书”采取的形式是导读，兼具学术性和通俗性的特点。“丛书”以深入浅出、简洁明了的语言对经典著作进行逐本解读，保证了导读内容的全面性和系统性，分析了马克思主义相关的理论重点和难点，比较清楚地解释了私有财产与异化劳动之间的关系、唯物史观的形成史和基本内容、阶级斗争在马克思主义中的地位和作用以及实践和矛盾等马克思主义中重要概念和理论等内容。第三，准确定位了为什么读。在经济全球化大背景下，各种思潮相互激荡，客观上更需要马克思主义的指导。“丛书”顺应时代，强调和凸显了马克思主义在我国社会文化生活中的指导地位，对当前复杂社会现实作了积极回应。

与会专家对“丛书”的理论价值和实践意义进行了讨论。第一，“丛书”以回归经典、解读经典的方式，论证了马克思主义基本原理与中国特色社会主义理论体系之间的一致性，证明了社会主义的科学性和实践性。阐明了中国特色社会主义的理论要创新，实践要发展，必须坚持马克思主义，认真阅读马克思主义经典著作。第二，“丛书”满足了建设马克思主义学习型政党的需要，为党建工作提供了优秀的学习读本。第三，“丛书”为青年人学习马克思主义提供了指导。高校马克思主义理论教育是一项系统工程，通过课程体系、教材体系和教学体系有力地保障了马克思主义在教育教学中的主导地位。教材的系统、通俗和规范化等特点使现在的思想政治理论教育取得很大成绩。但是，思想政治教育教学的效果仍有进一步提高的空间，这就需要加强马克思主义理论经典著作学习和应用，以让学生从马克思主义原著中获得动力和启发。“丛书”的出版恰逢其时，是学生深入掌握经典著作非常好的桥梁。

与会专家指出，“丛书”作者队伍老中青相结合，以中青年为主，其中中央马克思主义理论建设工程的首席专家在创作过程中起到了传帮带的作用，锻炼了队伍，培养了新人。

（原载《高校理论战线》2012 年第 7 期）

财富的生产和分配:中外理论与政策

——“中国经济规律研究会第22届年会”综述

卢映西

由中国经济规律研究会与武汉大学主办，武汉大学经济与管理学院、人口资源与环境研究中心承办的“财富的生产和分配：中外理论与政策研讨会”暨中国经济规律研究会第22届年会，于2012年4月14—15日在湖北武汉举行。中国社会科学院特邀顾问刘国光，中国人民大学荣誉一级教授卫兴华和中国经济规律研究会会长、中国社会科学院马克思主义研究院院长程恩富等经济学家，以及来自全国60多所高校和科研机构的130多位专家学者出席了会议。在开幕式上，中共武汉大学党委副书记王传中教授和武汉大学经济与管理学院院长陈继勇教授分别致欢迎辞，程恩富教授致开幕辞。会议以马列主义及其中国化理论为指导，以财富的生产和分配为主题，与会学者深入研讨、切磋交流。

一　财富生产和分配的现状与理论观点

刘国光在主题报告中指出，在纪念邓小平同志南方谈话20周年之际，一些人抓住“不改革开放就是死路一条”这句话大做文章，对这句话应该正确理解。当前流行的“如果不改革就是死路一条”的说法，是不够精确、不够全面的。改革有不同的方向，改革到底是按社会主义方向还是按资本主义方向，这个问题还是要讲清楚。戈尔巴乔夫也曾坚持改革，他把苏联改到什么地方去了？邓小平说过，有一些人打着拥护改革开放的旗帜，想把中国引导到资本主义，他是要改变我们社会的性质。所以，不能简单地说“不改革就是死路一条”。准确地说，不坚持社会主义方向的改革，才是死路一条；坚持资本主义方向的改革，也是死路一条。查一查邓小平1992年南方谈话关于“死路一条”的全面表述，原来并不是简单地只讲“不改革开放就是死路一条”，而是先讲了极其重要的前提条件，其全句是：“要坚持党的十一届三中全会的路线、方针、政策，关键是坚持‘一个中心，两个基本点’，不坚持社会主义，不坚持改革开放，不发展经济，不改善人民生活，只能是死路一条。”我们应该不是口头上片面地引用邓小平讲话中的个别语句，而要全面地坚持邓小平谈话精神。这个问题太重要了，关系到我们社会主义国家的前途和十几亿人民的命运。过去30多年里，我们改革的大部分时间把以经济建设为中心的重点，放在“做大蛋糕”上即GDP增长上，没有来得及放到“分好蛋糕”上，以至于贫富差距不断扩大，两极分化趋势明显；在未来一个时期内，我们要克服这个缺陷，把“分好蛋糕”放在更加重要的地位，也就是说把以经济建设为中心的着重点放在分好蛋糕上，即放在民生和分配上。为了显示中国共产党为实现中国人民的共同富裕，不搞两极分化的决心，建议十八大报告宜重笔墨阐述邓小平关于共同富裕和不搞两极分化的多次论述，尤其是不要回避邓小平一再提出的“如果我们的政策导致两极分化，我们就失败了”的告诫。

卫兴华对目前贫富分化的情况表示担忧。他指出，有关资料显示，中国1984年基尼系数为0.24，以后不断扩大，1994年为0.434，2000年为0.458，2004年为0.469，2006年为0.49，目前估计已达0.5或以上。根据瑞信研究院2011年10月发布的《全球财富报告》表明，中国百万美元以上的富翁已达百万人以上。个人净资产超过5000万美元的，达5400名，仅次于美国，德国为4135名，日本为3400名，俄罗斯为1970名。《福布斯》2011年“中国富豪榜”显示，中国个人或家族资产超过10亿美元的已达到146人。“胡润富豪报告”的创始人霍格韦在2012年的新闻发布会上说：中国拥有10亿美元财富的人数其实可以翻倍，达260人。还有大批富豪隐藏在人们视线之外。作为社会主义国家的中国的富豪数量，超过了除美国之外的一切发达资本主义国家！另一方面，我国还有不少需要救助的贫困人口。贫富差距不断扩大，是否已经出现两极分化？学界还有不同的认识。应该肯定，随着改革开放以来中国生产力的快速发展，从总体上来看，全国人民的生活水平普遍提高了。这是问题的一方面。但另一方面，也应肯定出现了贫富两极分化的事实，只不过这是相对性质的而不是绝对性质的分化。现实问题的产生，又回到了一个老问题：为什么要搞社会主义？从直观的具体层面来看，从广大老百姓最关心也最容易接受的切身利益来看，搞社会主义，就是要让广大人民群众摆脱在旧社会制度下遭受剥削、压迫与穷困的处境，过上美好幸福的、人人平等的、日益富裕的生活。这是社会主义区别于以往一切社会的最本质的特点，是搞社会主义的最根本目的。

程恩富认为，目前要面对的贫富分化不仅是中国的问题，而且是全球的问题。不仅要研究收入分配，还要研究财富分配。衡量贫富分化程度时最重要的是财富的差距，而不是收入的差距。我们不仅要研究财富的分配，还要进一步研究财富的生产，这就涉及所有制问题。不能就分配谈分配，不能在分配方面兜圈子。在有些重要场合，有人把分配看成社会问题，不看成经济问题，只把收入差距的扩大归结为再分配的力度不够，这是片面的或者说是不正确的。只有把收入差距看成经济问题，才会认识到所有制结构决定初次分配公平与否，才会知道以公有制为主体最重要。在初次分配与公平的关系方面，中共十七大报告和十六大报告的表述有重要区别。十七大报告的提法是“初次分配和再分配都要处理好效率和公平的关系，再分配更加注重公平”，这个提法比较科学。

武汉大学颜鹏飞教授指出，经济学理论研究重点的变动和变化存在着三个阶段，即关注生产、供给阶段→关注分配、消费需求阶段→生产问题或分配问题轮流凸显阶段。“李嘉图定律”和“库兹涅茨假说”的阴影之一，就是中国在分配问题出现了三个层次的收入分配差距或者三大利益失衡问题，亦即居民收入差距、中观层次的地区差距以及宏观层次的国家与居民之间收入差距。这是一种以牺牲相当一部分劳动者利益为代价的“李嘉图推进”（少数人得益、多数人受损）或者“负帕累托状态”（无人得益、人人受损），肯定是不可持续的。可持续发展，说到底，就是如何正确处理“分好蛋糕”与“做大蛋糕”的辩证关系。就长期趋势而言，“做大蛋糕”至关重要，不能舍“做大蛋糕”之本而逐“分好蛋糕”之末。就现状而言，“分好蛋糕”至关重要，否则影响“做大蛋糕”。但这绝不是“做蛋糕第一，分蛋糕第二”。因为就实际现状而言，如果不先讲好蛋糕怎么分，是不会有人来参与做蛋糕的；蛋糕做出来了不按原来讲好的分法分，自然以后做蛋糕也无积极性可言。

中国社科院马克思主义研究院胡乐明教授在对 10 个省市的农民权益保护状况进行调研后发现，当前给农民造成损害最为严重因而容易引起“上访”的问题有三大类：一是土地征占。自 20 世纪 90 年代以来，随着我国城市化进程不断加快，人多地少的矛盾愈演愈烈，以各种不同的方式侵犯农民土地权益而引发的农村土地纠纷，已成为新形势下农村社会矛盾的焦点。二是村级的财务。村组织民主管理的机制不健全，村务透明性不强是目前农民政治权益保障面临的突出问题。三是有些地方出现了环境污染。如果基层政府不能有效保障农民权益，又不允许农民通过类似农民协会等自发组织去保护自己，那么最后的结果必然是农民权益受损的状况愈演愈烈。

二　所有制结构在财富生产和分配中的作用

刘国光毫不含糊地指出，我们的改革从一开始就是市场取向改革。但是，从一开始我们也认定这场改革是社会主义制度的自我完善。中共十四大明确提出改革目标是建立社会主义市场经济，而不是资本主义市场经济。社会主义不同于资本主义的本质特征和根本原则是什么，邓小平也讲得很清楚：“社会主义与资本主义不同的特点，就是共同富裕，不搞两极分化”，“社会主义最大的优越性就是共同富裕。这是体现社会主义本质的一个东西。”为实现这个不同于资本主义的本质特征，就要公有制经济占主体地位，“只要我国经济中公有制占主体地位，就可以避免两极分化”，最终实现共同富裕。由此可知，邓小平为什么多次把以公有制为主体和共同富裕不搞两极分化当作社会主义的“两个根本原则”来反复强调。

卫兴华强调，共同富裕的实现，要以宏观层面的社会主义总体框架的存在与完善为条件。共同富裕要以制度安排作为其必要基础，在私有制的基础上必然会产生两极分化。实现共同富裕的所有制基础只能是生产资料公有制。发展和完善社会主义公有制，是不会产生两极分化的。邓小平也明确指出了这一点。公有制经济实行按劳分配，劳动贡献有差别，收入分配也应有差别，但差别不会很大。公有制排除了凭借个人占有生产资料获取高额收入的情况，因而不会产生贫富分化。寻找造成全社会两极分化的根本原因，必须是既造成了一批财富日益增大、人数日益增多的富人群体，同时又造成了人数众多的低收入群体。这就必然涉及所有制问题。根据中国国家统计局的资料，1998 年，全国国有企业数量虽已减少但仍有 238000 家。2007 年下降到 112000 家，减少了一半多。2009 年，规模以上的国有工业企业只剩 9105 家。中央国企 2003 年有 196 户，2011 年减少为 117 户。与此同时，私有企业则大大发展起来了。现实表现出的是，国有企业在改制过程中大量资产流向少数人，大量工人“下岗”，这也是引起贫富分化的一个原因。

程恩富一针见血地指出，造成财富和收入分配不公的最根本原因，是所有制结构发生了根本性变化。1978 年中国的经济所有制结构几乎是单一公有制一统天下的局面。如今，单从数量来看，非公经济已在中国国民经济中占有主体地位，国有经济在整个国民经济中所占的比重大幅减少，这一比重已经和西方发达国家中的国有经济的比重相近。这样一种经济所有制结构和就业结构必然决定在财富和收入分配中劳动所得份额越来越少，而资本所得份额越来越多。值得警惕的是，国内个别新自由主义经济学家极力鼓吹实行国有企业和土地私有化以及金融自由化的“三化政策”，宣扬不改革国有经济的性质便无法实现共同富裕目标。如此可笑的谬论，是在公然掩盖一个众所周知，甚至连资产阶级经济学家都不否认的基本事实：私有化市场经济制度肯定会产生两极分化！这些颠倒黑白的言行打着通过“非国有化”或“民营化”或“市场化”实现共同富裕的幌子，恰恰正在背弃广大劳动人民的利益，正在把中国引向更加严重的两极分化的境遇，正在把中国推向社会动荡的灾难局面。

首都经济贸易大学文魁教授和徐则荣教授的研究表明，国有企业作为全民所有的社会主义公有经济性质的企业，更有可能是高效率的，而不是低效率的。新中国成立至改革开放前，虽然各种政治运动极大地影响了经济的发展，但从国有工业企业的全员劳动生产率来看，1952—1975 年，年均增长率仍然达 3.9%，而美国 1950—1978 年劳动生产率只增长 1.5%—2%。中国国有企业效率低下亏损，主要是在 20 世纪 90 年代。这既有国有企业在历史上形成的一些客观因素，也有现实经济活动中的人为因素，特别是受到新自由主义思潮的影响和冲击关系最大。因此，只要清除弊端，特别是排除新自由主义的干扰，加强和完善企业管理，依靠工人阶级，充分调动广大职工的生产积极性，国有企业一定能够重振雄风。

长期生活在美国的武汉大学龙斧教授，经过深入观察和研究得出结论，中国国有企业无论从 1949—1976 年还是从 1980—2012 年，效率效益都是高的，它的效率效益是私有企业所无法达到的。这是因为无论从中国的劳动力素质、资本、技术、组织才能等各种内部要素条件看，还是从“冷战”、意识形态对抗、经济封锁、美国威胁、海峡对峙、中苏对抗等外部条件看，或者从中国所面临的各种挑战以及“大跃进”、“文革”（1966—1976）等出现的问题看，中国 1949—1976 年时期的工农业生产的长足增长都是新古典经济学所无法理解的，也是采用新古典的市场经济方法所无法取得的。

福建三明学院钟卫华副教授通过数据分析论证了只有坚持程恩富教授提出的“公有主体型的多种类产权制度，劳动主体型的多要素分配制度，国家主导型的多结构市场制度，自立主导型的多方位开放制度的‘四主型经济制度’”，才能从根本上理顺收入分配关系，解决贫富差距过大的问题。

三　贫富分化问题的多角度研究和应对措施

卫兴华在对贫富分化问题进行全面分析后认为，目前将国内贫富分化的根本原因归结为中外私有制经济的发展所占比重远远高于公有制经济的结果，并不意味着否定或轻视私营、外资企业的重要作用，更不意味着主张“国进民退”减缓私有制经济的发展，也不意味着主张限制富人人数的增加和财产的扩大。只是主张应按邓小平理论、中国宪法以及中央指导思想和社会主义经济制度的规定，坚持和发展以国有经济为核心的公有制经济，确保以公有制为主体、多种所有制共同发展的基本经济制度，不搞全面私有化。富人可以继续富，但穷人不要继续穷。私有制经济可以继续发展，但不应搞“国退民进”，排斥国有经济的发展。要把国有经济搞好搞活，控制国民经济命脉，为全国人民创造更多的财富和增加全民的利益，以保社会主义的江山不会变色。

武汉大学曾国安教授认为现行中国经济结构存在的问题是阻碍收入分配公平的根源，例如实体经济与虚拟经济发展的失衡、垄断行业与竞争性行业发展的失衡、城市经济与农村经济发展的失衡、发达地区经济与落后地区经济发展的失衡等10大失衡均可导致收入分配不公，所以只有深化经济结构改革，才能推进收入分配公平。

对外经济贸易大学郭飞教授针对中国个人收入分配领域的突出问题提出了五大对策：一是深化财税体制和资源产品类价格改革，调整国家、企业与个人利益关系，具体措施是降低企业所得税和调高个人所得税起征点等。二是建立健全职工工资正常增长机制，稳步实施中国居民收入10年倍增计划，具体措施是提高最低工资标准、落实同工同酬，以及在国家机关、事业单位内实行价格特殊津贴和经济发展津贴制度等。三是严格规范国有企业高层管理人员的薪酬标准和职务消费。四是进一步完善国民收入再分配机制，大幅增加公共服务在财政支出中所占的比重，促进基本公共服务均等化。五是大力加强党风廉政相关法律法规建设，实行官员财产申报和公示制度，狠狠打击并坚决取缔非法收入。

武汉大学简新华教授认为，中国现在已经由以解决温饱问题为主的生存型发展阶段进入以实现全面小康和富足为目标的发展型发展阶段，由拉开收入差距、让部分人先富起来迈向缩小收入差距、让发展成果共享的阶段，必须合理增加普通劳动者特别是弱势群体的收入。但是，缩小收入差距绝对不是搞平均主义，共同富裕绝不是要“均贫富”。可行的办法应该是“节制资本”。“节制资本”是民主革命的先驱孙中山先生提出来的重要方针，他认为中国要富强，必须发挥资本的作用，而资本又可能损害国计民生，所以要扬长避短、兴利除弊。20世纪30年代美国的“罗斯福新政”，实际上也是一种“节制资本”的政策。

通常初次分配是在企业内进行的，初次分配的差距可以用企业内的基尼系数来反映。但在已有的文献中，缺乏关于企业内基尼系数的情况。四川大学张衔教授的研究成果弥补了这一空白。这项研究通过对中国东中西部地区的102家企业的抽样调查，计算出目前中国企业内的基尼系数已达0.4353，已经超过公认的警戒线。研究结论不支持国有央企的高收入造成初次收入分配差距过大的说法，实际上这种高收入恰恰会降低而不是提高基尼系数。可以得到经验支持的是，基尼系数是随着非公有制经济比重的上升而上升的。

近年来，许多经济学者从机会不平等角度来分析收入分配问题，上海财经大学马艳教授试图从已有的机会不平等理论出发，在马克思主义财产制度和收入分配理论框架里引入机会因素，通过实证分析解释中国收入差距持续扩大的现象，提出了加强公有制主体地位、缩小机会不平等、改革户籍制度等方面的解决办法。云南财经大学周文教授对“中等收入陷阱”问题进行了充分研究，认为中国目前的收入分配结构恶化是跨越“中等收入陷阱”过程中必然会遇到的主要困难之一，进而提出了改变现有利益集团格局、调整要素供给结构、以宏观和微观经济调控政策引导“生产型社会”转向“消费型社会”等对策。

对外经济贸易大学杨国亮副教授通过对资本主义发展脉络的梳理，指出当代经济全球化的实质是资本的全球化。这种全球化扩大了资本扩张带来的不平等性，使全球到处都陷入两极分化，主要表现在发达国家和发展中国家各自内部和相互之间的两极分化。即使采取负债消费和福利制度等措施，也不能从根本上解决由两极分化导致的有效需求不足问题，所以资本主义全面危机不可避免。

广东省委党校郑志国教授认为“要提高劳动报酬在初次分配中的比重”这个提法有问题。所谓初次分配，通常是指物质生产部门创造的新价值分配，特别是增加值在企业员工、企业和国家之间的分配。随着效率提高，劳动报酬在初次分配中的比重下降是必然趋势，世界各国都是如此。但劳动报酬比例下降，并不等于人均工资下降。因此应当讲提高劳动报酬在国民总收入中的比重，而不是提高它在初次分配中的比重。

四　与财富生产和分配相关的理论问题

对第二次世界大战战后资本主义黄金年代的解释，曼德尔与调节学派（以及 SSA 学派）各有短长。清华大学孟捷教授在深入研究后认为，理论的进一步发展要求在上述学派之间达成某种综合，同时还要尽可能地拓展制度分析的范围，尤其是将那些与投资和创新相关联的制度形式囊括进来。为此就有必要在马克思主义经济学和新熊彼特派经济学乃至当代制度经济学各流派之间展开更为充分的对话，只有这样，才能更全面地揭示黄金年代资本积累的制度基础。

南开大学何自力教授在发言中指出，长期以来，崇尚西方经济学分析手段的学者对许多重大经济热点问题作了非常不科学的解释，不但误导了舆论，而且误导了政府的决策，危害十分严重。例如西方流行的产业结构演化理论认为，一国产业结构的发展是依第一、第二到第三产业的顺序不断由低级向高级转化的过程，第三产业在产业结构中占主导地位标志着产业结构实现了高级化。许多学者受此误导，以为中国的产业结构还没有实现高级化，因而没有达到先进水平。实际上发达国家产业结构的合理性根本经不起理论质疑和实践检验，所谓“高级化”正是资本主义全面危机的前奏。

淮北师范大学张作云教授通过对资本主义经济危机理论和实践的深入研究，批判了对当代金融和经济危机实质的各种错误认识，指出当前危机的实质仍然是生产过剩，时代的变迁仅仅反映在马克思分析和揭示的生产过剩的基本特征有了进一步深化和发展，派生出许多新的特征。

本来马克思主义经济学是中国的主流经济学，可是当新古典经济学侵入并变成颇似主流经济学之后，已在许多学者、学生乃至官员中产生“恶劣影响”。武汉大学王今朝副教授的研究表明，新古典经济学在理论上是错误的，它的错误和马克思主义经济学的科学性都已在 2008 年金融危机中再次得到了证明。

南京政治学院上海分院曹雷副教授认为，金融不仅具有通过收入分配间接进行财富分配的重要功能，而且还具有直接的财富分配功能，这种功能在中国的收入分配差距的扩大中起着明显的作用。中国政府长期实行的低汇率政策，造成本国财富向国外免费奉送的荒谬现象。

要改善收入分配状况，就必须扭转现状，采取切实措施加强中国金融的财富分配功能的社会主义性质。

武汉大学王玉敏副教授观察到劳动者在企业内的劳动和培训中劳动能力不断提高的现象，提出了劳动力发展权的概念，即劳动者应该享有的开发和提高其劳动能力的权利。劳动力发展权理论是马克思关于劳动力产权的思想在现代市场经济条件下的逻辑延伸。新理论由于引入了劳动力发展权概念，证明了企业不仅生产了产品，而且也创造了人力资源价值，从而能够合乎逻辑地导出社会主义市场经济条件下在一定程度上按要素分配的合理性。因此，劳动力收入分配需要把按劳分配和按要素分配结合起来。

中共中央党校王天义教授认为，不管是依据现代西方经济学的观点还是依据马克思的观点，都会得出发展市场经济就必须发展私有制的结论，这种理解是片面的。按照马克思的分析，市场经济是在社会分工条件下，不同利益主体之间劳动交换必然采取的经济活动方式，它所要求的制度基础是不同利益主体的存在，这种不同的利益主体既可以是相互对立的私人利益，也可以是共同利益基础上的利益差别。因此，中国发展社会主义市场经济并不必然要求一定要实行私有化，而只要在确保公有制经济主体地位的基础上承认人们不同利益的存在也就够了。

南京财经大学卢映西副教授认为，贫困问题是人类发展史上的千古难题，如果不在根本上转换观察问题的视角，恐怕难以彻底消除贫困。视角的转换可从程恩富教授提出“双约束假设”（假设在一定时期内资源和需要都是有约束的）开始，推导出“生产过剩→失业→贫困”因果关系链，从而为中国贫困问题的解决开辟全新的理论空间。

（原载《马克思主义研究》2012年第5期）

完善学科建设推进教学创新

——北京大学马克思主义学院成立20周年庆典暨全国高校马克思主义学院院长论坛综述

北京大学马克思主义学院

2012年4月27—28日，为庆祝北京大学马克思主义学院建院20周年，“全国高校马克思主义学院院长论坛”在北京举行，来自全国31个省、市、自治区的近百所高校的马克思主义学院的院长和学者出席了这次会议。会议以“推进马克思主义理论学科建设，提高马克思主义理论学科的学术水准”为主题，对学科前沿问题进行了共同探究和热烈讨论。

一　关于马克思主义理论学科建设

马克思主义理论学科建设是本次会议的核心话题，也是会议中讨论最多的问题。与会者们围绕学科意识、学风及学者心态、学科设置与划分、学科发展路径这些角度展开讨论，并分析了中国马克思主义理论学科建设所出现的缺陷与面临的疑难。

关于学科意识，中国人民大学秦宣教授在题为“纠结的时代呼唤马克思主义理论创新”的发言中呼吁反思学科建设的实际成效和出路问题。清华大学艾四林教授提出了马克思主义理论学科发展的“五个自觉”：对学科历史的自觉，从历史中总结经验教训；对学科组织建设和学科认同感培养的自觉，要把不同学科背景的人整合起来；对学科科学性的自觉，要把握马克思主义理论学科自身的发展逻辑和知识架构；对学科研究对象和研究方法的自觉，要把握马克思主义的整体性，用科学的方法做研究；对学科未来的自觉，要对这个学科的发展前途充满信心。与艾四林教授相呼应，山东大学周向军教授提出了在中国马克思主义理论学科建设中要“提高文化自觉、增强文化自信、实现文化自强”，要把握马克思主义理论学科的发展前景。

针对学风及学者心态问题，秦宣教授认为，提高马克思主义理论学科的地位要求人们要静下心来，少一点浮躁、多一点责任，少一点抱怨、多一点担当，少一点犹豫、多一点勇气，少一点空谈、多一点务实。西南财经大学俞国斌教授认为，对于学科的资源投入的问题必须引起反思，一门学科的存在与发展不能仅仅靠领导部门的重视，而是要靠社会的需要来推动。吉首大学吕学芳教授认为，学科的发展主要是靠参与者自身的努力，只有自身做好了才能受到关注和重视。与之相应，哈尔滨师范大学李庆霞教授提出“有为才有位”，她认为一个学科只有自己努力，才能得到学校和社会的肯定和认同，要在教学、学术等各方面取得成绩。同济大学丁晓强教授指出，要克服脱离社会实际，过分讲大空话的问题。

对于学科设置与划分的问题，吉林大学贾中海教授提出，要把马克思主义理论的三个组成部分（马克思主义哲学、马克思主义政治经济学和科学社会主义）有机统一起来，形成一个完整的体系和学科。而上海师范大学张允熠教授则认为，马克思主义哲学、马克思主义政治经济学和科学社会主义三个部分的界限必须适当区分。与之相似，安徽大学吴学琴教授提出，六个二级学科中有很多是相近的，要适度划分它们的边界。

在学科发展路径这个问题上，与会者提出了一些建设性意见。例如复旦大学顾钰民教授认为，马克思主义理论学科要发展，学术研究是基础，必须做好科研工作，建设一支在全国乃到世界上有影响力的学术团队。他认为，学科建设要有准确的定位，专业课的课程设置要合理，同时还提高教学质量。中国政法大学马抗美教授指出，要着力于把教师们个人的学术潜力最大限度地转化为整体的学术优势，进一步凝练研究方向，明确研究领域，突出院系特色；要探索和遵循马克思主义理论学科的发展规律，确定学科的发展思路。东北师范大学胡海波教授提出了马克思主义理论学科发展的两个生长点：一是整合现有的研究成果，并力图突破学科界限；二是中、西、马结合，把西方文化与马克思主义的研究结合起来，要在西方文化背景中加深对马克思主义的理解。四川大学蒋永穆教授认为，要加强与其他学科的交流，发挥马克思主义理论和学科的引导作用。武汉理工大学朱喆教授提出了学科建设的“五个平台”，认为要通过制度平台、机构平台、课程平台、学术平台和学科平台来提升马克思主义学科的建设水平。石河子大学夏文斌教授提出要借力造势：一是借学校领导之力，提升马克思主义学院的美誉度；二是借哲学社会科学跨学科之力提升马克思主义学院学术实力；三是借社会需求之力，提升马克思主义学院的社会影响。中南大学张卫良教授为学科建设提出了三点建议：一是在马克思主义理论一级学科数量迅速增加的情况下，要致力于提高学科质量，使它们发挥应有的社会作用；二是通过学科互助实现各学科共同发展，先发展的学科带动后发展学科；三是学科特色是学科发展的生命力，要把学科特色作为学科评估的一个指标，增强学科的活力。

与会者也谈到了学科建设可能出现的缺陷与面临的疑难问题。云南大理学院胡椿教授指出，当前拥有马克思主义学院或学科的学校很多是由高职高专升格上来的，他们的学科意识不强，停留在低层次教学上，缺乏科研支撑。中国石油大学（华东）夏从亚教授认为，在学科定位上，既要从整体性上理解马克思主义，又要有具体的区分，如何保持平衡是个有待解决的问题；另外，中国化必然涉及一个取舍问题，这样会不会影响马克思主义的完整性？中南民族大学阎占定教授认为，部分院校的学科建设与教学的关系协调得不好，重视学科点建设忽视具体的教学管理工作，重视科研工作轻视教学任务的问题明显，同时，科研成果没有很好地转化为教学，不能有效支撑教学。西藏民族学院杨维周教授指出，当前民族地区高校马克思主义学院的学术水平、教学水平整体较低，教师力量不足，学科点缺少硕士和博士学位授予权，马克思主义理论学科缺少与外界的交流，在科研方向上只注重马克思主义一般理论的研究，忽视了马克思主义关于民族问题的理论研究。

二　关于马克思主义理论的研究与发展问题

马克思主义理论的研究与发展问题是本次会议的另一个重要话题，与会者探讨了马克思主义理论研究与发展的意义、原则与方法，并提出了理论研究与发展的一些具体突破口。

对于马克思主义理论研究和发展的意义，中山大学钟明华教授认为，马克思主义发展有两条路径，一是通过中国共产党的实践来发展，一是由宣传教育、科学研究来推动，后者是马克思主义理论学界同仁肩负的重任。天津大学孙兰英教授认为，新时代呼唤社会主义新文化，社会主义核心价值体系是发展社会主义新文化的思想基础，要树立起“抢占文化制高点”、“引领社会思潮”的自觉意识，坚持核心价值导向，唱响“和谐”文化的主旋律。

关于马克思主义理论研究和发展的原则与方法，学者们也提出了许多建议。北京师范大学王树荫教授认为，要研究马克思主义大众化问题必须弄清楚大众化的内涵、对象和效果评价标准，并客观地认识当前马克思主义大众化的效果。他认为，大众化不一定是简单的通俗化，也有可能是系统化、理论化，因为大众化是有层次性的，其对象、内容都可以分层次，要有效实现马克思主义大众化，就要坚持先进性与广泛性相结合，不同的对象要有不同的目标、内容和方法。河北北方学院任亮教授认为，马克思主义理论研究要“顶天立地”，既要树起马克思主义大旗，形成凝聚全民族的精神支柱，又要立足实践，解决现实问题。安徽大学吴学琴教授认为，当代马克思主义面临的最为迫切的问题是大众化问题，它是“抓住”青年人的关键；要运用马克思主义的基本观点、方法和理论关注和解决当前比较突出的现实问题，这是马克思主义大众化的关键。贵州师范大学汪勇也认为，马克思主义大众化最重要还是要着力解决现实问题。厦门大学张友奎教授提出，马克思主义时代化是解决其他的问题如大众化等问题的前提。贾中海教授提出要研究与马克思主义相对立的自由主义思想体系。

与会者从自己的学术专长出发，提出了马克思主义理论研究和发展的一些具体的问题。首都师范大学李松林教授提出，要加强中国近现代史的研究，尤其是近现代史历史规律和主要经验的研究，并加强研究方法的探索。福建师范大学陈永森教授介绍了生态社会主义的理论。同济大学丁晓强教授认为，马克思主义的优势是它理论上的深度和批判力量，是它对现实的关注，要重视马克思主义的批判精神，不能一味地把它当作一种僵化的工具来解释现实的合理性，意识形态的辩护是需要的，但是处于变革的年代我们，要保持马克思主义理论的真精神，就要在意识形态性与批判性之间找到平衡点。

三　关于思想政治教育学和思想政治理论课的发展问题

思想政治教育学和思想政治理论课是马克思主义理论研究和发展的实践层面，它们的发展水平直接决定着马克思主义理论研究根本目的的实现程度，因而也是一个很受关注的议题。

关于思想政治教育学的学科建设问题，武汉大学佘双好教授认为，当前的思想政治教育学科中科学研究方法运用不足，同时他指出了思想政治教育学科的几个“悖论”：思想政治教育是马克思主义理论一级学科下的二级学科，是应用性学科，但是目前它对马克思主义的应用并不够，人们并没有自觉地运用马克思主义的研究方法来做学术；作为应用学科，它本应解决社会现实问题，但现实情况是它并没有很好地参与当前社会问题的解读。他认为思想政治教育学最初源于中国共产党的思想政治教育实践，对这种特殊事物应当作更多的研究，而不是急于从人类历史中寻找各种思想政治教育现象的共性。西安交通大学王宏波教授认为，当前的学术研究中，存在着将政策与理论混在一起、不加区分的问题；理论解读现实的能力太差，理论讲解落后于现实生活；应当对现实问题进行建构性批判，形成学科的话语权，尤其是对社会事件要有自己的声音。电子科技大学吴满意教授提出了思想政治教育学发展的几点建议：一是要考虑全球化、网络化、数字化这三个背景；二是把握党和国家的意志、教育教学自身的规律和学生成长成才的规律；三是实现教学和课程的融合，教学、科研和管理团队的融合，党建和行政管理的融合，理论教育与实践教学的融合。

关于思想政治理论课的发展问题，与会者首先分析了它所面临的困境。浙江大学吕有志教授认为，马克思主义在当代依然具有很强的解释力，在理性上学生是相信它的，但是在情感上学生又不愿意承认它，要着力解决人们对待马克思主义理论的理性和情感之间的矛盾，掌握马克思主义理论教育规律，提高教育的艺术性和美誉度。商洛学院左晓民教授认为，在思想政治理论教育中，马克思主义要实现两个转换，第一个转换是要使马克思主义由知识体系向价值体系转化，第二个转换是由价值体系向信仰体系转化，这两方面我们做得还远远不够，需要继续探索。山东理工大学杨晓春教授认为思想政治理论课面临着三个问题：一是学校教育与家庭教育、社会教育如何统一起来？二是思想政治理论课的实践教学怎么去做？三是思想政治理论课教师的工作与政工、辅导员的工作怎么结合？内蒙古民族大学王泰教授认为，当前马克思主义理论学科缺乏问题意识，主要表现在三个方面：一是基于学术探索本身的问题意识缺乏；二是基于中国实际、本地（内蒙古）实际的问题意识不敏感；三是基于时代发展、与时俱进的问题意识许多人跟不上。青海民族大学李琼认为，有些民族地区由于全民信教，这种宗教信仰和与马克思主义信仰之间的矛盾急需要理论解答。

在讨论了思想政治理论课的困境后，学者们也提出了一些优化的原则和路径。湖南大学柳礼泉教授提出要通过教学方法的创新来推动思想政治理论课效果的提高。钟明华教授认为，提高在开放的社会条件下从事马克思主义理论教育的有效性要遵循三个逻辑，一是理论的逻辑，要把握马克思主义理论精髓和科学方法论，实现价值性与知识性的有机统一，努力展现其理论魅力；二是认知的逻辑，教学方法要契合学生的学习方法，教学的深浅要适合学生的学习能力；三是生活的逻辑，要做到理论关照现实，满足学生成长需要。南京师范大学王跃教授认为，思想政治理论课的教学工作面临着把教材体系转化为教学体系，把教学体系转化为认知体系，把认知体系转化为信仰体系的任务。教材体系已经比较稳定了，而信仰则是很难控制和操作的，教师在课堂中能做的工作就是通过在教学上下工夫，提高学生们对马克思主义理论的认知水平，在认知的基础上实现向信仰的转化。安徽大学方爱东教授认为，要把青年教师的科研和思想政治理论课的教学相结合，以科研促进思想政治理论课效果的提升。海南大学李德芳教授提出了马克思主义理论教育要关注学术转化的问题，要在实际教学中把马克思主义的科学理论和方法发掘出来。

还有一些学者提出了思想政治理论课优化的具体方法。吴学琴教授认为要提高教师的能力和积极性，让他们积极改善课堂教学方法，吸引学生。她建议借用其他学科的方法和技巧，比如通过可视教件的应用提高思想政治理论课的吸引力。杨晓春教授认为，应当以马克思主义理论内涵的研究为主要任务，在教育方法上要借鉴其他工作方法。俞国斌教授认为，马克思主义理论教育要符合认知规律和大学生的学习规律，马克思主义是有批判性的，大学是有批判精神的，如果政治理论课完全没有批判，只是一种灌输。这种教育很难被学生接受，而且是否符合“大学精神”也是值得探讨的。胡椿教授认为，要高度重视马克思主义理论教育的渗透性和隐蔽性，强化思想政治理论课的实践教学部分。杨维周教授提出了优化思想政治理论课的五点建议：一是有针对性地研究马克思主义关于民族和宗教问题的理论；二是加强对少数民族地区经济社会发展实践的研究；三是有针对性地编写民族地区高校大学生思想政治理论课教材的编写；四是队伍建设上要保障数量、提高质量，增加民族地区高校思想政治理论课教师培训和学习的机会；五是增加民族地区高校硕士点和博士点，建立信息共享平台，提供国际交流的机会。青海民族大学李琼教授提出，思想政治理论课要有多样性，实行分级教育，针对不同对象提供不同的教育内容。

四　关于马克思主义学科的人才队伍建设和学生培养问题

关于马克思主义学科的人才队伍建设，李庆霞教授提出要重视团队建设，权责明确、分工合理、以合作为取向的组织机制有利于团队的建设，要通过课堂教学的团体协作加强教学团队建设；通过课题申报和科研合作来巩固学术团队。蒋永穆教授提出，要通过督察制度把学校和老师的积极性调动起来；要扩大教师队伍，培养教师们的学科自信，而教师也应当敢担责任，主动探索教材讲解方法，发现问题、解决问题。朱喆教授认为，要以学科建设为依托，以政策支持和体制机制为保障，努力造就一支信念坚定、德业俱佳的教师队伍。胡椿教授提出，加强队伍建设的重点要放在培养青年马克思主义研究者上。对于马克思主义理论学科的学生培养问题，顾钰民教授认为要规范人才培养，把学生培养成既有信仰又有能力的人才。贾中海教授认为，要打破严格的学科分化体系，按照“二级学科招生，一级学科培养”的思路来培养学生。南京财经大学叶昌友提出了要着力解决招生问题和学生就业问题。

（原载《思想教育研究》2012 年第 5 期，总第 208 期）

纪念毛泽东《在延安文艺座谈会上的讲话》发表70周年暨全国毛泽东文艺思想研究会2012年学术年会综述

陈士部

"纪念毛泽东《在延安文艺座谈会上的讲话》发表70周年暨全国毛泽东文艺思想研究会2012年学术年会"于5月19日至21日在湖南湘潭举行。会议由湘潭大学文学与新闻学院、湘潭大学毛泽东思想研究中心承办。来自全国各地近80位学者、作家、艺术家展开了讨论。

全国毛泽东文艺思想研究会会长刘中树在开幕词中回顾了《在延安文艺座谈会上的讲话》(以下简称《讲论》)发表前后的革命形势、文艺状态,认为《讲话》是"五四"以来新文艺实践经验的结晶,是马克思主义与中国文艺实践相结合的产物,是指导中国革命文艺实践的纲领性文献。代表们在大会发言和分组讨论中。主要关注的问题有四个方面:

一 以"坚持与发展"辩证统一的学术态度对待《讲话》

《讲话》是一个具有革命性、开放性的理论体系,是中国化的马克思主义文艺理论的经典文献。陆贵山认为:"要把真正属于历史的东西还给历史",只有把《讲话》放到世界文论的大格局里,放回当时的历史语境中,才能呈现其学理优势和历史价值,显示其对深化马克思主义文艺理论中国化的当代意义。马驰引证相关的延安文艺史实,指出毛泽东本人也承认《讲话》"有经有权",由此强调我们要把历史的东西还给历史,把未来的东西留给未来。丁国旗的论文指出,《讲话》留给我们辩证唯物主义、历史唯物主义的思想方法和鲜明的时代针对性等精神遗产,应当继承发扬。周波认为,在毛泽东文艺思想与当下社会和文艺现实之间应进行一种对话式研究,即一方面让理论接受社会和文艺现实的检验,另一方面,对社会和文艺现实加以疏导和规范。刘淮南和董希文等就"普及与提高"等问题表达了各自对《讲话》的"经"与"权"辩证关系的理解。

二 考察《讲话》发表后的文艺思想律动,描述其衍化、发展的逻辑进路

《讲话》发表70年以来,中国现当代文学的发展、中国文学理论的现代化诉求总是同

《讲话》有着某种关联。季水河认为，《讲话》及其发表是出于当时政治和文艺形势的需要，《讲话》70 年研究史应联系每个历史时期的社会变革和文艺发展状况去考察。欧阳友权指出，纪念《讲话》有三点不可缺少：回到原典、尊重历史和回应现实；有四个学术原则要坚守：1. 历史语境与理论语境的结合；2. 建设性学术立场；3. 与时俱进的创新思维，4. 找到与现实文艺的兼容度与结合点。张先飞强调了《讲话》中的"谁来写"的问题，由考察中国现当代文学发展的内在律动发出恢复《讲话》的精神传统、让底层弱势群体表达心声的愿请。马志融的论文考察了审美的文艺与服务的文艺之间的博弈，阐述了《讲话》发表 70 年来对中国文艺思想的影响。杨向荣则从《讲话》与"新时期"翻译与介绍外国文学思想与作品之间的复杂纠葛的角度，指出两者间既有超时空的承继也有不同时代背景带来的裂痕。

三　联系社会现实、文艺生态，研究《讲话》的思想魅力

代表们普遍认为，《讲话》的理论精神并没有过时，仍对社会现实、文艺实践有着重大的指导意义。面对当前文学作品、影视作品中"抽象人性论"泛滥的文艺现状，董学文指出，虽然《讲话》是抗战时期的文本，但其许多思想至今仍是非常深刻、有现实意义的。就目前社会科学理论的"走转改"问题来说，《讲话》可以说是最优秀的、最深刻的、最成功的号召"走转改"的读本。马龙潜认为，近年来马克思主义文艺理论、毛泽东文艺思想特别是《讲话》精神对我们来说有若即若离，甚至渐行渐远的趋势，学界存有将物质与精神、感性与理性、个体与社会、人与自然等关系相颠倒的现象，以至于唯物论与唯心论、辩证法与形而上学的界限被取消了。高天庆认为，用文本取代大众情怀、用喜剧之情替代悲剧之情以及用常数代替变数已给文艺工作者、研究者带来了不利的影响。他强调，作家只有把《讲话》文本转化为"《讲话》情怀"才能创作出优秀的作品。王洁群基于对《讲话》读者观念的分析，指出《讲话》中"读者观念"的政治性、现实性和辩证性等特征。王少青、刘江不约而同地用历史还原法肯定了《讲话》的思想价值与艺术价值，主张以包容态度、采用多样视角研究《讲话》与当代文艺批评。黄仁柯认为，"为人民服务"应具有连续性，当代作家要敢于反思历史，勇于担当历史道义。胡家祥从生态文艺学的角度凸显了《讲话》精神的现实针对性。

四　多维呈现《讲话》的理论姿态，彰显其普遍意义

在特定历史语境中诞生的《讲话》，既有具体所指，又揭示了文艺理论的一般规律。李志宏指出，所有的审美都以功利性为首要条件，当功利性在文学中表现为政治倾向时，很自然地就形成了文艺批评的"政治标准第一、艺术标准第二"，《讲话》的思想精神依然是正确而深刻的。曾永成、陈士部和黄也平主张，用比较方法来分析《讲话》的理论内涵与现实效度。前者认为，应重视《讲话》中"生活论"思想，可以借鉴艾布拉姆斯的"艺术活动四要素"、伊瑟尔的接受理论以及杜威的实用主义或西方当代现象学的生活世界理论等加以比较研究，多向度挖掘《讲话》的潜在价值；后者则认为，要从中西文化范式的不同上认识社会转型问题，在文化时空的经纬交织中来界定《讲话》。陈巨昌指出，要在辩证把握文本解读与领悟实

质、历史伟绩与现实影响、继承与创新发展以及毛泽东个人与毛泽东文艺思想等四种关系中，全面深入地研究《讲话》，彰显其普遍意义。毛庆其认为，必须重视毛泽东文艺思想、当代文论与传统文化特别是儒家文化的内在联系。李庆本的论文指认了《讲话》在世界五大洲几十个国家广泛传播的事实，认为《讲话》不仅是一种独特的理论系统，也是具有世界性的文艺思想方法。刘大涛依据当年热血男儿义无反顾奔赴延安的历史事实，指出《讲话》拥有审美政治学、审美心理学的意蕴。

本次学术年会集中展示了中国当代学界的问题意识和谋求马克思主义文艺理论的中国化、当代化的进取姿态。这主要体现在两个显著特征上：一个是鉴于当前的文艺危机、文艺学危机和发展马克思主义文艺理论的诸多困境，学者们一致认为必须重新回到马克思主义经典作家的原典，吃透其精神实质，寻求理论创新的可能路径；另一个是文艺理论探讨应该积极回应社会现实，避免抽象玄谈，在立足于现实的中西对话中汲取理论营养。尽管这些问题仍需要圆满翔实的答案，但问题的提出与初步的探索，必将为今后中国当代形态马克思主义文艺理论的建设提供重要启示。

(原载《文艺理论与批评》2012年第4期)

马克思主义经济学与当代中国经济发展和改革问题

——“中国《资本论》研究会第16次学术研讨会”综述

张凤超　赵学增　陈标宏

2012年5月31日至6月2日，由中国《资本论》研究会主办、华南师范大学经济与管理学院承办的“中国《资本论》研究会第16次学术研讨会暨第9届会员代表大会”在广州召开。来自全国60多所高校和科研机构的150余名专家学者围绕“保持经济稳定增长，促进共同富裕”会议主题，从经济增长、收入分配、国有经济、城市化与土地制度改革，以及当代资本主义研究与马克思主义经济学基本问题研究等角度进行了深入探讨。

一　坚持马克思主义基本原理，促进经济增长

目前中国面临着长期经济增长基本条件的变化，出现经济波动，而这次波动是一个短期波动，还是预示着长期趋势的出现？未来是否可能陷入“中等收入陷阱”？如何运用马克思主义经济学研究方法关注和解决中国经济增长问题，通过深化改革释放经济增长潜力？

林岗教授提出，应进一步通过中国经济改革以实现两个目标：转变增长方式以克服供给不利因素；缩小收入差距以解决需求条件的不利因素。陈永志教授等指出，治理中国经济通货膨胀需要及时调整货币政策，加强货币供给和需求管理，要重视回收流动性与引导流动性进入实体经济相结合，以及治理通货膨胀与转变发展方式、调整经济结构相结合，并解决实体经济结构性问题。白暴力教授等强调，对于“主动性纸币膨胀”所导致的价格总水平上涨，货币政策是有效的，而对于导致“被动性纸币膨胀”的价格总水平上涨，货币政策则是无效的。蔡玉平教授认为，目前中国高通货膨胀、高物价水平问题是由垄断利益集团、交通物流成本高、高税负、农产品供给短缺、货币超发等因素综合作用的结果，实行过度的紧缩性政策、对中国经济发展阶段以及经济基本形势认识的偏颇、经济体制障碍没有消除、政治改革滞后等因素则是导致中国经济下滑，并濒临危机的直接原因。李中建副教授指出，比较优势丧失、收入分配两极分化、政府治理失灵和外部误导是许多国家落入“中等收入陷阱”的主要原因。王仕军副教授认为，加快转变经济发展方式是中国跨越“中等收入陷阱”的必由之路，需要从加快实现经济增长动力的转换、营造加快经济发展方式转变的社会环境和扎实推进政治体制改革这三个方面进行重点突破。马伯钧教授认为，加快转变经济发展方式就是要

加快生产和消费发展方式从不可持续发展转向可持续发展，又必须首先加快转变消费发展方式。王今朝副教授等强调只有马克思的劳动价值论才能成为中国发展模式选择的指导性理论。

二 运用马克思主义经济学，剖析收入分配失衡

收入分配直接关系到中国共产党所制定的共同富裕目标的实现问题。怎样认识和看待中国目前出现的财富分配不公和贫富分化现象？其根源在哪里？如何通过收入分配改革实现不同主体间的利益均衡？

卫兴华教授认为，目前中国的贫富分化应当是相对性质的而不是绝对性质的两极分化，现在两极分化更大的原因是资产收入问题，是由于非公有制经济即私营企业和外资企业的大量发展。实现公平正义、共同富裕，必须坚持和完善以国有经济为主导、公有制为基础或为主体的基本经济制度。黄少安教授认为，应该回归马克思的劳动价值论，使劳动者获得公平的收入。袁正副教授等研究发现，居民的幸福感与收入水平呈显著正向关系，与收入不公程度呈显著反向关系。杨春学研究员指出，美国案例证明，收入分配的变化并不完全是市场力量自发变化的结果，社会政策的选择是一种更为重要的力量。董志强教授等提出中国劳动收入份额持续下降的主要原因是典型二元经济的存在、人口老龄化的日益严重、工业化进程中资本与劳动的冲突。周肇光教授强调建立三种相互作用的约束机制以逐步消除现阶段中国收入分配差距过大问题。崔朝栋教授强调，中国城乡收入分配差距过大问题主要是由生产要素本身分配的不合理造成的。刘灿教授认为，应该在财产与收入分配的公正公平基础上实现不同主体之间的利益均衡问题。张俊山教授认为，要通过调整职业收入结构，增加普通劳动者收入来扩大中等收入者群体，实现收入分配的合理化。乔榛教授认为，提高初次收入分配结构中的劳动收入占比，不仅要设法改变劳动者的地位，而且必须在国家干预经济过程中对劳动者给予更多的保护和支持。王云中教授构建了劳动者报酬社会功能工资模型，为提高中国私有制经济中的劳动者报酬提供了理论基础。朱富强副教授指出，为了解决市场机制的分配不公及其衍生的“马太效应”问题，需要对纯粹市场机制进行修正和完善。

三 发展马克思主义，解析国有经济改革

在市场经济条件下，垄断是否是国有经济特有的现象？现阶段中国是否出现了所谓的“国进民退”？若肢解国有银行和制造业，中国经济的国际竞争力如何得以支撑？国有企业改革是否应该区分国有经济的多元角色予以推进？

蔡继明教授指出，社会主义的本质规定是多元所有制结构、政府调控的市场经济、按生产要素贡献分配的制度、普惠的社会保障和社会福利。王天义教授提出，中国实行的是同社会主义基本制度紧密结合在一起的市场经济，要坚持公有制的主体地位。周端明教授认为，国有企业私有化可能会造成国家经济受外国资本控制的情况，国企的存在有其必要性，能防止中国经济被国外资本控制。陈亮博士认为，国有企业是中国经济发展的重要推动力量，也是实现全体人民共同富裕的重要载体，是国民经济发展的支柱而非障碍。谢地教授认为，国

有经济制度是全民所有制的实现形式，是中国特色社会主义经济制度的基本标志，应该在宪法层面对其做出制度安排。丁任重教授等认为，中国国有企业改革不能脱离国有企业的性质和社会责任，应根据国情、经济发展阶段和体制背景等情况，以及企业承担的任务、目标，在不同的领域根据企业的不同功能进行分类改造。萧衡钟博士从社会主义经济体制改革的理论与历史出发，通过阐述中国引入市场机制的渐进式改革进程来对中国国有企业的内在制度环境进行政治经济分析。钱津研究员认为，央企改革要有总体方案，且不能将国有企业与公营企业混在一起治理。纪尽善教授提出，国有股份制企业集团和国有控股股份制企业集团应分别作为中国大型国有经济主体的过渡模式和目标模式，过渡模式必然向目标模式转变。

四　深化马克思主义基本理论，推进城市化与土地制度改革

中国城市化速率滞后于工业化进程和经济发展速度，没有城市化、农业现代化相伴随的工业化进程可否顺利推进并持续？长时期形成的中国城乡分割的政策和城乡二元土地制度如何改革？

赵学增教授从马克思的视角研究了“圈地”、房地产与城市化之间的关系，指出房地产业依赖的是城市化途径，而不是城市化要依赖房地产业途径，这二者之间的关系不能倒置。葛扬教授认为，转型期中国地租分配的扭曲（即“土地财政”）缘于地方政府的财政收入和财政支出之间的矛盾。姚挺教授认为，实现农业的可持续发展必须重视农业经济关系的合理性。周端明教授等认为，当前中国应防止资本特别是外资利用中国政府放开土地承包经营权流转市场之机，实现对中国农业的控制。陈永志教授认为，取消农业税之类的外部输入并不足以化解“三农”问题，从内生性发展路径出发，即发展民营经济，才是根本解决之道。姚挺教授认为，农业产业化的真正实现应是农业生产过程的产业化，而不是农业流通过程的产业化。刘金石副教授认为，“互补共生模式”能够建立效率与公平均衡的现代市场经济与和谐的城乡关系。

五　秉承马克思主义理论方法，拓展马克思主义经济学研究视野

最近几年发生的“金融危机”、“债务危机”等资本主义经济危机，昭示着怎样的当代资本主义世界发展规律和趋向？如何根据新的情况提出新的基本理论，实现马克思主义经济学研究的创新？

裴小革研究员认为，只有把对西方金融危机和债务危机产生原因的分析建立在《资本论》及其手稿经济危机整体性理论的基础上，才能提出应对危机的标本兼治的科学方法。耿明斋教授认为，此次全球金融危机从根本上来讲是经济活动的“全球化”和主权国家存在这个事实之间错位矛盾的结果。张作云教授指出这次危机在实质上依然是一场生产过剩的危机。

高峰教授指出，要努力探索劳动组织和劳动方式的变革，逐步克服资本主义生产方式的各种弊端，建立更人性化的有利于劳动者全面发展的中国式社会主义生产方式。杨继瑞教授等提出，工业化和城市化的不断推进，引致土地所有权的垄断性、排他性更为强烈，农业资

本有机构成趋近于社会资本平均构成只能改变绝对地租的价值构成实体的来源而不是绝对地租本身的消失。此时，农业生产与非农产业一样，仍然要缴纳绝对地租，但其缴纳的是绝对地租。陈俊明教授认为，《资本论》研究资本运动的同时，也重视研究资本的人格化——资本家的经济行为。马克思不仅对资本家经济行为特性进行了总体评价，还揭示了一般过程行为的特征和特殊过程行为的特征。罗雄飞教授认为领会马克思独特的思维方式，是理解“生产方式”内涵，进而把握马克思经济学研究对象的关键。《资本论》既有的内容只停留于对“资本一般”的考察，马克思经济学的研究对象不能等同于《资本论》的研究对象。许建康研究员认为，恢复马克思剩余价值理论的历史地位，要把握马克思对资本主义生产方式两种概括的同质性，区分资本的拜物教性质与拜物教意识，研究资本国际运动的阶段性和经济长波的周期震荡。罗雄飞教授指出，马克思的转型理论依照其理论前提和内在逻辑不存在丝毫的逻辑问题，所谓“转型问题”本身是一个伪问题。郭广迪教授认为，马克思有可能赞成有条件的经济学数学化，但不可能赞成无条件的经济学数学化，即用数学方法去取代经济学中的哲学思想和其他不可能被数学方法所替代的分析方法。郜丽华教授归纳了西方学者“改造”与“超越”《资本论》的三个不同发展阶段，论证了这一尝试的实质及其对西方马克思主义经济学研究所产生的影响。

（原载《教学与研究》2012年第9期）

当前中国社会道德建设的问题、路径与意义

——中国社会科学院马克思主义研究院首届“思想政治教育论坛”综述

梁海峰

2012年6月26日，中国社会科学院马克思主义研究院举办首届“思想政治教育论坛”，论坛的主题是“当前中国社会道德建设：问题、路径与意义”。来自教育部社科中心、清华大学、北京大学、北京科技大学、中国社会科学院的专家学者以及《马克思主义研究》、《思想教育研究》、中国社科网等媒体的60余人参加了论坛。论坛由中国社会科学院马克思主义研究院原理研究部主任胡乐明教授主持；中国社会科学院马克思主义研究院党委书记侯惠勤教授致辞。

一　当前中国社会道德建设存在的问题

侯惠勤教授指出，当今中国社会遇到的很多思想政治问题都和人性有关。马克思主义的观点是：不是人性创造历史，而是历史改变人性。人性不是社会发展的根本原因和动力，它要受社会制度、社会关系、社会基本矛盾的制约，因此只能起抽象的作用，不能起历史、现实的作用。但是，人性如果能正确定位，那它对于批判现实、揭露现实矛盾以及道德熏陶都有积极意义。人性与现实的社会矛盾可以处于良性作用中，可以把社会的发展、人的进步有机结合起来。他强调，人性往往集中表现在阶级性上，它不是通过个人的良知来表达，而是通过先进阶级的阶级性来表达。不能因为讲人性而排斥阶级性，讲人性与讲阶级性要统一起来。

北京大学马克思主义学院院长郭建宁教授认为，目前中国正面临复杂多变的国际形势和十分艰巨的国内改革攻坚。国际上的各种思想文化相互激荡和国内思想文化、价值观念的多元并存，使得我们正处在一个思想大活跃、观念大碰撞，文化大交融的时代。伴随着“全球化”、网络化、数字化、信息化，市场经济、商业社会、消费社会、资讯社会的发展，人们思想活动和价值判断的独立性、选择性、差异性和多样性进一步增强。最近30多年来的中国，经济建设发展很快，人们在肯定经济腾飞的同时，也对文化建设、道德重塑、价值追求、人文修养方面的不适应格外担心，甚至忧心忡忡。如果一方面经济高速增长，一方面却是道德

失范、价值失迷、文化失衡、社会失信、人文精神失落，人们“幸福指数”就会降低，社会就没有真正的稳定与和谐，发展也不可能持续。应当说，“衣食足”在今天已经基本不是问题了，而“知荣辱”则还是大问题。具体来说，中国当前道德建设面临着四种让人忧虑的现象：一是羞耻感缺失；二是价值观混乱；三是“潜规则”盛行；四是公信力下降。在道德建设方面，确实还有许多工作需要用大力气去做。

原教育部社科中心主任田心铭教授对“德育非政治化”的观点予以反驳。他指出，一段时期以来，在有关道德教育的论述中有一种声音，认为中国教育方针中培养“社会主义建设者和接班人”的规定，是“德育政治化”的典型表现，他们要求道德教育不得具有社会主义的内容和性质，要求中国道德教育与中国特色社会主义相分离，而应该与国际“接轨”。他认为，道德原则和道德要求归根到底是从人们的利益中引申出来的，而建设中国特色社会主义正是当代中国人民共同的根本利益所在。以中国特色社会主义共同理想为核心的道德建设的原则和要求，既应当因符合社会客观规律和中国国情而具有历史必然性、科学真理性，又应当因其代表了最广大人民的根本利益而具有价值立场、最深厚的群众基础和现实的可行性。主张实行超越一切社会制度属性和阶级属性的“中性”的道德教育，是一种非科学的观点，是基于错误的历史观和道德理论，只能导致削弱和破坏社会主义道德建设。田心铭指出，在关于道德教育的不同观点分歧的背后，是道德教育的指导思想或理论基础的分歧。道德教育服务于中国特色社会主义事业，坚持以集体主义为原则、以为人民服务为核心，是以辩证唯物主义和历史唯物主义为指导，从中国实际出发得出的基本结论。而德育非政治化的观点所表现的，是离开具体社会形态，从“一般社会”出发去观察社会现象，从“一般人性”出发去观察人的唯心主义的历史观和方法论。

北京科技大学马克思主义学院彭庆红教授在发言中指出，尽管当前中国社会道德领域出现了诸多问题，但是仍不能赞同当前的“道德危机论”。“道德危机论”一旦盛行，难以避免的负面影响是对中国国际形象的损害，是中国经济社会运行成本的提升，是老百姓恐惧担忧以及生活成本的增加，是对实行改革开放政策以来社会道德建设成就的否定，是对广大一线德育工作者多年来工作业绩的否定，这些都将使后续道德建设难度进一步加大。评价当前中国社会道德状况，必须肯定道德发展主流的积极健康，同时承认在特殊时段，一些领域、一些群体存在着严重的道德问题，要解决当前社会道德问题需要“下猛药”、重点治理，中国特色社会主义道德建设需要一个长期的过程。

中国社会科学院马克思主义研究院李春华副研究员认为，改革开放以来，对中国社会道德现状的判断，一直就存在着两种观点：“道德滑坡论”和“道德爬坡论”。这一讨论从20世纪80年代中期开始，在90年代中期达到了高潮，目前，对当前中国社会道德现状的判断依然围绕着这个争论。能够做出“道德滑坡”或“道德爬坡”的判断，实际上已经暗含了判断的标准或尺度。这两种观点都有着某种事实依据，都能说明某些现象；但同样明显的是，两种观点都只是用一些预先假定的一般道德价值原则去评价现今的道德状况。今天，中国社会道德建设的“道德之坡”，既不是古代的封建主义道德，也不是改革开放之前的道德，更不是西方的资本主义道德，而是立足于中国特色社会主义实践，承接民族优秀的传统和人类文明的道德体系，它集中地体现在社会主义核心价值体系里，具体地体现在“社会主义荣辱观”

里。现今中国的道德建设就是要实现社会主义道德观念和理论体系与道德现实的统一。

针对国外宗教势力的渗透，以及某些学者提出的“宗教道德救世说”，中国社会科学院马克思主义研究院习五一研究员认为，宗教与道德属于不同的范畴，所谓的宗教道德具有严重的排他性，这种排他性所引发的教派冲突违反了人类社会的基本道德原则，科学无神论以科学和理性支持其真理性，而有神论则以虚幻和非理性反映其荒谬性。从历史进步的长河来看，人类社会的道德并不必须依赖超自然的神学教义，也不要求必须依靠神灵的制裁。科学的探索不会导致人类道德体系的瓦解，人文主义的理性精神，可以为人类社会提供高尚的道德价值体系。

二　中国社会主义道德建设的原则和路径

田心铭教授指出，道德教育不能离开中国特色社会主义共同理想这个核心，这也就是说，道德教育必须服务于建设中国特色社会主义的事业。同时，道德教育不能离开集体主义原则，即社会主义的道德教育必须坚持以为人民服务为核心，以集体主义为原则。这两个“核心”相互关联，从不同层面规定了中国道德建设、道德教育的性质和方向、内容和要求。

清华大学马克思主义学院刘书林教授也强调了道德建设的集体主义原则，同时还指出，端正执政党的党风是改善社会道德状况的前提条件。在目前改革攻坚的新时期，中国道德建设的出发点是解决市场经济条件下的现实利益矛盾，道德建设的任务是规范市场经济条件下的利益关系，只有在社会主义市场经济的新的基础上建立起相应的道德意识和规范，才能形成一个良好的社会秩序。在社会主义市场经济条件下的中国道德建设，其实质就是从思想舆论和行为规范上维护人民大众的根本利益，制约市场规则的负面影响。同时，在社会主义市场经济条件下的道德建设，还需要相关具体制度的建设来支撑和保证。

中国社会科学院马克思主义研究院余斌研究员认为，“以德治国”要先治法，正是由于今天的法治与德治存在冲突的一面，才导致一些人做出有违中国传统道德的行为。要把依法治国和“以德治国”紧密结合起来，使法律条款符合建立承接中华民族传统美德的社会主义思想道德体系的要求，从而“保障国家各项工作都有秩序地进行，保障良好的经济和社会秩序，保障广大人民群众的公民权利和合法权益。”

郭建宁教授强调，社会主义核心价值体系，是建设中国特色社会主义的思想基础，也是形成全社会共同的理想信念和道德规范的精神纽带。在经济体制深刻变革、社会结构深刻变动、利益格局深刻调整、思想观念深刻变化的新形势下，必须把社会主义核心价值融入国民教育、精神文明建设和党的建设全过程，贯穿改革开放和社会主义现代化建设各领域，体现到精神文化产品的创作、生产和传播各方面。坚持用社会主义核心价值体系引领社会思潮，在全党全社会形成统一指导思想、共同理想信念、强大精神力量和基本道德规范。

中国社会科学院马克思主义研究院梁海峰博士认为，要进行公民道德建设，就必须弄清道德是什么。马克思指出，道德来源于人们的物质关系。正是由于中国目前的物质关系是扭曲的，所以催生了社会上的各种不道德、不信任的行为。一个国家的道德水准的维持和改善，经济基础和制度保证二者缺一不可。因为人们为了能“遵守道德规范”，“必须能够生活。但是为了生活，首先就需要衣、食、住以及其他东西。”经济基础的关键在于，在生产资料公有制的前提下，理顺劳动产品的分配关系，确保所有劳动者都能合理享受经济发展的成果，让社会财富的流通处于有效与合理的状态。而制度保证的作用在于，让遵守道德的行为获得有效的法律保证，让行道德者无后顾之忧。

中国社会科学院马克思主义研究院朱燕博士认为，目前网络媒体“微博”已经超越网络论坛成为中国第二大舆情源头，仅次于新闻媒体报道，因此道德建设也不能忽视这一新兴媒体的巨大作用。一个时代有一个时代的表达方式和传播手段，只有积极利用、善于运用，才能拥有话语影响力。如何借助现代信息传媒手段，让“先进人物”及其事迹的传播更生动、喜闻乐见、能够融入日新月异的社会文化和时尚生活，确实需要认真思考并拿出切实举措。

三　思想政治教育在道德建设中的作用及其实现

侯惠勤教授指出，思想政治学科是一个重要的、涉及面很广的学科，同时也是一个学科边界不明显的学科。作为马克思主义理论的二级学科，思想政治学科最重要的是要找到学科的支撑点，加强学科的学术和理论建设。道德建设应该说是思想政治教育工作的一个很好的支撑点，在这一方面还是大有可为的。

彭庆红教授认为，道德建设是一个系统工程，需要各种力量的参与，也需要多种学科的协同支持。道德的非自发性、超越性决定了思想政治教育在道德建设中的必要性。同时，也不能忽视思想政治教育目前存在的局限性。为了充分发挥思想政治教育在道德建设中的作用，必须深入研究思想政治教育面临的三大背景因素，即快速变化且开放、多元的社会；高度独立而又难以自主的教育对象；强调统一要求而又缺乏可操作性的管理体制。在此基础上，还要注意做到“四个统一”：解决实际问题和解决思想问题的统一；“道德灌输”与道德构建的统一；学校教育、家庭教育与社会教育的统一；理论学习研究与社会实践的统一。

最后，胡乐明教授在总结发言中指出，本次论坛的专家学者从道德评价标准、道德教育、道德建设与文化建设、法律制度建设等方面，对当前中国社会道德建设存在的问题、解决的路径极其重大意义展开深入研讨，体现了作为马克思主义研究者和教育者的理论自觉与责任担当，对于推进当前中国道德问题的理论研究具有积极意义。

（原载《思想教育研究》2012 年第 8 期，总第 211 期）

马克思主义与中国特色学术话语体系

——“第五届全国马克思主义青年论坛”综述

苑秀丽　余　斌

为深入研究中国特色哲学社会科学学术话语体系，提升马克思主义中国化研究的学术影响力，2012年11月17—18日，“第五届全国马克思主义青年论坛”在海南召开。会议由中国社会科学院马克思主义研究学部和马克思主义研究院、海南师范大学、琼州学院、《马克思主义研究》杂志社联合主办。论坛的主题是“马克思主义与中国学术话语体系”。与会专家、学者围绕马克思列宁主义及其中国化的话语体系，从哲学、经济学、政治学、文化学、社会学话语体系等层面进行了深入的研讨。来自中国社会科学院马克思主义研究院、中国人民大学、北京大学、清华大学等全国50多所科研机构、高等院校和党校的80多位青年学者出席论坛。中国社会科学院马克思主义研究学部主任、马克思主义研究院院长程恩富教授作主题报告。

一　关于马克思主义话语体系与哲学社会科学研究

中国自1978年年底改革开放以来，马克思主义意识形态的主导地位及其话语方式受到新的挑战，在西方资本主义意识形态处于当代强势话语的情势下，一味淡化马克思主义意识形态有没有出路？面对现实的各种挑战，如何建构和保障马克思主义的话语权，与会者从不同角度阐述了自己的见解。与会者认为，在话语权问题上一厢情愿地“去意识形态化”的做法是错误的，不坚持马克思主义在意识形态领域的主导地位，就不可能真正打造具有中国特色、中国风格、中国气派的话语体系。

程恩富在“关于马克思主义经济学的中国特色话语体系”的主题报告中，介绍了国内马克思主义经济学界近些年来为中国特色话语体系所做的理论创新，特别是详细介绍了他本人的理论创新经历和经验。他认为现在是理论创新的极好机会，号召青年学者要有紧迫感，抓紧机会进行理论创新，强调自然科学技术需要自主创新，哲学社会科学同样也需要自主创新。中国的哲学社会科学学者应当积极构建具有中国特色、中国风格和中国气派的哲学社会科学，完善中国特色社会主义理论体系，建立“走出去”的话语体系，增强国际影响力和话语权。

中国社会科学院马克思主义研究院余斌研究员认为，学习借鉴以往人类文明成果中是如何打造学术话语体系的好方法。在这方面尤其是要学习借鉴马克思主义经典作家的做法。在对待旧的学术话语问题上，马克思主义经典作家采用的办法有舍弃、更正、沿用和创新等，但即便是沿用，也存在创新之处。

南京大学哲学系张晓东教授提出应当构建中国特色价值观话语体系和民族的、科学的、大众的社会主义价值体系，这是马克思主义价值学说的中国化和时代化，是当代中国社会主义现代化建设之时代精神的实践理性表达。中国特色价值观话语体系是中国特色社会主义事业内在的价值之维，构建这样的话语体系，就必须有“坚持马克思主义”的清醒的理论自觉，在这方面是容不得有任何“改旗易帜”想法的。在构建中国特色价值观话语体系过程中，同样要坚持普遍真理与具体国情的结合，循着“返本”与“开新”相统一的道路，准确把握并全面阐发中国特色社会主义事业的内在价值核心。

海南师范大学刘华初副教授认为，现在中国的理论研究在许多方面还停留在“五四”时期“拿来主义”的水平上，依赖于先进国家的理论家们提供的思想视角；在马克思主义的理论发展和话语体系建设上，还有很大的发展空间。尽管30余年来中国学术界在译介和追踪世界先进学术思想上取得了重要的成绩，为进行理论上的独立创新奠基了知识基础，但从总体上说，中国马克思主义话语权还相当微弱，特别表现在理论创新处于相对较低水平上。在“全球化”的大背景下，现在需要实现从知识理论上建立与中国国家地位相应的马克思主义话语体系。

中国社会科学院马克思主义研究院苑秀丽副研究员提出了如何在现代话语体系转换中不割断历史、不割裂马克思主义的问题。在一些问题上，马克思主义话语体系逐渐被弱化的现实应当引起人们的关注和警惕。苏东剧变的发生表明，在一些基本理论问题上偏离甚至走向极端，将会危害社会主义事业的健康发展。中国的社会主义建设以“中国特色”为核心理念全方位地展示了当代中国的新形象，展现了社会主义制度的自我更新与自我发展。理论创新带来了话语转换，但是，话语体系的重新建构并不是没有立场的话语变更。中国特色社会主义坚持的“与时俱进”并不是一个无立场的话语，这一话语内涵的前提就是指导思想上的一脉相承。为了确保在这一过程中，马克思主义不丧失话语权，必须清醒地认识到，传统马克思主义的话语决不可随意弃用，流行的甚至西方主导的话语决不可盲目套用。

二 关于马克思主义及其中国化理论的话语体系

与会学者普遍认为，以科学的话语体系诠释当代中国特色社会主义，诠释马克思主义，建构和保障马克思主义的话语体系在当代中国具有重要的理论和实践意义，同时与会学者保持着高度的问题意识和危机意识，认为与波澜壮阔的改革开放实践相比，中国马克思主义理论的发展和话语体系建设显得不那么相称，必须加强马克思主义中国化研究中的具有中国特色、中国风格、中国气派的话语体系建设。

国内外热议的“中国模式”现象受到与会者的关注，一些学者提出在“中国模式”问题上形成中国自己的话语体系的重要性。

程恩富教授认为，“新的活劳动价值论”、“新经济人论”、“资源需要双约束论”、“公平效率同向变动论”、“公有制高绩效论”、“基础主导经济调节论”、“全球化资本主义基本矛盾论”、“知识产权优势论”、“社会主义三阶段论”等一系列新概念和新论断，都是马列主义及其中国化理论的学术话语。把握邓小平多次使用的“中国模式”一词，应该强调这样几个层面：“中国模式”是马克思主义中国化的模式，但它不是新自由主义中国化的模式，也不是儒家社会主义模式；它是社会主义的模式，但它不是什么权贵（专制）资本主义模式，也不是什么民主社会主义模式；它是发展中大国的模式，但它不是西方发达国家的发展模式，也不是不发达的小国的发展模式。中国的发展一定不能脱离发展中国家的利益。在使用“中国模式”这一概念时，我们一定要鲜明地把它与社会主义密切联系起来，把它与中国特色社会主义道路紧密联系起来，把它与远大的奋斗目标联系起来。

中国社会科学院马克思主义研究院潘西华博士指出，国内外对“中国模式”热议的现象彰显了建构中国特色学术话语体系的紧迫性与重要性，西方国家对“中国模式”的曲解与误读，体现在意识形态领域资本主义与马克思主义争夺话语权的较量。我们的一些理论研究和学术创新还落后于中国特色社会主义这一伟大实践，一些人没有立足于这一伟大实践进行理论研究和学术创新，而仍然习惯于简单套用西方的范畴、理念和结论，用西方话语来解释中国丰富独特的发展实践，“削”中国实践之“足”、“适”西方理论之“履”。这与中国的综合国力和国际地位是不相称的。要在充斥霸权与挑战的国际竞争中维护马克思主义的话语权，必须立足于中国特色社会主义伟大实践，积极建构中国特色学术话语体系。面对中国特色社会主义所取得的伟大成就，中国的学术理论界理应有充分的自信，用“中国话语”来讲述“中国故事”，并对一些居心叵测的关心与质疑予以积极回应。

浙江财经学院张斌英副教授指出，由于研究的立场、观点和方法不同，研究的出发点、目的和角度不同，以及研究者的学科背景、文化背景和意识形态方面的差异，人们对“中国模式”的话语解读差异很大。在对“中国模式”进行系统、深入、完整的总结和归纳时，中国学术理论界应形成自己对“中国模式”的话语，从而将一个客观真实的中国介绍给世界，回应并消除负面影响，让世界人民更好地了解中国，认同中国的发展道路和价值追求。中国人民是“中国模式”的创造者和实践者，中国人民最了解它的真谛和精髓，最有资格对它进行总结和概括，因此在实践中构建“中国模式”的同时，也应该在理论上构建和完善它的话语体系，这样才能取得和发展中国学术界在“中国模式”上的话语权。

南京审计学院卢国琪教授从十个方面梳理和归纳了马克思主义中国化的历史进程中经典的、创新的话语体系，包括新民主主义革命理论的话语体系、人民民主专政理论的话语体系、社会主义改造理论的话语体系、社会主义社会矛盾问题的话语体系、“三个世界”理论的话语体系、“两次飞跃”论的话语体系、社会主义本质论的话语体系、社会主义市场经济理论的话语体系、“三个代表”重要思想的话语体系、科学发展观的话语体系。

三　关于马克思主义与中国特色学术话语体系的建构

与会学者分别从哲学、经济学、政治学、社会学以及文化的角度，阐述了对于打造具有中国特色、中国风格、中国气派的哲学社会科学学术话语体系的见解。很多研究者提出在哲学社会科学研究中应当用中国的话语来表达。

中国马克思主义哲学的历史、现状与未来受到一些学者的关注，研究者致力于实现马克思主义哲学与中国特色社会主义话语体系的结合，积极构建中国化马克思主义哲学。厦门大学张艳涛副教授提出，“让马克思主义哲学教科书说中国话”。自20世纪80年代以来，中国对传统马克思主义哲学教科书的批判和反思的积极意义在于，促进了马克思主义哲学教科书体系的改革，其不足之处在于，对马克思主义基本原理的轻视，使马克思主义理论创新陷入困境。在反思和批判过程中，一些人只看到了马克思主义哲学教科书以其意识形态的权威性制约着人们对哲学问题的理论思考，却有意无意地忽视和轻视其在马克思主义中国化、时代化、大众化中所发挥的积极作用，即在批判哲学教科书过程中，缺乏对重建马克思主义哲学当代形态重要性的认识，结果将其精华也一并抛弃了。建构马克思主义哲学教科书的当代形态不仅是时代、实践和大众的需要，也是当代中国马克思主义哲学研究中一个尚未完成的理论任务。马克思主义哲学的“学术形态”、“政治形态”和“大众形态”是内在统一的，为此，当代中国马克思主义哲学教科书的发展和创新应当在“三形态”的统一中，建构出体现时代性，把握规律性，富于创造性的具有中国特色、中国风格和中国气派的当代形态。

刘华初副教授认为，毛泽东在延安时期写的《矛盾论》和《实践论》奠定了马克思主义中国化的基础，开启了中国马克思主义研究与发展的话语空间。而当前中国在马克思主义理论的发展和话语体系建设上的基本现状堪忧。学者们应当积极进行理论创新，提升中国在全球范围内马克思主义研究的主导性地位，从而与中国现代性建设的实践和国力相匹配，这也是中华文明崛起的重要内容。他认为，当前通过理论创新获取话语权的马克思主义中国化研究包括两个方面，其一是“实用性”的理论实践，即哲学理论的大众化、趣味化，它依然是中国当今哲学理论的生命线，马克思主义最典型地体现了这种理论的生命力。其二是理论创新，即对马克思主义哲学理论本身的丰富发展和创新，也即建立真正的、科学的中国化马克思主义的理论体系，只有中国特色的马克思主义理论才会有中国风格、中国气派的话语体系。

针对当前中国马克思主义经济学受到的各种非难和攻击，经济学界的“去马克思化”的倾向，马克思主义经济学的指导地位被削弱、被边缘化的现象，汪宗田认为，应对这些非难与挑战，就必须加强马克思主义经济学的理论、观点和方法创新，夯实马克思主义经济学指导地位的根基。

程恩富教授提出了中国经济学现代化的“综合创新”，为的是形成具有中国特色、中国风格和中国气派的中国现代马克思主义经济学，这需要确立自主创新的志气。应结合实践，从简单引进和模仿外国经济学的自在方式，实现向理论创新的自觉或自为方式转变。即要实现两个超越：既在具体化的意义上超越马列经典经济学，又在科学范式的意义上超越当代西方经济学；要体现两种实践：既体现东西方市场经济实践，又体现有中国特色的社会主义实践；要显现两种创新：既要有经济学的某些常规发展，又要有其范式的革命。它将是一种科学反映经济现代性的“后现代经济学”，同时也将是一种“后马克思经济学新综合”，也就是在唯物史观指导下，以“世界眼光”，坚持“马学”这个根本，在当代国外经济学继续分化和局部综合的基础上，去实现全面系统的科学大综合。

与会学者注意到在政治学西强我弱的话语体系下，建构中国特色政治学理论和政治学话语体系具有重要性。与会者围绕如何构建中国民主选举的理论和话语体系、中国外交话语的变迁、“第三条道路”与民主社会主义等问题展开了探讨。

河海大学的靳晓霞讲师提出，中国特色民主选举话语体系的建构要以马克思主义的选举思想为理论指导，要全面深入准确地研究理解马克思主义经典作家的选举思想，以及中国共产党关于民主选举的主张。中国特色民主选举话语体系的建构要以中国独特的民主选举实践为基础，认识到中国民主选举由执政党领导的特点，以实现人民民主为价值理念，选举实践的内容丰富，选举的发展符合中国的国情。实现中国特色民主选举话语体系的科学性、大众性和国际性，建构完整的中国特色民主选举的理论体系，民众认可的民主选举话语体系，积极参与国际对话保持价值独立。

东北师范大学的王学军副教授提出，“第三条道路”表面看起来是一条超越老派的民主社会主义和新自由主义的新路，但实质上不过是对传统民主社会主义的背叛和对新自由主义的趋同。他认为没有马克思主义指导就没有社会主义，指导思想多元化必然导致去马克思主义和去社会主义。“第三条道路”改革后的民主社会主义，其实已经不能再被称为“民主社会主义”了，而只能称为“社会民主主义”。因为其领导阶级已经由工人阶级变为中间阶级，其奋斗目标也由反对资本主义转变为维护和改良资本主义。这与以工人阶级为领导，以实现社会主义为目标的民主社会主义存在本质的区别。前者从属于资产阶级民主运动范畴，后者从属于工人阶级社会主义运动范畴。从这个意义上说，民主社会主义模式业已终结。可以看出，曾经喧嚣一时的“第三条道路”，改变的并非只是话语，其原因和教训值得我们深刻总结和反思。

与会者探讨了关于中国特色文化话语体系的建设。福州大学蔡晓良副教授对马克思的理想社会话语体系进行了研究，认为根据新的时代特征和新的学术话语探讨马克思主义的核心价值观及其价值实现，不但对中国特色社会主义核心价值观的提炼具有直接的现实的价值意蕴，而且为重构马克思的社会理想提供了全新的理论思路。中国特色社会主义核心价值观的提炼，离不开马克思核心价值观的学术话语体系。从核心价值观及其学术话语体系的视角看，马克思提出并论证的理想社会是一个自由、丰裕、公有与民主的世界，其中自由发展、和谐丰裕，公有公益、民主民权相辅相成，密不可分，构成一个有机整体。

海南师范大学马克思主义学院院长王明初教授指出，“建设社会主义核心价值体系”，向理论工作者提出了一个重大而现实的战略任务。如何构建，又如何在核心价值体系引领下构建覆盖全社会的、切合群众实际需要的、适应不同区域、民族、行业乃至不同年龄段群体的大众价值体系，是一个任务的两个方面。如果这个问题解决得不好，“建设和谐文化，巩固社会和谐的思想道德基础”的目标就不能实现，“建设社会主义核心价值体系”的任务就不能完成。

中国传媒大学刘东建副教授和北京第二外国语学院国际传媒学院的刘俐莉副教授回顾分析了“红色经典”的作用，认为在中华人民共和国的历史上，“红色经典”曾发挥过强大的不可替代的意识形态功能，它甚至是新国家建设的有机部分。他们认为不能否认“红色经典”通过话语讲述的方式证明自身存在的合理性，它论证革命胜利的必然性，确立了一整套严密的话语体系和文化生产方式，深刻影响了中国人的情感结构和生活方式。直到今天，“红色经典”的文化延伸一直没有远离大众的视线，“红色经典”一再受到人们的热烈讨论和深入反思。“红色经典”热不仅是对于革命历史的回顾，更重要的是对于主流意识形态、现实社会政治意识和秩序的强化，在重建社会主义核心价值体系中发挥着独特的作用。

吉林大学付秀荣教授认为，当代中国文化话语体系的形成与发展源于“中国问题”，从“革命文化”到“建设文化”的话语转换是通过关注中国问题、解决中国问题的方式实现的。中国特色社会主义文化话语体系创新不仅是话语形式的创新，而且是话语内容的创新，从“汉话汉说”到“汉话胡说”，再到“会说汉话”，必须依靠在话语形式与内容统一基础上的“中国创造”。中国特色社会主义文化话语体系创新之本在于“中国人民”，新中国成立以来中国文化的话语模式经历了“以政治为中心”、“以经济为中心”到“以文化（人）为中心”的转换，文化话语体系创新要立足于满足中国人民的精神文化需求，服务于中国人民。

总之，与会者认为，马克思主义是世界社会主义运动大发展的主导性话语，今天在中国特色社会主义建设的过程中，应该始终高举马克思主义伟大旗帜，重塑社会主义意识形态的强势话语权，打造具有中国特色、中国风格、中国气派的哲学社会科学学术话语体系。

（原载《马克思主义研究》2012年第12期）

附录

2012年新书索引

中文著作

1. ［美］安德森：《列宁、黑格尔和西方马克思主义：一种批判性研究》，张传平译，南京大学出版社2012年版。

2. ［英］S. H. 里格比（Stephen Rigby）著：《马克思主义与历史学：一种批判性的研究》，吴英译，译林出版社2012年版。

3. ［英］休·柯林斯（Hugh Collins）著：《马克思主义与法律》，邱昭继译，法律出版社2012年版。

4. 陈弘：《从经典公有制到社会主义市场经济公有制：马克思主义所有制理论发展》，南开大学出版社2012年版。

5. 陈华兴主编：《马克思主义理论研究》Ⅴ，浙江大学出版社2012年版。

6. 程恩富：《马克思主义经济学的五大理论假设》，人民出版社2012年版。

7. 程恩富：《中国共产党建党九十周年与马克思主义中国化的理论与实践》，中国社会科学出版社2012年版。

8. 丁俊萍：《中国共产党与马克思主义中国化》，中央文献出版社2012年版。

9. 高洪力：《马克思主义大众化的价值及实现方式研究》，光明日报出版社2012年版。

10. 公丕祥：《马克思主义法学中国化的进程》，法律出版社2012年版。

11. 郭宝宏：《马克思主义国家理论的当代魅力》，人民出版社2012年版。

12. 郭建宁：《十年建设时期马克思主义哲学的理论探索与争鸣》，百花洲文艺出版社2012年版。

13. 郭建宁主编：《马克思主义中国化前沿问题研究》，安徽人民出版社2012年版。

14. 韩庆祥：《马克思主义哲学前沿问题研究》，中共中央党校出版社2012年版。

15. 韩喜平：《马克思主义经典著作研究》，吉林大学出版社2012年版。

16. 何萍：《20世纪马克思主义哲学：东方与西方》，人民出版社2012年版。

17. 侯惠勤主编：《马克思、恩格斯、列宁、斯大林论意识形态》，中国社会科学出版社

2012 年版。

18. 黄少群:《马克思主义中国化的历史考察:从中共创建到党的七大》,党建读物出版社 2012 年版。

19. 黄小寒主编:《西方马克思主义经典著作导读》,北京大学出版社 2012 年版。

20. 姜志强:《马克思主义政治发展学说中国化进程研究》,中国社会科学出版社 2012 年版。

21. 李崇富、徐仲伟主编:《马克思主义中国化与中国共产党的 90 年》,中国社会科学出版社 2012 年版。

22. 李慎明:《马克思主义国际问题研究》(第 1 辑,2011 年),中国社会科学出版社 2012 年版。

23. 林登:《西方马克思主义与苏联:1917 年以来的批评理论和争论概览》,江苏人民出版社 2012 年版。

24. 刘觉生:《马克思主义哲学理论探索》,中共中央党校出版社 2012 年版。

25. 刘岩:《马克思主义基本原理专题研究》,吉林大学出版社 2012 年版。

26. 罗成富:《文化多元化背景下高校马克思主义理论教育创新研究》,吉林大学出版社 2012 年版。

27. 罗洪铁:《思想政治教育学学科理论体系演变研究》,中国社会科学出版社 2012 年版。

28. 罗恢远、刘歌德著:《马克思主义哲学与中国社会主义历史命运》,人民出版社 2012 年版。

29. 倪愫襄主编:《马克思主义中国化研究的历史进程》,人民出版社 2012 年版。

30. 彭冰冰:《西方马克思主义意识形态批判的历史逻辑与现实意义研究》,中国社会科学出版社 2012 年版。

31. 齐艳红:《分析马克思主义方法论研究》,中国社会科学出版社 2012 年版。

32. 邵彦敏:《农村土地制度:马克思主义的解释与运用》,吉林大学出版社 2012 年版。

33. 沈昊驹:《马克思主义经济发展理论研究:基于经济发展伦理的视角》,湖北人民出版社 2012 年版。

34. 石云霞:《马克思主义理论教育思想发展史研究》,中国社会科学出版社 2012 年版。

35. 宋镜明:《党的重要历史人物与早期马克思主义中国化》,中国社会科学出版社 2012 年版。

36. 谭晓军:《日本马克思主义经济学派史》,中国社会科学出版社 2012 年版。

37. 陶德麟:《当代中国马克思主义若干重大理论与现实问题》,人民出版社 2012 年版。

38. 陶德麟:《马克思主义哲学研究　2012》,湖北人民出版社 2012 年版。

39. 童庆炳主编:《20 世纪中国马克思主义文艺理论研究》,北京大学出版社 2012 年版。

40. 万斌主编:《马克思主义与当代　2011》,浙江大学出版社 2012 年版。

41. 王代月编著:《原典中的马克思主义》,北京师范大学出版社 2012 年版。

42. 王浩斌:《马克思主义中国化主体论研究》,中国社会科学出版社 2012 年版。

43. 王虎学：《马克思分工思想研究》，中央编译出版社 2012 年版。

44. 王经西：《马克思主义中国化时代化大众化历史进程、经验和规律研究》，山东人民出版社 2012 年版。

45. 王骏飞：《马克思主义中国化的历史进程简明读本》，新华出版社 2012 年版。

46. 王南湜：《中国哲学精神重建之路：马克思主义哲学中国化探讨》，北京师范大学出版社 2012 年版。

47. 王庆五：《马克思主义意识形态指导地位研究》，中国社会科学出版社 2012 年版。

48. 王伟光主编：《马克思主义理论学科前沿研究报告 2010》，中国社会科学出版社 2012 年版。

49. 王增智：《马克思主义中国化的早期探索》，人民出版社 2012 年版。

50. 文红玉：《民权、国权与联邦制：马克思主义国家结构学说中国化进程中的联邦主义》，上海三联书店 2012 年版。

51. 吴东华：《传承与创新：马克思主义中国化新进展研究》，人民出版社 2012 年版。

52. 吴茜：《新民主主义社会论理论探源：马克思主义落后国家社会发展道路理论的中国化》，中共党史出版社 2012 年版。

53. 吴石坚：《马克思主义与改变世界》，上海社会科学院出版社 2012 年版。

54. 向德忠：《〈共产党宣言〉国际战略思想研究》，中国社会科学出版社 2012 年版。

55. 肖铁岩：《马克思主义中国化的理论与方法研究：重庆市第二届马克思主义论坛文集》，重庆大学出版社 2012 年版。

56. 肖扬东著：《马克思主义国家理论的新进展：杰索普“策略关系”国家理论研究》，上海人民出版社 2012 年版。

57. 熊建生：《思想政治教育内容结构论》，中国社会科学出版社 2012 年版。

58. 徐崇温：《怎样认识“西方马克思主义”》，重庆出版社 2012 年版。

59. 许先春：《马克思主义哲学研究的当代视野》，百花洲文艺出版社 2012 年版。

60. 闫方洁：《西方新马克思主义的消费社会理论研究》，上海人民出版社 2012 年版。

61. 颜晓峰、肖冬松主编：《铸造推进马克思主义大众化的新辉煌》，解放军出版社 2012 年版。

62. 杨寄荣：《发展的伦理进路：基于马克思主义立场》，上海三联书店 2012 年版。

63. 杨永志等：《马克思主义中国化与中国人的现代化》，南开大学出版社 2012 年版。

64. 姚燕：《国内外共产党·马克思主义研究探析》，中共党史出版社 2012 年版。

65. 衣俊卿：《新马克思主义评论：超越物化的狂欢》，中央编译出版社 2012 年版。

66. 尹韵公：《马克思、恩格斯、列宁、斯大林论新闻出版》，中国社会科学出版社 2012 年版。

67. 余品华：《马克思主义中国化启示录：两次历史性飞跃的途径、经验及其他》，中国社会科学出版社 2012 年版。

68. 俞可平：《马克思主义中国化与中国共产党 90 年》，重庆出版社 2012 年版。

69. 袁强：《马克思主义中国化的多维度思考》，吉林大学出版社 2012 年版。

70. 袁银传主编：《马克思主义与当代中国社会发展》，社会科学文献出版社 2012 年版。

71. 张国镛：《马克思主义中国化若干基本问题研究》，中国社会科学出版社 2012 年版。

72. 张雷声等：《马克思主义基本原理的中国化与中国化的马克思主义基本原理》，中国人民大学出版社 2012 年版。

73. 张顺洪：《马克思主义史学理论研究》（第 1 辑，2011 年），中国社会科学出版社 2012 年版。

74. 张彦修：《新编马克思主义原著选读》，中央编译出版社 2012 年版。

75. 张一兵主编：《当代国外马克思主义哲学思潮》上卷，《西方马克思主义的早期发展和人本主义思潮》，江苏人民出版社 2012 年版。

76. 张一兵主编：《当代国外马克思主义哲学思潮》中卷，《西方马克思主义的科学主义思潮、法兰克福学派和英国“新左派”》，江苏人民出版社 2012 年版。

77. 张一兵主编：《当代国外马克思主义哲学思潮》下卷，《后马克思思潮、晚期马克思主义和后现代马克思主义》，江苏人民出版社 2012 年版。

78. 章传家主编：《谱写推进马克思主义时代化的新篇章》，解放军出版社 2012 年版。

79. 赵小芒：《开拓推进马克思主义中国化的新境界》，解放军出版社 2012 年版。

80. 郑秉文：《马克思、恩格斯、列宁、斯大林论拉丁美洲》，中国社会科学出版社 2012 年版。

81. 郑国玺：《马克思主义立场、观点、方法理论研究》，四川人民出版社 2012 年版。

82. 周为民：《90 年来马克思主义中国化的历史经验》，中共中央党校出版社 2012 年版。

83. 周志刚：《中国社会正义论》，中国社会科学出版社 2012 年版。

84. 朱春晖：《马克思主义基本理论的当代解读》，湖南大学出版社 2012 年版。

85. 朱兆中：《当代中国的价值追求：坚持马克思主义在意识形态领域指导地位的思考》，上海人民出版社 2012 年版。

（整理：仲河滨）

英文著作

1. 马克思主义与道德：自由、欲望与革命 *Marxism and Ethics*：*freedom*，*desire*，*and revolution*/Paul Blackledge. Albany：State University of New York Press，2012.

2. 马克思与教育 *Marxism and Education*/Madan Sarup. London：Routledge，2012.

3. 经济必需、政治偶然性与后马克思主义的局限 *Economic necessity*，*political contingency and the limits of post-Marxism*/Ceren Özselçuk. London：Routledge，2012.

4. 低潮时期的马克思主义：新世纪文选 *Marxism in dark times*：*select essays for the new century*/Sobhanlal Datta Gupta. [S. l.]：Anthem Press India，2012.

5. 马克思主义的遗产：当代挑战、冲突和发展 *The legacy of Marxism*：*contemporary challenges*，*conflicts and developments*/edited by Matthew. New York：Continuum，C2012.

6. 神学与伊格尔顿和齐泽克眼中的马克思 *Theology and Marxism in Eagleton and Zizek: a conspiracy of hope*/Ola Sigurdson. New York, NY: Palgrave Macmillan, 2012.

7. 土地的批判:论马克思、恩格斯与神学 *Criticism of earth: on Marx, Engels and theology*/by Roland Boer. Leiden; Boston: Brill, 2012.

8. 马克思论性别与家庭 *Marx on gender and the family: a critical study*/by Heather A. Brown. Leiden; Boston: Brill, 2012.

9. 论经济理论与社会主义 *On economic theory and socialism* [electronic resource]: collected papers/Maurice Dobb. London: Routledge, 2012.

10. 马克思与黑格尔的对话 *Marx's discourse with Hegel*/Norman Levine. [monograph]. Houndmills, Basingstoke, Hampshire; New York: Palgrave Macmillan, c2012.

11. 马克思与弗洛伊德 *Marx and Freud*/edited by Adrian Poole and Peter Holland. [monograph] . London; Continuum, C2012.

12. 马克思哲学中人类本质的辩证法 *Dialectics of human nature in Marx's philosophy*/Mehmet Tabak. New York: Palgrave Macmillan, 2012.

13. 1871 巴黎公社历史研究 *History of the Paris Commune of 1871*/Prosper-Olivier Lissagaray; translated from the French by Eleanor Marx; with a new foreword by Eric Hazan. London; New York: Verso Books, 2012.

14. 十月革命的回顾与展望:俄国与苏联历史研究 *The October Revolution in prospect and retrospect*: interventions in Russian and Soviet history/John Eric Marot. Boston; Leiden: Brill, 2012.

15. 第二次劳工运动:一个重新评价 *The second labour government: a reappraisal*/Johnathan Shepherd, JONATHAN DAVIS, Chris Wrigley. Manchester University Press, 2012.

16. 作为文化系统的经济:理论、资本主义和危机 *The economy as cultural system: theory, capitalism, crisis*/edited by Todd Dufresne and Clara Sacchetti. New York, NY: Continuum International Pub. , 2012.

17. 资本主义的替代制度——一个马克思的概念 *Marx's concept of the alternative to capitalism*/by Peter Hudis. Leiden; Boston: Brill, 2012.

18. 新自由主义全球化的替代方案:制度的政治经济学研究及其新发展 *Alternatives to neoliberal globalization: studies in the political economy of institutions and late development*/Dic Lo. [monograph] . Houndmills, Basingstoke, Hampshire; New York: Palgrave Macmillan, 2012.

19. 理解当代资本主义:一个马克思历史唯物主义的解释 *Understanding contemporary capitalism: a Marxist historical materialist interpretation*/Tatah Mentan. Bethesda: Academica Press, c2012.

20. 今日马克思 *Marx for today*/Marcello Musto. [S. l.]: Routledge, 2012.

21. 卡尔·马克思:赢得世界 *Karl Marx: a world to win*/William A. Pelz. [mono-

graph]. Boston, MA: Prentice Hall/Pearson, c2012.

22. 两极分化的时代：去工业化社会中不平等的表现 *The age of dualization: the changing face of inequality in deindustrializing societies*/edited by Patrick Emmenegger... [et al.]. Oxford; New York: Oxford University Press, c2012.

23. 协商是一种常态：社会主义制度下的日常生活 *Negotiating normality: everyday lives in socialist institutions*/Daniela Koleva, editor. [monograph]. New Brunswick: Transaction Publishers, c2012.

24. 认真对待社会主义 *Taking socialism seriously*/edited by Anatole Anton, Richard Schmitt. Lanham, Md.: Lexington Books, 2012.

25. 建设 21 世纪拉丁美洲社会主义 *Constructing twenty-first century socialism in Latin America: the role of radical education*. Pal Scholarly, 2012.

26. 玻利瓦尔替代一体化计划和反全球化：构建 21 世纪社会主义 *Alternativa Bolivariana para las Américas (ALBA) and counter-globalization: resistance and the construction of 21st century socialism*. / edited by Thomas Muhr. Routledge, 2012.

27. 新欧洲左翼：21 世纪社会主义的代表？ *The new European left: a socialism for the twenty-first century?* /Kate Hudson. Houndmills, Basingstoke, Hampshire; New York: Palgrave Macmillan, 2012.

28. 欧洲中心主义：一个来自马克思现实主义的批判 *Eurocentrism: a Marxian critical realist critique*/Nick Hostettler. New York: Routledge, 2012.

29. 第三条道路之后：欧洲社会民主主义的未来 *After the third way: the future of social democracy in Europe*/edited by Olaf Cramme and Patrick Diamond. London; New York: I. B. Tauris, 2012.

30. 中国市场社会主义的法律与政策 *Law and policy for China's market socialism*/edited by John Garrick. Abingdon, Oxon [UK]; N. Y.: Routledge, 2012.

31. 中国政治与政府：权力、意识形态与组织 *Chinese politics and government: power, ideology and organization*/Sujian Guo. New York: Routledge, 2012.

32. 东方之风：1925—1976 年期间的中国与英国左翼 *East wind: China and the British left, 1925－1976*/Tom Buchanan. Oxford; New York: Oxford University Press, 2012.

33. 现代性与英国社会主义 *Modernism and British socialism*/Thomas Linehan. Pal Scholarly, 2012.

34. 当今印度：丰裕中的贫困 *Poverty amid plenty in the new India*/Atul Kohli. [monograph]. Cambridge; New York: Cambridge University Press, 2012.

35. 资本主义、社会主义和印度政治 *Capitalism, socialism and Indian politics*/U. Srivastava. [S. l.]: Kunal Books Publishers & Distributors, 2012.

36. 毕潘 · 钱德拉文集：现代印度的诞生：从马克思到甘地 *The writings of bipan chandra: the making of modern India: from marx to gandhi*/Bipan Chandra. [S. l.]: Orient Blackswan, 2012.

37. 古巴革命：人类发展的社会主义革命 *The Cuban revolution as socialist human development*/Henry Veltmeyer，Mark Rushton. Leiden；Boston：Brill，2012.

38. 玻利维亚：重建国家 *Bolivia：refounding the nation*/Kepa Artaraz. London：Pluto Press；New York：distributed in the U. S. by Palgrave Macmillan，2012.

39. 希腊的社会变化和教育：对阶级斗争的研究 *Social change and education in Greece：a study in class struggle dynamics*/Spyros Themelis. New York：Palgrave Macmillan，c2012.

（整理：陈硕颖）

2012年论文索引

1. 艾四林：《毛泽东关于马克思主义大众化思想的六个基石》，《中国特色社会主义研究》2012年第3期。

2. 包心鉴：《马克思主义中国化的当代走向与科学发展观的时代价值》，《理论探索》2012年第4期。

3. 鲍金：《“资本是一个活生生的矛盾”——对马克思一个重要命题的当代解读》，《上海交通大学学报》（哲学社会科学版）2012年第5期。

4. 曹钰：《科学无神论与社会主义核心价值体系的契合意义和实现路径》，《重庆大学学报》（社会科学版）2012年第5期。

5. 常江：《〈德意志意识形态〉与“实践辩证法”精神》，《学术交流》2012年第10期。

6. 常卫国：《坚定信仰和坚持马克思“三个只有”科学论断——兼论晚年恩格斯与〈法国工人党纲领导言〉的关系》，《马克思主义研究》2012年第8期。

7. 陈国富：《颠倒与批判：马克思批判思想的突破与反思》，《探索》2012年第2期。

8. 陈海静：《论马克思主义历史辩证法中的感性向度》，《学术论坛》2012年第9期。

9. 陈红娟：《马克思主义中国化主体合法性与结构探究》，《理论月刊》2012年第11期。

10. 陈兰芝：《马克思现代性批判的三维向度》，《社会主义研究》2012年第3期。

11. 陈书奇：《从主张集体经营到选择流通合作——列宁对马克思恩格斯农民合作思想的继承和创新》，《郑州大学学报》（哲学社会科学版）2012年第5期。

12. 陈锡喜：《论马克思主义的理论自尊、理论自信和理论自觉》，《教学与研究》2012年第10期。

13. 陈学明：《马克思和恩格斯是否放弃了〈共产党宣言〉的基本原理?》，《社会科学》2012年第10期。

14. 陈周旺：《马克思国家学说的演进逻辑》，《中国人民大学学报》2012年第1期。

15. 程恩富：《拜物教批判理论与马克思共产主义学说》，《理论探索》2012年第4期。

16. 程恩富：《创新马克思主义思潮比较——当前多元思潮激荡下的马克思主义》，《人民论坛》2012年第3期。

17. 程鹏翔：《毛泽东思想与中国特色社会主义理论体系的关系》，《佳木斯教育学院学报》2012年第9期。

18. 崔唯航：《建构马克思主义哲学新形态的前提性思考》，《学习与探索》2012年第2期。

19. 戴逢国：《浅析福斯特对马克思生态学的重新构建》，《人民论坛》2012 年第 29 期。

20. 戴圣鹏：《政治文明与现代民主——马克思恩格斯的政治文明思想研究》，《学术研究》2012 年第 10 期。

21. 单许昌：《空间经济研究中马克思主义与新古典两条路径的关联——基于资本逻辑与空间基本规律的比较视角》，《财经研究》2012 年第 8 期。

22. 丁成际：《历史、现状与未来——儒学与马克思主义关系研究的三个面向》，《马克思主义与现实》2012 年第 4 期。

23. 董德福：《马克思主义中国化的两个维度及其相互关系——以毛泽东的相关论述为中心》，《齐鲁学刊》2012 年第 5 期。

24. 董良杰：《论唯物史观与剩余价值理论的关系》，《思想理论教育导刊》2012 年第 5 期。

25. 杜明娥：《马克思关于现代性的生态批判和建构》，《华中科技大学学报》（社会科学版）2012 年第 5 期。

26. 杜秀娟：《论马克思恩格斯的生态社会观》，《社会科学辑刊》2012 年第 3 期。

27. 范畅：《〈资本论〉未完成的真正原因及其意义》，《学术交流》2012 年第 6 期。

28. 方环非：《马克思辩证法的实践观及意义》，《内蒙古社会科学》（汉文版）2012 年第 4 期。

29. 方珏：《个人与阶级——马克思阶级理论对"无阶级的神话"的批判》，《武汉大学学报》（人文科学版）2012 年第 6 期。

30. 丰子义：《社会批判视域中的马克思社会发展理论》，《江苏大学学报》（社会科学版）2012 年第 2 期。

31. 付志平：《论马克思主义公平观与当代中国发展》，《社会科学辑刊》2012 年第 5 期。

32. 高岸起：《论列宁时代观》，《学术探索》2012 年第 10 期。

33. 戈士国：《马克思意识形态概念的源初语境、建构方式与分析架构》，《当代世界与社会主义》2012 年第 3 期。

34. 葛洪泽：《科学社会主义价值理想与中国特色社会主义核心价值》，《中共中央党校学报》2012 年第 4 期。

35. 龚剑飞：《论马克思和恩格斯对实证主义的总体批判》，《社会科学研究》2012 年第 6 期。

36. 顾玉兰：《列宁关于无产阶级民主建设思想的价值诉求及当代启示》，《马克思主义研究》2012 年第 5 期。

37. 顾钰民：《马克思主义所有制理论的时代发展》，《经济学家》2012 年第 11 期。

38. 郭红军：《中国特色社会主义理论体系实践观的演进》，《社会主义研究》2012 年第 5 期。

39. 郭晶：《理解马克思主义哲学革命的一个重要视角——从理论哲学到实践哲学》，《前沿》2012 年第 3 期。

40. 郭祥才：《科学发展的世界观和方法论——马克思主义中国化的新境界》，《中共中央党校学报》2012年第5期。

41. 韩坤:《晚年恩格斯关于社会发展新思考的探究》,《常熟理工学院学报》2012年第7期。

42. 韩雅丽:《论詹姆逊后现代马克思主义理论的三个直接来源》,《学术交流》2012年第6期。

43. 韩艳红:《马克思的国际产业转移理论及其当代价值》,《当代经济研究》2012年第10期。

44. 郝立忠:《马克思主义辩证法三题——兼论自然辩证法与科学技术哲学之别》,《北京科技大学学报》(社会科学版)2012年第3期。

45. 郝遥:《正确理解"两个必然"理论开创社会主义发展新路——〈共产党宣言〉中"两个必然"原理新解》,《湖南师范大学学报》(社会科学版)2012年第3期。

46. 何建津:《马克思"终结哲学"说辨析》,《中共福建省委党校学报》2012年第9期。

47. 何萍:《马克思历史辩证法的理性结构》,《南京大学学报》(哲学　人文科学　社会科学版)2012年第3期。

48. 何潇:《马克思主义的反腐败思想及其现实价值》,《人民论坛》2012年第26期。

49. 贺来:《反思现实生活中的抽象力量——马克思主义哲学中国化的重要生长点》,《教学与研究》2012年第10期。

50. 侯彦峰:《〈神圣家族〉中的物质利益思想及其现实意义》,《学习与探索》2012年第2期。

51. 胡大平:《马克思为什么是对的?——马克思思想的学术评估》,《南京政治学院学报》2012年第5期。

52. 胡澜:《和谐社会的马克思主义哲学本体论基础》,《前沿》2012年第6期。

53. 胡笑雨:《批判实在论对马克思理论科学性的辩护》,《河南师范大学学报》(哲学社会科学版)2012年第2期。

54. 户可英:《关于新世纪我国马克思主义哲学研究的几点思考》,《理论与改革》2012年第5期。

55. 户晓坤:《〈剩余价值学说史〉中的资本逻辑——马克思对资本主义物质生产的前提性批判》,《现代哲学》2012年第3期。

56. 黄加清:《马克思视域内的社会形态理论研究》,《宁夏社会科学》2012年第1期。

57. 贾淑品:《论列宁对伯恩施坦政党观的批判》,《理论探讨》2012年第3期。

58. 姜华:《全球性金融危机时代仍然在场的马克思主义——关于〈马克思为什么是对的〉的思考》,《马克思主义与现实》2012年第3期。

59. 姜喜咏:《中国化马克思主义哲学新形态的元哲学观念》,《山西财经大学学报》2012年第S3期。

60. 蒋红:《以生态马克思主义为视角对社会发展模式的反思》,《学习与探索》2012年第10期。

61. 蒋重母:《马克思与马尔库塞社会批判理论的异同及对当今社会的影响》,《社会科学家》2012 年第 6 期。

62. 焦玉玲：《对马克思主义实践哲学的多维阐释与理解——在对立中整合与超越》，《求索》2012 年第 9 期。

63. 金民卿：《遵循思想发展内在逻辑 形成理论创新科学机制 中国需要怎样的思想沉淀——当代中国马克思主义理论创新启示》，《人民论坛》2012 年第 22 期。

64. 金寿铁：《马克思主义自然过程哲学的新出发点——论布洛赫的“自然主体”思想》，《哲学研究》2012 年第 2 期。

65. 金晓燕：《马克思主义政治哲学的建构基础——基于事实与价值相统一的历史唯物主义诠释》，《湘潭大学学报》（哲学社会科学版）2012 年第 5 期。

66. 隽鸿飞：《〈德意志意识形态〉中的社会形态理论》，《学习与探索》2012 年第 6 期。

67. 康渝生：《人的本质是人的真正的共同体——马克思的共同体思想及其实践旨归》，《理论探讨》2012 年第 5 期。

68. 孔扬：《合理形态的辩证法与“三大批判”的统一——马克思主义哲学、政治经济学与科学社会主义的内在关联》，《长白学刊》2012 年第 2 期。

69. 孔扬：《素朴辩证法抑或实践辩证法：对〈资本论〉“合理形态”辩证法的辩证分析》，《社会科学辑刊》2012 年第 3 期。

70. 寇清杰：《马克思、恩格斯“意识形态”的经典表述及其当代价值》，《理论月刊》2012 年第 8 期。

71. 雷金娜·罗特：《作者马克思与编者恩格斯：关于〈资本论〉第 3 卷的不同观点》，《马克思主义与现实》2012 年第 5 期。

72. 李爱华：《论马克思恩格斯辩证地认识人类历史发展进程的思想》，《东岳论丛》2012 年第 5 期。

73. 李爱华：《论马克思恩格斯关于马克思主义不是教条而是方法的思想》，《山东师范大学学报》（人文社会科学版）2012 年第 1 期。

74. 李成旺：《自由的追寻与自我意识哲学的局限——马克思〈博士论文〉的展开逻辑与思想史定位》，《求是学刊》2012 年第 5 期。

75. 李佃来：《西方马克思主义与马克思政治哲学的开显》，《哲学研究》2012 年第 10 期。

76. 李飞：《关于〈1844 年经济学哲学手稿〉主题的结构性诠释》，《华南师范大学学报》（社会科学版）2012 年第 1 期。

77. 李广昌：《经验之“是”与先验之“是”的逻辑断裂——马克思哲学中国化历史中的一个问题》，《学术研究》2012 年第 5 期。

78. 李景平：《马克思与罗尔斯公平正义观的比较研究》，《理论学刊》2012 年第 10 期。

79. 李景治：《中国特色社会主义的理论特色》，《前线》2012 年第 11 期。

80. 李凯林：《否定之否定原理和发展马克思主义哲学》，《新视野》2012 年第 4 期。

81. 李锐：《“〈共产党宣言〉—〈共产主义原理〉问题”探析》，《中共中央党校学报》2012 年第 4 期。

82. 李淑梅：《马克思对施蒂纳“独自性”观点的批判》，《西南大学学报》（社会科学版）

2012年第5期。

83. 李文华：《社会规律的狡计：马克思论证“资产阶级必然灭亡”的方法及其意义》(上)，《甘肃社会科学》2012年第3期。

84. 李文华：《社会规律的狡计：马克思论证“资产阶级必然灭亡”的方法及其意义》(下)，《甘肃社会科学》2012年第4期。

85. 李文廷：《全球竞争背景下马克思竞合思想与共产主义生成》，《学术论坛》2012年第1期。

86. 李艳艳：《斯大林社会主义社会基本矛盾思想的反复与启示》，《史学集刊》2012年第6期。

87. 李喆：《〈资本论〉中的资本主义起源论新探》，《教学与研究》2012年第1期。

88. 李志强：《存在论哲学的两个向度：马克思与海德格尔自由观比较研究》，《哲学研究》2012年第6期。

89. 连朝毅：《论政治发展进程中的“国家—社会”二元架构——对马克思政治发展理论的历史诠释》，《科学社会主义》2012年第5期。

90. 林岗：《论〈资本论〉的研究对象、方法和分析范式》，《当代经济研究》2012年第6期。

91. 林孟涛：《批判的批判：生态主义与马克思主义》，《马克思主义研究》2012年第8期。

92. 林世昌：《马克思主义时代观理论形态的逻辑演进——论马克思、列宁、邓小平的时代理论和创新发展》，《上海行政学院学报》2012年第2期。

93. 林伟：《马克思主义的历史主义方法论探析》，《社会科学战线》2012年第4期。

94. 刘放桐：《当代哲学的变更与后现代主义和西方马克思主义》，《社会科学战线》2012年第5期。

95. 刘福森：《马克思哲学研究中三个不可回避的重要问题》，《哲学研究》2012年第6期。

96. 刘海龙：《中国马克思主义时代化的历史经验与启示》，《理论月刊》2012年第9期。

97. 刘海龙：《中国马克思主义时代化的双重视域》，《学术交流》2012年第10期。

98. 刘丽红：《实践差异性与东西方马克思主义理论的进路探究》，《湖北社会科学》2012年第9期。

99. 刘琳：《马克思〈资本论〉及手稿中的自然主义哲学批判》，《生产力研究》2012年第9期。

100. 刘明华：《〈共产党宣言〉社会主义全球性思想探析》，《马克思主义研究》2012年第3期。

101. 刘强：《从马克思实践哲学到实践主体的深化》，《前沿》2012年第5期。

102. 刘同舫：《在何种意义上区分马克思文本与恩格斯文本——基于〈关于费尔巴哈的提纲〉之思》，《人文杂志》2012年第1期。

103. 刘旺洪：《社会主义核心价值体系：概念、特点和实践路径》，《江海学刊》2012年第 5 期。

104. 刘希刚：《马克思恩格斯生态文明思想的体系性存在及现实启示》，《科学社会主义》2012 年第 1 期。

105. 刘艳：《从自在到自觉再到自为——关于社会主义核心价值体系的体认》，《长白学刊》2012 年第 5 期。

106. 刘洋：《马克思对费尔巴哈人本主义超越的四个维度》，《山西师范大学学报》（社会科学版）2012 年第 4 期。

107. 刘吟霄：《马克思恩格斯的分配理论及其对当代中国的启示》，《甘肃社会科学》2012 年第 5 期。

108. 刘玉仙：《“实践唯物主义”还是“实践主观能动主义”——解析马克思〈关于费尔巴哈的提纲〉第一条》，《理论探讨》2012 年第 2 期。

109. 刘志明：《列宁加强执政党思想理论先进性建设的思想与实践》，《中国社会科学院研究生院学报》2012 年第 1 期。

110. 龙晓菲：《试析〈1844 年经济学哲学手稿〉的经济学逻辑主线》，《广西社会科学》2012 年第 9 期。

111. 鲁品越：《马克思的实践生成论与中国特色社会主义理论》，《河北学刊》2012 年第 4 期。

112. 陆寒：《生态学马克思主义对历史唯物主义的阐释》，《湖北大学学报》（哲学社会科学版）2012 年第 5 期。

113. 鹿云：《从分裂到融合：科学划界演变下的马克思主义整体性研究》，《山西师范大学学报》（社会科学版）2012 年第 5 期。

114. 马宁：《机器代替劳动——基于马克思理论的劳动观与机器观》，《科教文汇》（旬刊）2012 年第 9 期。

115. 马天俊：《恩格斯在中国马克思主义哲学中的地位》，《马克思主义与现实》2012 年第 3 期。

116. 毛胜：《毛泽东对中国特色社会主义道路的开拓性贡献——以四个重大理论和实际问题为中心的考察》，《毛泽东思想研究》2012 年第 2 期。

117. 毛艳明：《马克思主义与后马克思主义：思维范式比较及其现代意义》，《江西社会科学》2012 年第 9 期。

118. 梅景辉：《马克思主义实践哲学的思想渊源及其现代性境遇》，《广西社会科学》2012 年第 1 期。

119. 梅景辉：《意识形态向生活世界的回归——马克思主义理论发展的现代性之维》，《北方论丛》2012 年第 1 期。

120. 梅荣政：《〈资本论〉对马克思主义政治经济学的奠基性贡献》，《高校理论战线》2012 年第 1 期。

121. 梅荣政：《对马克思主义基本原理科学体系的几点思考》，《思想理论教育导刊》2012 年第 1 期。

122. 梅艳玲：《从弗格森的文明社会概念到马克思的市民社会概念——基于〈文明社会史论〉的弗格森和马克思比较研究》，《南京政治学院学报》2012年第5期。

123. 孟捷：《马克思主义竞争理论的发展研究》，《经济学家》2012年第10期。

124. 孟庆峰：《不平衡发展、阶级结构与经济增长——关于马克思的资本积累理论批判性研究》，《学习与探索》2012年第8期。

125. 糜海波：《如何正确认识马克思阶级概念的当代演变》，《理论导刊》2012年第1期。

126. 聂锦芳：《马克思、恩格斯是在什么意义上拒斥人类之“爱”的？——以〈德意志意识形态〉对“真正的社会主义”的批判为例》，《哲学研究》2012年第9期。

127. 聂锦芳：《重估〈德意志意识形态〉的地位和价值》，《学习与探索》2012年第4期。

128. 潘宁：《马克思自由思想与建设社会主义和谐社会》，《理论学刊》2012年第5期。

129. 潘顺照：《马克思主义理论整体性问题及其现实意义》，《山东社会科学》2012年第S1期。

130. 潘中伟：《论历史唯物主义的“发展命题”》，《河南大学学报》（社会科学版）2012年第6期。

131. 庞红付：《对马克思研究方法的一些反思——“以马研马”刍议》，《广西社会科学》2012年第9期。

132. 彭富明：《“分析马克思主义”正义观论析》，《当代世界与社会主义》2012年第4期。

133. 彭正德：《论马克思恩格斯的政党公信力思想》，《当代世界与社会主义》2012年第5期。

134. 秦抗抗：《费尔巴哈：马克思思想转变的风标——从马克思对待费尔巴哈的不同态度看其思想变化》，《人民论坛》2012年第17期。

135. 秦立春：《浅论毛泽东邓小平对社会主义认识的异同》，《湖南师范大学社会科学学报》2012年第2期。

136. 秦宣：《中华民族伟大复兴的科学指南——毫不动摇地坚持中国特色社会主义理论体系》，《求是》2012年第18期。

137. 邱海平：《再论中国政治经济学的创新问题——兼论“研究政治经济学”与“政治经济学研究”的关系》，《江苏行政学院学报》2012年第2期。

138. 尚大鹏：《论推进马克思主义时代化的整体性研究视角》，《人民论坛》2012年第17期。

139. 沈江平：《马克思主义整体性问题研究澄明》，《云南社会科学》2012年第1期。

140. 沈学君：《增长还是发展？——新马克思主义学派的社会发展观述评》，《福建论坛》（人文社会科学版）2012年第7期。

141. 舒江华：《马克思人道主义的现实意蕴》，《求索》2012年第9期。

142. 宋树理：《论马克思劳动价值论的科学性——兼评证实主义与证伪主义的科学标准》，《当代经济研究》2012年第9期。

143. 孙承叔：《是自然辩证法还是历史辩证法——西方马克思主义的辩证法观论析》，《学习与探索》2012 年第 1 期。

144. 孙代尧：《科学地研究科学发展观》，《中国特色社会主义研究》2012 年第 4 期。

145. 孙芳：《〈哲学的贫困〉中的贫困观及其当代意义》，《理论月刊》2012 年第 7 期。

146. 孙峰：《马克思恩格斯晚年革命策略思想的文本解读及启示》，《南京政治学院学报》2012 年第 5 期。

147. 孙乐强：《生产关系再生产与马克思历史唯物主义的深化》，《江苏社会科学》2012 年第 1 期。

148. 孙亮：《超越规范性与事实性的“历史科学”向度——马克思政治哲学阐释困境瓦解的尝试性方案》，《学术研究》2012 年第 9 期。

149. 孙亮：《为历史唯物主义的“进步观”辩护——“进步主义”与历史唯物主义“进步观”的异质性勘定》，《人文杂志》2012 年第 4 期。

150. 孙伟平：《用新的思维方式重新认识社会主义》，《马克思主义与现实》2012 年第 4 期。

151. 孙要良：《科学发展观的重大贡献和创新空间》，《中国特色社会主义研究》2012 年第 3 期。

152. 孙正聿：《马克思主义辩证法研究的当代课题》，《社会科学辑刊》2012 年第 4 期。

153. 唐爱军：《〈黑格尔法哲学批判〉中的国家观》，《中国党政干部论坛》2012 年第 11 期。

154. 陶蕾韬：《科学发展观是马克思主义社会时空观演进的新阶段》，《北京交通大学学报》（社会科学版）2012 年第 4 期。

155. 陶文昭：《马克思主义时代化发展的第一范例——以恩格斯晚年对马克思主义的坚持和发展为例》，《毛泽东邓小平理论研究》2012 年第 7 期。

156. 田明孝：《所有制问题与社会主义》，《浙江学刊》2012 年第 4 期。

157. 田世锭：《辩证法：西方马克思主义研究的新前沿——基于〈新世纪的辩证法〉的分析》，《中国人民大学学报》2012 年第 3 期。

158. 田心铭：《辩证唯物主义和实践的唯心主义》，《毛泽东邓小平理论研究》2012 年第 3 期。

159. 涂良川：《马克思历史唯物主义的双重特质与革命的两重向度》，《理论月刊》2012 年第 11 期。

160. 汪行福：《超越进步主义的意识形态——论历史唯物主义的灾难学视角及其意义》，《复旦学报》（社会科学版）2012 年第 2 期。

161. 王宝霞：《论马克思哲学对西方马克思主义的影响》，《山西财经大学学报》2012 年第 S1 期。

162. 王东：《马克思何时成为马克思——马克思哲学综合创新起点新探》，《哲学动态》2012 年第 7 期。

163. 王虎学：《马克思分工思想的双重逻辑》，《学术研究》2012 年第 6 期。

164. 王家芳：《马克思主义基本原理对中国具体实际指导作用的新认识》，《求实》2012

年第6期。

165. 王建:《论马克思主义实践人性观的超越与发展》,《理论与改革》2012年第4期。

166. 王今朝:《马克思劳动价值论对中国经济发展模式的指导性——方法论的视角》,《华南师范大学学报》(社会科学版)2012年第4期。

167. 王金华:《科学发展观内部结构的理论分析》,《理论月刊》2012年第7期。

168. 王利军:《马克思自由观的社会历史维度》,《前沿》2012年第17期。

169. 王淼:《“个人现在受抽象统治”——马克思对资本的存在论批判》,《吉林大学学报》(社会科学版)2012年第5期。

170. 王平:《后马克思主义之“后”究竟是什么意思》,《社会科学研究》2012年第1期。

171. 王平:《马克思恩格斯社会主义价值思想研究》,《理论学刊》2012年第5期。

172. 王倩:《马克思早期正义思想的萌芽与发展——从〈博士论文〉到〈莱茵报〉》,《社会主义研究》2012年第5期。

173. 王少萍:《〈哲学的贫困〉中社会有机体理论新解》,《中共福建省委党校学报》2012年第4期。

174. 王时中:《从“精神科学”到“历史科学”——重评唯物辩证法与黑格尔辩证法的对立》,《天津社会科学》2012年第2期。

175. 王思涛:《论列宁对俄国民粹派资本主义观的批判及其当代意义》,《党史文苑》2012年第18期。

176. 王文奎:《马克思主义理论整体性的创生大纲——论〈巴黎手稿〉和异化劳动理论的性质与地位》,《伦理学研究》2012年第2期。

177. 王现伟:《作为整体的马克思主义的身份定位——对马克思主义哲学性质的历史主义审视》,《前沿》2012年第17期。

178. 王小虎:《人本主义祛魅与历史唯物主义出场——马克思政治经济学理论逻辑的整体转换及其现实意义》,《湖南社会科学》2012年第3期。

179. 王晓广:《“国家的引力定律”及其历史逻辑——从马克思的一个重要命题谈起》,《学术交流》2012年第6期。

180. 王晓红:《晚年马克思〈历史学笔记〉新探——〈资本论〉的深化和拓展》,《马克思主义与现实》2012年第5期。

181. 王晓升:《“经济基础”和“上层建筑”二分观献疑——马克思的社会结构理论再思考》,《江苏社会科学》2012年第1期。

182. 王晓升:《“主体”概念献疑——马克思主义哲学研究中的主客体框架批判》,《华中科技大学学报》(社会科学版)2012年第4期。

183. 王晓升:《超越主体哲学的困境——关于马克思主义哲学研究新路径的思索》,《学术月刊》2012年第8期。

184. 王永香:《毛泽东文化建设思想的精神品格及其当代价值》,《科学社会主义》2012年第5期。

185. 王玉樑:《马克思的新世界观是辩证唯物主义的世界观》,《学术研究》2012年第

8 期。

186. 王玉樑：《实践唯物主义必须以辩证唯物主义为指导》，《学术界》2012 年第 10 期。

187. 王志军：《马克思〈论犹太人问题〉的研究现状、问题及现实意义》，《马克思主义研究》2012 年第 7 期。

188. 魏崇辉：《意识形态理论的对立与批判——马克思主义与新制度经济学》，《上海行政学院学报》2012 年第 4 期。

189. 魏强：《论〈共产党宣言〉的科学批判精神》，《学术探索》2012 年第 5 期。

190. 温兆标：《马克思主流意识形态“普遍性”理论及其文化实现路径》，《学术论坛》2012 年第 4 期。

191. 吴海龙：《实践认识论与马克思主义理论整体性的“具体”本性》，《求索》2012 年第 3 期。

192. 吴海庆：《反升华：马克思、恩格斯美学批评的基本态度》，《文艺争鸣》2012 年第 9 期。

193. 吴宏亮：《〈共产党宣言〉与中国共产党的“三大成就”》，《郑州大学学报》(哲学社会科学版) 2012 年第 3 期。

194. 吴克峰：《逻辑与历史维度中的马克思主义——从必然性和现实性视角的解读》，《毛泽东邓小平理论研究》2012 年第 3 期。

195. 武宏阳：《民主政治的后现代策略——当代国外马克思主义三大民主思想评析》，《理论月刊》2012 年第 5 期。

196. 郗戈：《“中国特色现代性”与马克思现代性思想的当代价值》，《教学与研究》2012 年第 10 期。

197. 郗戈：《“资本主义现代性”批判与历史唯物主义的问题意识》，《学术研究》2012 年第 4 期。

198. 郗戈：《从哲学革命到资本批判——重释马克思哲学革命的历史、逻辑与实质》，《学术月刊》2012 年第 8 期。

199. 郗戈：《马克思资本主义批判理论与现代性的“内在超越”问题》，《高校理论战线》2012 年第 5 期。

200. 项启源：《进一步领会马克思主义“生产资料公有制”理论及其现实意义》，《毛泽东邓小平理论研究》2012 年第 9 期。

201. 萧诗美：《论毛泽东的阶级分析方法——马克思主义中国化的第一步》，《东岳论丛》2012 年第 8 期。

202. 辛向阳：《科学发展观的方法论意义》，《中国特色社会主义研究》2012 年第 3 期。

203. 辛向阳：《中国特色社会主义制度的四个基础问题》，《中国特色社会主义研究》2012 年第 5 期。

204. 徐罗卿：《马克思的生态政治思想及其当代启示》，《前沿》2012 年第 17 期。

205. 许庆选：《中国特色社会主义理论的主题》，《科学社会主义》2012 年第 5 期。

206. 许全兴：《马克思主义哲学创新的现实路径》，《河北学刊》2012 年第 2 期。

207. 阎治才:《邓小平关于马克思主义同中国实际相结合的思想》,《东北师范大学学报》(哲学社会科学版)2012年第6期。

208. 颜海林:《科学发展观的实践和发展》,《党建研究》2012年第7期。

209. 杨建刚:《学术批评抑或政治斗争——马克思主义与形式主义之间的论争及其反思》,《西北大学学报》(哲学社会科学版)2012年第2期。

210. 杨松:《马克思主义是否从"事实"推出"价值"——西方分析的马克思主义的成果、缺陷与启示》,《厦门大学学报》(哲学社会科学版)2012年第5期。

211. 杨文圣:《马克思社会形态理论与中国特色社会主义》,《理论探索》2012年第5期。

212. 杨晓玲:《马克思主义价值观的本质及其实践向度》,《内蒙古大学学报》(哲学社会科学版)2012年第2期。

213. 杨筱刚:《列宁"一国胜利"学说:由来与内涵》,《西南民族大学学报》(人文社会科学版)2012年第1期。

214. 杨艳春:《略论邓小平理论对马克思主义政治经济学的发展和创新》,《才智》2012年第28期。

215. 杨扬:《唯物史观研究的"方法论"探新与"问题域"转换》,《湖南大学学报》(社会科学版)2012年第5期。

216. 杨玉凤:《中国道路、中国模式与中国经验》,《西南民族大学学报》(人文社会科学版)2012年第3期。

217. 杨志:《马克思的世界观与〈资本论〉的方法论》,《当代经济研究》2012年第9期。

218. 姚顺良:《马克思晚年东方社会发展道路新思想的实质——"人类学笔记"和〈历史学笔记〉再研究》,《江海学刊》2012年第3期。

219. 叶险明:《马克思思想发展逻辑研究中的一个"问题源"——马克思关于英国殖民主义作用的看法及其变化的过程和深层原因》,《马克思主义研究》2012年第6期。

220. 衣俊卿:《深刻把握马克思主义时代化的着力点——兼论伊格尔顿关于马克思主义的理解》,《马克思主义研究》2012年第8期。

221. 于干:《中国特色社会主义理论体系与新时期的马克思主义人民观》,《前沿》2012年第16期。

222. 于金富:《马克思经济发展理论的主要内容及现实意义》,《当代经济研究》2012年第10期。

223. 袁立国:《自然与历史的变奏:马克思的政治存在论》,《学术界》2012年第9期。

224. 袁祖社:《"观念史"逻辑的介入与马克思主义哲学话语创新的理论自觉》,《江海学刊》2012年第5期。

225. 袁祖社:《"生存安全性"的文化公共性逻辑——马克思哲学之新价值本体境界》,《东岳论丛》2012年第1期。

226. 苑申成:《科学发展观系列理论成果的逻辑建构》,《国家教育行政学院学报》2012年第1期。

227. 臧峰宇:《何谓"哲学科学"——兼及〈德意志意识形态〉与〈费尔巴哈论〉中的

“历史科学”规定》，《江海学刊》2012 年第 5 期。

228. 詹宏伟：《马克思主义的三种主体论与中国道路》，《毛泽东思想研究》2012 年第 5 期。

229. 张德化：《马克思、恩格斯的农民转型思想与实践价值》，《当代经济研究》2012 年第 10 期。

230. 张二芳：《中国特色社会主义平等观探析——马克思〈哥达纲领批判〉的当代启示》，《科学社会主义》2012 年第 3 期。

231. 张宏：《邓小平理论与中国特色社会主义理论体系基本特征论析》，《学校党建与思想教育》2012 年第 21 期。

232. 张奎良：《历史唯物主义的政治诉求》，《哲学研究》2012 年第 10 期。

233. 张雷声：《再论〈资本论〉在马克思主义发展史上的地位》，《甘肃社会科学》2012 年第 5 期。

234. 张立达：《科学·哲学·意识形态——论马克思主义三重性质的内在关系》，《华中科技大学学报》（社会科学版）2012 年第 2 期。

235. 张赛群：《是社会制度的逾越，抑或是生产关系的逾越——马克思“卡夫丁峡谷设想”新解》，《科学社会主义》2012 年第 5 期。

236. 张万余：《马克思劳动价值论的历史争论与现实扩展》，《甘肃社会科学》2012 年第 3 期。

237. 张文喜：《马克思哲学与形而上学的终结》，《江汉论坛》2012 年第 6 期。

238. 张五钢：《列宁民主政治建设思想的历史意蕴及当代价值》，《甘肃社会科学》2012 年第 5 期。

239. 张兴茂：《中国特色社会主义制度体系若干问题的思考》，《马克思主义研究》2012 年第 6 期。

240. 张秀琴：《恩格斯对马克思意识形态概念的解读：虚假意识论和相互作用论》，《江西社会科学》2012 年第 9 期。

241. 张胥：《马克思意识形态理论视阈下的社会主义核心价值体系》，《社会主义研究》2012 年第 5 期。

242. 张雅娟：《马克思主义实践观与改革开放时期经济理论的创新》，《生产力研究》2012 年第 9 期。

243. 赵波：《论列宁的社会主义核心价值观》，《学术论坛》2012 年第 1 期。

244. 赵敦华：《试论马克思恩格斯的意识形态批判理论》，《江苏行政学院学报》2012 年第 5 期。

245. 赵海月：《马克思主义观念体系的重构》，《理论学刊》2012 年第 1 期。

246. 赵华灵：《马克思生产力理论的嬗变与唯物史观的形成》，《当代世界与社会主义》2012 年第 1 期。

247. 赵华灵：《马克思制度伦理视角下的和谐社会建设》，《社会主义研究》2012 年第 5 期。

248. 赵家祥：《〈1844 年经济学哲学手稿〉在马克思主义哲学史上的地位》，《学习与探索》2012 年第 6 期。

249. 赵江飞：《恩格斯辩证法的黑格尔前提》，《社会科学辑刊》2012 年第 5 期。

250. 赵凯荣：《马克思博士论文的独特理论贡献——对黑格尔的超越及自我意识哲学的新突破》，《武汉大学学报》（人文科学版）2012 年第 3 期。

251. 赵庆元：《马克思思想的原生态澄明——从历史唯物主义理论功能与科学基础之间关系的角度看》，《河北师范大学学报》（哲学社会科学版）2012 年第 2 期。

252. 赵兴良：《马克思主义立场观点方法的辩证统一》，《求实》2012 年第 10 期。

253. 赵跃先：《马克思恩格斯的社会主义观及其省思》，《北方论丛》2012 年第 4 期。

254. 郑国玉：《中西方马克思主义四大差异探析》，《广西社会科学》2012 年第 3 期。

255. 郑丽娟：《马克思主义理论整体性的逻辑路向与运演》，《内蒙古社会科学》（汉文版）2012 年第 4 期。

256. 郑祖铤：《马克思：消灭俄国村社不是“前进”而是“后退”》，《湘潭大学学报》（哲学社会科学版）2012 年第 5 期。

257. 周鹏：《马克思主义意识形态演变的历史逻辑》，《山西师范大学学报》（社会科学版）2012 年第 5 期。

258. 周晓光：《马克思主义公平正义观研究》，《学术交流》2012 年第 10 期。

259. 周宇：《马克思“重建个人所有制”的思想探析》，《马克思主义研究》2012 年第 1 期。

260. 朱继东：《邓小平突破传统社会主义模式的依据、层面及时代意义》，《理论探讨》2012 年第 3 期。

261. 朱平：《马克思主义利益观中国化的历史逻辑与启示》，《安徽师范大学学报》（人文社会科学版）2012 年第 5 期。

262. 朱荣英：《当前马克思主义哲学研究视域中的各种诘难及其理性实质》，《河南大学学报》（社会科学版）2012 年第 1 期。

263. 曾凡跃：《〈关于费尔巴哈的提纲〉与〈德意志意识形态〉改变世界思想之比较研究》，《求实》2012 年第 8 期。

264. 曾行伟：《从〈共产党宣言〉解读什么是社会主义》，《中共福建省委党校学报》2012 年第 10 期。

265. 曾永成：《关于形象思维和马克思主义认识论的几个问题——论思维与抽象、形象、想象和直觉的关系》，《艺术百家》2012 年第 5 期。

（整理：仲河滨）

大事记

2012年1月4—6日，由全国高校马克思主义理论学科研究会、《思想理论教育导刊》编辑部、黑龙江大学马克思主义学院联合举办的“全国高校马克思主义理论学科研究会第十次学科论坛”在黑龙江省哈尔滨市召开。本次论坛以“思想政治教育学科属性和学科规范”为主题，教育部社科司教学处有关负责人，以及来自北京大学、中国人民大学、清华大学、北京师范大学、复旦大学、南开大学、武汉大学、吉林大学、山东大学、东北师范大学等高等院校和科研机构的80余名专家学者，围绕着会议主题进行了深入研讨。

2012年1月5日，中国社会科学院马克思主义研究院马克思主义中国化研究部在北京举办“第二届马克思主义中国化学术论坛：‘南方谈话’与中国特色社会主义新发展”学术研讨会。原中国社会科学院副院长汝信出席研讨会并讲话，马克思主义研究院党委书记侯惠勤教授致辞，马克思主义中国化研究部负责人金民卿研究员作主题发言，研讨会由原马克思主义中国化研究部主任赵智奎研究员主持。来自中国社会科学院、中共中央文献研究室、北京大学、中国人民大学等单位的专家学者围绕邓小平“南方谈话”的思想内涵、理论创新、重大意义与中国特色社会主义新发展等展开热烈讨论。

2012年1月6日，由中国人民大学《教学与研究》编辑部、中国人民大学马克思主义研究院主办的“马克思主义理论教学与研究前沿问题”学术研讨会在北京举行。北京师范大学党委副书记王炳林教授、中共中央党校科学社会主义教研部主任王怀超教授、中共中央党校哲学部主任韩庆祥教授、北京大学马克思主义学院院长郭建宁教授、清华大学马克思主义学院常务副院长艾四林教授、中共中央编译局马克思主义研究部主任季正矩教授、中国社会科学院马克思主义研究院辛向阳教授、中国人民大学马克思主义学院梁树发教授、张云飞教授等出席了此次研讨会。研讨会由《教学与研究》主编齐鹏飞教授主持，中国人民大学马克思主义学院院长、马克思主义研究院副院长秦宣教授作了会议总结发言。

2012年1月6日，北京市中国特色社会主义理论体系研究中心办公室和中国特色社会主义研究杂志社在京召开了“纪念邓小平南方谈话发表20周年”理论研讨会。来自中共中央党史研究室、中共中央党校、北京大学、中国人民大学、北京行政学院等单位的专家学者参加了会议。

2012年1月7日，由中国社会科学杂志社和吉林大学哲学基础理论研究中心、吉林大学哲学社会学院联合主办的“哲学与社会学跨学科高端对话会”在长春召开。来自全国重点高校和科研院所的哲学和社会学领域的著名学者、编辑共40余位参加了本次高端对话会。本次会议的主题为“发展观：理论与方法”。与会学者围绕“马克思主义社会发展理论实践及当代价值”、“发展观的哲学关切与社会学关切”、“西方社会发展理论的反思与批判”、“发展与科学发展观”、“中国经验·中国道路·中国模式”等五个议题展开了热烈讨论。

2012年2月21日，“纪念邓小平南方谈话发表20周年学术座谈会”在北京召开。座谈会由中国社会科学院马克思主义研究学部、当代中国研究所、中国社会科学杂志社、中国社会科学网和中华人民共和国国史学会联合主办，由当代中国研究所经济史研究室承办。会议由当代中国研究所副所长武力主持。中国社会科学院副院长兼当代中国研究所所长、国史学会常务副会长朱佳木出席会议并致词。原中纪委驻中国科学院纪检组组长王庭大、原北京大学副校长梁柱、中国社科院马克思主义研究学部主任程恩富、中国特色社会主义理论体系研究中心主任尹韵公、中国社会科学网总编辑周溯源、中国社会科学杂志社副总编辑余新华、当代中国研究所理论研究室主任宋月红和经济史研究室主任郑有贵等，分别作了主题发言。北京市政协委员陈伟华、原当代中国研究所经济史研究室主任陈东林等作了即席发言。与会者就邓小平南方谈话的历史地位、精神实质、现实意义、与中国特色社会主义道路和理论的关系等方面进行了探讨。

2012年3月2日，由中国社会科学院世界社会主义研究中心和社会科学文献出版社举办的《2011—2012世界社会主义黄皮书——且听低谷新潮声之八》发布暨“世界格局与金融霸权”研讨会在北京举行。中国社会科学院副院长、世界社会主义研究中心主任李慎明，原中组部部长张全景，原中顾委秘书长李力安，原中共中央政策研究室副主任郑科扬，国家社科规划办公室主任余志远等出席了会议。新华社世界问题研究中心研究员李长久、中国社会科学院马克思主义研究院院长程恩富、中国社会科学院信息情报研究院党委书记姜辉、中联部当代世界中心研究员赵明昊等作了专题发言。

2012年3月10日，由上海交通大学人文艺术研究院举办的“马克思主义当代发展”学术研讨会——暨《美学与马克思主义》、《跨文化齐泽克读本》新书发布会，在上海举行。会议以“比较的视野”探讨马克思主义，对当代中国与国际的前沿文化与社会问题作出回应。上海交通大学、清华大学、北京大学、复旦大学、华东师范大学、山东大学等高校的马克思主义、哲学、美学和文学研究学者，以及北京大学出版社、上海人民出版社、《学术月刊》、《文汇报》、《社会科学报》等出版社和报刊的专家参加了本次会议。会议分列三个主题：“比较视野中的中西马克思主义”、“跨文化对话与解读：齐泽克与中国”、“中国当代文化及社会问题的研究路径反思”。与会专家学者围绕会议主题和两本新书《美学与马克思主义》与《跨文化齐泽克读本》进行了讨论。

2012 年 3 月 16—18 日，一年一度的“国际左翼论坛”在位于美国纽约举行。本届论坛依然由“左翼论坛组织”、纽约城市大学社会学系和研究生中心共同主办，佩斯大学承办，并得到“布莱希特论坛”、纽约城市大学文化技术与劳动研究中心、美国国家律师协会、罗莎·卢森堡基金会、“激进政治经济学联盟”、《批判社会学》、《理性》、《每月评论》、《新政治科学》、《新政治》、《激进教师》、《反思马克思主义》、《科学与社会》、《社会文本》、《社会主义与民主》、《灵魂》等近 20 家社会组织和期刊的协助。在中亚北非地区动荡、资本主义金融危机影响显著、以占领华尔街运动为代表的群众运动此起彼伏的社会历史背景下，2012 年左翼论坛确定的主题是“占领制度：对抗全球资本主义”。围绕这一主题，论坛设立了 400 多个专题讨论会场，1400 多人作了专题发言，来自全球的 4500 人参加了此次盛会。无论是分会场数量、专题发言人数，还是参会人员规模，2012 年纽约“左翼论坛”都创了历史新高。

2012 年 3 月 24—25 日，由浙江大学思想政治理论教学科研部宗教与和谐社会建设研究所主办的“马克思主义与当代宗教问题研究”学术研讨会在浙江杭州召开。与会专家 40 余人，分别来自中国社科院、国家宗教事务局、中共中央党校、北京大学、清华大学、中国人民大学、中国政法大学、北京外国语大学等单位。中国社科院世界宗教研究所所长卓新平代表中国宗教学会致辞，强调研究马克思主义宗教观的重要性，指出不仅要对马恩列等经典作家的宗教观有全面深入的认识，还要关注宗教现实问题的研究，以推进和谐社会的建设。研讨会分五场学术报告，学者们围绕着会议主题就（1）马克思主义宗教观，（2）宗教与社会现实，（3）中国在校大学生宗教认知教育这三方面展开发言和讨论。

2012 年 3 月 27 日，《马克思主义与现实》杂志主办，《中国社会科学》、《哲学研究》、《中国人民大学学报》刊物参与的“思想史与现实中的马克思”联席工作会议在北京举行。会议就今后加强期刊之间的横向联系，发挥期刊在学术界的学术交流和引领作用，共同推进对重大的理论和现实问题的回应，促进中国特色的哲学表达方式的形成，整体推进中国学术在世界舞台上的地位等议题交换意见。中共中央编译局局长衣俊卿、《中国社会科学》杂志马克思主义部主任孙摩、《马克思主义与现实》杂志主编冯雷、《哲学研究》杂志编辑部主任鉴传今、《中国人民大学学报》主编段忠桥和来自中央编译局马克思主义研究部以及四家杂志的 10 多名专家学者出席了会议。

2012 年 4 月 5 日至 7 日，中国中共文献研究会刘少奇思想生平研究分会与武汉大学马克思主义学院、刘少奇研究中心在武汉大学联合召开了《建国以来刘少奇文稿》的研究利用研讨会。来自中央和地方科研机构的专家学者、高等院校师生 70 余人出席研讨会，围绕中华人民共和国成立初期刘少奇的思想生平进行了深入的研讨。

2012 年 4 月 6—8 日，由全国高校马克思主义理论学科研究会、《思想理论教育导刊》主办，安徽大学马克思主义研究院、安徽大学马克思主义发展史重点学科承办的“全国高校马克思主义理论学科研究会第十一次学科论坛”在安徽大学召开。本次研讨会以“马克思主义发展史学科研究与建设”为主题，来自中国人民大学、北京大学、复旦大学、清华大学、武汉大学、中山大学、吉林大学、南开大学、北京师范大学、西安交通大学、安徽大学、合肥工业大学等高校和科研院所的近80位专家学者，围绕马克思主义发展史研究中的前沿理论问题、中国化马克思主义在马克思主义发展史上的地位、马克思主义发展史学科建设等进行了广泛的交流和讨论。

2012年4月8日，由清华大学马克思主义学院和中国出版集团旗下中国民主法制出版社联合举办的“马克思主义经典著作导读系列丛书”出版座谈会，在北京召开。原中共中央组织部部长张全景、原中共中央党校副校长、原求是杂志社总编辑邢贲思、原中国人民大学校长李文海、中国社科院副院长李捷、中共中央宣传部理论局副局长张磊、中共中央组织部组织一局巡视员李其森、原全国社科规划办主任张国祚、中共中央编译局秘书长杨金海、教育部社科司副司长徐维凡、中共中央党校马理部副主任韩庆祥、北京市委党校常务副校长王民忠、北京市社科联党组书记史秋秋、全国马克思主义理论学科召集人、北京大学教授陈占安、教育部社科司教学处处长陈矛、北京市委宣传部理论处处长贺亚兰以及《求是》政治编辑部副主任杨绍华、《马克思主义与现实》主编冯雷、《教学与研究》主编齐鹏飞、《思想理论教育导刊》常务副主编刘书林、《高校理论战线》编辑部主任杨海英等40多人应邀出席。

2012年4月10—17日，第二届中英马克思主义美学双边论坛在英国曼彻斯特举行，会议由上海交通大学人文学院与曼彻斯特大学艺术、历史与文化学院共同举办。会议的主题是“马克思《巴黎手稿》与人道主义”。参加本次论坛的国外学者有来自曼彻斯特大学、利兹大学、兰卡斯特大学、诺丁汉特伦特大学、阿斯顿大学以及美国加州大学的15位学者，国内学者有上海交通大学人文学院院长王杰教授，《马克思主义美学研究》编辑部成员施立峻博士、张蕴艳博士和尹庆红博士，上海交通大学人文艺术研究院陈静博士，中国艺术研究院陈飞龙研究员，复旦大学的朱立元教授、陆扬教授，华东师范大学朱国华教授，华中师范大学胡亚敏教授、孙文宪教授，华南师范大学段吉方教授，湘潭大学李志雄教授，上海社科院王文英教授和中央编译出版社编辑王忠波等学者。

2012年4月14—15日，由中国经济规律研究会与武汉大学主办，武汉大学经济与管理学院、人口资源与环境研究中心承办的“财富的生产和分配：中外理论与政策研讨会”暨中国经济规律研究会第22届年会在武汉大学举行。中国社会科学院特邀顾问刘国光，中国人民大学荣誉一级教授卫兴华和中国经济规律研究会会长、中国社会科学院马克思主义研究院院长程恩富等经济学家，以及来自全国60多所高校和科研机构的130多位学者出席了会议。在开幕式上，武汉大学党委副书记王传中教授和武汉大学经济与管理学院院长陈继勇教授分别致欢迎辞，程恩富教授致开幕辞。会议以马列主义及其中国化理论为指导，以财富的生产和分配为主题，与会学者深入研讨、切磋交流。

2012年4月27—28日，为庆祝北京大学马克思主义学院建院20周年，“全国高校马克思主义学院院长论坛”在北京举行，来自全国31个省、市、自治区的近百所高校的马克思主义学院院长和学者出席了这次会议。会议以“推进马克思主义理论学科建设，提高马克思主义理论学科的学术水准”为主题，对学科前沿问题进行了共同探究和讨论。

2012年4月28日，由江西财经大学经济学院主办、中国政治经济学年会秘书处和中国人民大学《教学与研究》编辑部协办的“《资本论》与当代经济问题学术研讨会”在江西井冈山召开。来自全国高校以及中国社会科学院的30多位专家学者参加了会议。与会学者围绕“《资本论》与当代经济问题”进行了讨论。

2012年5月12—13日，由《中国社会科学》、《哲学研究》、《马克思主义与现实》、《中国人民大学学报》与复旦大学马克思主义研究院联合主办的“思想史与现实双重维度的马克思主义研究”学术研讨会在上海召开，中共中央编译局局长衣俊卿，教育部党组成员、国家教育行政学院院长顾海良，复旦大学党委书记朱之艾，上海市委宣传部副部长李琪，上海市马克思主义研究会会长吕贵等出席论坛开幕式并致辞。来自中共中央编译局、中国社会科学院、北京大学、清华大学、中国人民大学、复旦大学、南京大学、吉林大学、中山大学等单位的百余名学者参加了会议，围绕马克思主义研究的思想史维度和现实取向进行了探讨。

2012年5月12—13日，由清华大学马克思主义学院主办、云南财经大学承办的第二届中国青年政治经济学学者年会在云南昆明召开。本届年会的主题是“世界金融危机与中国经济发展：青年的视角”。来自中国社会科学院马克思主义研究院、清华大学、中国人民大学、南开大学、上海财经大学、复旦大学等40余所大陆高校和科研院所以及中国台湾地区和美国高校共计80名青年学者参加了此次年会。

2012年5月18日，由中国社会科学院当代中国研究所、中华人民共和国国史学会举办的主题为“毛泽东《在延安文艺座谈会上的讲话》与新中国文艺建设”的学术座谈会在京举行。中国社会科学院党组成员、副院长，当代中国研究所所长，中华人民共和国国史学会副会长李捷；原中国社会科学院副院长、原当代中国研究所所长、中华人民共和国国史学会常务副会长朱佳木；原中宣部文艺局局长、原中国文联副主席、书记处书记李准；中国社会科学院荣誉学部委员、原中国作家协会副主席张炯等以及来自教育部、中共中央党史研究室、中国文联、中国艺术研究院等单位的学者出席了座谈会并在会上发言。

2012年5月19—20日，由中国戏曲学会、中国戏曲学院、中国艺术研究院戏曲研究所共同主办的“戏曲的改革与发展——纪念毛泽东延安文艺座谈会讲话发表70周年学术研讨会”在北京举行。来自北京、上海、湖北、江苏、甘肃等地和美国的戏曲界专家学者和知名导演、编剧等40余人参加了此次研讨会。

2012年5月19日至21日，“纪念毛泽东《在延安文艺座谈会上的讲话》发表70周年暨全国毛泽东文艺思想研究会 2012 年学术年会”在湖南湘潭市举行。会议由湘潭大学文学与新闻学院、湘潭大学毛泽东思想研究中心承办。来自全国的近 80 位学者、作家、艺术家展开了讨论。

2012 年 5 月 28 日，为纪念毛泽东《在延安文艺座谈会上的讲话》（以下简称《讲话》）发表 70 周年，学习贯彻中共中央总书记胡锦涛 2012 年 5 月 23 日关于《讲话》的重要指示和中共中央政治局常委李长春的重要讲话精神，由中国艺术研究院主办的“纪念《讲话》发表 70 周年研讨会”在北京召开。文化部党组书记、部长蔡武出席会议并作了题为《继承和弘扬〈讲话〉精神，坚持中国特色社会主义文化发展道路》的讲话。文化部副部长、中国艺术研究院院长王文章出席了会议，参加会议的还有文化部文化科技司司长于平，中国艺术研究院常务副院长刘茜、中国艺术研究院副院长王能宪，中宣部副巡视员路侃、中共中央党史研究室办公室主任班永吉、延安时期的著名作曲家刘烽，以及李准、丁振海、陆贵山、康式昭、赵铁信、徐非光等来自中国文联、中国社会科学院、中国人民大学、北京大学、中国传媒大学、首都师范大学和中国艺术研究院的 60 余位专家学者。研讨会由中国艺术研究院马克思主义文艺理论研究所承办，中国延安文艺学会、中国社会主义文艺学会协办。中国艺术研究院副院长王能宪、中国艺术研究院马克思主义文艺理论研究所副所长祝东力先后主持了会议。《人民日报》、新华通讯社、《光明日报》、《中国文化报》、《中国艺术报》、《文艺报》等媒体的记者也参加了会议。

2012 年 5 月 31 日—6 月 2 日，由中国《资本论》研究会主办、华南师范大学经济与管理学院承办的“中国《资本论》研究会第 16 次学术研讨会暨第 9 届会员代表大会”在广东广州召开。来自全国 60 多所高校和科研机构的 150 余名专家学者围绕“保持经济稳定增长，促进共同富裕”会议主题，从经济增长、收入分配、国有经济、城市化与土地制度改革，以及当代资本主义研究与马克思主义经济学基本问题研究等角度进行了探讨。

2012 年 6 月 14 日，“首都推进马克思主义理论研究和建设工程座谈会暨马克思主义中国化论坛 · 2012”在北京召开。北京市委常委、宣传部长、副市长、北京市中国特色社会主义理论体系研究中心主任鲁炜和清华大学党委书记胡和平出席论坛并致辞。论坛由北京市委宣传部、北京市中国特色社会主义理论体系研究中心、北京市社会科学界联合会以及清华大学等 4 所高校的马克思主义学院联合主办，北京市中国特色社会主义理论体系研究中心办公室和清华大学马克思主义学院共同承办。在京的全国中国特色社会主义理论体系研究中心代表，首都各高校马克思主义学院院长，清华大学、北京大学、中国人民大学、北京师范大学部分师生代表，论坛征文作者代表，有关专家学者和理论工作者等 150 余人参加了论坛。

2012 年 6 月 15 日，由北京大学马克思主义文献研究中心、人民出版社、“马克思学”论坛、青年哲学论坛共同主办的“文本学研究与对马克思思想的新理解”学术研讨会暨《批判与建构》出版座谈会在北京召开，来自首都部分高校和科研机构从事相关研究的 30 余位专家与会，大家高度评价了《批判与建构》的重要价值，并就当代马克思主义研究视阈中的文本学研究和作为文本个案的《德意志意识形态》研究等相关理论问题进行了集中研讨。

2012年6月16—17日，由东南大学马克思主义学院与美国过程研究中心（Center for Process Studies，USA）、中美后现代发展研究院（Institute for Postmodern Development of China，USA）、美国克莱蒙特林肯大学（Claremont Lincoln University，USA）联合主办的“马克思主义、后现代主义与当代社会发展”国际学术研讨会在江苏南京召开。来自美国“中美后现代发展研究院”、美国“汉瑞克斯学院”、中国香港大学、中国台湾辅仁大学、中国社科院、中共中央编译局、北京大学、南京大学、中山大学、吉林大学、武汉大学、山东大学、重庆大学、上海交通大学、同济大学等国内外专家学者70余人参加了本次会议，与会专家学者集中围绕马克思与西方思想的后现代转向；后现代主义思潮（特别是建设性后现代主义）的发展逻辑与走向；后现代主义的马克思主义、后马克思主义以及后马克思思潮的重要人物的思想阐释；马克思主义和后现代主义之间的关系；后现代主义的批判和建构二重性及其超越；后现代主义思想语境下的中国特色社会主义道路探索等六个方面的议题展开了对话和讨论。

2012年6月19—20日，中共中央文献研究室第一编研部、中国中共文献研究会毛泽东思想生平研究会和中共河北省委宣传部等五家单位，在河北石家庄联合举办了毛泽东思想生平研究会2012年年会暨“弘扬西柏坡精神，加强新时期党的建设”学术研讨会。来自中共中央文献研究室、中共中央党校、教育部、国防大学、军事科学院、中共河北省委宣传部及省属各党校、高校、科研单位、宣传部门和北京大学、南开大学、中山大学等高校的近百名专家、学者出席了会议。中共中央文献研究室主任、中国中共文献研究会会长冷溶出席会议并讲话，原中共中央文献研究室主任逄先知、原中共中央组织部部长张全景、原军事科学院战略部副部长李德义等作大会发言。中共河北省委书记张庆黎致会议书面发言，中共河北省委副书记赵勇到会致词。与会专家、学者围绕会议主题，既探讨了“西柏坡精神”的思想源头、发展脉络、深远影响，又总结和界定了西柏坡精神的科学内涵、精神实质，还从现实出发对“西柏坡精神”的当代含义，对加强新时期党的思想、组织、作风建设，如何继续弘扬“西柏坡精神”有效开展反腐倡廉工作，以及“西柏坡精神”与“延安精神”、“长征精神”、“井冈山精神”乃至中国共产党的革命精神、改革开放精神之间的关系等多方面的内容，展开了讨论。

2012年6月23—24日，辽宁省哲学学会年会暨“马克思主义哲学与现时代”研讨会在辽宁省大连市召开。本次年会由辽宁省哲学学会主办、辽宁师范大学承办，来自省内各高校、党校、社科院等30多个单位的150余位学者参加了会议。会议特别邀请吉林大学孙立天教授和南开大学王新生教授分别作《寻求和凝练当代哲学的中国元素》和《唯物史观与政治哲学》的专题报告。与会学者围绕着三个主题展开深入讨论：其一，如何立足中国现实构筑有中国特色、中国风格和中国气派的当代中国哲学；其二，如何传承马克思主义哲学的基本精神；

其三，寻找和发掘现时代马克思主义哲学新的生长点。

2012 年 6 月 26 日，中国社会科学院马克思主义研究院举办首届“思想政治教育论坛”，论坛的主题是“当前中国社会道德建设：问题、路径与意义”。来自教育部社科中心、清华大学、北京大学、北京科技大学、中国社会科学院的专家学者以及《马克思主义研究》、《思想教育研究》、中国社科网等媒体的 60 余人参加了论坛。论坛由中国社会科学院马克思主义研究院原理研究部主任胡乐明教授主持；中国社会科学院马克思主义研究院党委书记侯惠勤教授致辞。

2012 年 7 月 14 日，由中国马克思主义哲学史学会主办、井冈山大学承办的“马克思主义哲学中国化”理论研讨会暨中国马克思主义哲学史学会 2012 年年会在江西吉安开幕。来自全国的 170 名马克思主义哲学研究专家学者出席会议。

2012 年 7 月 17 日，新版《马克思画传》、《恩格斯画传》和《列宁画传》出版座谈会在北京召开。中宣部常务副部长雒树刚在座谈会上讲话，中共中央文献研究室常务副主任杨胜群、原中共中央党校副校长李君如、新闻出版总署副署长邬书林、教育部党组成员顾海良、光明日报社总编辑何东平、中国人民大学教授庄福龄在座谈会上发言。中共中央编译局和中共重庆市委宣传部有关负责同志介绍了画传编纂出版的情况，有关部门负责同志和专家学者共 100 余人参加座谈会，中共中央编译局局长衣俊卿主持座谈会。

2012 年 8 月 3 日，中国第四次“人的发展经济学研讨会”在四川成都召开。会议由改革与战略杂志社、西南财经大学马克思主义经济学研究院和《光明日报》光明网联合主办，西南财经大学经济学院、广西“人的发展经济学研究会”协办。来自国家发展和改革委员会经济研究所、北京大学、清华大学、中国人民大学、南开大学、南京大学、西南财经大学、中南财经政法大学、中央民族大学、西北大学、天津师范大学、中共江苏省委党校、《光明日报》光明网等 30 余家单位的近 50 名专家参加了研讨会。

2012 年 8 月 7 日至 12 日，全国高等财经院校《资本论》研究会第 29 届学术年会在江西南昌召开。来自全国 40 余所高校、科研院所，以及《当代经济研究》、《经济学家》、《河北经贸大学学报》、《经济纵横》等出版单位的 60 多名代表出席了会议。会议收到学术交流论文 50 余篇。此次学术年会的主题是：“学习运用《资本论》有关基本原理研究国际金融危机和我国在‘稳中求进’总基调下经济运行中的重大理论和实际问题”。会议期间，代表们围绕本届年会的主题进行了研讨。

2012 年 8 月 16—17 日，中共中央编译局召开国外马克思主义研究中心成立学术研讨会暨《新马克思主义评论》首发式。中共中央编译局局长衣俊卿出席会议并讲话。来自北京大学、清华大学、中国人民大学、北京师范大学、中国社会科学院、复旦大学、南京大学、华东师范大学、吉林大学、南开大学、武汉大学、中山大学、河北大学、山西大学、黑龙江大学、辽宁大学、中央社会主义学院、中国政法大学、华中科技大学、苏州大学、江苏师范大学、首都师范大学等全国各地专家学者共100余人参加会议。

2012年8月16—18日，全国第四次“马克思主义在当代中国的运用与发展”研讨会在安徽省黄山市召开。会议由北京大学马克思主义学院、中国社会主义社会辩证法研究会、中国改革研究会、《当代世界与社会主义》杂志社、吉林大学马克思主义学院、中共安徽省委党校和安徽一些高校联合召开。来自北京、上海、吉林、安徽等地近百所高校和相关研究机构的约130位专家学者出席了会议。会议总结了马克思主义在当代中国运用与发展的成果和经验，并围绕马克思主义中国化、增强对中国特色社会主义的自觉与自信、马克思主义真理观和价值观以及党的建设理论在当代中国的运用与发展等主题进行了深入讨论。

2012年8月21日，由求是杂志社《红旗文稿》编辑部、教育部《思想理论教育导刊》编辑部主办，贵州师范大学承办的“贯彻六中全会精神，增强理论自觉自信”高层研讨会在贵阳举行，会议的主题是“贯彻六中全会精神，增强理论自觉自信”。来自北京大学、清华大学、中国人民大学、北京师范大学、复旦大学、武汉大学、中山大学等全国40多所院校分管思想理论教育和思想政治工作的负责人、高校马克思主义研究院的负责人和著名专家学者等50多人出席会议。中共贵州省委常委、宣传部长喻红秋出席开幕式并致辞。中国社会科学院副院长李慎明和原中共中央党史研究室副主任、北京大学教授沙健孙分别作了“沿着中国特色社会主义道路奋勇前进——学习胡锦涛同志7·23讲话的体会”和“反对迷信西方思想理论的教条主义，增强理论自觉和自信”两场主题报告。与会者以胡锦涛同志“7·23讲话”和中共十七届六中全会精神为指导，围绕增强理论自觉和理论自信进行了深入研讨。

2012年8月26—27日，马克思主义经济学发展与创新国际学术研讨会暨全国第六届马克思主义经济学发展与创新论坛在北京召开，会议由中国社会科学院、清华大学主办，《经济研究》编辑部、清华大学人文社会科学学院政治经济学研究中心承办。来自中国社会科学院、清华大学、南开大学、中国人民大学、南京大学、武汉大学、吉林大学、厦门大学、四川大学、中山大学、北京师范大学、西南财经大学、中央财经大学、东北财经大学、山西财经大学、河南财经政法大学、广东社会科学院等高校和科研机构的70多名国内专家学者以及来自美国、德国、日本的10余名海外专家学者参加了本次论坛，30余家新闻媒体和学术刊物及出版社出席了本次论坛并作了相关报道。

2012年8月30—31日，中共中央党校中国马克思主义研究基金会在北京举办了以“中国金融改革与发展”为主题的理论研讨会。会议邀请了中国金融和经济研究领域的专家学者围绕相关问题进行研讨。中央党校副校长、中国马克思主义研究基金会理事长陈宝生出席会议并讲话。中共中央党校办公厅、科研部、马克思主义理论教研部、经济学教研部、培训部、组织部等部门负责人和教师代表，以及《人民日报》、《学习时报》、《经济理论与经济管理》、

《理论视野》杂志和党校电视台等新闻媒体代表共60余人参加了本次研讨会。

2012年9月8—9日，由学术月刊杂志社、《中国人民大学学报》编辑部联合主办的“马克思主义与正义”学术研讨会在上海召开。来自中国社会科学院、复旦大学、吉林大学、南开大学、华东师范大学、山东大学、苏州大学等高校和科研院所的二十多位学者济济一堂，展开热烈研讨。与会学者来自哲学、经济学、政治学等不同学科，他们分别从各自的学科视角和知识背景出发，对马克思有无正义理论、正义概念的内涵、社会公平与正义等问题展开争鸣与交锋。

2012年9月22日，由中国社会科学杂志社主办、华中师范大学马克思主义学院承办的“第十二届马克思哲学论坛”在湖北武汉举行。论坛以“马克思的文化观与当代中国文化发展”为主题，中共中央编译局、中国社会科学杂志社、中国政法大学、中国人民大学、北京大学、武汉大学、华中师范大学等单位的130余位专家学者出席了本届论坛。

2012年9月22—23日，由中国社会科学院马克思主义研究学部、马克思主义研究院和上海财经大学共同主办的“首届全国马克思主义经济学论坛暨第六届现代政治经济学数理分析研讨会”在上海财经大学召开。中国社科院副院长李捷、中国社科院特邀顾问刘国光、中国社科院马克思主义研究院院长程恩富、中共上海市委宣传部副部长李琪、上海财经大学副校长王洪卫，以及吴宣恭、胡钧等出席论坛并发表演讲，参会的百余位专家学者围绕“中国特色经济学学术话语体系”、“政治经济学数理分析”、“当代社会主义经济理论”和“当代资本主义经济理论”四大主题展开了深入研讨。

2012年10月27—28日，中共中央党校科学社会主义教研部在北京举办“社会主义理论前沿问题高层论坛 · 2012”。中共中央党校常务副校长李景田会见与会代表并合影留念。中共中央党史研究室副主任李忠杰，中共中央党校校委委员、进修部主任黄宪起，中共中央党校校委委员、科研部主任梁言顺以及中央文献研究室、中共中央编译局、国家行政学院、国防大学、教育部、中国社会科学院、北京大学、清华大学、中国人民大学等多所高等学校和部分省市党校、社科联等教研单位的科学社会主义学界的专家学者130余人出席论坛。

2012年10月27—28日，全国高校社会主义经济理论与实践研讨会第26次年会在河南开封召开。来自全国高校的200余位经济学专家、学者结合当前的经济发展趋势，围绕中国新阶段经济增长速度变化带来的挑战及其应对、协同创新的理论与实践、中国现阶段改革开放的难点与对策、中国经济学的创新与发展等四个主题展开研讨和交流。

2012年11月8日至14日，中国共产党第十八次全国代表大会胜利召开。2200多名代表来自全国各地，大会批准了胡锦涛代表第十七届中央委员会所作的报告，批准了中央纪律检查委员会工作报告，审议通过了《中国共产党章程（修正案）》，选举产生了新一届中央委员会和中央纪律检查委员会。11 月 15 日，十八届一中全会选举习近平为中央委员会总书记。

2012 年 11 月 10—12 日，由吉林大学哲学基础理论研究中心主办的"《资本论》哲学思想研究学术研讨会"在河南安阳召开。与会者围绕"《资本论》哲学思想的当代阐释"、"政治经济学批判与马克思的哲学思想"、"《资本论》与哲学的未来"等议题展开研讨。

2012 年 11 月 29—30 日，中国社会科学院世界社会主义研究中心和中共中央对外联络部当代世界研究中心在北京联合召开第三届世界社会主义论坛："资本主义危机与社会主义未来"国际学术研讨会。这是世界社会主义的一次隆重集会，来自中国、美国、俄罗斯、英国、法国、德国、尼泊尔、古巴、越南等九个国家的近 150 位参会代表共聚一堂，纵论全球经济政治格局变迁，畅谈世界社会主义发展前景。

2012 年 11 月 30 日—12 月 1 日，由全国高校马克思主义理论学科研究会、北京师范大学马克思主义学院主办的 2012 年全国高校马克思主义理论学科"博导论坛"在北京举行。来自北京师范大学、清华大学、北京大学、复旦大学、中国人民大学、浙江大学、武汉大学、中山大学、上海交通大学、南开大学等 70 余所高校的近 150 余位专家学者，以及中国教育电视台、《光明日报》、《中国教育报》、《中国社会科学报》、《教学与研究》、《思想理论教育导刊》、《高校理论战线》、《学校党建与思想教育》、《思想教育研究》、《思想政治教育研究》等报刊媒体参加了论坛。

2012 年 12 月 1—2 日，"第九届全国马克思主义论坛暨中国马克思恩格斯研究会年会"在河南开封举行。会议由中共中央编译局、中共河南省委宣传部主办，中国马克思恩格斯研究会、中央马克思主义理论研究和建设工程"马克思主义经典著作基本观点研究"课题组、马克思主义与现实杂志社、河南大学马克思主义研究院共同承办，来自全国高校和科研机构的 130 余位马克思主义研究学者参会。与会学者围绕"当代中国马克思主义理论与实践"的主题进行了研讨。

2012 年 12 月 8—9 日，"马克思主义哲学与中国特色社会主义道路理论研讨会"在广东深圳举行，中国共产党第十八届中央委员会委员，中国社会科学院党组副书记、常务副院长，中国辩证唯物主义研究会会长王伟光出席会议并作主题报告。国防大学教育长、中国辩证唯物主义研究会副会长夏兴有少将，中共深圳市委常委、组织部部长，市委党校校长戴北方，以及来自中共中央党校、中国社会科学院、北京大学、国防大学、中国人民大学、中山大学、中央民族大学、中国政法大学等机构的百余位专家学者出席会议。

2012 年 12 月 22—23 日，由青年哲学论坛、《哲学研究》编辑部、《哲学动态》编辑部和北京师范大学哲学与社会学学院联合举办的"第九届马克思主义哲学创新论坛"在北京举行。此次论坛主题为"价值哲学与社会发展"，与会者围绕"价值哲学基础理论的反思与前瞻"、

"马克思主义价值哲学的当代意义"、"全球化背景下的价值冲突和对话"、"核心价值观与当代社会发展"等议题进行了研讨。

2012 年 12 月 28 日，200 多位来自全国各地的理论工作者，出席由中国马克思主义研究基金会在北京主办的"中国马克思主义论坛 2012 暨中国马克思主义研究基金会成立 20 周年纪念大会"，论坛的主题是"科学发展观与全面建成小康社会"。

（供稿：仲河滨）